KB236772

# 한국민족운동의 역사와 미래

한국민족운동사연구회 편

국학자료원

# 차 례



□ **자료소개**



□ **서 평**

JOURNAL OF STUDIES ON KOREAN NATIONAL MOVEMENT

NO.23                                         December 1999

## Contents

# 日帝下 韓國民族運動의 歷史的 位相

金 昌 洙*



## Ⅰ. 머리말

韓國民族運動은 日帝의 한국에 대한 植民地 統治에 저항하여 잃었던 主權을 되찾기 위해 투쟁한 일체의 저항운동과 변혁운동을 아울러 가리킨다고 할 수 있다. 그러므로 한국의 민족운동은 그 형성과 전개를 한국 근현대사의 큰 흐름 속에서 볼 때 그 中核을 이루고 있다고 하겠으며 그 시기도 19세기 후반기에서 20세기 중반기에 걸치는 시기를 포괄한다고 볼 수 있을 것이다. 따라서 19세기 후반기에서 20세기 전반기는 한국민족운동 내지 민족주의의 형성기이며 20세기 초에서 20세기 중반기까지는 그 전개기에 해당된다고 할 수 있다. 그러므로 한국민족운동의 본격적인 전개 시기는 일제의 한국에 대한 식민지 통치기에 해당되

---

* 경원대 초빙교수

며 항일민족운동이 그 주류를 이루고 있다. 항일민족운동은 일제의 타도를 통해 독립을 쟁취한다는 일정한 목표를 지향하는 저항 주체와 근대국가의 건설이라는 변혁 주체를 포괄하는 운동으로서 다양하게 전개된 것이었다.

그리하여 한국민족운동을 올바르게 이해하기 위하여는 우선 선행되는 학문적 작업을 한국근현대사의 큰 흐름 속에 位相 지우는 일이라고 생각된다. 더욱이 최근에 와서는 일제의 식민지 통치에 저항하여 국권을 회복코자 투쟁한 항일민족운동을 이데올로기적 편견에 따라 계급모순에 대한 투쟁으로 보는 일부 견해도 없지 않다. 따라서 한국민족운동은 일제의 한국에 대한 식민지 통치에 저항한 항일민족운동이며 특정 계급을 위한 것이 아니라 민족 전체를 포괄하고 광범한 민중의 독립을 위한 志向을 결집하여 전개된 것이라고 할 수 있다.

여기에서 필자는 한국민족운동의 역사적 位相을 밝히는데 있어서 우선 그 연구사에 주목하고 나아가 한국근현대사의 흐름 속에서 그 位相에 접근해 보고자 한다.

## Ⅱ. 韓國民族運動史의 研究現況과 問題點

學界에서 한국민족운동사를 본격적으로 연구하고 학문적으로 정립하기 시작한 것은 1960년대 들어와서의 일이라고 생각된다. 물론 그 이전에도 민족운동에 직접 참가한 이의 회고록적 저술 등이 있지만 이는 자료적 가치를 지니고 있을 뿐 학문적으로 연구된 것은 아니었다. 그러므로 한국민족운동사에 대하여 본격적인 연구를 집대성한 것은 1969년 東亞日報에서 발간한 『3·1運動50週年 紀念論文集』이 그 효시가 된다고 하겠다. 그 후 1970년대와 1980년대를 거치면서 한국민족운동사에 대한 학계의 연구가 많이 축적되어 오늘에 이르고 있다. 그러나 한편으로 그 시기는 우리 사회가 변혁과 격동을 겪은 시대상황이기도 하였다. 이러한 시대상을 반영하여 극히 일부에 불과하지만 이른바 進步的 歷史認識이라는 이름 아래 修正主義 史觀, 혹은 傾向主義的 역사해석과 함께 實證主義的 역사인식을 외면한 항일민족운동사 인식이 學界를 혼미시키고 一時的이나마 歷史學界를 풍미한 바 있다.1) 그러나 이러한 역사인식은 역사의 진실성을 외면한 것이기 때문에 일시적 현상에 그친 것은 그나마 다행스런 일이었다.

그리고 한편 한국민족운동사 연구의 이때까지의 일반적 연구경향이 주로 자료의 수집 조사, 그리고 사건의 전개과정에 대한 정리에 머무르고 있는 것도 반성의 여지가 있다.2) 즉 한국민족운동사의 연구가 단선적 평면적 이해에 그치고, 또한 이론의 개발없이 단순한 자료의 소개 및 정리나열에 그친 감이 없지 않은 점은 반성의 여지가 없지 않다. 이런 점에서 현재 한국민족운동사 연구가 안고 있는 여러 문제들에 대하여 이를 내재적 발전론에 초점을 맞추어 그의 志向, 動搖, 克復의 과정을 검토한 日人 學者의 견해는 경청할 만하다.3)

한편 한국민족운동사의 연구동향을 살펴보는데 있어서 먼저 제기되는 문제는 우리 민족의 항일민족운동을 보는 눈, 즉 歷史觀 내지 視角이다. 이는 다양하게 전개된 한국민족운동사의 성격을 밝히는데 도움이 되기 때문이다.4) 먼저 한국민족운동사를 민족주의운동의 전개과정으로 보는

---

1) 金昌洙, 「北韓史書의 抗日民族運動史 敍述」, 『汕耘史學』 5, 고려학술문화재단, 1991 :「韓國獨立運動史의 研究史的 檢討」, 위의 책, 6, 1992 :「韓國獨立運動史의 研究動向과 課題」, 광복회주최 광복50주년기념 국제학술회의 발표요지, 1995년 9월 28일~29일.

2) 金昌洙, 「韓國獨立運動史의 研究史的 檢討」, 『汕耘史學』 6, 1992 :「韓國民族運動史의 研究動向과 課題」, 광복회주최 광복50주년기념 국제학술회의발표요지, 1995년 9월 28일~29일.

3) 竝木眞人, 「日本에서의 韓國民族運動史研究現況」, 한국민족운동사연구회 주최 韓國民族運動史의 재조명 국제학술회의 발표요지, 1996년 8월 13일.

4) 한국민족운동을 주도층 중심으로 이해하려는 경향을 이데올로기적 편향성을

4

시각이다. 그러므로 근대의 소산인 민족주의의 형성과 전개라는 시각에
서 한국독립운동사를 살펴 볼 때 우리나라의 근현대사의 흐름은 위기와
충격에 대한 저항을 통한 자주독립의 수호, 그리고 근대적 변혁을 지향
하는 역사적 조건 속에서 전개되어 결국 한국민족주의에 결집된다고 생
각하고 싶다.5) 그리하여 근대사 내지 근대화의 소산인 민족주의는 한국
민족운동의 큰 흐름을 이루고 19세기 후반기와 20세기 전반기에 걸쳐서
민족적 역사적 과제가 되었다고 할 수 있다.6)

그리하여 한국민족운동사를 민족주의의 흐름 속에서 이해할 때 민족
운동의 두 가지 과제로서 자주독립과 주권국가건설이라는 목표와 일제
의 침략에 항거하여 국가주권을 회복하기 위한 독립의 과제가 3·1독립
운동에서 통합되어 근대적 민족국가로의 지향을 목표한 근대적 민족주
의운동으로 이해한 선학의 지적은 일단 경청할 만 하다.7)

이러한 주장은 나아가 한국민족운동을 그것이 어떤 이데올로기나 외
래사상으로 분장되어 있다 하더라도 그 운동의 기본 목표가 민족주의
주권국가로서의 독립에 있었다면 민족주의 운동의 범주를 벗어날 수 없
다는 것이다.8) 이에 따르면 결국 한국민족운동사는 말할 나위도 없이

---

떤 이해에 접근할 가능성을 지니고 있으나 한국민족운동사를 이론적으로 심
화시켰다는 점에서 긍정적으로 평가될 수 있다. 박찬승, 「민족해방운동사론」,
『김용섭교수정년기념논총』, 1997.
5) 金昌洙, 『(개정증보)韓國民族運動史硏究』, 교문사, 1998, pp.34~35.
6) 金昌洙, 『韓國近代의 民族意識硏究』, 동화출판공사, 1987 : 「民族意識·民族主
義의 形成과 展開」, 『韓國史硏究入門』, 知識産業社, 1987, pp.506~512 : 『(개
정증보)韓國民族運動史硏究』, 敎文社, 1998 : 朴 烜, 「韓國歷史學界의 民族運
動史硏究 動向」, 韓國民族運動史硏究會 편, 『韓國民族運動의 새로운 方向』,
國學資料院, 1998.
7) 金俊燁, 「독립운동의 역사관」, 『한국독립운동사의 재조명』, 독립기념관 한국
독립운동사연구소, 1989, pp.13~14.
8) 위의 글, p.16에 보면 다음과 같이 民族主義를 설명하고 있다.
"한국독립운동 40년간의 운동주체는 한민족이었고 민족지도자들이었으며 그
목표는 근대적 민족국가였으므로, 이 점에서 우리 독립운동의 역사적 성격은
그것이 어떤 이데올로기나 외래사상으로 분장되어 있다 하더라도 그 운동의

한국독립운동사는 민족주의의 형성과 전개라는 흐름 속에서 이해되어지는 것이다. 따라서 민족주의라는 서구적 개념 또는 근대적 소산으로서의 성격에 대하여 한국사적 개념의 민족주의라는 특수성을 강조하는 일부 학자도 있다.9)

그러나 민족주의란 어디까지나 독립을 쟁취하여 빼앗겼던 주권을 되찾아 민족국가의 수립을 지향하는 것이었다. 그러므로 한국의 민족운동은 민족주의와 同義語로 쓰이며 그것은 결코 排他的 排外主義는 아니었다.10) 따라서 민족주의(Nationalism)란 서구적인 것이라든가 한국적이라는 개념상 별개의 것이 아닌 것이다. 민족주의란 원래 사회과학적인 개념이며 근대의 소산으로서의 저항과 변혁의 논리를 포괄하는 하나의 역사적 현상으로 18~9세기 유럽에서 전파되어 20세기에는 전세계적으로 전개된 것이며 운동이었다.11) 따라서 민족주의는 종족 민족주의(Ethno Nationalism), 문화 민족주의(Cultural Nationalism), 저항 민족주의, 통합 민족주의(Integral Nationalism), 창조적 민족주의(Creative Nationalism)의 여러 차원으로12) 나뉘어 다루어지기도 한다.

한편 한국민족운동 및 민족주의운동을 그 다양성에서 파악하는 것이 아니라 그 운동의 주도 세력을 좌경 이데올로기에 의하여 파악함으로서 이러한 역사인식이 마치 진보적 성향인양 주장하는 경향이 1980년대 격동의 시대상황 속에서 일부 소장학자들에 의하여 제기되었다. 이를테면

---

기본 목표가 민족자주의 주권국가로서의 독립에 있었다면 民族主義運動의 범주를 벗어날 수 없다는 것이다. 이것이 한국독립운동의 기본 사관이 아닐 수 없다."

9) 趙東杰, 「序說 - 韓國民族主義의 歷史的 特質」, 『韓國民族主義의 成立과 獨立運動史研究』, 知識産業社, 1989, pp.7~19.

10) 金昌洙, 앞의 책, pp.34~35.

11) Hans Kohn, Nationalism : *Its Meaning and History*, New Jersey, D. Van Nostrand Co., Inc., 1965, p.4.

12) Micheal Edson Robinson, *Cutural Nationalism in Colonial Korean(1920~25)*, Seattle. University of Washington Press, 1988.

6

대한민국임시정부에 대한 종래의 평가에 의문을 제기하여 그 정통성을 비판하면서 대한민국임시정부는 많은 한계를 지닌 하나의 독립운동단체에 불과한 것이었다고[13] 평가하여 임시정부에 대한 민족주의 주도론자들의 과대평가에 비판을 가하였다. 그러나 이러한 평가는 북한의 역사인식과 접근되어 있다는 점에서 문제점을 안고 있다.

또한 최근에 와서 일부 소장학자들이 중심이 된 한국독립운동사 연구의 시각도 마찬가지이다. 이들 소장학자들의 연구동향은 스스로 진보적인 연구자로 자처하면서 대체로 社會主義運動세력의 주도적 운동을 지지하는 입장에서 기성의 민족운동사연구를 보수적, 또는 왜곡된 역사인식으로 매도하는 데서부터 출발한다. 즉, 이들의 韓國民族運動史의 시각이 단적으로 나타나 있는 글을 인용해 보면 다음과 같다.

    "……그럼에도 불구하고 우리는 한국민족해방운동사를 바르게 이해하기 위한 지침서가 절실하게 필요하다는 판단에서 이 책을 기획하였다. 그것은 첫째, 분단의 고착화 이후 보수적인 역사학자들에 의해 이 역사가 너무나 왜곡되었으며, 왜곡된 모습 그대로 교과서를 비롯한 언론, 출판, 교육 전반을 통해 일반인에게 전달되고 있는 현실 때문이다. 잘못된 역사의식 속에서 어떻게 민족적 자주성이 세워지고 나아가 민족 자주화의 정확한 방향을 세울 수 있겠는가. 이 책을 마련한 두 번째 이유는, 1960년대 이후, 특히 1980년의 광주민중항쟁을 계기로 형성된 진보적인 역사연구자들 안에서 민족해방운동사를 해석하는 관점이 매우 큰 편차를 보이고 있기 때문이다. 이 편차는 기본적으로 우리 민족해방운동의 전통(경험)에 대한 인식의 차이에 기인한다. 우리는 이 차이를 극복하고 민족해방운동사의 흐름을 과학적으로 인식하는 것이, 현단계 변혁운동의 주체 및 전략 수립을 둘러싸고 치열하게—한편 소모적으로— 논쟁을 겪고 있는 사회과학계의 발전에 역사학계가 기여할 수 있는 하나의 과제라고 판단하였다. 관변 역사학자들이 왜곡한 민족해방운동사의 모습을 바로잡는데 일차적인 비중을 두고, 나아가 진보적인—그러나 미숙한— 역사연구자들의 연구

---

13) 노경채, 「임시정부는 얼마나 독립운동을 하였나」, 『역사비평』 1990 겨울호.

수준을 한단계 높이기 위한 밑받침을 마련하자는 것이 이 책의 기획 취지
이다"14)

위의 문제 제기를 음미해 보면 이때까지의 민족운동사연구가 자료의
소개와 정리, 그리고 사건의 나열 등 너무나 단선적이고 평면적인 민족
운동사 연구 및 서술에 대한 반성에 대한 평가로서 일단 수긍이 가는
지적이다. 그러나 이와 같은 비판과 의욕에도 불구하고 이를 극복하기
위한 새로운 방법론의 제시에까지 이르지 못하고 있는 것이 문제이다.15)
그리하여 종래의 연구자들 및 연구동향을 극우 반공 이데올로기적
편견에 젖었다고 비판 내지 비난하면서도 과연 이를 극복하기 위한 방
법론이 무엇인가를 분명히 밝히지 못하고 있는 것이다. 위의 일부 소장
학자들의 지적에 따르면 다만, 기존 연구에서 민족운동을 항일운동과
민족운동으로 구분하여 보면서 통일독립국가를 건설하는 운동으로 이해
하고 나아가 민족협동전선운동에서 독립운동의 주체를 찾고자한 견해16)
에 일단 수긍하면서도 그 주도권, 국가권력의 성격에 대한 명백한 규정
이 없다고 비판하고 있다. 그렇다면 새로운 민족해방운동의 주도 세력
은 누구인가. 이에 대한 해답은 분명치 않으면서 피를 흘리며 일제와
치열하게 대결한 의열투쟁을 객관적 영향력 없는 소규모 집단이라고 과
소평가하고 막연히 대중투쟁과 무장투쟁에 큰 비중을 두고 있다.17) 이
러한 민족운동사 이해의 시각과 방법에는 많은 문제점을 안고 있다.
그렇다면 이러한 견해는 결국 노동자, 농민이 중심이 된 사회주의 운

---

14) 역사문제연구소, 「민족해방운동사연구의 현단계와 과제」, 『쟁점과 과제 민족
　　해방운동사』, 1990, pp.3~4.
15) 金昌洙, 「韓國獨立運動史의 研究史的 檢討」, 『汕耘史學』 6, 1992, p.115.
16) 姜萬吉, 「獨立運動過程의 民族國家建設論」, 『韓國民族主義論』, 창작과 비평
　　사, 1982 : 『조선민족혁명당과 통일전선』, 和平社, 1991.
17) 역사문제연구소, 앞의 책, p.29.
　　이러한 견해는 북한의 연구경향과 軌를 같이 하고 있다. 필자의 「北韓史書
　　의 抗日民族運動史 敍述」, 『汕耘史學』 5, 1991.

8

동만이 민족운동의 주도세력이 된다. 따라서 항일민족운동이 과연 농민 노동자만의 운동이며 사회주의 대중투쟁과 북한의 역사인식과 軌를 같이 하는 중국공산당 지도하의 동북항일연군 같은 유격무장투쟁만이 민족해방투쟁인가. 이러한 시각과 방법에 대하여는 필자로서는 의문을 갖고 있다. 1960 · 70년대의 일본 학계에서 유행되었던 좌파학자들의 한국독립운동사에 대한 시각과 방법이 유리에게는 他山之石의 구실을 할 것으로 생각된다. 1970년대의 사회주의 좌파 주도의 항일민족운동사 인식을 대표하고 있다고 할 수 있는 일본 학계의 梶村秀樹의 견해를 예로 들어보기로 한다.

> "..... 조선의 대중적인 부르주아 民族主義運動은 부르주아적인 價値體系와 經濟關係를 목표로한 獨立을 추구하는 운동으로 출발하였다. 부르주아 民族主義 지도자들은 광범한 대중의 독립에의 志向을 結集하는 政治的 中心의 역할을 담당하고 있었다. 植民地化에 反對하는 애국계몽운동에서 국권회복운동으로 그리고 3·1運動의 발단까지는 그러하였다. 총독부 관헌의 탄압의 안목도 그들에게 향하고 있었다. 3·1운동에 있어서 그 동기를 만든 33인의 성명에서는 일체의 政治的 結社가 非合法化되어 있는 조건 아래서 종교인과 崔南善 등의 문필가가 표면에 섰다. 그러나 모두 그들로서 대표되는 저명한 특히 1920년대 이후 부르조아 民族主義 지도자의 총독부 관헌에의 懇願의 자세는 피를 흘리며 관헌과 대결한 無組織의 대중에 의하여 운동과정에서 뛰어 넘어가고 있었다. 3·1운동 이후 부르조아 民族主義者의 사이에는 비타협적인 독립투쟁의 자세에 대한 회의가 점차 확대되어 가고 20년대 전반을 과도기로 하여 민족해방투쟁의 주체는 부르조아에서 노동자·농민과 사회주의자에게로 이행되어 갔다.[18]

위의 항일민족운동사 인식은 마르크스·레닌주의 사관의 계급모순의 극복이라는 좌파이론을 바탕에 깔고 있으며 이러한 경향은 대체로 북한

---

18) 梶村秀樹,『朝鮮의 社會狀況과 民族解放鬪爭』, 岩波書店, 世界歷史 27, 1971, p.246

의 역사인식과 軌를 같이하고 있다. 특히 이곳의 부르조아 民族主義者에서 사회주의 노동자·농민에게로의 이행이라는 도식은 북한에서 발간된 史書, 이를테면 『조선전사』, 『근대조선역사』, 『조선근대혁명운동사』에서의 '부르조아민족운동에서 프롤레타리아 社會主義運動으로의 전환'이라고 서술하고 있는 것과 같은 인식 위에서 설명되고 있는 것이다.[19]

이와 같이 3.1독립운동 이후의 한국민족운동선상에서 사회주의운동이 그 주동세력이 되었다는 것이며 이는 나아가 우리 학계에도 영향을 미쳐 1980년대 이후 이른바 수정주의사학 또는 민중사학을 주장하는 일부 소장학자 사이에 유행하기도 하였다. 그 예로,

> "사회주의 운동 세력은 일제하에서 노동자 농민의 혁명적 운동을 지도한 세력이었으며, 나아가 광범한 반제국주의적 운동세력을 통일전선의 형태로 결집하여 민족해방운동을 단결시키고 고양시키는데 중심이 된 세력이기도 하였다."[20]

라고 한 것을 보면 항일민족운동의 주도세력을 노동자 농민이 중심이 된 사회주의운동에 초점을 맞추고 있음을 알 수 있다. 따라서 이에 따르면 사회주의운동만이 일제하 한국민족운동을 주도한 세력으로 부각되는 것이다. 이러한 시각은 나아가 민족독립운동선상의 변화를 사회경제적 조건에 초점을 맞춘 마르크스주의 이론을 원용하여 민족운동의 전개 양상을 다룬 연구가 발표되기도 하였다.[21] 그러나 이러한 연구경향은 민족운동의 일부분에만 해당될지는 몰라도 운동 전체의 전개 양상과는 관계가 없다고 할 수 있다.

---

19) 金昌洙, 「北韓史書의 抗日民族運動史 敍述」, 『汕耘史學』 5, 1991, p.148.
20) 역사문제연구소, 「사회주의 계열의 이념과 활동」, 『쟁점과 과제 민족해방운동사』, 역사비평사, 1990.
21) 신주백, 「일제시기 민족운동사 연구의 현황과 과제」, 『한국의 '근대'와 '근대성' 비판』, 역사비평사, 1997, p.35.

10

한편 한국민족운동에 있어서 민족주의 세력 주도론과 사회주의운동 주도론을 극복하고 左右合作에 의한 통일전선운동 또는 협동전선운동 주도론에 주목하는 경향을 들 수 있다.[22] 이러한 시각은 1970년대와 1980년대라는 우리 사회의 격동의 시대상황 속에서 일제 식민지시대의 민족운동을 좌우합작의 통일전선운동에 초점을 맞추어 현단계의 분단시대 역사학의 한계를 극복하려는 노력을 기울이는 연구경향이 나타났다.[23] 이러한 연구경향은 종래의 연구경향인 단순한 민족운동 전개 실상을 규명하는데 그친 연구를 지양하여 이를 극복하며 통일전선운동을 민족국가 건설론에까지 이르는 연결 고리를 밝히려고 하였다.[24] 뿐만 아니라 통일전선론 또는 통일전선운동 연구는 1980년대 후반기에 요원의 불길 같이 타오르던 분단극복과 평화통일에의 줄기찬 논의와 발 맞추어 일제식민지시대 통일전선운동에서 역사적 교훈을 얻으려는 현실적

---

22) 朴烜, 앞의 글, p.17. ; 姜萬吉, 「獨立運動過程의 民族國家建設論」, 『韓國民族主義論』, 창작과 비평사, 1982 : 『조선민족혁명당과 통일전선』, 和平社, 1991.

23) 姜萬吉, 「독립운동과정의 민족국가건설론」, 『韓國民族運動史論』, 한길사, 1985, p.154에 보이는 다음과 같은 글이 주목된다.
"..... 3·1운동 이후 임시정부가 성립된 시기까지는 군주주권체제를 청산하고 국민주권체제를 바탕으로 한 민주공화국의 건설을 지향했다. 이후 좌우익의 대립으로 혼선을 빚다가 식민지시대 말기로 접어든 1930년대 후반기 이후에는 만주에서의 공산주의운동은 그것이 지향한 정체(政體)를 분명히 밝힐 수는 없지만, '부르조와' 계급과 종교단체와의 협력을 모색한, 적어도 '노동계급 독재'는 부정하는 방향으로 나아가고 있었음이 확실하다. 한편 중국지방 독립운동전선에서는 '조선독립동맹'이 좌파노선과 임시정부 중심의 우파노선이 모두 정체는 보통·비밀 선거를 통한 민주공화국의 건설을 지향하고 경제정책과 사회정책에서는 사회주의 체제를 채택한 일종의 민주사회주의 체제를 지향하고 있었다. ....."

24) 위의 책, p.154에 " ..... 그러나 식민지 시대 말기 좌우익 독립운동전선의 민족국가건설론을 통해 본 이와 같은 민족주의적 합일점에의 접근은 그것이 미처 정착되기 전에 일본의 패망이 초래되었던 연합군의 분할점령과 동서냉전의 심화 추세 아래서 민족분단은 고정화했다. 이 때문에 분단시대 민족주의의 최대 과제는 그대로 통일민족국가의 수립문제로 남아 있게 되었으며, 그것은 또 식민지 시대 말기의 민족주의가 지향한 방향을 다시 되새기게 하는 근거가 되는 것이다."라고 한 것이 주목된다.

요구를 반영한 것이기도 하였다.25) 따라서 통일전선운동과 민족국가건
설론은 일제하 식민지시대 항일민족운동을 주도한 지도이념이며 실제로
민족독립운동을 이끌어 나간 운동으로 보고 있다.

그럼에도 불구하고 한국민족운동사에서의 통일전선운동은 중국 동북
지방에서의 유일당 운동 및 고려혁명당 운동,26) 중국 본토에서의 민족혁
명당 운동27), 국내에서의 신간회 운동 등이 모두 좌파세력의 좌경화 공
작에 부딪쳐 실패하던가 그들의 탈퇴 또는 방해 공작으로 성과를 거두
지 못한 것을 어떻게 설명할 것인가. 식민지 일제하의 통일전선운동 또
는 협동전선운동은 어디까지나 그 운동이 항일운동으로 의미를 지니는
것이며 그것은 항일민족운동선상의 하나의 노선에 지나지 않는 것이다.


# Ⅲ. 韓國民族運動史의 歷史的 位相과 課題


항일민족운동은 일제하 식민지시대에 그 압정에 저항하여 주권을 되
찾고자 일제와 투쟁한 다양한 운동을 가리킨다. 즉, 여기의 다양한 운동
이라는 것은 항일민족운동 노선상의 민족주의운동, 사회주의운동, 좌우
합작의 통일전선운동을 아울러 총칭하는 것이 된다.

그러므로 항일민족운동의 주체 또는 운동에 대하여 이를 친일파를
제외한 모든 민족성원이라는 주장이나 일제와 정면대결을 하지 않았다
고 하여 문화운동 및 국학운동 등을 민족운동선상에서 제외시키는 것도
모두 옳지 못하다고 생각된다.28) 곧 민족성원이 모두 민족운동의 주체
라는 견해는 사실 왜곡은 아니더라도 과장이며, 또한 문화운동과 국학

---

25) 위의 책, 머리말.
26) 金昌洙, 「고려혁명당의 조직과 활동」, 『汕耘史學』 4, 1990.
27) 姜萬吉, 앞의 책.
28) 역사문제연구소, 앞의 책, p.28.

수호운동은 경우에 따라서는 생명을 희생해가며 민족정기를 수호하려고 투쟁하였다는 점에서 민족운동의 범주에 당연히 포함되어야할 것이다. 따라서 항일민족운동선상의 다양한 투쟁을 이른바 대중투쟁 또는 무장투쟁에만 큰 비중을 두고 그 밖의 운동은 민족운동선상에서 제외시킨다는 것은 민족운동사의 실상을 왜곡시키고, 특히 한국민족운동의 이니셔티브가 1920년대 이후 부르조아계급에서 프롤레타리아계급으로 옮겨갔다는 마르크스·레닌주의 계급사관의 논리와 軌를 같이 하는 것이다.

항일민족운동을 일제의 타도를 통해 독립을 쟁취하기 위한 투쟁이라는 민족적 존재형태 그대로 인식하지 않고 좌파 이데올로기의 틀에 맞추어 다룰 때 역사적 진실이 매몰되기 쉽다. 따라서 우리의 근·현대사에서 "사회경제적 조건의 변화에 따라 계급적 관계는 변화해 나가며, 따라서 민족의 내용 역시 변화해 나간다는 주장"29)은 민족의 내용이 프롤레타리아계급이 민족운동의 주도권을 잡는다는 뜻인지 확실치 않지만 민족운동의 주체를 특정계급에 두는 한 이것 또한 민족운동사 인식에 혼란을 더 해줄 뿐이다. 뿐만 아니라 부르조아 또는 프롤레타리아적 가치체계와 경제관계를 목표로 하여 독립을 추구하는 운동으로 민족운동을 파악하는 것도30) 민족운동의 실상을 희석시키는 결과를 가져오기 쉽다. 물론 3·1독립운동 이후 일부 부르조아 민족주의자 중에는 사회경제적 측면에서 일제에의 예속적 성장을 꾀한 이른바 민족개량주의자로 轉化한 경우도 있지만 민족운동의 양상은 이러한 민족개량주의 또는 자치론자를 제외하고라도 일제에의 저항을 치열하게 전개한 것은 도리어 항일민족운동에 있어서 다양성을 띠고 있음을 우리는 발견하게 된다. 따라서 항일민족운동사를 어떠한 틀, 또는 도식에 맞추어 인식할 때 얼핏 보아 매우 논리적 타당성을 띠고 있는 것 같으나 기실은 항일민족운동의 실상에 대한 파악을 흐리게 하고 민족운동의 다양성을 부정하는

---

29) 역사문제연구소, 위의 책, pp.28~29.
30) 梶村秀樹, 앞의 글, p.246.

결과를 가져오게 한다. 여기서 항일민족운동의 다양성이라는 것은 사회주의운동도 포함하는 것은 물론 일제에 저항하여 투쟁한 모든 운동을 가리킨다는 뜻이다. 적어도 1930년대 초까지만 해도 항일민족운동의 지향하는 바는 일제의 타도를 통해 그들의 식민지통치에서 해방되는 것이 제1차적 목적이었지 국가건설론은 부차적인 것에 지나지 않았다고 할 수 있다.[31]

특히 이러한 경향은 민족주의운동의 경우 더욱 그러하다. 1930년대의 사회주의 운동은 특히 중국 동북지방에서의 항일운동이 사회주의 국가건설이라는 뚜렷한 목표를 지향한 경우가 많았지만 민족주의 운동은 처음부터 분단국가를 의식한 것도 아니고 왕조국가의 부활은 더욱 아닌 당면의 적인 일제에 대한 타도를 통해 잃었던 主權을 회복하고, 민족을 해방하자는 순수한 목표 아래 전개된 것이었다.[32] 물론 국가건설은 민족운동단체의 강령에도 나타나 있지만 그것은 1930년대 후반기에 들어와서의 일이고 또한 어디까지나 부차적인 것이었으며, 당면의 목표는 일제의 식민지통치에서 해방되어 독립을 쟁취하는 것이었다. 그러므로 항일민족운동은 이데올로기적 가치체계와 경제관계라는 시각을 극복하여 한국근현대사라는 큰 흐름 속에서 객관적이며, 실증적으로 밝히는 것이 중요하다고 생각된다.

항일민족운동의 위상을 분명히 하는데 있어서 먼저 검토하고 넘어가야 할 과제는 일부 소장학자들이 중심이 된 민족운동사연구의 시각이다. 이들은 민족운동사 또는 독립운동사가 아니라 민족해방운동사의 시각에서 다루어져야 한다는 것이다. 민족운동사 내지 독립운동사가 순수한 항일독립운동을 지향하는 용어로 쓰이고 있다면 민족해방투쟁사는 이른바 진보적 경향성을 띤 연구자가 항일민족운동에 대신하여 쓰는 용

---

31) 姜萬吉, 앞의 글.

32) 姜萬吉, 『분단시대의 역사인식』, 창작과 비평사, 1978 : 金昌洙, 「민족운동으로서의 義烈團의 활동」, 『3.1운동50주년기념논문집』, 동아일보사, 1969.

어 개념이다. 특히 민족해방투쟁(운동)논자들의 연구동향은 스스로 진보적인 연구자로 자처하면서 기왕의 민족운동사연구를 보수적, 또는 왜곡된 역사인식으로 이해하는 데서부터 출발한다. 즉, 이미 앞에서 살펴 본 인용문은 그들이 한국민족운동사를 어떻게 이해하고 있는가를 잘 말해주고 있다. 여기서 그들의 주장에도 불구하고 새로운 연구방향을 제시하지 못하고 있다. 과연 진보적 연구자는 무엇이며 보수적 민족운동연구자는 무엇인가가 분명히 밝혀져 있지 못하다. 민족운동사 또는 독립운동사로 이해하는 연구자는 보수주의자이고 민족해방운동사로 이해할 때만 진보주의적 학문이 된다는 말인가. 한국민족운동사 또는 한국독립운동사는 우리 민족이 일제의 침략에 저항하여 독립을 쟁취코자 다양하게 전개된 모든 운동을 가리키는 것이며, 앞서의 인용문에 보이는 보수적인 역사학자들로 불리우는 역사학자에 의하여 왜곡되었든가, 광주민중항쟁을 통해 진보적인 역사연구 특히 민족운동사연구가 바로 세워졌다는 시각과 또한 분단의 고착화로 역사가 보수적인 역사학자들에 의하여 왜곡되었다는 주장은 도대체 무엇을 주장하고 있는 것인지 얼른 이해가 가지 않는다.

물론 여기에는 이데올로기적 계급사관을 바탕에 깔고 민족해방투쟁사라는 방향설정의 의도가 숨겨져 있는 것이 아닌지는 분명치 않다. 과연 민족해방논자들이 주장하는 식민지시대의 항일민족운동은 농민, 노동자 등의 대중투쟁만이 민족해방투쟁이며, 종래의 독립운동사인식은 극우 반공 이데올로기적 편견의 소산이므로 일체의 착취와 억압에 대한 저항만이 민족해방운동의 중핵을 이루는 것인가.[33] 이러한 한국민족운동에 대한 인식은 북한의 민족해방투쟁사 인식과 시각을 같이 하는 것이며[34] 이 분야의 연구에서 진보적 시각일 수 없는 도리어 역사를 두 번이나 왜곡하는 것이 된다. 말할 나위도 없이 한국민족운동은 일정한 계급의

---

33) 역사문제연구소, 앞의 책, p.27.
34) 金昌洙, 「北韓史書의 抗日民族運動史 敍述」, 『汕耘史學』 5.

운동도 아니며 일제의 식민지통치에 대한 저항이 민족전체를 포괄하고 광범한 민중의 독립을 위한 志向을 結集하여 多樣하게 전개된 운동이었다고 할 수 있다. 즉, 일제하의 항일민족운동은 그 다양성으로 보아 민족주의 운동, 사회주의 운동, 좌우합작을 통한 무정부주의 운동 등의 이데올로기적 특성과 더불어 농민운동, 노동운동, 학생운동 등의 다양한 운동을 포괄한 항일민족운동으로 전개되었다고 할 수 있을 것이다.

한국민족운동사에서 하나의 분수령을 이루고 있는 것은 3·1獨立運動이다. 즉, 3·1獨立運動을 계기로 하여 그 이전의 항일민족운동과 이후의 운동을 비교해 볼 때 이후의 독립운동은 사회운동과도 연계를 지닌 새로운 내용으로 전개되고 있는 것이 그 특색으로 지적될 수 있다. 곧 3·1獨立運動 이후의 민족운동은 보다 조직적인 운동으로의 전환과 더불어 사회운동 또는 사회주의운동과도 연결되어 전개되었다. 따라서 3·1獨立運動 이후의 항일민족운동이 항일민족운동사에서 그 중핵을 이룬다는 것은 누구라도 인정할 것이다. 그러나 3·1獨立運動의 원류를 이루는 1910년부터 1918년에 이르는 항일민족운동에 대하여는 그 연구가 현재로서 미진한 상태에 놓여 있다.[35] 따라서 이 시기는 1910년 일제의 강압에 의하여 식민지 지배체제의 무단통치가 실시되었던 만큼[36] 구한말부터 전개되었던 義兵運動도 1913년을 고비로 中國 東北地方의 새로운 근거지로 옮겨갔으므로 국내의 항일민족운동은 비밀결사적 조직을 통해 저항한 것이 그 주류를 이루고 있었다. 비밀결사조직을 통한 抗日民族運動은 뒤에서도 언급하겠거니와 민족운동의 방법 중 적극적인

---

35) 1910년대의 抗日民族運動에 대하여는 다음과 같은 硏究를 들 수 있는데 보다 심층적인 연구가 요청된다.
朴永錫, 「대한광복회연구-박상진의 제문을 중심으로」, 『韓國民族運動史硏究』 1, 韓國民族運動史硏究會 : 趙東杰, 「대한광복회연구」, 『한국사연구』 42, 한국사연구회 : 崔永禧, 「3·1運動에 이르는 民族獨立運動의 源流」 : 尹炳奭, 「1910년대의 韓國獨立運動」, 『韓國近代史論』 2, 지식산업사, 1977.

36) 金昌洙, 「1910년대의 武斷統治와 民族獨立運動」, 『朴永錫教授華甲紀念史學論叢』, 1992.

방법이었다고 평가하고 싶다.

그리하여 비밀결사를 통한 민족운동은 1910년 安明根事件(安岳事件)을 필두로 하여 新民會事件, 獨立義軍部, 光復會, 鮮明團, 朝鮮國權回復團, 朝鮮國民會 등을[37] 통한 1918년까지의 일제에 대한 저항운동은 일제의 무단통치라는 어려운 조건 아래서 민족의 독립을 위하여 토쟁한 항일민족운동으로서 이 분야에 대한 學界의 관심이 아직 미흡할 뿐만 아니라 개개의 사건에 대한 본격적인 연구가 아직 이루어지지 못하고 있다.

다음으로 3·1獨立運動을 분수령으로 하면서 항일민족운동은 새로운 轉機를 맞이하게 되었음은 앞서 지적한 바와 같다. 따라서 3·1獨立運動 이후의 항일민족운동은 보다 조직적이고 다양하게 전개되고 또한 항일운동선상에 새로이 사회주의운동이 대두된다.

먼저 3·1獨立運動 이후의 항일민족운동의 흐름을 이해하는 데 있어서는 이때까지의 여러 가지 견해가 주장되고 있다. 이를 민족주의 운동, 좌파 사회주의 운동, 공산주의 운동 등으로 파악하는 견해가 있는가 하면[38] 다른 한편 항일운동과 국가건설운동의 결합 속에서 이해하여 부르조아 민족주의국가를 건설할 것인가 혹은 사회주의국가를 건설할 것인가를 민족해방운동의 과제로 보고 이 두 흐름 속에서 항일민족운동을 이해하려는 견해이다.[39]

이 밖에도 민중적 민족주의에 입각하여[40] 항일민족운동사를 이해하여야 한다는 주장도 있다. 위의 여러 견해를 살펴보면 첫째 경우의 좌파 사회주의 운동은 내용상 좌우합작의 민족협동전선운동으로 보아야 타당성이 있다고 하겠고, 다음으로 항일운동을 국가건설운동의 결합 속

---

37) 姜德相 편,『現代史資料』25, p.11 : 국사편찬위원회,『韓國獨立運動史』1, 資料篇, p.1023 : 崔永禧, 앞의 논문, p.14.
38) 楊昭全·韓俊光,『中朝關係簡史』, 療寧民族出版社, 1992.
39) 姜萬吉, 앞의 책 : 역사문제연구소. 앞의 글, pp.3~31.
40) 박현채,「분단시대 한국民族主義의 과제」,『한국民族主義론』2, 창작과 비평사, 1983, p.19.

에서 항일민족운동과 조명해 보려는 견해는 抗日民族運動의 전 기간을 통해 해당되는 경우가 아니라고 생각되며, 1920년대 중국 동북지방에서의 唯一黨운동, 1930년대말의 민족협동전선운동에서 그 예를 찾아 볼 수 있을 뿐이다. 더욱이 항일민족운동을 민족운동의 주체에 초점을 맞추어 1930년대 이후는 국내 민족주의세력이 민족독립운동선상에서 탈락한다든가[41] 민족문제가 계급적 프리즘을 통해 나타난다고 하면서 민중적 민족주의가 독립운동의 주류가 되었다는 견해는[42] 이해가 가지 않는다. 이러한 견해는 계급적 이데올로기를 바탕에 깔고 민족문제를 논의하고 있다는 점에서 문제점을 안고 있다. 곧, 북한의 민족해방운동인식의 방법과 비교해 보면 그 영향을 받고 있음을 알 수 있다. 북한의 학계에서는 3·1獨立運動 이후의 항일민족운동의 흐름에 대하여 다음과 같이 서술하고 있다.

> "3·1봉기를 계기로 하여 부르조아 민족운동의 시기는 종결되고 마르크스·레닌주의의 기치 아래 노동자 계급을 선두로 하는 조선인민의 민족해방투쟁은 새로운 단계에 들어서게 되었다."[43]

이러한 견해는 이 밖에도 북한에서 간행된 『조선민족해방투쟁사』, 『조선전사』 등에 공통적으로 보이고 있는데, 말하자면 항일민족운동의 주도세력이 부르조아계급에서 프로레탈리아계급으로 넘어갔고 민족해방투쟁은 공산주의운동노선만이 담당하였다는 것이다.

3·1獨立運動 이후에 전개되는 항일민족운동에서 그 운동의 주체가 부르조아라든가 혹은 프로레탈리아라든가, 그리고 계급구성의 막연한 개념인 민중이라든가 등등의 어느 계급구성체에 이니셔티브를 두고 이

---


41) 역사문제연구소, 앞의 글, p.31 : 박현채, 앞의 글.
42) 사회과학원 역사연구소, 『조선근대혁명운동사』, 한마당 복각본, 1988, p.167 : 梶村秀樹, 앞의 글, p.18.
43) 위의 책.

18

데올로기적 노선에 따라 민족운동을 이해하려는 태도는 옳지 못하다고
생각한다. 그것은 운동의 주체를 어느 특정 계급에 두는 한 1920年代,
1930年代, 1940年代에 걸치는 기간에 있어서 그 시대상황에 따라 성격
을 달리 하기 때문이며 민족운동 그 자체의 실상을 외면하게 되고 도식
적인 파악에 그치기 때문이다. 따라서 위에서 본 민족주의계열, 좌우합
작계열, 공산주의계열 등의 분류도 기실 1930년대 말에서 1940년대 초
에 걸치는 시기에 해당되며 민족운동 전 기간에 해당되는 것이 아니다.
그리고 대한민국임시정부의 우파계열, 중국 공산주의자의 민족독립운동
단체인 조선독립동맹, 동북지방의 東北抗日聯軍의 조선인 부대 등을 한
국민족운동의 3大 세력으로 보는 것도[44] 1937년 中日戰爭에서 1945년의
민족해방까지의 기간에 해당되는 것이다.

따라서 抗日民族運動사에서 3·1獨立運動 이후의 동향은 보다 다양성
있게 일제의 타도를 위해 투쟁한 모든 운동을 포괄하는 시각에서 조명
되어야 할 것이다.

한편 3·1獨立運動 이후에 있어서의 국내의 항일민족운동은 조선총독
부의 이른바 文化定策이라는 제약된 조건 아래서도 다양하게 전개되고
있다. 그 가운데 민족주의운동은 개량주의적 민족주의운동 노선의 계열
과 비타협적 대중투쟁의 흐름이 그 주류를 이루고 있었음은 널리 알려
져 있는 바와 같다. 이 가운데 전자의 경우는 실력양성운동, 자치론을
통해 독립을 주장하였는데 물론 이러한 운동은 직접적인 적극 투쟁을
주장하는 무장투쟁, 또는 직접 혁명론에는[45] 미치지 못하지만 당시 식
민지 지배하에 있던 국내사정을 감안한다면 단순한 타협, 굴종을 의미
하는 것은[46] 아니었다고 생각된다. 이에 비해서 후자의 경우는 민족적
사회주의운동과 제휴하면서 비타협적 대중투쟁을 전개하였다.[47]

---

44) 楊昭全 등, 앞의 책.
45) 申采浩, 「조선혁명선언」, 단재 신채호 전집.
46) 梶村秀樹, 앞의 글.

　다음으로 민족주의 운동 가운데 항일민족운동사에서 가장 중요한 의의와 위상을 차지하고 있는 것은 항일의열투쟁이었다고 할 수 있다. 항일의열투쟁을 일부 학계에서 개인이나 소규모 집단의 운동으로 낮게 평가하는 경우[48]와 단순한 테러리즘의 운동으로 평가하는 경우[49]를 볼 수 있다. 그러나 이러한 평가는 좌파사회주의 운동만이 마치 항일독립운동 또는 민족해방운동의 전부인양 과대 포장 내지 과대 평가한 데서 온 편견에 불과하다. 항일의열투쟁에서 가장 대표적인 義烈團과 韓人愛國團의 경우만 보더라도[50] 그것이 개인이나 소규모 집단이 아니라[51] 전자는 민족혁명당과 조선의용대로, 후자는 한국특무대 독립군에서 다시 한국광복군으로서의 역사적 발전단계를 전혀 고려하지 않은데서 온 오류이다. 더욱이 항일의열투쟁이 일제에게 타격을 주지 못하였다고 하였는데 이를테면 동북항일연구의 조선인 소부대가 일제에게 어떠한 타격을 주었는가를 윤봉길의거와 김상옥, 나석주의거와 비교해 볼 때 어떤 의거 내지 투쟁이 보다 일제에의 타격과 영향이 보다 확연히 드러날 것이다.

　3·1독립운동 직후 민족주의운동의 총결집체로서 수립된 대한민국임

---

47) 水野直樹,「新幹會運動に關する若干の問題」,『조선사연구회논문집』14, 1977 : 李均永,「新幹會 창립에 대하여」,『한국사연구』37, 한국사연구회, 1982.
48) 역사문제연구소, 앞의 글, p.29에서도 "또한 많은 경우 독립운동의 주도 세력을 선각자, 엘리트, 지식인으로 보는 영웅주의적 관점에 입각해 있기 때문에 개인이나 소규모 집단의 의열투쟁을 그 객관적 영향력 이상으로 과대평가하며, 일제식민지 통치에 실질적인 타격을 줄 수 있는 대중투쟁과 무장투쟁에 대해서는 그다지 높게 평가하지 않을 뿐 더러 ……"라고 하여 대체로 북한 사학계의 의열투쟁에 대한 평가와 같은 견해를 보이고 있다.
49) 대체로 일본의 일부 학계 및 북한사학계의 평가가 이에 속한다. 梶村秀樹, 앞의 글.
50) 金昌洙,「義烈團의 성립과 투쟁」,『한민족독립운동사』4, 1988 :「韓人愛國團의 성립과 활동」,『독립운동사연구』4, 독립기념관 한국독립운동사연구소, 1990.
51) 梶村秀樹, 앞의 글, p.429.

시정부는 1937년 중일전쟁 이후에는 민족주의 운동의 총본산에 그치지 않고 1938년에는 좌파세력까지도 그 산하에 넣어 민족주의 계열의 항일민족협동전선체에 가까운 단체로 발전하여 한국광복군이라는 무장단체까지 거느리고 항일전에 활약하였다.

또한 항일민족운동사에서 그 흐름의 큰 물줄기를 이루고 있는 항일민족운동으로 1927년부터 1931년까지 활동한 新幹會運動을 들 수 있다. 이른바 항일민족협동전선을 지향하면서 결성된 신간회는 ML파의 공산주의자와 비타협적 민족주의자 내지 민족주의 좌파의 제휴로 이루어진 이 단체는 1929년말의 광주학생운동과 각종 민중대회 개최, 소작쟁의, 노동쟁의 등에 개입하면서 활동하였으며, 이러한 경향의 운동으로 1926년의 6·10만세 운동도 공산주의자가 주도했다는 일부 주장도 있지만 민족주의者와의 제휴로 이루어진 운동이었다고 할 수 있다.

민족주의자들이 주도한 항일민족운동으로 의병투쟁의 맥락을 잇는 무장투쟁이 중국 동북지방에서도 전개되고 있다. 1920년대 초의 봉오동 천산리 전역 등을 비롯한 무장독립투쟁은 재만민족운동단체로는 국민부, 정의부 등의 민족주의자가 지도하여 일본군에게 큰 타격을 주었다. 그리고 1936년에 결성된 재만한인 조국광복회는[52] 민족공산주의파로도 불리었는데, 의열단원이었다가 뒤에 공산주의자로 전향한 오성륜(전광)을 비롯하여 엄수명·이상준 등이 발기하여 조직한 항일민족통일전선조직이었다.[53] 이 단체의 활동은 1937년의 보천보 전투, 1939년의 무삼 전투 등 외에는 크게 드러나지 않고 있지만 종교, 당파, 계급을 초월한 선언을 하면서 조직을 확대해 나가는 활동을 전개하였다. 따라서 조국광복회운동이 김일성의 지도로 전개되었다는 주장은 옳지 못하다.[54]

---

52) 姜萬吉은 조국광복회를 연합전선으로 파악하고 있다. 姜萬吉, 앞의 책, p.121.
53) 조지훈, 「韓國民族運動史」, 『한국문화사대계』 1, 고려대민족문화연구소, 1964, p.737.
54) 북한에서는 조국광복회를 김일성이 조직하여 보천보 전투를 이끌어 일제에게 타격을 주었다고 하고 있으나 이는 분명한 오류이며, 날조이다. 장덕순,

항일민족운동은 1920년대 이후 국내에서도 러시아 혁명의 영향으로 마르크스주의의 정연한 이론체계에 매혹되어 공산주의운동이 항일민족운동의 전면에 대두하게 되었다. 따라서 1945년의 민족해방까지의 공산주의운동도 그것이 일제의 타도를 통한 독립을 지향한 것이라면 항일민족운동사에서 제외될 수 없는 것이다.[55] 사회주의자들의 항일운동은 1930년을 전후하여 소작쟁의, 노동쟁의를 전개하면서, 적색노동조합과 적색농민조합운동으로 전화해 나갔다. 이러한 노동운동도 일차적 목적이 일제의 타도에 있었던 항일운동이었다고 할 수 있다. 그리고 1942년 중국 연안에 집결한 공산주의자를 중심으로 한 반일민족통일전선체로서 조선독립동맹을 결성하고 그 무장부대로서 조선의용군을 조직하여 태항산 전투 등 항일전선에서 활동을 전개하였다.

항일민족운동의 여러 양상 및 노선 중 좌파 계열의 농민운동, 노동운동 외에도 민족주의 계열의 문화운동도 항일운동의 중요한 역할을 담당하였다고 할 수 있다. 3 · 1獨立運動 이후 일제의 문화정책은 식민지 지배에 대한 온건한 타협파를 만들기 위하여 조선일보 · 동아일보 등의 신문을 발행하였지만 이러한 언론활동을 통해 한국의 민족운동과 민족의식을 고취시키는 역할을 하였다. 따라서 우리의 문화활동을 허구적인 근대관을 주입시키고 끝내는 일제의 지배정책을 편승하고 말았다는 극히 부정적인 일부 견해에는[56] 따를 수 없다. 일제 식민지 지배하의 악조건 하에서 그 제약을 극복하려고 노력과 교육 · 언론 · 국학운동 등 문화운동[57]을 통하여 민족의식의 고취를 위해 노력한 것은 높이 평가되고

---

『조국광복회운동사』, 자양사 편집, 1989.

55) 역사문제연구소, 앞의 책, p.450.

56) 역사문제연구소, 앞의 책.

57) 金昌洙, 「일제하 문화투쟁에 대한 연구사적 검토」, 한민족독립운동사』 12, 국사편찬위원회, 1993 : 「일제하의 문화운동사」, 『일제하의 한국연구총서 3』, 고려대 아세아문제연구소, 『일제하의 한국연구총서 3』 : 李萬烈, 「일제하의 문화운동」, 『한국현대사의 제문제』 2, 을유문화사.

또한 인정해야 할 것이다. 그리하여 사립학교를 통한 민족교육의 창달, 신문사의 문맹퇴치운동, 농촌계몽운동, 국학연구를 통한 민족정신의 발양 등을 비롯하여 조선어학회 사건, 신사참배반대운동, 비밀결사운동, 讀書會 사건 등등은 고난의 시기에 우리 민족이 일제에 저항한 독립운동의 한 형태로 이해해도 좋을 것이다.

## Ⅳ. 맺음말

위에서 살펴 본 바와 같이 일제하 한국민족운동사의 연구동향 및 위상문제, 그리고 제기되는 과제 등을 정리하여 맺음말에 대신하고자 한다.

1. 항일민족운동은 일제 식민지 통치시대에 일제의 타도를 통해 민족을 해방하고 독립을 쟁취하는 것이었다. 따라서 그 방법과 노선은 여러 방법으로 모색되고 또한 전개되었지만 그 목표는 주권을 회복을 통한 독립민족국가의 수립이었다. 그러므로 민족운동선상의 주도세력이 민족주의 세력이라든가 또는 사회주의 세력 그리고 통일전선운동 등 어느 한쪽에 비중을 두고 민족운동을 지도해 나간 것으로 보는 시각은 옳지 못하다. 일제하의 항일민족운동은 다양성 있게 전개된 것이며, 여러 민족운동 노선 중 어느 특정한 세력 즉 우파 또는 좌파 그리고 좌우합작파 등의 하나가 주도한 것처럼 설명되는 것은 한국민족운동사 연구에 있어서 무의미하고 옳지 못한 방법이라고 생각된다.

2. 한국민족운동사에 대한 그 역사용어 내지 개념문제를 들 수 있다. 현재 일반적으로 쓰이고 있는 용어개념은 항일민족운동, 독립운동, 민족해방투쟁, 항일투쟁 등이 그것인데 그 용어에 따라 내용을 달리함에도 불구하고 그것을 혼용하고 있는 것이다. 항일민족운동은 일제의 침략에 저항하여 국권을 회복하려고 한 일체의 저항운동을 가리키며 독립운동은 주권의 회복을 통해 자주독립을 쟁취하고자한 운동이며, 민족해방운

동(투쟁)은 외세에서의 해방과 동시에 일체의 착취와 억압에 대한 저항과 계급모순에서의 해방이라는 계급사관을 바탕에 깔고 있는 개념이다.58) 그리고 항일운동은 민족주의운동, 사회주의운동을 포괄하는 개념으로 일제에 대한 일체의 저항운동을 가리킨다. 독립운동 과정을 국가건설운동으로 볼 때 민족해방투쟁은 사회주의국가건설운동이 될 수 있다. 어쨌든 민족독립운동에 대한 용어, 개념문제는 한번쯤 집고 넘어가야 할 문제이며 이에 대한 논의가 기대된다.

3. 1920년대 이후 즉 3·1독립운동 이후의 민족운동을 민족주의운동에서 사회주의운동으로 전화해 나갔다는 일부 견해이다. 이러한 주장은 일부 연구자 사이에서 이루어지고 있는데 민족운동사의 실상을 왜곡시키기 쉽다. 물론 3·1獨立運動 이후 일부 부르조아 민족주의자 중에는 사회경제적 측면에서 일제에의 예속적 성장을 꾀한 이른바 민족개량주의로 전화한 경우도 있지만 민족운동의 양상은 이러한 민족개량주의 또는 자치론자를 제외하고라도 일제에의 저항을 치열하게 전개한 것으로 보아 일제하 항일민족운동의 양상은 도리어 다양성을 띠고 있음을 우리는 발견하게 된다. 따라서 항일민족운동사를 어떠한 틀, 또는 도식에 맞추어 인식할 때 얼핏 보아 매우 논리적 타당성을 띠고 있는 것 같으나 기실은 항일민족운동의 실상에 대한 파악을 흐리게 하고 그 다양성을 부정하는 결과를 가져오게 한다. 여기서 한국민족운동의 다양성이라는 것은 사회주의운동도 포괄하는 것은 물론 일제에 저항하여 투쟁한 모든 운동을 가리킨다는 뜻이다.

4. 일제와 정면대결은 하지 않았다고 하여 문화운동 및 국학운동 등을 민족독립운동선상에서 제외시키는 견해이다. 그러나 문화운동과 국학수호운동 등은 경우에 따라서는 생명을 희생해가며 민족정기를 수호하려고 투쟁하였다는 점에서 독립운동의 범주에 넣어야 할 것이다.59)

---

58) 金昌洙, 「韓國獨立運動史의 研究史的 檢討」, 『汕耘史學』 6, 1992, pp.113~114.

따라서 항일민족운동에서 문화투쟁은 민족의식을 고취시키고 민족의 단합과 결집을 위해 중요한 역할을 담당하였던 것이다.

5. 한국민족운동사에서 의열투쟁의 位相문제이다. 항일의열투쟁을 일부 학계에서 개인이나 소규모 집단의 운동으로 낮게 평가하는 경우와[60] 단순한 테러리즘의 운동으로 평가하는 경우를 볼 수 있다. 그러나 이러한 평가는 좌파 사회주의운동만이 마치 항일민족운동 또는 민족해방운동의 전부인양 과대포장 내지 과대평가한데서 온 편견에 불과하다. 항일의열투쟁에서 가장 대표적인 義烈團과 韓人愛國團의 경우만 보더라도[61] 그것이 개인이나 소규모 집단이[62] 아니며, 민족주의운동 가운데 항일민족운동사에서 가장 중요한 의의와 위상을 차지하고 있는 것은 항일의열투쟁이었다고 할 수 있다.

6. 대한민국임시정부에 대한 재평가의 문제이다. 앞에서도 지적한 바 있거니와, 대한민국임시정부는 분열과 갈등, 그리고 고난의 시기는 있었지만 민족운동의 총집결체의 역할을 충분히 수행하였다. 3·1獨立運動 직후 한국민족주의운동의 총집결체로서 수립된 대한민국임시정부는 1937년 中日戰爭 이후에는 민족주의운동의 총본산에 그치지 않고 1938년에는 좌파세력까지도 그 산하에 받아들여 민족주의 계열의 항일민족협동전선체에 가까운 단체로 발전하여[63] 광복군이라는 무장단체까지 거느리고 항일전선에서 활약하였던 것이다.

끝으로 일제하 민족운동사는 우리 민족이 일제의 식민지 지배에 저항하여 치열한 투쟁을 전개한 고난의 근현대사를 가리킨다. 따라서 항

---

59) 金昌洙, 「구한말 일제하의 문화운동」, 『韓國民族運動史硏究論叢』, 영남대출판부, 1988.

60) 앞의 주 14)와 같음.

61) 金昌洙, 「義烈團의 성립과 투쟁」, 『한민족독립운동사』 4, 1988 : 「韓人愛國團의 성립과 활동」, 『독립운동사연구』 4, 199.

62) 梶村秀樹, 앞의 글, p.249.

63) 金昌洙, 「韓國臨時政府之歷史的評價」, 上海復旦大學 韓國獨立運動硏究 國際學術會議, 1995年 4月 11日~12日.

일민족운동의 방법을 에워싸고 여러 갈래의 노선이 모색되고 또한 전개된 바 있지만 그것의 당면한 제1차적 목표는 일제를 타도함으로써 일제의 지배에서 민족을 해방하고 독립을 쟁취하자는 것이었다. 따라서 항일민족운동사를 인식할 때 이데올로기적 계급관계에 초점을 맞추어 이해하게 되면 민족운동의 실상을 외면하게 된다. 특히 3·1獨立運動 이후의 항일민족운동을 부르조아계급에서 프롤레타리아계급으로 그 운동의 주체 내지 이니셔티브가 넘어 갔다는 등의 도식적 해석은 옳지 못하다고 생각한다.

그러므로 특히 3·1獨立運動 이후의 1920년대에서 1945년의 민족해방 때까지의 기간에 전개된 항일민족운동은 다양한 방법과 노선이 모색되고 실천하려고 한 시기였다고 할 수 있다. 한편 민족주의운동만이 독립운동이라든가 또는 사회주의운동, 통일전선운동 그리고 민중적 대중운동만이 독립운동이라고 규정한 견해는 모두 옳지 못하다. 종래 한국민족운동전선상의 여러 운동을 살피는데 있어서 우파 진영에서는 사회주의운동을 제외하고 또한 좌파진영에서는 민족주의운동을 개량주의, 자치론, 준비론 등으로 몰아 부쳐 사회주의운동 일색으로 채색하고 있는 것은 또한 반성을 요한다.

마지막으로 이러한 항일민족운동은 그 양상에 따라 무장투쟁, 의열투쟁, 문화투쟁, 농민운동, 노동운동 등과 이념상으로 민족주의, 사회주의, 무정부의 운동 등의 노선으로 나뉘어 질 수 있다. 그 중에서도 가장 적극적이고 목숨을 건 치열한 항일투쟁은 무장투쟁과 의열투쟁으로서 항일민족운동사에서의 위상은 재평가되어야 할 것이다.

# 日帝下 韓國民族運動에 있어서 民族主義의 類型

劉 準 基[*]



# Ⅰ. 序 論

지금 20세기가 저물어 가고 있다. 이 시기가 중요한 역사적 의미를 담고 있는 것은 한 세기가 바뀔 뿐만 아니라 새로운 천년을 맞이하는 역사적 대 전환기이기 때문이다. 1999가 2000으로, 네 숫자가 한꺼번에 극적으로 변화하는 전환점에서 우리는 인류역사상 세 번째 '밀레니엄' (Millennium)을 맞고 있는 것이다.

인류문명의 새 지평을 열 새로운 세기, 새로운 천년에 인류가 맞게될

---

* 총신대학교 역사교육학과 교수

변화의 성격을 한마디로 단정하기는 어렵다. 일반적으로 우리는 막연히 '패러다임이 변한 것'이라고 말한다. 이것은 현재 우리가 살고 있는 '준거의 틀' 자체가 근본적으로 바뀐다는 것이다. 이 문제에 대해서는 논란의 여지가 많지만 앞으로 다가올 21세기의 우리 나라는 기술·정보사회, 개방·국제화사회, 다변·다원화사회가 전개될 것으로 생각할 수 있다. 즉 '정보화 사회', '지식사회', '서비스 사회' 등으로 불리어지고 있는 산업사회가 되려면 과학이 발달하고, 첨단기술이 개발되어 산업발전에 활용될 것이며, 산업구조가 고도화되고, 국가경제도 세계경제권으로 확대될 것이다.

이와 같이 개방화되고 국제화된 사회에서도 민족주의가 담론의 대상이 될 것인가 하는 의문을 갖게 된다. 요사이 사회 일각에서는 '세계화시대'를 외치면서 민족주의를 한물 간 것으로 인식하고 있다. 여기서 세계화시대는 냉전체제이후 세계 유일의 초강대국인 미국의 패권시대를 의미한다. 그뿐만 아니라 현재에도 우리 앞에는 분단현실과 민족문제가 엄연히 상존해 있고 반인권의 제국주의 전쟁을 벌였던 일본이 다시 내셔널리즘을 부활시켜 우리를 위협하고 있다. 지난 해 日本이 '독도탈환' 가상훈련과 지난달 일본중의원에서 국기·국가법을 통과시킨 것이 그 예이다. 이러한 어려운 시기에 日帝下 한국민족운동에 있어서 민족주의의 유형을 고찰해 보는 것은 중요한 의미를 지닌다고 할 수 있다.

그 동안 한국근대민족주의에 관한 연구는 민족주의형성[1]과 한국민족주의의 개념과 성격에 대한 연구[2]에 집중되어 있고 日帝下의 한국민족

---

1) 金昌洙, 『韓國近代의 民族意識硏究』, 동화출판공사, 1987.
　姜萬吉, 『韓國民族運動史論』, 한길사, 1985.
　趙東杰, 『韓國民族主義의 成立과 獨立運動史硏究』, 지식산업사, 1989.
　趙東杰, 『韓國民族主義의 發展과 獨立運動史硏究』, 지식산업사, 1993.
　유병용, 『한국근대사와 민족주의』, 집문당, 1977.
2) 崔文煥, 『民族主義의 展開過程』, 삼영사, 1959.
　李用熙 등, 『韓國의 民族主義』, 한국일보사, 1975.
　陳德奎 등, 『韓國의 民族主義』, 현대사상사, 1976.

운동과 민족주의에 대한  체계적인 연구는 매우 소략한 감이 없지 않다. 따라서 여기에서는 한말 한국근대민족주의 성립과 1910년대와 1920년대의 민족주의의 유형을 밝혀보고자 한다.

## II. 韓國近代 民族主義의 形成

### 1. 19세기 말의 위기의식과 民族意識의 성장

19세기말의 한국사회는 다음과 같은 두 가지 측면에서 특징을 지니고 있었다고 할 수 있다. 하나는 한국사의 내재적 발전 과정 위에서 이미 해체 과정에 있었던 봉건적인 사회체제를 타도하고 새로운 근대사회를 형성한다는 일이었다. 그리고 다른 하나는 西勢東漸의 물결 속에서 서구 제국주의 열강의 침투에 대응하고 일제침략에 대비하여 민족과 국가를 수호하고 자주독립을 견지해야만 하는 일이었다. 그리하여 외세의 침투에 대한 대응과 일제의 침략에 저항하는 일이 국가사회를 근대화하는 일과 더불어 민족의 지상과제가 되었던 것이다. 따라서 이시기의 우리 민족이 당면한 기본과제는 근대적인 개혁과 민족의 독립 및 그것을 추진하기 위한 강한 민족의식을 구현하는 일이었는데, 이것은 이른바 變革主體와 抵抗主體의 형성과 전개라는 점이 지적되어 왔다.3) 이같이 근대 한국의 민족의식과 민족주의는 19세기 후반기의 충격과 위기의 역사적 조건 속에서 형성·전개되었다고 할 수 있다. 그런 뜻에서 한국근

韓興壽, 『近代韓國民族主義研究』, 연대출판부, 1977.
車基璧, 『韓國民族主義의 理論과 實態』, 까치, 1978.
陳德奎, 『現代民族主義의 理論構造』, 지식산업사, 1983.
朴玄採·鄭昌烈, 『韓國民族主義論』 I -IV, 창작과 비평사, 1982~1985.
3) 金昌洙, 앞의 책, 10쪽.

대사의 큰 흐름은 민족의식의 형성과 민족주의의 전개과정이라는 시각에서 이해될 수 있을 것이다.

따라서 이 시기의 이러한 충격과 위기의 역사적 조건 속에서 전개된 한국근대사의 과제는 민족주의가 그 중요한 흐름을 이루게 되었던 것이다.

그러나, 한국의 민족주의는 원래 스스로의 힘에 의해서 '內生的'으로 일어나지 못하고 외부의 충격에 자극되어 일어난 이른바 '外生的 民族主義'라고 지적한 학자도 있지만,[4] 이는 민족사의 내재적 발전을 무시하는 결과를 초래할 위험성이 있다. 따라서 내재적발전 위에서 외세의 침략에 적극적으로 대응하여 국권회복을 도모하려는 민족운동이었음을 인식해야 할 것이다.

## 2. 한말 한국근대민족주의의 성립

먼저 민족주의의 형성과 전개를 단계별로 살펴보면, 강만길 교수는 1945년 8·15광복이전까지를 두 단계로 나누어 19세기 후반기인 구한말을 국가주의적 내셔날리즘시대로, 20세기 전반인 독립운동시기를 국민주의적 내셔날리즘시대로 이해하여 한국근세사에 있어서 한국민족주의의 형성과 전개에 관한 문제를 이론화시킨 것으로 생각된다.[5]

김창수 교수는 민족주의가 형성된 시기에 대해 그 의식이 처음 싹튼 것은 실학기이고, 1870~80년대에 서서히 성장하고[6] 1890~1910년까지의 시기에 민족의식과 민족주의가 본격적으로 전개되는 단계에 이르렀

---

4) 車基壁, 「한국민족주의와 기독교」, 『한국의 근대화와 기독교』, 숭전대 출판부, 1983.

5) 강만길, 앞의 책.

6) 金昌洙, 「韓末의 國學振興運動과 民族意識」, 『南都泳博士華甲記念史學論叢』, 1983, 김교수는 1890년대에는 근대적 의미의 민족주의의 형성이라는 면에서 취약성이 있으나 변혁주체·저항주체가 형성되어 국권회복을 위한 민족의식의 성장에 주목하고 있다.

으며, 1910년부터 8·15광복까지는 민족독립운동 내지 민족해방운동의 전개단계라는 것이다.

끝으로 한국근대의 민족의식과 민족주의의 계보를 정치사상적 측면에서 고찰해 보면 衛正斥邪思想·開化思想·東學思想의 세 흐름으로 대별할 수 있다. 이들 세 사상은 한말의 대내외적 민족의식 고취와 민족사상·민족운동 전개에는 일정하게 공헌하고 있지만 스스로의 한계를 끝내 극복하지 못한 것도 사실이다. 이것은 이들 세 사상이 대내적으로는 反封建 개혁을 주장하였고 대외적으로는 反外勢, 反侵略을 강하게 주장하였으면서도 그들의 운동이 결실을 거두지 못하고 국권이 상실되는 가장 큰 민족적 위기와 수난에 직면하게 됨을 주목해야 할 필요가 있다. 이 문제에 대하여 고식적으로 外勢와 日帝에다 책임을 전가하는 연구경향이 있는데[7] 이와 같은 역사이해는 민족사의 주체성과 내재적 발전을 무시하는 일본의 식민사관의 타율성이론과 정체성이론에 말려들 위험이 있다. 이것은 또한 우리의 주체적인 역사의식을 간과하는 결과를 초래하기 때문에 식민지화 문제를 우리 자신의 것으로 검토하는 자세가 요망된다고 하겠다.[8]

이런 점에서 金泳鎬 교수가 한말 민족주의 계보가 갈라진 원인을 한국사회 내의 각 사회계층이 지니는 내재적 조건에서 찾고 있는 것은 매우 주목되는 견해라고 하겠다.[9]

이상에서 살펴본 바와 같이 반침략과 반봉건은 결국 한국민족운동선상에서 뗄 수 없는 공통적인 요소를 갖고 있지만 민족운동 내의 계보에 따라 그들이 추구하는 운동의 방향은 달랐던 것이다.[10]

---

7) 車基壁, 「韓國의 民族主義와 基督敎」, 『韓國의 近代化와 基督敎』, 숭실대학교, 1983, 53쪽.
8) 李萬烈, 『韓國近代歷史學의 理解』, 문학과 지성사.
9) 金泳鎬, 「三·一運動에 나타난 經濟的 民族主義」, 『三·一運動50周年 記念論集』, 동아일보사, 642~643쪽.
10) 한말 민족운동에 대한 지금까지의 연구사를 간단히 요약하면 다음과 같다.

32

먼저 위정척사사상은 양반·유림들의 보수적 민족의식으로 개항이후 물밀듯이 침투해온 외래자본주의 열강에 항거하고 민족주체의식과 독립 자주의식을 고취하면서 이를 행동으로 보여 주었고 나아가 義兵抗爭의 사상적 지주였다는 점에서 높이 평가된다. 즉 이들의 주장은 기본적으로 華夷觀에 입각한 척화론에서부터 시작하여 의병의 봉기에 이르는 일

① 趙芝薰, 『한국민족운동사』 한국문화사대계1, 고대민족문화연구소, 1964, 651쪽. 趙芝薰 교수는 한말 민족운동의 계보를 주로 그 의식구조와 관련시켜 다음과 같이 나누고 있다. 한국의 민족운동은 두가지 정반대되는 의식의 바탕에서 시작되었다. 그 하나는 근대화운동, 곧 선진문명을 받아들여 근대적 민족국가를 건설하려는 개화사상이요, 다른 하나는 보수·근왕운동으로서 신흥자본주의의 침략에서 조국을 방위하려는 충의사상이 그것이다. 전자는 갑신정변·갑오경장로 나타났다. 후자는 을미·병오·정미의 의병난으로 나타났다. 그리고 이 양자의 중간에 삼정소요와 동학난이 위치하는 것이다. 다시 말하면 동학난에 집약된 민중봉기는 봉건적 특권계급에 대한 반항인 점에서는 개화사사에 통하면서도 외국세력의 침투에 대해서는 보수사상에 뿌리박고 있다는 말이다.
② 千寬宇, 『한국사의 재발견』, 일조각, 1975, 369~371쪽. 혼히 척사위정파는 '민족보전'내지 '자주'를 그리고 개화파는 '근대지향' 내지 '진보'를 각각 대표하는 것처럼 보기도 하나, 그 보다는 오히려 개화·자강파는 '자주=진보'를 척사위정파는 '자주'(이것 역시 을미 전후부터는 '자주=진보')를 각각 대표하는 것이라고 보는 편이 진상에 더 가까울지 모른다. 오늘날 한일합병의 책임을 척사파의 몽매성에 되집어 씌우는 이들이 있는가 하면 반대로 개화파의 매국성에 그 책임을 돌리는 이들도 없지 않지만, 기실 양파는 다 같이 한일합병에 반대하며 굳세게 싸운 애국독립세력 이었다. 그런데 여기서 부언해 두어야 할 것은 개화와 자강과의 개념차이에 관해서다. 개화는 명치유신 이래로 서양문명을 적극 도입한 일본을 모델로 삼는 근대화를, 자강은 양무운동 이래 서양문명을 받아들이려 한 청을 모델로 삼는 근대화를 각각 의미하는 것이지만, 청일전쟁이 끝나고 조선에 대한 청의 영향력이 급격히 퇴조하여 개화가 근대화 일반을 의미하게 된 뒤에도 자강이라는 슬로건은 반일지식인들 사이에서 끈질기게 내세워졌다.
③ 韓興壽, 『近代韓國民族主義에 관한 研究-獨立協會의 政治理念構造』, 박사학위논문, 대외적으로 자주적 배타와 주체적 개방, 대내적으로는 전통적 보수와 근대적 진보라는 각기 두 가지 기준을 서로 종합하여 1)위정척사(자주적 배타와 전통적 보수). 2)동학사상(자주적배타와 근대적 진보). 3)동도서기(주체적 개방과 전통적 보수). 4)개화사상(주체적 개방과 근대적 진보)으로 나누고 있다.

련의 민족운동으로 이어지기도 하지만, 동시에 민족 혹은 주체를 보전하려는 의식에 집착한 나머지 보수·배타성을 갖고 있어 반봉건 개혁과 근대화에는 소극적인 반동적 측면이 지적되기도 한다.[11]

　다음으로 개화사상은 반봉건적 근대개혁과 자주독립의식을 성장시키는데 중요한 구실을 담당하였다는 점에서 높이 평가되고 있다.[12] 그러나 이 사상 및 운동은 위로부터의 개혁운동이라는 한계성을 지니고 있어서 아래로부터의 저항세력에 의한 반봉건적 요구와 통합되지 못하고 단절됨으로써, 제국주의 침략이 새로운 단계로 들어서게 되면 민족의식 및 민족주의 성장에 있어서 취약성을 드러내게 되는 것이다.[13]

　여기서 주목되는 것이 이른바 東道西器 사상으로, 이것은 中道改革·穩健改革·中道的 改良主義 등으로 일컬어지는 사상경향과 그 운동이다. 이는 전통을 바탕으로 하는 내재적 측면과 근대문물의 수용이라는 외래적 측면을 동시에 지니고 있어서, 보수성과 개혁성을 공존시키는 논리의 양면성이 공존하고있다. 그렇기 때문에 개화의 입장에서 볼 때에는 보수파로, 보수파의 입장에서 볼 때에는 개화파로, 또한 농민적 입장에서 볼 때에는 거부감을 줄 수 있으나, 자세히 살펴보면 기득권층의 개량주의론은 농민의 개혁요구에 긍정적 입장의 논리를 펴고 있었다. 이들의 개혁논리는 전통적 통치 질서에 있어서도 이를 점진적으로 개혁하자는 것이고 봉건사회를 온존시키자는 것이 아니었다. 나아가 부국강병의 추진에 있어서도 외형적 결과로 나타난 것만이 아니라 민족의식

---

11) 李光麟, 『韓國史』 제16권, 15쪽.
　　金義煥, 「義兵運動의 思想的 限界性」, 『한국사상』10, 1969.
　　尹炳奭, 「제국주의 침략에 대한 한국의 저항－항일독립운동의 사조를 중심으로－」, 『한국근대사회와 제국주의』, 삼지원, 1985.
12) 愼鏞廈, 『韓國民族獨立運動史研究』, 을유문화사, 1985 ; 李光麟, 『韓國史講座 近代編』, 일조각, 1982; 박종근, 「朝鮮近代における民族運動의展開」, 『역사적 연구』, 1978, 45쪽.
13) 개화론자들이 추진한 상부구조와 유통질서의 자본주의화는 결과적으로 세계의 자본주의 시장체제의 종속을촉진시킬 위험성이 있다.

및 민족주의를 바탕으로 한 것이었다. 따라서 당시의 시대 상황에 적절한 대응책으로 높이 평가되기도 한다.[14]

끝으로 동학사상인데, 여기에 나타나는 개혁적, 민중적, 민족자주적인 사상은 한국근대의 민족의식, 민족주의의 형성전개에 있어서 중요한 사상적 연원이 되고 있으며, 이것은 동학농민운동의 단계에 와서 반봉건·반침략의 이른바 변혁주체·저항주체의 역할의 중요한 일익을 담당하고 있음은 객관적 사실이다. 그럼에도 불구하고 동학사상 및 그 운동에 있어서 그것 자체가 변혁주체와 저항주체가 되기 위하여는 아래로부터의 독자적인 혁명적 요구가 아직도 미성숙하였다는 한계성을 지니고 있다. 그러나 1894년의 東學農民革命을 분수령으로 하면서 이후 동학농민혁명의 일부가 의병운동에 합류하고, 이것은 항일민족운동의 기본적인 세력의 하나로 성장했던 것이다. 이러한 세 흐름의 합류를 통해 20세기 초 항일민족주의가 일제에 대한 강력한 저항세력으로 성장될 수 있었던 것도 이와 같은 19세기이래 꾸준히 성장해온 민족의식이 승화되어 민족적 역량을 집약할 수 있었기 때문이라고 생각된다.

위에서 본 세 가지의 사상적 흐름은 그 어느 하나에 역점을 두고 한국근대의 민족의식 및 민족주의의 형성·전개에 있어서의 정치사상적 기조가 되었다고 말할 수는 없을 것 같다. 한국 근대의 민족주의에 있어서 이러한 사상적 경향은 적극적인 면에서 평가할 때 민족주의운동의 이데올로기적 지주가 되었다고 볼 수 있다. 지금까지 학계의 일반적 견해는 근대적 개혁을 지향하는 변혁주체와 자주독립을 수호하려는 저항주체가 단절된 채로 별개의 길을 걸었다는 점에는 異論이 없지만, 1890년대 후반과 1900년대 초에 이르러 위의 세 흐름이 어느 정도 합류되어 민족주의 운동이 기본세력으로 통합되고 있는 것에 주목되어야 한다. 이를테면 위정척사 사상의 계보를 잇는 의병운동이 보수적 민족운동에

---

14) 金昌洙, 「蓉菴 金炳始의 經世觀」, 『曺佐鎬博士華甲記念史學論叢』, 일조각, 1977.

머무르지 않고, 1907년을 기점으로 하여 국내 의병운동은 무대를 국외로 옮겨 만주독립군으로 전환하면서 대중적 민족운동으로 전환한 것이 그것이다.

그리고 개화파의 운동이 아래로부터 개혁운동이라는 애국계몽운동을 통하여 대중적 성격을 강화함으로써 자주독립을 지향하는 민족운동으로서의 성격이 뚜렷해졌다고 하겠다.

또한 1894년의 동학농민운동을 분수령으로 하면서 이후 동학농민군의 일부가 의병운동에 합류하고 이것이 항일 민족운동의 기본적인 세력으로 성장한 그것이다. 이러한 세 흐름의 합류를 통해 20세기초에 있어서의 항일민족주의를 일제에 대한 강력한 저항세력으로 성장시킬 수 있었던 것도 민족의식이 민족정기로 승화되어 민족적 역량을 집약할 수 있었기 때문이다. 이러한 민족정기는 외교권의 침탈에 직면하자 이한응·조병세·민영환의 순국으로 이어졌고, 헤이그밀사 파견과 이준의 이국에서의 순절은 국민들의 마음에 불을 붙여 구국운동을 전개하는 계기를 마련했다는 점에서 한말에 형성된 민족의식과 민족주의는 한계를 지니고 있음에도 불구하고 어느 정도 열매를 거둔 것이라고 보아도 좋을 것이다.

## Ⅲ. 日帝下 韓國民族運動과 民族主義의 展開

### 1. 1910년대의 민족운동과 그 類型

앞장에서 살펴본 바와 같이 韓末의 근대민족주의 사상은 한민족의 보존과 자주적이고 독립적인 근대 민족국가를 건설하는 것을 그 주조로 하고 있다. 즉 한스 콘이 정립한 민족주의의 두 개의 유형 중 한국의 민족주의는 서유럽의 민족주의와는 달리 개인의 자유나 권리보다는 국가의 자유와 독립을 확보하려는 국가주의적 민족주의가 형성되었다고 볼 수 있다. 따라서 한국의 민족주의는 淸·日전쟁과 러·일전쟁을 거쳐 1905년 乙巳條約, 1907년 丁未條約을 거치면서 국권을 찾으려는 의병의 항쟁과 애국계몽운동을 통하여 꾸준히 성장되었다. 이렇게 성장해 간 한국민족주의는 1907년을 기점으로 의병운동은 독립군으로 전환하면서 대중적 민족운동으로 전환하였다. 이와 함께 애국계몽운동도 민족의 근대적 역량을 길러 국권을 회복하려는 민족의식을 대중화시켜나갔다. 이러한 민족의식의 대중화는 日帝의 무단통치기간에도 꾸준히 이어져 거족적 3·1운동의 動因이 되었던 것이다.

여기서 1910년대 민족운동은 1904년 러일전쟁 개전 後 우리의 외교권이 상실된 1905년 을사조약부터 1919년 3·1운동에 이르는 기간을 살펴보고자 한다. 이 시기의 민족운동은 항일의병전쟁과 애국계몽구국운동으로 대표되는데 이 글에서는 이점에 주목하여 민족운동의 유형을 유림 및 의병계열, 애국계몽운동계열로 나누어 살펴보고 이들을 통하여 한국민족주의가 그 방향과 이념을 어떻게 정립하여 갔는가를 밝혀보려 한다.

### 1) 儒林 및 義兵系列의 활동과 성격

을사조약 전후 항일의병전쟁은 지방의 유생 및 전직관리, 해산군인들에 의하여 주도되었다. 이들은 국권회복의 유일한 길은 당시 지도층인 유림들과 전국의 농민들이 단합하여 항일의병전쟁만이 유일한 길임을 간파하였다. 그 가운데 충남 홍성의 閔宗植의병장, 전북 태인과 순창에서 활약한 崔益鉉, 林炳瓚, 경북의 평민출신 의병장 申乭石, 경북 문경의 李康秊의병장, 충북 黃間 秋風嶺에서 활약한 盧應奎 의병장 등의 활약은 전국의병의 항일전을 촉발시키는 계기가 되었다.

이러한 의병들의 구국항쟁은 1907년을 기점으로 하여 두 갈래로 나누어지게 된다. 그 하나는 중국의 동북지방·러시아의 연해주 등 국외로 무대를 옮겨 독립군으로 전환하였다. 이와 달리 국내의 의병은 위정척사사상의 계보를 이어 1910년대 일제의 무단통치기간에도 국내에서 꾸준히 항일의병전쟁을 계속하였다. 당시의 儒林 및 義兵系列이 주도했던 민족운동은 蔡應彦 의병부대(1907~1915), 대한독립의군부, 민단조합, 풍기광복단을 통해서 민주의의 성격을 살펴볼 수 있다. 유림 및 의병계열은 복벽주의운동을 이념하여 전개되었다. 특히 대한독립의군부는 고종의 복위를 전제로 한 왕조체제의 부활을 투쟁목표로 삼고 있었다. 따라서 이들의 복벽주의 이념은 대중적 기반이 취약하다는 한계점으로 말미암아 1915년을 기점으로 하여 독립군으로 전환되었던 것이다.

### 7. 蔡應彦 의병부대(1907~1915)

日帝는 이른바 한일합방에 앞서 전라남도지방의 의병을 '깨끗이 청소'할 목적으로 3단계 의병토벌작전을 감행했는데 이것이 '남한대토벌작전'으로서 의병들은 심한 타격을 입게 되었다. 그리하여 1910년을 전후하여 국내의병들의 대일항전은 산발적인 유격전의 양상을 띠었으며 주로 추가령지구대와 소백산맥에서 전개되었다. 당시의 대표적 의병장은 蔡應彦, 姜基東, 李錫庸, 李鎭龍 등을 들 수 있는데 이들은 의병이 독립군으로 전환한 시기에 항일무쟁투쟁을 꾸준히 전개했던 것이다. 이 중에서 채응언 의병장을 주목하게 된 것은 日帝까지도 채응언의 죽음으로 의병활동이 끝났다고 간주할 정도로 한국 義兵史에서 큰 획을 그을 만한 인물이기 때문이다.

채응언은 평남 成川출신으로서 대한제국의 陸軍步兵副校로 복무하다가, 1907년 8월 1일 군대해산령이 내리자 통분을 이기지 못하고 일제의 침략을 막고 국권을 회복하기 위하여 의병에 투신하였다. 그는 李鎭龍의병장 휘하 부장으로서 300~400명의 의병을 이끌고 경기도,

평안남도, 강원도, 황해도, 함경도일대를 무대로 적극적인 항일무력항쟁을 전개하였다. 그의 대일항전의 특징은 조직적인 유격전을 감행함으로써 日帝治安을 不安하게 하였다. 그의 유격전 중에서 대표적인 항쟁은 1908년에 황해도 安平의 순사주재소와 遂安 헌병분견소를 습격하여 일본 헌병을 사살하였고 또한 함남의 마전도 순사주재소를 급습하여 많은 무기를 노획하였다. 그 뒤 1911년 金溱默의병장의 부장으로 각 지역에서 활동하면서 일본군과 전투를 계속하여 다대한 戰果를 거두었다. 그리고 1913년 6월 3일 밤에는 황해도 대동리 헌병분견소를 습격하여 일본군을 사살하고 일본수비대를 불질러 일본군 수명을 부상케 하였다. 이와 함께 吳承泰와 합세하여 仙岩헌병분견소를 습격하기도 하였다. 1915년에는 평남 성천군 玉井里 산기슭에 근거지를 두고 신출귀몰한 게릴라전을 전개하면서 군자금을 조달키 위해 7월초에 부유한 한인에게 항일독립사상을 고취시켜 군자금 조달에 협조하도록 하는 데에도 힘을 기울였다. 이렇게 격렬한 항일 게릴라전을 전개하는 채응언의 활약으로 인해 20여명 이상의 일본헌병과 일제에 아부하던 부일배와 밀정 등이 처단당하자, 일제는 그를 체포하고자 소위 '적괴 채응언수색대'를 조직하였다. 이 조직은 평양 헌병대에서 일년 전부터 일본 헌병 상등병과 보조원 4명을 1대로 하여 5개대를 편성하여 大橋 대장의 직속 하에 두어 그의 체포에 진력케 하는 한편 현상금 280원을 걸어 일반인에게 밀고하도록 독려하는 등의 조치를 취하게 되었다. 그런데 마을사람이 밀고하여 평양 헌병대 成川 분대와 파출소장 田中瀞雄 등이 출동하였다. 이런 사실을 모르고 채응언은 약속한 군자금을 받으러 안광조를 데리고 밤11시쯤 산을 내려오다가 잠복중이던 일본 헌병과 격투가 벌어져 권총을 발사하였으나 적중하지 못하자 단도로써 육박전을 전개하여 30여분 동안 격렬히 싸우다가 체포당하였다. 그리하여 전중 상등병은 많은 부상을 입고 현상금 250원을 탔고 그의 보조원으로 그의 체포에 힘쓴 朴聖彬과 康泰奎가 각각 50원, 20원씩을 받았다.

그 후 7월 8일에 경무부의 前田 보안과장과 전중 상등병 등에게 호송되어 평양 헌병대에 구금되었는데 이 때 그의 체포 소식을 듣고 달려나온 사람들이 무수히 많아 평양시중은 일대 혼잡을 이루기도 하였다. 일본 헌병중위에게 호된 심문을 받은 뒤 21일 평양지방법원으로 송치되어 평양형무소에 수감되었다. 수감된 뒤 일인 검사에게 취조를 받고 소위 살인 및 강도죄목으로 기소되어 8월 31일 사형언도를 받고 분개하여 "나는 나라와 민족을 위해 목숨걸고 싸웠는데 강도란 당치 않다."고 항변하였다. 감옥에서 자신의 옷으로 끈을 만들어 목을 매고 자결코자 하였으나 사전에 발각되어 뜻을 이루지 못하자 판결에 불복하고 상고하였다. 9월 21일 평양 覆審法院에서 사형이 확정되어 그 해 10월 평양형무소에서 형이 집행되었으니 격렬한 항일전을 전개한 독립투사로서 일생을 마치고 장렬히 순국하였다.15) 요컨데 1915년 채응언 의병장의 죽음은 국내 의병활동이 종지부를 고하고 국외로 망명한 의병들에 의하여 독립군으로 정비되어 1920년대 청산리전투와 봉오동전투에서 대승을 거두게 된 동인이 되었던 것이다.


ㄴ. 大韓獨立義軍府(1912~14)

먼저 의병계열의 복벽주의성격을 지닌 독립운동비밀결사로 대한독립의군부를 들 수 있다. 독립의군부는 국권회복을 요구하는 장서를 투서하기 위해 1912년부터 1914년 사이에 양반유생중심으로 조직되었다.16)

---

15) 국가보훈처, ≪독립유공자공훈록≫, 제1권 941쪽.
　　국가보훈처, ≪독립운동사≫, 제5 권152쪽, 156쪽
　　국가보훈처, ≪독립운동사자료집≫, 제3권 670쪽, 818쪽.
　　文一民, ≪한국독립운동사≫, 63쪽.
16) 이상찬, 「大韓獨立義軍府에 대하여」, 『李載龒博士還曆紀念韓國史學論叢』, 804쪽.
　　신규수, 「대한독립의군부에 대하여」, 『변태섭박사화갑기념사학논총』, 1988.
　　국사편찬위원회, 『한국독립운동사』2, 85쪽~93쪽.

이는 1906년 전라도 순창에서 최익현과 함께 의병을 일으켰던 임병찬이 대마도 유배에서 돌아와 1912년 국왕의 密詔를 받아 독립의군부 전라남도의 순무대장에 임명되어 유생 의병출신 전직관료 등을 조직원으로 하여 독립의군부를 조직하였다. 임병찬은 우선 호남지방의 의병 및 유생들을 중심으로 그 조직을 확대시켜나갔다. 이러한 노력의 결과 그해 12월 임병찬은 능력을 인정받아 전라남북도 순무대장으로 임명되었다. 여기서 그는 1913년 1월 아들 임응철을 한성으로 보내 전참판 이연순·이명익·곽한일·전용규 등을 주축으로 하여 전라남북도의 의병을 거도적으로 조직하기 위해서 고종황제의 적극적인 지원을 요청했다. 그 결과 임병찬은 같은 해 2월 4일 광무황제로부터 전라남북도 순무총장겸 사령장관에 임명되었다. 독립의군부의 조직을 거의 완성하였다. 그는 전라남북도를 중심으로 각 도 및 각 군대표를 선정하여 총독부·각국공사·일본정부에 국권반환요구서를 제출하여 일제 관헌들에게 한국침략의 부당성을 설명하고 한국통치의 곤란함을 알게 했을 뿐 아니라 국외에서 한국민이 일본의 통치에 계속 항거하면서 국권회복을 위해 투쟁하고 있다는 것을 널리 알리기 위해 전국민 투서운동·의병운동을 준비하던 중 1914년 5월에 발각되었으니 의병을 일으키기 전에 유립세력이 큰 타격을 입게 되었다. 임병찬은 피체되어 거문도로 유배 중 1916년 5월에 순국하였다.

이러한 활동을 전개한 독립의군부의 평가에 대해서 살펴보면 첫째, 유림세력에 의해서 조직된 비밀 결사로 독립사상을 고취한 민족주의 구국운동이라고 할 수 있을 것이다.

둘째, 일제 무단통치기에 가장 조직적인 항일 의병항쟁이라 할 것이다.

셋째, 국권회복과 日軍 철병에 관한 투서운동의 전개 외에도 전국적인 태극기 게양운동과 향약운동 등을 실시하였다는 특징을 갖고 있다. 그런데 독립의군부의 장서투서 운동은 상소운동에 그 뿌리를 두고 있는 것으로 망명, 자결, 거의 등과 함께 제국주의의 침략에 대한 양반유생의

4가지 대응방식에 하나였다.

그러나 이러한 평가에도 불구하고 의병항쟁 당시 양반유생들은 성리학적 질서 회복을 구상하고 있어서 민중의 반침략의지를 조직화해내는데 결정적으로 실패했다는 평가를 받고 있는데, 독립의군부의 경우도 이러한 한계의 일면을 확인할 수 있다.

장서투서는 양반유생의 특권의식, 계급의식, 신분의식의 산물로 단적으로 말하면 이로 인해 항일민족운동에 민중을 동원할 수 없었고 제국주의 침략에 대한 양반유생의 대응이 점차 광복투쟁에서 멀어지는 계기가 되었다고 할 수 있다. 장서투서 운동의 궁극적인 목표는 왕조체제의 부활이었고, 구체적으로는 고종의 복위였다는 한계를 갖고 있다.


ㄷ. 民團組合(1915)

민단조합은 1915년 경북 문경새재 주변에 거주하던 유생들이 복벽주의 입장에서 국권회복을 목적으로 조직한 비밀결사단체였다. 한말 의병대장 李康秊의 참모장으로 충북·강원·경북지방에서 활동한 李東下·이강년의 생질 李湜宰·이강년의 軍資長이었던 崔旭永·의병대장 李麟榮의 친동생인 이은영·殉國義士 金濟欽의 아들 金洛文 등이 중심인물이며 이 중 대부분이 독립의군부에 관여한 동지였다.

이들은 경북과 충북을 중심으로 조직을 확대하였으나 그 규모는 작았다. 그 이유는 충북지방의 대표적인 유림인 유인석, 이상설, 鄭淳萬 등이 연해주나 만주로 망명한 경우가 많았기 때문이다.17) 그러한 경향은 경북에서도 같았다.

경북의 대표적인 유림인 李相龍, 柳寅植 등이 서간도로 망명하였던 것이다. 이들의 활동은 군자금을 모집하여 독립운동을 활성화하는 것이었으나 군자금 모집 계획단계에서 발각되고 말았다. 이것은 유림 및 의

---

17) 尹炳奭, 『李相卨傳』, 一潮閣, 1984, 99~115쪽.

병계열의 복벽주의 이념에 한계가 온 것으로 보아도 좋을 것이다.[18]


ㄹ. 풍기광복단(1913~15)

풍기광복단은 1913년 12월 경상북도 풍기에서 蔡基中, 庾昌淳, 韓焄 등 한말의병 인사들을 중심으로 성립된 비밀결사조직의 독립운동단체였다. 풍기광복단의 목표는 자주독립국가 달성·조국의 광복·반역자 소탕을 그 근간으로 하고 있다.[19] 풍기광복단은 大同商店 및 安東의 李鎭英 家를 거점으로 삼고,[20] 權寧睦주임의 관리 아래 만주에서 무기를 구입하여 단원에게 제공하였다.[21] 그리고 풍기광복단의 일부가 1915년 7월에 大韓光復會에 합류하고 그 외에 단원 일부도 한훈과 金相玉이 중심이 되어 암살단으로 계승 발전되었다. 암살단의 인맥과 이념은 義烈團으로 계승되었다고 지적하기도 한다.[22]

1945년 해방이 되면서 광복단은 재건되어 민족의식의 고취와 민족정기의 정립을 위한 계몽활동을 전개하기도 했다. 그 중에서도 해방직후에는 신탁통치 반대운동을 벌여 자주독립의 의지를 드높인 것은 매우 주목된다.[23]


## 2) 愛國啓蒙運動系列의 활동과 성격

애국계몽운동계열의 구국운동도 유림 및 의병계열과 마찬가지로 국권회복을 위한 투쟁이라는 공동목표를 지니고 있었다. 그러나 애국계몽운동계열은 산업과 교육을 우선으로 여기면서 구한말의 애국계몽운동기의

---

18) 趙東杰, 『國譯許蔿全集』解題, 아세아문화사, 1985, 19쪽.
19) 光復團 中央團總本部, 『光復團略史』, 1946.8.2.
20) 趙東杰, 앞의 글, 109쪽.
   梁濟安, 『梁碧淸松濟安實記』, 24쪽.
21) 梁濟安, 위의 책, 24쪽.
22) 趙東杰, 앞의 글, 119~120쪽.
23) 金昌洙, 「풍기광복단의 조직과 활동」, 대한광복단 학술회의-1910년대 한국 독립운동의 재조명, 1997.5.31. 22쪽~39쪽.

실력양성을 그 바탕에 두고 있다. 따라서 이들은 공화적 민주주의의 정치이념을 갖고 세계의 새로운 사조를 받아들여 새로운 근대민족국가를 세우는 것을 최우선 목표로 삼고 있는 것이다. 그리하여 애국계몽운동 계열의 민족운동은 무장투쟁과 함께 민족의식의 고취, 군자금 모금, 독립운동의 자금조달, 민족자본 육성 등 일정한 목표를 지니고 활동하고 있다.

이러한 애국계몽운동의 대표적인 단체로 조선국권회복단·조선국민회·조선산직장려계·대한광복회 등을 들 수 있는데 이들은 대중적 기반을 중심으로 독립의식을 고취시켜 3·1운동의 기반형성에 기여했다고 하겠다.


## 7. 朝鮮國權回復團

조선국권회복단24)은 1913년 1월 15일(음력) 達城郡 達城面 安逸庵에서 尹相泰, 徐相日, 李始榮, 洪宙一, 안희제 등이 중심이 되어 국권회복을 목적으로 결성한 비밀결사단체였다.

결성초기에는 독립쟁취라는 운동방향을 설정하고 있었으며, 기구 조직에 있어서도 결사대와 기밀부 등을 두고 있었던 것으로 보아 무장투쟁적 측면이 있었음을 엿볼 수 있다. 그러나 1915년 군자금 모집사건을 계기로 무장투쟁적 성격이 강한 정운일, 김재열 등이 광복회로 이탈하면서 그 성격이 약화되었다고 할 수 있다.

이후 국권회복단은 시세를 관망하는 자세로 조직의 보존에 주력하다

---

24) 조선국권회복단에 대한 논문은 다음이 참고가 된다.
趙東杰, 「大韓光復會의 結成과 그 先行組織」, 『韓國學論叢』5, 1980.
吳世昌, 「조선국권회복단의 조식과 활동」, 대한광복단학술회의－1910년대 한국독립운동의 재조명 1997.5.31 43쪽～63쪽
權大雄, 「朝鮮國權恢復團硏究」, 『民族文化論叢』9, 1988.
姜英心, 「朝鮮國權恢復團의 結成과 活動」, 『한국독립운동사연구』 4집, 1990.
李炫熙, 「조선국권회복단의 민족운동」, 『한국민족운동사의 재인식』, 자작아카데미, 1994. 182쪽～186쪽.

가 3·1운동을 계기로 활동을 재개하였다. 이후 이들의 활동은 계몽주의적 인사로서 중산층 이상의 인사들이 중심이 되어 활동하였는데 그 활동이 주로 詩會를 가장하였다는 것 자체가 사회적으로나 문화적으로 일정수준 이상의 인사들이 참여하고 있음을 시사하고 있다.

이들은 각각 지방에서 3·1운동의 전개에 적극적으로 참여하였으며, 유림의 巴里長書의 송달을 지원하였고, 임시정부에도 얼마간의 자금을 지원한 것으로 보인다. 그리고 이들은 사상적인 면에서는 단군대황조에 대한 封祀를 중시하고 이를 통해서 단원간의 일체감을 형성하고자 했던 대종교적 민족주의의 성향을 띠고 있었다.

한편 조선국권회복단의 회원이었던 안희제는 백산상회를 세워 독립자금의 지원에 적극적으로 나섰던 인물이다. 1911년 만주와 시베리아를 유랑하던 안희제는 수많은 독립운동가들을 만나 서로 의견을 교환하고 독립전선의 실태를 목격한 결과 경제문제의 해결이 시급함을 느꼈다.

그리하여 안희제는 1914년 9월 동지 李有石 등과 백산상회를 설립하였다. 이후 이 회사는 1915년 5월 자본금을 100만원으로 하여 주식회사로 발전하였다. 이중 사장 최준이나 강복순 등은 각각 경주와 진주의 부호로 여러 민족기업에 손을 뻗치고 있었으며, 윤현태는 동생 尹顯振이 임시정부의 재정차장을 지낸 사람이다. 그러나 백산무역주식회사는 독립운동자금지원으로 인한 회사 경영상의 어려움과 일제의 탄압으로 1917년에 해산되었다.


ㄴ. 朝鮮國民會

1915년 3월 23일 평양에 평양신학교와 숭실학교 재학생 및 졸업생들이 중심이 되어 조직한 항일비밀결사단체로 1914년 숭실학교 출신인 張仁煥이 미국 하와이로 건너가 朴容萬과 상의한 뒤 계획한 일인데 장인환이 귀국하여 동지 포섭공작을 실시함으로써 구체화되었다.

장인환은 숭실학교 학생인 裵敏洙, 金炳斗, 金錫憲, 李炳均과 졸업생, 盧善敬, 그리고 평양숭실대학 李輔植, 崔達亨 등을 포섭하여 회원 25명으로 조직하였다. 장인환을 회장에, 배민수를 서기 겸 통신부장으로 선출하고 다음과 같은 활동 목표를 정하였다.

이들은 在美國民會와 연락을 도모할 것, 간도와 중국 등으로 그 세력을 점차 넓힐 것, 경상도 · 전라도 · 황해도 등지에 구역장을 두며, 만주와 북경 등에 연락기관의 설치나 통신원을 두고자 했던 것으로 보인다. 특징적인 것으로는 동시기에 비밀결사들이 대체로 간도나 중국 본토지역과 연계를 맺고 활동한 것과 달리 이들은 미주 특히 하와이 지역의 국민회와 연결되고 있는 것이 특징의 하나라고 하겠다.

활동 측면에서 볼 때, 계몽적인 측면이 나타나기는 하지만, 전체적으로 볼 때 독립군 성격의 암호를 사용한 점, 무기구입 등 무력양성 계획을 수립한 점, 독립전쟁론으로 일관한 박용만과의 협의에 의해 이루겼다는 점을 고려할 때 독립전쟁론에 입각한 비밀결사단체였던 것으로 생각된다.

이들은 1915년 6월 회원들은 食指를 절단하여 대한독립결사 등의 혈서를 써서 결의를 굳게 하였으며, 노선경은 간도 방면의 동지들과 연락하기 위하여 삼원보로, 배민수는 중국군관학교에 입학하기 위하여 중국으로 갔다. 그리고 회원들은 군자금 만원을 모아 권총을 구입하고 미국 망명 등을 계획하다 1918년 발각되어 붙잡혔다.

그러나 조직이 해체된 후에도 비밀결사의 조직기반은 그 후에도 이어졌다. 3 · 1운동 때 회원 중 안세환, 박인관, 이보직 등은 평양지역의 3 · 1운동에서 학생동원, 독립선언서 보급, 지하신문 제작 등의 활동을 전개하기도 했다.25)

---

25) 강영심, 「朝鮮國民會研究」, 『한국독립운동사연구』3집, 1989.

ㄷ. 조선산직장려계

1914년 9월 경성보통학교 부설 교원양성소 학생 李雨用 등 6명이 발의하여 1915년 3월에 조직된 경제사상운동 조직이었다. 발의 직후 인 1914년 10월에 졸업여행으로 일본을 시찰하고 돌아온 이들은 경제자립운동을 일선교육운동을 통하여 전개하기로 결정하고 휘문의숙의 南亨祐 교사와 사회인 최남선의 동조를 얻어 전국의 교원과 신교육을 받은 인사들을 포섭하여 조직을 결성하였다.

契長은 중앙학교 교사인 崔奎翼이 맡았으며, 참여인사 130명의 명단을 보면 당시 지식 청년을 전국적으로 망라한 느낌이 든다. 산직장려계는 1911년 105인 사건으로 서북지방 지식청년들이 타격을 받은 이후 여타 청년들은 이 조직의 결성을 통해 일단 연락망을 갖추게 된 것으로 보인다. 이들은 주로 계몽주의의 우파의 모임으로 생각되며, 회원들은 1919년 3월 보안법 위반 고초를 당하였다. 대부분이 교원이었다는 점에서 볼 때 이들의 민족교육은 3·1운동에 영향을 끼쳤다고 볼 수 있을 것이다.26)


ㄹ. 大韓光復會

1915년 7월 풍기광복단과 조선국권회복단의 일부인사가 모여 대구에서 결성된 독립운동 단체로 1910년대에 국내에 있던 대표적인 독립운동 단체이다. 1913년 경상북도 풍기에서 蔡基中을 중심으로 창립한 光復團과 1915년 허위의 제자인 朴尙鎭을 중심으로 창립한 조선국권회복단의 일부 인사가 1915년 7월 15일 통합하여 조직하였다.

조직의 중앙에는 박상진을 총사령관으로 하여 부사령에 李奭大를 선임하고 부사령을 만주에 파견하여 독립군 양성을 담당하게 하였는데 이석대가 전사한 뒤에는 1917년부터 새로 가입한 김좌진이 맡았다. 각 도

---

26) 조동걸, 「1910년대 독립운동의 변천과 특성」, 『한민족독립운동사』3 국편, 1988, 58쪽~60쪽.

에도 지부를 두고 있었는데 조직의 규모는 경상도와 충청도, 황해도의 조직이 가장 컸으며 활동도 활발하였다.

대구에 尙德泰商會를 설립하여 본부로 하고 경상북도 영주에 大同商店 외에 강원도 삼척, 전라남도 광주, 충청남도 예산·연기, 경기도 인천, 평안북도 용천에 곡물상을 경영하며, 연락처로 활용하였고, 서울과 해주는 여관, 만주에는 梁濟安이 경영하는 여관과 이관구의 三達洋行, 長春에 尙元洋行 등의 잡화상을 설립하여 연락거점으로 활용하였다. 이러한 상점을 거점으로 하였던 것은 군자금의 거래와 증자 등이 편리했기 때문이었다.

가입한 인원을 보면 처음에는 유차운, 한훈 등의 의병출신자나 의병과 관계가 깊은 인사가 주축이었으나 조직이 전국적으로 확대해 가면서 다양한 구성을 보였다. 신분으로 보아도 양반과 상민이었던 사람이 함께 어울렸고, 혁신유학계 인물도 있었다. 지도층 인사인 박상진 이관구 등은 유교교육과 신교육을 모두 받고 중국의 신해혁명에도 참여한 혁명투사였으며, 또 檀君에 대한 관심도 높은 대종교적인 민족의식을 갖고 있었다.

활동면을 보면 처음에 계획한 것은 국내에 100개의 거점을 두고 군자금을 모아 무기를 구입하여 장비를 갖추고 독립군을 길러 중국의 신해혁명처럼 혁명을 일으켜 공화주의 국가를 건설하는 것이었다. 그러므로 만주에 있던 李相龍, 許赫의 扶民團이나 그밖에 양기탁, 신채호 등과도 연락하는 등 혁명계획을 추진하고 있었다.

그 때의 행동강령은 비밀·폭동·암살 명령 등이었다. 이러한 행동강령 밑에 우선 군자금을 모으며, 무기도 구입하고 있었는데 군자금은 의연금을 모으는 방법 외에 일본인의 광산이나 우편 열차를 습격하기도 하였다.

그런데 군자금 수합에 부호들이 응하지 않아 뜻과 같이 진행되지 않았다. 그 뒤부터 대한광복회는 식민통치에 안주하는 부호들을 상대로 강제 모금을 계획할 수밖에 없었다. 그리하여 1917년부터 각 도별로 부호 명단을 작성하고 광복회의 명의로 모금액수를 표시한 고지서를 발부하였고, 불응시에는 처단한다는 뜻도 밝혔다.

이러한 고지서를 받고 모금에 응한 사람도 있었지만 고발하거나 반대하는 사람도 적지 않았다. 그러므로 그중에 대표적인 친일적 부호를 처단하기로 하고, 1917년 말과 1918년 초에 경상북도 칠곡군 부호 張承遠, 충남 아산군 도고 면장 朴容夏, 전남 보성군 梁載學과 낙안군의 徐道賢을 처단하였다. 그런데 처단현장에는 선고장을 두었기 때문에 광복회의 소문이 전국적으로 퍼져 민족적 각성을 크게 고취하기도 했다.

이와같이 처음에 혁명단체로 출발한 광복회가 1917년말부터는 의열투쟁 단체로 전환되어 갔다. 그러다가 1918년 초에 전국의 조직망이 발각되어 박상진, 채기중, 김한종 등은 사형선고를 받고 순국하였으며, 그밖에 수많은 인사가 옥고를 겪어야 했다. 이때 만주에서 활동하다 발각되지 않은 우재룡을 비롯하여 권영만, 한훈 등은 그뒤 암살단이나 籌備團에서 활동하였고 황상규 김상옥은 義烈團에서 활약하다가 모두 장기 옥고를 치르거나 순국하였다.

대한광복회는 1910년대에 공화주의 이념을 표방함으로써 민족주의를 발전시킨 점과 의열단, 암살단, 주비단으로 이어져 독립운동을 크게 발전시킨 점에서 그 역사적 의의가 있다고 하겠다.

한편, 大同商店은 대한광복회의 거점으로 활용되었는데 이 상점은 榮州에 있던 잡화와 곡물상점으로 朴齊璿, 權寧睦 등 전직 훈도(교사)들이 독립자금의 증식과 독립운동 연락기관의 거점으로 활용하기 위해 설립하였다. 이는 주로 대한광복회의 독립운동의 거점을 확보하고 군자금의 출납을 위장하고자 했던 중산층적 지혜였다고 할 수 있다. 대동상점의 비밀활동은 1918년에 발각되었다.27)

---

27) 趙東杰, 「大韓光復會硏究」, 『韓國史硏究』42, 1983.
　　朴永錫, 「大韓光復會硏究」, 『한국민족운동사연구』1, 1986.

## 2. 1920년대 민족운동과 그 類型

### 1) 1920년대 초반 국내민족주의 세력의 형성

3·1운동 후 국내민족운동 세력은 소위 '문화정치'라는 조선총독부의 식민정책을 배경으로 자치와 참정이라는 타협론적인 민족운동의 길을 걸었다. 이전 애국계몽운동 시기의 자강운동론의 계승자로 불릴 수 있는 국내 우파 민족주의 세력들의 운동논리는 '선실력양성 후독립론'으로 규정될 수 있다.[28]

실력양성론에 입각한 이들의 활동은 총독부 체제 하에서의 합법적인 움직임으로 나타났다. 이른바 '문화운동'이라 불리우는 이들의 활동은 청년회운동·교육진흥운동·물산장려운동·민족성개조운동 등의 형태로 전개되었다.[29] 이들의 논리는 첫째, 사회진화론적 세계관 위에서 "세계는 아직 생존경쟁의 원칙 위에서 움직인다"고 보고, 절망적인 독립운동보다는 교육과 산업의 진흥을 통한 실력양성에 주력해야 한다는 것과, 둘째, 독립의 기회가 오더라도 독립할 수 있는 능력이 있어야 그 기회를 이용할 수 있으므로 먼저 실력을 기르는 것이 급선무라는 요지였다.

이들은 대체로 부르조아지적 계급기반과 사회적 조건을 가졌으며, 조선물산장려운동이나 민립대학설립운동 등의 경우에서 보이듯이, 이들은 경제적 기반의 확충을 통한 실력양성 그리고 이를 기반으로 한 자치운동을 지향하였다. 그리고 이 과정에서 세력의 분화과정을 거치게 되는데, 대체로 김성수·송진우·최린 등을 중심으로 한 우파계열과 안재홍·설태희 등을 주축으로 한 좌파계열로 분화되었다.

---

28) 한말이래 일제 식민지체제 하 한국현실에 기초한 자강운동 및 실력양성을 주장한 민족부르죠아지 세력의 실력양성론과 그들의 움직임에 대해서는 박찬승,『한국근대정치사상사연구』, (역사비평사, 1992)가 유용하게 참조된다.
29) 박찬승, 「일제하 국내 우파진영의 민족주의」, 『한국근대사와 민족주의』, 집문당, 1997, 95쪽.

민족주의 세력은 조선사정연구회와 태평양문제연구회 조선지회의 결성과 활동의 경우에서도 드러나듯이, 서로 중첩되었으며, 조직상으로도 긴밀한 관계에 있었다. 그러다가 1925년 말 자치론이 재차 대두되면서, 이를 계기로 부르조아지 민족주의 세력은 우파와 좌파로 분화가 확연해졌다.[30]

먼저 우파세력의 논리는 民族改造論으로 나타났다. 즉 "한국의 신문화 건설을 위해서는 우선 사회를 구성하는 개개인의 능력발전과 인격향상이 필요하며" 이를 위해서는 한국인의 정신개조가 필요하다는 것이었다.[31] 이들은 구습의 개혁, 인격수양, 산업진흥 등을 내걸고 비정치적 합법적 문화운동을 표방하였다. 이들의 논리는 총독부측의 시정방침과 부합되었고, 양자는 상호공생의 방도를 추구할 수 있었다.

다음으로 민족주의 좌파세력은 安在鴻·兪億兼·朴東完·李鍾麟·申錫雨·吳尚俊·權東鎭 등이 중심적인 역할을 하였다. 이들은 중소지주나 중소자본가를 '가장 표준적인' 민족적 계급적 발전수준을 갖춘 존재로 간주하였다. 또 이들을 경제적·의식적 측면에서 근대적 소양을 갖추고 있으며, 민족적 측면에서도 일제에 대한 저항성을 견지할 수 있는 이른바 '민족소부르조아층'으로 평가하였다. 민족주의 좌파세력은 중소지주나 중소자본가를 일제에 대립적이면서 민족자강에 가장 알맞은 존재로 설정하였다. 이들은 노동자·농민의 역량을 강화하여 이들로서 반일민족운동의 중심세력으로 삼아야 한다는 데에 반대하지 않았으나, 민족 내의 계급투쟁을 통한 '민주주의 발전 과정'을 거치지 못한 상황에서는 이들 소부르조아층을 중심역량으로 삼아, 민족자강론에 입각한 자본주의적 근대화를 지향해야 한다고 생각하였다.[32]

---

30) 고정휴, 「태평양문제연구회 조선지회와 조선사정연구회」, 『역사와현실』6, 1991, 324~325쪽.

31) 1920년대 전반기 민족개조론을 주창한 인물로는 송진우·이돈화·김기전·현상윤·이광수 등이 대표적이다.

32) 이지원, 「일제하 안재홍의 현실인식과 민족해방론」, 『역사와현실』6, 1991, 47

이들은 1920년대 초반의 문화운동, 구체적으로 물산장려운동과 민립대학설립운동 단계에서는 우파 민족주의세력과 함께 참여하였다. 하지만 이들은 '土産奬勵論'의 입장에서 재국주의 상품시장의 논리를 거부하고, 외화배척운동을 주장하였다. 이들은 우파 민족계열의 주도세력인 부르조아지의 지도권을 인정하려 하지 않았다. 이들은 토산의 장려와 가내공업·소공업 생산에 기반을 둔 小生産者 중심의 自作自給을 주장하였다.[33]

## 7. 朝鮮物産奬勵會

1920년과 1923년 평양과 서울에서 각각 조직된 조선물산장려운동단체로, 평양의 조선물산장려회는 1920년 8월 曺晩植·吳胤善·金東元·金寶愛 등 70인이 발기하여 조직하였다. 그런데 이 운동이 본격화한 것은 1923년 1월 9일 兪鎭泰·李鍾麟·白寬洙 등 20여 단체의 대표들이 서울에서 조선물산장려회발기준비위원회를 구성하고, 같은달 20일 서울 낙원동 協成學校 내에서 창립총회를 개최하여 조선물산장려회 등을 조직한 이후의 일이다.

서울의 조선물산장려회는 집행기관으로 이사회를 두었고, 그안에 경리부·조사부·선전부를 설치하였으며, 여기에 상무이사를 두어 회의 실무를 계획, 집행하였다. 창립총회에서 兪成濬·金喆壽·金潤秀·金東赫·崔淳鐸·朴鵬緒·金德昌·崔敬鎬·高龍煥 등 20인을 이사로 선출하였으며, 같은 달 25일 유성준을 이사장으로 선출하였다.[34] 그리고 평양과 동래에 지방조직을 두었으며, 그밖의 지역에서는 청년회와 商人會 등으로부터 활동을 지원받았다. 창립 직후 맞이하는 구정 때부터 남자는 두루마기, 여자는 치마를 토산품 또는 가공품을 염색하여 입고, 음식

---

쪽.

33) 이균영, 『신간회연구』, 역사비평사, 1993, 41~42쪽.
34) 『東亞日報』, 1923.1.27.

및 일용품은 가능한 한 토산품을 사용할 것을 결의하였다. 그리고 이를 계몽하기 위하여 강연회를 개최하고, 가두시위를 하며 선전활동을 벌였다. 활동을 시작하자 전국의 조선인들로부터 열렬한 호응을 얻어 조선기업의 제품은 날개 돋친 듯 팔려 나갔다.

그러나 이 열기는 1년이 되지 못하여 급격히 냉각되었다. 그 이유는, 첫째 토산품의 가격이 급등, 기업과 상인은 큰 이익을 남겼으나, 서민들은 이에 반비례하여 손해를 보았기 때문이다. 둘째, 사회주의자들로부터 식민지하에서 민족적 산업기반 구축이라는 것은 불가능한 일이며, 설사 민족기업이 어느 정도 성장한다 하더라도 그것은 무산대중과는 아무런 관계가 없으므로, 이 운동은 오히려 유산계급을 옹호하고 무산자의 혁명적 의도를 약화시킬 뿐이라는 비판을 받았기 때문이다.[35] 이후 활동 방향을 바꾸어 소비조합조직, 조선물산진열관 설립, 조선물산품평회의 개최를 시도하는 등, 새로운 사업을 계획하였으나 실현시키지 못하였으며 활동이 매우 침체되었다.

그런 속에서도 기관지 발간만은 활발히 이루어져『산업계』·『자활』·『조선물산장려회보』·『奬産』·『實生活』등을 간행하였다. 1929년 鄭世權의 특지로 회가 소생하는 듯하였으나, 1934년부터는 재정난으로 다시 침체되었으며 1940년 총독부 명령으로 해산되었다.[36]


ㄴ. 朝鮮事情硏究會

1925년 서울에서 조직된 민족운동단체로 일명 조선사정조사연구회라고도 한다. 1925년 9월 15일 서울 명월관에서 白南薰·白南雲·朴瓚熙·白寬洙·安在鴻·朴勝喆·金俊淵·洪性夏·金起瓓·崔元淳·鮮于全·韓偉健·曺正煥·金秀學·崔斗善·趙炳玉·李肯鍾·洪命熹·兪億兼·

---

35) 李星泰,「中産階級의 利己的 運動」,『東亞日報』, 1923.3.20.
36) 趙璣濬,「朝鮮物産奬勵運動의 展開와 그 歷史的 性格」,『歷史學報』41집, 1969.

李載侃・李順鐸 등이 조선의 사정과 현상에 대하여 학술적으로 조사, 연구하고 이에 관한 공개강연과 팜플렛 발간을 목적으로 창립하였으며, 교육・재정・금융・상업・공업・농업・공업분과 등을 두기로 하였다.

이 단체는 1920년대에 민족진영이 개량주의적 민족주의자들과 비타협적 민족주의자들로 나뉘어져 있는 상황에서 비타협적 민족주의자들이 조직한 단체라고 할 수 있을 것이다.37) 이들은 공산주의에 대해 비판적 태도를 갖고 있었는데, 극단의 공산주의를 주장하고 외국의 제도・문물・학설과 같은 것을 그대로 섭취하여 조선에 통용, 실시하고자 하는 등 과격한 주장을 펴는 사람이 있음을 규탄하면서, 조선에는 조선의 역사가 있고 독특한 민족성이 있으니 이러한 행위는 조선민족을 자멸하게 할 위험이 있으므로 그 可否를 연구하여야 한다고 주장하였다.38)

조선사정연구회는 反左聲名을 내고 민족운동의 주류를 형성하고자 했던 것으로 보이는데,39) 그럼에도 불구하고 좌익계 인사인 홍명희 등이 이 단체에 참여하고 있었던 것은, 당시 정황에서 개량주의적 민족주의를 고립시켜야 하는 당면과제가 상대적으로 중요한 의미를 갖고 있었기 때문으로 생각된다.


ㄷ. 太平洋問題硏究會

태평양문제연구회는 민족계의 조선사정연구회가 결성된 것에 자극되어, 그해 11월 28일 서울 천도교 강당에서 조직된 단체이다. 이 단체는 11월 28일 천도교 강당에서 당시 YMCA 총무 申興雨와 尹致昊・李商在 등 20여명의 지도급 인사 30여 명이 민족운동세력의 단합과 현실문제를 연구하고, 과거 太平洋會議(1921.11-1922.2)에서의 실패를 교훈삼아 태평양문제연구회를 결성하자는 신흥우・이상재 등 2명의 기조강연에 대해

---

37) 金俊燁・金昌順, 『韓國共産主義運動史』3, 1969, 42쪽.
38) 『高等警察要史』, 47쪽.
39) 앞의 책, 『高等警察要史』, 47쪽.

기립박수로 찬성한 뒤, 즉각 이 회를 조직하기에 이른 것으로 보인다. 이들은 이 회의에서 常駐委員과 활동위원을 선발, 파견할 것 등 5개항을 결의하였다. 그뒤 국내에서 新幹會가 조직되자, 1927년 2월 15일 대한민국임시정부의 권유와 영향으로 이상재가 회장이 되었으므로 사실상 큰 활동을 전개하지 못하였다.[40]

### 2) 1920년대 중반 민족주의 세력의 분화

국내 민족주의 세력의 분화는 1925년 말 自治論이 재차 대두되는 것을 계기로 뚜렷해졌다. 1925년 7월 일본의 『아시아헤럴드』지 주간 頭本元貞은 일본정부가 조선에 대한 자치의 허용을 고려하고 있다는 발언을 하였다. 이어서 11월에는 조선총독부 기관지 『京城日報』 사장 副島道正이 송진우·김성수·최린 등과 협의하여, 자치제의 실시를 주장하였다. 이를 계기로 자치운동론자들은 세력을 결집해 나갔고, 天道敎 新派와 그 산하의 朝鮮農民社, 東亞日報, 안창호의 국내기반인 修養同友會 등이 자치운동의 잠재적 기반으로 간주되었다.[41] 이들은 '독립운동을 위한 준비단계로서의 자치권 획득'을 표방하였다.

이들은 자신의 경제적 이익 추구와 이를 위한 총독부의 보호를 필요로 하였다. 즉 "경제적 실력양성을 뒷받침하기 위해서는 최소한도의 정치권력이 필요하다"는 논리는 자치운동의 추진으로 현실화되었던 것이다.

이들은 1923년 경부터 활동을 개시하였으나, 민족주의 좌파 및 사회주의자들의 반발로 무산되었다. 이후 자치론자들은 1925년 말 총독부 측과의 연결 하에 최린을 중심으로 재차 활동을 개시하였다. 그러나 일제의 한국식민정책이 '內地延長主義'로 결정됨에 따라, 자치운동은 소강국면으로 접어들었다. 특히 최린·최남선·이광수 등은 일본인 阿部充

---

40) 앞의 책, 『高等警察要史』, 47쪽.
41) 박찬승, 앞의 책, 336쪽.

家 등과 결탁하여, 자치운동 단체인 研政會 조직 계획을 부활시키려 하였다. 한편 자치운동의 재개는 민족주의 좌파와 공산주의 세력 간의 협동전선운동을 촉발시키는 한 원인이 되었다.

이후 광주학생운동과 제4차 조선공산당사건 등을 거치며, 신간회 운동의 영향력이 약화되는 것을 간파한 자치운동 세력은 동아일보 간부들, 천도교 신파, 수양동우회 그리고 기독교 일부세력은 또다시 자치운동의 고삐를 당겼다. 그러나 1930년 말 일본정부가 '지방제도개정'을 결정함에 따라, '독립기회에 대비한 준비'는 그 효용가치를 상실해 버렸다.

한편 민족주의 좌파세력은 자치운동을 '관제적 타협운동'으로 규정하였다. 이들은 타협운동을 "반드시 統治群들과 연락되고 호응하여, 통치군들의 양해와 종용 하에 비로소 생길 수 있는 것으로서, 통치군의 조선인에 대한 회유적 양보로 나타난" 존재로 비판하였다.[42] 그리고 자치운동에는 일제의 한국에 대한 장기지배 음모, 중국대륙에의 진출계획, 소련의 동진 등을 고려한 일제 식민지배정책의 변화가 숨겨져 있다고 파악하였다.[43]

이들은 '절대독립'을 고수하면서, '대중을 동원한 반일정치투쟁을 위해 사회주의자들과의 협동전선을 모색하고, 이를 실천에 옮겼다. 그리하여 1926년 2월 제2차 조선공산당 姜達永 등과 함께 中國國民黨과 같은 '國民黨' 조직을 만들기로 합의하였다. 이어서 하반기에는 안재홍·홍명희·신석우 등을 중심으로 "빠른 시일 내에 참다운 民族黨을 결성하기로' 합의하였다.

### 7 . 研政會

연정회는 일제강점기의 자치운동단체로서 2차에 걸쳐서 결성의 움직임이 있었으나 두번 다 모두 실패하고 말았다. 첫번째는 1924년 1월 중

---

42) 「朝鮮今後의 政治的 趨勢」, 『朝鮮日報』, 1926.12.16.
43) 이지원, 앞의 글, 49쪽.

순, 金性洙, 宋鎭禹 등 동아일보계를 중심으로 하여 安在鴻, 李鍾麟, 崔麟을 비롯한 민족주의 우파 16·17명이 그 설립을 논의한 조직이었다. 이후 연정회라는 1920~30년대 초에 있어서 민족주의 우파에 의해 진행된 자치운동을 지칭하는 단어로 사용되었다

3·1운동 이후 민족진영의 일부에서는 현 상황에서 사실상 완전한 독립이 어렵다고 보고 독립의 전 단계로서의 자치를 모색하였으며, 또한 총독부도 새로운 정치모략으로서의 자치를 생각하기 시작하였다. 이들은 민족노선의 분열을 심화시키고, 급진적 즉시독립론을 점진적 타협논리로 변질, 후퇴시키기 위해서 은연중 자치론을 선동하였다.

이런 상황에서 이광수가 1924년 1월 2~6일 『동아일보』에 「민족적 경륜」이라는 논설을 발표하여 조선내에서 허용되는 범위 내에서의 정치·산업·교육적 결사운동을 제안하면서 자치운동단체 연정회를 결성할 기세를 보였다.44)

이에 대해 상해판 『독립신문』에서는 이것을 독립운동의 탈선으로서, 독립운동이 아니라고 비난하였으며, 조선노농총동맹, 『개벽』, 동경유학생학우회 등도 조선내에서 허용되는 범위내, 즉 일본국법이 허하는 범위 내에서의 타협운동에 대해 적극적으로 비난하였기 때문에 연정회의 결성은 유산되고 말았다.

제1차 硏政會 설립운동이 좌절된 후, 민족주의 우파는 또다시 이와 유사한 자치운동단체의 조직을 준비하였으며 이것이 제2차 연정회 설립운동으로 나타났다. 이 논의 과정에도 역시 최린, 송진우, 김성수, 이종린 등이 참여하였으며, 金俊淵, 朴熙道, 趙炳玉, 崔元順, 이광수, 최남선 등이 참여하였다. 이 시기의 연정회논의는 1차의 경우와 달리 총독부측과 밀접한 관계를 유지하면서 진행되었다. 그러나 연정회의 이러한 움직임에 반대하던 안재홍과 김준연 등이 이러한 사실을 사회주의 계열인

---

44) 李光洙, 「民族的 經綸」, 『東亞日報』, 1924.1.2~6.

민흥회의 明濟世에게 알려 民興會가 규탄하고 나서자 참가 예정자들이 대량 이탈함으로써 연정회 결성계획도 좌절되고 말았다.

이를 계기로 민족주의계열은 우파와 좌파로 분열되었으며, 이러한 움직임은 민족주의 좌파계열이 사회주의세력과 연합하여 신간회에 참여하게 되는 중요한 원인을 제공하였다.45)


ㄴ. 修養同友會

수양동우회는 1926년 1월 안창호의 지도를 받던 興士團계열의 修養同盟會와 同友俱樂部가 통합 결성된 단체이다. 1921년 상해에 있던 李光洙는 안창호로부터 홍사단의 한국지부 조직의 사명을 받고 귀국하여 金鍾德·朴賢煥·金允經·姜昌基 등 11명을 규합하고 1922년 2월 서울에서 청년 남녀의 수양기관을 표방하는 수양동맹회를 결성하였다. 한편 같은 해 7월 평양에서도 金東元·金性業·趙明植·金永胤·金光信·李濟學·金澄植 등 홍사단계 인물들에 의하여 동우구락부라는 친목단체가 합법을 위장한 민족운동단체로서 조직되었다. 두 단체는 모두 같은 홍사단 계열로 1926년 1월 통합하여 수양동우회로 발전하였다.46)

이후 수양동우회는 1926년부터 미국에 있던 홍사단과 상해에 있던 興士團 遠東委員部의 진로에 대한 논의를 시작하였는데, 지금까지의 실력양성주의를 지양하고 그 성격을 革命大黨으로 전환하기로 하였다. 그리하여 1929년 11월에는 다시 국외에 있던 홍사단과 통합하여, 그 명칭을 수양동우회에서 동우회로 개칭하였다. 또한 규약 중 조선신문화운동의 字句를 신조선건설운동이라 개정함으로써 혁명대당의 一支隊라는 것을 표현하는 조항을 삽입하는 등 단체의 성격을 혁명단적인 것으로 바꾸었다.

그러나 표면적으로는 인격수양 및 민족의 실력배양을 목표로 하여

---

45) 李均永, 『新幹會硏究』, 역사와비평사, 1993, 21~24쪽.
46) 박찬승, 『한국근대정치사상사연구』, 1991, 294·306쪽 참조.

합법단체임을 표방하였으며, 수양동우회의 서울본부와 **평양·선천** 등의 수양동우회지부를 모두 지방동우회로 개칭하였다. 당시 간부들이 재미 흥사단에 적을 두고 있었고, 회원들은 내부적으로는 **흥사단**이라 칭하였던 것 등을 보면 이 회와 흥사단은 같은 단체였음을 알 수 있다.

동우회는 회원의 증원에 노력하여 82명의 중견회원을 확보하였는데, 회원의 다수가 변호사·의사·교육자·목사·저술가·광산가 기타 상공인 등으로, 상당한 자산을 가지고 있을 뿐 아니라 지도적 위치에 있던 부르주아 민족주의자들이었다. 특히, 평양·선천지방의 기독교계의 실권을 장악하고 있던 회원들은 암암리에 독립정신을 고취하고 민족운동을 전개하였다. 1931년 회세확장 4개년계획을 수립하였으나, 1933년 안창호가 일본경찰에 붙잡힘에 따라 시행하지 못하였다. 1932년 회관건립과 기관지 《東光》을 발행하여 농촌부 설치의 모든 비용에 충당하기 위하여, 흥사단본부의 양해를 얻어 상해 원동위원부에 보관중인 군자금 수만원을 이관받을 계획을 세우기도 하였으나 실현되지는 못하였다.

1937년 재경성기독교면려회에서 금주운동을 계획하고, 이해 5월 '멸망에 陷한 민족을 구출하는 기독교인의 역할 운운'이라는 인쇄물을 산하 국내 35개 지부에 발송하였는데, 이것이 일본경찰에 발각되고 말았다. 그 배후에 李容卨·鄭仁果·李大偉·朱耀翰·柳瀅基 등이 관계되어 있음이 밝혀짐으로써 이들이 관계하고 있던 동우회가 탄압을 받게 되었다. 그리하여 같은 해 6월부터 서울지회 관계자 5명, 11월에 평양·선천지회 관계자 93명, 이듬해인 1938년 3월에 안악지회 관계자 33명 등 모두 181명이 붙잡혔다. 이 가운데 49명이 기소, 57명이 기소유예, 75명이 기소중지처분을 받았고, 기소된 49명 중에서 42명이 재판에 회부되었는데, 안창호가 1938년 3월에 사망하여 실제 재판에는 41명이 회부되었다. 이들에 대한 예심이 1938년 8월에 끝나고, 1939년 12월 경성지방법원에서 전원 무죄를 선고받았으나, 검사의 공소로 1940년 8월 경성복심법원에서 이광수 징역 5년, 김종덕 등 4명 징역 4년, 김동원 등 4명 징역 3

년, 趙炳玉 징역 2년 6월, 吳鳳彬 등 7명 징역 2년, 나머지는 징역 2년에 집행유예 3년을 각각 선고받았으나, 다음해인 1941년 11월 경성고등법원 상고심에서 전원 무죄판결을 받았다. 그러나 4년 5개월간의 구금기간 동안 일본경찰의 혹독한 고문으로 崔允洗·李基潤은 옥사하고, 金性業은 불구가 되었다.

ㄷ. 興業俱樂部

1925년 3월 李承晚의 독립노선에 따라 申興雨·李商在·具滋玉·俞億兼·李甲成·朴東完·安在鴻 등이 조직한 항일비밀결사이다. 1924년 5월 北監理派總會 및 기독교청년회간부협의회에 조선대표로 참석한 신흥우는 귀국 길에 호놀룰루에서 이승만과 회견하였는데, 이승만으로부터 미국에서는 조선의 독립을 위해 동지회를 결성하여 활동 중인데 국내에서도 동지회와 같은 목적의 단체를 조직하여 흥사단을 견제하고 조국광복에 힘써 달라는 부탁을 받고 이를 승낙하였다.47)

신흥우는 이승만의 권유에 따라 귀국 후 같은 해 12월 15일 서울기독교청년회에서 단체조직을 위한 준비회를 결성하고 운동의 목적 및 방법을 결의하였다. 이 결의문은 미국에 있는 독립혁명동지회의 3대정강 및 4대 진행방침을 지도정신으로 하여, 동지의 획득, 운동자금의 축적, 기독교를 중심으로 하는 학교·교회, 기타 사회·문화단체의 지도권 파악에 노력한다는 것이었다.48)

그뒤 1925년 3월 23일 신흥우의 집에서 이상재 이하 9명이 모여 실업단체로 위장한 흥업구락부를 조직하였다. 명칭은 일제의 감시를 피하기 위하여 친목단체로 위장하고 있으나, 실은 YMCA를 중심으로 뜻있는 민족진영의 지도자들이 참여하여 독립사상을 고취하였고, 특히 미국의 이승만과 연결되어 있었기에 일제의 주목대상이 되었다. 이 단체의

---

47) 朝鮮總督府警務局, 『最近における朝鮮の治安狀況』, 1938, 380~381쪽.
48) 위의 책, 321쪽.

관계인사들은 이승만의 요청에 의하여 上海 대한민국임시정부에 보낼 군자금의 염출을 결의하고 수만원을 모금하여 미국으로 보내는 등 독립운동을 직접·간접으로 지원하였다. 일제는 이러한 움직임을 크게 우려하고, 1937년 가을 尹致昊·張德秀·유억겸·신흥우 등을 검거하였으며, 1938년 5월 22일에는 안재홍 등 홍업구락부의 간부회원 60여명 등 모두 100여명이 검거되었다. 일본경찰은 구자옥 등 52명을 <치안유지법> 위반으로 기소하였는데 이른바 홍업구락부사건이다.

ㄹ. 천도교 신파와 구파

3·1운동 후 천도교회는 교육적으로는 일본 유학생과 국내의 고등교육기관 출신, 그리고 지리적으로는 서북지역 출신에 의하여 장악되었다. 문명개화운동의 추진을 지향하였던 이들은, 일제가 문명개화운동의 변형인 문화운동을 장려하고 권장하자, 천도교교리강연부(1919)-천도교청년회(1920)-천도교청년당(1923)을 조직하고 문화운동을 전개하였다.

문화운동은 제1차세계대전의 종전을 전후하여 대량살상과 대량파괴를 초래한 물질문명을 비판하고, 새로운 정신문명의 수립을 지향하였다. 또한, 물질문명의 기초가 된 이성보다는 의지와 감정을 중시하였다. 이들은 인간의 의지와 정신적 개조를 바탕으로 하여 改良的으로 천도교의 이념을 자유주의적·자본주의적으로 해석한 문명사회를 수립하려고 하였다

그러자, 이남 지역의 천도교인들 가운데 교권을 상실하였던 오지영·홍병기·윤익선 등의 천도교인들은 사회주의사상을 수용하여 천도교리를 사회주의적으로 해석하고 1921·1922년 교회의 혁신운동을 전개하여 1922년 12월 천도교연합회를 결성하였다. 또한, 개량적이 아닌 혁명적 변혁운동을 추진하려는 의도에서 1923년 7월 고려혁명위원회를 조직하고, 최동희를 연해주에 파견하여 소련의 후원을 얻어 무장단체를 조직하고 혁명적 독립운동을 전개하려고 하였다.

한편, 1925년 3월 이후 자치운동이 전개되는 상황에서, 박인호·박래홍계의 천도교의 구세력에게 지분이 배분되지 않자, 이들은 오영창계(육임파)의 천도교인과 연합하여 1926년 1월 천도교 구파를 결성하였다. 그리고 강달영이 지도하는 조선공산당과 제휴하여 6·10만세운동을 전개하였으며, 이것이 실패로 돌아가자 1927년 신간회운동에 참여하였다.

천도교연합회, 천도교육임파, 천도교구파가 분립하고 난 뒤, 천도교 신파는 농민·노동·학생·상민·청년·여성·소년운동, 즉 인간개조운동에 기초한 사회변혁운동을 추진하였다. 그리고, 각 운동의 효과를 높이기 위해 자치운동을 전개하였다. 이 과정에서 신파는 동아일보계·수양동우회계 인물들과 연대하는 한편, 이동휘 등의 상해파 고려공산당계의 인물들과 제휴하고 또 이들을 통하여 소련과 코민테른의 지원을 얻으려고 하였다. 그러나, 화요회계 공산주의자의 방해와 일제의 금지, 게다가 공산주의자들의 좌경화로 자치권의 획득은 결실을 맺지 못하였다.

천도교신파는 1930년대초 개량적 민족운동의 입장에서 문화운동을 전개하였으나, 1934년 오심당 사건 이후 일제의 압력과 탄압에 굴복하여, 급격히 친일화되었다.

한편 천도교 구파는 1925년 중순 교권을 장악하고 있던 서북 지역 출신의 교역자들이 자치운동을 전개하면서 박인호·권동진·오세창 등 이남 지역의 천도교세력을 배제하자 교인대회(육임파)와 연합하여 1926년 1월 구파측 중앙종리원을 설립하고 분립하였다.

천도교 구파는 박인호·박래홍·박래원 등의 박인호계열, 권동진·오세창계, 이종린계의 인물로 구성되었다. 이들은 대체로 충청도와 경기도 출신이 많았고, 일본 유학생 출신보다는 국내와 중국 유학생 출신이 중심을 이루고 있었다. 이들은 동학농민운동 당시 큰 희생을 치른 남한 지역 출신의 인물들이었으므로 신파에 비하여 반일감정이 강하였다. 또한, 일본 유학생 출신이 적어 이들은 일제의 정치가 및 관료와 정치적 관계의 형성이 긴밀하지도 못하였다.

천도교 구파는 정치적 세력의 강화를 위하여, 자치운동자와의 차별성을 부각하며 사회주의운동단체인 화요회에 접근하였다. 이미 1924년 화요회원인 강달영과 함께 협동전선의 결성을 시도한 李鍾麟은 1926년 3월 권동진·오상준과 함께 강달영·신석우·안재홍·유억겸·박동완 등과 협의하여 민족협동전선의 결성을 시도하였다. 그리고 동년 4월 이 전선을 이끌어갈 청년전위집단으로 천도교청년동맹을 결성하였다. 천도교청년동맹 내에는 박래원, 이재곤 등 화요회와 긴밀한 연락을 맺고 있던 사람들이 있어, 구파와 화요회 간의 협동전선에 가교역할을 하였다. 바로 이러한 토대 위에 구파는 화요회와 힘을 합쳐 6·10만세운동을 전개할 수 있었다.

천도교 구파는 6·10만세운동의 실패 후, 일제의 감시와 화요회원의 검거 등으로 화요회와 협동전선을 맺기가 쉽지 않자, 안재홍·신석우·박동완 등의 민족주의진영과 힘을 합하여 신간회를 결성하였다. 구파는 중앙집권적 조직력을 바탕으로 신간회 결성에 필요한 자금을 제공하였고, 1927년 5월 사회주의진영에서 신간회 참여를 표명하자, 민족주의진영의 핵심단체인 '新幹그룹'의 결성에 참여하고 경성지회의 설립을 주도하였다. 구파의 신간회 활동을 전위에서 수행한 것은 천도교청년동맹이었는데, 천도교청년동맹은 기독교의 중앙기독교청년회와 힘을 합하여 신간회를 장악하려 하였다. 구파는 신간회 활동의 결과 그 교세를 크게 신장할 수 있었다.

비타협적 신간회운동으로 교세를 크게 신장할 수 있었던 천도교 구파는 민중대회 사건 후인 1930년 신간회 본부가 천도교 신파와 동조하여 자치운동을 전개하자 이를 저지하였다. 1930년 4월 경성지회의 운영권을 장악한 구파는 신간회 본부의 간부를 불신임하는 등 자치운동에 저항하였다.

그러나 기독교신우회 등 민족주의진영의 이탈과 운동노선의 변화에 따른 사회주의진영의 좌익민족주의자 공격 등으로 구파는 고립의 상태에 빠졌다. 결국, 천도교 구파는 1930년 12월 교권을 대폭 양보한 신파와 합동한 후 개량적 민족운동을 전개해나갔다. 신간회에 참여한 민족주의진영 가운데 하나인 천도교 구파의 변절은 신간회 해체의 한 요인이 되었다.

### 3) 사회공산주의 세력의 조직과 변천

1925년 4월 17일 朝鮮共産黨이, 이튿날에는 高麗共産靑年會가 조직되었으며, 김재봉과 박헌영이 당과 공청의 책임비서로 선임되었다. 제1차 당은 火曜會·北風會·上海派의 연합을 표방하였고, 공청은 화요회가 장악하였다. 이후 조선공산당은 조선노농총동맹에 대한 사업의 확대, 기관지 발행, 만주총국 설치 등을 주요 현안으로 설정하였다. 하지만 서울청년회를 포괄하지 못한 제약점을 안고 있었다.[49]

그러나 1차당은 1925년 11월 '신의주사건'으로 붕괴되고, 12월 중순 강달영을 책임비서로 하는 2차당이 조직되었다. 2차당은 회요회와 상해파의 연합 양상을 띠었다. 이들은 만주·연해주·상해·일본에 해외연락부를 설치하였고, 면 단위를 기본으로 노동농민청년조직을 강화하였다. 2차당의 활동 중 특기할 만한 것은 라이벌 관계에 있던 서울청년회와의 통합활동이었다. 4차례에 걸쳐 시도되었던 양측의 통합협상은 주도권 장악 문제로 불발되었다. 또 1926년 2월 13차 중앙집행위원회에서는 '민족해방·조선독립과 공산정치의 동일성'을 강조하였고, 민족·공산진영의 협동전선으로서 '국민당'을 조직하고, 천도교를 그 기초로 삼을 것을 결의하였다. 이 결의에 근거하여 책임비서 강달영이 민족주의 좌파세력과 접촉에 나섰던 것이다. 그리고 천도교 구파와 제휴하여 6·10만세운동을 주도하였으나, 이로 인해 2차당은 붕괴되었다.

---

49) 반병률, 「조선공산당의 성립과 항일운동」, 『한국독립운동사사전: 총론편』하, 독립기념관, 1996, 156쪽.

한편 이 시기 공산주의 세력은 화요회와 상해파가 연합한 조선공산당, 이들과 대립적 관계에 있는 서울청년회·북풍회·조선노동당 등의 양대 진영으로 나뉘어 격렬한 파쟁을 전개하고 있었다.[50] 그리고 1·2차당을 지배해 온 화요회계열이 두 차례의 검거로 인해 취약성을 드러냄에 따라 3차당은 '각파 합동에 의한 통일적 공산당의 결성'을 표방하였다. 이 과정에서 화요회와 서울청년회의 공청회원을 중심으로 한 'ML파'로 불리우는 그룹이 태동되었다.

그리하여 이해 12월 金綴洙를 책임비서로 하고, 안광천·김준연·한위건·하필원·권태석 등을 중앙간부로 하는 3차당이 출범하였다. 흔히 3차당은 '통일공산당' 혹은 'ML당'으로 불린다.[51] 3차당은 이후 안광천·김준연 책임비서 시기를 거치며, 민족주의 좌파세력과의 연합에 의한 협동전선운동에 큰 진전이 있었다. 1927년 2월 15일 결성된 新幹會에는 조선공산당 대표로 홍명희·권태석·송내호 등이 참여하였고, 김준연과 한위건 등이 신간회 활동에 깊숙이 관여하였다. 공청회원 들 역시 신간회의 자매단체인 槿友會 조직에 적극 참여하였다.

그러나 3차당은 'ML파의 전횡'을 이유로 분열 상태에 직면하였고, 결국 1927년 12월 서울청년회와 상해파가 합동으로 이른바 '春景園黨'을 별도로 조직하였다. 이에 ML파도 김세연을 책임비서로 하는 4차당을 결성하였으나, 1928년 2월 김세연·최익한·김준연·최창익 등이 일경에 체포됨으로써, 차금봉을 책임비서로 새로 선임하였다. 그러나 4차당도 1928년 6월 일제에 의해 붕괴되었다.


7. 無産者同盟會

무산자동맹회는 조선청년연합회에 가입한 서울청년회계 세력들이

---


50) 배성찬 편, 『식민지시대 사회운동 연구』, 돌베개, 1987, 156쪽.
51) 김준엽·김창순, 『韓國共産主義運動史』3, 고대 아세아문제연구소, 1979, 229쪽.

1922년 1월 19일 결성한 무산자동지회가 발전적으로 해체 결성된 조직이다. 주도 인물로는 尹德炳, 金翰, 申伯雨, 元貞龍, 元友觀, 金達鉉, 陳秉基, 白光欽 등 19명의 발기인을 들 수 있다. 이들 발기인들은 주로 논객들과 여러 단체의 지도급 인물이었으며, 사상적으로 같은 경향에 있던 사람들이다. 기관지로는 『무산자』를 발행하고 출판·강연·연극·강습 등을 통하여 사회주의사상을 보급할 예정이었으나 일본경찰의 금지와 감시로 아무 일도 하지 못하였다. 그러나 국내 사회주의사상 보급을 위하여 의식적으로 좌익노선을 제시하였다는 데 의미가 있으며, 국내 사회주의 사상운동단체의 嚆矢라고 할 수 있는 단체이다.

무산자동지회는 발족 3개월 뒤인 1922년 3월 31일에 新人同盟會 등의 다양한 성격의 단체를 규합하여 무산자동맹회로 발전적 해체를 하였다. 그런데 新人同盟會는 1922년 2월 20일에 서울에서 張炳天, 沈相完, 李英, 辛一鎔 등이 조직한 무산자동지회와 사상체계를 같이하는 단체였다.[52]


ㄴ. 北風會

1924년 11월 서울에서 결성된 사회주의 운동단체로 1923년 1월 在日조선인 사회주의단체인 北星會의 국내 지부로 설립되었으며, 金若水, 金鍾範, 馬鳴, 鄭雲海, 南廷哲, 徐廷禧, 朴昌漢, 朴世熙, 辛容箕, 일명 辛鐵, 宋奉瑀, 李浩 외 13명이 중심 인물인 것으로 보인다.

북성회의 결성 당시의 중요인물들은 김약수, 김종범, 송봉우, 변희용, 金章鉉, 李如星 등 60여명이었다. 북성회는 자파의 인물들로 국내의 여러 사회주의단체를 장악하려 하였는데 사회주의 사상보급을 위한 전국순회강연은 그러한 노력의 일환이었다고 할 수 있다.

그러나 북성회의 이러한 노력은 국내의 사회주의 조직인 서울청년회

---

52) 朝鮮總督府警務局, 『朝鮮治安狀況』, 1922, 17쪽.

나 화요파와 반목하는 계기가 되었고, 북성회는 국내단체를 계통적으로 지휘하기 위한 최고기관의 설치 필요성을 느꼈다. 이에 따라 1923년 10월 김약수, 김종범, 마명, 李憲, 金在明 등 160여명이 서울 齋洞에 모여 建設社를 조직하였으며, 이후 이를 발전적으로 해체하고 1924년 11월 북풍회를 결성하게 되었다.

북풍회라는 명칭은 '북풍이 한번 불게 되면 빈대나 모든 기생충이 날아가버린다.'는 속언에 의거한 것이었는데, 이는 당신의 국내 군소단체를 북풍회의 위력으로 통일하겠다는 의미였다. 북풍회는 한국에서의 사회주의 목표실현을 위해서는 韓日無産者階級의 관계가 유기적으로 강화되어야 한다고 주장하였으며, 이러한 관점에서 보면 한국내의 사상단체 중에서 가장 친일본적인 조직이라고 할 수 있을 것다.[53] 그러나 북풍회 공산주의자들은, 일본공산주의운동이 조선민족해방운동에 대해 아무런 정견도 없고 또한 어떠한 노력도 기울이지 않는 것에 실망하여 운동의 중심을 국내로 옮기게 되었던 것으로 보인다. 북풍파 공산주의자들은 일본공산주의자들을 향해서 일본의 프롤레타리아트와 피압박 민족해방운동을 결합하여 공동의 적인 일본부르조아에 대한 공동투쟁에 나설 것을 촉구하기도 하였다.[54]

한편, 북풍회는 서울청년회와 심각한 반목관계에 있었기 때문에 화요회와는 잠정적인 우호관계를 유지하며 서울청년회에 공동으로 대항하였다. 북풍회는 1925년 3월 임시총회를 열어서 화요회와의 합동을 결의하였다.

그런데 이 두 단체가 합동하게 된 배경에 대해서는 朝鮮共産黨을 성립시키려는 화요회의 공작이 주효하였다고 하는 주장과 사회주의 내부의 파벌 불식이라는 大勢論에 의한 합동이라는 주장이 있다.

합동 이후 화요회, 북풍회, 조선노동당, 무산자동맹회로 구성된 4단

---

53) 金俊燁·金昌順, 『韓國共産主義運動史』2, 1969, 38~41쪽.
54) 박철하, 「북풍파 공산주의 그룹의 형성」, 『역사와 현실』28, 1998, 89쪽.

체합동위원회가 구성되었다. 김약수를 비롯한 북풍회의 주요 인물들은 1925년 4월, 화요회의 주도로 결성된 조선공산당에 참여하였으나, 북풍회와 화요회는 합동 이후 갈등이 시작되었다. 1925년 5월 '치안유지법'이 조선에서도 실시되자 민족주의자들이 우세하게 되었고, 여러 차례의 공산당 검거로 사회주의 세력은 약화되었으며, 동시에 민족협동전선론이 대두되어 북풍회는 1926년 4월 14일에 正友會로 발전적 해체를 보았다.


ㄷ. 火曜會

1924년 新思想硏究會가 개칭되어 성립된 사회주의 표현단체이다. 신사상연구회는 1923년 7월 7일 서울 낙원동에서 洪命憙, 洪增植, 具然欽, 朴一秉 등이 발기인이 되어 尹德炳, 金炳僖, 李載誠, 李昇馥, 趙奎洙, 李準泰, 姜相照, 洪悳裕, 元友觀, 朴敦緖, 金燦, 金鴻爵, 金在鳳, 權五卨, 安基成, 李鳳洙, 金璟載 등이 신사상을 연구하려는 목적에서 조직한 단체이다. 일종의 학술연구단체로 강습과 토론회를 실시하고 이론서적 및 잡지를 간행할 것을 당면사업으로 내세웠다. 한편, 신사상연구회는 코민테른(Comintern)의 한국내 지부로 비밀리에 결성된 코르뷰로국(高麗局)의 표현단체였다는 설도 있다. 1924년 11월 19일 신사상연구회 간부회는 명칭을 '화요회'로 개칭하고 종전의 연구단체로부터 행동단체로 전환할 것을 결의하였다. '화요회'라는 명칭은 마르크스(Marx, K.)의 생일이 화요일인 것에서 유래되었다.[55] 이 단체는 1925년 4월 27일의 朝鮮共産黨 창립에 주도적인 활동을 하였는데, 그러한 평가의 근거는 이 단체의 김찬, 김재봉, 윤덕병, 홍덕유 등이 조선공산당 창립에 참여하였다는 것이다. 역시 이르쿠츠크파로 뒤늦게 이 단체의 집행위원이 되었던 曺奉岩, 上海에서 돌아온 후 참여하였던 朴憲永, 林元根, 金泰淵, 趙東祐 등도

---

55) 스칼라피노 · 이정식, 『한국공산주의운동』1, 102~103쪽.

이 단체의 유력한 일원이었다. 따라서, 이 단체는 상해파 및 이르쿠츠크파와 일본유학생들 사이의 결합이라고 보아도 좋을 것이다.

이 단체는 조선공산당을 결성하는데 일제의 감시를 피하기 위하여 朝鮮記者大會를 이용하였고 全朝鮮民衆運動者大會를 계획하였다. 서울청년회와는 반목관계에 있었으며 이 점에 있어서는 北風會와 같은 처지였다. 신사상연구회가 결성될 당시부터 조선공산당을 창립할 시기까지는 대체로 북풍회와 보조를 같이하였으나, 그 이후는 북풍회와도 반목관계를 보였다. 이는 조선공산당의 주도권을 거의 독점한데 대한 북풍회의 반발이었던 것으로 생각된다. 그러면서도 북풍회는 1925년 3월 25일 임시총회에서 화요회와의 합동을 결의하였다 이어서 이 두 단체는 조선노동당, 無産者同盟會와 더불어 4단체합동위원회를 공동운영하였으며, 1926년 4월 14일에 이르러 正友會로 발전적 해체를 보았다.

ㄹ. 朝鮮勞農總同盟

1924년 4월 18일에 서울파와 화요파 계열의 주도하에 서울에서 결성된 노동운동의 중앙단체이다. 조직의 결성은 1924년 4월 17일에 조선노동연맹회와 조선노동대회준비회(조선노동공제회 잔류파 및 노동대회의 결합조직) 남선노농총동맹의 대표 200명이 모여 발기대회를 가짐으로써 조직 결성을 위한 논의를 구체화하였고, 이어 18일에 167개단체 204명의 대표가 모여 창립총회를 개최함으로서 조직의 결성이 이루어졌다.

산하기구로는 총무부, 재무부, 교육부, 조사부, 편집부, 노동부, 소작부가 있었으며, 50명의 중앙집행위원회를 두었는데, 거의 대부분이 화요파와 서울파의 사회주의자들로서, 강택진, 金鍾範, 朴炳斗, 金炳璿, 張彩極, 尹德炳, 權五卨 등을 들 수 있다.

조직의 특성에 대해서 살펴보면, 먼저 노동운동과 농민운동의 2원적 조직이었다는 점과 지식인을 중심으로 한 서울파 및 화요파의 연합조직이었음을 들 수 있다. 대체로 이러한 점이 조직의 한계로 작용할 수도 있었지만, 당시 전국적으로 소작회 등의 농민단체와 대부분의 노동단체들이 가입하여 260여 개의 회원단체에, 5만 3000명의 회원을 갖는 대규모의 단체로 발전하였다.

강령으로는 첫째, "吾人은 노동계급을 해방하여 완전한 신사회의 건설을 목적으로 한다. 吾人은 단결의 위력으로서 최후의 승리를 얻는 데까지 자본과 계급과 투쟁한다" 등으로 되어 있어 철저한 사회주의적 경향의 단체였음을 알 수 있다.56) 이러한 경향은 강령뿐만 아니라 노동운동과 농민운동의 결의안을 통해서도 확인할 수 있다.

먼저 노동운동과 관련해서는 첫째, 강습소나 팜플렛 등으로 노동자의 계급의식을 철저히 할 것, 둘째, 노동시간은 8시간으로 노동임금은 최저 1원 이하를 받지 말 것, 셋째, 각 지방의 노동단체를 조직 원조하여 노동자 상황을 조직할 것 등이었으며, 농민운동과 관련해서는, 첫째, 소작료는 3할 이내로 할 것, 둘째, 지세와 공과금은 지주가 부담할 것. 셋째, 소작인 교양은 노동자와 같을 것, 넷째, 東拓이민을 폐지할 것 등이었다. 이같은 내용을 통해서 볼 때, 일제의 지주적 수탈에 대한 투쟁의지가 반영되어 있음을 확인할 수 있는데, 이것은 노동쟁의와 소작쟁의가 고조되어 있던 시대적 분위기를 반영하고 있는 것으로 생각된다.

이 단체는 각종 쟁의를 지도하는 것 이외에도 기관지의 발간, 형평운동의 지원, 청년운동과의 제휴, 민족개량주의로 지목된 『東亞日報』에 대한 규탄 등 노동·농민운동의 주변문제까지 관여하면서 일제와의 투쟁을 전개해 갔던 것으로 보인다. 그러나 일제의 계속되는 탄압과 지도부의 분파주의로 인하여 해산되고 말았다. 1925년 주도권문제로 서울청년회 계열과 화요회 및 북풍회 계열간의 내분이 발생하였는데, 이는 조선공산당의 창당문제와 맞물리면서 더욱 격화되었다. 이러한 상황에서 조선노농총동맹은 1925년 11월 중앙집행위원회를 열어 총동맹을 농민총동

---

56) 朝鮮總督府警務局, 『治安槪況』, 1925, 12쪽.

맹과 노동총동맹으로 분리하기로 결정하였으며, 그 뒤 몇 차례의 서신 투표를 거쳐 1927년 9월 6일에 조선노동총동맹과 조선농민총동맹으로 분리되었다.[57]

### ㅁ. 朝鮮農民總同盟

조선의 농민운동은 일제시대 모든 사회운동의 근간이면서도 1920년대 전반기까지 독자적인 전국조직을 갖고 있지 못하였다. 다만 1920년에 조선노동공제회에서, 그리고 1924년에는 조선노농총동맹에서 노동운동과 같이 지도되어 오다가 노동운동과 농민운동을 분립할 필요성을 절실하게 느끼고 1926년 11월 9일 분리 독립하였다. 그러나 조선농민총동맹은 일제의 적극적인 탄압으로 결성대회를 열지 못하다가 1927년 9월 書面大會로서 조직을 결성하고 부서와 임원을 결정하였다.[58]

임원으로는 중앙집행위원장에 印東哲, 중앙집행위원에 慶箕松, 張埈, 鄭鶴源, 宋寧燮, 金福洙 등 20명이 선출되었는데 전라, 경상도의 인사가 우세한 조직이었음으로 화요파 사회주의 인사가 많았다. 1928년에는 200개의 가맹단체를 갖고 있었으나 일제가 2사람 이상의 집회는 절대 금지하며, 농민총동맹의 조직 자체도 인정할 수 없다고 함으로써 조선농민총동맹의 활동은 처음부터 난관에 봉착해 있었다.[59]

조선이 농업국인 상황에서 일제의 수탈적 식민지정책에서 가장 많은 피해를 당하고 있는 계층인 농민이며, 농민운동이 각 부분운동에 있어서 가장 큰 비중을 차지하고 있었기 때문에, 일제는 조선농민총동맹에 대해서 극단적인 탄압을 가했으며, 이는 결국 조선의 농민운동을 지하화를 초래하였던 것으로 생각된다.

---

57) 李錫台, 『社會科學大事典』, 1948, 602쪽.
58) 李錫台, 『社會科學大事典』, 1948, 602쪽.
59) 『東亞日報』, 1927.10.23.

ㅂ. 朝鮮靑年總同盟

1924년 4월 21일에 조직된 전국적인 사회주의 청년운동단체이다.

3·1운동 이후인 12월 1일 당시 자연발생적으로 성립된 전국의 600여 청년단체를 망라하여 朝鮮靑年聯合會가 결성되었다. 그러나 1922년 1월 서울청년회 계열의 金思國, 金翰 등이 金允植의 사회장위원회에 張德秀, 吳祥根 등 조선청년연합회 간부가 관계하게 된 것을 계기로 민족개량주의적 성격의 간부들을 축출하려 하였으나 실패하였고, 이로써 청년회 조직은 민족개량주의적인 조선청년연합회와 서울청년회 계열을 대표로 하는 사회주의계열로 분립하게 되었다.[60]

이러한 분립 상태를 지양하기 위하여 1924년 2월 12일 사회주의진영은 조선청년연합회의 진보적인 그룹들과 단일청년동맹을 결성하였다. 조선청년연합회와 조선청년당대회의 연합으로 양계열의 330여 대표가 참석하여 조선청년총동맹발기준비회를 개최하였다. 지방단체 대표 소집의 불편을 고려하여 발기총회는 생략하고 결성대회만을 거행하기로 결정하였으며, 이어 서울청년회본부에 창립사무소를 설치하고 그해 4월 21~23일 서울 종로의 중앙청년회관에서 223개 단체의 대표 170명이 참가한 가운데 조선청년총동맹창립대회를 개최하였다. 선출된 중앙집행위원은 崔昌燮, 韓宗瑜, 辛泰嶽, 朴元熙, 鄭栢, 崔昌淳, 曺奉岩, 金燦, 印車哲, 卞熙鎔, 延在璿, 金斗洙, 金濤, 趙紀勝, 金丹冶, 咸渲浩, 安浚, 李雲爀, 金敎英, 任鳳淳, 李英, 宋奉瑀, 崔昌益, 李吉用 등이며, 중앙검사위원은 韓愼敎, 朴憲永, 崔順鐸, 姜齊模, 朱鐘建 등이다. 한편 조선청년총동맹는, 신간회 창립 이후 각 단체들이 점차 통일적으로 신간회에 대해 지지와 지원을 보냈던 경우처럼 조직을 전국적 중앙집권적 단일 조직으로 만들기 위해서 노력하였다.

그러나 조선청년총동맹은 일제가 3인 이상의 집회를 불허하자, 1930

---

60) 金俊燁·金昌順,『韓國共産主義運動史』2, 1969, 113쪽, 139~143쪽.

년 11월에는 전형위원들이 일일이 지방을 순회하면서 구전방법으로 대회를 개최하여 신중앙기관을 선출하였는데, 같은 달 광주학생운동에 관련된 인사들에 대한 검거선풍으로 좌익계열이 검거되었기 때문에 이전의 중앙기관에 비하면 우익화되었다. 이 문제는 조선청년총동맹(약칭 청총) 산하 지방단체의 좌익계열을 자극하게 되었는데, 신간회해소운동과 때를 같이하여 조선청총지방단체의 좌익도 중앙기관의 우익화를 반대하는 투쟁에 나섰다. 1931년 2월 11일 청총경상남도 도연맹은 긴급집행위원회를 개최하고 "현재의 청총은 소부르주아지인텔리겐치아의 비무산계급집단이므로 당연히 해소되어야 한다."는 요지의 결의를 하였다. 각지의 청총지방단체들도 해소론을 전면화하여 청총은 해소대회도 없이 유야무야 쇠퇴하여 1931년 5월 사실상 해소되고, 좌익계열은 지하의 적색노동조합과 적색농민조합 속으로 들어갔다.

### ㅅ. 朝鮮勞動黨

1924년 서울에서 사회주의자들이 조직한 사회운동단체로서 一名 노동당으로도 불린다. 1947년 8월 17일 숮一이 중심이 되어 李南斗, 李鳳吉, 李正洙, 李忠模, 李極光, 李演義 등 7명의 발기로 서울 운니동 전일의 집에서 조직되었다.[61]

단체의 결성 목적은, 무산노동자의 단결을 도모 공산주의적 신사회 건설을 기도하는 것이었다. 중요한 활동을 1925년 꼬르뷰르 국내부 수뇌들이 북풍회, 화요회와 이 단체를 결합시키려는 在京社會運動者懇親會를 조직하자 여기에 참여하였다. 이때 고립의 위협을 느낀 서울청년회가 이 단체를 통하여 북풍회, 화요회와의 타협을 제의하자, 이를 각파 통합의 기회로 여겨 전사회주의운동자대회의 개최를 주장하였으나 화요회와 북풍회가 거절하여 무산되었다.

---

61) 『東亞日報』, 1924.8.19.

　조선노동당은 1925년 4월 김연희·이충모 등이 중심이 되어 북풍회, 화요회, 무산자동맹회와 함께 4단체합동회의를 조직하여 사회주의진영의 연합전선 구축을 위한 적극적인 활동을 전개하였다. 그러나 7월 조선노동당에서 활동하다가 이른바 '鐘路署事件'을 피해 블라디보스톡으로 망명했다 귀국한 김덕한, 이정수 등이 이에 반대함에 따라 당은 4단체와의 합동여부를 둘러싸고 김연희 등의 합동파와 김덕한의 비합동파로 나뉘어졌다. 이 두파는 9월 20일을 전후하여 여러차례 충돌을 일으키기도 하였다. 이후 비합동파는 별도의 조직으로 분리되어 나갔으며, 합동파도 1926년 4월 4단체합동위원회가 政友會로 발전적 해체 통합됨으로써 해산되었다.

　조선노동당은 1920년대 사회주의운동의 전개과정에 있어서 연합전선의 구축에 중요한 구실을 했던 단체라고 할 수 있으며, 국내 사회주의단체 중 당을 명칭으로 사용한 최초의 단체라고 할 수 있다.[62]

### 4) 민족유일당운동의 전개와 협동전선의 결성

　1925년 이래 자치운동이 재개되면서, 이를 계기로 민족적 위기감을 느낀 민족주의 좌파세력과 사회주의 세력은 협동전선 결성에 대한 합의점을 찾기에 이르렀다. 그리하여 1926년 3월 천도교 구파·조선일보계·조선공산당의 유력인물들이 '국민당' 형태의 협동전선 결성에 합의하였다. 하지만 이 움직임은 6·10만세운동과 제2차 조선공산당의 와해로 진전되지 못하였다.

　한편 이와는 별도로, 서울청년회 계열과 조선물산장려회 계열은 1926년 7월 朝鮮民興會를 발기하고, 제한적 범주의 협동전선을 표방하였다. 조선민흥회의 발기는 新幹會 결성을 촉진하는 밑거름이 되었으며, 조직원 전원이 신간회에 참여하였다.

---

62) 金俊燁·金昌順, 『韓國共産主義運動史』2, 1969, 43쪽.

민족주의 좌파 세력과 조선공산당을 주축으로 한 협동전선운동이 재차 추진되는 계기는 正友會宣言이었다. 1925년 4월 북풍회·화요회·조선노동당·무산자동맹은 4團體合同委를 결성하였다. 이는 민족주의 세력과의 협동전선운동에 대비한 조직적 결집이 성격을 띠었다. 그런데 같은 시기 서울청년회 계열의 前進會가 朝鮮社會團體中央協議會라는 또 다른 조직을 발족시킴에 따라, 4단체합동위는 협동전선운동의 중심기구로 正友會를 발족시켰던 것이다.

제3차 조선공산당의 표면단체 성격을 띠었던 정우회는 비타협적 민족주의 세력과의 협동전선 결성을 강조하였다. 이후 조선일보사를 중심으로 창립준비 작업을 거쳐, 1927년 2월 15일 서울기독교청년회관에서 신간회창립대회를 거행하기에 이르렀던 것이다. 신간회는 강령에서 자치운동에 대한 반대입장을 천명하였고, 1931년 해소 시까지 140여 개의 지회와 4만여 명의 회원을 거느리는 '일제하 최대의 민족운동단체'로서 활동하였다.


7. 政友會

1926년 4월 14일 서울에서 창립된 합법사회주의 표현단체이다. 4개의 사회주의단체인 4단체합동위원회의 발전적 해체로 성립되었다. 1925년에 들어 민족진영에서는 이광수의 민족적 경륜을 계기로 개량주의적 민족운동이 대두하자 비타협적 민족주의자들을 중심으로 사회주의진영과의 民族協同戰線을 희망하는 태도를 밝히기 시작하였다. 또한 이것은 사회주의에 대한 일제의 탄압과 사회주의 내부의 극심한 파쟁에서 기인된 민족주의자들의 태도이기도 하였다.

한편 같은해 5월 일제가 <치안유지법>을 공포하자 사회주의자들도 파벌을 초월하여 민족협동전선의 필요성을 공개적으로 표명하게 되었다. 이렇게 민족협동전선론이 대두되자 민족주의자와 사회주의 두 진영은 이에 대비, 각각 자체내에서 조직적인 통일을 시도하였다. 이 결과 먼저 사회주의 표현단체인 火曜會·北風會·朝鮮勞動黨·無産者同盟會가 결합, 4단체합동위원회를 구성하였다. 이 합동위원회는 7월 합동상무위원으로 李演義·李忠模·金若水·李奎宋·朴一秉·金璟載·金燦 등 7명을 선출하여 합동위원회를 운영하게 하였다. 이어서 4단체합동위원회는 1926년 4월 14일 정우회로 발전적 해체를 보았는데, 화요회가 주도적인 역할을 한 것으로 보인다.

뿐만 아니라 1926년 6월 6·10만세사건을 계기로 제2차조선공산당 검거가 있게 되자 이 단체를 주도하던 대부분의 인물들이 체포되었으며, 이로 보아 이 단체가 제2차조선공산당에 의하여 조종되었음을 알 수 있다.

검거로 인하여 궤멸될 위기에 놓인 상황에서 동경의 한국유학생 중심 사회주의단체인 一月會 간부들의 참여에 힘입어 곧 활력을 되찾기 시작하였다. 여름방학으로 서울에 와 있던 일월회의 安光泉·河弼源은 계속 서울에 머무르면서 이 단체를 자파중심의 조직으로 할 것을 꾀하면서 여기에 가입, 그들의 의도대로 내부조직을 변경하는 동시에 동경의 일월회와도 연계를 맺었다. 정우회는 같은 해 11월 3일 慶雲洞회관에서 상무집행위원회를 열고, 사회주의운동의 새로운 방침을 천명하기 위하여 선언서를 발표하기로 결정하였다. 안광천 외 2명의 기초위원에 의하여 선언서 초안이 작성되었고 이는 11월 15일부로 신문지상에 발표되었다. 아울러 같은 해 12월 15일 이후 약 5,000매의 선언서가 국내 및 각국 단체에 발송되었다.

이것이 '정우회선언'으로 그 내용은 다음과 같이 요약될 수 있다. 첫째, 과거의 분열에서 벗어나 사상단체를 통일하고 구체적으로 전위적 운동을 행하여야 한다. 둘째, 교육을 통하여 대중을 조직화하고 질적·양적으로 그 영역을 확대, 그것을 기초로 일상투쟁을 하여야 한다. 셋째, 종래에 국한되었던 경제적 투쟁에서 계급적·대중적·의식적 정치형태로 전환하여야 한다. 이 과정에서 비타협적 민족주의자와

76

의 일시적인 공동전선이 필요하다. 넷째, 이론투쟁으로 운동의 진로를 제시하여야 한다. 이상의 선언에서 문제가 되었던 것은 세번째의 주장으로, 이것이 곧 方向轉換論이다. 이 '정우회선언'에 나타난 방향전환론의 이론적 배경에 대하여는 여러 갈래의 주장들이 있다. 종래에는 1920년대 중반에 일본사회주의 사상계에 큰 충격을 주었던 이른바 '후쿠모토(福晉)이즘'이 그 이론적 배경이라는 것이 유력하였다. 여기에 대하여 역시 일본사회주의의 또 한 지도자였던 야마카와(山川均)의 이론이 그 배경이라는 설도 있었다.[63] 그러나 '후쿠모토이즘'과 '야마카와의 방향전환론'은 한국과 일본의 서로 다른 상황 때문에 '정우회선언'에 그대로 수용될 수 있는 개념이 아니다. 다만 시기적으로 '호쿠모토이즘'에 자극, 고무되었을 뿐이다. 정우회는 4단체합동위원회에 의하여 주도된 시기에는 사회주의 내부의 조직적 통일이 목적이었으나, 일월회가 주도한 뒤에는 '정우회선언'을 통한 민족협동전선의 창립이 목표였다. 모든 사회주의 단체와 조선공산당이 '정우회선언'을 지지함에 따라 이 두 진영의 민족협동전선인 신간회의 창립준비가 완료되는 것이다.[64]

ㄴ. 國民黨

신간회가 결성되기 전 비타협적 민족주의자들과 사회주의자들이 만주지역에 조직하고자 했던 협동전선당을 말한다. 이 조직은 1926년 3월 10일 權東鎭, 李鍾麟, 申錫雨, 安在鴻, 朴東完, 吳尙俊, 兪億兼 등 天道敎舊派와 朝鮮日報 간부들을 중심으로 한 비타협적 민족주의자들과 제2차 조선공산의 책임비서인 姜達永은 회의를 갖고 서로 연합할 것을 결정하면서 결성 움직임이 구체화되었다.[65]

---


63) 李均永, 『新幹會硏究』, 역사와비평사, 1993, pp.
64) 金俊燁·金昌順, 『韓國共産主義運動史』3, 1969, 3~14쪽.
65) 梶村秀樹·姜德相編, 『現代史資料』29, 1972, 42쪽.

그런데 강달영에 의하면 공산진영에서는 협동전선운동을 통하여 조선내의 독립운동자들 뿐만 아니라 만주지역의 독립운동자들까지를 포함한 광범위한 협동전선을 결성하고자 했던 것으로 보인다. 이들은 조선과 만주의 독립운동자들을 규합한 民族大會를 「滿洲」에서 소집하고 이 대회의 결의에 따라서 본부를 만주에, 지부를 조선내에 두는 國民黨을 조직하고자 계획하였다고 한다.66) 그러나 이 계획은 천도교간부 崔麟이 타협주의적 민족운동자로 지목되고 있는 상황에서 천도교를 운동의 중심기관으로 하는 것이 위험하다고 하여 연기되었고, 이후에도 별다른 진전이 없이 6·10만세운동으로 대부분의 공산주의자들이 검거되자 무산되고 말았다. 이로 인하여 조선 내에서 추진되었던 협동전선운동은 1927년 2월 신간회가 창립되면서 신간회운동으로 이어지게 되었다.


# IV. 結 論


위에서 필자는 한말 근대민족주의 성립과 1920년대까지 한국민족운동에 있어서 민족주의의 유형에 대하여 살펴보았다.

한국근대민족주의는 19세기 후반기의 충격과 위기의 역사적 조건 속에서 전개되었다고 할 수 있다. 따라서 한국근대민족주의의 기본과제는 근대사회의 형성과 민족의 자주독립을 구현하는 일이었는데 이른바 변혁주체와 저항주체의 형성과 전개를 의미한다고 보여진다. 한국근대의 민족의식과 민족주의의 계보를 정치사상적 측면에서 고찰해 보면 衛正斥邪思想·開化思想·東學思想의 세 흐름으로 대별할 수 있다. 그

---

66) 「姜達永外 48人調書」, 568~569쪽 金俊燁, 金昌順, 42쪽, 『韓國共産主義運動史』2, 378쪽에서 재인용.

런데 위정척사 사상의 계보를 잇는 의병운동이 보수적 민족운동에 머무르지 않고, 1907년을 기점으로 하여 국내 의병운동은 무대를 국외로 옮겨 만주독립군으로 전환하면서 대중적 민족운동을 전개한 점이 민족운동에서 주목된다. 그리고 개화파의 운동이 아래로부터 개혁운동이라는 애국계몽운동을 통하여 대중적 성격을 강화함으로써 자주독립을 지향하는 민족운동로서의 성격이 뚜렷해 졌다고 하겠다. 또한 1894년의 동학농민운동을 분수령으로 하면서 이후 동학농민군의 일부가 의병운동에 합류하고 이것이 항일 민족운동의 기본적인 세력으로 성장한 그것이다.

1910년대 민족운동에 있어서 민족주의의 유형은 크게 유림 및 의병계열과 애국계몽운동계열의 양대 흐름으로 전개된다.

먼저 儒林 및 義兵系列이 주도했던 민족운동은 蔡應彦의병부대(1907~1915), 대한독립의군부, 민단조합, 풍기광복단을 통해서 민족주의의 성격이 잘 나타나있다. 이들 유림 및 의병계열은 복벽주의운동을 이념으로 하여 민족운동을 전개되었다. 특히 대한독립의군부는 고종의 복위를 전제로 한 왕조체제의 부활을 투쟁목표로 삼고 있었다. 따라서 이들의 복벽주의이념은 대중적 기반이 취약하다는 한계점으로 말미암아 1915년을 기점으로 하여 독립군으로 전환되었던 것이다.

애국계몽운동계열은 산업과 교육을 우선으로 여기면서 구한말의 애국계몽운동기의 실력양성을 그 바탕에 두고 있다. 따라서 이들은 공화적 민주주의의 정치이념을 갖고 세계의 새로운 사조를 받아들여 새로운 근대민족국가를 세우는 것을 최우선 목표로 삼고 있는 것이다. 그리하여 애국계몽운동계열의 민족운동은 무장투쟁과 함께 민족의식의 고취, 군자금 모금, 독립운동의 자금조달, 민족자본 육성 등 일정한 목표를 지니고 활동하고 있다.

이러한 애국계몽운동의 대표적인 단체로 조선국권회복단·조선국민회·조선식산장례계·대한광복회 등을 들 수 있는데 이들은 대중적 기반을 중심으로 독립의식을 고취시켜 3·1운동의 기반형성에 기여했다고 볼 수 있다.

먼저 1920년대 민족운동 4단계로 나누어 살펴보았다. 1920년 초반 국내 민족주의세력의 형성은 우파세력의 논리는 民族改造論으로 나타났다. 즉 "한국의 신문화 건설을 위해서는 우선 사회를 구성하는 개개인의 능력발전과 인격향상이 필요하며" 이를 위해서는 한국인의 정신개조가 필요하다는 것이었다. 이들은 구습의 개혁, 인격수양, 산업진흥 등을 내걸고 비정치적 합법적 문화운동을 표방하였다. 이들의 논리는 총독부 측의 시정방침과 부합되었고, 양자는 상호공생의 방도를 추구할 수 있었다. 다음으로 민족주의 좌파세력은 安在鴻·兪億兼·朴東完·李鍾麟·申錫雨·吳尙俊·權東鎭 등이 중심적인 역할을 하였다. 이들은 중소지주나 중소자본가를 '가장 표준적인' 민족적 계급적 발전수준을 갖춘 존재로 간주하였다. 또 이들을 경제적·의식적 측면에서 근대적 소양을 갖추고 있으며, 민족적 측면에서도 일제에 대한 저항성을 견지할 수 있는 이른바 '민족소부르조아층'으로 평가하였다.

둘째 1920년대 중반 민족주의의 형성은 민족주의 세력의 분화로 규정지을 수 있다. 국내 민족주의 세력의 분화는 1925년 말 自治論이 재차 대두되는 것을 계기로 뚜렷해졌다. 1925년 7월 일본의 『아시아헤럴드』지 주간 頭本元貞은 일본정부가 조선에 대한 자치의 허용을 고려하고 있다는 발언을 하였다. 이어서 11월에는 조선총독부 기관지 『京城日報』 사장 副島道正이 송진우·김성수·최린 등과 협의하여, 자치제의 실시를 주장하였다. 이를 계기로 자치운동론자들은 세력을 결집해 나갔고, 天道敎 新派와 그 산하의 朝鮮農民社, 東亞日報, 안창호의 국내기반인 修養同友會 등이 자치운동의 잠재적 기반으로 간주되었다. 이들은 '독립운동을 위한 준비단계로서의 자치권 획득'을 표방하였다. 이들은 자신의 경제적 이익 추구와 이를 위한 총독부의 보호를 필요로 하였다. 즉 "경제적 실력양성을 뒷받침하기 위해서는 최소한도의 정치권력이 필요하다”는 논리는 자치운동의 추진으로 현실화되었던 것이다.

한편 민족주의 좌파세력은 자치운동을 ‘관제적 타협운동’으로 규정하였다. 이들은 ‘절대독립’을 고수하면서, ‘대중을 동원한 반일정치투쟁을 위해 사회주의자들과의 협동전선을 모색하고, 이를 실천에 옮겼다. 그리하여 1926년 2월 제2차 조선공산당 姜達永 등과 함께 中國國民黨과 같은 ‘國民黨’ 조직을 만들기로 합의하였다. 이어서 하반기에는 안재홍·홍명희·신석우 등을 중심으로 “빠른 시일 내에 참다운 民族黨을 결성하가로’ 합의하였다.

셋째 1920년대 공산주의 세력의 조직과 변천은 1925년 4월 17일 朝鮮共産黨이, 이튼날에는 高麗共産靑年會가 조직되었으며, 김재봉과 박헌영이 당과 공청의 책임비서로 선임되었다. 제1차 당은 火曜會·北風會·上海派의 연합을 표방하였고, 공청은 화요회가 장악하였다. 이후 조선공산당은 2차당, 3차당, 4차당까지 조직되었지만 1928년 일제에 의하여 붕괴되었다. 특히 조선공산당은 조선노농총동맹에 대한 사업의 확대, 기관지 발행, 만주총국 설치 등을 주요 현안으로 설정하였다. 하지만 서울청년회를 포괄하지 못한 제약점을 안고 있었다.

끝으로 민족유일당운동의 전개와 협동전선의 결성은 1925년 이래 자치운동이 재개되면서, 이를 계기로 민족적 위기감을 느낀 민족주의 좌파세력과 사회주의 세력은 협동전선 결성에 대한 합의점을 찾기에 이르었다. 그리하여 1926년 3월 천도교 구파·조선일보계·조선공산당의 유력인물들이 ‘국민당’ 형태의 협동전선 결성에 합의하였다. 하지만 이 움직임은 6·10만세운동과 제2차조선공산당의 와해로 진전되지 못하였다. 한편 이와는 별도로, 서울청년회 계열과 조선물산장려회 계열은 1926년 7월 朝鮮民興會를 발기하고, 민족주의 좌파 세력과 조선공산당을 주축으로 한 협동전선운동이 재차 추진되는 계기는 正友會宣言이었다. 이후 조선일보사를 중심으로 창립준비 작업을 거쳐, 1927년 2월 15일 서울기독교청년회관에서 신간회창립대회를 거행하기에 이르렀던 것이다. 신간회는 강령에서 자치운동에 대한 반대입장을 천명하였고, 1931년 해소시까지 140여 개의 지회와 4만여 명의 회원을 거느리는 '일제하 최대의 민족운동단체'로서 활동하였다.

　요컨대 일제침략하의 한국민족운동에 있어서 민족주의의 유형이 보다 분명하게 밝히는 연구가 계속되기를 기대해 본다.

# 8·15 해방의 역사적 의의

김 호 일*

**<목 차>**

머리말
I. 8·15해방의 성격과 과제
　1. 8·15해방의 주체
　2. 8·15해방은 불완전한 해방이었다
　3. 8·15해방이 좌절된 근본 원인
　4. 8·15해방은 어떻게 좌절되었는가

II. 8·15해방후 각 정치세력들의
　해방관
　1. 국민당
　2. 한국민주당
　3. 조선공산당
맺는말

## 머리말

　1945년 8월 15일 연합국이 「포츠담선언」에서 제시한 무조건항복을 수락하겠다는 일왕 히로히토(裕仁)의 떨리는 목소리가 전국으로 방송되었다. 일제가 항복하였다는 소식을 들은 한국민들은 거리로 뛰어나와 손으로 그린 태극기를 흔들며 가득찬 기쁨으로 해방을 축하하였다. 그들은 어제까지 입었던 국민복과 몸뻬를 벗어던지고 여러 빛깔의 우리옷을 입고 연일 거리를 가득 메웠다. 해방의 환희와 함께 새 조국을 건설하려는 움직임도 신속하게 진행되었다. 8월 15일 당일 여운형은 안재홍과 함께 <조선건국준비위원회>를 결성하고 치안유지를 비롯한 건국사업에 착수하였고, 각 지방에서도 인민위원회 형태의 자생한 민중의 권

---

* 중앙대학교 사학과 교수

력기관이 출현하였다. 민족반역자·부일협력자는 두려워 숨어 숨죽이고 있었고, 이 강산은 들떴지만 결코 혼란하지 않은 상태에서 조국재건을 일구는 열기로 가득 찼다. 봉건군주제에서 일제 침략을 당하였고, 근대식 정치훈련과 경험의 기회를 가지지 못하였던 민족이라고는 도저히 믿기 어려울 만큼 한국민족은 자신의 정치능력을 충분히 자랑하고 있었다. 만약 서구 열강의 지도자들이, 더욱이 루즈벨트(Roosebelt)가 이 당시의 한국민족을 순수한 눈으로 보았더라면, 아시아에서 해방된 민족은 자치능력이 부족하므로 '교육을 통한 준비기'를 거쳐 독립이 달성되어야 한다는 관점을 분명히 수정하였으리라. 그리고 독립을 유예시킨 '적당한 시기'(in due course)라는 구절로 한국민족의 진로를 못박지 않았을 터이다.

그러나 8·15해방의 기쁨 뒤에는 전혀 다른 민족의 불행이 도사리고 있었다. 1945년 8월 말경 미군이 38도선 이남에 진주한다는 소식이 기정사실로 되었다. 이미 북한에 소련군이 진주한 지는 알았지만 38선을 경계로 남북에 외국군대가 분할 진주한다는 사실에 해방의 기쁨은 움츠러들었고 뜻있는 이들은 앞으로 전개될 사태를 깊이 우려하였다. 미소 양군의 남북분할점령은 이미 민족분단의 전조이었다. 9월 8일 하지(J.R. Hogge) 중장이 이끄는 미 제24군단이 공군의 엄호 아래 완전군장을 하고 마치 적진에 진주하듯 인천에 상륙하였다. 맥아더(MacArthur) 사령부가 공포한 포고문은 매우 적대적이기까지 하여 '해방민족'을 자축하는 한국민족을 여지없이 실망시켰다. '해방군' 미군은 한국민족에게 그렇게 다가왔다.

미군정은 <중경임시정부>는 물론이고, 미군정과 교섭할 목적으로 신속히 정부화한 <조선인민공화국>도 매우 모멸스러운 언사로 부정하였으며, 지방의 인민위원회도 배격하였다. 미군정은 한국민족의 자생한 권력기관—당시 한국민족이 그렇게 믿고 있었던—을 전혀 인정하지 않음으로써 일제에 대항하여 싸워 온 한국민족의 고단한 투쟁을 부정하였

고, 자신의 진로를 결정할 자주적 의사표현의 자유를 박탈하였다. 8 · 15
해방에서 민족의 자주성을 획득해 내지 못한 과오는 완전한 독립에 이
른 길에서 한국민족의 자주적 의지를 박탈하였으며, 끝내는 38선을 민
족분단선으로 고착시키는 결과를 가져왔다. 그렇다면 8 · 15해방은 오늘
날 우리에게 어떠한 의미를 지니는가. 이 글에서는 남한에 한정하여
8 · 15해방의 의미를 살펴보고자 한다.

# Ⅰ. 해방의 성격과 과제

## 1. 8 · 15해방의 주체

8 · 15해방과 관련하여 가장 많이 논쟁이 되었던 점은 해방을 외인론
과 내인론의 시각에서 규정하여 보려는 이른바 '해방의 주체 논쟁'이
다.[1] 그러나 애초 8 · 15해방 직후 이러한 양단의 논점만 있지는 않았다.
<조선건국동맹>을 만들어 주체적으로 해방을 맞이하여 건국을 준비하
려던 여운형은 일찍이 양 극단의 생각을 거부하였다.

> 大體 朝鮮獨立이 單純한 聯合國의 膳物이 아니다. 우리 同胞는 過去 三
> 十六年間 流血의 鬪爭을 繼續하여 온 革命으로 오늘날 自主獨立을 獲得
> 한 것이다. 그러므로 革命에는 忌憚이 必要치 않다. 革命家는 먼저 政府를
> 組織하고 人民의 承認을 받을 수 있다. 急激한 變化가 있을 때에는 非常
> 措置로 생긴 것이 人民共和國이다. 人民이 承認하면 人民共和國과 政府는
> 그대로 될 수 있다. 當初에 聯合國이 進駐한다면 國權을 받아들일 수 있
> 도록 準備한 것이 卽 人民共和國이다.[2]

---

1) 이와 관련하여 이완범, 「해방3년사의 쟁점」, 박명림 외저, 『해방전후사의 인
식』6(한길사, 1989. 10), 77~82쪽을 많이 참조하였다.
2) 「新聞記者와  問答」(1945.  10.  1),  李萬珪, 『呂運亨先生鬪爭史』(民主文化社,

여운형은 8·15해방을 연합국의 선물로만 보는 해석을 거부하고, 이것이 또한 한국민족이 쉼없이 투쟁한 결과라고 강조하였다. 여운형의 주장은 민족의 자주독립을 위한 혁명을 지속하여 온 혁명세력이 정부를 조직히고 인민들의 승인을 얻을 수 있다는 논리로 <인민공화국>을 정당화하려는 데에 있었다. 이러한 주장은 자력의 해방을 강조하면서 중경임정봉대론을 내걸었던 <한국민주당>의 주장과 내용의 질에서는 다르나 형식논리에서는 같은 내용이었다. 여운형은, 8·15해방에 한국민족이 자주적으로 이바지하였으므로 한국민족은 자신의 손으로 정부를 구성할 수 있다는 당위성과 자신감을 강조하고 있었다. 어쨌든 8·15해방을 균형 있게 해석하는 시각은 여운형에게서 보듯이 일찍부터 제기되었다. 뒤에 다시 살펴 보겠지만 <중경임시정부>의 주석 김구가 1945년 9월 3일 발표한 성명이라든지 <조선인민공화국>의 선언도 사실은 이러한 인식을 바탕으로 하고 있다.

그런데 8·15해방을 '타율에 따른 해방'이라는 일방의 시각으로 규정하려는 견해가 꽤 오랫동안 지배하였다. 이른바 '주어진 해방론'은 8·15해방의 직접적 원인이 미소를 비롯한 연합군이 일제를 타도하고 조선에 독립을 부여하려던 정책에 있었다고 주장한다. 이에 따르면 해방은 연합국이 한국민족에게 준 선물일 뿐, 한국 민족의 주체적 노력은 무시되어 버리고 만다. 이러한 시각은 꽤 복합적인 의도를 지니고 분단정부가 들어선 이래 남한 사회를 지배하였다. 8·15해방이 연합국의 희생에 따른 선물이라는 해석은 두 주체가 각기 동일한 목적을 가지고 유포시켰다 할 수 있다. 첫째, 미국적 시각에서 8·15해방을 미국의 시혜(施惠)로 받아들이도록 선전함으로써 미국을 해방군—이때 소련은 당연히 점령군으로 규정되겠지만—으로 미화하고 친미적인 정치 사고 체제를 형

______________________________________________

1947.7), 265~266쪽.

성하며, 미국의 개입과 압력을 당연한 것으로 받아들이도록 하는 효과를 낳으려 하였다. 둘째, 8·15해방 後 남한 주류의 정치세력들이 8·15해방을 미국의 시혜로 규정함으로써, 마치 한국민족 대다수가 해방을 위한 준비를 하지 않았음을 은연중에 유포시켜, 항일투쟁에 주력한 정치세력들의 노력마저 폄하시키고 자신들의 부일·친일 또는 방관적 태도마저 합리화하려 하였다.

1980년대 들어 남한에서 주체사관을 표방하는 일부 학자가 '전취한 해방론'을 제기하였다. 이재화는 "'조국의 해방이 미국에 의해 주어진 선물'이란 식의 견해는 반일민족해방운동의 과정을 거치면서 축적된 조선민중의 투쟁 역량을 전혀 무의미한 것으로 만들고, 나아가 조국의 해방에 우리 민중이 수행한 역할을 아무 것도 없게 만드는 지극히 반동적인 견해"로서 이는 식민주의 역사관의 재현이라고 비판하였다. 이어 8·15해방을 가져온 가장 결정적인 요인은 최고 형태의 투쟁인 항일 무장투쟁을 기축으로 한 시위·파업·폭동 등 조선 민중이 자기의 힘에 의거해서 헤쳐온 부단한 투쟁이라고 주장하였다. 이 견해에 따르면 항일무장투쟁이야말로 일본 제국주의에 정치적·군사적으로 치명적인 타격을 주고 '세계혁명역량'과 함께 일본제국주의를 멸망시키는 데에 결정적인 역할을 수행하였다.3)

위의 시각은 이전의 패배주의적 해방관을 수정하는 데에 긍정할 만한 부분이 있다. 그러나 이러한 주장이 "망국(병탄)·분단은 타율적인 것이지만 해방은 주어진 것이 아니라 김일성 부대가 싸워서 쟁취한 것"4)이라는 데까지 확대되면 분명 문제가 따른다. 『조선전사』에서는 "조선의 해방은 민족의 태양이시며 전설적 영웅이신 경애하는 수령 김일성동지께서 조직령도하신 영광스러운 항일혁명투쟁의 빛나는 승리가

---

3) 이재화, 『한국근현대민족해방운동사』(백산서당, 1988. 12), 463쪽.
4) 최춘옥, 「해방의 재인식」, 정철수 외, 『현대민족사의 재인식』(東京, 부방출판사, 1984), 125~128쪽. [이완범, 「위의 논문」에서 다시 인용]

가져다 준 위대한 결실이였다."고 하여 8·15해방이 김일성의 항일투쟁의 결실이라고 주장하였다.[5] 김일성이 독립운동에서 차지하는 위상은 또 다른 논점이지만, 김일성 부대가 해방을 주도하였다는 '조국자주해방론'(=전취한 해방론)은 객관적 연구 성과에서 나왔다기보다는 —해방을 미국이 부여한 선물로 해석한 남한의 시각이 정치적 산물이었듯이— 이 또한 김일성을 우상화하는 북한사회의 정치성의 산물일 뿐이다. 이것은 한때 8·15해방을 "쏘련 군대에 의한 일본 제국주의의 패망"[6]으로 규정한 북한의 시각이 대소 관계를 고려한 정치성에서 나왔음과 동일한 현상이다.

8·15해방을 균형 있게 해석하는 노력은 이미 브루스 커밍스가 제공하였다. 종래 태평양전쟁이라 불리던 대동아전쟁의 핵심지역은 이미 일본인 이네가 사브로(Ienaga Saburo)가 지적하였듯이 미국과 접전을 벌이던 태평양 해상이 아니라 중국, 더욱이 만주와 북중국이었다. 일본이 전쟁을 도발한 궁극적인 목적은 중국을 포함한 동아시아 대륙을 손에 넣는 데에 있었고, 만주는 바로 이러한 대륙 침략의 관문에 해당하였다. 이른바 동변도(東邊道)라 불리는 이 지역과 인근 지역은 한국인과 중국인 항일 빨치산들의 핵심 근거지였다. 이들의 '끈질긴 저항'은 아시아 본토에서 일본의 전쟁 노력을 수렁에 빠뜨렸으며, 만주와 북중국에서 일본이 고전하자 일본인들의 계획은 수포로 돌아갔고, 이렇게 야기된 일제의 좌절감은 그 후 자살 행위나 다름없는 진주만 공격을 감행케 하였다.[7]

---

5) 사회과학원 역사연구소, 『조선전사(현대편)』23(과학·백과사전출판사, 1981. 10), 7쪽.
6) 과학원 역사연구소, 『(1958년판)조선통사』하(오월, 1989. 1), 266~270쪽. 이 책에서는 대독전·대일전에서 미국의 구실은 전혀 언급하지 않고 소련의 참전이 전국의 근본적 전화를 가져왔으며 소련과 일본의 패망에 결정적 타격을 주었다는 것만 반복하여 강조하고 있다.
7) 브루스 커밍스 지음, 김주환 옮김, 『한국전쟁의 기원』上(靑史, 1986. 8), 81쪽.

8 · 15해방은 반일 공동전선이 일제를 패망시킴으로써 성취되었으며, 한국민족은 엄연히 반일공동전선의 하나이었다. 지금까지 극단적인 시각은 일제가 패망한 요인을 연합국(미국과 소련)과 한국민족 어느 한쪽에서 구하려는 데에 문제가 있었다. 한국민족 뿐만 아니라 어느 하나의 식민지피압박 또는 피침략 민족이 자신만의 독자적 힘으로 제국주의 세력을 물리친다 함은 애초 불가능한 일이었다. 8 · 15해방 직후 이미 안재홍이 이러한 문제를 지적하였다. 많은 사람들이 "一對一의 民族對立鬪爭 즉 朝鮮 對 日本의 단독적인 민족투쟁의 승산 없음을 잘 알고" 있었듯이, 안재홍도 과학 · 기계 문명에서 낙오된 약소민족이 1대 1이라는 자력의 단독투쟁으로 강대한 침략국가를 격파할 수 없으므로, '他力依存' 또는 '國際依存主義'가 분명하나, 미일전쟁 또는 '국제적 大革命戰亂'과 같은 "國際的 大變動에 즈음하여 민족의 자동적 解放과 독립자주의 再建에 들어가는 것"은 필연이라고 인식하였다.[8]

일제의 패망은 국제 민주진영의 단결된 투쟁으로 가능하였다. 즉 한국민족의 해방은 아시아 피억압민족 · 소련 · 미국들을 포함하는 광범위한 국제 민주역량의 반일 공동전선의 승리에 요인이 있으며, 세계대전이라는 상황에 비추어 볼 때 국제 민주진영의 단결된 투쟁으로 일본제국주의를 타도함은 필연이었다. 분명한 점은 일본을 패망시킴에서 미국의 구실이 매우 중요하였음을 인정하더라도 미국의 힘만으로 이루어지지 않았다는 사실이다. 한국민족이 국제 민주진영의 승리를 결정적 조건으로 하여 해방을 쟁취하였다는 점은 특수하고 예외적이라기보다는 오히려 당시 피억압 민족의 해방에 나타나는 일반적 현상의 하나이었다. 이러한 점에서 8 · 15해방을 '주어진 해방' = '선물'로 단정하는 시각은 역사의 발전법칙을 이해하지 못하고, 한국민족과 민중의 구실을

---

8) 安在鴻, 「民族的 反省과 奮發―美蘇共委 再開의 움직임에」(1947. 1. 5~12 『漢城日報』 記名論說), 『民世安在鴻選集』2(知識産業社, 1983. 1), 168. 169. 170쪽. [앞으로 『民世安在鴻選集』을 『選集』으로 줄임]

부정하는 사대주의적 견해라는 비판9)은 타당하다.

어쩌면 8·15해방이 자력이냐 타력이냐 하는 논의는 의미가 없다. 한국민족은 반일 공동전선의 하나였으며, 국내외에서 일본제국주의에 끊임없이 저항함으로써 일본의 대륙침략을 저지시키고 제국주의 세력을 약화시켰다. 이러한 투쟁은 한국민족이 일제의 식민지통치에 만족·굴종하지 않으며 강한 독립의 열망을 가지고 있음을 열강에 인식시켜 한국의 독립을 보장하게 하는 계기가 되었다. 또 8·15해방 뒤 <건국준비위원회>가 바로 출발하여 안정되게 치안을 유지하며 건국 사업을 진행시켜 나갔고, 자생한 민중의 권력기관으로 인민위원회가 출현한 사실은, 한국민족이 해방을 위한 준비를 끊임없이 해 왔음을 반증한다. 이러한 의미에서 8·15해방은 한국민족의 끊임없는 민족해방운동과 국제 민주진영의 공동전선이 가져온 승리였다.

## 2. 8·15해방은 불완전한 해방이었다

한국민족과 국제 민주진영의 공동투쟁으로 8·15해방을 쟁취하였지만, 8·15해방은 불완전한 굴절된 해방이었다. 그것은 8·15해방과 동시에 제기된 민족사의 과제들이 아직도 완성되지 않았다는, 즉 '미완(未完)의 혁명'에 그치고 말았다는 데에 원인이 있다. 물론 식민지에서 스스로를 갓 풀어 낸 모든 약소 민족의 해방은 다 '미완의 해방'일 뿐이다. 제국주의 권력에 억압되어 정치적 훈련과 사회개혁의 기회를 박탈당한 식민지민족에게 모든 개혁은 정치권력을 자기 손에 장악한 뒤에야 가능한 일이다. 이러한 근본의 이유에서도 8·15해방은 많은 과제를 실현해야 할 미완의 해방이지만, 현재까지 아직도 그러한 과제가 실현되지 못하였다는 의미에서도 미완의 해방이므로 8·15해방을 불완전한 혁

---

9) 박세길, 『다시 쓰는 한국현대사』1(돌베개, 1988. 11), 38~41쪽.

명으로 규정하게 된다.

8 · 15해방 직후 당시의 모든 정치세력도 8 · 15해방을 미완의 해방으로 평가하였다. 정식정부를 수립하는 망명정부 · 과도정부를 자처하였던 <중경임시정부>(앞으로 <중경임정>으로 줄임)에서는, 1945년 9월 3일 주석 김구가 「삼천만(三千萬) 동포(同胞)에게 告함」이란 성명과 14개 항의 「임시정부 당면정책(臨時政府 當面政策)」을 발표하였는데, 여기서는 1941년 12월에 발표한 「대한민국건국강령(大韓民國建國綱領)」에 근거를 두어 한국민족이 당면한 현단계의 성격을 규정하고 당면정책을 제시하였다. 이 성명은 8 · 15해방이 한국민족의 끊임없는 투쟁과 연합국의 승리라는 공동투쟁의 소산임을 "萬一 許多한 우리 先烈의 高貴한 血戰의 代價와 中 · 美 · 蘇 · 英 등 同盟軍의 英勇한 戰功이 없었으면 어찌 祖國의 解放이 있을 수 있었으랴"고 지적하고, 현단계의 성격을 다음과 같이 밝혔다.

> 그러므로 우리가 祖國의 獨立을 眼前에 展望하고 있는 이 때에 있어서는…… 우리가 處한 現階段은 建國綱領에 明示한 바와 같이 建國의 時期로 들어가려는 過渡的 階段이다. 다시 말하면 復國任務를 아직 完全히 끝내지 못하고 建國의 初期가 開始되는 階段이다.[10]

위 金九의 성명에서는 현단계를 복국(復國)의 임무를 완전히 끝내지 못한 건국의 시기로 규정하고, 독립을 완성된 개념이 아니라 지향의 개념으로 인식하여 표현하고 있음에 유의하여야 한다.

<건국준비위원회>(앞으로 <건준>으로 줄임)가 발표한 선언도 8 · 15해방이 완전한 해방으로 가는 운동사에서 겨우 일보를 내디딘 데에 지나지 않는다고 지적하면서 해방의 과제를 다음과 같이 제시하였다.

---

10) 「三千萬 同胞에게 告함」, 『資料大韓民國史』1(國史編纂委員會, 1968. 12), 46~47쪽.

92

戰後問題의 國際的 解決에 따라 朝鮮은 帝國主義 日本의 羈絆으로부터 버서나게 되었다. 그렇나 朝鮮民族의 解放은 多難한 運動史上에 잇서 겨우 새로운 一步를 내어 드리였음에 不過하나니 完全한 獨立을 爲한 許多한 鬪爭은 아직 남아 있으며 새 國家의 建設을 爲한 重大한 課業은 우리의 前途에 놓여 있다. 그렇면 此際에 우리의 當面任務는 完全한 獨立과 眞正한 民主主義의 確立을 爲하야 努力하는 데 있다.…… 反動勢力 卽 反民主主義的 勢力과 싸와 이것을 克服排除하고 眞正한 民主主義의 實現을 爲하야 强力한 民主主義 政權을 樹立하여야 할 것이다. 이 政權은 全國的 人民代表會議에서 選出된 人民委員으로서 構成될 것이다.11)

이 선언은 한국민족의 과제로 완전한 독립과 진정한(정치·경제·사회의 모든 면에서) 민주주의의 확립을 내세우고, 이를 위해 봉건적 잔재를 일소하고, 일제와 결탁한 반동세력 = 반민주주의 세력과 투쟁하여 일들을 배제하고 민중적 토대에 기반을 둔 강력한 민주정권을 수립해야 한다고 강조하였다.

1945년 9월 6일 <건준>이 <조선인민공화국>으로 전환된 뒤 발표한 선언 또한 8·15해방이 한국민족과 연합국의 공동투쟁의 소산임을 “우리는 항상 우리의 해방을 위하여 혁명적 투쟁을 계속하여 왔다. 이 끊임없는 혁명적 투쟁과 전후 문제의 민주주의적 국제적 해결에 따라 조선은 제국주의 일본의 羈絆으로부터 벗어나게 되었다.”고 지적하고, 이어 “그러나 이것은 조선 민족의 다난한 해방 운동사상에 있어서 새로운 제1보를 내어디디었음에 불과하다.”고 하면서, 독립을 완전한 민족해방을 위한 지향 개념으로 설정하였다. 이는 <건준>의 선언과 문구와 맥을 같이한다. 완전한 독립을 이룩하려면 “일본제국주의의 잔존 세력을 완전히 구축하는 동시에 우리의 자주 독립을 방해하는 외래 세력과 반민주주의적·반동적 모든 세력에 대한 철저한 투쟁을 통하여 완전한 독립

___

11) 民主主義民族戰線 編輯, 『朝鮮解放年譜』(文友印書館, 1946. 10), 83쪽.

국가를 건설하여 진정한 민주주의 사회의 실현을 기한다고”고 선언하였다. 이를 위해 정강에서는 “정치적 · 경제적으로 완전한 자주적 독립국가의 건설”(1항), “일본제국주의와 봉건적 잔재 세력을 일소하고 전민족의 정치적 · 경제적 · 사회적 기본 요구를 실현할 수 있는 진정한 민주주의에 충실”(2항), “노동자 · 농민 및 기타 일체 대중 생활의 급진적 향상”을 제안하였다. 정강을 실현하는 구체적 시정방침으로는 “일본 제국주의의 법률 · 제도 즉시 폐기”(1항), “일본제국주의와 민족반역자들의 토지를 몰수하여 농민에게 무상 분배함”(2항), “일본제국주의와 민족반역자들의 광산 · 공장 · 철도 · 항만 · 선박 · 통신기관 · 금융기관 및 기타 일체 시설을 몰수하여 국유로 함”(3항), “민족적 상공업은 국가의 지도하에서 자유 경영을 허함”(4항)이라고 명시하였다.

이상에서 보았듯이 8 · 15해방 후 각 정치세력들은 8 · 15해방을 미완성의 해방으로 규정하고, 진정한 독립을 위해 실천적 강령과 방침을 내놓았다. 8 · 15해방으로 한국민족이 당면한 과제는 한마디로 反식민지 反봉건 민주주의 혁명을 실천하는 데에 있었다. 사실 해방 후 민족사의 당면과제는 독립운동의 연장선으로 설정된다. 일제 잔재를 신속히 청산하는 일, 무엇보다 일제 식민지지배의 토대였던 봉건적토지 소유관계인 지주제를 철폐하여 농민적 토지소유를 실현하는 일, 이 토지 문제의 평민적(plebeian)식 해결을 위해서는 민족반역자를 철저히 처단하고 민중에 권력기반을 둔 정치체제로서 민주공화제를 실현하고, 일본인 소유의 공사 토지와 민족반역자 · 친일지주의 토지를 몰수 국유화하여 농민에게 분급하는 일, 또 식민지시기의 독점 대기업이었거나 중요한 생산수단을 국유화하는 일들은 국내외를 막론한 모든 독립운동 세력들이 당면한 민족사의 강령으로 설정한 과제들이었다.

1930년대 후반 중국 전선에 통일전선 운동이 진척되면서 해방 후 민족국가 건설과정에서 제기될 국가건설의 방향도 합의되었다. 독립운동 노선의 좌우익을 막론하고 1930년대 후반기에는 모두 민족연합전선을

94

지향하면서, 해방 후 민족국가 건설 방안, 특히 경제·사회 정책에서 같은 방향으로 나아가고 있었다. <중경임시정부>의 「대한민국건국강령」 (1943. 11. 28)[12])의 건국기의 경제정책과 華北의 <朝鮮獨立同盟>에서 발표한 강령[13])의 경제정책은 일치하며, 이러한 민족국가건설론은 독립운동노선에 일치된 결론이었다.[14])

8·15해방으로 일본제국주의 세력이 국내에서 구축당함으로써, 참다운 해방을 완수하기 위하여 독립운동 세력들 사이에 분명한 일치를 보아 온 민족국가건설론이 실천될 기회가 부여되었지만 미군정은 이러한 가능성을 봉쇄하거나 제약하였다. 이후 이승만정권도 일제 식민지시기 독립운동 세력들이 일관되게 추구하였던 反식민지 反봉건 민주주의혁명의 大義를 크게 후퇴시켰다. <건준> 선언문에서 "일시적으로 국제 세력이 우리들을 지배할 것이다. 그것은 우리의 민주주의적 요구를 도와줄지언정 방해하지는 않을 것이다"는 기대는 미군정 앞에서 여지없이 좌절당하였다.

8·15해방은 일본제국주의의 식민지통치가 종결되고 완전 식민지에서 벗어나 상대적이지만 정치적 독립성과 자율성을 획득하였다는 점에서 의미를 지니나, 바로 그 시점부터 체제와 이데올로기를 달리 하는 미·소의 두 나라가 한국을 분할 점령함으로써 한국은 분단시대가 시작되었다. 38도선은 일본군의 무장해제를 미·소 양군이 나누어 맡는다는 군사적 목적에서 그어졌으나, 공산주의와 자본주의의 대립이라는 제2차 세계대전 후의 세계체제의 모순이 냉전으로 심화되어 가는 과정에서 미

---

12) 「大韓民國建國綱領」, 『韓國獨立運動史資料』第1卷, 國史編纂委員會, 1970, 360~365쪽.
13) 『華北朝鮮獨立同盟綱領』(1941. 8 중순경), 金正明 編, 『朝鮮獨立運動』V(東京, 原書房, 1967. 1), 992쪽.
14) 姜萬吉, 「獨立運動의 歷史的 성격」, 『分斷時代의 歷史認識』(創作과 批評社, (1978. 8), 193쪽 ; 姜萬吉, 「독립운동과정의 民族國家建設論」, 『韓國民族運動史論』(한길사, 1985. 3), 145쪽.

소 냉전 구조의 최전선으로 전환될 개연성을 애초부터 지니고 있었다. 그리고 현실은 이 방향으로 진행되었다. 해방된 한국민족이 두 외국군 대의 점령·지배를 받는 현실, 이때부터 자주통일 민주주의 민족국가를 당면과제로 삼는 건국 이상은 거대하고도 수많은 암초에 부딪혔으며, 한국민족의 진로는 굴절되고 파행되기 시작하였다. 미·소 군정은 한국 민족의 자주적 민족국가 수립의 주도성을 제약하였고, 더욱이 미군정은 그 주도성을 전면 부정하였다. 한국민족의 진로를 운명으로 결정할 38 도선을 획정하는 일에 한국민의 의사가 전혀 무시·배제되고, 남북을 미소가 분할 점령한 사실부터 한국민족의 불행이 예고되고 있었다.

## 3. 8·15해방이 좌절된 근본 원인

8·15해방이 완전한·진정한 해방을 성취할 수 있는 계기가 되지 못 하고 좌절된 가장 근본 원인은 민족의 자주역량이 성숙하기 이전에 8· 15해방이 왔다는 사실에 있다. 한국민족 독자의 무력으로 일제를 이 땅 에서 구축할 수 없었던 상황에서, 마치 프랑스가 그러하였듯이 연합군 의 한 갈래로 일제와 무력항쟁을 벌여 연합국에게서 전쟁 수행의 한 파 트너로 인정받는 일은 가장 중요한 민족의 자주역량이었다. 이를 위해 서는 무엇보다도 독립운동전선에서 분립되어 있던 각 세력들을 연합하 여 해방 후 통일된 민족국가를 수립하기 위한 조건을 조성하고, 이 연 합세력이 지도적 구심체로서 망명정부를 수립하여 중요 연합국을 중심 으로 하는 국제세력의 승인을 받아야 하였다. 나아가 이 연합전선의 군 사력이 일본군과 실제로 교전함으로써 프랑스에서 그러하였듯이 일본군 에게 항복받는 과정에 한국민족이 직접 참여하여야 하였다.

그러나 항일투쟁단체들은 하나의 통일성을 확보하지 못한 채 고립분 산하였고, 1940년대 들어 이러한 한계를 극복하려는 몇몇 시도가 있었 지만 충분히 성숙하지 못한 상태에서 8·15해방을 맞이하였다. <중경임

정>이 연합국에 국제적 승인을 받기 위하여 노력한 사실은 다 아는 일이지만, 성공을 거두지 못하였다. <중경임정>은 1941년 일본에 선전포고한 후 광복군의 일부를 인도·버마 전투에 참가시키고, 미군과 합동작전으로 광복군을 특수훈련시켜 국내에 진입시켜 일본군과 군사 교전을 갖고 국내에 진공하려던 계획을 추진하는 도중에 8·15해방을 맞이하였다. 즉 독립운동의 연합전선이 완성되어 연합국의 승인을 받기 전에, 그리고 이들 군사력으로 일본군의 항복을 받는 과정에 참가할 수 있기 직전 8·15해방이 왔다.[15] 8·15해방 당시 한국민족은 연합국에게서 통치권을 인정받을 만한 독립운동전선의 지도적 구심체, 즉 망명정부를 갖지 못하였으며, 또 연합국과 함께 일본군을 무장해제시킬 만큼 무장항쟁이 뒤따르지 못하였다는 민족역량의 한계가 8·15해방을 굴절시킨 가장 중요한 원인이었다. 西安에 O.S.S의 훈련 상황을 보러 갔던 백범이 일본의 항복 소식을 듣고 "이것은 내게는 기쁜 소식이라기보다는 하늘이 무너지는 듯한 일이었다. 천신만고로 수년간 애를 써서 참전할 준비를 한 것도 허사다."고 탄식한 일은 많이 인용되는 유명한 일화이다. 사실 이 탄식은 「三千萬 同胞에게 告함」에서 말하였듯이 복국의 임무를 완전히 끝내지 못한 상태에서 해방을 맞이하였다는 고백 섞인 탄식이었다. 8·15해방은 이제 겨우 복국의 제1기를 마치고, 제2기와 3기는 실천도 하지 못한 상태에서 왔다.[16]

---

15) 姜萬吉, 「8·15해방」, 姜萬吉 外著, 『한국현대사회운동사전』(열음사, 1988. 4), 409~416쪽 ; 姜萬吉, 「8·15의 민족사적 위치」, 『統一運動時代의 歷史認識』(青史, 1990. 9), 95~108쪽.

16) 「大韓民國建國綱領」의 復國의 제1기는 대한민국 임시정부를 수립하여 (주로 국외에서) 일제와의 독립 血戰을 전개하는 시기이며, 제2기는 일부 국토를 회복하고 黨·政·軍의 기구가 국내로 옮겨 국제적 지위를 본질적으로 획득함에 충족한 조건이 성숙하는 시기이며, 제3기는 일제의 세력에 포위된 국토와 포로된 국민과 侵占된 정치·경제 및 말살된 교육·문화 등을 완전히 탈환하고 평등 지위와 자유의지로써 각국 정부와 조약을 체결하는 復國의 완성기로 되어 있다.

8 · 15해방 당시 국제사회가 한국문제를 어떻게 처리할지 구체적 합의를 달성하지 못하였다는 사실도 해방을 좌절시킨 중요한 원인으로 작용하였다. 한국민족에게 8 · 15해방은 연합국 = 미소가 한국문제와 관련한 구체적 처리 방침 · 협정을 마련하지 않은 상태에서 일제가 물러갔다는 불리한 조건을 지니고 있었다. 연합국은 한국의 즉각 독립은 유보하고 독립에 유예 기간을 둔다는 전제 아래 한국의 독립을 최초로 보장한 「카이로 선언」 이래, 「얄타비밀협정」 · 「포츠담선언」 등 몇 차례 국제협약에서 한국독립의 원칙만을 확인하였을 뿐이다. 이 국제 협약의 과정에서 한국민족은 철저히 배제되어 있었다. 물론 국제협약에서 한국의 독립을 보장하였으므로 일본이 패망하면 한국이 독립되리라는 사실은 의심의 여지가 없었다. 그러나 위의 국제협약에서는 일본군이 무조건 항복할 경우, 조선에 있는 일본군의 항복 수리와 무장해제를 누구의 손으로 하며 한국문제를 어떤 순서로 해결할 지는 아무런 규정도 마련하지 않았다. 이러 상황에서 소련이 일본에 선전포고하고 韓·蘇 국경을 넘어 파죽지세의 기세로 남진하자, 미국은 한국에서 가능한 부분만이라도 자신의 영향권 아래에 두어야 할 필요를 시급하게 느꼈고, 이에 미국은 일본군을 무장해제시킬 목적으로 잠정적 군사분계선으로 38도선을 소련에게 제안하였고 소련은 이를 수락하였다. 이것이 바로 한국 분단의 기점이었다.

일제가 한국의 영토에서 물러났지만, 이것이 바로 자주독립을 뜻하지는 않았다. 38도선이라는 남북의 분단과 양대국의 군사점령을 동반하였다는 사실 자체가 8 · 15가 불완전한 해방임을 뜻한다. 한국민족에게 자주독립은 일본이라는 통치권력을 대신한—성격은 일본과는 다르지만—두 점령국의 이해관계에 따라 제약될 수밖에 없었다. 두 점령국의 軍政은 자국의 이해관계의 틀에 맞게 남북한의 사회구조를 재편하는 데에 일차적인 목표를 두었으며, 미소간의 냉전이 격화되고 한국민족 내부의 이념대립 또한 골이 깊어짐에 따라 38도선은 자본주의와 사회주의의 두

체제가 격돌하는 냉전체제라는 국제정치의 양극 전선으로 고착되었다.

## 4. 8·15해방은 어떻게 좌절되었는가

미군정은 한국민족을 해방민족으로 인정하지 않았다. 1945년 9월 2일자 주한미군사령관 하지의 명의로 서울 상공에 뿌린 최초의 삐라는 해방에 들끓고 있는 한국 민중에게 해방을 축하한다는 문구는 단 한 줄도 없고, 매우 놀랍게 냉랭하였으며 적대적이기까지 하였다.[17] 사실 맥아더 포고 제1호·제2호·제3호는 스스로 점령군을 자처하며 모든 한국민중을 적대시하였다. "占領軍에 對하여 反抗 行動을 하거나 또는 秩序保安을 攪亂하는 행위를 하는 者는 容恕없이 嚴罰에 處함"이라든지, "聯合軍에 對하여 故意로 敵對行爲를 하는 者는 占領軍 軍律會議에서 有罪로 決定한 後 同 會議의 決定하는 대로 死刑 또는 他刑罰에 處함"[18]이라는 경고는 섬찟하기까지 하다. "영어를 공용어로 사용한다."는 조항도 정복자가 패자를 대하는 정책과 같았다. 이러한 포고문은 마치 초대 총독 데라우찌(寺內正毅)가 일본통치에 절대 복종하라는 명령을 발하는 경고문의 "漫히 逞其妄想ᄒ야 妨碍施政ᄒ者ㅣ가 有ᄒ면 斷無假貸之所ㅣ라"[19]는 구절과 다름이 없었다. 미군정은 9월 20일 군정청을 발족시켜 일제의 식민통치기구와 법률을 그대로 계승한 채 직접통치를 시작하였으며, 일제 잔재세력을 점령·지배의 보조로 삼고, 「군정법령 제21호」(1945. 10. 2)를 공포하여 일제 통감부 때부터 있었던 「신문지법」·「보

---

17) 宋建鎬, 「解放의 民族史的 認識」, 宋建鎬 外著, 『解放前後史의 認識』(한길사, 1979, 10), 19~20쪽.

18) 「太平洋美國陸軍總司令部(맥아더 司令部) 布告 第一號」(1945. 9. 7)·「同 布告 第二號」(1945. 9. 7)·「同 布告 第三號」(1945. 9. 7), 『光復30年 重要資料集』(『月刊中央』1975년 1月號 別冊附錄), 27~28쪽.

19) 『朝鮮總督府官報』(1910. 8. 29), 國史編纂委員會 編, 『日帝侵略下 韓國三十六年史』一(1966. 12), 23~25쪽.

안법」 등을 포함한 일제 때의 악법[20]을 상당한 부분 존속시키면서 점령 지배에 활용하였다.

미군정은 한국민족에게는 권력기관이라고 인식 · 인정되는 <중경임시정부>와 <조선인민공화국>의 정권기관을 전면 부정하고, 각 지방의 인민위원회에도 해산 명령을 내려 해체시킴으로써 한국 내의 자생 권력기관을 전혀 인정하지 않았다. 이는 소련군이 각 지방에서 민중 스스로 건설한 각 급 인민위원회에 행정권과 자치권을 부여하고 직접통치의 군정을 실시하지 않았음과 비교할 때 매우 대조적이다. 브루스 커밍스는 인민위원회의의 상당수를 좌익이 주도하였지만, 인민위원회를 공산주의 정권 또는 좌익정권과 등치시킬 수 없으며, 식민지에서 해방된 한국민들의 민족혁명의 요구에 근거를 둔 자생적인 정권형태라고 결론지었다. 인민위원회에 적대하는 세력이 행정단위에 따라 중앙을 중심으로 하여 '위에서 아래로' 확장되는 모습을 띠었던 반면, 인민위원회는 '아래에서 위로'라는 자발적인 성격을 띠었다. 인민위원회는 상당한 대중적 인기를 누렸지만, 미군정은 이것이 미국의 이익에 상반된다고 생각하였으므로 인민위원회를 철저히 뿌리뽑았다.[21]

이석태는 인민위원회를 다음과 같이 설명하였다. 한국에서 인민위원회는 8 · 15해방 직후 일제의 식민지통치기구가 일시에 마비 상태에 빠졌을 때, 한국민족의 創發性에 의거하여 중앙과 지방을 통하여 전국 규모로 자생적으로 창출된 권력기관이었다. 이는 ①민중과 연결되어 ②행정과 입법을 완전히 통일하여 정치에 민중의 의사를 직접 반영하였고 ③친일파 · 민족반역자를 배제하였고, 또 간단히 배제할 수 있는 정치조

---

20) 미군정은 악법철폐 여론에 밀려 1945년 9월 21일 「일반명령 제5호」(같은 해 10월 9일 「군정청 법령 제11호」로 개정)를 공포하여 일제 때의 「치안유지법」 · 「정치범처벌법」 · 「출판법」 · 「정치범보호관찰령」 · 「사상범예방구속법」을 철폐하였다는 점에서 일제와 비교하여 상대적인 진보성을 드러낸다.

21) 브루스 커밍스 지음, 김주환 옮김, 『한국전쟁의 기원』下(靑史, 1886. 8), 103~206쪽.

100

직으로 ④친일파·민족반역자를 제외한 모든 계급을 포괄하였으며 ⑤일
제 통치기구의 형태를 완전히 청산하고, 그의 잔재까지도 남기지 않았
다는 특징을 갖는 정권형태였다.22) 1945년 말 현재 남한 145개 시군, 북
한 70여 개 시군에 조직되었다고 집계되는 인민위원회의 출현은, 정치
적 경험을 갖지 못하였다고 평가절하 당하던 한국 민중이 스스로 특유
의 권력기관을 창출할 만큼 성장하였음을 뜻하며, 세계 역사상 유래가
없는 창의적 권력 형태는 한국민중이 해방을 위해 끊임없이 노력해 왔
음을 반증한다. 또한 이는 한국민중이 권력의 주체가 될 수 있음을 증
명한 사건으로, 해방을 위한 한국민족의 노력이 민중들의 역량을 끊임
없이 쌓아 왔음을 말해 준다. 그러나 한국민중의 이 자생적·혁명적 정
권은 미군정에게 좌익으로 인식되어 해산을 강요당하였다. 인민위원회
의 좌절로 남한에서 민중적 권력기관을 통한 민주개혁과 일제잔재의 완
전한 청산 또한 좌절되고 말았다.

  한국 민중의 자생한 민중 권력을 부정한 미군정은 남한 사회를 재편
성하기 위하여 보수세력인 <한국민주당>을 자신들의 지지 기반으로 선
택하였다. <한민당>의 계급기반은 관료·지주·제조업자·금융인·상인
들로서 친미정부를 수립하려는 미군정과 이해관계가 일치되었으므로, <
한민당>은 미군정에 적극 협조하며 미군정의 여당으로 행사하였다. 미
군정은 친미적이거나 영어를 할 줄 아는 지주 출신의 보수적 인사들을
행정관리나 군정고문에 임명함으로써 민중들의 개혁 여망을 외면하였
다. 더욱이 미군정은 친일관료·식민지경찰 등 민족반역자·친일파를
그대로 등용하여, 친일·민족반역자들이 오히려 미군정의 보호를 받으
며 이전의 기득권을 다시 누리는 기현상이 일어났다. 1947년 7월 2일 <
南朝鮮過渡立法議院> 제102차 본회의에서 「民族反逆者·附日協力者·奸
商輩에 對한 特別條例」를 제정·통과시켰으나23) 이 특별법안은 미군정

---


22) 李錫台, 『社會科學大辭典』(1948, 3). [(한울림 복간, 1987. 1), 518~519쪽]
23) 國史編纂委員會 編, 『資料大韓民國史』5(探究堂, 1972. 12), 15~16쪽.

의 동의를 얻지 못하고 끝내 공포되지 못하였다. 미군정은 이 나라에 형식민주주의를 도입시켰을 뿐 일제잔재를 보존함으로써 장차 이 나라의 민주주의를 짓밟는 무서운 독소를 남겨 놓았다.[24] 반민특위의 좌절이 상징하듯이 이승만정권은 민족반역자를 처벌하려는 움직임을 탄압함으로써 친일파는 사회의 모든 부면에서 기득권을 행사하며 민주개혁을 좌절시켰다.

미군정은 남한의 보수세력과 결탁한 반면 진보세력은 탄압하였다. 한때 좌우합작을 추진하며 중도 개혁세력을 정치현장의 전면에 내세우려는 의도를 보인 적이 있지만, 정책의 기조는 보수성을 면치 못하였다. 더욱이 좌익 세력들을 탄압하여 이들을 지하로 몰아 넣고 더욱 좌경화시킴으로써 한국사회에서 좌우 이념의 대립은 오히려 격화되었고, 한국민족이 단결과 통합의 구심점을 형성하려는 노력을 훼손시켰다. <조선공산당>은 8 · 15해방 초기에 미국에 우호적이고 협조적이었다. 뒤에 다시 보겠지만 「8월 테제」는 소련과 아울러 미국 · 영국 · 중국[蔣介石]을 진보적 민주주의국가로 규정하여 미국에 우호감을 표시하였다.

1945년 10월 10일 군정장관 아놀드는 성명을 발표하여 매우 모멸 · 경멸스러운 언사로 <인민공화국>을 비난 · 부정하였다. 남조선에는 미군정이라는 단 하나의 정부가 있을 뿐이라는 이 성명은 정부를 자처하는 <중경임시정부>도 포함되겠지만 <인민공화국>을 직접 겨냥한 내용을 담고 있다. 이후 미군정은 전국 곳곳의 인민위원회와 치안대 등 대중의 자치기구를 강제 해산시켰다. 미군정청은 1946년 2월 23일 「군정청법령 제55호」(政黨에 關한 規則)를 공포하여 정당등록제를 실시하였다. 이 법령에는 어떠한 단체와 협회 정치적 영향을 주는 경향을 갖는 행동을 비밀리에 실행함을 금지한다(제1조 가항)고 규정[25]하였는데, 이는 좌익계열

---

24) 宋建鎬, 앞의 논문, 21쪽.
25) 「군정청법령 제55호」(政黨에 關한 規則), 國史編纂委員會 編, 『資料大韓民國史』2(探究堂, 1969. 12), 126쪽.

102

의 사회운동단체—노동조합 등—를 겨냥하여 이들을 모두 정당으로 간주하여 취제하려는 의도였다. 또 미군정은 같은 해 5월 4일 「군정청법령 제72호」(軍政違反에 對한 犯罪)를 공포하였다.26) 이 법령은 일제의 「치안유지법」보다 더 많은 82종에 이르는 위반죄명을 규정하여 노동자·농민 등의 대중운동을 탄압하였다. 2차대전 후 미국의 대한 정책은 한국이 냉전체제의 최선전에 서있는 까닭에 강한 반공성을 띠고 있었다.

제1차 미소공동위원회가 결렬되고 좌우합작운동이 추진되는 동안 미군정은 精版社 偽造紙幣 사건(1946. 5. 15)을 구실로 좌익세력을 본격적으로 탄압하기 시작하였다. 미군정은 5월 18일 <조선공산당> 본부를 수색하고, 공산당 기관지 『해방일보』를 강제 정간 처분하였다. 7월 9일에는 <전국농민조합총연맹>(1945. 12. 8 결성)의 사무실을 습격하였고, 8월 16일 <조선노동조합전국평의회>(1945. 11. 5 결성)의 서울 본부를 급습하였다. 이어 9월 7일 박헌영·李康國·李舟河 등 <조선공산당> 간부들을 전국에 지명수배하였고, 같은 날 군정을 비방하였다는 이유로 『조선인민보』·『중앙신문』·『현대일보』에 미군 헌병이 습격하여 신문사 간부와 기자 다수를 검거하고 신문은 모두 간행정지 시켰다. 이러한 일련의 탄압은 <조선공산당>을 불법화하려는 의도에서 추진되었으므로 <조선공산당>을 지하로 몰아 넣어 더욱 좌경화하도록 만들었다.

위와 같은 상황에서 <조선공산당>은 미군정을 합법정부로 인정하던 지금까지의 협조노선을 버리고, 대중운동을 기반으로 미군정의 탄압에 실력으로 대응하는 「신전술」(1946. 7. 26)을 발표하여 투쟁노선을 전환하였다. 「신전술」은 미군정에 압력을 넣어 미소공동위원회를 재개하려는 데 목표가 있었으므로, <조선공산당>이 미소의 협상을 통해 임시정부를 수립하려는 기존의 노선을 완전히 바꾸지는 않았다. 그러나 남한 민중과 미군정의 대립은 <조선공산당>의 「신전술」의 영향을 받아 9월

---

26) 國史編纂委員會 編, 『資料大韓民國史』2, 528~543쪽.

총파업과 10월 대구폭동을 유발시켰다. 10월 대구폭동을 계기로 미군정은 지방인민위원회를 완전히 분쇄하면서 좌익 세력을 더욱 탄압하였다. 미군정이 좌익 활동을 불법화함으로써 남한에서는 우익 세력이 득세하여 극우보수화하였고, 지하로 들어간 좌익세력은 극좌화하였다. 이러한 일련의 과정에서 좌우의 이념 대립은 더욱 깊어졌으며, 따라서 한국사회의 이데올로기의 지형 또한 좁아져서 극좌와 극우의 양극단이 냉전체제의 첨병 구실—미소의 대립을 한국 내에서 격화시키는—을 함으로써 자주적 통일정부 수립의 길은 더욱 멀어져 갔다.

미군정은 한국의 민족경제 수립을 좌절시켰다. 앞서도 말하였듯이 8·15해방의 과제는 경제구조에서 봉건적·반봉건적 유제를 청산하고 민족경제를 수립함으로써 근대화를 이룩하는 데에 있었다. 이를 위해서는 무엇보다 식민지경제의 유제인 半봉건적인 지주소작제를 철폐하고 농민적 토지 소유를 달성하는 일이 시급한 당면과제였다. 또한 일본독점자본과 친일자본가들의 자본을 국가적 소유로 삼아 민족자본을 창출하는 일도 병행하여 할 과제였다. 이러한 과제는 민중이 권력의 주체가 되어 민족반역자를 처단하고야 가능한 일이었다. 그러나 미군정은 한국사가 당면한 반식민지반봉건 민주주의 혁명을 왜곡·좌절시켰다. 미군정은 토지정책과 귀속재산을 拂下하는 과정에서도 대다수 민중의 염원을 외면하고 친미보수세력을 안정·구축시키려 하였다.

미군정청은 1945년 10월 5일 「법령 제9호」(최고소작료 결정의 건)을 발표하여 소작료가 총수확물의 3분의 1을 초과할 수 없고, 현존 소작권의 유효기간에 대하여 지주의 일방적인 소작계약 해제를 무효이며, 소작료가 총수확물의 3분의 1을 초과하는 신규 소작계약은 불법으로 한다고 규정하였다. 이와 같이 미군정의 토지정책은 식민지시기의 고율소작료를 상대적으로 인하해 주고, 소작계약 기간 동안 소작농의 소작권을 보장해 주는 데에 그치고 말았다. 이는 식민지시기 소작 관행보다는 진일보하였지만, 농민적 토지개혁을 요구하는 민중들의 요망을 충족시키

104

기에는 턱없이 부족하였다. 북한에서 1946년 3월 '무상몰수·무상분배'
의 토지개혁을 실시하였고, 이에 자극받은 농민들이 일본인과 민족반역
자의 토지를 몰수하고 소작료의 3:7제를 주장하면서 토지제도의 전면적
개혁을 요구하자, 미군정도 토지개혁정책을 서두르게 되었다. 1947년 12
월 「농지개혁법안」이 <남조선과도입법의원>에 겨우 상정되었지만, 한국
문제를 유엔으로 이관하고 남한 단독정부 수립을 책동하는 우익 쪽 의
원들이 출석을 거부함으로써 회의는 열리지 못하고 법안 역시 심의되지
못하였다. 이에 미군정은 사실상의 전면적 농지개혁은 남한단독정부 수
립 이후로 미루고, 군정 기간에는 신한공사가 경영하던 일본인 소유의
토지, 이른바 귀속농지만을 처분하기로 결정하고 1948년 3월 10일 「남
조선과도정부법령 제 173호」를 공포하여 신한공사를 해체한 뒤 <중앙토
지행정처>를 신설하여 귀속농지를 매각하였다. 매각 조건은 "농지의 대
가는 당해 토지의 주생산물 연간 생산고의 3배로 하고 지불은 20%씩
15년간 연부로 현물납입"한다는 유상분배의 원칙으로 매각하였다. 그러
나 매각된 땅은 논과 밭에 국한되었으며, 토지를 유상으로 분배한 형태
는 이승만 정권이 한국인 지주의 농지를 유상으로 매각하는 전례가 되
었다.27) 미군정의 무상몰수·유상분배나, 이승만정권의 유상매상·유상
분배는 모든 반민족행위자의 재산을 몰수·국유화하여 농민에게 무상분
배한다는 독립운동노선에서 제기된 토지개혁론과는 상반되는 방향으로
진행되었다.

　미군정은 1945년 12월 6일 「법령 제33호」(재한국일본인 재산의 권리

---

27) 단독정부수립 후 남한에서는 1950년 3월에야 「농지개혁법」을 공포하였다.
　　이는 유상몰수·유상분배의 원칙에 입각하였으므로 사실 농민보다는 지주에
　　게 유리한 개혁이었다. 1945년 말 소작지의 면적이 144만여 정보였으나 농
　　지개혁으로 분배된 토지는 약 55만여 정보로, 8·15해방 당시 소작지의 38%
　　만이 분배되고 72%는 이미 사적으로 매각되었다. 농지개력의 본래 목적이
　　자작농 양성에 있었으나, 실지에서는 분배 농지에 세금과 상환액이 과중하
　　여 분배받은 농지를 되파는 경우가 많았으므로, 농민적 토지소유는 이루어
　　지지 못하고 다시 토지겸병과 소작지가 생겨났다.

귀속에 관한 건)를 발표하고, 조선에 있는 일본인 재산을 敵産으로 규정하고 모든 일본인 재산을 접수하여 군정청 소유로 삼았으며, 한국인 관리를 임명하여 이를 관리케 하였다. 이로써 한국인 노동자들이 자주 관리하고 있던 재산들도 미군정 당국에 귀속되었다. 미군정은 1948년 7월 12일 「법령 210호」(일본정부에 의해 적산으로 동결된 재산의 해제)를 발표하여 귀속재산을 불하하기 시작하였다. 기업체 513건, 부동산 839건, 기타 916건으로 총 2,268건의 귀속재산이 불하되었는데, 이는 전체 귀속기업체의 10~20%정도에 불과하였다. 나머지는 「한미간의 재정 및 재산에 관한 협정」(1948. 9. 11)에 따라 이승만정권에 넘어갔다. 미군정은 귀속재산을 불하할 때 이미 성립해 있던 노동자위원회 등 노동자들의 자주관리운동을 거부하고, 대부분의 적산을 일본인 소유자와 밀접히 관련을 맺고 있던 친일적 관리자나 친일세력들에게 헐값에 불하하여, 이로써 친일·친미 관료와 기업가들이 8·15해방 후 남한 자본주의경제의 담당자로서 재생하게 되었다. 어쨌든 미군정과 이승만정권은 귀속재산을 민간에 매각하여 특정인의 사유재산화하였는데, 이는 독립운동과정에서 독립운동세력들 사이에 이미 합의되어 있던, 公私의 일본인 소유의 기업은 몰수하여 국유화하고, 중요한 대규모 생산수단을 국유화한다는 방침과는 어긋났다. 독립운동과정에서 지향점이 8·15해방 후 실천과정에서 단절되었음을 귀속재산의 불하에서도 알 수 있다.


# Ⅱ. 해방 후 각 정치세력들의 해방관


　8·15해방 후 각 정치세력들이 대립한 이슈로 민족반역자 처리 문제, 신탁통치 문제, 좌우합작 문제, 토지개혁 문제, 단독정부수립 문제 등 여러 가지를 들 수 있다. 그러나 이에 앞서 선행하는 논리는 8·15해방을 어떻게 성격규정하느냐 하는 문제이었다. 이에 따라 각 정치세력의

정치행태도 구분된다. 8·15해방 이후 각 정치세력들이 대립한 이유가 정국의 주도권을 장악하는 데에 있었고, 주도권 싸움은 이론·노선 투쟁과 병행하여 진행되었는데, 이러한 양상은 바로 해방의 의미를 놓고서 처음 제기되었다.28) 해방의 원인과 의미를 평가하는 시각은 모든 정치세력들의 정치행태를 규정하는 한 요인이었으므로, 민족주의좌파로 규정할 수 있는 <국민당>과 민족주의우파인 <한국민주당>(이하 <한민당>으로 줄임), 공산주의인 <조선공산당>을 중심으로 이들의 해방관을 살펴보려 한다.

## 1. 국민당

<국민당>은 당수인 안재홍의 영향력이 절대적이었으므로 여기서는 그의 해방관을 살펴보고자 한다.29) 안재홍도 해방을 평가하는 인식의 변화에 따라 그의 정치행태 또한 크게 변화하였다. 8·15해방 직후 그는 '해방'이 지니는 국제적 제약성을 인식하였다. 그러나 그것은 해방이 타력으로 이루어졌기 때문에 38선의 장벽으로 상징되는 제약을 가져왔다는 원론 수준의 인식에 그쳤을 뿐, '타력의 해방'이 통일민족국가 수립에 커다란 장애로 작용하므로 미소의 협조가 완전독립에 가장 큰 관건이 된다는 인식에는 이르지 못하였다. 임정법통론을 민족자결의 지표로 삼고 독립을 추구하던 차원에서는, 한국의 독립이 국제연관성을 지니고 있다는 인식을 실천의 차원으로까지 표출할 수 없었다.

해방의 원인과 의미를 평가하는 시각 사이에 단절이 생기는 이유는, 안재홍의 실천 논리에 '重慶臨政迎立補强論'이라는 임정법통론이 버티

---

28) 심지연, 「해방의 의미와 해방정국의 전개」, 韓國政治學會 編, 『韓國現代政治史』(法文社, 1995. 8), 38~42쪽.

29) 金仁植, 「安在鴻의 新民族主義 思想과 運動」(中央大學校大學院史學科 博士學位論文, 1998. 2), 288~296쪽을 많이 참조하였음.

고 있었기 때문이다. 국제관련성 아래 성취된 해방이므로, 완전독립이라는 과제도 국제연관성 아래에 성취될 수 있다는 인식이 실천론으로 이어질 때는, 제1차 미소공동위원회가 파열된 뒤, 좌우합작운동에 참여하는 시기였다. 이는 임정법통론에 근거를 둔 민족자결론에서 벗어날 때에 비로소 가능하였다.

안재홍은 8 · 15해방을 연합국이 승전함에 따른 '他力의 解放' · '熟柿式獨立' · '他方主動의 解放'30) 등으로 규정하였는데, 그는 해방이 국제관련성 아래 성취되었다고 인식하였다. 물론 그도 8 · 15해방이 성취된 배경에서 自力, 즉 한국 민족의 투쟁을 무시하지는 않았다. 이러한 면에서 그는 8 · 15해방을 자력과 타력이 결합된 산물로 보았다. 그는, 일제가 "海內海外에서의 적극 소극의 反抗과 美 · 中 · 蘇 · 英 四國 연합군의 힘에 의하여 破碎"됨으로써 민족해방이 성취되었다고 하여,31) 한국 민족의 투쟁을 연합국의 힘과 병렬하였다. 그러나 궁극에서는 8 · 15해방을 자력보다는 연합국이 전승한 결과에 의존함이 더 컸다고 보았다. 그가 '타력해방'을 강조하는 논점은 8 · 15해방이 지니는 국제관련성이 바로 국제제약성을 지니고 있음을 강조하려는 데에 있었다.

안재홍은 한국문제의 국제관련성과 국제제약성을 해방 초기부터 인식하였으나, 이는 좌우합작운동에 참여하는 시기와 비교하면 크게 다르다. 좌우합작에 참여하기 전에는, 민족자결론의 관점에서 이들 문제를 인식하였는데, 이때 국제관련성은 한국 문제를 해결하는 데에는 '국제협조'=미소협조가 전제된다는 뜻이 아니라, 한국의 지위가 가지고 있는 국제관련성을 의미하였다. 그는, 한국의 확고한 독립이 동아시아와 세계평화의 관건이라고 전제하고, 탁치를 배제한 즉시독립을 요구하였다. 그는 "韓國의 문제는 물론 그 獨自的인 지위에서만 결정됨이 아니요 全國際的 關聯性에서 파악 인식함을 요한다."고 하였는데, 여기서 '전 국제적

---

30) 安在鴻, 「八 · 一五 當時와 現下의 事態」, 『民聲』(1949년 8월), 12쪽.
31) 安在鴻, 「新民族主義와 新民主主義」(1945. 9. 22), 『選集』2, 52쪽.

108

관련성'은 한국문제가 국제사회의 제약을 받고 있다는 뜻이 아니다. 열 강들이 일제의 침략을 방관한 국제사회의 무관심 속에, 한국은 국제사 회에서 전연 고립된 상태에서 일제에 獨斷되었고, 이러한 결과 중국을 비롯한 전 동방과 전 세계가 불행을 겪었듯이, 현재 한국을 즉각 독립 시키지 않고 독립을 유보하는 '탁치'를 강요할 경우 제3차대전의 禍亂 이 일어난다는 뜻이다. 이러한 면에서 반탁운동은 전 세계를 3차대전의 위기에서 구해 내는 '전 국제적 관련성'을 지닌다고 주장하였다.32) 안재 홍은, 한국의 확고한 독립이 없이는 동방의 안정과 세계의 평화가 성립 될 수 없음은 일제침략 40년의 역사가 웅변으로 설명한다고 지적하면 서, "韓國의 地位의 가지고 있는 중대한 國際關聯性을 정확 認識함을 要"33)하여 한국의 즉시독립을 보장해야 한다고 주장하였다.

해방이 국제제약성을 지닌다는 인식도, 좌우합작운동에 참여하는 시 기를 앞뒤로 하여 크게 다르다. 좌우합작에 참여하기 이전에도 안재홍 은 한국문제의 국제제약성을 인식하였으나, 임정법통론과 고리를 맺은 민족자결의 원칙으로 국제제약성을 극복하려고 하였다. 그는 해방이 '남 의 손'·'남의 힘'으로 성취되었다 하더라도, 민족전선과 남북을 통일하 는 일조차 '남의 힘'을 빈다면 "祖國光復의 大業은 그 出發에서부터 험 집이 생기는 것"이므로, 비록 남북에 미소의 군대가 주둔하더라도, 여러 가지 建國施設은 타력에 의존치 말고 '民族自主의 路線'을 밟아야 한다 고 강조하였다.34) '민족자주의 노선'은 바로 <중경임정>을 중심으로 하 는 건국노선을 말하는데, 여기서는 <중경임정>이 주도한 <非常國民會議 >의 연장이라고 스스로 규정·인정한 <南朝鮮大韓國民代表民主議院>(앞 으로 <민주의원>으로 줄임)을 중심으로 결집함을 가리킨다. 제1차 미소

<hr>

32) 安在鴻, 「(宣言文)信託統治反對 宣言」(1946. 1. 6), 『選集』2, 80~82쪽.
33) 安在鴻, 「三·一 大義의 再宣揚--解放後 첫 三·一紀念日에」(1946. 3. 1『漢城』 記名論說), 『選集』2, 101쪽.
34) 安在鴻, 「民主議院의 政策—自律的 統一과 自主的 建國」(1946. 3. 19 서울中 央放送), 『漢城日報』(1946. 3. 20~21).

공위가 결렬된 직후까지 안재홍이 수없이 부르짖는 '민족자주'—이러한 명분은 어느 시대에도 적합하지만—는, 군정이 주체가 되어서는 안되며 <중경임정>을 중심으로 '自主建國'='自力建國'함을 뜻한다.

<중경임정>을 중심으로 하는 '자력건국'이라는 방침에서, 안재홍은 현실 속에서 미소공동위원회가 지니는 엄정한 영향력도 배격하였다. 그가 "過渡政權은 우리의 민족자주적 처지에서 그 人選 및 構成을 실행함에, 共同委員會가 그를 同意 支持할 것이요, 干涉하여서는 안될 바이다."[35]고 못박음도, 사실은 삼상회의결정 자체를 부정하는 동시에, 미소가 지니는 현실의 영향력을 <중경임정>을 중심으로 돌파해 나가겠다는 의지의 표현이기도 하다. 국제제약으로 인하여 모스크바삼상회의 결정이 우리에게 현안으로 제기되었고, 미소 군정이 현실 권력으로 존재함을 인정하지 않고, 이러한 현실의 틈바구니에서 오직 '민족자주'를 명분으로 현실에서 <중경임정>을 중심으로 한 자주건국을 관철시키려 하였다. 이는 국제제약이 국제협조라는 현실인식으로—명분론이 아니라—이어지지 않았기 때문이다.

미소공위가 파열된 이후, 안재홍이 해방을 해석하는 시각은 크게 바뀌었다. 그는 8·15해방이 자력을 주도세력으로 外援까지 얻어서 즉시 완전독립을 성취한 미국독립의 유형과는 다르며, 자력의 항거도 있었으나 연합국의 승전으로 일제가 패망함에 따라 얻은 독립임을 지적하면서, 연합국의 승전이라는 '타력'을 더 결정된 요소로 보았다. 그는, 일제가 '八·一五 崩壞'로 분명 퇴각하고 한국민족이 40년간 일제의 탄압에서 '간신히 解放'되었음은 사실이나, "불행히 聯合國의 힘으로 日本帝國主義가 퇴각"하였으므로 ①조선 안에 미소 양군이 38선을 한계로 남북을 분단점령하였고 ②이후 미소 양국의 대립이 격화하여 민주독립의 재건 조국을 완성하지 못하였다고 지적하였다.[36]

---

35) 安在鴻, 「美蘇會談에 寄함」(一·二·三), 『漢城日報』(1946. 4. 2·3·4).
36) 安在鴻, 「民政長官을 辭任하고—岐路에 선 朝鮮民族」(1948. 7. 『新天地』),

  안재홍은, 독립한 이후 三八災難의 장벽과 미소 양군의 분할점령, 서로 대립·頡頏하는 양대국·양대주의의 갈등, 이것의 연장인 좌우 이데올로기 대립·갈등으로 생긴 사상·정치의 혼란은 바로 분단점령과 외국인의 통치라는 데에서 파생·발생되었으므로, 분열·불통일 등 "現狀의 最大原因이 三八災難에 인한 最惡한 條件"이라고 단정하였다.[37] 이로 인하여 "우리가 假想할 수 있는 어느 事態와는 딴판으로" '重大한 新事態'가 전개되었다고 지적하였다.[38] 이는 '타력에 따른 해방'이라는 독립의 형태가, 연합국인 미소의 분할점령이라는 '해방의 제약성'으로 그대로 이어졌고, 다시 필연의 결과로 '완전독립의 제약성'으로 이어졌다고 인식하였음을 말한다. 그는 타율의 해방이 가지는 제약성이 완전독립을 달성하는 데에서 국제제약성으로 작용함을 통절하였다.

  이와 같이 안재홍은 해방이 국제제약성을 띰을 다시 강조하면서, 완전한 통일독립국가를 건설하는 데에도 국제협조의 필요성을 덧붙여 강조하는 인식의 전환을 보였다. 이때 국제협조는 바로 ①미소의 협조를 말하며, ②미소 협조에 한국 민족이 협조하는, 또는 한국 민족이 그러한 협조 분위기를 유도하는 체세를 말한다. 안재홍은 이를 위해서는 좌우합작이 선결 과제라 전제하고, 좌우합작이 필요·긴급한 이유를 임시정부[39]를 긴급히 수립해야 하는 과제와 관련시켜 말하면서, 좌우합작이 임시정부 건설에 '先決問題'로 되는 까닭의 하나를 "국제적으로 미소 양국이 현실적으로 중대한 관계를 가지고 있다는 것"[40]을 지적하였다. 이는 임시정부 수립과 완전한 자주독립에는, 미소의 협조가 전제·요청된

---

『選集』2, 258·278쪽.

37) 安在鴻, 「民族的 反省과 奮發」, 『選集』2, 167~168·172쪽.

38) 「韓獨黨同志에게—國際現實 無視는 獨立實現을 遲延」, 『漢城日報』(1947. 6. 11).

39) 이때 임시정부는 <중경임정>이 아니라, 좌우합작으로 미소공위를 재개시켜 삼상회의결정에 따라 수립되는 민주임시정부를 말한다.

40) 安在鴻, 「左右合作의 政治的 意義」(1946. 7. 17 서울中央放送), 『選集』2, 129쪽.

다는 국제제약성, 즉 미소 협조 없이는 한국의 자주독립은 달성될 수
없다는 객관적 국제조건을 인식하였음을 말한다. 이러한 인식은 이전에
막연히 국제제약성을 인정하던 때와는 근본에서 다르다.

안재홍은 8 · 15 이후 한국 민족이 당면한 여러 과제를 실천하기 위
하여는 "우리의 統一 自主的인 體勢로써 聯合軍과 그의 軍政機構에 대
하여는 기동적인 協力의 추진 있어야 할 일"이라고 지적하였다. 그리하
여 좌우합작으로써 ①안에서 協同과 ②"밖으로 美蘇 兩國의 互讓의 勢
를 啓開하여 써 建國救民의 鐵案을 완성"해야 한다고 강조하였다.[41] 이
는 미소공위가 결렬되기 이전과 비교하면 매우 커다란 변화였다. 그는,
미소협조가 통일민족국가를 수립하는 전제가 됨을 인식하고 삼상회의결
정을 수용하면서, 삼상회의 방침에 따라 임시정부를 건설함이 시급한
과제이므로, 미소협조의 분위기를 우리가 유도하여야 하며, 나아가 미군
정에도 협조함으로써 임시정부 수립을 앞당길 수 있다고 판단하였다.
그는 군정에 반항하는 행위는 무용할 뿐 아니라 오히려 국제관계에서
역효과를 가져온다고 지적하고, 미군정에 협조하라고 촉구하였다.[42] 그
가 <南朝鮮過渡立法議院>(앞으로 <입법의원>으로 줄임)에 참여하고 민
정장관에 취임한 배경에는 이러한 인식이 깔려 있었다.

제1차 미소공위가 결렬된 후, 안재홍은 미소대립이 국제 현상이며, 한
국문제는 그러한 세계적 차원에서 제약받고 있음을 강조하였다. 이와
같은 인식 아래 현실에서는 삼상회의결정을 지지하고, 삼상회의결정을
실현하기 위한 미소공위의 재개를 촉구하면서, 재개되는 미소공위에 적
극 참여하자고 주장하였다. 안재홍은 제1차 미소공위 때와는 달리 제2
차 미소공위에 적극 참여하자고 주장하였다. 이제 그는, 해방의 국제관

---


41) 安在鴻, 「八·一五 紀念의 民族的 意義—八·一五解放 一周年에」(1946. 8. 15
   『漢城日報』 社說), 『選集』2, 139～140쪽.
42) 安在鴻, 「激動하는 民衆에게 告하는 말씀—大邱暴動에」(1946. 10. 5 서울中央
   放送), 『選集』2, 150쪽.

련성·제약성—이에 따른 한국문제 해결의 국제연관성·제약성—이에 따른 국제협조 노선의 추구라는 인식을 지니고 있었다.

## 2. 한국민주당

<한민당>의 해방인식은 8·15를 '광복'으로 규정하였다.[43] 따라서 <한민당>의 해방관은 한마디로 '戰取한 光復論'이라 이름붙일 수 있다. <한민당> 1945년 9월 16일 창당대회에서 선언과 강령들을 발표하였는데, 선언에서 그들의 해방관을 단적으로 엿볼 수 있다.

> 일본 제국주의의 철쇄는 끊어졌다. 血汗의 투쟁! 참으로 36년, 세계사의 대전환과 함께 우리는 드디어 광복의 대업을 완성하게 되었다. 그리하여 우리는 반만 년의 빛나는 역사를 도로 밝혀 완전무결한 자주독립의 국가로서 구원의 발전을 약속하게 되었다.
> 3천만 가슴에 뒤끓는 용솟음치는 오늘의 기쁨이여! …… 참으로 이 크나큰 광복의 공훈은 해내 해외에 드러나고 감추인 무수한 혁명 동지들의 血汗이 아니고 무엇이랴. 우리는 멀지 않아 해외의 개선 동지들을 맞으려 한다. 더욱이 인방 중경에서 고전 역투하던 대한임시정부를 중심으로 결집한 혁명 동지들을 생각건대 그들은 두 번 거듭나는 세계의 대풍운을 타서 안으로 국내의 혁명을 鼓動하며 밖으로 민족의 生脈을 국제간에 顯揚하면서 나중에 군국주의 박멸의 일익으로 당당한 명분 아래 맹방 중 미·소·영 등 연합군에 끼여 빛나는 무훈까지 세웠다. 오늘의 기꺼운 광복 성취가 이 어찌 우연한 배랴. 우리는 맹서한다. 중경의 대한임시정부는 광복 벽두의 우리 정부로서 맞이하려 한다.[44]

8·15해방은 우연으로 성취한 바가 아니라 한국민족의 '血汗', 무엇보

---

43) 劉英俊, 「諸政治集團의 動向과 政府수립」, 『現代史를 어떻게 볼 것인가』(東亞日報社, 1987. 11),  43~45쪽.
44) 宋南憲,『解放三年史』I (까치, 1985. 9), 125~126쪽.

다 <중경임정>의 투쟁으로 전취하였으므로 광복의 대업이 완성되어 반만년의 빛나는 역사를 도로 밝혔으며, 따라서 <중경임정>을 우리 정부로 맞이하여야 한다는 논리이다. <한민당>의 해방관은 대한민국정부 수립 이래 일관되었던 전통적 해방관의 전형을 보이고 있다. 그런데 <한민당>이 '주어진 해방론'을 일찍부터 극복하고 주체적 역사인식을 지녔기 때문에, 8·15해방에서 민족의 주체적 요인을 강조하며 '전취한 해방론'을 주장하였는가는 생각할 필요가 있다. 결론부터 말한다면 <한민당>의 '전취한 해방론'은 자신들의 생존 양식으로 '중경임정봉대론'을 내걸기 위한 논리적 요청이며 정략이었을 뿐이다.

　<한민당>이 金性洙·宋鎭禹 등이 발기·창당하였다고 한국야당사에 쓰여 있음에 강한 불만을 느낀 李仁의 회고는, 저간의 사정을 반영한다. 그는 <건준>에 대항하는 정당을 하나 만들자면서 자신이 한민당 창당을 趙炳玉에게 처음 제시하였다고 한다. 국가도 정부도 없는데 정당을 어떻게 만드냐는 조병옥의 반문에, 이인은 중경임시정부를 정부로 삼을 작정을 하고 정당을 만들 수 있으며, 이미 조직되어 있는 연합군환영회를 기반으로 삼자고 제안하였다.45) <건준>의 활동이 활발한데도 '政黨의 時機尙早論'을 주장하며 정국을 관망하던 송진우는 미군이 서울에 입성한다는 소식을 듣고 비로소 행동을 개시하였는데, 송진우·김성수들은 1945년 9월 7일 <國民大會準備會>를 개최하여 <중경임시정부>를 지지하기로 결의하였다. 당시의 정치상황으로 볼 때 <조선인민공화국>을 지지하느냐 <중경임시정부>를 지지하느냐의 갈림길에서 보수적인 인사들이 <중경임시정부>를 추대하는 행태는 그들에게는 당연한 선택이었으며, 또 이렇다 할 투쟁경력이 없는 <한민당>으로서는 정치적으로 살아남기 위하여 "愛國的인 獨立英雄이나 獨立團體와 自身을 同一視할 必要"가 있었다.46)

---

45) 李 仁, 「解放前後 片片錄」, 『新東亞』(1967년 8월호), 362쪽.
46) 沈之淵, 「解放政局과 韓國民主黨의 誕生」, 『韓國民主黨硏究』I (풀빛, 1982.

모스크바3상회의가 진행되는 동안 <한민당>은 기관지 『동아일보』에 3상회의 진행의 실제와 전혀 동떨어진 내용의 반소반공 선전을 거듭하였다. 3상회의 결정의 전문이 국내에 보도되었음에도 국내의 우익진영은 중경임정추대운동으로서 반탁운동을 지속하였다. 중경임정봉대를 내걸었던 <한민당>은 신탁통치를 "약소민족을 침략하는 행동"이라고 규정하고 "생명을 걸고 이 제안을 배격하는 동시에 독립관철에 매진"하겠다고 결의하고, <중경임정>이 주도하여 결성한 <신탁통치반대국민총동원위원회>에 참여하여 반탁운동을 전개하였다.47) 단 <중경임정>이 「국자 제1호」와 「국자 제2호」를 공포하여 정부를 자처하고 미군정을 부인하였음에 반해, 미군정의 여당임을 자임하는 <한민당>은 반탁운동에는 동의하나 군정 자체를 부인하는 행동에는 반대하는 태도를 표명하였다. 또한 이들은 조선의 자주독립을 보장하고 민주주의의 발전을 원조한다는 3상회의의 정신과 의도는 지지하나 신탁통치는 절대 반대한다며, 3상회의 결정을 이중으로 해석하였다. 이것은 당시 우익 대부분의 태도였으며 <한민당>도 3상회의의 결정이 폐기될 때까지 이러한 원칙으로 일관하였다. 어쨌든 정부를 자임하는 <중경임정>과 중경임정봉대를 내세우는 <한민당> 사이에 신탁통치가 자주독립에 배치된다는 인식에는 일치하였으므로, 이들은 당분간 일치된 행동을 취하였다.

그러나 미군정의 여당이라는 지위와 중경임정봉대론 사이에는 메우기 어려운 갭이 있었다. 양자 사이를 왕래하여야 하는 <한민당>이 미소공동위원회에 대해 일관된 정책을 갖고 있지 않았음은 오히려 당연하다 할 수 있다. 미소공동위원회 예비회담이 열리는 즈음에 <한민당>은 아직 중경임정봉대론을 내걸고 있었기 때문에 민주주의정부의 수립은 <미소공동위원회>를 통해서가 아니라 <중경임정>이 주도하고 있는 <非常國民會議>를 통해서 달성해야 한다고 주장하였고, 미소공동위원회에는

---

12), 48~50쪽
47) 沈之淵, 「韓國民主黨의 主要政策과 院內對策」, 위의 책, 80~84쪽.

관심이 없었다. 따라서 <중경임정>이 주도하여 <비상국민회의>를 개최하였을 때 "독립을 이룩하고 建國을 완전히 하는 方策"이라고 높이 평가하였다. 이때까지만 하여도 <한민당>의 중경임정봉대론과 탁치반대는 논리적 일관성을 가지고 있었다. 그런데 1946년 4월 18일 미소공위 참가단체의 자격문제에서 소련측이 크게 양보함으로써 「美蘇共同委員會 共同聲明 第五號」(앞으로 「5호 성명」으로 줄임)가 발표되었다.[48] 「5호 성명」은 미소공위의 협의대상이 되고자 하는 정당과 사회단체는 삼상회의결정의 목적을 지지하고, 이를 실현하기 위해 협력한다고 서약(서명·날인)한 선언서를 제출하도록 규정하였다. 이러한 규정은 한 신문기사가 평한 바와 같이 "相對가 될 諸政黨과 社會團體는 莫府三相決定中 朝鮮에 關한 問題를 全面的으로 受諾해야 하는 바"[49]로, 삼상회의결정을 절대지지한 좌익 계열에게는 문제가 되지 않았으나, 이를 반대하였던 우익 계열을 크게 당황하게 하였다. 「5호성명」 발표 이후 우익 세력들이 태도를 결정한 성명을 발표하는 데에 꽤 많은 시간이 걸린 사실이 이를 반증한다. 삼상회의결정이 규정한 '민주임시정부' 수립에 참여하자면, 미소공위의 협의대상에 선정되어야 하였고, 이를 위해서는 삼상회의결정을 지지하여야 하였다. 그러나 반탁운동으로 일관한다면 미소공위에 참여하지 못함으로써 정부수립에서 배제될 수밖에 없었다. 미소공동위원회가 「5호 성명」을 발표하자 이에 당황한 <한민당>은 5월 1일 반탁의 조건을 유보한 채 선언서에 서명하였다. 물론 <비상국민회의> 산하의 우익세력들도 고심 끝에 「5호 성명」에 서명하고 미소공동위원회에 참여하려 하였으나 이것은 매우 중요한 의미를 지닌다.

각 정치세력들 사이에 진의는 어찌되었든 반탁운동은 겉으로는 민족감정을 내세워 좌익을 제압하여 정국의 주도권을 장악하는 한편, 즉각 독립을 명분으로 3상회의 결정을 무력화하여 <중경임정>을 과도정부로

---

48) 『朝鮮日報』·『東亞日報』(1946. 4. 19). [『資料大韓民國史』2, 433~435쪽]
49) 『朝鮮日報』(1946. 4. 19). [『資料』2, 434쪽]

116

인정받으려는 의도가 있었다. <중경임정>은 대한민국정부가 들어서는 순간까지 이러한 의도를 포기하지 않았다. 문제는 우익 세력들이 언제까지 중경임정의 법통을 인정하고 <중경임정>에 동조하느냐에 달려 있었다. 우익세력들이 「5호 성명」에 서명한 의도는 미소공동위원회에서 배제되지 않기 위함이었으며, 이것은 <중경임정>을 과도정부로 삼아 정식정부의 결성까지 추진하려던 이전의 의도들이 좌절되거나, 또는 그러한 전술을 버릴 때가 되었음을 말한다. <한민당>에 국한시켜 말한다면 이제는 중경임정봉대론을 치울 때가 되었다.

1946년 들어 우익 정당들 사이에 통합문제가 제기되었다. 3월 22일 重慶臨政迎立補强을 주장하던 안재홍이 주도하는 <국민당>이 <중경임정>의 여당인 <한국독립당>과 무조건합동을 선언하자, 중경임정봉대론을 내걸던 <한민당>·<신한민족당>을 명분에서 압박하였다. 그러나 <한민당>은 <중경임정>의 여당인 <한독당>과 무조건 합동하자는 논의가 진행되는 단계에서는 <한독당>을 하나의 정당으로 평가절하시키면서 중경임정봉대론을 철회하였다. 무조건합동을 독촉하는 <한독당>의 고압스런 자세에도 문제가 있었지만, 막상 통합이 진행되는 순간에는 "韓國獨立黨이 主張하는 無條件合同을 受諾한다면 李承晩博士의 推戴가 困難할 것이며 無條件合同의 看板 밑에 韓民黨의 勢力은 排除될 것이다."고 위기감을 드러내고, <한독당>이 무조건합동 주장함을 '일방적 조건'이라 규정하고, <한독당>이 <한민당>의 위상을 고려하지 않는 '일방적 조건'을 계속 주장한다면, 통합운동에 참여하지 않겠다는 뜻을 분명히 내비쳤고 끝내 합당을 거부하였다.[50]

여기서 <한민당>이 내세운 중경임정봉대론의 실체를 알 수 있다. 사실 <한민당>이 내세운 중경임정봉대론의 실제 내용은, 민주정부가 수립

---

50) 「合同은 流産」, 『漢城日報』(1946. 4. 11) ; 『서울신문』·『朝鮮日報』(1946. 4. 11) [『資料』2, 358쪽] ; 「韓國民主黨 除外코 三黨의 合同進行」, 『漢城日報』(1946. 4. 12).

될 때까지 하나의 과도정권으로서 <중경임정>의 주도권을 인정하는 전술에 불과하였지, <중경임정>을 하나의 기정사실화된 정부로 추대하지는 않았다.51) 이승만의 측근이었던 尹致映·尹錫五의 증언에 따르면, <중경임정>의 요인들이 귀국하기 전 이승만·송진우 사이에는 <인민공화국> 타도를 위해 임시정부 정통론을 적극 내세우되, 일단 귀국하여 정국이 다소 질서가 잡히고 나면 <중경임정>을 해체하고 새로이 독립정부를 세워야 한다고 합의한 바 있다.52) 이는 송진우·<한민당>이 내세운 중경임정봉대론이 <인공>이 주도하는 정국의 주도권을 되찾기 위한 정략 차원의 술수에 불과하였음을 말한다.

제2차 미소공동위원회가 열렸을 때 김구는 참가거부 의사를 분명히 밝혔으나 <한민당>은 종래의 거부태도를 변경하였다. 1947년 6월 10일 <한민당>은 상임위원회를 열고 반탁정신은 변함이 없다고 전제하고 미소공동위원회에 참가한다고 발표하였다. 장덕수(張德秀)는 "共委에 參加하는 것은 決코 信託의 굴레를 쓰고 드러가는 것이 아니라 오히려 自主獨立國家의 建設과 民主的 臨時政府樹立에 對한 民主的 見解를 堂堂히 表明할 國際的 機會를 捕捉"하기 위해서라고 주장하였다. 또한 <한민당>은 "臨時政府를 樹立함에는 美蘇共委를 通함이 가장 첩경"이라고 주장하여 종래의 불참 태도와는 정반대의 태도를 보였다. 그러다가 제2차 미소공동위원회가 교착 상태에 빠지자 <한민당>은 "美蘇共委를 通하여 臨政의 樹立을 期하는 것은 마치 百年河淸"과 다름없다고 말하고, 미국이 한국문제를 미·소·영·중 4개국에 환원하든지 또는 유엔총회에 제기하여 세계여론에 호소하든지 하여 가장 신속한 방법으로 한국독립의 공약을 하루속히 실천해 달라고 요구하였다. 겉으로 보면 미소공동위원회에 대해 <한민당>은 일관된 태도를 취하고 있지 않다.53) 그러나 여기

---

51) 沈之淵, 「韓國民主黨의 組織과 政治理念」, 앞의 책, 62쪽.
52) 孫世一, 『李承晩과 金九』(一潮閣, 1970. 10), 201쪽.
53) 沈之淵, 「韓國民主黨의 主要政策과 院內對策」, 앞의 책, 88~91쪽.

에는 <한민당> 나름대로 일관된 계산이 있었다.

앞서 보았듯이 <한민당>은 1946년 3·4월 들어 이미 임정봉대론·임정법통론을 철회·포기하였다. 이것은 <한독당>에 참여하기를 거부한 <신한민족당>의 일부 세력도 마찬가지였다. 임정법통론에 근거를 둔 임정봉대론을 철회하였는데, 임정봉대를 겉으로 관철하기 위하여 모스크바3상회의를 거부하였던 태도 또한 철회함은 너무 당연한 수순이었다. 이것은 당연히 미소공동위원회의 성공이 낙관시될 때 —제2차 미소공동위원회는 많은 국내인에게 그렇게 비추었다— 당연히 미소공위 지지로 방향을 선회하게 마련이다. 그러다가 미소공동위원회 참가단체의 자격을 둘러싸고 제2차 미소공위마저 결렬되고 미소의 대립이 격화되려는 시점에서 다시 소련을 비방하며 미국의 단독정부 수립 의사에 귀의함도 예정된 논리라고 할 수 있다. 좋게 말하면 이들은 국제정세의 흐름에 따라 능동적으로 정책을 바꾸었다고 말할 수 있겠지만, 이들의 방향탐지기는 냉전의 방향을 미리 읽고 미국의 행동을 앞질러 제기하고 있었다.

사실 이들이 임정봉대론을 철회하는 시기에 이들의 해방관은 전혀 바뀌었다. 이는 이들이 내세운 '전취한 광복론'이 여운형과 같이 민족의 자주성을 내세우기 위한 근거에서 나왔다기보다는 하나의 전술적 방편이었음을 말해 준다. 제1차 미소공동위원회가 결렬된 시기에 <한민당>은 임정봉대론을 철회하고 단독정부 수립을 주장하였다. 이때 이들이 내세우는 논리 역시 앞서 안재홍과 마찬가지로 8·15해방의 세계적 관련성을 설명하고 한국민족의 독립이 국제적 난관성을 가지고 있다고 주장하였다. 그러나 이러한 논리는 안재홍과는 달리 냉전에 편승하여 단독정부＝분단정부 수립을 기정사실화하려는 데에 있었다.

1946년 9월 16일 <한민당>의 제2회 대의원총회에서 정치부장 장덕수는 국제정세에 관한 보고를 하였다. 그는 序言에서 "본당의 주의·정책과 독립대업에 대한 작동은 국제정국의 동향이며 세계대세의 추이와 호흡을 같이하고 있는 것입니다. 따라서 국제정세의 보고는 일면 본당의 정당성을 천명하는 방편"이라고 내세웠다. 그러면서 다음 세 가지를 제시하였는데, 이는 <한민당>의 해방관을 살피는 데 자료가 되므로 인용하기로 한다.

> 첫째는, 제2차 세계대전의 목적과 성격을 규정하는 몇 가지 국제협정의 要領을 말씀드려서 한민족 해방의 세계적 관련성을 밝히고자 합니다.
> 둘째는, 전후 평화재건에 있어서 열국의 동향과 利害의 착잡성을 지적하여 현하 한민족 독립문제의 국제적 난관성을 밝히고자 합니다.
> 셋째는, 이러한 착잡성의 국제정국 전체를 통하여 흐르는 대세의 방향을 살펴서 한민족의 장래와 본당의 위대한 사명을 밝히고자 합니다.[54]

위와 같은 논리에 따라 장덕수는 대서양헌장·카이로선언·얄타회담·연합국헌장·포츠담회담·모스크바3상회의를 설명하면서 8·15해방이 세계적 관련성에 따라 성취되었음을 주장하였다. 이것은 이전에 한국민족의 '血汗'을 내세우던 <한민당>의 논리와는 전혀 다른 내용이다. 나아가 세계는 "소련 블록 대 영미 블럭의 착잡한 이해관계의 대립이요 동시에 공산주의 대 민주주의의 쟁패전"이며 "우리 조선의 독립문제도 이 착잡한 양 블럭의 세계패쟁에 걸려 지연되고 있는 실정"이므로 한국민족의 독립이 국제적 난관성을 지니고 있음을 지적하였다. 문제는 이러한 국제적 난관성을 어떻게 자주적으로 극복하여 나아가는가에 한국민족의 진로가 달려 있는데, 장덕수의 글에서는 이 문제를 고민한 흔적은 보이지 않는다. 다만 이와 같이 착잡한 국제정국의 동향과 세계대세의 추이와 호흡을 같이 하겠다는 의지만 보일 뿐이다. 결국 장덕수의 보고는 냉전에 편승하여 단독정부 수립을 추진할 수밖에 없는 <한민당>의 '정당성'을 해명하려는 논리일 뿐이다. 미소의 이해관계가 한국문제 해결에 관건을 지니고 있다면, 적어도 한국문제에 관련하여 미소의 대

---

54) 張德秀, 「國際情勢 報告」(1946. 9. 19) : 沈之淵, 『韓國民主黨 硏究』Ⅰ, 391~397쪽에서 다시 인용.

120

립을 완화시키고 협조를 유도하기 위한 노력올 <한민당>은 기울이었어야 하는데, 이들은 이런 노력은커녕 좌우합작운동·남북협상운동도 매도하였다. 이들은 바로 미·소 양대 블럭의 대립에서 미국에 편승하였을 뿐이다. <한민당>의 진로는 철저한 반소반공의 처지에서 단독정부 수립을 추구하는 냉전에 편승하는 전형적인 행태를 보였다.

1946년 4월 26일 외신이 미소공동위원회가 순조롭게 진행되지 않았기 때문에 "미점령당국은 남조선만에 한하여 조선정부 수립에 착수하였다"는 남한단독정부수립설을 보도하자 미국정부와 미군정청도 이를 부인하였으나, <한민당>은 미소공위가 "장구히 결렬되고 만다면 자발적으로 정부를 수립하여 열강의 승인을 요구할 것도 정한 코스"라고 성명하여 단독정부 수립도 불사한다는 견해를 공식으로 밝혔다.[55] 이승만이 남한만이라도 단독정부를 수립하자는 정읍발언(井邑發言)을 하자 <한민당>은 기다렸다는 듯이 "이제까지의 임시정부 지지에서 전환하여 이승만의 노선에 호응하여" 단독정부 수립의 뜻을 분명히 하였다. 미·소 관계에 비추어 볼 때 통일정부의 수립은 어렵다고 생각하였기 때문이다.

<한민당>은 미소의 협조 분위기를 유도하여 미소공동위원회를 재개시키려는 좌우합작운동도 격렬히 반대하였다. 이들은 좌우합작운동이 토착지주의 이익에 상반되며, 또 중간파에 쏠리는 미군정의 정책이 <한민당>의 국내정치에서 위상을 위협하고 냉전 논리에 어긋난다고 판단하였다. <한민당>은 오히려 미군정에 중간파적 태도를 일소하고 "트루먼 대통령의 진의를 체득"하라고 요구하며, 미군정보다 더 철저하게 트루먼독트린의 고수를 주장하는 철저한 냉전 논리에서 좌익측과 대화를 거부하였다. 앞서 보았듯이 <한민당>은 미소공동위원회에도 일관된 자세를 취하지 않았다. 남북협상을 주장하는 <12정당협의회>를 향하여 "稚

---

55) 이하 <한민당>과 관련한 설명과 인용문도 沈之淵, 「韓民黨의 구조적 분석과 單政路線」, 『韓國現代政黨論』(創作과批評社, 1984. 4), 118~125쪽을 참조하였음.

氣滿滿한 戱言이며 공산당의 대변자로밖에 해석되지 않는다", "총선거를 방해하야 중앙정부 수립을 저지하려는 국제적 모략에 지나지 못하는 것"이라고 비난하였다. 이들은 통일을 위한 주체적 노력인 —이것이 지닌 한계가 이미 실패를 예고하였다 하더라도— 남북협상을 "소련의 기도에 맹종"한다고 매도하며 반소반공의 논리로 단독정부수립에 총력을 기울였다. <한민당>은 자신들의 기득권 유지를 위하여 "오직 미국의 목전의 '힘'만에 의지하여 南半의 번영을 독점하면 된다"는 논리에서, 끝내는 "유엔의 십자군을 일으켜 소련을 격멸하고 강력으로써 북조선을 탈회할 방도를 강구할 것"을 주장하는 시대착오까지 보였다.

## 3. 조선공산당

<조선공산당> 계열의 해방관은 1945년 8월 20일 조선공산당재건준비위원회를 결성하는 자리에서 박헌영(朴憲永)이 제기하고, 9월 25일 당중앙위원회의 이름으로 다시 발표한 「現情勢와 우리의 任務」(일명 「8월 테제」)에 그대로 드러나 있다. 「8월 테제」는 <조선공산당>의 해방관뿐 아니라 이후 그들의 정치노선에도 중요한 작용을 하므로 다시 분석할 필요가 있다.

>  ……이에 조선의 解放은 實現되었다. 그러나 그것은 우리 民族의 主觀的 鬪爭的 힘에 의해서보다도 進步的 民主主義國家 蘇·英·美·中 등 聯合國 勢力에 의하여 實現된 것이다. 즉 世界問題가 解決되는 마당에 따라서 조선解放은 可能하였다. 그러므로 今日에 있어서는 어느 나라를 물론하고 한 개로 分離하여 孤立的으로 部分的으로 보아서는 안된다. 즉 世界全體의 立場에서 問題를 解決한다는 정도로 國際政治는 發展되었나니 그것은 偏狹한 國家主義에 대한 國際主義의 勝利를 意味하는 것이오…… 이번 反파시스트 反日戰爭 過程에 있어서 朝鮮은 全體로 보아 應當한 自己役割을 놀지 못하였다. 그것은 조선의 地主와 民族부르조아지들이 전체로 日

本帝國主義의 殺人强盗的 侵略的 戰爭을 支持하기 때문이었다. 이들 反動勢力은 戰時國家總動員體制 밑에서 朝鮮의 勞動者 農民 都市貧民 등 一切 근로인민의 進步的 意思를 無視하고 殘忍無道 軍事的 帝國主義的 彈壓을 行하였다. 그러나 率直하게 말하면 그것은 우리 民族의 革命的 鬪爭이 大衆的으로 展開되지 못한 弱點이다. 여기에 우리 조선은 民族的 自己批判을 하여야 할 모멘트에 이르렀다. …… 한 마디로 말하면 國際파시즘의 전면적 潰滅과 進步的 民主主義와 社會主義 勝利는 世界革命을 더욱 더 높은 정도로 發展시키고 말았다. …… 그것은 한편으로는 소비에트聯邦의 國際的 地位와 그 比重을 훨씬 높이고 무거웁게 만드는 同時에……56)

박헌영도 "우리는 朝鮮解放을 爲하야 日本帝國主義와 半世紀 동안 鬪爭을 繼續하는 한편 封建的 殘滓를 一掃하기 爲하야 꾸준히 싸와 왔오."라고 인식하였으나,57) 「8월 테제」는 '민족적 자기비판'을 전제로 8·15해방이 타력으로 주어진 해방임을 강조하였다. 그는 8·15를 "大衆的 反戰鬪爭도 일우지 못한 채로 八月 十五日 아닌 밤중에 찰시루떡 받는 格으로 解放을 마지하였오."58)라고 자기비판으로 반성하였다. 뒤에 박헌영은 8·15해방이 된 지 1년이 되었는데도 국제적으로 약속된 완전독립이 이루어지지 못하는 이유를 "우리 민족 스스로의 힘으로써 일제를 쪼처내지 못한 사정과 또 국제적으로 약속된 독립이 문자 그대로 충실하게 실현되지 못한 데서 기인한다."59)고 민족적 자기비판을 잊지 않았다. 조선은 반파시스트 반일전쟁에서 응당한 역할을 수행하지 못하였으므로

---

56) 「現情勢와 우리의 任務」, 金南植 編, 『南勞黨研究 資料集』第一輯(亞細亞問題研究所, 1974. 6), 8~21쪽. 「8월 테제」에 대한 분석은 김남식, 「박헌영과 8월 테제」, 강만길 외저, 『해방전후사의 인식』2(한길사, 1985. 10), 104~142쪽을 참조.
57) 고심백, 「各黨各派의 人物記」, 『民心』(1945년 11월), 38~39쪽.
58) 위와 같음.
59) 朴憲永, 「外國의 資本投資地로 朝鮮獨立을 蹂躪」, 『조선인민보』342(1946. 8. 30 기자단과 문답) [김남식·심지연 편저, 『박헌영노선 비판』(두리, 1986. 10), 217~218쪽에서 다시 인용].

8 · 15해방은 조선민족 스스로의 전투적 · 투쟁적 힘으로 일제를 쫓아내지 못하고, 연합국 세력이 승리함에 따라 실현되었다는 논리는 두 가지 방향으로 진행되었다. 우선 8 · 15해방이 국제적 연관성에 따라 성취되었으므로 완전한 민족독립의 완성도 국제적 연관성 아래 성취될 수 있다는, 즉 한국문제의 국제적 연관성이 연속된다는 인식으로 이어졌다. 오늘날은 어느 한 나라가 고립적 · 부분적으로 존재하지 못하고 세계 전체의 입장에서 문제를 해결해야 한다는 주장은 바로 이러한 인식의 전제이다. 둘째 미 · 영 · 중(여기서는 蔣介石 정부를 말함)을 소련과 함께 진보적 민주주의 국가로 규정하는 시각에는 8 · 15해방이 이들 연합국의 승리에 따른 국제적 연관성에 따라 성취되었으므로, 이들과 대립하여서는 안되며 이들과 긴밀한 협동 · 협조가 한국독립의 전제가 된다는 인식을 전제로 하고 있다. 여기서 진보적 민주주의와 사회주의를 나란히 세우고 있음을 보면 이때 진보적이라 함은 파시즘과 대립하는 넓은 범위이고 사회주의와 등치되는 좁은 개념이 아니었다. 또 국제제국주의는 근원적으로 붕괴되었다고 인식하였으므로 미 · 영은 제국주의가 아닌 민주주의 국가로 규정되었다. 이것은 8 · 15직후 <조선공산당>의 정치노선이 극좌적이지 않았음을 말한다. 8 · 15 직후 <조선공산당>의 對美觀과 행동을 보면 이를 알 수 있다. 미국에 대한 낙관적 생각은 <조선인민공화국>을 출현케 하는 한 요인이었으며, <조선공산당>은 이러한 인식 아래 대미 협조 노선을 관철하기 위하여 노력하였음이 사실이다.

국제파시즘이 전면적으로 궤멸하고 진보적 민주주의와 사회주의 승리함으로써 세계혁명을 더욱 더 높은 정도로 발전시키고, 소비에트연방의 국제적 지위와 비중을 훨씬 높이고 무겁게 만들었다는 인식은 국제정국에서 소련의 비중이 높아졌다는 신뢰와 함께 미국의 대한 정책도 민주주의적으로 진행되리라고 낙관하였음을 말한다. 앞서도 본 <건준> 선언문에서 "일시적으로 국제 세력이 우리들을 지배할 것이다. 그것은 우리의 민주주의적 요구를 도와줄지언정 방해하지는 않을 것이다"는 낙관적

124

정세판단은 미국의 대한정책을 전혀 오판하였음을 말한다. 이것은 2차 대전을 국제파시즘 대 진보적 민주주의의 대립으로 규정하는 인식이 단순하였음을 뜻한다. 미군이 남한에 진주하는 시점에서 <건준>을 <조선인민공화국>으로 재편한 까닭도, 사실은 미국을 진보적 민주주의 국가로 인식하고 2차대전의 결과가 세계혁명—이것은 사회주의혁명이라기보다는 국제파시즘과 투쟁, 그것의 몰락을 뜻한다—을 발전시킨다는 낙관적 판단에서 나왔다. 이는 여운형의 의도를 보면 분명하다.

1945년 8월말 미군이 남한에 진주함이 기정사실화하자, 이에 대처함은 매우 긴박하면서도 촉박하였다. 여운형은 미군이 진주하기 이전에 <건국준비위원회>을 바탕으로 국내 혁명세력을 다시 규합하고 이로써 임시혁명정부를 구성해 놓고, 미군을 맞기로 하였다. 이것은 "三十八度 以南에 美軍이 進駐하면 三十八度 以北의 소련軍과 같은 處理를 할 것이라고 期待되었기 때문에 時急한 非常措置로 聯合軍이 進駐하면 卽席에서라도 國權을 바다 드릴 수 있도록" 해야 한다는 낙관적 판단60)과 "革命家가 먼저 政府를 組織하여 人民의 承認을 받을 수 있다"는 신념61)에서 나온 결론이었다.62) 여기에 朴憲永이 가세하여 <인민공화국>이 출범

---

60) 「新朝鮮 建設의 大道」, 『조선주보』제1권 2호(1945. 10 22)[夢陽呂運亨先生全集發刊委員會 編, 『夢陽呂運亨全集』1(한울, 1991. 11)], 233쪽. 여기서 여운형은 미군의 진주에 대한 생각에는 착오가 있었지만, <인민공화국> 수립이 脫線이라고 생각하지 않는다고 하였다.

61) 『每日新報』(1945. 10. 2) 〔『資料大韓民國史』1, 175~177쪽〕. 여운형은 10월 1일 신문기자회견에서 개인 자격으로 <인민공화국> 출현의 경위를 말하였다.

62) 안재홍은, <건준>이 미군 진주에 대비하여 좌경으로 '정부화'하려는 경향을 염려하였다. 9월 5일 <건준> 관계 최종회의에서 안재홍은 許憲에게 "聯合國이 들어와서 당신들을 상대하지 않는 때에 가서, 뒷일을 어떻게 수습할 것인가" 하고 의문을 제기하였다. 이때 허헌은 안재홍에게 "어째서 相對를 아니할 理由가 있는가. 民世는 어째 時局을 그렇게 보는가" 하고 반문하였다 한다. 安在鴻, 「八·一五 당시의 우리 政界」(1949. 9), 『選集』2, 474쪽. 이 점에서 안재홍의 판단은 옳았다.

하였음은 두루 아는 사실이다. <인민공화국>의 좌편향성·극좌성을 논하기에 앞서, 여운형들이 연합군이 상륙하면 이와 교섭할 기관이 필요하다고 인식한 이유도 "三八以北에서는 蘇聯軍이 進駐하자 各地에서 人民委員會를 組織하고 自主的으로 行政·司法을 運營"토록 한 정책을 미군정도 그대로 유지하리라는 판단에 따라 "統一된 中央政府의 樹立이 加一層 要望"[63]된다고 결론지었기 때문이다. <건국준비위원회>가 <인민공화국>으로 좌편향함으로써 <인민공화국>은 <건국준비위원회>가 지녔던 대중적 인기와 인정을 상실하고, <조선공산당>이 미군정과 처음 대립하는 관계를 형성하게 되었으며, 오히려 조선공산당운동 자체에도 커다란 손실을 가져왔다는 비판도 있으나,[64] 이러한 노선은 여운형과 <조선공산당>이 미국을 진보적 민주주의로 규정한 데에 근거를 두고 있음도 분명하다.

「8월 테제」는 소련과 아울러 미국·영국·중국(장개석의)을 진보적 민주주의국가로 규정하여 미국에 우호감을 표시하였다. 박헌영의 대미관을 제1기 우의적 친선방향과 제2기의 적대적 대립방향으로 나눌 수 있다.[65] 박헌영 스스로 「8월 테제」에서 미국을 진보적 민주주의국가로 호칭한 이래 미소공동위원회가 열리는 시기까지 대체로 좌익의 정책은 미군정에 우의적 친선방향이었다고 말하였다.[66] 이는 미국이 약속한 독립과 민주개혁을 글자 그대로 실현해 주리라고 기대하였고 미소공동위원회가 성공하여 임시민주주의정부를 수립하여야 한다고 기대하였기 때문이다. 따라서 미국과 미군정에 반대하는 듯한 언행을 삼가하였으며

---

63) 앞의 『朝鮮解放年譜』, 85~86쪽.
64) 李庭植, 「人民共和國과 解放政局」, 『한국사시민강좌』제12집(一潮閣, 1993. 2), 15~45쪽. 이 견해에 따르면 <조선인민공화국>은 <건국준비위원회>의 연장이 아니라 전혀 성격을 달리 하는 조직체이며, "인민공화국의 설립은 박헌영계의 공산당에 의한 宮中革命"이었다.
65) 김남식·심지연 편저, 『박헌영 노선 비판』(두리, 1986. 10), 76~81쪽을 참조.
66) 박헌영, 「十月 人民抗爭」(1946. 11. 13), 김남식·심지연 편저, 『박헌영 노선 비판』(두리, 1986. 10), 435쪽.

생활개선 문제에서도 노동자는 파업보다 평화적 해결의 길을 선택해야 한다고 주장하였다. 박헌영은 미군정이 토지개혁을 실시하지는 않았지만 미군정의 본의는 민주화에 있다고 우호감을 표시하였다. 또 미소공동위원회가 진행되는 동안 공산당은 활동은 하되 반미 언사를 피하도록 노력하라고 각 지부에 명령하는 유화적인 태도를 취하였으며, 군정당국과 부단히 접촉해서 그들에게 실제 사정을 알리며 상호협력의 길로 나아가야 한다고 말하였다. 심지어는 정판사위조지폐 사건으로 공산당 간부에게 체포명령을 내리고, 『해방일보』를 폐간시키고 건물을 폐쇄하는 데에도, 박헌영은 미국독립기념일에 하지 사령관에게 축전을 보내는 등 친선관계의 유지를 도모하였다. 「신전술」 또한 "수세에서 공세로, 퇴각에서 진격으로 돌진"을 지시하였지만, 미군정과 여전히 우의적 관계를 변함없이 계속해야 한다는 전제를 붙이고 있었다.[67]

8·15해방이 국제적 관련성을 띤다는 <조선공산당>의 인식은 완전한 해방이 국제적 제약성을 띤다는 인식으로 진전하였고, 이러한 논리 아래 모스크바3상회의 결정을 '전면적으로 수용'하여 '총체적 지지'를 내세웠다. 이들은 8·15해방은 자력이 아닌 연합국의 승리라는 '타력'으로 해방되었기에 한국의 독립에는 미·소의 국제세력의 제약을 받지 않을 수 없다는 전제 아래, 탁치는 후견이 와전된 말로 국제적인 원조와 후견을 반대해서는 안되며, 이를 거부함은 민족자멸의 길이라고 강조하며, 삼상회의 결정은 자주독립과 민주주의를 실현하기 위한, 국제정세에 비추어 한국문제를 해결하는 가장 적절한 방법이라고 주장하였다.

---

67) 그러나 이러한 박헌영·<조선공산당>의 일방적 관념에서 나온 우의적 친선 관계는 좌익계 신문인 『朝鮮人民報』·『現代日報』·『中央日報』가 포고령 위반으로 정간당하고 1946년 9월 박헌영에 체포령이 내리자 종결되었다. 이로써 공산당의 활동은 지하로 들어가고 공산당은 상당한 희생을 각오하면서까지 군정정책에 대한 전면적인 반대운동을 전개할 태세를 갖추었고, 이는 곧 9월 총파업과 10월 인민항쟁으로 촉발되었다. 이후 박헌영의 대미관은, 미국의 대한정책은 처음부터 침략적이었으며, 독립의 방해자이며 민주주의를 반대하는 제국주의자라는 인식으로 바뀌었다.

이강국은 "朝鮮民族은 그 果敢하고도 執拗한 反日帝鬪爭에도 不拘하고 自力으로써 自己自身을 解放시키지 못하였다. 植民地朝鮮이 日本帝國主義의 癌이였으면서도 日本帝國主義 倒壞의 決定力이 되지 못하고 民主主義聯合國의 割期的 勝戰에서 그 解放의 幸福을 享受하였다는 것"은 "朝鮮解放의 이러한 國際性은 朝鮮問題 解決에 있어서 모든 國際的 制約을 받게 하는 것이다. …… 朝鮮問題의 解決은 언제나 戰後問題와의 國際的 民主主義的 解決의 一環으로서만 理解할 수 있는 것이며 期待되는 것이다."고 주장하였다. 그는 「카이로선언」·「포츠담선언」이 조선의 독립을 약속하였으나 내용과 기한을 하등 구체적으로 규정하지 않은 반면, 3상회의결정에서야 비로소 5개년이라는 최고기한과 조선의 자유독립을 위한 민주주의적 발전을 위한 구체적인 방법이 규정되었다는 점에서 진보성을 띤다고 설명하였다. 따라서 3상회의결정은 조선의 독립과 상치되는 신탁(信託)이 아니며 민주주의연합국의 국제신의를 용의(容疑)함은 조선해방 자체를 부인하는 행위이며, 반탁운동의 배후에는 파시즘의 음모가 도사리고 있다고 주장하였다.68)

그런데 「8월 테제」에서 <조선공산당>이 8·15해방을 보는 시각 가운데 다른 정치세력과 뚜렷한 특징은 조선의 지주와 대자본가를 반동적이라 규정하는 데에 있다. 조선민족이 반일전쟁에서 응당한 자기역할을 하지 못한, 혁명적·대중적 투쟁을 전개하지 못한 주된 이유가 조선의 지주와 민족부르조아지들―이들 반동세력이 일제의 침략전쟁을 지지하고 근로대중의 진보적 의사를 제국주의적으로 탄압하였다는 데에 있다. 이와 같이 「8월 테제」는 '민족적 자기비판'을 지주·대자본가에게 향하고 있다. 이 점은 다른 정치세력들에게는 뚜렷하지 않다. 박헌영은 이 점을 다음과 같이 또렷하게 강조하였다.

---

68) 李康國, 「파시즘과 託治問題」(1946. 1. 5), 『民主主義 朝鮮의 建設』(朝鮮人民報社厚生部, 1946. 4), 104~116쪽.

128

　　그러나 朝鮮의 地主와 大資本家들이 日帝의 忠僕이 되여 모든 方面으로 政治的으로 經濟的으로 精神的으로 日本과 協力하야 日本帝國主義 侵略戰爭을 救援支持하였으며…… 여기에 우리는 嚴正한 民族的 自己批判이 絶對 必要합니다. 우리는 먼저 이번 世界大戰에 應當한 役割을 못하였으며 大地主 大資本家의 反動的 役割을 制壓하지 못한 채로 解放獨立되었으니 우리 民族은 그 主體的 弱點을 淸算하여야 할 것이며, 둘재의 國際的 民主主義 國家群에 參與하야 世界政局에서 進步的 役割을 하자면 進步的 民主主義 朝鮮을 建設하지 않으면 안될 것이오. 이에 첫재로도 둘재로도 親日派民族反逆者를 우리 民族運動線으로붙어 모러내고 모든 進步的 分子를 集結하야 民族統一戰線을 結成하고 革命勢力으로 하로밥비 朝鮮의 完全獨立을 完成하지 않으면 안될 것이오"[69]

　박헌영은 한국민족이 이번 세계대전에서 대중적 반전투쟁과 같은 응당의 역할을 하지 못하였을 뿐 아니라, 오히려 조선의 지주·대자본가들이 일제의 충복이 되어 일제의 침략전쟁을 지지하는 반동적 역할도 제압하지 못하였다고 반성하였다. 이러한 민족의 주체적 약점을 극복하기 위해서 친일파민족반역자를 배제하고 진보적 세력으로 통일전선을 형성하여 조선의 완전한 독립을 완성하여야 함을 첫 번째 과제로 내세우고 있다. 이것은 8·15해방을 친일파민족반역자의 청산과 관련시켜 생각하는 <조선공산당>이 철저한 자기비판에 근거를 둔 일관된 논리이다. 또한 2차대전은 진보적 민주주의 국가의 승리이므로 진보적 민주주의 국가군이 주도하는 세계정국에 참여하기 위해서는 진보적 민주주의 조선을 건설해야 한다고 주장하였다. 여기서 '진보적'을 <조선공산당>은 부르조아민주주의혁명론으로 관철시키려하였음은 다 아는 바이다. 그런데 민족적 완전독립과 토지문제의 완전해결을 제시한 부르조아민주주의혁명론의 첫 번째 과업은 일제잔재의 청산, 무엇보다 민족반역자의 숙청이었으며, 토지문제의 해결도 일제와 민족반역자·대지주의 토지를

---

69) 고심백, 「各黨各派의 人物記」, 『民心』(1945년 11월), 38~39쪽.

보상없이 몰수하여 농민에게 분배하는 형태였다. 좌익계열이 민족반역자의 숙청을 정치적 통일전선의 전제로 내세운 반면, 우익세력은 민족의 모든 역량을 집결하여 국가건설에 매진하여야 하며, 일제 때의 행위문제로 민족을 분열시켜서는 안된다 —이승만의 "무조건 단결하자"는 대동단결론이 대표되는 예이지만— 친일파 처리는 정식정부가 수립된 후 단행하여도 늦지 않다는 논리를 제기하며 민족반역자 처리 문제를 방해하였다. 이른바 '선친일파숙청 후통합론' · '선통합 후친일파숙청론'이 좌우익 사이의 쟁점으로 통일전선을 방해하였음은 다 아는 바이다.


# 맺는말


이상에서 8 · 15해방의 역사적 성격을 살펴보았다. 8 · 15해방은 한국민족과 국제민주진영이 반파시스트전쟁의 공동 산물이었으나, 불완전한 해방에 그치고 말았다는 시각에 서서, 이것이 왜 그리고 어떻게 좌절되었는가를 서술하고자 하였다. 그리고 8 · 15해방후 각 정치세력들이 해방을 어떻게 인식하였으며, 해방이 그들의 정치행태에 어떠한 영향을 미치었는지를 검토하였다.

8 · 15해방은 일제 잔재를 말끔히 청산하고 봉건적 · 반봉건적 사회구조를 또한 청산하는 반식민지 반봉건 민주주의 혁명과 통일민족국가 수립을 당면과제로 제기하였으나, 이러한 과제는 한국민족의 주체적 능력의 한계와 강대한 외세의 의지가 한국민족의 의사에 반함으로써 좌절되고 말았다. 민족분단의 주인(主因)이 국제적 냉전체제라는 외인에 있든, 민족 내부의 이데올로기 대립이라는 내인에 있든, 분단은 한국민족에게 이루 헤아릴 수 없는 질곡으로 작용하였다. 고착된 분단 현실이야말로 한국민족이 아직도 완전 · 진정한 해방을 이룩하지 못하였음을 단적으로 말하여 준다. 따라서 통일된 자주독립 민족국가를 건설하는 때

에야 비로소 8·15해방이 진정으로 완성되었다 할 수 있다.

사실 8·15해방의 역사적 의의를 자리매김하는 작업은 불가피하게 해방 전후의 한국사를 총체적으로 평가함을 뜻하므로 이는 결코 용이한 일이 아니다. 8·15해방을 성격규정함은 오늘의 한국사회를 성격규정함과 동일한 성격인지도 모른다. 구 소련의 붕괴로 세계적인 의미의 냉전구조는 해체되었으나, 한국 사회는 아직도 이데올로기의 칼날을 세우며 두 개의 체제가 대립하고 있다. 20세기의 마지막 냉전 지역인 한국 사회의 한 쪽에 서서 두 개의 대립하는 체제를 아우르는 통합적인 관점에 선다는 일 자체가 어려울 뿐만 아니라 또한 자유롭지 못함을 절감한다. 마치 8·15해방 직후 좌우합작운동 세력들이 극좌와 극우 양 세력들에게 기회주의와 회색 분자로 매도당하면서 남북한 어디에서도 정치적 입지점을 상실당한 불합리한 현실은 오늘날에도 재현되고 있는 실정이라고 해도 과언은 아니다.

8·15해방의 진정한 완성, 곧 민족통일을 위해서는 무엇보다 이 땅에서 마지막으로 유지되는 냉전 논리에서 자유로운 자세가 요구된다. 한국의 통일에 주변 강대국의 이익이 반영·개입되고 있음이 엄연한 현실일 때 통일의 과정에서 어떻게 민족의 자주성을 확보하느냐는 과제와 동반하여, 극좌와 극우로 양극화한 이데올로기의 구도를 극복한 합리적 민족세력이 어떻게 통일운동의 주도권을 형성하여 나가느냐에 8·15해방의 진정한 완성을 전망할 수 있지 않을까 한다.

# 民族主義史學論

洪 承 基[*]



## Ⅰ. 머리말

한국 역사학계에서 민족주의에 주목하는 경우에는 대체로 세 가지의 입장이 있었다. 하나는 운동사의 입장에서 민족주의운동을 연구하는 것이다. 둘은 사상사의 입장에서 민족주의의 지향하는 바(이념)를 논의하는 것이다. 셋은 사학사의 입장에서 민족주의사학을 검토하는 것이다. 그러나 어느 한 입장에서 그것을 중심으로 주제에 접근하는 경우에도 다른 두 측면을 완전히 돌려놓고 연구되는 경우는 드물다. 한국에서의 민족주의가 운동과 이념과 사학이 서로 밀접한 관련 속에서 전개되었다는 점에서 이러한 경향은 당연하다. 이 셋 가운데 사학은 사실상 민족주의운동의 일환으로 이루어지는 예가 많아서 사학과 운동은 밀접하다. 또 이념은 운동과 사학의 전제가 되는 것이어서 서로가 불가분의 관계

─────────────

* 西江大 史學科 교수.

에 있다.

다만 이 셋 가운데 하나를 굳이 골라서 말하자면 민족주의에 관한 지금까지의 연구는 민족주의운동에 관한 것이 가장 많다고 할 수 있다. 특히 독립운동에 관한 연구가 많았다. 그 다음으로는 사학에 관한 연구를 들 수 있다. 민족주의의 이념만을 따로 떼어서 연구하는 예는 거의 없었다. 한국민족주의를 역사적으로 고찰하는 데에는 세 시기로 나누어 보는 것이 일반적이다. 개항에서 합방까지의 한말이 한 시기를 이루고 그 뒤를 이은 일제치하가 다른 한 시기가 된다. 그리고 해방 뒤 오늘에 이르는 기간이 또 다른 시기로 간주된다. 이 세 시기 가운데 민족주의 연구가 집중되어 있는 것은 일제시대이다. 국권을 잃은 시기에 민족주의의 진면목이 가장 잘 드러나게 마련이라는 점에서 이것은 자연스럽다.

필자는 사학사의 입장에서 민족주의에 접근하여 보고자 하거니와 한말이나 일제시대의 민족주의사학론보다는 오늘날의 그것에 더 주목하고자 한다. 과거의 민족주의사학에 관한 연구는 이미 많이 축적되어 있다. 전공자가 아닌 필자로서는 여기에 다시 보탤 말이 별로 없다. 게다가 민족주의사학 이후에 대한 전망을 담아 볼 필요를 느끼고 있어서 오늘날의 경우에 더 주의를 기우려 보는 것이 바람직하다는 생각이다.

민족주의사학론을 본격적으로 전개한 최근의 연구로는 韓永愚의『韓國民族主義歷史學』(일조각, 1994)이 대표적이다. 이 책은 주로 민족주의사학론을 편 인물들을 중심으로 사학사적 특징과 의의를 정리한 것이다. 구한말에 관한 연구도 있지만 일제시대에 논의의 초점이 모아져 있다. 해방 이후의 민족주의사학론은 노태돈의 「해방후 民族主義史學論의 전개」(노태돈 외『現代韓國史學과 史觀』, 일조각, 1991)에서 잘 정리되어 있다. 극히 최근에 나온 민족주의사학론은 趙東杰의『現代韓國史學史』(나남출판, 1998)에서 찾아볼 수 있다. 다만 조동걸은 민족주의사학이란 말을 전면에 내세우지는 않았다.

그는 현대한국사학의 흐름을 관념사학·사회경제사학·실증사학으로 나누고, 이 가운데 관념사학을 다시 유심론사학·초기문화사학·후기문화사학으로 나누었다. 사회경제사학은 역사주의 경제사학·절충식 경제사학·유물론사학으로 세분하였다. 이 가운데에서 민족주의사학에 해당하는 것은 유심론사학·초기문화사학·후기문화사학·역사주의경제사학·절충식경제사학의 다섯 개다. 그의 민족주의 사학론은 이처럼 포괄적이고 체계적이며 상세하다. 그의 연구는 사학사의 입장을 각별히 강조하고 있다는 점에서 주목이 간다. 그는 나아가 통일민족주의·보편적 민족주의라고 하는 개념을 설정하여 새로운 이념으로서의 민족주의를 제시하고 있다는 점에서도 우리의 주의를 끈다. 물론 통일민족주의는 널리 알려져 있듯이 1970년대에 이미 姜萬吉에 의하여 제창된 바 있다.

강만길은 『分斷時代의 歷史認識』(창비신서 21, 창작과 비평사, 1978)에서 한국에서의 민족주의운동사를 검토하고 그런 토대 위에서 앞으로의 역사학 연구는 통일에 도움을 주는 민족주의의 입장에서 이루어져야 할 것이라고 강조한 바 있다. 강만길은 통일을 지향하는 민족주의의 입장에서 오늘날의 역사학을 분단사학이라고 규정하고 역시 같은 입장에서 앞으로 한국사학이 지향해야 하는 바를 힘주어 말하였다. 선명성에서뿐만 아니라 논리의 일관성·체계성·포괄성에서도 해방 이후 민족주의사론으로는 그의 것이 최고의 수준에 있다고 할 수 있다. 이에 앞선 孫晉泰의 신민족주의사학론도 이미 많은 이들의 연구가 있지만 아직도 관련사론으로서는 중요성이 덜하지 않다. 그는 신민족주의의 입장에서 『韓國民族史槪論』(한국문화총서 II, 을유문화사, 1948)을 쓴 바 있다.

그 밖에도 한국민족주의사론에 관하여 언급한 극히 최근의 연구로서는 李萬烈의 「민족주의」(『한국사시민강좌』 25, 1999, 8.)와 임지현의 『민족주의는 반역이다』(소나무학술총서 21, 소나무, 1999, 3.)가 있다. 둘 다 민족주의를 주로 운동사의 입장에서 연구하였지만, 사론에 관한 관심도 크게 드러나 보인다. 특히 임지현은 서양의 민족주의운동사를 전공하는 학자로서 위의 책에서 「한국 사학계의 민족이해에 대한 비판적 검토—
보편사적 관점과 민족사적 관점—」이라는 긴 글을 통하여 한국민족주의
사학에 대하여서도 깊이있는 검토를 하고 있어서 주목된다.

개항 이후 한국사에 나타난 민족주의운동이나 민족주의사학이나 모두
다 역사의 산물이다. 그러므로 그것이 나올 수밖에 없었던 역사적 조건
이 시기마다 있었다. 민족주의사학에서의 연구는 그러한 역사적 상황을
인과론적으로 설명하고 그것이 지니는 역사적 의미를 평가하여 왔다.
필자의 연구는 선학의 이러한 업적을 한편으로는 길잡이로 삼으면서 다
른 한편으로는 선학의 연구에 보이는 특징들을 역사인식론적 입장에서
검토하여 보고자 한다. 시기별로 대표적인 민족주의사학자를 중심으로
연구를 진행하는 것이 편리할 것으로 생각하여 네 사람을 골랐다. 신채
호·손진태·강만길·임지현이 그들이다. 특히 강만길과 임지현의 사론
에 논의의 초점을 맞추고자 한다.


# Ⅱ. 이론과 이념


한국에 있어서의 민족주의사학론은 민족주의이념으로부터 자유롭지
못하였다. 이 민족주의에 대한 일반적인 이해는 다음과 같다. 민족주의
의 목표는 대내적으로 민족이 역사의 주체가 되고 대외적으로 주권을
행사할 수 있는 민족국가의 건설에 있었다. 이러한 목표에 걸림돌이 되
는 신분제적 질서나 외국의 압박이나 침략은 배격되어야 하였다. 그러
므로 한국의 초기의 민족주의운동이 反帝·反封建의 성격을 띄고 전개
되었음은 당연하다. 밖으로 외국의 침략과 간섭으로부터 국가의 주권을
지키고 안으로 군주제를 철폐하고 국민이 주인이 되는 국가를 세워야
하는 것은 하나의 당위였다. 20세기 한국에서 가장 뛰어난 민족주의사
학론자를 꼽으라면, 신채호·손진태·강만길의 셋이 거기에 해당된다고

보아도 좋을 것이다. 그런데 그들이 살았던 시대가 다른 만큼 민족주의 론도 저마다 제각각이다. 그러나 위에서와 같은 민족주의에 대한 기본적 이해는 셋이 대체로 같다. 민족국가의 건설은 그들이 염원하는 그들의 이념이기도 했지만 한편으로는 역사해석에 있어서 그들이 서 있었던 그들의 입장이기도 하였다.

韓永愚는 申采浩의 초기사상을 소개하면서 그 으뜸에 그의 國家論을 두었다. 그리고 그는 말머리에서 다음과 같이 설명하였다.

> 1907-1910년에 있어서의 신채호는 공화주의자요 국가주의자요 국민주의자요 민족주의자였다. 이 중에서 신채호의 정치사상의 기저를 이루는 것은 공화주의 즉 민주주의이다. 따라서 그의 국가주의는 민주적 국가주의이며, 국민주의는 민주적 국민주의이며, 민족주의는 민주적 민족주의라고 말할 수 있다(한영우, 위의 책, p.56).

신채호는 국민·국가·민족을 모두 중시하였는데, 그가 말하는 국민은 인민으로도 표현하였다. 그에게 있어서 국민은 귀족이나 군주가 아닌 신국민으로서 국가의 주인이 되는 자였다. 그러므로 국민은 立憲共和制를 실현하여 정권에 참여하는 자였다. 국가에 대하여서는 신채호는 형식상 국가와 정신상 국가로 나누어 설명하였다. 그는 전자에는 영토와 국민(인민)과 주권의 셋이 기본요소를 이룬다고 하였는데 이것의 전제가 되는 것이 정신상의 국가였다. 정신상 국가의 요체는 민족정신이었다.[1] 정신을 가진 민족이 결국 국가의 기본 전제가 되었다는 말이 된다. 그러므로 그에게 있어서 국가의 역사는 민족사로 여겨지는 것이다.

그런데 그에 따르면 한국민족은 하나의 종족이 아니고 여러 종족이 연합하여 구성되었다. 그래서 그는 그 가운데에서 중심이 되는 한 종족을 主族으로 간주하고 그렇지 못한 종족을 客族으로 취급하여 主族을

---

1) 여기서의 설명은 한영우, 위의 책, pp.56~58을 참고하였다.

136

중심으로 민족사가 서술되어야 한다고 보았다.[2] 客族은 적국이나 外寇의 예일 뿐 역사서술의 주체가 될 수 없다는 것이 신채호의 생각이었다. 한국의 경우 主族은 扶餘族이고 客族은 중국·말갈·여진·선비·土族(韓族과 濊貊 등)·몽고·일본의 종족이 거기에 해당하였다.[3]

손진태는 신민족주의를 내세웠는데, 그것이 지향하는 목표는 계급단결을 통한 초계급적 민족통합국가의 건설이었다. 이 국가는 모든 국민의 정치적·경제적·교육적 균등을 추구해야 하고 대외적으로 자주독립에 입각한 국제친선을 추구해야 하는 것이었다.[4] 손진태는 계급을 초월한 민족을 중시하는 입장에서 역사도 이해하고자 하였다. 그가 말하는 민족은 혈연·지역·문화·운명·역사공동체로서 이러한 민족이 한국의 경우 유사 이래로 있어 왔다고 한다. 사정이 그러하므로 당연히 그에게 있어서 한국의 역사는 민족사를 의미하게 된다.[5] 손진태는 신채호와는 달리 민족을 생성·발전하는 것으로 생각하여 이것을 단계적·진화론적으로 해석하였다. 그러나 국가의 주인이 되는 민족이라는 점에서 둘 사이에 차이가 없다. 다만 대조를 이루는 것은 신채호가 적대적 대외관계를 강조한데 반하여 손진태는 국제친선을 내세웠다는 점이다. 그러나 그렇다고 손진태가 민족국가의 자주성·독립성을 조금이라도 소홀히 한 것은 아니다.[6]

강만길도 이러한 점에서는 다를 바가 없다. 그러나 강만길의 경우에는 전자와는 다른 점이 두 가지 있다. 하나는 두 선배들과는 달리 그가 민족주의를 서양의 민족국가의 형성과정에서 나온 근대사의 산물로서 생각하고 있다는 점이다. 그는 그러므로 민족주의를 근대 이전의 전통사회로 끌어올려 이야기하지 않는다. 둘은 그가 내쇼날리즘 안에 국가

---

2) 여기서의 설명은 한영우, 위의 책, p.71을 참고하였다.
3) 한영우, 위의 책, p.71.
4) 한영우, 위의 책, p.243.
5) 한영우, 위의 책, pp.244~247.
6) 한영우, 위의 책, pp.244~247.

주의·국민주의·민족주의가 포함되었음을 전제로 하고 이 셋이 계기적·단계적으로 발전하여 나타난다고 이해하고 있는 점이다. 그는 구한말에는 국가주의가, 일제시대에는 국민주의가, 그리고 해방 뒤 오늘날에는 민족주의가 시대적 이념이 되었다고 설명하였다.[7]

강만길이 말하는 민족주의가 서양의 근대역사의 소산임은 그가 스스로 말하고 있는 것에서 명백하다. 손진태나 신채호의 경우에도 스스로 명백하게 천명하지는 않았지만 그들의 민족주의론은 서양의 역사에서 보이는 바를 따른 것이다. 그들의 한결같은 소망은 국가의 주인이 되고 역사의 주체가 되는 민주적인 국민과 민족의 출현이었다. 한국에 아직 나타나고 있지 않은 그러한 국민이나 민족은 유럽의 근대사회에 나타나서 민족국가를 이끌어가고 있는 바로 그들과 같은 성격이다. 그러므로 신채호나 손진태가 힘주어 말하고 있는 민족이 주인이 되는 민족국가는 서양의 역사에서 보이는 것을 모델로 삼은 것이라고 보아도 좋다. 지난 한 세기 한국에서 민족주의를 위하여 모든 것을 걸다시피한 대표적 세 사람의 이론적 모델은 서양에 있었다. 그렇다면 그 이론적 테두리는 어떠한 것이었을까. 이와 관련하여 한국민족주의사학에 대한 임지현의 비판론에 잠시 귀를 기우려 보면 유익할 것이다.

그는 민족주의에 관한 서양의 연구사를 간결명료하게 정리하였다. 그의 논의의 요점을 소개하면 다음 아래와 같다. 민족 개념에 관한 연구의 시각에는 두 가지가 있다. 민족의 영속적 성격을 강조하는 원초론이 하나이고, 민족을 근대화의 부산물로 간주하는 도구론이 다른 하나이다. 전자의 시각에서는 인종적 공동체의 영속성에 주목하면서 민족주의가 종족·조상·종교·언어·영토라는 원초적 유대에 기초해 있다고 주장한다. 이에 맞서서 후자에서는 민족주의란 결코 영원한 실체가 아니며 근대화나 도시화라는 특정한 역사적 조건 속에서 발현한 이데올로기라

---

7) 강만길, 위의 책 가운데 「分斷時代史學의 성격」 및 「民族史學論의 反省」, 특히 뒤의 논문을 참고할 것.

고 간주하여 그 역사성을 강조한다.

한편 역사의 해석에 있어서는 전자는 **문화**를 중시하여 **민족**을 이해하고자 한다. 즉 언어·종교·관습 등과 같은 문화적 **요소**를 객관적 기준으로 삼아서 민족을 이해한다. 이 입장에서는 민족은 객관적인 원초적인 문화적 요인을 공유함으로서 얻어진 사회적 유대 위에 기초를 둔 것으로 국가와 정치형태에 관계없이 존재한다고 이해한다. 민족주의도 이 원초적 유대감이 양적으로 성장한 것이다. 이에 비하여 후자는 국가를 중시하여 민족을 이해하고자 한다. 민족공동체에 기꺼이 자신을 귀속시키고자 하는 민족 성원의 주관적 의지가 민족을 만든다고 믿는다. 이에 따르면 민족공동체에 대한 인민들의 자발적 귀속의지를 불러일으킨 계기는 프랑스대혁명이었다. 부르조아가 내세웠던 해방이념인 인민주권론이 세속주의 및 국민적 시장권과 결합되면서 봉건사회의 왕조적 충성심에 질적 전화를 가져와 근대적 민족주의를 낳았다는 것이다. 원초론적 객관주의적 문화민족의 개념을 지지하는 이들은 독일학파이고, 도구론적 주관주의적 국가민족의 개념을 지지하는 이들은 영미학파이다. 이러한 차이는 연구자들이 속한 민족공동체의 역사적 경험이 서로 다르기 때문에 생긴 것이다. 시민혁명적 길을 체험한 영미학자와 프로이센적 길을 거친 독일학자들의 민족과 민족주의에 대한 이해가 다를 수밖에 없다는 것이다.[8]

이상의 요지로 서양의 민족주의론을 이해한 임지현은 두 개의 관점이 일면적 타당성을 가질 뿐이라고 전제하고 민족주의를 사상사적 관점뿐만 아니라 운동사적 관점에서도 연구해야 한다고 하였다. 그는 특히 운동사적 관점을 강조하였다. 민족주의에 대한 그의 운동사적 접근은 민족이 주관적 집단의지를 넘어서는 사회적 실재임을 인정하는데서 출발한다. 그러나 그는 민족을 객관적 기준을 지닌 영원한 실재라고 보는

---

8) 이상의 설명은 임지현의 위의 책, pp.22~23을 참고하였다.

것은 아니다. 그는 민족을 정치·경제·사회·문화·종교·관습·언어 등 그 공동체를 구성하는 사회적 관계의 총체로서 파악하고, 그것이 역사적으로 끊임없이 변화하는 것이라고 보았다. 즉 민족공동체의 존재는 인정하면서 동시에 그것의 역사성에 주목하였다. 민족의 이념적 표상인 민족주의도 마찬가지라는 것이다.

임지현의 견해를 따르면 신채호와 손진태는 독일학파의 원초론적 객관주의적 문화민족의 개념에 바탕을 두고 민족주의를 말하고 있음을 짐작할 수 있다. 이에 반하여 강만길은 도구론적·주관주의적 국가민족의 개념에 기초하고 민족주의론을 말하고 있는 것이다. 그러나 신채호와 손진태도 민족을 사회적 총화로서 보지 않은 것은 아니며 민족의 변화를 무시하고 있는 것도 아니다. 신채호도 민족정신의 강약이나 문명의 성쇠를 가지고 역사공동체로서의 민족의 변화를 말하고 있다. 특히 손진태의 경우에는 한국민족의 형성과 발전에 대한 그의 진화론적 설명은 그의 논의에서 핵심을 이루는 것이다. 이렇게 보면 신채호와 손진태와 임지현 사이에는 민족과 민족주의를 역사적인 관점에서 이해하고 있다는 점에서 커다란 차이가 있는 것은 아니다. 다만 신채호와 손진태가 민족공동체의 존재를 더 중시한 반면에 임지현은 그 변화를 더 중시하고 있다는 점에서 다름이 있을 뿐이다. 강만길은 시종일관 역사적 관점에서 민족공동체를 이해하고 있다. 한국민족주의를 보고 있는 관련 역사학자들의 입장은 이처럼 서로 사이에 차이점도 있고 공통점도 있다. 차이점은 일단 접어두고 공통점을 정리하면 다음에서와 같다.

첫째는, 한국 민족주의를 보는 민족주의적 관점이 모두가 유럽의 역사적 경험에 바탕을 두고 있다는 사실이다. 그들의 관련 논의는 그러므로 유럽 중심적 민족주의사학론이라고 불러도 무방하다. 둘째는, 그들의 민족주의적 관점이 그들의 민족주의적 이념에 바탕을 두고 있다는 점이다. 그들은 모두가 이상적인 민족국가를 설정하고 이 국가의 건설을 염원하고 있다. 신채호·손진태·강만길은 말할 것도 없고, 한국 민족주의

140

사학을 누구보다도 격렬하게 비판한 임지현조차도 건강한 민족주의, 보편적인 민족주의를 추구하고 있다.9) 그가 말하는 건강한 민족주의는 민족의 자발적 유대감으로 뭉친 새로운 시민공동체를 지향하는 것이다.10)

셋째는 민족주의적 관점에서 핵심을 이루는 것은 민족국가의 건설이다. 민족국가의 의미는 민족이 국가의 주인이 되는 것이지만, 이것을 역사적인 맥락에서 이해할 때에는 민족이 역사의 주인이 되는 것이다. 민족국가를 지향하는 민족주의를 전제로 한 민족주의사학론은 민족국가의 건설을 필연적인 것으로 생각하므로 역사를 민족이 역사의 주체가 되기에 이르는 과정으로 이해할 수밖에 없다. 대체로 이럴 경우에 시대별로 권력을 쥔 자가 다르다는 것을 지적함으로서(가령 군주라든가 귀족이라든가) 역사의 주체가 민족(가령 민중·인민·신국민이 중심이 되거나 그들이 포함된다거나 하는 의미에서의 민족)이 아니었음을 말하게 된다. 새로이 건설할 민족국가는 비로소 민족이 국가의 주인이 되어 역사의 주체가 되는 단계이므로 그 이전과는 확연하게 구별되게 마련이다. 민족이 주인이 되기에 이르는 과정으로서의 역사여야 한다는 점에서 역사서술은 역사의 지속을 중시하는 관점을 전제하게 된다. 그러나 한편으로 민족이 주인이 되는 단계는 과거와는 현격하게 달라야 한다는 점에서 역사서술은 역사의 단절을 전제로 하지 않을 수가 없다.

요컨대, 민족이 역사의 주체가 되는 민족국가를 역사의 흐름 위에 설정해야 하기 때문에 역사의 이해에서 역사의 주체가 변화하여 오늘에 이르렀다는 이야기는 빠뜨릴 수가 없다. 그러나 민족이 역사의 주체가 되는 단계는 그 이전과는 질이 다른 특별한 의미가 있어야 하므로 이와 관련이 있는 이야기도 역시 필수적이다. 민족주의적 역사해석의 실제에

---

9) 임지현, 위의 책, p.57 및 pp.82~84.
10) 임지현, 위의 책, p.81. 한영우·조동걸·이만열 등 요즈음 민족주의사학을 언급한 이들도 보편적이라거나 열린이라든가 하는 단서를 붙여서 민족주의에 대한 염원을 말하고 있다.

서 핵심을 이루는 것은 오히려 후자이다. 왜냐하면 민족주의사학이 오늘날 간절하게 이루어지기를 바라는 이상사회가 바로 민족국가이고 과거 역사의 주체에 관한 논의는 그러한 현실적인 꿈을 이루기 위한 수단에 지나지 않기 때문이다.

## Ⅲ. 주체성과 합리성

민족주의사학에서는 역사의 주체를 설정하고 그것을 단선적 진화로서 설명한다. 그것은 나아가 지속과 단절이라고 하는 서로 모순되는 두 개의 관점을 동시에 세워서 동일한 사실을 해석한다. 이것이 민족주의사학의 역사인식론에서 가장 두드러진 특징이다. 이에 대하여 최근에 비판적인 연구가 나와서 우리의 주의를 끈다. Prasenjit Duara의 Rescuing History from the Nation: Questioning narratives of Modern China 민족으로부터 역사를 구출하자—중국현대사서술의 검토—(Univ. of Chicago Press, Chicago & London, 1995)가 그것이다. 관련 주제에 관한 Duara의 검토는 철저하다. 계몽사학의 단선적 진보론적 역사해석 방식의 영향을 받아서 쓰여진 중국현대사 서술의 잘못을 바로잡고자 한 것이 위의 책이다. 그의 논의를 간추려보면 아래에서와 같다.

계몽사학의 철학적 기초는 헤겔의 『歷史哲學』이다. 헤겔은 역사를 정신(이성)에 대한 자의식이 구현되는 과정으로 이해하였다. 자의식의 구현은 속박으로부터 자신이 해방되었다는 의식과 함께 정신(이성)과의 일체가 실현되는 것을 의미한다. 이것이 진정한 자유이며 역사의 마지막 단계인데 이것이 이루어진 곳이 프러시아 국가이다. 이러한 헤겔의 역사해석은 막시즘, 웨버의 종교해석 및 민족주의이념에 영향을 주었다. 헤겔의 역사해석은 강대국의 세계지배를 합리화하는 논의에 있어서 철학적 바탕이 되기도 하였다. 단선적·진보론적 계몽사학은 19세기말 사

142

회진화론과 결합되면서는 제국주의적 침략을 정당화시켜주기에 이르렀
다.

계몽사학의 단선적·진보론적 해석에서는 민족을 역사의 주체로서 간
주하는데 민족은 역사 속에서와 마찬가지로 역사의 끝에서도 다시 말해
역사로부터 해방되어서도 살아 있게 된다. 즉 민족은 역사를 통하여 지
속되는 정수로서 역사 속에 살아있을 뿐만 아니라 근대적인 자아의식을
가지고 역사의 굴레에서 벗어나서도 살아 있는 존재이다. 근대문명에
대한 계몽사학의 담론은 더욱이나 모든 사회로 하여금 근대화에 연계되
도록 이끌었다. 그 결과 사회가 근대성과 진보에 매임으로서 옛 족쇄에
서 벗어나는 일에도 매이게 되었다. 그래서 민족국가는 한편에서는 민
족의 고대적인 성격이나 민족의 영원한 성격을 미화하고 다른 한편으로
는 민족국가가 지니는 전례 없는 속성을 강조하게 되는 것이다.[11]

Duara는 이러한 논리구조의 모순에 말미암아서 민족주의사학은 처음
부터 역사를 왜곡할 수밖에 없는 성격을 가졌음을 지적하였다. 그는 이
러한 논리 가운데에서 특히 과거와의 단절을 중시하는 민족국가론의 기
본 전제에 대하여 대단히 비판적이었다. 즉 그는 다음과 같이 말하였다.
근대의 민족국가가 가진다고 믿어지는 공고한 통일된 집단적 주체성은
엄밀한 의미에서 하나의 추상일 뿐 현실적으로 존재할 수 없다. 제한적
인 의미에서는 혹 그것이 존재할 수 있을 지는 모르지만 그렇다고 하더
라도 그러한 주체성이 유독 근대사회만의 특징적인 산물일 수는 없
다.[12]

민족주의는 근대의 민족국가를 전제로 하는 것이고 근대의 민족국가
는 과거와 단절되는 근대적 자의식을 가지는 통일적·집단적 주체로서
의 민족을 전제로 한다. Duara는 응집력이 강한 통일적·집단적 역사의
주체성 자체를 인정하지 않았을 뿐만 아니라 설사 제한적으로 인정하는

---

11) Duara, 위의 책, pp.3~33. 특히 pp.17~33 참조.
12) Duara, 위의 책, pp.54~55.

경우에 있어서도 자의식을 가지는 그러한 주체성이 근대만의 역사적 소산 일수는 없다고 말하였다. 이렇게 해서 Duara는 민족주의의 인식론적 토대를 공격하였다. 필자는 Duara의 이러한 비판이 정당하다고 평가한다.

필자는 한 걸음 더 나아가 민족주의사학의 철학적 모체가 된 헤겔의 역사철학에서 정신 즉 이성에 대한 자의식이 근대의 민족국가에 와서 비로소 구현된다고 보는 입장자체를 인정하고 싶지 않다. 사고와 행동에 있어서 이성을 우선적인 기준으로 삼는 합리주의가 근대에 와서 두드러졌고, 그래서 그것이 근대성의 핵심적 특징이 되는 것은 말할 나위가 없지만, 그렇다고 이성과 합리주의가 근대인만의 전유물·독점물일 수는 없다고 본다. 인간은 전근대인이나 근대인이나 무식자나 유식자나 천민이나 귀족이나 누구나 자유롭게 사고하고 또한 자유롭게 행동한다. 인간의 모든 행동은 그의 자유로운 선택의 결과이다.

전근대인이나 무식자나 천민의 선택의 폭이 근대인이나 유식자나 귀족에 비하여 좁은 것은 말할 나위도 없다. 그러나 선택이 단 하나밖에 없는 극단적인 상황이 아닌 바에는 인간은 복수의 선택 가운데 하나를 취하여 행동한다. 법에 의한 것이던 관습에 의한 것이던 인간의 행위의 어느 한 측면이 제약될 수는 있지만 그 제약이 한 인간의 자유로운 선택의 모든 것을 봉쇄할 수는 없다. 가령 정치적 참여를 막는 것이 국가의 법이고 천민은 이 법에 순응해야 한다고 해서 천민들에게 다른 사회적 활동의 기회를 모두 막아둔 것은 아니다. 그것은 현실적으로 가능하지도 않다. 또한 제약에 순응하는 것조차도 순응하지 않을 수도 있으므로 순응은 해당자의 자유의지에 의하여 다른 사람이 아닌 바로 그 당사자의 선택의 결과라고 보아야 순리에 맞는다고 생각한다.

가령 정치참여가 불법화된 상황이라면 천민의 대부분은 그러한 상황에 순응하여 행동할 것이다. 그렇다고 그들의 자유의자가 없다고 말할 수는 없다. 순응하지 않을 행동을 선택할 자유도 그에게는 여전히 남아 있는 것이기 때문이다. 다만 그가 그러한 행동을 선택하지 않았을 따름이다. 만약에 그에게 자유의지를 인정하지 않는다면 예컨대, 고려후기에 보이는 만적의 난을 필두로 한 많은 천민의 반란을 이해할 수 없다. 또한 관작을 사는 노비의 예도 이해할 수 없다. 이의민이나 김준처럼 적지 않은 천민출신 인물들이 정치에 참여한 많은 예들을 이해할 수가 없다.

그들이 어느 선택을 하건 그것은 그들의 자유의지에 따른 것이었다. 선택은 역사적 상황 속에서 당사자 나름대로 설정한 유불리의 기준을 가지고 내려진 것이다. 법이 엄하고 이것을 어기면 그 결과가 거의 파멸을 가져오는 상황이라면 누가 순응하지 않을까. 반대로 법이 유명무실해지거나 설사 제재가 따르더라도 그 제재를 벗어날 길이 여기저기에 있다면 또한 어느 천민인들 한번쯤 모험을 해볼 생각을 안 하겠는가. 선택의 결과가 자신에게 미칠 유리함과 불리함을 따지는 일에 있어서 최종적인 기준이 되는 것은 이성일 것이다. 즉 어느 쪽 선택이든 이성적 판단의 결과라는 뜻이다.

이러한 이성적 판단은 인간이 사회생활을 시작한 이래 누구에게나 있는 것이지 근대인에게만 있을 수는 없다. 또 이러한 이성을 귀족층이나 식자층 같은 일부 계층에 한하여 가질 수 있는 것으로 보는 것도 잘못이다. 교육기관에서 공부를 해야 배우는 것은 아니다. 어느 개인이 사회적으로 활동한다는 것은 사회화가 이루어지는 것을 전제로 하는 것이고 사회화의 과정 그 자체가 학습을 뜻하는 것이다. 지식인층이 더 많이 알고 더 체계적으로 알고 있다고 하여서 그렇지 않은 경우와 견주어 질적인 차이가 인정되어 특별한 대우를 받아야 하는 것은 아니다.

가령 만적이 중국의 사서를 인용하여 장군과 재상의 씨앗이 따로 있는가고 물었을 때 많은 공사노비들이 모여 반란을 도모하였다. 여기서 만적과 그와 뜻을 같이한 노비들의 선택 즉 반란의 행동은 논리를 갖추었을 뿐만 아니라 그 나름의 도덕적 명분도 가지고 있는 것이었다. 이것을 내세운 이상 여기에 좇은 이들은 그것을 알고 있었다고 보아야 옳다. 그런데도 연구자들은 이 사실을 인정하려들지 않는다. 인정하는 경우에도 애써서 그러한 숙지의 정도를 깎아 내리려고 한다. 더 나아가 만적 등이 누군가의 노예에 지나지 않다는 것을 강조한들 무슨 의미가 있겠는가. 그런가 하면 개인의 이성적 판단은 유럽에서와는 달리 아프리카에서는 말할 것도 없고 합리적인 제도를 운영해 온 인도나 중국과 같은 아시아에서조차도 이루어질 수 없었다는 지적도 있다. 이 지적이 가당하지 않음은 여기서 새삼 이를 나위가 없다. 이성--합리주의는 근대인·유럽인·지식인만의 독점물일 수는 없는 것이다. 그러므로 이러한 전제에서 출발한 민족주의사학론의 한계는 뚜렷한 것이라고 할 수 있다.


# Ⅳ. 유럽과 한국


역사서술에서 긴요하게 여겨지는 작업에는 두 가지가 있다. 하나는 과거의 사실이 당대의 사회 속에서 가지는 사회적 의미를 해석하는 일이요, 둘은 과거사실이 역사의 흐름 속에서 가지는 역사적 의의를 평가하는 일이다. 역사서술을 통하여 드러나는 역사가의 해석과 평가는 역사인식의 실질적인 내용을 이룬다고 할 수 있다. 역사의 해석과 평가에서 민족주의사학이 가지는 역사인식상의 특징을 좀 더 구체적으로 검토하여 볼 필요가 있다.

한국 민족주의와 관련된 역사적 해석에서 기본이 된 분석의 틀은 모두가 유럽의 역사적 사실에 바탕을 두고 있다는 점부터 지적해야 순서일 듯하다. 이 점을 누구보다 솔직하고도 명료하게 이야기한 이는 강만길이다. 그의 민족주의연구는 근대사에 국한되어 있다. 그는 그 연구를 위하여 가설을 세웠다. 그 가설은 구한말을 민족주의적 내셔날리즘시대로, 20세기 전반기 독립운동시기를 국민주의적 내셔날리즘의 시대로, 20세기 후반기 해방 뒤의 시대를 민족주의적 내셔날리즘을 지향하는 시대로 보는 것이다. 그런데 이 가설은 서양사에 뿌리를 둔 서양의 이론에서 왔다. 그 이론의 내용은 다음과 같은 것이다. 근대국가의 발달초기에는 절대군주를 둘러싼 귀족층이 그 주체를 이루는 국가주의적 내셔날리즘이 형성되었다가 다시 시민혁명을 계기로 하여 시민계급이 주체를 이루는 국민주의적 내셔날리즘으로 전환되었다. 그 뒤에는 시민계급적 범주 밖에 있는 광범위한 사회계층까지도 그 주체세력 속에 포함되는 민족주의적 내셔날리즘이 발달하였다. 이것은 서양사회의 역사적 사실에 근거하고 나온 근대 내셔날리즘의 발달과정에 관한 이론이다. 강만길은 이것을 한국사에 적용시키면서 한국민족주의사학에 대한 이해를 더 깊게 할 수 있을 것으로 기대하였다.[13]

민족주의의 이념에 대한 사상사적 접근일 경우에는 강만길의 위에서의 가설이 한국의 근대민족주의를 이해하는데 크게 도움이 되리라는 것은 의심이 가지 않는다. 근대 한국에서 이루어진 민족주의론 그 자체가 대부분 서양의 민족주의론을 원용하여 이루어졌다는 점에서 그러하다. 그렇지만 강만길의 연구는 민족주의이념의 흐름을 좇는 그런 것이 아니었다. 그는 민족주의를 끌고 가는 각 시대별 주체세력에 각별한 관심을 가지고 있던 것에서 볼 수 있듯이 민족주의의 정치사적·사회사적 특성에 주목하였다. 그런데 당시 한국의 정치적·사회적 상황은 서양과는 너무나 먼 거리에 있었다. 그 자신의 설명에 따르더라도 민족주의적 내셔날리즘은 이미 서양에서는 오래 전에 이루어졌지만 한국에서는 아직도 그 실현이 요원한 과제로 남아 있다. 유럽과는 달리 한국의 정치적·사회적 여건이 그것을 지금 이 순간에도 허락하고 있지 않기 때문이다. 서양에서는 이미 오래 전에 그러한 역사의 단계를 거쳤는데도 한

---

13) 강만길, 위의 책, 「民族史學論의 反省」 p.31.

국에서는 아직도 그러한 계기적 발전은 기약이 없는 것이다. 거듭 이야
기지만, 한국의 역사적 상황이 유럽과는 다른 것이다. 그렇게 다른 역사
적 조건을 무시하고 서양사에 보이는 민족주의의 발달모델이 한국사에
적용되고 있는 것이다.

　이와 같이 무리한 서양이론의 적용으로는 한국사의 실상이 제대로
밝혀질 수가 없다. 강만길의 실제 설명을 보아도 어색한 이야기가 많다.
우선 그는 각 시대별 평가가 긍정적이기보다는 부정적이다. 특히 일제
시대를 국민주의적 내셔날리즘의 시대로 파악한 것은 아무리 보아도 지
나치다. 나라 자체가 없어진 한국인이 국민주의적 내셔날리즘을 위하여
깊이 생각할 여유가 있었을까. 더욱이나 그 실현을 위하여 진력할 여력
이 과연 있었을까는 의문이다.　강만길도 당시 내셔날리즘의 일차적 목
적이 국권회복에 있었음은 인정하고 있다.14) 그렇다면 독립주의적 내셔
날리즘의 시대가 당시의 한국실정을 더 반영해 주는 개념일 것이다. 그
러나 내셔날리즘의 실현에 있어서 주체세력을 중시하였고, 그러한 기준
에서 나온 서양에서의 도식적 설명의 틀에 이것은 맞지가 않는 것이다.
서양중심의 해석이 한국사의 현실을 잘못 그려낸 예가 될 것이다. 강만
길의 유럽중심적 해석의 폐단은 여기에 그치지 않는다. 이와 관련하여
이러한 도식에 입각한 각 시대에 대한 그의 평가에 눈을 돌려 보기로
하자.

　이 3시기의 역사는 보기에 따라서는 갑신정변·동학혁명·독립협회 활
동·의병항쟁 등의 근대화운동과 주권수호운동이 활발히 추진되었던 제
1기와, 3·1운동·임시정부 활동·무장독립운동·6·10만세운동 등의 줄
기찬 민족해방운동이 계속되었던 제 2기, 그리고 민족분단과 동족상잔의
시련을 겪고도 근대화·공업화에 성공해가고 있는 제 3기로 이루어졌다
고 생각될 수 있으며, 이런 경우 우리 근대사는 온갖 시련을 겪고도 결국
선진 자본주의의 수준에 접근해가고 있는 성공한 역사로 보일 수도 있다.

---

14) 강만길, 위의 책, 『民族史學論의 反省』 p.32.

　　그러나 같은 1세기지만 보는 눈을 달리하면 그 제 1기는 국민혁명을 통한 국민주권체제를 이루지 못함으로서 자율적인 근대화와 국민국가수립에 실패하고 그것이 원인이 되어 식민지로 전락해간 시기이며, 제 2기는 독립운동 전선에서의 수많은 희생에도 불구하고 결국 스스로의 **힘**으로 해방되지 못하였을 뿐만 아니라 오히려 독립운동 과정에서 빚어진 방법론적 대립과 사상적 분열 때문에 해방 후의 통일민족국가를 수립하기 위한 기반조차 만들지 못하였던 시기이며, 제 3기는 민족분열이 본격화하여 동족상잔을 겪고도 사상·군사·외교 등 모든 분야에서 지구상의 어디에서도 볼 수 없는 극한적인 대립을 나타내어 통일민족 국가의 수립은 요원하고 반대로 분단체제가 굳어져만 가는 시기이기도 하다. 이 경우 우리 근대사는 19세기 후반기에 시작된 실패의 역사가 1세기를 넘어선 지금까지도 계속되고 있는 것이다(강만길, 위의 책, pp.13~14).

　　그는 한국근대사에 대하여 긍정적 평가와 부정적 평가를 동시에 내리고 있다. 그는 이 둘을 서로 다른 시각에서 내려진 평가라고 하고 있다. 이 둘 가운데 그가 내리고 싶은 평가는 후자이다. 제 1기는 국민국가의 수립에 실패한 시기이고 제 2기는 통일민족국가 수립을 위한 기반조차 마련 못한 시기이다. 제 3기는 통일민족국가 수립이 요원해진 시기이다. 요컨대 제 1기는 국민국가 수립에 실패한 시기이고 제 2기와 제 3기는 민족국가 수립에 실패한 시기이다. 그의 말을 따르면 19세기 후반기에 시작된 한국근대사 백년은 실패의 역사였고 이 실패의 역사는 오늘날도 지속되고 있다. 실패의 기준은 국민국가와 민족국가의 건설여부이다. 국민국가는 국민주의적 내셔날리즘의 이상이고 민족국가는 민족주의적 내셔날리즘의 꿈이다. 그런데 그가 말하는 국민국가나 민족국가는 서양사에서 보이는 바로 그것이다.

　　강만길은 서양식의 국민국가·민족국가를 이루었는가의 여부를 따져서 한국근대사의 성취도를 실패라고 평가하였다. 실패라고 하는 평가 자체가 서양사에 바탕을 둔 내셔날리즘의 전개에 관한 이론을 그가 한국근대사에 적용한 것이 무리였음을 확인하여 주는 일이다. 다시 말해 그것은 내셔날리즘의 전개가 서양과 한국에서 너무나 다르게 이루어졌다는 명백한 반증이 되고 있다. 무리한 일인데도 불구하고 한국근대사에서 서양식 내셔날리즘의 전개 여부를 계속 따지는 것은 한국근대사에 대한 불공정한 해석과 치우친 평가를 고집하는 것과 다르지 않다.

한국근대사가 오로지 서양식 ·국민국가, 통일국가가 되기만을 그토록 열망해온 역사는 아니었다. 실패만을 거듭한 실패의 역사도 아니었다. 한국의 근대사를 감싸고돌던 내셔날리즘의 무게가 버거웠던 것은 사실이지만 그렇다고 한국 근대의 역사가 그 하중에 숨을 죽이고  있었던 것만은 아니다. 한국 근대사에 드리운 실패의 그림자가 짙었던 것은 사실이지만 그렇다고 그것이 절망의 늪에 엎드려 있었던 것도 아니었다. 한국의 근대사는 내셔날리즘의 울안에 가두어 두기에는 너무나 많은 갖가지 체험을 겪어 온 파란많은 항로였다. 실패론의 색깔만으로는 담아낼 수 없는 다채로운 희비애락의 경험을 간직하고 있는 것이 한국의 근대사 백년이다.

# V. 근대와 전근대

앞에서 강만길의 사론을 통하여 유럽주의적 역사해석이 가지는 문제점을 지적하였다. 유럽주의적 입장을 강하게 견지하고 있다는 점에서 임지현의 경우도 다르지 않다.15) 그는 민족체와 민족을 구별하고 이 두 개의 관점에서 한국사학계의 민족주의사학을 비판적으로 검토하였다. 그가 말하는 두 개의 개념의 차이는 다음에서와 같다. 민족체는 민족을 구성하는 객관적 요소에서 일정한 동질성을 확보한 집단을 가리킨다.

---

15) 그의 이러한 입장은 그의 책에 실린 「한국사 학계의 '민족' 이해에 대한 비판적 검토—보편사적 관점과 민족사적 관점—」에 잘 드러나 있다.

즉 장기간의 역사적 경험을 공유함으로서 언어와 문화, 사회·역사적 의미에서의 혈연 등에서 동질화된 집단이다. 그러나 민족체는 근대민족에서처럼 모든 민족 성원이 능동적인 민족의식을 가지고 민족사에 적극적으로 참여하려는 주관적 의지는 아직 결여된 제한적 동질집단을 뜻한다. 요컨대 민족체는 민족을 구성하는 객관적 요소에서 일정한 동질성을 확보한 집단이다. 이에 반하여 객관적 요소에 더하여 민족성원이 민족사에 적극적으로 참여하려는 주관적 의지까지 갖춘 것이 민족이다.16)

민족체와 민족에 대한 임지현의 이야기가 불분명한 대목이 있기는 해도 어째든 그가 민족체가 먼저 형성되어 그것이 발전하여 비로소 민족이 되는 것으로 파악하고자 하는 것은 분명하다. 한국의 전근대사회에서 그는 민족체가 삼국통일부터 고려에 이르는 오랜 기간에 걸쳐 서서히 형성되어 조선시대에 이르면 공고해지는 것으로 보고 있다. 오늘까지를 포함한 근대의 경우에 대해서는 이렇다할 말이 없어서 아직도 민족체단계인지 민족단계인지는 알 수가 없다. 이와 관련하여 다음에 소개하는 그의 주장이 참고가 된다. 그는 이종오가 오늘날 한반도의 유일한 정치이념은 민족주의뿐이라고 한 주장을 음미할 만 하다고 지적하고는 주를 달아서 아래와 말하였다.17)

---

16) 임지현, 위의 책, 「한국사학계의 '민족' 이해에 대한 비판적 검토」 p.57의 주 8). 그러나 이 설명에는 명확하지 않은 대목도 있다. 민족체가 민족을 구성하는 객관적 요소를 갖추었다고 한 것을 보면 민족체도 민족이라는 뜻이 되는데 이렇게 되면 둘 사이의 구별이 무색해진다. 이런 모순을 피하기 위하여서였는지는 모르지만 그는 다른 한편으로 민족체와 구별되는 민족을 근대민족이라고 표현하였다. 이 말을 좇게 되면 민족체는 전근대민족이 될 수밖에 없다. 민족체가 전근대민족이라면 전근대라는 단서는 있지만 민족의 테두리를 벗어나는 것은 아니다. 논리적으로 순하게 받아드려지지 않아서 안타깝지만 필자는 민족체와 민족사이에 현격한 차이를 두고자 하는 임지현의 뜻을 존중한다는 입장에서 검토에 임하고자 한다. 필자는 전통사회의 민족은 전근대민족으로 생각하여 근대민족과 구별하고자 한다. 그러나 아주 특별한 경우가 아니면 전근대나 근대라는 수식어를 꼭 일일이 붙여서 표현하여 두지는 않겠다. 단지 번거로움을 피하고자 하기 때문이다.

그러나 나는 바로 이러한 점 때문에 거꾸로 민족주의를 부정해서는 안
된다고 생각한다. 한반도 전체 대중의 정서가 민족주의에 깊이 뿌리박고
있는 한, 작금의 조야한 민족주의를 극복하는 진정한 길은 민족적 형식을
살리면서 그 안에 진보적 내용을 채우는 즉 건강한 민족주의를 추구하는
데 있다. 특히 '지구촌화'와 더불어 몰가치적 국제주의가 남한의 새로운
지배 이데올로기로 부상하는 현 상황에서 근원적으로 민족주의를 부정한
다면, 그것은 건설적인 대안의 모색과는 거리가 멀다. 다시 강조하거니와
민족주의 자체가 아니라 어떤 민족주의냐가 문제이다.

작금의 조야한 민족주의를 극복하는 진정한 길은 민족적 형식을 살
리면서 그 안에 진보적 내용을 채우는 즉 건강한 민족주의를 추구하는
데 있다고 그는 강조하였다. 조야한 민족주의는 체제유지 이데올로기로
전락한 것을 뜻하고 그를 대신할 건강한 민족주의는 민족적 형식을 살
리면서 그 안에 진보적 내용을 채운 것이다.18) 여기서 살리라고 하는
민족적 형식과 채우라고 하는 진보적 내용이 무엇인지 잘 알 수가 없
다. 그의 논지의 전개로 미루어 보아서는 민족적 형식은 언어·문화·
혈통과 같은 민족구성의 객관적 요소를 일컫고, 진보적 내용이란 민
중—민족개념 즉 인민주권설이나 공민권 등 사회진보적 성격의 이야기
를 말하는 듯하다.19)

민중—민족개념을 전제로 한 민족주의가 진보적인 것이고 건강한 민
족주의이지만 아직도 그것이 실현되지 않았다는 것이 임지현의 판단이
다. 그의 이러한 판단을 따르게 되면 한국의 오늘날은 여전히 민족체의

---

17) 임지현, 위의 책, p.57 주 6).

18) 그는 이어서 제 3세계의 민족주의가 의사인민주의적 파시즘으로 전락하였다
고 지적하고 이것을 극복하기 위해서는 민족적 형식의 관념적 질곡에서 해
방되어야 한다고 하였다(임지현, 위의 책, p.57). 민족적 형식을 앞에서는 살
리라고 하고, 여기서는 없애라고 하고 있어서 혼란스럽지만 그의 주문 가운
데 앞의 것을 취하여 둔다.

19) 임지현, 위의 책, pp.82~84 참조.

단계에 있는 것이 된다.[20] 그런데 그는 시종일관 민족체의 단계를 전근대와 동일시하였다. 이것은 민족의 단계는 근대와 같게 보아야 한다는 뜻이 된다. 그렇다면 한국에는 아직도 근대가 시작되지 않은 것이 된다. 즉 그의 논리를 존중하게 되면 한국은 아직도 근대사회가 아니고 민족단계도 아니라는 이야기가 되는 것이다.

한국사의 이해에서 드러나는 그의 이러한 어색한 논리는 그가 한국사를 보는 기본적 관점에 문제가 있음을 시사한다. 그는 민족주의의 관점에서 한국사를 조감하고 있거니와 이 민족주의는 유럽적인 것이고 또 근대적인 것이다. 그가 말하는 건강한 민족주의의 모델은 유럽의 근대사에서 형성된 그것에서 찾아지고 있다. 그의 유럽주의적·근대주의적 입장은 그의 글 도처에서 강렬하게 느껴진다. 고려 농민의 대몽항쟁이 가지는 성격에 대한 그의 논의에서도 그의 그러한 입장은 잘 드러나 보인다.

임지현은 고려농민의 대몽항쟁의 성격에 대한 **종래** 학자들의 민족항쟁론을 비판하였다. 대신 그는 향촌 또는 농촌공동체의 **수호투쟁론**을 내세웠다. 그는 종래의 연구자들이 민족체의 **통합**을 근대민족의 **통합**으로 오해하고 있다고 지적하였다. 그에 따르면 그들이 당시에 이미 적극적인 민족의식이 모든 계급에게 보편화된 것으로 부당하게 전제하고 있다는 것이다. 그는 국제관계에서 민족적 틀이 일차적 규정력을 지니게 된 것은 근대에 이르러서의 일이라고 못박았다. 전근대의 민족체를 근

---

20) 그런데 민족체에 관한 그의 논의는 실제에 있어서 전근대사회에 한정되어 있다. 조선시대까지 말하고 있는 것을 보면 조선시대가 전근대의 하한이고 동시에 민족체단계의 하한으로 생각하고 있는 듯도 하다. 만약 그렇다면 조선조가 끝나는 일제시대부터 오늘날에 이르기까지는 근대이고 또 동시에 민족단계여야 이치에 맞는다. 하지만 그는 한국사에 있어서 근대사회와 민족단계에 관하여 이렇다할 설명을 하지 않았다. 이와는 대조적으로 그는 오늘날 우리에게 요구되는 것은 건강한 민족주의라고 하는 점을 강조하고 있다. 이것은 한국의 오늘날이 민족단계에 이르러야 하는데 아직도 그러하지 못하다는 뜻이 된다.

대의 민족주의를 가지고 이해하면 안 된다는 것이 그의 충고이다. 그가 안 되는 이유로서 제시한 것은 다음 몇 가지로 요약된다.[21]

첫째는, 당시 농민은 사회적 교류가 차단된 채 고립분산적 공동체 생활을 영위하였으므로 이들의 집단적 자의식은 민족이나 국가와 같은 큰 단위를 지향하기보다는 고향 혹은 촌락공동체에 기우려져 있었다. 농민의 집단적 자의식이 향촌의 좁은 틀을 벗어나 민족으로 확대된 것은 산업화가 진전되면서 이들이 토지의 긴박에서 풀려나 도시로 이주한 연후의 일이다. 농촌에 남아 있는 농민들은 산업화의 결과 사회적 교류가 확대되고 그 교류망에 포섭된 이후에야 민족적 자의식을 기대할 수 있었다. 농민의 집단적 자의식이 향촌에 묶여 있는 한 정도의 차이는 있겠지만 왕조국가와 이민족 침략자나 모두 그들에게는 공동체의 질서에 부당간섭하고 억압하는 외부의 적이었을 뿐이다.

둘째로, 농민들의 집단적 자의식이 지역주의나 공동체적 충성심의 차원을 벗어나 적극적 민족의식으로, 또 자연적 감정의 발로인 애국주의가 이데올로기로 발전하기 위해서는 최소한 두 가지 전제가 충족되어야 한다. 첫째, 신분제가 철폐되어야 한다. 신분제적 질서가 존재하는 한 공동체의 성원 모두를 아우르는 민족의 수직적 통합은 불가능하다. 둘째, 민족의 수직적 통합을 정당화시켜주는 이데올로기가 요구된다. 프랑스 혁명기에 부르조아가 이념적 무기로 내세운 근대적 민족주의가 그러한 예이다.

임지현은 조선시대의 경우에 있어서도 민족의 존재를 부정하였다. 그는 국가의 존재조차도 인정하지 않았다. 대신 그는 조선시대는 polity 정체의 단계로 보아야 한다고 하였다. 아무튼 여기서의 논의에서도 그가 가장 중요한 비판의 기준으로 삼은 것은 근대의 민족주의, 특히 근대의 불란서 민족주의였다. 그는 불란서에서의 이러한 근대적 민족주의가 봉

---

21) 여기서의 논의는 임지현, 위의 책, pp.67~76에 바탕을 둔 것이다.

건사회의 신분적 차별을 철폐하고 인민주권사상을 축으로 민중들을 민족의 틀 속에 끌어 들였다는 점을 강조하였다. 그는 그러므로 민족국가의 동질성이나 근대민족주의의 유대감은 혁명이 있은 연후에나 가능했던 것이라고 말하였다. 그러면서 그는 다음과 같이 비판하였다.

민족주의의 이러한 역사적 함의를 무시하고 그것을 원초적인 왕조적 충성심이나 원시종족주의 Nativism과 동일시한다면 그것은 혁명과 진보의 동력으로 역사의 전면에 대두했던 민족주의를 회고적 보수의 틀에 가두어 두는 결과를 초래할 것이다(임지현, 위의 책, p. 82).

사실 임지현의 논의가 던져준 시사는 크다. 앞에서도 말하였지만, 그가 서양에서의 민족주의 연구를 요령 있게 요약한 것은 탁월하다. 그가 민족과 민족주의를 역사의 산물로 이해하고 나아가 한국의 민족주의를 그런 역사적 관점에서 검토하고 있는 것도 올바른 것이다. 그런 과정에서 한민족을 초역사적으로 이해하고 나아가 한민족의 특수성·우월성을 내세우는 국수주의적 역사해석에 경종을 울린 것은 인상적이다. 그러나 임지현의 이러한 기여에도 불구하고 그의 논의에는 문제점이 많다. 특히 논리적으로 서로가 안맞는 부분이나 이해하기가 어려운 대목이 적지 않다.

그는 전근대의 한국사에는 민족체가 있을 뿐 민족은 없다고 하고 정체가 있을 뿐 국가도 없다고 한다. 그런데도 한편으로 그는 귀족-민족이니 민중-민족이니 해서 민족을 인정하고 있기도 하다. 또한 그는 고려농민의 집단적 자의식이 민족이나 국가와 같은 큰 단위를 지향하기보다는 고향이나 촌락공동체에 경사되어 있었다고 하여(위의 책, p.71) 고려시대에 민족과 함께 국가도 존재했음을 시사하기도 하였다. 특히 그는 민족주의사학론이 민중을 사상시키고 있다고 걱정하고 있다(pp. 78-79). 그는 민족이 없다고 말하면서 민중은 실재했던 것으로 말한다. 민족이 생성·발전하는 것이라면 민중도 역시 마찬가지이다. 민족이건 민중이건 모두가 역사적 산물이라는 점에서 다름이 있을 수 없다. 더욱이나 그가 이상으로 삼는 것이 민중-민족이고 보면 아직 그것의 단계에 오지 않았다는 뜻인데 어떻게 해서 오래 전 한국의 전통사회에서 민중이 활보하고 있었다는 것인지 모를 일이다. 그는 전통사회의 민족을 근대민족과 구별하여 전근대민족이라고 한—이렇게 함으로서 근대민족에 대한 일정한 예우를 하고 있는데도 불구하고—노태돈의 주장을 일축하고 민족체라고 하는 격과 질이 다른 개념을 굳이 설정하였다. 그런데도 그는 민중에 대해서는 그런 배려를 전혀 하지 않고 있다. 그는 고려농민의 대몽항쟁도 민족투쟁이 아니고 민중투쟁이라는 시각에서 보고 있다. 민족과 민중에 대한 이와 같은 그의 차별대우를 평자는 이해할 수 없다.

앞서 지적한대로 임지현은 고려농민을 이야기하면서 민족의식과 민족주의가 근대의 산물임을 힘주어 말하였다. 민족의식과 민족주의가 생겨나기 위해서는 산업화가 있어야 하고 신분제가 철폐되어야 하며 계급모순을 무마해줄 이론적 무기로서의 이데올로기가 있어야 하는데 이것이 모두가 근대의 산물이라는 것이다(임지현, 위의 책, p. 73). 이 셋 가운데 산업화와 신분제철폐는 근대에 거의 한한다고 보아도 좋을 것이다. 그러나 계급모순을 무마해줄 이론적 무기로서의 이데올로기가 근대에만 있어야 하는지는 의문이다. 그는 이 이데올로기에 대하여 다음과 같이 말하였다.

> 프랑스혁명기에 보편계급으로서의 부르주아가 이념적 무기로 내세웠던 이러한 유형의 근대적 민족주의를 13세기의 고려사회에 요구하는 것은 무리일 수밖에 없다(임지현, 위의 책, p.73).

근대 가운데에서도 하필이면 불란서의 근대여야만 하는지는 더우기나 이해가 가지 않는다. 이런 이념은 전근대의 전통사회일수록 더 많으면 많았지 결코 적었다고 할 수 없다. 한국의 전통사회에서의 불교나 유교도 다 그러한 역할을 한 것이다. 이러한 이념이 없이 신분사회와 같은 불평등사회가 안정을 누리며 그토록 오래동안 유지될 수는 없는 노릇이다. 비근한 예로 윤회공덕사상이나 충효사상이나가 그러한 이념으로서의 기능을 하였다.

다음으로 신분제의 철폐여부를 따져 보자. 신분제가 전근대사회의 것임은 의문의 여지가 없다. 신분제가 민족의 단합에 장애가 되었음도 분명하다. 그러나 신분제가 민족의식의 발생에 있어서 결정적인 걸림돌이 되었다고는 믿지 않는다. 신분제가 있고 없고는 민족의식의 유무가 아니고 그것의 강약을 재는 척도로서 중요하다고 보는 것이 필자의 입장이다. 신분제가 있으면 불평등하고 불평등하면 민족의 화합이 결코 이루어질 수 없다는 것은 편견이다. 불평등한 사회에는 늘 싸움과 갈등과 대립만이 있어야 한다는 것인데, 물론 그런 경우도 있지만 그러나 조화와 타협과 안정의 국면도 있었다. 한국의 역사는 후자가 더 큰 비중이었음을 보여주고 있다.

민족적 이해는 이론적으로 계층적·계급적·신분적·문화적 이해를 뛰어 넘어 있는 것이다. 그렇다고 민족의식이 다른 사회적 이해와 무관하게 존재한다는 뜻은 아니다. 몽고군과 싸운 고려농민과 관련하여 말한다면, 계급적·계층적·신분적·문화적 이해관계를 뛰어 넘어 민족적 이해가 홀로 존재하기는 현실적으로 어려웠다고 본다. 또한 민족적 이해관계와 무관하게 계급적 이해가 저 홀로 존재하기도 어렵기는 마찬가지였다고 보인다. 일반적으로 말하면 참전농민들은 그들의 계급적·신분적·계층적 이해와 민족적 이해를 동시에 고려하면서 그에 따른 복합적인 사회의식을 가지고 있었다고 믿어지는 것이다.

충주성전투에서 노비해방과 천민해방에 대한 지휘관의 약속에 힘을 얻어 용감히 싸운 고려병사들도 그러한 경우에 해당할 것이다. 임지현은 이 경우에도 고려민중이 보여준 것은 민족의식이 아니고 계급의식이었다고 보고 있다. 하기는 임지현은 당시에 민족자체가 없다고 함으로 민족의식을 인정할 수도 없을 터이다. 민족의 이해만을 고려하여 고려 농민의 대몽항쟁을 이해하는 것은 물론 잘못이다. 그러나 반대로 계급의 이해만을 고집하는 것도 잘못이기는 마찬가지이다. 인간이 복잡한 사회적 존재이듯이 그의 사회적 행위를 이끄는 사회적 이해관계도 역시 복합적일 수밖에 없기 때문이다. 게다가 인간마다 얽히는 이해관계가 다를 수가 있다. 뿐만 아니라 같은 인간이라도 시기에 따라서 그가 예민하게 느끼는 이해관계가 변할 수가 있다.

대몽항전에 나선 고려농민들도 예외가 아니었을 것이다. 열심히 싸우면서 어느 병사는 신분을 높이기를 기대할 수도 있었고 가난에서 벗어나기를 원할 수도 있었으며 용명을 많은 사람이 알아 주기를 바랄 수도 있었고, 신앙심을 부처님께 전하고 싶었을 수도 있었다. 이 병사는 이 모두를 다 소망할 수도 있었고 또 어느 한 둘을 바랄 수도 있었다. 또한 그러한 소망들은 비중에 따라서 간절함이 더하고 덜한 차이가 있었을 가능성이 크다. 그러나 어떻든 병사의 전투행위에 반영된 사회적 이해가 복합적이었음은 분명하다고 믿어도 좋을 것이다.

다만 이 병사에게 있어서 평소에는 민족적 이해는 거의 없거나 별로 없거나 하였을 것이다. 이러한 사정은 귀족이라고 해도 그렇게까지 크게 다르지는 않았다고 믿어진다. 왜냐하면 민족의식이란 것은 그들의 일상 속에서는 머리 속에 잠재하여 있었을 터이기 때문이다. 하지만 다른 민족이 쳐들어와 전쟁이 일어나서 그것이 그들의 일상생활과 생명을 위협하는 상황이 되면 자고 있던 민족의식이 고개를 들게 마련이다. 패전으로 말미암아 자칫 잘못하면 모두가 죽을 지도 모른다는 위기감이 굳이 계급·신분·계층을 가려서 사람들에게 찾아드는 경우는 드물 것이다. 부자건 가난하건 귀족이건 천민이건 유식자건 무식자건 침략하는 다른 민족의 군대가 그들을 가려서 쳐들어오지 않는 한은 침략을 당하는 측도 내부적인 계급적·계층적·신분적 이해를 넘어서 뭉치게 되는 것이 순리에 맞는다. 이것이 민족적인 이해인 것이다.

민족적인 이해를 미루어 놓고 계급적인 이해만으로 병사의 참전을 해석하기 어렵다. 전쟁은 어디서나 죽음을 각오해야 한다. 인간은 누구나 죽음이 헛되지 않기를 바란다. 되도록 많은 이들이―가족·친구·고향사람들은 물론 살아 있는 고려사람 모두가 그리고 더 나아가 죽은 조상이나 어딘 가에서 지켜보고 있다고 믿어지는 여러 신들까지도―그들을 위하여 죽었다고 기억하여 주기를 바랄 것이다. 다행이 살아남게 되는 경우라고 하더라도 사정은 마찬가지이다. 그가 싸운 것은 되도록이면 많은 이들을 위하여서였다고 기억되기를 바라게 마련이다. 아무리 못배우고 아무리 미천한 병사라고 하더라도 자신의 행위가―심지어 강요된 것이라고 하더라도―가치가 있는 것으로 정당화하기 위해서는 침략군에 맞서 싸우는 우리 모두를, 이들을 모두 포괄할 수 있는 민족을 내세우는 것이 효과적인 방법의 하나가 될 수 있다. 그렇게 함으로서 병사는 위로를 얻는 것이다.

여기서의 민족의식은 같은 민족이기 때문에 다른 민족에 의하여 같이 죽을 수밖에 없다는 절박한 상황에서 가지게 되는 특별한 것이고 잠정적인 것이다. 일상적·지속적인 것이 아니므로 그 강도가 낮은 것은 사실이고 이에 따라 그것의 역할을 지나치게 높이 평가할 수는 없다는 것도 다툴 일이 아니다. 그렇다고 그것을 가볍게 볼 수는 없다. 민족의식은 죽음을 각오해야 하는 절박한 상황에서 가져진다. 이 점에서 민족의식은 지극히 현실적인 것이다. 그것이 가지는 사회적 의미가 결코 소홀하게 다루어질 수 없는 까닭이다.

몽고와의 전투에 참여한 군인들의 경우도 저마다 강약의 차이는 있었겠지만 민족의식을 가지고 있었다고 보아야 옳다. 그렇다고 이럴 경우에 민족의식의 관점에서만 병사들을 이해하게 되면 그들의 계층적·계급적·신분적 이해관계 따위가 지워지므로 역사를 제대로 보는 것이 될 수 없다. 반대로 계급적 이해의 관점에서만 접근하게 되면 그들의 민족적 이해를 비롯한 다른 사회적 이해가 무시되므로 역사의 실상을 축소시켜 보게 된다는 점에서 마찬가지로 바람직하지 않다. 참전병사의 민족의식을 인정해야 하듯이 그들의 계급의식·계층의식·신분의식·문화의식(신앙심과 같은)도 똑같이 인정해야 한다. 참전행위에 그들의 민족적 이해가 반영되었듯이 그들의 계급적·계층적·신분적 이해 따위가 아울러 복합적으로 반영되어 있다고 믿어지기 때문이다. 그들의 일상적인 사회의식이 일시적인 민족의식과 타협하여 있는 형국이라고 할 것이다.

민족이건 민중이건 어느 쪽이건 모두를 단 하나만으로 환원시키거나 단 하나만의 선택을 강요하거나 단 하나만의 변화를 추적하거나 하는 태도는 바람직하지 않다. 단일적·단색적·단선적 사고가 보기에 선명하고 쓰기에 편리한 이점이 있다. 그러나 그것은 인간사의 복잡성·복합성과 다양성·다원성을 설명하는데는 너무 큰 한계를 가지고 있다. 더욱이나 그런 사고는 의도적인 것은 아니라고 하더라도 인간사의 진실을 덮고 지우고 버리고 하는 일에 거리낌이 없는 경향이 크다.

끝으로 임지현이 말하는 산업화의 문제를 알아보자. 민족·민족의식·민족주의가 산업화·도시화의 산물이라는 그의 주장을 따르면 산업화·도시화가 근대에 한한 이야기이므로 민족도 따라서 근대의 산물일 수밖에 없게 된다. 물론 근대에 이루어진 산업화·도시화가 민족의식의 강화에 기친 기여는 크다. 그러나 그렇다고 신분제가 그러하였듯이 근대의 산업화와 도시화가 민족의식의 생사여탈권을 거머쥘 수 있을 만큼 절대적인 존재일 수는 없다.  그의 논리는 산업화·도시화 이전에는 사회이동이 없어서 농민의 집단적 자의식이 향촌에 묶여 있었을 뿐이라는 것이다. 그러므로 왕조국가나 이민족 침략자나 모두 그들에게는 공동체 질서에 부당하게 간섭하고 억압하는 외부의 적이었을 뿐이라고 하였다. 그리고 그는 다음과 같이 말하였다.

몽고군에 대한 고려농민의 투쟁도 민족의식에 기초한 민족항쟁이라기보다는 향촌 혹은 농촌공동체의 수호투쟁이라는 성격이 더 강했다고 판단된다. 그것은 이들의 투쟁이, 그것이 민족항쟁이든 민중항쟁이든 간에, 전국적인 규모로 조직되지 못하고 지역적으로 고립분산된 산발적인 투쟁이었다는 사실에서도 간접적으로 입증된다(임지현, 위의 책, p.72).

한국에서 산업화·도시화를 제대로 이야기하자면 1960년대 이후의 일이고 느슨하게 말하자면 20세기 이후의 일이다. 고려의 농민들이 향촌에 갇혀 있었다면 19세기의 농민들도 그러해야 한다. 고려농민들의 대몽항쟁의 성격이 향촌수호투쟁이었다면 동학농민전쟁에 참전한 농민들의 경우도 그러하였다고 해야 이치에 맞을 것이다. 또한 외래 민족의 침략에서 굳이 민족과 국가를 돌려 놓아야 한다면 하필 향촌공동체에서 머물러 있을 필요도 없다. 그들이 가장 빈번한 사회적 교류를 이루는 곳은 가정이고 다음이 마을이다. 사회적 교류의 빈도의 크기가 절대적인 기준이 되어야 한다면 고려농민의 투쟁은 교류가 덜한 향촌공동체를 수호하기 위한 투쟁이었다기보다는 교류가 잦았던 가정공동체나 마을공동체를 수호하기 위한 투쟁이었다고 해야 옳다는 이야기이다.

숱한 전란이 있었고 흉년이 거의 일상화되어 있다시피한 것이 한국의 전통사회였다. 이에 따른 流民이 줄을 잇고 이것이 사회적·경제적·정치적 문제를 일으키는 예는 많았다. 사회적 이동이 없었던 것처럼 말하는 것은 사실과 다르다. 평화시에 만들어진 「신라촌락문서」나 『세종실록지리지』조차도 농민들이 한 곳에 반드시 묶여 있는 것이 아니었음을 시사하고 있다. 조선시대의 전국적 교통망·租運網·장시 따위는 접어두고 고려시대만 보아도 전국적 교통망과 조운망이 잘 갖추어져 있었다. 임지현은 전국적 규모로 조직된 군대조직이 없었던 것처럼 말하지만, 조선은 아예 전국적인 병농일치의 군사조직이 핵심적 구실을 하였고, 고려의 군사조직도 중앙이 장악한 주현군이 역시 그런 성격을 띠고 있었다.

임지현은 민족주의를 반역이라고까지 말하지만 아이러니칼하게도 그가 굳건하게 서있는 입장도 역시 민족주의였다. 다만 그 민족주의는 근대 유럽, 특히 불란서의 역사적 산물로서의 민족주의였다. 민족주의의 입장에서 한국민족주의사학을 비판적으로 검토한 그는 역사의 해석과 평가에 있어서 철저하게 유럽중심적이고 근대(현대)중심적인 태도를 견지하였다. 자연히 그의 연구는 민족주의적인가 아닌가 하는데 관심을 쏟았다. 그 결과 본의든 아니든 그것과 직접 관련이 없는 많은 사실들을 돌려놓고 이야기하게 되었다. 유럽의 사실을 중시하다 보니 그와 견주어 맞지 않은 많은 사실들은 논의 밖으로 밀려나게 되었다. 또한 근대에 지나치게 매달리게 됨으로서 전근대의 많은 사실들이 빛을 잃고 역사의 맥락에서 사라지게 되었다.

임지현의 논의를 좇다가 보면, 민족과 민족의식과 민족주의에 관한 유럽인과 근대인은 절대권력을 행사하는 황제처럼 느껴지기도 한다. 민족은 유럽만이 근대만이 배타적으로 소유할 수 있는 그들을 위한 그들의 寶刀처럼 생각되기도 한다. 사실이 정말 그러하다면 동양이나 한국의 전근대사회에서의 민족은 처음부터 아예 거론할 필요조차 없는 것이다. 왜냐하면 민족이 근대유럽인의 역사적 소산이고 그것을 고집한다면 그와 같은 것은 다른 사회 다른 시대에서는 있을 수가 없을 터이기 때문이다. 임지현은 그의 논의에서 한국의 전근대에 민족이 없었다는 사실을 처음부터 끝까지 힘을 주어 거듭 이야기하고 있는데 이것이 그 반증이다. 강만길이 한국근대사가 모두 실패한 역사였다고 본 것도 그 점을 반증하고 있는 것이다.

# Ⅵ. 맺는말

이상에서 필자는 민족주의사학이 가지는 역사인식상의 특성들에 접근하여 보았다. 민족주의사학을 대표할 수 있는 신채호·손진태·강만길을 중심으로 검토하였다. 그러나 되도록 최근의 민족주의사학론에 주목할 필요가 있다고 느껴져서 필자는 신채호와 손진태에 대하여는 깊게 이야기하지 않았다. 그 대신 필자는 최근에 한국의 민족주의사학론을 거론한 강만길과 임지현에 주목하였다. 이 글은 주로 강만길과 임지현의 민족주의사학론을 비판적으로 검토한 것이라고 보아도 좋다. 필자가 이야기한 바를 간추려 보면 다음에서와 같다.

첫째로, 한국의 민족주의사학이 서 있는 민족주의의 관점에는 이념으로서의 민족주의와 이론으로서의 민족주의가 동시에 전제되어 있다. 그리고 이념으로서건 이론으로서건 민족주의사학자들에게 역사해석의 기본틀이 된 민족주의는 유럽의 역사적 사실에 바탕을 둔 것이다. 유럽적 민족주의에 입각해서 쓰여진 그들의 역사서술에는 두 가지 모순되는 현상이 특징적으로 드러나 보인다. 하나는 민족을 역사의 소산으로 이해함으로써 그것이 생성한 이래 시대의 변화에 따라 진화한다고 이해하는 점이고 다른 하나는 그럼에도 불구하고 근대에 특별한 지위—민족에 대한 독점적·배타적 권리—를 인정함으로써 진화가 근대에 와서 멈춘다고 보는 점이다. 후자는 무엇보다도 이념으로서의 민족주의가 역사해석에 강력한 영향력을 행사한 결과로서 보아도 좋은 대목이다. 근대의 민족국가는 민족주의자들이 혁명을 통하여서라도 이루기를 간절히 바라는 이상사회이므로 혁명의 대상이 되는 전근대와는 거의 절대적으로 구별되지 않으면 안되는 그러한 성격의 것이다.

둘째로, 민족주의의 관점은 거대관점에 해당한다. 따라서 그 관점에서 포괄할 수 있는 시대적·사회적 범위는 넓다. 자연히 민족주의의 관점은 그만큼 단단한 논리적 체계를 가지고 있다. 헤겔철학이 밑바탕이 된 계몽사학의 전통 위에 서 있는 것이 민족주의적 관점이다. 헤겔은 개인이 정신(이성)을 자각해 가는 과정으로서 역사를 이해하였다. 개인의 자각은 자신이 자유롭다는 생각과 함께 그 자신이 정신(이성)과 실제로 하나가

되는 것까지를 포함한다. 그런데 이와 같은 개인의 완전한 자유와 합리
성은 역사의 주체가 되어 그것을 끌고 가는 민족국가에 의해서만 실현
될 수 있는 것이었다. 그러므로 민족국가는 두 가지 특징을 가진다. 하
나는 모든 개인이 민족에 포섭되어 견고한 하나의 통일된 실체를 이루
어 역사의 주체가 된다는 것이다. 다른 하나는 모든 개인이 민족에 포섭
됨으로서 완전한 자유와 합리성을 확보하게 된다는 점이다. 그러나
Duara가 힘주어 말한대로 하나의 통일된 견고한 민족의 주체성이 현실적
으로 항상 존재하기는 쉽지가 않다. 개인에게 있어서의 이성과 이에 바
탕을 둔 합리적 판단도 정도의 차이는 있지만 민족국가가 아닌 부족사
회라든가 근대 이전의 사회에서도 얼마든지 실재하였다. 그러므로 이것
을 전제로 한 민족국가론과 민족주의사학은 받아드리기 어렵다.

　셋째로, 민족주의사학은 유럽의 역사적 사실에 바탕을 둔 민족주의를
한국사의 해석에서 거의 유일한 기준으로 삼는다. 이와 같은 유럽주의
적 역사해석은 흔히 보편적 관점이라고 하는 미명 아래 이루어지고 있
다. 보편적 관점은 서로 견주어지는 쌍방의 특수성을 훼손하지 않는 범
위 안에서 공정하게 연구가 이루어질 때 의미가 있는 것이다. 그러기
위하여서는 쌍방의 특수성을 포괄하는 한 단계 높은 제 3의 개념을 설
정해서 그것을 기준으로 해서 비교가 이루어져야 할 것이다. 어느 한
쪽을 기준으로 삼아서 그것에 맞는지 안 맞는 지를 따지는 일은 그 자
체가 의미가 별로 없다. 더욱이나 딱한 것은 이쪽 기준에 안 맞는 저쪽
의 사실들은 졸지에 삭제·축소·왜곡의 비운을 맞게 된다는 사실이다.
요즈음은 서양사람들부터가 종래 자신들의 유럽주의적 역사해석을 반성
하고 있다. 한국의 사정은 오히려 그렇지가 않아서 기이한 느낌마저 주
고 있다.

　넷째로, 민족주의사학은 근대에 생성된 민족주의를 한국사의 평가에
있어서 거의 절대적인 기준으로 삼는다. 이와 같은 근대주의는 근대인
을 지나치게 우월한 것으로 내세운다. 반면에 전근대인을 한껏 낮추고

함부로 부리는 경향이 있다. 본래 민족주의가 문명과 야만을 가르는 계몽사학의 적자이고 우월과 열등을 가르는 사회진화론의 세례를 받았다는 점을 떠올리면 그러한 경향이 당연한 것인지도 모르겠다. 근대를 마치 전지전능한 신처럼 떠받들다보니 전근대는 근대를 감히 넘볼 수도 없는 왜소한 존재로 전락하게 되었다. 근대와 만나야 할 전근대는 역사의 뒤켠에 비켜 서 있는 형국이 되었다. 근대주의적 역사평가가 이와 같은 비역사적·반역사적 입장을 버리지 않는 한 역사의 단절은 불가피한 것일 수밖에 없다. 역사의 단절을 허용하는 한 역사학이 파국을 비껴 가기도 어려울 전망이다.

# 분단의 극복과 민족주의의 과제

최 영 호*



## Ⅰ. 머리말

한반도에 두 개의 정치체제가 들어선 이후 50년이 지난 오늘날까지 기본적으로 남북간의 긴장상태는 그대로 유지되어 오고 있으며 베를린 장벽이 무너진 지 10년이 되었는데 한반도에서는 여전히 분단의 그늘이 걷히지 않고 있어 인적 물적인 왕래도 자유롭지 못하다. 구 소련이 민족국가들의 연합체로 해체되고 동유럽의 국가들이 사회주의 체제에서 벗어난 지 10년이 다 되어 가는데 북한은 여전히 강력한 국가통제 가운데 북한 고유의 사회주의 체제를 유지하고 있다. 남북한 정부가 민족의

---

* 영산대학교 국제학부 교수.

166

통일을 공통과제로 제시하고 있으면서도 막상 분단극복의 실현방안을
둘러싸고는 좀처럼 의견을 좁히고 있지 않은 현실은 우리에게 한반도
통일의 과제가 얼마나 어려운 것인지를 입증해 주고 있는 것이다.

　이 글에서 논하고자 하는 것은 남북한에서 민족에 대한 인식이 어떻
게 전개되어 왔고 남북한 정부의 분단극복 노력이 각각 어떻게 전개되
어 왔는가를 살펴봄으로써 민족인식의 공유점을 기초로 하여 분단극복
을 위한 현실적 방안을 제시하는 일이다. 우선 민족인식의 문제를 먼저
논하지 않을 수 없는 것은 정치적 이념에 대한 일반적인 사고와 행동이
남북분단의 현실과 과제를 방향지우고 있기 때문이며 남북한 구성원이
서로 상대방의 정치적 사고와 행동을 이해하는 일이야말로 분단극복의
첫걸음이 되기 때문이다. 이 두 문제는 각각 서로 다른 성격을 가진 것
으로서 민족인식의 문제에만 국한시킨다면 남북한의 다양한 계층의 정
치의식을 분석하고 평가해야 하는 인식론적 접근방법이 필요할 것이고
분단극복의 문제에만 국한시킨다면 정부와 민간의 통일정책을 분석하고
평가해야 하는 정책학적 접근방법이 필요할 것이다. 다만 두 문제를 하
나의 문맥으로 엮어내려고 하는 이 글에서는 두 가지 접근방법을 적절
히 혼용하는 것이 무난할 것으로 본다.

　남북한에 있어서 민족인식의 문제는 표출된 민족주의를 통해 포착할
수 있다. 해방 이후 오늘날에 이르기까지 한반도에 상이한 두 개의 정
치체제가 각자 뿌리를 내리면서 다양한 계층에 의해 각양각색의 이념으
로 주장되어 왔다. 다양한 민족주의의 표현양상을 논리적인 단순화 위
험을 무릅쓰고 대별한다고 하면 「위로부터의 민족주의」와 「밑으로부터
의 민족주의」로 나누어 생각할 수 있을 것이다.1) 「위로부터의 민족주

---

1) 일찍이 미국의 사회학자 워쓰(M. Wirth)는 집단간의 권력경쟁양상을 토대로
　하여 민족주의를 패권적 민족주의(Hegemony Nationalism), 분파적 민족주의
　(Particularistic Nationalism), 변방적 민족주의(Marginal Nationalism), 그리고 소
　수민적 민족주의(Nationalism of the Minorities)로 분류한 바 있다. 지향하는 국
　가건설목표가 통일국가이든지 혹은 분단국가이든지 간에 이 네 가지 민족주

」는 남북에 걸친 각각의 정권담당세력이 정권의 정당화와 함께 국가건
설과 국민통합을 주도하기 위해 사용해 온 이데올로기를 일컫는 말이며
「밑으로부터의 민족주의」는 국내사회의 다양한 세력이 국가권력에 대하
여 충성·이의제기·저항 등의 방법으로 대응하기 위한 기재로 사용해
온 이데올로기를 일컫는 말이다. 온전한 민족주의의 이해를 위해서는
이 두 가지 민족주의가 상충하는 과정과 교합하는 과정을 동시에 파악
해야 할 것이다.2) 다만 이 글에서는 남북한 정부의 통일정책을 주로 다
루고자 하는 입장에서 아무래도 「위로부터의 민족주의」를 중심으로 논
하게 될 것이다.

 본문에서 먼저 오늘날 전개되고 있는 민족주의와 민족에 대한 논의
를 간략히 정리하고 한반도의 현실상황에 적용시키고자 한다. 그리고
시기별로 남북한 당국이 분단극복을 위해 내놓은 주장과 현실적 방안의
특징을 개괄하고자 한다. 이때 거시적 관점에서 통일정책의 흐름을 개
관하는 입장에서 세세한 정책의 설명은 회피하고 특징적인 이념의 주장
내용과 성격을 살피는데 그치기로 하며 시기구분에 있어서도 편의상 50
년대에서 90년대까지의 10년 단위의 구분을 택하기로 한다. 그리고 마
지막으로 분단의 극복을 위해 남북한 당국이 현실적으로 취해야 하는
정책이 무엇인가에 관해 논하기로 한다.

---

 의 유형 중에서 정권담당세력이 주도하는 패권적 민족주의가 「위로부터의 민
 족주의」에 해당하며 그 나머지 유형의 민족주의는 「밑으로부터의 민족주의」
 에 해당한다고 할 수 있다. Max Wirth, "Types of Nationalism," *American
 Journal of Sociology*. 41, 1936, 723~737면.
2) 최영호, 『재일한국인과 조국광복』(서울: 글모인, 1995), 48~50면.

# Ⅱ. 남북한의 상이한 민족주의 논의

## 1. 민족주의에 대한 일반적 논의

민족주의(Nationalism)을 다른 이데올로기(-ism)와 같이 특정 이데올로기의 범주에 넣을 수 있는지 없는지에 관해서 오늘날 정치학계에서 여러 가지 견해가 존재하고 있다. 아담스(I. Adams)와 같이 민족주의를 근대적인 이데올로기 중에서 가장 대중들에게 확산된 특정 이데올로기로 간주하는 학자들이 있는가 하면 볼(T. Ball)이나 데거(R. Dagger)와 같이 민족주의가 다른 이데올로기와 얽혀있는데다가 독특한 이데올로기적 특성을 갖지 않기 때문에 민족주의를 특정 이데올로기로 간주하지 않는 학자들이 있다. 그 밖에 또 한편으로 민족주의가 특정 이데올로기인가에 대한 논의는 회피하고 다른 정치학적 관심들의 대상으로서 민족주의를 다루고 있는 학자들도 있다.[3]

본고는 주어진 과제의 성격상 이러한 논의에 깊이 가담하는 것은 불가능하지만 다만 분단극복의 논리를 전개하려는데 있어서 민족주의가 특정한 이데올로기가 될 수 없음을 미리 전제하지 않을 수 없다. 특히 남북한의 민족주의를 비교하여 논하려는 입장에서 볼 때 민족주의는 자유주의, 자본주의, 보수주의, 사회주의, 공산주의 등을 포함한 포괄적인 이데올로기로 보인다. 새로운 독립국가 건설과정에서는 어느 정도 민족주의가 고유한 형태와 기능을 보이기도 하지만 일단 그 목적이 이루어지고 나면 다른 온갖 이데올로기와 결부되면서 강력한 통합력을 갖게 된다.[4] 따라서 민족주의를 특정한 이데올로기의 범주(Category)에 제한시킬 수 없으며 '국민통합을 위한 이데올로기'로서 포괄적으로 이해하

---

3) Michael Freeden, "Is Nationalism a Distinct Ideology?," *Political Studies*. 46-4, 1998. 9, 748면.

4) 차기벽, 『한국민족주의의 이념과 실태』(서울: 까치, 1978), 62면.

는 것이 타당할 것이다.[5]

즉 민족주의는 국민들로부터의 민주적 요구와 함께 국가로부터의 체제유지적 요구가 복합되어 생성되는 정치적 이데올로기로서, 국민국가는 본질적으로 국민으로부터 정당성을 확보하기 위해 국민들이 공감하는 국가 이데올로기를 필요로 하며, 마찬가지로 국민들도 국가로부터의 보호와 혜택을 누리기 위해 직접적으로 혹은 간접적으로 국가 존립을 위한 이데올로기를 필요로 하는데서 발생한다. 이처럼 근대 국민국가에 있어서의 민족주의는 국가와 국민이 상호간의 존재를 확인하는 대화라고 할 수 있으며 국민국가가 갖는 역사적 경험과 현실적 상황에 따라서 각각 그 표출형태를 달리 하게 되는 것이다.[6]

이처럼 민족주의를 국민통합의 이데올로기로 볼 때 다음 두 가지 주의해야 할 사항을 지적할 수 있다. 첫째는 민족주의가 반드시 '민족'이라는 용어만을 사용해야하는 이데올로기가 아니라는 점에 주의해야 한다. 민족주의는 국민통합을 목적으로 하는 이데올로기로서 민족에 대체할 수 있는 용어들을 얼마든지 창출할 수 있기 때문이다. 즉 근대 국민국가가 존재하는 한 어떠한 형태로든지 함께 존재하는 이데올로기라고 할 수 있으며 냉전시기의 북한정권처럼 민족주의를 일부 계층의 이데올로기로 간주하여 이를 부정하거나 비판하는 국가체제에서도 나름대로 국민통합의 이데올로기로서의 민족주의를 가지고 있는 것으로 볼 수 있다. 국민국가로서의 역사적 경험과 현실적 상황에 따라 어떤 국가에서

---

5) 일찍이 민족주의 연구자 헤이즈는 60년의 저작을 통하여 민족주의 중에는 역사상 초자연적인 종교와 조화 내지 결부될 수 있는 유형도 있고 공산주의와 같이 유물론적이고 무신론적인 운동에 유사종교적인 인정을 허용하는 유형도 있다고 보았다. 따라서 그는 스탈린체제에서도 민족주의적 요소가 있었다고 하므로써 본 논문의 관점과 같이 민족주의를 공산주의와 여타 이데올로기를 포괄하는 것으로 보았던 것이다. Carlton J.H. Hayes (차기벽 역), 『민족주의』 (서울: 문명사, 1972), 36～39면, 223～241면.

6) 山影進, 『對立と共存の國際理論: 國民國家體系のゆくえ』(東京: 東京大學出版會, 1994), 253～258면.

170

는 원색적인 '민족' 용어를 사용한 대화가 주로 표출되는가 하면 어떤 국가에서는 다채로운 용어들을 사용한 대화가 주로 표출된다. 일반적으로 국가형성 초기에 있어서는 위로부터이건 밑으로부터이건 원색적인 민족개념이 자주 사용되는 반면에 국가의 발전과정에 따라 국민들의 관심이 국가로부터 사회로 그 비중이 옮겨가게 되면서 '민족'에 대체할 수 있는 다양한 함축적인 용어들이 다양하게 사용된다.[7]

또 하나 주의해야 할 것은 민족주의의 이념성과 양면성이 주관적인 해석과 일방적인 해석을 낳는다는 점이다. 본래 민족주의는 실체가 아니라 이념인 까닭에 생각하는 사람에 따라 각각 자기중심적으로 해석되기 쉬운 것이며 특히 적대적인 국가 사이에서는 자국의 민족주의를 숭고하고 아름답게 해석하며 상대국의 민족주의를 악하고 추하게 해석하기 쉽다. 따라서 이제까지 시대와 장소 그리고 다양한 사회적 경제적 조건에 의해 생성되는 민족주의에 대해서 관찰자가 각각의 견해와 관점에 따라 다양하게 설명해 오고 있으며 아울러 역사학이나 정치학에 있어서 민족주의의 기원이나 역사적 전개과정에 대해서는 끊임없이 다양한 연구가 행하여져 왔던 것이다.[8]

최근에는 예전의 국민국가의 형성이나 발전과는 달리 국민국가의 변형이나 해체가 국제관계의 현실에서 주목할 만한 현상이 되고 있어 또 다른 의미에서 민족주의가 여전히 연구대상이 되고 있다. 역사상 19세기에 확립된 국민국가체계가 국민형성의 성공사례로 여겨져 오던 것이 현대에 들어 내적으로는 국민국가가 안고 있는 소수민족집단(Ethnic groups)에 의한 분쟁이 빈번히 발생하고 있는데다가 외적으로는 국가간의 지역통합이

---

7) 예를 들어 패전 이후 일본에서는 점령기와 민주화 과정을 거치면서 민족의 원색적 표현을 꺼리고 '민주' '평화' '인류' '인격' '진리' '문화' '문명' 등과 같은 민족 관련 미사여구들이 널리 사용되어 왔다. 최영호, 「현대일본의 민족주의 논의 전개양상에 대한 하나의 고찰」, 『21세기정치학회보』 9-1, 1999, 288~315면.
8) 차기벽, 『민족주의원론』(서울: 한길사, 1990), 3장.

활발히 전개되고 있어 이러한 국제관계현실이 종래의 민족주의에 대한 이해로부터 새로운 이해로 전환을 요구하고 있기 때문이다. 경제적인 세계화(Globalization) 추세가 국민국가의 체계를 변화시키고 있는 오늘날 여전히 국민국가의 존속과 발전을 주시하는 학자들 사이에서 다음과 같은 두가지 민족주의 연구경향의 특징을 발견할 수 있다.

첫째는 사회적 학습과정의 일환으로서의 국민국가의 역동성(Dynamics)을 강조하는 경향이다. 사회과학에 있어서 도이취(K.W. Deutsch)를 대표로 하는 커뮤니케이션 이론이 일찍이 50년대부터 민족주의에 관련한 개념들을 사회학적 관점에서 정의한 바 있으며 국민국가체계에 있어서의 통합과 분열이라는 양면적 역학작용에 관해 여전히 적절한 분석도구를 제공하고 있다고 평가되고 있다.[9] 이와 같은 연구경향 중에 오늘날 두드러지게 나타나는 경향으로 케네디(P. Kennedy)나 길핀(R. Gilpin)과 같은 국제관계 연구가들이 국제적 상호주의 추세에 대한 국민국가의 끊임없는 대응을 전망하는 경향을 들 수 있다. 이들은 국민국가가 비록 상호의존성의 확대에 따라 밖으로부터 세계화 압력으로부터 위협을 받게 되지만 이 위협에 대해 국내세력의 보호를 위해 군사력을 강화하거나 보호주의 정책을 강화하여 대응해 갈 것으로 전망하고 있다.[10]

둘째는 서구에서 확산된 근대적 국민국가체계의 당위성에 의문을 제기하고 국민국가의 의제성(Fictitiousness)을 강조하는 경향이며, 이것은 주로 소수민족의 연구에서 두드러지게 보인다. 한국에서는 아직 본격적인 연구가 이루어지고 있지 않으나 미국의 정치학계에서는 이미 1970년

---

9) Karl W. Deutsch, *Nationalism and Social Communication: An Inquiry into the Foundations of Nationality.* (Cambridge: Technology Press, 1953), 4장; Karl W. Deutsch, *Nationalism and Its Alternatives.* (New York: Alfred A. Knopf, 1966), 171~172면.

10) Paul Kennedy (변도은 · 이일수 역), 『21세기 준비』(서울: 한국경제신문사, 1993). 163~179면; Robert Gilpin, *War and Change in World Politics.* (New York: Cambridge University Press, 1981), 223~228면.

대에 들어 이론화되기 시작하여 1973년에 창간된 학술잡지 『Ethnicity』에 의해 학문으로서의 제도적 기반을 다졌다. 소수민족 연구의 대표적인 학자로 여겨지는 스미스(A. Smith)는 기존의 민족주의 이론이 국민국가를 근대적 생산양식을 기반으로 했다고 보는데 대해 이의를 제기하고 국민국가의 기초가 되는 것은 근대적 요소가 아니라 전근대적인 요소로서의 문화적 정체성, 즉 종족성(Ethnicity)이라고 주장한다. 따라서 세계화 추세는 근대적인 요소로서의 경제적 기술적 변화를 초래하지만 그것이 곧바로 문화적 정체성을 변화시키지는 못할 것으로 보는 것이다.[11]

이러한 민족주의 연구경향에 비추어 보면 앞으로도 남북한에 있어서의 민족주의 전개양상과 남북통일 과정은 국내외적으로 계속적인 연구대상이 될 것으로 보인다. 민족주의 연구가에게 있어서 남북한 정부가 국내적인 변화와 대외적인 세계화 압력 그리고 남북간의 세력균형변화에 대해 각각 어떻게 대응해 왔으며 대응해 갈 것인지, 그리고 비교적 단일화에 가까운 종족성을 국민통합 이념의 가장 큰 근거로 하고 있는 남북한 정치체제가 각각 자신의 의제성을 어떻게 극복해 왔으며 극복해 갈 것인지는 끊임없는 관심사가 될 수밖에 없다.

## 2. 남한의 민족주의 인식

식민지지배의 종결에 따라 한반도에 형성된 과도기적인 국가체는 새로운 국제질서를 담당하는 연합국의 강력한 영향 아래 새로운 국가질서를 마련하는 과정에서 분단된 남북한 정권을 창출시켰다. 남북한 모두 새로운 국민형성 및 통합을 추진하는 과정에서 과거 식민지 유산에 따른 왜곡된 정치 경제 사회적 질서로부터 새로운 질서를 향한 변혁과정을 겪게 된다. 남한이 북한에 비해 상대적으로 자본주의적 국제질서에

---

11) Anthony Smith, "National Identity and the Idea of European Unity", *International Affairs*. 68-1, 1992. 1, 64~67면.

영향을 받아 지속적인 진화(evolution)과정을 통하여 구질서를 변화시켜 갔다고 한다면 북한은 상대적으로 사회주의적 국제질서에 영향을 받아 혁명(revolution)과정을 통하여 구질서를 붕괴시켜 갔다고 할 수 있다.

광복 이후 오늘날에 이르기까지 남한에서는 서로 다른 두 가지 민족주의 인식이 서로 갈등관계를 이루며 전개되어 왔다. 하나는 「위로부터의 민족주의」로서 국가주의적 민족주의라고도 할 수 있으며 이는 국가와 민족을 일체화시키는 것이며 또 하나는 「밑으로부터의 민족주의」로서 민중적 민족주의라고도 할 수 있으며 이는 민주화의 연장선상에서 국가권력을 최소화하려는 것이다. 한편으로 「위로부터의 민족주의」는 정권의 정통성과 효율성을 확보하기 위한 통치 이데올로기로서 시기에 따라 강화되기도 하고 약화되기도 했지만 전반적으로 국가와 민족을 일체화하는 특징을 보여 왔으며 이와 함께 근대화 논리에 입각하여 경제발전전략을 구사하는 특징을 보여 왔다.12) 반면에 「밑으로부터의 민족주의」는 한국사회의 민주화과정에서 맑스주의적 인식과 방법론이 수용되는 가운데 발생한 다양한 형태의 국가권력에 대항하는 운동권의 이데올로기로서 반외세 자주화와 민중에 의한 통일운동을 지향한다는데 공통적인 특징을 보여 왔다.13)

두 가지 방향의 민족주의를 하나로 묶어 그 공통적 특징을 살펴보면 북한의 민족주의에 비해 대체로 다음과 같은 특징과 한계를 발견할 수 있다. 첫째는 반외세를 주장하지만 자체적 진화과정을 경험하지 못한 까닭에 내재적인지 못한 외생적 민족주의로서 주체성을 결여하고 있다는 특징을 갖는다. 둘째는 계급의식이나 이념적 순수성이 결여되어 그 전개방향이 불투명한 성격을 갖는다. 셋째는 식민지 지배에 대한 반감이 지나친 나머지 서구세력의 확장에 대한 긴장이 부족하다. 넷째는 이

---

12) 조민, 「남북한 민족주의 비교연구」, 노태구 등, 『민족주의와 사회주의』(서울: 민족문제연구소, 1996), 286~295면.
13) 위의 책, 297~299면.

중적 성격의 민족주의로서 제각기 통일을 지향한다고 주장하지만 실제로는 각종 파벌의식이 뿌리깊이 작용하고 있어 분파성을 가지고 있다.[14)

이와 같은 특징은 민족주의를 절대적이고 불변하는 것으로 보는 사람들이 남한의 민족주의를 부정적으로 보는데 대체로 공감하는 부분이다. 그러나 관점을 바꾸어 민족주의를 의제성에 기인한 이데올로기로서 역동성과 가변성을 지닌 포괄적 이데올로기로 볼 때는 이러한 특징들이 반드시 부정적으로만 보이지는 않을 것이다. 다양한 관점을 포용할 수 있는 관대한 자세와 현실이익에만 급급하지 않는 여유있는 시각으로 바라본다면 남한의 다양한 민족주의가 어떠한 국내외적인 변화에도 무난하게 대응할 수 있는 긍정적인 특성을 가진 것으로 보여질 것이다.

## 3. 북한의 민족주의 인식

민족주의를 국민통합의 이데올로기로 볼 때 결과적으로 북한의 민족주의는 사회주의적 애국주의이며 이는 '주체'사상으로 요약된다. 김일성이 북한정부 수립 이후 여러 차례에 걸쳐 맑스·레닌주의의 '창조적 적용'을 단편적으로 주장하기는 했지만 체계화된 '주체'사상을 당정책으로 처음으로 공식 거론된 것은 55년 12월에 김일성이 노동당 선전 선동자 대회에서 "사상사업에서 교조주의와 형식주의를 퇴치하고 주체를 확립하는데 대하여"라는 제목으로 연설한 때라는데 이견이 없다.[15) '주체'사상은 사회혁명과 국가건설을 자주적으로 해 나간다는 자각을 가지는 것을 의미하며 자국의 혁명을 중심에 놓고 모든 것을 사고하고 실천하며

---

14)  한점수, 『민족주의·민족이념: 한국민족주의 이데올로기』(서울: 법문사, 1983), 23~25면.

15)  김갑철, 「북한 정치이데올로기의 본질」『자유아카데미연구논총』 6, 1978. 6, 131~137면; 사회과학원 역사연구소, 『현대조선역사』(서울: 일송정, 1988), 360면.

모든 문제를 자기의 지혜와 힘으로 풀어나가는 관점과 태도를 가지도록
하는 것을 말한다.

　주지하는 바와 같이 북한에서는 민족주의를 사회주의와 대립하는 이
데올로기로 보고 "계급적 이익을 전민족적 이익으로 가장하고 자기 민
족의 '우수성'을 내세우면서 다른 민족을 멸시하고 증오하며 민족들 사
이의 불화와 적대를 일삼는 부르조아 사상"이라고 비판해 왔다. 즉 민
족주의를 사회주의적 애국주의 또는 프로레타리아 국제주의와 적대되는
것으로 '민족적 이익과 배치되는 반동적 사상'으로 규정해 왔다.16)

　그러나 북한정권도 국민통합을 위해서는 조선 '민족'의 우수성을 주
장해 온 터라 민족주의에 대한 비판이 부분적으로 자가당착적 주장임을
인식하지 않을 수 없었다. 특히 김정일이 86년 7월에 처음 제시하여 오
늘날까지 이어져 내려오고 있는 '조선민족 제일주의'가 실제로 노골적
인 민족주의 슬로건이라는 것은 두말할 필요가 없다. '조선민족 제일주
의'는 북한의 자주의식을 나타내면서 "위대한 수령을 모시고 위대한 당
의 영도를 받으며 위대한 주체사상을 지도사상으로 삼고 가장 우월한
사회주의에서 사는 긍지와 자부심"을 나타낸 것이기 때문이다. 다만 여
기서 말하는 조선민족은 한민족 전체를 가리키는 것이 아니라 북한의
인민만을 가리키는 편협한 용어로 쓰이고 있다.17)

　나아가 탈냉전에 따른 사회주의 몰락과 민족국가들의 대두에 직면하
여 북한은 과거 자본가계급의 사상이란 측면에 초점을 맞추어 비판해
오던 민족주의를 이제는 긍정적으로 수용하지 않을 수 없게 되었다. 따
라서 90년대에 들어서 사회주의 국가들의 몰락에 따른 북한 주민들의
동요를 막고 김일성 유일영도체제를 수호하기 위한 방편으로 김일성 스
스로 과거의 민족주의 비판 주장을 번복하고 민족주의를 진보적인 사상

---

16) 사회과학출판사(편), 『정치사전』(평양: 사회과학출판사, 1973), 430~431면.
17) 이종석, 『현대 북한의 이해: 사상·체제·지도자』(서울: 역사비평사, 1995),
　　118~121면.

으로까지 찬양하기에 이른 것은 자연스런 귀결로 보여진다. 그는 91년 8월 5일자 노동신문에서 「우리 민족의 대단결을 이룩하자」라는 글을 통해 민족주의가 처음부터 자본가계급의 사상이 아니었으며 민족을 위하여 유익한 일을 하는 사람이 참다운 민족주의자라고 훈시했다. 국제사회에서 사회주의 국가체제가 붕괴하는 가운데 김일성은 자신을 민족주의의 정통성을 가진 지도자로 정당화하기에 이른 것이다.18)

이러한 북한의 민족주의에 대한 인식변화는 민족에 대한 인식변화와 함께 이루어져 왔다. 85년에 발간된 『철학사전』에는 스탈린의 민족 정의에 기초하여 민족을 "핏줄과 언어, 영토와 문화의 공통성에 기초하여 역사적으로 형성된 사회생활 단위이며 사람들의 공고한 집단"이라고 규정하고 다음과 같이 부연 설명하고 있다. "씨족공동체가 해체된 다음 사람들이 자주성을 옹호하기 위한 장구한 역사적인 투쟁과정에서 핏줄과 언어, 영토와 문화의 공통성에 기초해 결합하면서부터 형성되기 시작하였다. 민족은 사회적 요인의 작용에 의해 역사적으로 형성된 공고한 공동체"라는 것이다.19)

그런데 민족의 공통조건이 무엇인가에 대해서 시기적으로 점차 인식을 달리해 왔다. 60년대까지는 스탈린이 정의한 민족조건, 즉 핏줄·언어·영토·문화 중에서 모든 공통조건을 갖춘 인민으로 보아왔으나 70년대에 들어서 민족의 공통조건 중에 언어를 가장 중요한 조건으로 간주하는 부분적 변화를 보였고 80년대에 들어서는 남한과 별개의 경제제도를 주장한 「고려연방제」주장에 맞추어 민족의 요소에서 아예 경제생활의 공통성을 삭제하고 핏줄(혈연)을 이에 대체시켰다. 오늘날 북한이 더욱 강조하고 있는 혈연적 공통성은 과거 맑스주의자들이 반동적인 부르조아 민족이론이라고 비판하던 것으로 이는 결국 맑스주의적 전통과

---

18) 임채완, 「북한의 민족주의 이론과 그 변화추이」, 『정신문화연구』 17-2, 1994.
6, 43~46면.
19) 사회과학원철학연구소, 『철학사전』(서울: 도서출판 힘, 1988), 223면.

의 결별을 의미하는 것으로 해석할 수 있다.[20]

언뜻 보면 혈연과 영토를 민족의 가장 중요한 공통요소로 간주한다는 데서 남한의 인식과 다르지 않다고 느낄 수 있다. 그러나 구체적으로 살펴보면 전혀 다른 민족의식을 가지고 있다는 것을 알 수 있다. 무엇보다도 민족을 여전히 혁명투쟁의 기본단위로 본다는 점에서 남한에서의 인식과 성질을 달리 하고 있다.[21] '조선민족 제일주의'에서 암시하는 바와 같이 평화적 통일민족국가를 향한 한민족 전체를 지칭하는 것이 아니라 '주체'형 사회주의를 추종하는 북한 인민을 민족으로 간주하고 있을 뿐이며 북한체제에 추종하지 않는 인민은 반(反)민족으로 간주하고 있는 것이다.


## Ⅲ. 한반도 통일 움직임의 전개과정

남북한 정부는 각각 분단체제를 변화시켜야 한다는 점에서 공통적인 과제로 인식해 왔으면서도 이에 대한 접근방법에서 서로 다른 양상을 보여 왔고 각자의 정권유지에 유리한 접근방법을 상대방에게 강요하는 형태로 통일정책을 각각 추진해 왔다. 남북한 정부가 주장해 온 국민통합의 이념과 통일정책을 시기별로 개괄하면 다음과 같다.

### 1. 40-50년대의 통일 움직임

45년 8월의 광복은 한국민족에게 즉각적인 완전 국가독립을 가져다 주지 않았다. 2차대전 후의 미소대결에 의한 세계질서가 한반도에 분단

---

20) 이종석, 앞의 책, 113~115면.
21) 사회과학원철학연구소, 앞의 책, 224면.

을 강요했다. 정부수립 이후 한국전쟁의 발발 시기까지 세계질서에 맞추어 남북한의 국가이념이 틀지워졌으며 그 가운데 통일정책도 분명해졌다. 남북한이 서로 상대방 정부의 정통성을 인정하지 않는 가운데 전혀 다른 통일방안을 개별적으로 추구했다. 이승만 대통령은 기본적으로 한반도에서의 미국의 패권을 수용하며 반공정책에 기초하여 국정을 운영하기 시작했다. 남한정부 수립 직후 이대통령의 반공통일 주장을 그대로 인용하면 다음과 같다.

> 해방 후 2년간은 미국의 정책이 수립되지 않았던 관계로 우리는 공산당과 대결하는데 많은 곤란을 겪었습니다. 그러나 트루먼 대통령의 새로운 정책이 우리 한국에 새로운 희망을 주게 되었습니다. 오늘날 세계는 공산과 민주의 두 개의 충돌하는 주의로 심하게 투쟁하는 중간에 끼이게 되었습니다. 빠르건 늦건 이 양자간의 투쟁은 이 두 개의 주의 중 어느 쪽인가가 승리를 얻는 것으로 결착이 나겠지요. 공산주의는 커다란 전염병입니다. 세계의 막대한 병력과 재력을 가지고도 어떻게도 하기 힘들고 다만 사람들이 남녀를 불문하고 들고 일어나 민주주의와 민주조직을 위해 계속 싸워야 합니다. 여기에서 세계의 모든 민주국가는 자기의 본존을 위해 거취를 함께 해 가야 합니다.[22]

이에 반하여 김일성 수상은 한반도에서의 미군과 UN의 철수를 주장하며 남북협상과 통일전선에 의한 공산화 통일을 주장했다. 북한정부 수립 직후 김 수상이 밝힌 공산화통일 주장을 그대로 인용하면 다음과 같다.

> 전후 위대한 소비에트 동맹이 쟁취한 평화건설의 승리와 동남유럽 국가들에 있어서의 인민민주주의제도 확립, 그리고 중국인민이 쟁취한 위대한 승리는 세계민주진영이 한층 강화되어 전반적인 승리를 향해 나아가

---

22) 49년 3·1절 기념사 「국가민족을 수호하라」(1949년 3월 1일)에서, 공보처, 『대통령이승만박사담화집』(서울: 공보처, 1953), 15~16면.

고 있는 것을 나타낸다. 이와 동시에 전후 각국에 있어서의 국제적 노동운동은 한층 발전했으며 새로운 전쟁방화자에 반대하는 평화옹호운동은 점점 치열해졌으며 식민지·반식민지·종속제국의 민족해방운동은 격화되고 있다. 이러한 사실들은 국제반동세력이 패퇴 약화되고 세계민주세력이 승리하고 있는 것을 나타낸다. 이와 같이 우리 조국 조선에서도 식민지예속화정책을 기도하고 있는 미제국주의 반동진영이 패퇴하고 조국의 통일과 독립자유를 위해 일어선 애국적인 민주세력이 반드시 승리할 것이다.[23]

북한이 민족통일을 신속히 달성한다는 명분 아래 자행한 한국전쟁은 남북한간의 이념대립을 치열한 무력싸움으로 확대 발전시켜 동족상잔의 형언할 수 없는 비극을 초래했을 뿐 아니라 외국군대의 개입을 초래하여 한반도 분단의 내외구조를 심화시켰다. 통일을 명분으로 한 한국전쟁이 결과적으로 분단의 결정적인 계기가 된 것이다.[24]

유엔군의 지원 아래 위기를 모면한 남한도 전쟁의 수습보다도 북진통일에 의한 분단종결을 주장함으로써 상대방 없는 통일정책을 전개했다. 자유당 정부는 50년대 내내 북한과의 대화를 일체 거부했으며 국내적으로는 무력에 의한 북진통일을 외치며 국제적으로는 형식상 '유엔감시하의 인구비례에 의한 평화적 자유 총선거안'을 통일방안으로 내세웠다. 이렇듯 자유당 정부는 대내적으로는 대결논리를 대외적으로는 평화논리를 표방하는 양면적인 통일방안으로 일관했다.[25]

자유당 정부의 통일방안은 과제를 적극적으로 풀어나가기 위한 정책이 아니었고 과제를 회피하기 위한 비현실적인 정책이었다. 사실상 북진통일주장은 북한에 비해 상대적으로 군사력이 약했던 남한으로서 실현

---

23) 「조선민주주의인민공화국 창건 1주년을 기념하는 김일성의 보고」(1949년 9월 9일)에서. 神谷不二, 『朝鮮問題戰後資料 第一卷』(東京: 日本國際問題硏究所, 1976), 286~287면.
24) 정천구, 「남북통일과 민족주의」『국제문제』 1994. 5, 35~36면.
25) 이종석, 『분단시대의 통일학』(서울: 한울아카데미, 1998), 58~59면.

가능성도 없었을 뿐더러 동북아시아의 세력균형을 깨뜨리려는 주장이었던 까닭에 국제적으로도 용인될 수 없는 주장이었다. 또한 인구비례에 의한 총선거 방안도 남한이 인구면에서 우세인 점을 고려한 것이었기 때문에 북한의 반대를 예상한 실현가능성이 희박한 방안이었다. 이러한 남한의 통일방안에 있어서의 양면성과 비현실성은 보수적 정권유지를 정당화하는 데만 기여했을 뿐 남북분단의 문제를 해결하는 데에는 도움이 되지 못했고 오히려 분단상황을 더욱 악화시키는 기능을 담당했다.

한편 북한 정부는 외형적으로 남한과는 달리 한국전쟁 직후부터 계속하여 평화통일을 주장했다. 54년 4월의 제네바회의 때부터 북한이 평화통일을 주장하기 시작했으며 그후 남북한간의 정당 사회단체 대표자 또는 국회의원의 연석회의를 제의하는 한편 중공군이 북한에서 완전 철수되는 58년을 전후하여 휴전상태를 평화상태로 전환시키고 외국군대를 철수시키자는 주장을 전개하는 등 남한에 대한 평화공세를 계속했다. 50년대 북한의 평화공세는 남한에 비해 상대적으로 합리적인 것처럼 보이나 실제적인 남북관계상황에서 실현가능성이 희박한 비현실적인 주장이었다는 점에서 남한과 같은 맥락의 주장이었다고 할 수 있다. 이 시기의 북한은 기본적으로 남한혁명이나 무력통일 이외에는 현실적인 통일방안을 가지고 있지 않았으며 통일문제는 북한 국내의 김일성체제 공고화를 위한 반대파 숙청과 경제건설에 비하면 부차적인 문제에 불과했다.[26)]

## 2. 60년대의 통일 움직임

60년대에 들어 남한에서는 비록 길게 가지 않았고 성사되지도 않았지만 4·19혁명 이후 민주당 정부에 의해 중립통일론, 남북협상론, 남북교역론 등이 제시되었으며 남북간 인사교류와 서신왕래 추진을 위한 현

---

26) 박규태, 「북한의 국내외 상황과 대남통일전술행태」『자유아카데미연구논총』
    7, 1978. 9, 339~342면.

실적 제안들이 잇달았으며27) 이에 맞서 북한에서도 민족자주통일중앙협의회를 결성시켜 남북간의 서신왕래, 경제교류, 민간인교류, 스포츠 선수단 교류 등을 남한에 제시했다.28) 그러나 이러한 남북간의 일시적인 정치적 해빙 가능성은 5·16쿠데타에 의한 군사정권의 등장으로 '무질서한' 통일논의가 금지되고 강력한 반공정책이 추진되면서 무산되었다.

박정희 대통령이 집권초기에 자서전을 통해 자신의 통일관을 밝힌 바에 따르면 그는 우선 남한이 국내적으로 정치·경제·사회·문화면에서 안정되어 '획기적인 신흥 실력국가'로 성장하는 것이 확실한 통일방안이라고 역설했으며 정국의 안정, 사회질서 확립, 경제건설에 집중하여 승공(勝共)할 수 있는 기초가 마련되어야 한다고 주장했다.29) 통일문제를 거론하면서도 통일노력을 실행하지 않는 이른바 '선건설 후통일론'은 사실상 통일논의 자체를 중지시키기 위해 내놓은 것이었다. 60년대 중반 이후 국회 일각에서 통일에 대한 대비책을 주장함에 따라 69년 3월에 통일업무를 전담할 국토통일원을 정부기구로 발족시켰으나 이는 다양한 통일논의를 수렴하는 기구가 아니라 정부의 통일문제 독점을 제도화한 기구에 불과했다.

한편 북한은 60년대에 들어 지속적으로 연방제 통일방안과 경제문화교류실시를 주장했으나 그것은 간접적으로 남한에 환상적인 통일논의를 고조시키고 혼란을 조장하려는 위장평화공세에 불과했으며 직접적으로는 남한에 지하조직을 건설하여 체제전복을 꾀했다. 소위 '혁명적 맑스레닌주의 정당'을 남한에 결성하여 먼저 남한체제를 전복시킨 뒤에 북한과의 통일에 돌입하다고 하는 '남조선혁명론'이 그것이다. 이 노선에

---

27) 민주당의 남북교류와 중립화 통일방안은 동아일보, 1961년 1월 8일자에 상세하다.

28) 61년 2월의 민족자주통일중앙협의회결성대회에서 결의한 남북교류촉진에 관한 결의안을 참조할 것. 神谷不二 『朝鮮問題戰後資料第3卷』(東京: 日本國際問題研究所, 1980), 546면.

29) 박정희, 『국가와 혁명과 나』(서울: 향문사, 1963), 241~242면.

따라 남한에 북한이 지원하는 지하조직 '통일혁명당'을 조직했으나 68
년에 그 지도부가 검거됨으로써 붕괴되었으며 남한 민중의 봉기를 기대
하고 유격대원을 남파하는 등 모험주의적 도발을 시도했으나 이 역시
남한의 반공체제를 더욱 공고히 하는데 일조했을 뿐 분단의 현실적 극
복에 전혀 도움이 되지 못했다.[30]

## 3. 70년대의 통일 움직임

60년대와는 달리 70년대에 들어서는 남북관계에서 대결구도가 완화되
고 통일논의도 활발해졌다. 한반도를 둘러싼 강대국간의 데탕트 분위기
가 고조되면서 한반도 내부에서도 평화협상을 향한 움직임이 가속화된
것이다. 박대통령은 70년의 8·15선언을 통해 북한에 대해 통일수단으
로서 무력사용을 완전히 포기하고 인위적인 분단의 장벽을 단계적으로
제거하는 방안을 모색해 가자고 제안했으며 남북한간의 어느 체제가 보
다 더 좋은 사회인가를 입증하기 위해 경제개발·건설을 향한 선의의
경쟁에 나설 것을 촉구했다.[31] 8·15선언은 남한의 고도성장을 근거로
한 자신감의 표현으로서 기존의 '선건설 후통일론'을 '건설과 통일의 병
행'으로 남한의 평화통일정책을 바꾸는 전환점이 되었다고 평가되고 있
다. 여기에 71년 대통령선거를 앞두고 김대중 후보가 '남북교류론'과 '3
단계통일론'을 제시한 것을 계기로 하여 정부와 민간 사이에 통일논의
가 활발해졌다.

북한에서도 통일문제에 비중을 둔 대내적 대외적 선전이 강화되었다.
70년 노동당 53차 대회에서 통일방안을 제시한데 이어 71년 4월에는 최
고인민회의에서 8개 항목에 달하는 통일방안을 내놓았다[32]. 이러한 움

---

30) 이종석, 앞의 책(1998), 63~64면.
31) 국토통일원 남북대화사무국, 『남북대화백서』(서울: 국토통일원, 1982), 299~
306면.

직임은 대외적으로 한반도 통일정책을 북한이 주도한다는 평화이미지를 부각시키면서 대내적으로 남한에 사회주의혁명의 여건이 조성되고 있다고 하는 혁명이미지를 부각시키는 복합선전전술의 일환이었다.

아무튼 이 시기에 국제환경의 변화에 직면하여 남북한 당국의 만남이 불가피해졌으며 71년에 분단 이후 최초로 남북한 인사의 공식적인 만남으로 이어졌다. 그해 8월 대한적십자가 성명을 통해 남북적십자회담을 제의했고 이에 북한측이 호응하여 다음달 판문점에서 이산가족 재회문제를 주제로 하여 남북한적십자회담이 열렸고 그후로는 평양과 서울을 오가며 열렸다. 이와 함께 남북한 고위당국자들이 비밀리에 접촉을 갖기 시작하여 72년 7월에 남북공동성명이 발표되었다. 자주통일, 평화통일, 민족대단결을 통일을 위한 3대 원칙으로 천명한 이 성명은 분단 이후 남북한 최고당국자들이 처음으로 의사소통을 했으며 나아가 통일원칙에 합의했다는 점에서 역사적 의의를 찾을 수 있다.

그러나 일련의 남북 만남은 더 이상의 통일노력으로 승화되지 못했다. 특히 남북공동성명은 다양한 통일논의과정에서 이루어진 것이 아니라 남북 고위층에 의한 비밀협상의 산물이었다는데서 근본적인 한계를 드러냈다. 72년에 채 끝나기도 전에 박대통령은 통일시대를 대비한다는 명목으로 남한 헌정사상 초유의 반민주적인 유신체제를 출범시켰고 북한도 국가권력을 김일성 주석 중심으로 재편하는 독재적인 헌법인 '사회주의 헌법'을 제정했다. 공동성명을 통해 조직된 남북조절위원회도 73년 8월 중앙정보부가 자행한 '김대중 납치사건'을 계기로 별 성과 없이 중단되었다. 남북한 사람들에게 통일열기를 불어넣었던 남북공동성명은 그 역사적인 의의에도 불구하고 남북한 집권자의 권력유지강화 수단으로 이용당하고 말았으며 남북공동성명의 정신이 현실적으로 쇠퇴해 가면서 한반도에서는 오히려 긴장이 격화되었고 국제무대에서는 남북간의

---

32) 위의 책, 204~205면.

외교적 경쟁이 치열해졌다.[33]

다만 남북공동성명의 일환으로 73년 6월 박대통령이 '평화통일 외교 정책에 관한 특별선언'을 통하여 남북한 상호주의와 평화공존원칙을 천명한 것은 남한의 통일방안에서 진일보한 것으로 평가되고 있다. 박대통령은 이 선언에서 북한이 남한과 함께 국제기구에 참가하는 것을 반대하지 않는다고 하여 남북한 유엔 동시가입의 가능성을 시사했으며 74년 1월에는 연두기자회견을 통하여 '남북 상호불가침 협정'을 제의하면서 남북간 상호 내정간섭을 하지 말 것과 현행 휴전협정을 준수할 것, 평화공존을 통해 대화와 교류협력을 확대할 것 등을 제안했다.[34] 이 선언 이후로 남한은 북한에 비해 상대적으로 국력신장을 통해 체제의 우월성을 이미 확보한 상황에서 분단문제를 현실적으로 해결해 나가는데 주도권을 행사하게 된다.[35]

## 4. 80년대의 통일 움직임

80년대에 들어 남한은 현실적인 다양한 통일방안을 내놓았다. 80년 1월 남한정부는 남북총리급 회담개최를 위한 실무자접촉을 제의했으며[36] 이어 9월에는 남북적십자회담을 조건없이 재개하자고 제의했다. 81년 1

---

33) 이종석, 앞의 책(1998), 64~66면.
34) 박대통령의 6·23선언 내용과 남북상호불가침협정체결제의에 관한 연두기자 회견 내용은, 국토통일원 남북대화사무국, 앞의 책, 308~317면을 볼 것.
35) 73년 6월 23일 김일성 주석도 '조국통일 5대방침'을 발표했지만 남한측의 현실론에 비해 남북한간의 군사문제 우선 해결, 통일논의를 위한 대민족회의 소집, 남북한 단일국가의 유엔가입, 등 이상론에 치우친 통일방침에 그쳤다.
36) 북한도 남북 총리급 회담에 호응해 옴에 따라 2월부터 8월까지 총 10차례에 걸쳐 총리회담을 위한 실무자회의가 열렸으나 북측은 총리회담의 구체적 절차를 마련하기보다는 원론적인 정치선전을 되풀이하므로써 결국 예정된 11차 실무자회의가 무산되었다. 통일원, 『통일백서』(서울: 통일원, 1995), 162~163면.

월 전두환 대통령은 국정연설을 통해 김일성 주석에게 남북한 최고책임자의 상호방문을 제의했으며 같은 해 6월 대통령 자문기구인 평화통일정책자문회의를 통해 남북수뇌회의를 거듭 촉구하고 그 시기와 장소를 북한측에 일임하기까지 했다.37)

반면에 북한측은 남한에 비해 상대적으로 급진적이고 이상적인 통일방안을 내놓았다. 80년 10월에 열린 노동당 6차 대회에서 북한은 '고려민주연방공화국 통일방안'을 제시했다. 이 방안은 비록 두 개의 자치정부를 전제로 한 것이기는 했으나 그간의 북한측이 연방제 통일방안에서 제안해 오던 과도적 국가형태가 아니라 완성된 통일국가형태를 제시한 것이었다. 또한 이 방안에서 전제조건으로 내세운 남한의 민주화, 유신체제청산, 북미평화협정체결, 미군철수, 미국의 한반도간섭중지 등은 결과적으로 이 방안이 종래의 정치선전에서 벗어난 것이 아님을 분명히 드러냈다.38)

남한정부는 이 방안을 적화통일을 위한 술책에 지나지 않는다고 하여 받아들이지 않았으며 이에 대비한 통일방안으로서 82년 1월 '민족화합 민주통일방안'을 내놓았다. 이것은 남한정부가 제시한 통일방안 중에서 가장 체계적인 통일방안으로 평가되는 것으로 통일헌법의 제정으로부터 총선거를 통한 통일민주공화국 완성에 이르는 일련의 과정들을 구체적으로 제시했다. 주요내용은 남북한 최고책임자회담을 통해 '기본관계협정'을 체결한 후 남북실무대표자회담을 통해 '민족통일협의회'를 구성하고 여기서 통일민주공화국을 실현하기 위한 통일헌법을 기초하여 민주총선거를 실시하자는 것이었다.39)

88년에 수립된 6공화국정부는 고조되는 남한 사회단체들의 통일논의 열기에 부응하기 위해 5공화국에 비해 더욱 현실적인 통일방안을 제시

---

37) 국토통일원 남북대화사무국, 앞의 책, 271~275면.
38) 위의 책, 240~253면.
39) 같은 책, 275~288면.

했다. 노태우 대통령은 88년 7월 '민족자존과 통일번영을 위한 특별선언'을 통해 남북동포 및 해외동포의 상호왕래, 이산가족교류, 교역문호 개방, 대결외교종결 등의 내용을 담아 적극적인 남북대화 추진의사를 표명했다 그러나 북한의 부정적인 반응과 남한정부의 적극적인 실천의지 부족으로 선언 이상의 실질적 의미를 갖지 못했다.[40]

## 5. 90년대의 통일 움직임

탈냉전의 흐름이 세계적 조류가 되고 있는 가운데 남북한의 냉전상황을 극복하지 못한 채 90년대를 맞았다. 북한에 비해 현격하게 체제능력의 우위를 차지한 남한은 다양한 통일방안을 계속 제시해 오고 있는데 반하여 북한은 이러한 남한의 다각적 '통일공세'에 대한 위기의식을 느끼고 그때그때 방어적이고 수동적인 자세를 취해 오고 있다. 91년 가을에 남한이 우월한 외교력을 바탕으로 유엔가입을 추진하자 그 동안 분리가입을 반대해 오던 북한이 태도를 바꾸어 동시가입에 수긍한 것은 이러한 북한의 수동적인 자세를 극명하게 나타낸 것이다. 북한이 같은 해 12월에 「기본합의서」(남북 사이의 화해와 불가침 및 교류·협력에 관한 합의서) 채택에 합의한 것도 같은 자세로 보인다. 북한은 당시 남한이 소련과의 수교를 비롯한 활발히 전개하고 있던 북방외교가 초래할 수 있는 한반도의 역학관계변화 가능성에 대처하고 남한정부의 '흡수통일'을 방지하기 위한 안전판으로 남북한 각각의 체제유지와 평화공존을 전제로 하는 「기본합의서」에 응하지 않을 수 없었던 것이다.

「기본합의서」는 남북한이 현재의 정전체제에서 평화체제로 전환하기 위해 지속적으로 노력할 것과 인적 물적인 교류를 점진적으로 확대할 것을 규정함으로써 통일에의 점진적 접근방법에 합의했다는데 가장 큰

---

40) 이종석, 앞의 책(1998), 69~70면.

의의를 갖고 있다. 그리고 제3국의 개입 없이 남북한 고위당국자가 공개적인 협의과정을 거쳐 합의했다고 하는 자주적 절차의 산물로서 의의를 갖고 있으며 제1조에서 "상대방의 체제를 인정하고 존중한다"라고 규정하여 결과적으로 북한의 대남혁명전략을 포기하도록 하고 있다는데 의의를 갖고 있다.[41) 따라서 「기본합의서」는 분단 이후 남북간에 심화된 불신과 반목을 해소하고 평화적 통일을 향한 화해와 협력을 지향하기 위한 기본장전으로 평가되고 있는 것이다.[42)

이와 함께 90년대에 대폭적으로 확대된 남북간 교류현상은 비록 통일의 구체적인 단서를 포착하는 데까지는 발전되고 있지 않지만 통일로 가는 현실적이고 구체적인 과정이 되고 있다. 탈냉전이 시작되던 80년대 중반 이후부터 남북간에는 그간 정부의 실무자회담이나 적십자회담에 국한되어 온 교류범위가 경제, 문화, 예술, 학술, 스포츠 등의 분야에까지 대폭 확대되었다. 93년 김영삼 정부는 '신경제 5개년 계획 남북경제교류·협력부문계획'을 마련하고 다방면의 교류확대를 시도했다. 북한 핵문제로 인하여 남북교류가 일시 중단되기도 했으나 93년부터 97년까지 5년간에 걸쳐 1,700여명이 남북을 왕래하게 되었다. 97년 한해만 보더라도 남북한 인적교류면에서 학술, 경제, 문화, 체육분야에서 총 478건이 성사되었으며 물적교류면에서 주로 간접교역의 형태를 띠기는 했지만 총 3억 달러에 달하는 경제교류가 이루어졌다. 또한 90년대 중반부터 대북경제협력사업도 활발해져 95년에 주식회사 대우가 협력사업자로 승인을 받은 것을 비롯하여 97년 중에만 총 27개 회사가 협력사업회사로 승인을 받았다.[43)

---

41) 김명기, 『남북기본합의서요론』(서울: 국제문제연구소, 1992), 24~30면.
42) 위의 책, 13면.
43) 외교통상부, 『외교백서』(서울: 외교통상부, 1998), 153~154면.

# Ⅳ. 맺음말

김대중 정부에 들어서도 남북교류가 전반적으로 활성화되고 있다. 문화계·스포츠계·종교계 인사들의 남북간 왕래가 빈번해졌으며 현대의 금강산 관광개발과 대북투자확대가 대표하고 있는 바와 같이 경제적인 교류도 활발해졌다. 비록 일시 중단의 가능성이 완전히 해소되지는 않았지만 이제 남북간 교류확대의 전반적인 움직임은 억제할 수 없는 상황이 되었다고 보여진다.

특히 김대통령은 야당 시절부터 오랫동안 남달리 통일문제에 애착을 갖고 국가연합에 기초한 3단계 점진적 통일론을 견지해 왔던 까닭에 신정부 출범을 계기로 하여 통일문제가 획기적으로 진전될 것을 기대하는 목소리가 높았다. 이에 부응하여 신정부는 출범에 즈음하여 제시한 「국민의 정부」 100대 과제 속의 통일관련 과제를 통하여, 그리고 대통령 취임사에서 밝힌 통일관련 내용을 통하여, 대북정책의 목표와 원칙 그리고 추진방향을 다음과 같이 천명한 바 있다.

대북정책의 목표로는 「화해를 통한 평화공존 실현」, 「남북한 협력을 통한 평화교류 실현」, 「평화통일의 기반조성」으로 요약할 수 있으며 대북정책의 원칙으로는 「대남무력도발 불용(不容)」, 「흡수통일 배제」, 「화해·협력의 적극 추진」으로 요약할 수 있다.44) 그리고 대북정책의 추진방향으로는 ①기본합의서의 이행으로 남북관계 개선의 기반을 마련하는 것, ②정경분리 원칙 아래 경제협력을 적극 추진하는 것, ③민족동질성 회복을 위하여 사회문화 교류협력을 활성화하는 것, ④이산가족 재회 및 편지왕래를 조속히 실현시키는 것, ⑤남북한이 주도하고 주변국이 보장하는 한반도 평화체제를 구축하는 것, ⑥북한의 핵문제 해결을 위

---

44) 김도태·조민, 「새정부 통일정책의 추진기조와 개선 및 보완방향」, 『통일연구논총』 7-1, 1998. 9, 8~14면.

해 대북 경수로 사업을 원활하게 추진하는 것, 통일정책의 실효성과 일관성을 위해 국민적 합의와 지지를 바탕으로 통일정책을 추진하는 것 등으로 요약할 수 있다.[45)]

통일정책의 전반적인 성격에서는 탈냉전기의 다른 정부와 크게 다르다고 볼 수 없으나 북한의 간헐적인 무력도발과 대화거부에도 불구하고 ①과 ②의 추진방향을 견지하고 있는 것이 주목된다. 이는 김대통령이 거듭 표명하는 바와 같이 "북한의 일거수 일투족에 일희일비하지 않고 대북정책의 기조를 일관되게 견지하면서 북한의 긍정적 변화를 위해 노력을 기울이겠다"[46)]는 의지의 구체적인 실천으로 보인다. 다만 최근의 서해안 북방경계선 침범사태와 차관급회담 결렬 등에서 보인 북한측의 과격한 언동에 대해 남한측 언론의 과도한 반응을 나타내자 정부측에서도 '상호주의'를 주장하며 강경한 태도를 보이고 있어 지난 노태우 김영삼 정부와 같이 정권초기의 대북유화정책이 나중에는 강경정책으로 선회하지 않겠느냐 하는 우려를 낳기도 했다. 남한 정부가 견지하려는 정경분리원칙이 북한측의 무력도발 행위에까지 적용될 수 있는가의 문제가 현재 남한의 대북정책 또는 통일정책에서 딜레마로 작용하고 있기 때문이다.

그러나 남한의 접근에 대해 체제적 위기를 느끼고 있는 북한이 쉽사리 남한의 대화제의에 순응할 것으로는 기대되지 않는 상황에서 남한으로서 할 수 있는 최선의 정책은 북한에 대해서 정권출범초기에 내세웠던 정책기조를 시종 일관되게 운용함으로써 북한과 국제사회를 향하여 남한의 강력한 통일의지와 능력을 내보이는 것이라고 생각된다. 그와 함께 남한 국민들에게는 정부의 통일의지와 함께 안보면에서의 현상유

---

45) 위의 논문, 14~17면.
46) 민주평화통일자문회의 제8기 제2차 해외지역회의개회사(1998년 7월) 중에서, 대통령비서실, 『김대중대통령연설문집 제1권』(서울 : 대통령비서실, 1999), 413면.

지 능력을 동시에 심어주어야 한다. 즉 한편으로는 북한체제의 조속한 붕괴의 가능성을 비롯하여 중장기적인 체제존속 가능성을 가정한 다양한 대응전략을 갖추고 있어야 하며 또 한편으로는 국제적 공조와 국내사회 안정을 통해 북한의 일탈행위에 의연히 대처하며 인내심을 갖고 북한의 대화협력을 부단히 유인해야 한다는 것이다.

마지막으로 남북한의 민족주의 인식과 관련지어 바람직한 분단극복의 원론적 방안을 찾는다면, 단기적으로는 남북한의 공통적인 민족인식에 호소한 이산가족 찾기에서 그 실마리를 찾아야 할 것이며 중장기적으로는 개방된 민족주의를 기초로 하여 비정치적 분야에서의 남북교류협력과 남북한 주민의 상호이해를 극대화하여 분단을 최소화해 가야 할 것이다. 남북한이 공통적으로 민족을 혈통이나 언어구조, 영토적 경계, 전통, 풍속, 역사적 기억 공유 등의 문화적 구성요소로 이루어진 비정치적인 자연공동체로 간주하고 있고 그 중에 혈연을 가장 중요한 요소로 인식하고 있는 마당에서 이산가족문제가 한반도의 '민족분단'을 상징하는 문제인 만큼 이 문제를 다른 어떤 문제보다도 우선적으로 다루어야 한다.

그리고 종국적으로는 세계사의 흐름인 세계화 질서 속에서 남북문제를 해결해 가야하며 분단극복의 문제도 남북간 상호인식의 차이에서 발생하는 이질감을 극복하는 차원에서 이루어져야 한다. 세계화 질서는 원하던 원치 않던 간에 남한과 같은 개방체제에게 남북문제의 주도권을 쥐도록 요구하고 있다. 따라서 남한의 주도 아래 북한을 국제사회에 나오도록 지속적으로 유도해야 할 것이며 남북한이 민간협력을 바탕으로 기술제휴와 상품개발 등을 통해 국제경쟁력을 함께 키우고 세계시장을 적극 개척해 가야 할 것이다.[47] 이와 함께 남북한이 대내적으로 혹은 대외적으로 다양성을 포용할 수 있는 문화적 공동체를 형성할 때 분단의 극복이 완성될 것이다. 적어도 남한사회에서부터 계층적 갈등을 최

---

47) 이상우, 『함께 사는 통일』(서울: 나남출판, 1993), 401~405면.

소화하고 다양한 사고방식이 존중되는 사회가 되어야만 통일의 과정 가운데 표출될 수 있는 남북간 이질감이 비로소 해소될 것으로 본다.[48]

　민족을 이루는 구성요소에는 혈연 언어 등의 자연적 속성의 구성요소와 함께 공통된 경제생활이나 정치문화 등의 비자연적 속성의 구성요소가 있는데 사실 남북분단의 시작과 전개는 우리가 흔히 민족의 요소 중에 가장 중요한 것으로 여기고 있는 자연적 구성요소가 달라서 생긴 것이 아니라 비자연적 구성요소가 달라서 생긴 것이며 단적으로 말하여 남북한에 모두 다양한 계층과 다양한 문화를 결집하려는 공동체의식이 부족했기 때문에 생긴 것이다. 따라서 남북한 어느 체제에서도 또는 어떤 민족주의에서도 더불어 함께 살려는 공동체의식을 바탕으로 하지 않는다면 결코 분단의 극복이 이루어지지 않을 것으로 보며 공동체의식으로서의 민족주의를 확산시키는 일이야말로 분단시대를 살아가는 우리에게 맡겨진 공통과제라고 생각된다.

---

48) 이화수, 『통일한국의 정치심리학: 남북한간 인성통합을 위하여』(서울: 나남 출판, 1999), 25~29면.

# 大韓民國臨時政府의 歷史的 位相

이 연 복*

<목 차>



## Ⅰ. 머리말

3·1운동의 괄목할만한 성과중의 하나가 대한민국 임시정부의 수립이다. 임시정부는 민족 스스로의 힘으로 일제에 의한 통치를 배제하고 국제적으로 한국 민족의 독립을 보장받고자 하였으며, 종래의 君主制를 부정하고 民意에 기초한 民主共和政體로 수립됨으로써 民族·民主統治體制의 모체가 되었다.

이러한 대한민국 임시정부는 1919년 8개처에서 수립 선포되었지만 이는 곧 하나의 정부로 통합되어 1948년까지 한국민족의 정신적 지주로서 또 한국독립투쟁의 최고 대표기관으로서 역할을 해왔다. 그런 까닭

---

* 서울교대 교수

에 임시정부가 한국민족사에서 차지하는 精神史的 의의는 매우 중요하다고 하겠다.

본고에서는 이러한 임시정부의 국내외적 활동을 개괄적으로나마 살펴봄으로써, 일견 임정이 국민대중과는 무관한 몇몇 망명자들의 집단이라는 견해가 잘못된 것이라는 것과 正統性을 갖는다는 것을 실증적으로 밝히고자 한다. 이를 위해서, 첫째 임시정부가 가장 활발하게 활동한 초기의 중핵을 이루는 교통부 관할의 교통국과 내무부 소관 지방행정기구인 연통부에 대하여 살피고, 둘째 독립운동의 가장 중요한 방법중의 하나인 국제여론조성을 위한 외교활동에 대하여 소개하고, 셋째 외교활동과 더불어 가장 적극적인 독립활동으로 평가될 수 있는 군사활동, 그리고 임정의 민족사적 正統性에 대하여 고찰하고자 한다.

## Ⅱ. 聯通府와 交通局의 설치

임시정부는 내정과 교통분야의 내외통할정책을 추진하고, 이를 위하여 비밀 행정조직인 연통부와 교통국을 설치하였다. 이는 둘다 지방행정 조직망으로 상해지역과 국내의 각 도·군·면·리 단위의 행정구역 말단에까지 연결되어 있었으며 각각의 지부에는 책임자를 두었고, 교통통신 및 자금조달 등의 업무를 수행함으로써 임정내에서 중요한 역할을 하였다.

연통부는 임정이 국내에 실시한 지방제도로 파악된다. 이는 내무부 소관 사항으로, 당시 내무총장인 안창호의 재임중인 1919년 7월 10일 대한민국 임시정부 국무원령 제1호로 임시연통제가 공포되면서 시작되었다.[1] 임시연통제에 의하면 연통부를 나누어 각 도에 감독부, 각 군에

---

1) 독립운동사편찬위원회, 『독립운동사 자료집』9, pp.77~81.

총감부, 각 면에 사감부를 두었으며, 10월 17일 그 관제가 발표되어 11월 30일 서울에 임시총판부가 설치되면서 국내에 그 조직이 확대되었다. 실제로 그 감독부 조직은 전북·전남·함북·함남·경기도 지역에서 확인되며, 적어도 10개소에 총감부가 설치된 것은 확실하다.[2]

제1호 임시연통제에 의하면 연통 각 기관의 업무는 법령 및 공문의 전달·군인소속의 징집·군수품 조사·시위운동의 진행·애국금의 각출·통신 등 다양하였다. 또 1919년 12월 1일 공포된 개정 교령 제2호가 공포되었는데, 이는 제1호에서 주어진 업무의 계속성을 명백히 하고 있다.[3]

그런데 이 연통제는 황해도·평안남북도·함경남북도에서는 순조롭게 실시되었으나 경기도·충청남북도에서는 일부지방만이 실시되었고, 강원도·경상남북도의 경우는 거의 실시되지 못하였다.

이러한 상황에서 1919년 9월 일제에 의하여 평남 특판원 유기준이 체포당한 것을 시작으로 많은 활동가들이 검거됨으로써 연통제는 위기에 직면하기도 하였다.

한편 교통국의 설치에 관한 최초의 기록은 1919년 5월 12일 국무위원 조완구의 시정방침 연설중 '교통부에는 완전한 기관 4개를 설치할 것'에서 나타난다.[4]

이와같은 방침에 따라 그 해 5월 국내로 들어오는 교통의 요지인 만주지방의 안동에 교통부 안동지부가 설치되었다. 이 안동지부는 임정

---

2) 朝鮮總督府 法務局, 1931,『秘 朝鮮獨立思想運動의 變遷』, p.28.
   在上海日本總領事館警務部, 1946,『朝鮮民族運動年鑑』, pp.45~46(이하 '年鑑'이라 略記).
3) 國會圖書館, 1976,『韓國民族運動史料(中國篇)』, p.81.
   大韓民國臨時政府編(1948) 「臨時地方聯通制關係法令集」(가로  10.5cm×세로 16cm 총  77쪽) 수록(李延馥, 1999,『大韓民國臨時政府 30年史』, 國學資料院, 서울, pp.452~494).
4)『年鑑』, p.15 및 國史編纂委員會, 1971,『韓國獨立運動史資料』2 －臨政篇－, p.397.

초창기부터 국내 정보를 활발히 통신하여 독립운동의 연락자 구실을 하였다.[5] 또 안동교통지부 사무국이 조직된 이후 3개월만인 8월 20일 임시지방 교통사무국 장정이 공포되었으며 이듬해 1월 30일 교령 제2호로 개정 공포되었다.[6]

이에 따라 안동교통사무국을 필두로 1922년 4월까지 조직되어 활동한 교통기관은 臨時 安東交通事務局·義州郡交通局·江邊 8郡 臨時地方交通局·臨時咸鏡南道　交通事務局·寬甸通信局·墾北交通部·京城交通局 등으로 파악된다.[7] 이로써 교통국 조직망에 포함된 지역은 평안남북도·함경남도·황해도·서울·만주라는 것이 밝혀진다.

이러한 교통국의 주임무는 임정의 자금조달과 통신연락·신의있는 인재발굴 등이었다. 실제적인 활동을 구체적으로 살펴보면, 가장 활발하였던 안동교통사무국은 1919년 11월 17일 평양지국에서 조선문활자 18개(7,300자)를 독립신문 사장 이광수 앞으로 송부하였고, 같은 해 12월 30일 장종삼이 사무국장 洪成益을 경유하여 송부한 조선지도 569매가 정부에 도착하였으며, 독립운동가의 상해와 안동간의 왕복은 물론 무기와 탄약의 운반까지도 담당하였다.[8] 또 압록강 유역에 설치된 江邊 8郡 交通局은 국내독립운동의 상황은 물론 만주지방의 동향까지 보고하였고, 후일 대한청년연합회와 광복군총영 등을 조직하여 활동하였다.[9]

---

5) 독립운동사편찬위원회, 1975, 『독립운동사 자료집』9 －임시정부사 자료집－, pp.834～845.
6) 國史編纂委員會, 1971, 앞의 책, p.76.
　「獨立」(獨立新聞) 大韓民國 元年(1919) 8월 26일, p.1.
　金正明編, 1967, 『朝鮮獨立運動』Ⅱ －民族主義運動篇－, pp.120～121.
　國史編纂委員會, 1979, 『韓國獨立運動史 資料』3 －臨政篇Ⅲ－, p.188.
7) 『年鑑』, p.164.
　洪相杓, 『間島獨立運動小史』, 1966, pp.33～40.
8) 『年鑑』, p.39.
　독립운동사편찬위원회, 1975, 앞의 책, p.835.
9) 독립운동사편찬위원회, 1972, 『독립운동사』4 －임시정부사－, p.297.

그런데 안동교통사무국은 1921년 후반부터 1922년 초까지 그 활동이 활발하였으나 이후 주요 활동가들이 일제에 검거됨으로써 침체의 위기에 빠진 것 같다.

연통부와 교통국의 조직이 없었던 중부 이남지방은 국내동포의 애국적 조직이 이를 대행하고 있었다. 강원도와 충청도 일부에는 대한독립애국단, 속칭 鐵原愛國團이 그 임무를 수행하였고, 그밖에 중부 이남에서는 대한민국청년외교단의 조직이 대행하였다. 이 무렵 大同團, 서울의 대한민국애국부인회, 평양의 대한애국부인회, 대한적십자회도 임시정부와의 관계 위에서 활동하고 있었다. 그리고 대한민국임시정부의 해외동포사회에 대한 지방조직은 거류민단이었다. 그런데 거류민단조직은 상해 등의 중국 본토에만 있었고, 미국과 멕시코·프랑스에서는 大韓人國民會의 조직이 대신하였고, 만주에서는 대한민국임시정부 산하에 결성되어 있던 서간도의 西路軍政署와 북간도의 北路軍政署의 조직이 대신하고 있었다.


# Ⅲ. 外交活動


대한민국 임시정부는 국제 여론을 조성하여 열강으로부터 후원을 받아 독립을 쟁취하는 한 방법으로 외교활동을 적극적으로 추진하여, 중국과 소련으로부터는 정치적·재정적·군사적 지원과 협력을 받아내었으며 손문의 호법정부로부터는 공식적인 승인을 얻는 등, 그 활동이 괄목할만 하다.

이러한 초기 외교활동의 당면목표는 국제연맹에의 가입과 강화회의에 한국문제의 상정이었음이, 1919년 5월 11일 국무위원 조완구가 발표한 정부 시정방침과 같은 해 7월 8일 안창호가 발표한 시정방침에서 밝혀진다.10)

이에 따라 임정은 신한청년당에서 국민대표로 파리에 파견한 김규식을 의무총장겸 주파리위원으로 임명하여 대한민국 임시정부의 정부대표로 삼아 외교활동을 전개하도록 하였다.

그러나 1919년 파리강화회의와 1921년 태평양회의에서 한국문제 상정이라는 목표가 좌절되었다. 이로 인하여 임정은 그 목표의 수정이 불가피하였다. 임정은 실패의 원인을 일본의 국제적 지위와 그들의 외교활동의 결과로 파악하고, 1922년에는 '세계 각국에 대한 친교 강화'로 그 목표를 변경하였다. 즉 세계 열강으로부터의 한국독립의 보장 획득으로부터 임시정부의 승인과 독립운동의 지원 획득으로의 전환이었다. 이는 세계 정세에 대처하여 단기적 외교에서 독립운동의 장기화에 대비한 장기적 외교로 정책이 변한 것으로 평가된다.11)

이러한 臨時政府의 노력으로 미국·영국·프랑스·중국·소련 등 각국의 국회에서 한국의 독립문제가 큰 쟁점으로 제기되어 격렬한 토론이 전개되었으며 각국의 유명 언론이 한국의 입장을 옹호하는 기사를 보도하였을 뿐만 아니라 한국의 독립을 후원하는 민간단체가 미국·프랑스·영국 등지에 결성되었다. 그 대표적인 단체는 韓國親友會(The League of Friends of Korea)로서 각국의 유명 인사들로 조직되어 한국의 독립을 적극 후원 또는 지지하였다.

그런데 1930년 전후에 베르사이유 체제의 모순이 노출되면서 세계는 새로운 혼란과 격동기에 접어 들었고, 이러한 상황에서 일본이 만주사변을 일으켰다.

이러한 변화에 직면한 임정은 외교활동을 한층 강화시켜, 1933년 1월 20일 항주에서 개최된 제10회 국무회의에서는 외교방침을 '歷史的·地理的 遠近·政體의 異同을 불문하고 日本의 침략적 무력과의 직접 충돌이 불가피한 국가들을 우방으로 하여 적극적인 외교를 펼치는 한편 극

---

10) 國史編纂委員會, 1971, 앞의 책, pp.397~400.
11) 獨立新聞 第24號(1922. 5. 6).

동지역의 약소민족들과 공동보조를 취하는 것'으로 세웠다.[12]

그리고 외교기구를 정비 강화시켰다. 즉 1934년 외무부에 외무위원회를 설치하여 외교에 관한 중요 사항을 협의·결정하였으며, 국제외교의 중심지인 미국에 주미외교행서를 설치하여 조소앙·최동오·신익희를 외무위원으로 주미외무행서에 이승만을, 주하와이 외무행서 특파원에 李容稷을 임명하였다. 1935년 鎭江으로 옮긴 임시정부는 미국과 중국에 대한 외교를 중점적으로 전개하는 한편 프랑스에 체류하고 있는 徐嶺海를 외교 특파원으로 임명하여 각국 인사와 한국문제를 선전하도록 하였다.[13]

중·일전쟁이 전개된 직후인 1937년 10월 16일, 제30회 임시의정원회의에서 조완구가 발표한 시정방침 중 외교에 관한 부분에서 '보통외교와 특수외교의 양방면으로 노력하고 遠地의 선전연락을 충실히 진행하여 그들의 인식과 情誼를 敦密케 하며, 유관계한 국가와의 진일보 밀접한 특수 友誼를 노력한다.'고 밝혔다. 그리고 같은 해 11월 국무회의에서 결의한 독립운동의 방략 중 외교방면은 '중국을 위시하여 각 우방을 향하여 임시정부의 법적 승인을 요구하며 아울러 각종의 원조를 청할 것'이라고 밝혔다.

이 기간 중 외교활동에 의하여 괄목할 만한 성과를 거둔 것은 대중(對中)외교였다. 중국 국민당 정부는 비록 임시정부를 정식으로 승인하지는 않았으나 사실상의 외교관계를 지속하여 임시정부에 대하여 군사적으로나 경제적으로 막대한 지원을 하였다.

1940년 제2차세계대전의 발발은 우리 독립운동계에 새로운 활기를 주었다. 이 때 임시정부는 국무회의를 개최하여 '독립운동 방략'을 결정하였다. 이 방략은 조직·군사·외교·선전·정보의 5개항으로 나누어 앞으로 3년간의 독립활동 방향을 제시하였다. 이 중에서 외교부분과 선

---

12) 國史編纂委員會, 『韓國獨立運動史 資料Ⅰ, 臨政篇 1』, 1970, pp.62~63.
13) 國史編纂委員會, 앞의 책, 1970, p.77.

전부분을 보면 '중국을 위시하여 각 우방에 대하여 임시정부의 법적 승인을 요구하며 아울러 각종 원조를 요청할 것과 국내외 각지에 선전기관을 설치하고 종래의 방법으로 우리의 정세와 독립운동의 실정을 내외 국인에게 선전하여 원조를 구할 것'으로 되어 있다.

한편 중·일전쟁의 격화와 더불어 한·중 유대관계가 더욱 긴밀해지자, 정부는 한·중 양국의 공동의 적인 일본에 대항하고자 한·중 공동전선을 펴도록 힘썼다. 그리하여 중국정부에 대하여 임시정부의 정식 승인을 촉구하고 광복군을 창설하여 중국측과 광복군에 관한 협정을 추진시켜 나갔다. 임정은 중·일전쟁의 개전에 따라 즉각적으로 외교정책의 방향을 참전외교로 전환시키기고, 1940년 9월 17일 대한민국의 국군으로서 광복군을 편성하여 한·중 연합 항일전선의 필요성을 강조하였다.14) 이것은 임정이 중·일 전쟁에 정식으로 참전함으로써 임정에 대한 국제적 관심을 증대시키고자 한 것이다.

이와 같은 임정의 정책은 중국측으로부터 상당히 좋은 반응을 불러일으켰는데, 당시의 임정이 놓인 여건으로 보아 타당한 정책이었던 것으로 평가된다.

그러나 이러한 임정의 노력에도 불구하고 일제의 국제적 지위와 외교활동으로 인하여 여러차례 국제회의에서 열강으로부터 외면당하였으며, 중국 역시 정식 승인을 미루어 왔고 미국과의 외교관계 수립도 광복때까지 성취되지 못하였다. 그럼에도 불구하고 孫文의 護法政府가 1920년 11월 18일 임시정부를 승인하였다는 기록이 있고, 리투아니아 정부, 에스토니아, 폴란드 망명정부, 그리고 프랑스 망명정부가 임정을 승인하였다는 주장이 있다. 또 중국정부가 임정의 활동을 용인하고 중국 영토안에서 광복군을 창설하여 항일전에 공동 참여하고 임정과 협정을 체결 지원하였다던 점은 임정을 사실상 승인한 것이라 할 수 있다.

---

14) 독립운동사편찬위원회, 앞의 책, 1972, p.844.

미국의 경우도 사정은 비슷하였다.15) 특히 1943년 11월 27일 美·英·中 3국의 카이로 회담에서 적당한 시기에 한국민을 노예상태에서 독립시킬 것을 결의한 것은 결코 불로소득이 아니었다.

  임정의 활동은 광복 이후 정부수립 때까지 꾸준히 지속하여 1945년 12월 모스크바 3상회의에서 신탁통치가 발표되자 미·영·중·소 4개국의 수상에게 한국이 즉시 독립과 신탁통치 반대 결의문을 보내는가 하면 그 후 미국·소련의 점령군 철퇴 등을 요구하였다.

# Ⅳ. 軍事活動

  임시정부의 초기 군사활동은 만주지역에 산재해 있던 독립군인 중광단·대한국민회 북로군정서와 서로군정서·광복군총영 대한독립군 한족회·보합단 대한청년단연합회·대한독립단 등에 의존하였다. 이들 독립군들은 임정의 수립과 더불어 임정의 후원·송금 등을 받았다. 그러므로 임정의 군사활동은 1930년대까지는 전술한 독립군에 의존하였다.

  그런데 1937년 중·일전쟁이 발발하자 군사적인 측면에서 한·중 관계의 긴밀한 협력이 요구되었으며, 이에 따라 임정의 광복활동은 일대 전환기를 맞이하였다. 이 시기에 임정내에는 군사위원회가 조직되어 '장교와 병력을 통일적으로 훈련할 것이며 혁명군을 창설할 것이다'는 광복군 창설을 예고하는 새로운 군사정책이 입안되었다. 1940년 6월 23일자 香港立報에 실린 인터뷰에서 김구는 '조국의 주권을 상실한 국민이 국토를 회복하기 위해서는 힘을 기를 필요가 있다'고 하여 무력을 통한 광복에의 희망을 피력하였으며, 이에 대한 6월 24일자 香港立報의 논평

---

15) 정용대, 「大韓民國臨時政府의 外交活動에 관한 研究」, 『大韓民國臨時政府의 法統과 歷史的 再照明』, 1997, pp.149~169.

은 "… 현재 중국 대륙에서 행하는 한국인들의 주요 활동은 광복군을 준비하고 조직하는 것이다"고 밝혔다. 이 점에 관해서 임시정부와 여러 정당을 대표하는 김구는 장개석 총통에게 호소하여 그의 허락을 받아 내었다.16) 그리하여 1940년 9월 17일 光復軍이 창건되었다. 그리고 1941년 12월 8일에는 대일선전 성명을 발표하였다. 그런데 임시정부의 광복군 창설이나 대일선전포고는 획기적인 일이긴 하였으나 아직은 독자적으로 항일전쟁에 나서기에는 몇 가지 문제점이 있었다. 즉 중국군사위원회와 체결한 '韓國光復軍九個行動準繩'은 임정의 군사활동을 제한하던 요소였기 때문에 準繩의 개정을 위하여 외교적 노력을 경주하는 한편 일제는 머지않아 멸망할 것이라고 판단하여 최후의 승리를 위한 작전을 수행함과 동시에 장차에 대비하는 조치를 강구하였다. 우선 1944년 5월 미얀마 전장의 영국군 지휘부와 협정을 체결하고 광복군 예속하의 별동대를 미얀마에 파견 참전시켰으며 재중 미공군 제14군 총사령관 웨드마이어의 적극적인 지원을 받아 광복군에게 낙하산부대 훈련을 실시하여 한국내 진공작전(進攻作戰)수행을 위한 만전의 태세를 갖추었다. 또 準繩 폐지를 위한 임정의 줄기찬 대중 교섭의 결과 1945년 4월 4일 한국광복군에 관한 韓·中 兩方 商定辦法이 체결되었다. 요컨대 이 군사협정은 중국의 통수권을 광복군이 중국 국경내에서 작전할 때로 한정시킴으로써 광복군의 조국 진공작전 이후의 독립성을 보장하였으며 광복군에 대한 중국의 원조가 일단 임시정부를 거쳐 전달되게 함으로써 광복군에 대한 임시정부의 권위와 정통성을 확인하고 원조를 차관형식으로 대체함으로써 임시정부의 국제적 위신을 확립하였다.

한편 1943년 10월 광복군 총사령부의 이청천, 김약산, 이복원 등 간부들은 새로운 군사정책에 관한 건의안을 작성하여 제35차 임시의정원 회의에 제출하여 통과된 바 그 주요 내용은 영국·미국·소련 등 연합

---

16) 李庭植, 1982, ≪韓國民族主義의 政治學≫, pp.281~282.

강대국들에게도 군수 및 경비 등의 차관을 계획하고 또 각종 특수군사 교육에 관한 문제를 교섭하기로 하였다. 또 1944년 4월 임정군사령부에서는 13개 항목의 군무부공작계획대강을 작성하여 동맹국 군사당국과 협조하려는 조치를 취하였고, 1945년 봄부터 광복군 총사령부에서는 국제적 상황의 변화에 따라 '한국의 완전 독립을 쟁취하고, 동아시아의 영구평화를 확보하기 위하여 국내의 전체 한국 동포를 동원하여 광복은 확대 조직하며, 속히 동맹국과 협력하여 일본제국을 격멸하되 중국·미국 양국과 각별히 협상하여 동의를 얻어 축차 실시함'을 방침으로 하는 군사정책안을 마련하였다. 한걸음 더 나아가 미국과는 구체적으로 한·미 연합작전을 합의하기에 이르렀는데 구체적인 내용은 다음과 같다.

① 한·미 양군은 공동의 적인 일본군을 박멸하기 위하여 상호협력하여 공동작전을 전개한다. ② 한국광복군은 미군으로부터 무전 기술과 기타 필요한 기술을 훈련받고 적진과 한반도에 잠입하여 연합군 작전에 필요한 군사정보를 제공한다. ③ 미군은 공동작전에 필요한 모든 무기 기계 및 군수물자를 한국 광복군에게 제공한다. ④ 미군은 한국 광복군에게 육·해·공 교통통신의 편의를 제공한다. ⑤ 기타 필요한 군사적 지원을 상호 제공한다. ⑥ 합의된 사항을 실천하기 위하여 각기 상부의 제가를 받고 중국군사위원회의 동의를 얻는데 상호 적극 노력한다.[17]

이로써 임정이 연합국과 더불어 국내에 진공할 계획을 추진시키고 있었음이 명백히 밝혀진다. 그러나 불행히도 종전이 임박하여 조국해방의 선봉에 서 보지도 못하고 해방을 맞이하였다. 그럼에도 불구하고 임시정부의 광복군을 통한 군사활동은 민족자존역량의 상징을 보여주었다는 점에서 그 민족적 의의를 찾을 수 있다.

---

17) 광복군 동지회보 제4호, 金祐銓이 쓴 세계제2차대전 비화.
   독립운동사편찬위원회, 『독립운동사』6 −독립군전투사(하)−, 1975, p.505.

# V. 臨時政府와 正統性

政權의 정당성을 논의함에 있어 正統性이란 무엇인가? 이는 전근대 사회에서는 혈연적인 의미를 강하게 내포한 「바른 계통」, 「정당한 혈통」을 뜻하는 嫡長의 系統을 가리켰다. 그런데 근대 이후 대중들의 발언권이 강화되면서 대중의 지지를 근거로 한것인가에 따라 그 정통성 여부가 가려진다.

그런데 한국에서는 국권상실이후 꾸준히 추진되어온 民族運動은 근대적 성격을 띤 것으로 反日과 더불어 근대 민족국가 수립을 지향한 것으로 君主制를 부정하고 民主共和制를 지향하였다.

이러한 民族運動은 국내의 각지에서 이루어 졌는데, 국내에서는 천도교를 중심으로 기독교·불교 등의 종교단체와 각 사회단체의 지도자들과 학생들에 의하여 주도되었고 농민, 노동자 등 국민대중의 절대적인 지지속에서 발발하였던 3·1운동이 그 최고봉으로 간두된다. 여기에서 제기된 정부형태는 민주공화제로서 그 성격에 있어서 근대적이었음을 알 수 있다.

또 만주에서는, 1910년대 초 申圭植 등이 孫文의 辛亥革命을 도와주면서 獨立運動의 기반을 모색하였으며 申圭植을 중심으로 呂運亨, 張德秀, 金澈, 鮮于爀 등을 포함하는 新韓靑年黨이 조직되었다. 1914년 중반 블라디보스톡에는 李相卨과 李東輝를 正副統領으로 하는 大韓光復軍政府가 세워졌는데, 이는 臨政의 수립에 대한 정치의식이 그만큼 성장하였다는 증거이다. 또 美洲에서는 1913년 興士團이 조직되어 국권회복 정신을 이어 창립되면서 독립운동이 본격적으로 조직화되었다.

민주공화제 계열의 정치이념의 맥락에서 제시된 이념이 3·1독립선언서와 직결되고 이념은 1917년 7월 상해에서 독립운동계 내외의 변화에 대응해서 신성(신규식), 조용은(조소앙), 박은식, 신채호, 박용만, 윤세복 등 14명의 명의로 발표된 '大同團結宣言'에서 비롯된다. 이들은 새 활로를 개척하기 위해 민족대회를 소집해서 한민족의 무정부 상태를 청산하고, 독립운동을 이끌어 나갈 임시정부를 수립하려고 계획한 이 '대동단결선언'을 제의 제창하여 우리 독립운동의 이념의 의지가 처음으로 공론으로 표명되기에 이르렀다.[18]

이러한 활동의 결과 국내의 각지에는 8개의 臨時政府가 탄생되었다. 즉 漢城政府(1919.4.23), 露領政府(1919.3.21), 大韓民國臨時政府(1919.4.10-11), 朝鮮民國臨時政府, 臨時大韓共和政府, 新韓民國政府, 高麗臨時政府, 大韓民間政府 등이다. 앞의 3개 정부는 실제로 활동한 정부였고 나머지는 傳單政府거나 유산된 정부였다.

이들 정부를 분석해 보면, 첫째 모두 民主共和制를 내세우고 있다.(王政復古를 주장한 政府는 없다), 둘째 파리평화회의에 기대를 걸고 있다.(4개 정부에 강화대사 명단이 있다). 셋째 명망있는 志士들이 망라되고 있다. (孫秉熙는 3개정부 대통령, 李承晩은 8개 정부 모두에 총리이상으로, 安昌浩는 7개 정부의 장관급, 李始榮·金奎植·文昌範은 5개 정부의 장관급으로 되어있다.

한편 여러 곳에 산재한 임정은 오래 지속될 리가 없었다. 統合運動이 일어난 것이다. ① 臨政의 위치는 상해로, ② 法統은 漢城政府의 法統을 계승, ③ 露領政府는 해소된다는 것으로, 1919년 9월 15일 여러 臨政은 통합이 이루어지고 대통령에 李承晩, 국무총리에 李東輝, 외무총장에 朴容萬 등이 선임되었다.

이와 같은 조치는 憲法改正(1次)으로 이루어졌다. 그리고 2次 改憲(1925.4.7. 36조)에서는 國務領制(議員內閣制)를 채택하였으며, 3次 改憲(1927.3.5. 50조)에서는 國務委員制(集團指導制)를 채택하였고, 4次 改憲(1940.10. 42조)에서는 主席制를 채택하였으며, 5次 改憲(1944.4. 62조)은

---

18) 조동걸, 「임시정부 수립을 위한 1917년의 大同團結宣言」, 『韓國學論叢』9, 국민대, 1987, pp.123~152.

主席·副主席制를 채택함으로써 모든 당파의 臨政으로의 合流와 변화하는 정치적 상황에 대처하여 나가면서 正統性(法統)을 유지해 왔다.[19]

그러나 제2차 세계대전 이후 臨政은 政府組織으로 還國하지 못했다. 臨政은 제2의 獨立運動에 나서지 않으면 안되었다. 信託統治反對運動에 앞장섰던 것이다. 이러한 臨政의 法統은 非常政治會議이래 大韓民國에 傳承되었다 할 수 있다. 우선 大韓民國이란 國號부터가 그런 것이다. 또 制憲國會가 制定한 憲法前文에 「悠久한 歷史와 傳統에 빛나는 우리 大韓國民은 己未 3·1運動으로 大韓民國을 建立하여 世界에 宣布한 偉大한 獨立精神을 繼承하여 이제 民主獨立國家를 再建함에……」라고 하여 3·1운동으로 樹立된 大韓民國(臨時政府)의 獨立精神을 계승하고 있음을 明示함으로서 大韓民國의 前身이 大韓民國臨時政府임을 명백히 하였다. 이는 주로 李承晚의 주장에 의한 것이었다. 그는 臨時政府로부터 상당기간 떠나 있었지만 귀국후 金九·金奎植 등 臨政要人과 軌를 같이 하면서 民主議院議長, 國民議會主席, 그리고 臨政의 개편에 따라 臨時政府의 主席까지 되었으니 形式論理로는 臨政의 主席이 大韓民國의 大統領이 된 셈이었다. 환언하면 臨政의 法統을 최대한 활용한 사람이 李承晚이었다. 30년간 臨政을 지켜온 金九는 金圭植과 함께 南韓 單政論에 反對하여 總選에 불참하면서 南北協商을 하다가 실패하지만 그들의 愛族精神은 작게 평가될 수 없을 것이다.[20]

---

19) 임정의 역사는 어느 의미에선 左右合作의 역사였다고 할 수 있을 것이다.
    추헌수, 『韓國臨政下 左右合作에 관한 연구』, 국토통일원, 1976.
    김희곤·한상도·한시준·유병용, 『대한민국임시정부의 좌우합작운동』, 한울, 1995, 서울 참조.
20) 이연복, 앞의 책, 1999, p.108.

## Ⅵ. 맺음말

　이상에서는 간략하게나마 임시정부의 실체를 규명해 보았다. 그 결과 대한민국 임시정부는 교통국과 연통제라는 기구를 통하여 국내와 실질적으로 연관을 가짐으로써 국민적 지지와 협조 아래에서 활동하였다는 것을 알 수 있으며, 외교활동을 통하여 크게는 한국의 완전한 독립과 작게는 임시정부의 승인이라는 국제 여론을 조성하고 열강들의 지지와 협력을 얻어내려고 힘쓴 결과 카이로선언 등을 이끌어 냈다고 하겠다. 가장 적극적인 독립투쟁으로 평가될 수 있는 군사활동을 추진하여 1940년 광복군을 창군하였을 뿐만 아니라 대일선전 포고까지 함으로써 민족 자존의 역량을 과시하였다.

　이러한 임정의 활동은 임정이 독립운동을 전개함에 있어서 고립된 몇몇 활동가들의 모임이 아니었으며, 국민을 대표하는 기구로서 또 많은 독립운동단체들의 대표자로서의 그 기능이 만족스럽지 못할 때도 있었지만, 소정의 임무를 다했다고 보아야 할 것이다.21) 그리고 임시정부의 法統(正統性)은 연면히 大韓民國에 계승되어 현행 헌법전문에까지 기록되고 있는 것이다.

---

21) 북한의 『조선전사』 등에서는 사대주의적인 매국 매족행위를 자행하였다고 매도하고 있다.

# 국외 민족주의운동에 대한 역사적 평가
— 滿洲지역을 중심으로 —

유 병 호[*]



# Ⅰ. 머 리 말

　재만민족주의운동은　재만조선족사회를　基盤으로　대략　1906년부터 1945년 광복까지 약 40년의 장기적이고도 간고한 무장투쟁의 역사를 경과하였다. 40여 년간 지속된 재만민족주의운동은 만주의 지리적 위치와 투쟁의 장기성, 그리고 투쟁에 참가한 단체의 이념의 다양성으로 한민족독립운동사에서 중요한 위치를 차지하고 있다.

　장기간 냉전논리에 의하여 남북한을 비롯한 연변사학계에서는 재만민족주의운동사연구에서 각기 자체의 정치세력의 정통성 확보를 위하여 우파에서는 경학사, 정의부, 국민부의 정통성을 지나치게 강조하고 좌파

────────────────────

* 연변대 교수

210

에서는 맑스주의의 전파를 비롯하여 早期 공산주의운동과 항일빨치산의 투쟁을 유일하게 다루면서 민족주의운동에 대하여 전면적으로 부정하는 태도를 취하였다.

냉전의 결속 및 韓·中 문화교류의 발전은 좌·우익 모두 上記의 착오를 시정하고 민족주의운동과 공산주의운동을 민족해방운동의 범주에 包括시켜서 연구하여 기꺼운 성과를 거두었다. 하지만 재만조선족사회의 특수성 즉 조선족의 二重性에 대한 이해와 연구의 부족으로 개별적인 문제의 '功與過'의 評價에서 일정한 차이점을 나타내고 있다.

재만조선족사회에 대한 연구는 재만민족주의운동과 함께 竝進되여야 한다. 부동한 시기의 동, 남, 북만의 조선족사회의 정치, 경제상황은 민족독립운동에 각이한 영향을 주었다. 재만민족주의운동의 주축을 이루고 있었던 재만조선족의 입장에서 민족주의운동을 評價하는 것은 한번 시도하여 볼만한 방법론이다.

본 稿에서는 편폭의 제한으로 민족주의단체에서 진행한 재만조선족의 自治運動과 민족주의운동의 高潮에 대하여 재만조선족의 입장에서 평술하려 한다.


## Ⅱ. 自 治 運 動

### 1) 역사적 배경

'萬若 朝鮮에 自治運動은 日本帝國主義를 支持하는 것이라면 中國主權 下만에서 滿洲의 自治運動은 日本帝國主義에 대한 反抗을 意味한다.'[1] 滿

---

1) 정재수, 「滿洲韓人自治問題에 對한 批判」, 『太平洋勞動者』6, 1930.6, 29쪽 : 황민호, 『在滿韓人社會와 民族運動』, 國學資料院, 1998, 109쪽에서 재인용.

洲지역에서의 한민족독립운동은 재만조선족을 기반으로 한다는 특수성으로 반일무장투쟁과 더불어 재만조선족의 自治權을 획득하기 위한 투쟁이 운동의 특점으로 되였다.

自治문제는 재만조선족의 정치적 지위와 경제생활의 향상을 도모하여 반일운동의 장기화에 대응하려는 목적에서 비롯된 것이기도 하지만 객관상에서는 재만조선족이 조선의 독립을 희망할뿐만아니라 중국에서의 자신의 정치적, 경제적, 문화적인 해방을 요구하는 二重性의 결과이다.

재만조선족의 二重性은 跨境民族으로서의 재만조선족의 특수성에 의하여 결정되였다.

첫째, 재만조선족은 한반도내에서 단일민족으로 형성된 후 중국으로 이주하였다. 때문에 滿洲에 이주한 후에도 의연히 모체민족의 언어, 문자, 풍속 등 諸요소와 민족의식과 감정을 보전하고 있었다. 그후 한국내로부터 지속적으로 진행된 이민은 재만조선족에게 부단히 새로운 민족요소를 주입하여 재만조선족과 모체민족간의 동일성을 보존하게 하였다. 전반 민족운동과정에서 재만조선족은 한국의 독립과 해방을 자신의 사업으로 간주하고 피어린 투쟁을 진행하였는데 이는 민족동일성의 체현으로서 앞으로도 오랜 역사기간 계속될 것이다.

둘째, 재만조선족은 滿洲지역에 정착하여 滿, 漢族人들과의 공동 생산 및 생활가운데서 불가피면적으로 타민족의 문화, 풍습의 영향을 받게 되고 모체민족과는 다른 민족의식과 사유방식 즉 중화민족의 공동한 민족적 요소와 특점을 갖게 된다. 이러한 현상은 遷入민족의 동일한 결과로서 遷入國의 소수민족으로 형성, 발전하는 과정에서 점차 이루어진다. 재만조선족의 경우 토지소유권의 획득 및 확보를 위한 심리적인 요소는 상술한 과정을 촉진하였다.

모체민족과 동일한 민족요소와 민족의식을 보존하면서 새로이 갖게 된 중국인으로서의 민족적 요소는 時機에 따라 즉 중국조선족의 형성과 발전에 따라 부단히 심화되었고 지역에 따라 즉 집거구와 산재구의 구별에 따라 일정한 차이를 나타냈다. 이러한 민족적 심리요소의 변화가 재만조선족을 기반으로 하는 재만민족주의운동에 반영된 것이 바로 조선족의 2중사명 즉 한국의 독립을 완성하는 동시에 중국에서의 자신의 민족자치를 실현하려는 것이다. 二重使命은 재만조선족으로 하여금 한국독립운동에 投身하게 하였을 뿐만 아니라 중국의 반제반봉건혁명에도 적극 同參하게 하였다.

재만조선족은 일찍 19세기 60년대부터 자연재해와 봉건정부의 수탈로 인하여 살길을 찾아 이주한 流民으로부터 시작하여 일제의 한국강점을 전후로 하여 대량 산출된 파산이주민을 주체로 이루어졌다. 지역적으로 보면 재만조선족은 두만강과 압록강을 한계로 동에서 서로 점차 감소되고 또 북간도를 중심으로 남, 북으로 점차 적어지는 인구분포 특점을 갖고 있다. 이주시기도 대체상 같은 상황이다.

비록 동변도지방으로의 북부변민의 이주가 북간도지방에 비하여 일찍이 시작되었다고 하지만 지리상으로 華北지방의 漢族이민의 이주에 편리하여 이주공간이 작은 반면에 북간도지방은 교통이 불편하여 漢族이주자들이 적은 관계로 청정부가 '以韓民實邊'정책의 일환으로 1885년에 韓民專墾區를 설치함으로 이주민들이 집중되어 1910년대를 전후하여 이미 조선족집거구를 형성하였다. 청정부가 '薙髮易服'을 조건으로 이들의 토지소유권이 허락하였기에 타지방에 비하여 자작농의 비율도 상대적으로 높았다. 반면에 남만지방은 조선족의 토지소유권이 허락되지 않았고 관내의 이민이 많이 流入된 원인으로 대분산, 소집거의 거주형태를 이루었다.

재만조선족의 분포 특점 및 그들의 경제상황은 自治에 대한 부동한 인식에서도 비롯된다. 즉 북간도지방의 반일민족운동은 조선족의 합법적 정치, 경제권리를 쟁취하기 위한 자치운동으로부터 시작되고 남만지방에서는 반일민족운동이 반일무장투쟁 및 그를 위한 根據地建設로부터 시작된다. 여기에는 운동을 주도한 지도자들의 滿洲亡命의 경위 및 출신에도 관계된다.

재만조선족의 자치운동에 대하여 본 稿에서는 북간도지역의 墾民會와 남만지역의 正義府에 한하여 고찰하려 한다.

## 2) 북간도지방

조선족이 집중되고 민족교육이 일찍이 시작된 북간도지방은 조선족의 토지소유권이 허용되었기에 기타 지방에 비하여 민중의 自治에 대한 요구가 강렬하다. 때문에 재만조선족의 自治權을  쟁취하기 위한 투쟁은 당연히 조선족의 경제적 지위가 상대적으로 높고 민족사회가 일찍이 형성된 북간도지방에서 시작되었다.

1910년경에 북간도지방에는 10만 9천여 명의 조선족들이 거주하고 있었다.[2] 「간도협약」이후 북간도지방의 조선족의 토지소유권 및 거주권은 잡거지역까지 확정되어 민족사회가 형성될 수 있는 인적자원, 지역적 공간이 이루어졌다.[3] 1928년 12월의 통계에 의하면 북간도의 조선족 농호는 58.245호인데 그중 자경농, 半자경농이 33.325호로 전체 농호의 57%를 차지하였다.[4]

1906년 李相卨 등이 용정촌에 설립한 瑞甸書塾을 嚆矢로 북간도지역에는 明東學校, 正東學校, 昌東學校, 光成學校 등 근대교육을 지향하는 민족학교가 연이어 건립되어 민족사회의 중심으로 되었다. 1909년 李同春 등 조선족유지들은 근대적 민족교육을 통하여 민족의식을 결집시키고 조선족의 자치단체의 설립을 추진하기 위한 목적으로 墾民教育會를 설립하였다. 간민교육회는 조선족사회를 대표하여 독자적으로 학교를

---

2) 牛丸潤亮, 村田懋麿 共編, 『最近間島事情』, 朝鮮及朝鮮人出版社, 昭和二年, 121쪽.
3) 김춘선, 「'北間島'地域 韓人社會의 形成 研究」, 국민대학교 대학원 국사학과 박사학위논문, 1998, 152쪽.
4) 『朝鮮總督齊藤文書』11, 152쪽.

214

설립, 운영하였을 뿐만 아니라, 조선족의 합법적 권리를 보호하기 위하여 중국관헌들과 親中적 관계를 유지하면서 조선족들의 법적 문제가 야기되면 직접 중재를 맡아 해결하는 역활도 담당하였다.[5]

1913년 2월, 이동춘, 김약연, 김립 등은 辛亥革命이후의 중국의 민주, 공화의 풍조를 이용하여 간민교육회를 토대로 조선족자치기관인 墾民會를 설립하였다. 墾民會의 宗旨는 간민들 사이의 친선을 도모하고 중국의 법률을 연구하여 동일한 언어와 풍속을 실현하는 것이다.[6] 墾民會는 설립된 후 지방행정당국을 협조하여 조선족호구를 조사하는가 하면 조선족의 土地賣買에도 참여하는 등 자치기관으로의 위상을 수립하기 노력하였다. 이외에 墾民會는 간민교육회 시기의 교육사업을 토대로 민족교육사업의 발전을 위하여 조선족학교 체육대회와 같은 구역적인 활동을 조직하여 조직적인 조선족사회의 발전을 위하여 노력하였다.

墾民會의 건립목적과 의의에 대하여「墾民會 組織總會 召集通知書」에서는 다음과 같이 서술하였다.

> 우리가 중국 영역내에 僑接하여 食毛踐土한 지 40여 년 동안에 중국 법률의 보호와 일시동인의 은택을 입어 도문강 북쪽이 마침내 우리의 제2의 康衢된지 오래 되었도다. ……이 회의 목적은 도문강 북쪽에 거주하는 우리 민적으로 하여금 민국 법률에 저촉치 아니하는 범위내에서 무슨 일이든지 우리의 복리증진을 다하며 민국정부의 일부기관이 되어 우리 형제의 생명재산으로 정부에 대하여 보호청구권을 줌이라.[7]

북간도지방에서 민족운동의 지도자들이 상술한 자치정책을 추진한데는 아래와 같은 역사적 원인을 감안하여서다.

---

5) 김춘선, 앞 논문, 154~155쪽을 참조.
6)『墾民會草章』, '本會爲謀雜居墾民聯絡感情, 硏究中國法律, 同一言語風尙起見, 臨時組織之…'.
7) 독립기념관 한국독립운동사연구소, 『한국독립운동사사전』총론편(상), 1996, 322~323쪽 참조.

첫째, 북간도지방은 중국정부가 일찍 '薙髮易服'을 조건으로 조선족의 토지소유권을 승인하였기에 동변도 등 타지방에 비하여 귀화입적한 조선족이 많고 그들 중의 상당수가 중국정부로부터 합법적인 정치, 경제, 문화교육의 권리를 향수할 것을 요구하고 있었다. 다시 말하여 이들은 이미 중국 조선족으로서의 二重性을 갖고 있었다.

둘째, 1907년 8월, 일제는 '간도소속미해결'이란 구실로 조선인을 '보호'하다는 미명하에 침략의 마수를 북간도에 뻗쳐 '統監府間島派出所'를 설치하고 친일분자를 사촉하여 '都社長制'를 건립하고 중국의 내정을 간섭하였다. 1909년 일본은 청정부와 ≪間島協約≫을 체결하고 조선족 인민에 대하여 "領事裁判權"을 실시하였다. 일제의 取締에서 탈피하여 지속적인 반일민족운동을 하려면 중국인들의 반일감정을 이용하여 중국 국적에 가입하여 중국정부의 '보호'를 받는 것이 방법이라 하겠다. 특히 북간도와 같은 민족집거구에서는 이러한 집단적 '귀화입적'은 중국인과 의 반일친선을 도모하고 일제의 침략기반을 축소시키고 공개적인 반일 운동을 진행할 수 있는 유일한 방법이다.

셋째, 북간도의 경우, 민족운동은 대중의 사립학교 설립을 통한 합법 적인 운동으로 시작되었다. 당시 민족지사들은 민중의 민족의식과 반일 의식을 계발하고 그들의 경제적 지위를 향상시키는 것을 통하여 민족역 량을 응집시키려 하였다. 즉 민족의식이 아직 계몽되지 못한 상황하에 서의 '실력양성'적 방법론이다. 이러한 방략은 북간도지역의 초기 민족 운동의 지도자들인 이동춘, 김약연, 마진 등이 移住時間이 비교적 일찍 하거나 혹은 이미 귀화입적한 출신들로서, 이들의 민족운동은 북간도지 역에서 시작되었기 때문이다.

墾民會가 지향하였던 조선족자치는 '민국정부의 산하에서 民族差別을 받는 越江民이 아니라 中華民國의 公民으로서의 합법적인 韓人自治를 실시하려는 것이다. 이러한 自治는 20년대 南滿地域의 반일단체들에서 실시한 自治와는 성격 면에서 큰 차이점을 보이고 있다. '……墾民會의

216

自治는 지방당국의 산하 합법적인 자치단체로서 간도지역 한인들의 법적권리와 생활향상을 위한 민족자치의 구현이었던 것이다.'8)

### 3) 남만지역

남만의 조선족자치운동은 북간도에 비하여 시간적으로 늦었을 뿐만 아니라 內外的인 원인으로 북간도와 다른 자체의 특점을 갖고 있었다.

첫째, 남만지방은 압록강 북안의 장백, 임강, 집안, 관전, 통화현지방의 조선족의 이주가 비록 일찍이 시작되었다고 하지만 반면에 토지가 척박한 山區인 연고로 대부분의 조선족농민들이 刀耕火種의 화전민생활을 계속하고 있었다. 이 지방은 지리적인 원인으로 요동과 화북의 漢族移民들의 이주가 일찍 시작되고 또 중국정부가 조선이민의 居住만 묵인할 뿐 토지소유권을 승인하지 않은 원인으로 대부분의 이주민들이 피땀으로 개척한 山田을 관부에 몰수당하고 滿, 漢지주의 雇農 혹은 소작농으로 윤락되였다. 하여 북간도지방에 비하여 상대적으로 이주자들이 적어져, 1911년에 겨우 58.950명에 이르렀다.9)

1910년 安奉(安東-奉天)鐵路가 한국내의 京義鐵路와 연결된 후 한국내의 西部와 南部의 이민들 가운데는 요녕성의 內地로의 이주하는 자가 점차 늘어났고 교통이 불편하고 토지가 척박한 압록강 중상류지방으로 이주하는 자는 급속히 줄어들었다. 내륙지방으로 이주한 조선족은 대부분은 이미 국내에서 애국계몽운동의 영향을 받은 자들로서 이들은 일제의 한국침략의 직접적 피해자들이다. 이러한 移住時間, 移住出身의 구별은 20년대 중기의 參議府와 正義府의 관할구역의 구분으로도 되여 주목된다.

둘째, 남만지방은 역대로 중국정부가 동북지방을 관할하는 중심지로

---

8) 김춘선, 위의 논문, 160쪽.
9) 註 3)과 같음.

서 張作霖政權은 일본의 세력이 남만에 개입하는 것을 방지하기 위하여 조선인이주자들에 대하여 거주권만 승인하고 토지소유권을 승인하지 않는 등 보다 엄격한 제한정책을 실시하였다. 때문에 남만지역의 조선족은 정치상의 권리는 말할 것도 없고 경제상에서도 각종 압박과 착취를 받았다.

남만지역의 조선족은 지방정부의 민족차별시정책으로 중국인이 부담하였던 각종 세금 외에도 居住稅, 遷入遷出稅, 고용세, 水利稅, 소작세 등 가렵잡세를 부담하였다. 1930년의 통계를 보면 安東지방의 조선족농가의 98%가 소작농이었고 봉천지방은 절대부분이 소작농이었다.[10] 租稅를 놓고 보아도 만철연선과 남만지방에서는 수확물의 40-50%를 바쳐야하였는데 동변도 지방에서는 심지어 60%를 상납하여야한다.[11] 이것은 북간도에 비하여 훨씬 열악한 것이다.

셋째, 남만지방에는 초기에 이주한 압록강 북안지방의 이주자들이 주요하게 旱田농사에 종사하는 반면에 후기의 내륙이주자들은 대부분이 水田농사에 종사하여 경제상에서 일정한 차이를 나타냈다. 따라서 한전농사를 위주로 하는 지방은 일반적으로 개개의 농호를 단위로 분산되었지만 수전농사를 위주로 하는 지방은 마을을 중심으로 大分散, 小集居의 거주형태를 이루었다. 이러한 거주형태는 조선족사회의 형성초기에 凝集点으로 되었던 민족학교 혹은 종교단체의 규모도 상대적으로 작거나 분산되었다.

넷째, 남만지방은 조선족사회의 형성이 늦고 규모가 적어, 민족운동이 아직 사회적인 운동으로 발전하지 못한 원인으로 자체 내에서 민족운동의 지도자를 배출하지 못하였다.

남만지방의 조선족의 자치운동은 한국내의 新民會가 해외반일기지 건설을 추진하기 위한 목적으로 1910년 柳河縣 三源堡에 설치한 耕學社로

---

10) 김정명, 『朝鮮獨立運動』5, 492쪽.
11) 위의 책, 493-494쪽 참조.

부터 시작되었다.

1909년 봄, 서울에서 소집된 신민회간부의 秘密會의 결의에 따라 제2독립기지를 건립하기 위하여 '우리나라 처음으로 貴人의 滿洲進出이었으니 李始榮, 李石榮, 李相龍, 金昌煥, 朱鎭洙等의 都合六世代가 率先하여 鴨綠江을 건너 旣設地點'[12]인 삼원보에 도착하여 이듬해 4월에 民團的인 성격을띤 自治기관으로 경학사를 조직하고 부속으로 신흥강습소를 설치하였다. 경학사의 '根本方針으로 兵農制를 擇하여 勞動 즉 이마에 피땀을 흘려 農業에 從事케하며 一面이 勤勞精神에 立脚하여 學術을 研磨하여 復國運動의 人才를 養成하'[13]는 것을 종지로 하였다.

경학사는 설립된 지 일년도 못되어 經濟難 등으로 해산되고 1912년에 李相龍 等이 主動이 되어 扶民團이라는 韓僑의 自治機關을 조직하였다. 부민단은 '中央部에 庶務, 法務, 檢務, 學務, 財務 등 部署를 두고 韓僑의 自治 及 敎養을 辨理하였'[14]다. 이외에 부민단은 지방조직을 千家 즉 대부락에 地方으로 千家長을 두고, 약 百家의 부락에 區團을 설치하고 區長 혹은 百家長을 두고, 十家戶에 牌長 혹은 십가장을 두었다. 부민단의 이러한 3급 地方行政劃分은 그후 韓族會을 걸쳐, 統義府와 正義府, 그리고 國民府에 이르기까지 줄곧 사용되었다.

경학사에 의하여 시작된 남만지역의 조선족의 自治는 초기에 이미 '反日救國'이란 명확한 정치적 목적을 전제로 진행되었다. 부민단은 결성된 후 '韓僑'의 自治와 교양을 종지로 한 것은 반일투쟁의 장기화를 인식하고 독립운동을 위한 人的 및 物的 확보를 위하여 재만조선족의 열악한 생활환경을 향상시키기 위한 실력양성책이라 하겠다. 반일적인 성격으로 경학사와 부민단은 비합법적인 투쟁방식을 채취하고 단체의 조직형태를 三權分立의 민주공화제의 형식으로 조직하고 스스로 행정구

---

12) 蔡根植,『武裝獨立運動秘史』, 민족문화사, 47-48쪽.
13) 위의 책, 48쪽.
14) 위의 책, 49쪽.

역을 획정하고 行政官을 임명하였다.

남만지역의 자치운동은 20년대에 들어서면서 재만민족운동의 중심이 남만으로 옮겨지면서 統義府, 參議府, 正義府 등 반일단체에 의하여 더욱 활성화하였다. 특히 경학사의 맥락을 이었다고 말할 수 있는 正義府는 할빈 이남부터 압록강변까지의 남만주지역을 관할구역으로 하고 재만조선인을 상대로 자치정책을 실시하는 한편 반일무장투쟁을 지속적으로 진행하여 자치운동을 새로운 고조로 이끌었다.

正義府의 自治운동은 아래와 같은 몇개 방면에서 진행되었다.

첫째, 正義府는 설립된 후 1926년 말 경에 이르러 관전, 집안, 환인, 통화 등 참의부가 공제하는 지역을 제외한 남만전역에 걸쳐 17개 지방총관소를 설치하고 1만 7천호, 8만 7천명의 조선족주민을 관할하였다. 正義府는 설립 초기에 활동의 중심을 관전, 환인, 화전 등지에 두었다가 후에는 반석, 영길, 액목 등지로 옮기였고 마지막에는 흥경, 유하, 통화로 다시 옮기였다. 正義府는 상술한 관할지역에 三權分立의 지방총관소, 區(百家長), 拾家長, 3급 행정기구를 조직하고 문화, 교육, 실업, 사법 등 분야에서 府民의 自治를 실시하려 하였다.

둘째, 각지에 군사훈련소와 민족학교를 설립하여 반일 인재를 배양하고 민중의 반일민족의식을 제고시키기 위하여 노력하였다. 1926년의 통계에 의하면 正義府는 三星中學, 東明中學, 化興中學, 華成義塾 등과 남만학원 등 22所(참의부는 2所, 신민부는 10所)의 중학교를 설립하였다. 正義府를 비롯한 민족주의단체에서 설립한 학교들은 조선족자녀들에게 농업, 공업, 상업 등 여러 분야의 지식과 기술을 습득시켜, 이를 기반으로 조선족이 종사할 수 있는 다양한 산업을 개발하고자 하였다.[15]

셋째, 산업의 진흥에 힘써, 일정한 범위에서 민중의 생활개선 하려고 하였다. 正義府는 중국인으로부터 대량의 황지를 租借하여 신안농장, 액

---

15) 채영국, 「正義府의 이념」, 『韓國民族運動史研究 于松趙東杰先生停年紀念論叢 II』, 572쪽 참조.

목농장 등 농장을 설립하고 조선족농민을 모집하여 공동 경작하였으며 농민조합, 農業公司 등을 설립하였으며 公農金대부, 농구대여, 傍耕 및 加租에 대한 엄금조치를 통해 농민생활의 안정을 도모하였다. 그리고 合資에 의한 공동사업으로 興業實業社, 농민호조사 등을 설립하여 식산 홍업의 정책을 추진하였다.16)

넷째, 일제가 재만조선족에 대하여 '領事裁判權'을 실시하는 것을 반대하여 조선족군중을 권유하여 중국국적에 가입하였다. <三矢協定> 이후 일제의 强權에 굴복한 동북정부는 재만민족운동에 대한 取締을 가강하였다. 1927년 11월, 正義府는 길림에서 '韓僑驅逐問題對策講究會'를 조직하고 <三矢協定>의 철회를 요구하였다. 12월에는 吉林省歸化鮮民同鄉會를 결성하는 것에 관한 청원서를 중국당국에 제출한 동시에 길림성정부에 귀화한 조선족을 보호하여 줄 것을 요구하였다.17) 1928년 9월, 正義府는 韓聲權, 孫貞道, 李章寧 등을 중심으로 한족문제연구회를 발전시켜 東省歸化韓族同鄉會를 결성하고 만철부속지와 북간도지방을 제외한 47개 현에 基層組織을 설치하고 문맹퇴치에 힘쓰는 한편 입적실행을 촉진하며 입적에서 발생하는 문제에 대해서는 단체교섭을 통해 조선족의 권익을 보호하려 하였다.18)

## 4) 역사적인 평가

재만조선족의 자치운동은 한민족독립운동사의 특이한 형태의 반일민족운동으로서 한민족독립운동사에 중대한 의의를 갖는다.

첫째. 자치운동은 재만한민족주의운동의 長期性, 複雜性과 艱苦性은 대비한 정확한 方略이다. 3.1운동이후 봉오동전투, 청산리전역 등 한민

---

16) 國史編纂委員會, 『한민족독립운동사』4, 254쪽 참조.
17) 황민호, 앞의 책, 111쪽 참조.
18) 위의 책, 112쪽 참조.

족을 흥분시켰던 재만반일무장투쟁은 20년대에 진입하여 강대한 일제의 무장탄압에 직면하여 실력을 양성하여 장기화에 대응하여야한다는 현실과 變化無常한 동북정부의 對日政策에 應變하여야 하는 등 복잡한 대외관계에 직면하였다.

무장투쟁은 반일민족운동의 최고 형식이다. <庚申年討伐>이전에는 말할 것도 없고 그후에도 무장투쟁은 재만민족주의운동의 가장 주요한 투쟁형식이었다. 하지만 20년대 중기, 일제 식민통치의 강화, 동북정권 對日政策의 변화, 재만조선족의 상대적인 빈궁과 민족운동에 대한 냉담 등 內外政勢의 변화로 재만민족주의단체들은 민족운동의 장기성을 고려하여 점차 무장투쟁우선주의로부터 自治우선주의 路線으로 투쟁방략을 전환하고 공고한 반일기지를 건설하기 위하여 노력하였다. 독립군도 종전의 국내진출작전으로부터 지방행정기구와 府民의 생활안정을 보호하는 警護로 직능을 전변하였기에 당지에서는 '독립군이 長銃隊부터 短銃隊로 변하였다'고 형상적으로 표현하였다. 對日무장투쟁의 우선주의 열혈군인으로 조직된 參議府도 김승학이 參議長을 담임한 후에는 무장투쟁의 장기화와 간고성을 인식하고 반일기지건설을 목적으로 한 自治運動에 전력하게 되었다.

반일기지건설을 목적으로 한 자치운동을 통하여 독립운동에 필요한 人的, 物的인 도움을 받아, 지속적인 활동을 견지한 민족주의단체들은 그후 國民府와 韓族總聯合會를 결성하였고 <滿洲事變> 이후에는 朝鮮革命軍과 한국독립군을 중심으로 무장항일의 高潮를 일으켰다.

둘째, 正義府를 비롯한 재만민족주의단체들이 추진한 三權分立의 행정조직제는 한민족독립운동을 反帝反封建의 민족민주혁명의 새로운 실천단계로 이끌었으며 재만조선족의 근대적인 民主共和意識을 계몽하였다.

셋째, 正義府를 비롯한 민족주의단체의 自治는 재만조선족사회의 안정과 발전을 촉진하였다. 자치운동으로 주요 직능을 전변한 후 正義府

를 비롯한 반일단체는 당지 조선족사회의 대변인격으로 부상하여 마적과 토호의 략탈과 수탈로부터 부민을 보호하였을 뿐만 아니라 中日정부의 二重으로 되는 압박 속에서 해탈되도록 조직적인 후원을 하였다. 조선족 散在地區인 남만과 북만지구에서 민족주의단체의 존재 특히 자치운동의 전개는 조선족사회의 응집력을 키워주어, 민족사회가 형성, 발전할 수 있는 주요한 조건으로 되었다.

재만민족주의단체의 자치운동은 비록 한민족독립운동사와 재만조선족사회의 발전에 중대한 영향을 주었지만 역사적인 制限性과 戰術上의 착오로 결국 예정한 목적에 이르지 못하고 말았다.

첫째, 正義府를 비롯한 민족주의단체의 지도자들은 비록 반일무장투쟁의 장기성과 복잡성을 인식하였지만 재만조선족의 二重性을 인식하지 못하고 의연히 自治를 재만조선인으로부터 독립운동에 필요한 人的, 物的인 보충을 받는 수단으로 만 삼았다.

재만조선족은 민족주의운동을 통하여 한국의 독립을 쟁취할 것을 희망하였을 뿐만 아니라 중국에서의 자신해방 즉 정치, 경제, 문화평등을 기초로 한 민족자치권을 획득하기를 바랐다. 남만과 북만지역에서는 타민족과 평등한 토지소유권과 居住權(구축정책의 당시)을 획득하여, 안정한 사회생활하기를 희망하였다.

재만조선족의 절대 다수를 차지하고 있는 농민의 근본문제는 토지문제이다. 아직 봉건적인 토지소유제를 유지하고 있었고 민족차별정책을 집행하고 있었던 동북군벌정권하에서 토지문제의 해결은 戰略的으로는 봉건착취제도의 폐지와 토지혁명을 의미하고 戰術的으로는 減租減息을 통한 경제생활의 향상을 말한다. 하지만 正義府를 비롯한 민족주의단체의 지도자들은 계급적 출신의 제한성과 객관환경의 제약으로 조선족농민이 박절히 요구하는 토지문제를 외면하고 제기하지 않았다. 正義府는 비록 부민의 생활안전과 향상을 위하여 농업호조사 등을 조직하고 신안농장과 같은 多數의 농장을 설립하였지만 이들의 토지는 모두 중국인으

로부터 租借한 것으로 내부의 경영에서 의연히 봉건적인 소작제를 응용하였다.[19]

둘째, 역사의 경험 교훈이 말해주는 것처럼 모든 사회혁명의 승리에는 정확한 政治綱領의 지도가 있어야 할뿐만 아니라, 각 시기의 정치동향을 정확히 파악한 戰術이 뒷받침되어야 한다. 즉 장기적인 투쟁의 목표라고 할 수 있는 戰略과 단기의 투쟁수단이라고 할 수 있는 戰術이 구비되어야 한다.

일제를 축출하고 민족독립국가를 건립하려면 전술적으로 左翼을 포함한 반일민족전선을 결성하여야하는 것은 물론이고 在滿이란 특수성을 고려할 때 자치운동도 불가피한 면적이다. 다만, 그것이 複雜多多한 당시의 내외상황에 알맞게 응용되었는가 하는 것을 고려하여야 한다.

역사가 증명하다시피 동북군벌정권의 통치하에서 조선족인민은 진정한 민족자치권을 쟁취할 수 없다. 동북지방정부는 종래로 大漢族主義로부터 출발하여 재만조선족의 존재를 승인하지 않았을 뿐만 아니라, 귀화입적(淸시기에는 '薙髮易服')을 중국국적에 가입하는 표준으로 삼고 민족적 欺視와 差別을 실시하였다. 특히 일제가 재만조선족에 대하여 '統制'와 '利用'정책을 실시하면서부터 동북정부는 재만조선족을 '日寇侵略滿洲的先鋒', '中日外交糾紛的禍根'이라고 오해하고 박해와 구축정책을 실시하였다.

正義府가 한족동향회를 통하여 추진한 입적운동은 자치운동의 일환으로도 되지만 더욱이 일제의 취체로부터 벗어나고 동북정부의 박해와 구축정책을 저지시키려는 전술에 더 가깝다. 한족동향회의 대표 최동오 등이 남경정부에 올린 청원서의 내용에서 '봉천당국이 주장하는 입적을 원하는 조선인은 일본 내무성으로부터 탈적증명서를 취득하여야 한다는 내용을 취소할 것[20]을 제기한 것에서 알 수 있다. 이외에도 한족동향회

---

19) 박창욱, 「論本世紀20年代到30年代東北朝鮮族資産階級民族主義者的反日民族運動」, 『中國朝鮮族歷史研究』, 연변대학출판사, 1995, 366쪽 참조.

224

에서는 중국정부 산하에 '입적조선인부'를 두는 형태로 귀화한 조선인의 自治사무를 처리할 것을 청원하기도 하였다. 하지만 滿洲를 둘러싼 중일간의 갈등에서 對日관계를 고려한 중국정부는 재만조선족문제에 대하여 소극적인 자세를 취하고 있는 상황이었으므로 합법적인 自治권의 획득이란 사실상 불가능하였다.[21]

입적은 自治의 선결조건으로 되지만 결코 목적으로 되어서는 안된다. 특히 아직 근대적인 國籍法이 없었던 중국의 상황에서 입적은 모종 의미에서의 민족동화를 의미한다. 때문에 1928년 1월 9일, 심양 서탑기독교 교회당에서 봉천조선인대회, 봉천상부회, 신민현조선인주민회, 무순조선인청년회, 철령조선인회, 해룡민회, 영구고려청년회 등 23개 단체, 40여 명의 대표가 참가한 가운데서 소집된 滿洲朝鮮人大會에서는 '귀화입적이 민족동화를 의미하므로 구축을 반대하는 투쟁을 위하여 귀화입적운동을 벌이는 것은 타당치 않으며, 따라서 개인이 입적을 요구하는 것은 적극적으로 도와주지만 무조건적인 귀화입적운동은 하지 않는다'[22]고 결정하였다. 국민부는 한족동향회가 설립된 후 1년 동안 추진해 온 운동이 성과를 거두지 못하였을 뿐만 아니라, 오히려 주구배 보호의 명분이 되는 등 독립운동에 막대한 타격을 주고 있다는 결론으로 합법적 自治운동 방침을 폐기하기로 결정하였다.[23]

셋째, 自治란 국법의 준수를 전제로 특정 지역에서 自治법에 의한 자아관리를 의미한다.[24] 즉 自治의 특점은 합법성에 있다.

합법적이라는 의미에서 자치운동을 규명한다면 단연히 자치단체도 합법적인 단체이어야 한다. 정의부가 한족동향회와 같은 공개적인 자치단체를 결성하고 중국정부의 승인하에서 합법적인 자치운동을 전개하려한

---

20) 朝鮮總督府警務局, 『在滿朝鮮人と支那官憲』, 1930, 202-203쪽 참조.
21) 황민호, 앞의 책, 117쪽.
22) 위의 책, 111~112쪽.
23) 위의 책, 117쪽 참조.
24) 김춘선, 앞의 논문, 159쪽.

것은 기존에 자치 '정부'로 인정한 지방행정기구의 한계를 인식한데도 원인이 있었을 것이다.

正義府를 비롯한 반일단체에서 건립한 3급 지방행정조직은 종래로 중국정부의 법적인 승인을 받은 적이 없었기에 自治機構로서는 작용을 충분히 할 수 없었다. 반일단체에서 건립한 지방정권은 비록 민족사회 내부의 民事, 法規, 稅金, 교육 등 면에서 한정된 자치권을 행사하였다고 하지만, 중국의 지방행정조직과 重疊되여 중국인과 필연적으로 발생하는 일체 民事紛糾은 물론, 지방정부의 府民에 대한 處分에 대하여 간섭할 수 없었다.

多民族國家의 민족자치는 대개 民族區域自治의 형식으로 진행되어야 한다. 즉 主權國의 민족 승인한 후에 지방행정사무권을 허용하는 것이 절차이다. 당시 중국정부가 입적한 조선족의 공민권조차 승인하지 않은 상황에서 합법적인 행정조직의 존재를 승인하기는 萬無한 일이다.

법적인 보호를 받지 못하였던 정의부의 지방행정부의 인원들은 대개 지방당국의 눈길을 피하여 밤에 활동하였기에 당지의 조선족 주민들은 이들을 가리켜 '밤나그네'라고 호칭하였고 그들이 비밀리에 徵收하는 의무금을 '벙어리 돈'이라고 불렀다. 이러한 점에서 볼 때 반일단체의 지방조직은 자치기구의 기능보다 반일단체의 기층조직적 작용을 하였다고 보는 것이 합당하다.

넷째, 자치운동은 반일민족운동의 일환으로서 무장항일투쟁과 더불어 재만민족주의운동의 제2의 전선을 이루고 있다. 만약 무장항일이 한국 독립을 첫째 목적으로 하였다면(만주사변이전에 한함) 자치운동은 재만 조선족의 해방을 주요 목적으로 한 것으로, 조선족의 二重性을 체현한 것이라 하겠다. 정의부가 반일무장투쟁과 동시에 한교동향회와 같은 外廓團體의 합법투쟁의 작용을 보다 일찍이, 충분히 발휘하였다면 20년대 중기의 남만지역의 조선족자치운동은 기필코 다른 양상을 보여 주었을 것이다.

# Ⅲ. 民族主義運動의 高峰問題

## 1) 高潮의 基準問題

재만민족주의운동은 1910년 전후부터 1937년까지 근 30년 동안 북간도와 남만지역을 중심으로 광범한 범위에서 지속되었다. 만약 반일무장투쟁을 기준으로 한다면 민족주의단체의 반일무장투쟁은 1920년 일제의 <경신년토벌>과 1931년의 '滿洲事變'을 기준으로 대략 3개 시기로 구분된다.

第1時期는 북간도지역의 북로군정서군, 간도국민회군 등을 중심으로 봉오동전투와 청산리전역의 승리를 거둔 시기 즉 북간도 중심시기이다.

第2時期는 남만지역의 統義府, 正義府, 參議府를 중심으로 국내진격전을 거행한 시기로 20년대의 전반에 걸쳐 지속되었다.

第3時期는 '滿洲事變'이후 朝鮮革命軍과 한국독립군을 주축으로 국내진격전과 동시에 중국인민의 對日抗爭을 협조하여 항일무장투쟁 시기이다.

旣存의 재만민족독립운동의 연구에서는 上記의 3개 시기에 대한 무장투쟁에 대하여 각이한 긍정과 부정을 보이면서 부동한 시기를 민족주의운동의 高潮로 삼았다.

1, 청산리전역을 중심으로 1920년의 북간도지역의 高潮論.

2, 三府鼎立시기를 중심으로 공화정체 및 自治정책에 대한 긍정에 따른 20년대 高潮論.

3, 朝鮮革命軍의 잔여부대가 동북항일연군로의 귀속을 민족주의단체의 발전적 해체로 보는 朝鮮革命軍의 高潮論 등이다.

재만민족주의운동의 고조를 규명하는 작업은 재만민족운동의 전체를 파악하는데는 물론, 그의 역사적 의의를 부여하는데 중요한 의미가 있다. 따라서 어떠한 기준점을 설치하는가에 의하여 재만민족주의운동의 位相이 달라질 수 있다.

첫째, 한민족독립운동은 일제 식민통치를 타도하고 민주공화국을 목적으로 하였다는 의미에서 民族民主革命 즉 民主主義革命의 범주에 속한다. 이러한 근대국가의 정치이론은 3·1운동과 함께 임시정부를 수립하면서 체계적으로 정리되었다. 만주에서는 대한독립단 같은 복벽주의를 표방한 유일한 예외는 있었으나 그밖에는 보황주의로 표현되던 입헌군주론은 다시 대두하지 않았다.25)

植民地, 半封建國家인 한국에서 民主主義革命은 형식적으로 전 민족성원이 민족해방운동의 주체였지만 현실적인 주체형성은 내부의 사회경제적 토대 및 계급관계의 변화에 따라 계급이라는 프리즘을 거쳐 이루어질 수밖에 없었다.26) 民族民主革命段階에서 反帝反封建이라는 공동의 투쟁강령은 민족주의와 사회주의가 협동전선을 결성할 수 있는 객관적인 기초로 되었다. 民族革命이란 개념에서 좌. 우익의 합작은 혁명을 진척시킬 수 있는 최선의 방법이었다. 따라서 좌. 우익이 연합전선을 형성하여 공동 투쟁할 때만이 민족운동의 고조기라고 할 수 있다.

민족해방의 주체가 좌·우익의 연합에 의한 민족협동전선이라고 하지만 '계급의 대립이 있는 역사적 현실 속에서 순수한 민족적 감정은 있을 수 없으며 민족문제는 언제나 계급적 프리즘을 통해서 나타난다.'27) 재만민족주의운동의 좌·우익합작운동과정에서는 비록 운동의 주도권을

---

25) 조동걸, 「한국독립운동의 特徵과 意義」, 『韓國近現代史의 理解와 論理』, 지식산업사, 30쪽.

26) 김동춘, 「일제하 민족해방운동사를 어떻게 볼 것인가」, 『한국 사회과학의 새로운 모색』, 창작과 비평사, 1997, 40쪽.

27) 박현채, 「분단시대 한국민족주의의 과제」, 『한국민족주의론』 II, 창작과비평사, 1983, 19쪽.

228

장악하기 위한 상호 충돌이 있지만, 민족주의자가 영도하는 舊民主主義革命이나 사회주의자가 영도하는 新民主主義革命을 막론하고 혁명의 성질은 의연히 자산계급민주혁명으로서, 혁명의 목적은 민주공화국의 건립이다. 이러한 의미에서 볼때, 민주주의혁명의 자체발전규율은 민족주의단체가 屈曲的인 발전과정을 통하여 종국적으로 혁명의 승리를 쟁취할 수 있다. 만약 30년대 이후 재만민족해방운동의 선상에서 민족주의 우파가 탈락하고 민중적 민족주의가 민족해방운동의 주류로 자리잡은 것을[28] 민주주의혁명의 일반 규율로 인식하고 무산계급 즉 공산주의자들에 의한 신민주주의혁명만이 민족해방운동의 유일 정확한 방향으로 인정한다면 主觀的 唯心主義의 착오를 범하게 된다.

둘째, 무장투쟁은 민족주의운동의 최고 형식이다. 재만반일무장투쟁은 1919년부터 1937년까지 약 18년 동안 지속되었다.

식민지, 반식민지의 약속민족이 외세에 반항하는 무장투쟁은 일반적으로 소부대의 게릴라전과 테러의 형식으로 진행되는데, 이러한 투쟁은 대내적으로는 식민통치를 교란하고 민중의 민족의식을 高仰시키며 대외적으로는 世界列邦에 민족의 존재를 의식시키고 기타 피압박민족과 연대성을 이룩하여 공동투쟁을 전개할 수 있다.[29]

장기간의 무장투쟁과정에서 일단 내외조건이 성숙되면 이러한 소규모적이고 분산적인 무장투쟁은 舉族的인 민중항쟁으로 발전, 확대되어 正規戰을 통하여 敵의 유생역량을 소멸하는 동시에 도시와 산업 및 교통 중심을 수복한다.

재만반일무장투쟁사에서는 일찍 봉오동전투와 청산리전역을 비롯한 世人이 경탄하는 승리가 있었고 또 20년대 중기의 활발한 국내진격전이 있었지만, 量的으로나 質的으로 아직 분사적인 단계 혹은 소규모의 단계에 있었고 특히 가타 피압박민족과의 연대적인 국제적인 투쟁으로 발

---

28) 김동춘, 앞의 책, 56쪽.
29) 國史編纂委員會, 『한민족독립운동사』 4, (독립전쟁), 217-219쪽 참조.

전하지 못하였다. 즉 내외적인 조건이 성숙하지 못하였다.

셋째, 재만한민족독립운동은 무장투쟁과 더불어 자치운동이 主線을 이룬다. 재만조선족의 자치운동은 부동한 단체에 의하여 각이한 방략으로 추진되었다. 정책의 정확의 與否는 객관적인 실천에 부합되는가에 의하여 검증된다.

자치운동이 민족주의운동의 일환이라고 볼때, 반드시 반일무장투쟁과 결합되어야 한다. 이것은 일제를 타도하여야만 즉 한국독립이 완성되어야만이 재만조선족의 해방이 있을 수 있다. 때문에 비록 합법적인 자치운동이라고 하여도 반일운동의 표면형태로 되어야지, 개량주의적인 자치여서는 절대 안된다.

재만조선족의 自治는 중국정부로부터 타민족과 평등한 정치, 경제, 문화교육의 권리를 획득하고 민족구역에 대한 자치권을 획득하는 것을 목적으로 하여야한다. 재만조선족의 국적문제, 토지소유권문제, 교육권문제는 自治의 선결문제로서 중국정부와의 비타협적인 투쟁에 의하여서만이 해결될 수 있다. 자치문제의 해결은 재만민족주의운동이 지속적으로, 승리적으로 발전할 수 있는 선결조건의 하나이다.

넷째, 재만민족주의운동은 한국사의 일부분뿐만 아니라 세계 식민지, 반식민지의 민족해방투쟁의 일부분이기도 하다. 특히 만주란 특정지역에 한하였기 때문에 중국인민의 반일운동과는 긴밀한 연계를 갖고 있다.

일제의 대륙침략정책은 중국인민의 반일운동을 불러 일으켰고 한민족의 독립전쟁은 국제적인 반파쇼전쟁의 일환으로 되었다. 대일전쟁에서 한·중 양국의 연대적인 투쟁은 일본의 항복을 앞당기는 관건적인 요소의 하나이다. 장기간의 재만민족주의운동에서 한·중 연합은 수차 시도되었지만 "滿洲事變"이후에야 비로소 실현되었다.

이상의 4개 기준으로 재만민족주의운동의 고조를 가늠하면 '滿洲事變' 이후 朝鮮革命軍과 한국독립군의 항쟁시기가 고조임을 알 수 있다.

하지만 한국독립군은 1933년 10월말에 총사령 이청천을 비롯하여 조경한, 오광선, 공진원 등 주요 간부들이 관내로 이동함으로써 일찍이 결속된 반면에 남만지방의 朝鮮革命軍은 1937년까지 견지하면서 중국항일의용군은 물론 중국공산당이 영도하는 동북항일연군과의 연합작전을 통하여 일제의 동북강점과 관내진공을 지연시켰을 뿐만 아니라 수십 차례에 걸친 국내진격작전을 통하여 국내외인민의 반일정서를 크게 고무하였다. 이러한 의미에서 '滿洲事變'이후의 朝鮮革命軍의 항일무쟁투쟁이 재조명되고 그 位相이 새로이 수립되어야한다.

## 2) 朝鮮革命軍의 抗日武裝鬪爭

### 1. 제1단계:

1932년 1월 하순의 <新賓事件>이후 3월에 홍경현에서 소집된 국민부와 조선혁명당, 朝鮮革命軍의 연석회의에서는 국민부 중앙집행위원장에 양하산, 당의 중앙집행위원장에 고이허, 軍의 총사령에 양세봉을 새로 선임하고 <滿洲事變> 이후의 동북의 정세를 분석하고 새로운 정세하에서 朝鮮革命軍의 임무를 제정하였다.[30]

1. '총동원령'을 반포하고 국민부의 관할구역내의 만 18세이상의 조선족 청장년은 모두 兵籍에 등록함으로서 全民을 戰時非常態勢에 전입시킨다.
2. 왕청문의 化興中學을 '速成軍官學校'로 改하여 朝鮮革命軍의 관할에 귀속시키는 동시에 통화현 강전자에 移轉한다.
3. 韓·中文으로 된 ≪抗日宣言書≫ 및 傳單을 發布하여 한·중인민이 단결하여 공동 항일할 것을 호소한다.
4. 馬賊이 소란을 방지하여 주민의 생명재산이 위협받는 일이 없도록 한다.

---

30) 박창욱,「東北抗日武裝鬪爭與朝鮮革命軍」, 앞의 책, 455쪽.

   5. 유능한 간부를 요녕농민자위군에 파견하여 그들의 군사훈련을 협조한
      다.


   일제의 동북에 대한 침략으로 중·일간의 민족모순이 주요 모순으로
되여 한·중 합작의 공동항일은 현실적으로 가능한 문제로 되었다.
   "滿洲事變" 이후 총사령 양세봉은 朝鮮革命軍을 거느리고  王彤軒의
농민자위와 梁希夫의 大刀會와 연합하여 永陵街, 木奇, 上夾河 등 성진
을 공략하고 駐屯 일본군과 僞滿軍을 섬멸함으로서 홍경일대의 항일봉
화를 지폈다.
   동년 4월 25일, 환인에서는 "동북민중항일구국회"의 지지하에 唐聚伍
을 총사령으로 하는 "遼寧民衆抗日自衛軍"과 王育文을 회장으로 하는
"遼寧抗日救國會"를 성립하는 萬人宣誓大會가 소집되였는데 朝鮮革命軍
은 대표를 파견하여 참가하였을 뿐만아니라, 당취오 총사령과 "聯合抗
日"의 협정을 체결하였다. 그 내용은 다음과 같다.31)


   1. 동변도일대의 朝鮮革命軍의 활동을 정식으로 승인할 것.
   2. 唐軍 관할 내에 예속하는 각급 관공서와 민중은 朝鮮革命軍의 활동에
      관한 일체에 대하여 적극 원조해 줄 것을 사령부에서 通令할 것.
   3. 朝鮮革命軍의 군량 및 장비에 관하여 중국당국에서 공급할 것.
   4. 일군에 향하여 작전할 때 쌍방이 호응원조하여 작전임무를 완성할
      것.
   5. 朝鮮革命軍이 압록강은 건너 한국본토작전을 전개할 때 중국군은 그
      전력을 기울여 한국의 독립전쟁을 원조할 것.


   동변도의 항일무장이 遼寧民衆抗日自衛軍으로 응집되여 20개 路軍으
로 편성될 때, 朝鮮革命軍은 항일투쟁의 諸方面의 편리를 고려하고 또
왕동헌의 간곡한 請求에 의하여 잠시 왕동헌이 영솔하는 遼寧民衆抗日

---

31) 장세윤, 「朝鮮革命軍 硏究」, 『한국독립운동사연구』 4, 327~328쪽.

自衛軍 제10로군에 편입되었다. 사실상 제10로군은 朝鮮革命軍을 골간으로 조직되였으며 양세봉이 군사지휘를 담당하였다.

朝鮮革命軍의 이러한 태세에 맞추어 조선혁명당도 각지의 당원들이 개인의 名義로 당지의 자위군에 참가할 수 있으며 공동의 투쟁을 진행하는 동시에 자체의 역량을 발전시킬 것을 명령하였다. 이렇게 되어 20支 遼寧民衆抗日自衛軍에는 거의 모두 조선혁명당원과 그들이 영솔하는 특무대, 별동대가 있게 되었다.32) 6월 하순, 양세봉은 통화로 가서 民衆抗日自衛軍 총사령부로부터 사령부직속 特務隊란 편제를 접수하고 사령으로 임명되었다. 民衆抗日自衛軍은 한·중 연합을 더욱 광범한 범위에서 진행하기 위하여 총사령부에 '선전대대'를 설립하고 김광옥을 대대장으로 임명하였다. 이와 동시에 항일구국회도 '韓人宣傳科'를 설립하고 간행물 《合作》을 발행하여 한·중 인민에게 항일을 선전하였다.

이시기 朝鮮革命軍은 5개 路軍으로 편성되었다. 1, 5 路軍은 압록강북안에서 활동하면서 수시로 국내로 진격하여 일경초소를 습격하고 적들의 군사시설들을 파괴하고 군자금을 모집하는 등 국내인민의 반일투지를 고무하였다. 3, 4 路軍은 沈-海, 吉-海연선에서 활동하면서 적들이 沈-海線방면으로부터 홍경, 동변도일대에 침범하는 것을 저지하였다. 2 路軍은 특무대사령부와 같이 활동하였는데 평소에는 8개 特務支隊로 분산되여, 각지의 자위군과 연합작전하는 동시에 조선족청년들을 조직하여 군사훈련을 진행하고 군자금을 징수하고 항일의 도리를 선전하였다.33)

조선혁명군은 자위군과 연합전선을 결성한 후 4월부터 6월 사이에 3차례의 홍경보위전을 진행하였고 6월부터 8월 사이에는 청원현성진공전을 진행하였다. 이외에 5월의 관전현 牛毛塢전투, 6월의 집안현전투, 8월의 임강전투, 9월의 집안제2차저격전, 10월의 무순 및 주변전투 등 대

---

32) 註 27)과 같음.
33) 박창욱, 앞의 책, 449쪽.

소 200차의 전투를 통하여34) 日滿軍이 沈(심양)-海(해룡)線과 안동, 집안으로부터 동변도 지역에 대한 진공을 유력하게 타격하고 한·중 인민의 반일정서를 크게 고무하였다. 이와 동시에 朝鮮革命軍은 정예부대를 국내에 파견하여 일제 관공서 및 주재소를 습격, 파괴하고 군자금을 모집하였다.

1932년 10월, 日滿軍은 동변도의 20여 개 현의 병력을 동원하여 비행기와 대포의 엄호하에 삼면으로부터 통화, 홍경지방을 공격하였다. 朝鮮革命軍은 上夾河, 木奇, 老城 등지에서 民衆抗日自衛軍 제1로군과 함께 南雜木, 淸原방면으로부터 진공하여 오는 일본군과 격전을 벌이였다. 적들은 旅團병력으로 12대의 비행기의 엄호하에 朝鮮革命軍의 진지를 향하여 무차별 진공을 하였다. 衆寡不敵으로 朝鮮革命軍과 民衆抗日自衛軍은 막대한 희생을 내고 청원, 홍경일선에서 퇴각하고 총사령부도 통화로부터 몽강, 무송방면으로 전이하였다.


## 2. 제2단계:

1933년 1월, 朝鮮革命軍과 조선혁명당은 홍경현 왕청문 南依木樹屯에서 군정간부회의를 소집하고 금후의 투쟁방침을 토론, 결정하였다. 주요 결의사항은 아래와 같다.35)


1. 민중자위군이 潰散된 상황에서 朝鮮革命軍의 番號를 회복하고 적후에서 항일유격전을 견지한다. 이를 위하여 새로 간부진용을 정비하였는데 양세봉과 박대호가 朝鮮革命軍의 正·副사령을 담임하고 소속부대를 3개 방면군으로 나누고 한검추, 최윤구, 장명도가 각각 1, 2, 3 방면군의 사령을 담임한다. 조선혁명당과 국민부는 의연히 고이허와 김동산이 각각 위원장을 담임하다.

---

34) 김학규, 「白波自叙傳」, 『한국독립운동사연구』 2, 독립기념관 한국독립운동사연구소, 587쪽.
35) 박창욱, 앞의 책, 450쪽 참조.

234

2. 항일의용군과의 연합항일의 방침을 견지한다.

朝鮮革命軍은 회의 후 강전자군사학교에서 훈련받은 청년들을 받아들여 대오를 확대, 정돈하여 대원이 400여 명, 각종 무기가 500여 자루에 달하였다.36) 朝鮮革命軍은 독립적으로 혹은 왕봉각, 등철매 등이 영솔하는 항일의용군 및 각지에 분산적으로 活動하고 있던 山林隊와 긴밀히 연합하여 통화, 청원, 홍경, 환인 등지에서 항일유격전을 진행하였을 뿐만아니라 집안, 임강 등지에서도 소규모의 유격전으로 적들의 통치를 교란하였다. 그 중에서 유하현 삼원포의 일만 수비군을 습격한 전투, 홍경현 전주령전투, 통화현 쾌대모격전, 강전자전투와 홍경현성습격전이 유명하다. 이리하여 朝鮮革命軍의 軍威는 크게 昻揚되어 동변도일대의 항일주력의 하나로 되였다.

朝鮮革命軍은 정예 소분대를 편성하여 압록강을 건너 평안, 함경도 지방에 진출하여 일제 경찰서 등 식민통치기관을 습격하였다. 불완전한 통계에 의하면 1933년에 朝鮮革命軍이 국내로 진격한 것이 10차이고 동원된 사람이 142명이었다.37)

이 시기 朝鮮革命軍은 중국공산당이 영도하는 동북인민혁명군과의 연합작전이 시도되었다. "만주사변" 이후 중국공산당은 재만조선공산당인들을 흡수하여 그들이 활동하고 있던 조선족거주구역 즉 농촌지역을 중심으로 항일유격대를 건립하고 서서히 역량을 확대하여 1930년대 중반에는 동북지방에서 가장 큰 항일세력으로 되었다.38) 특히 1933년 이후에는 항일민족통일전선을 결성하는 방침하에 항일의용군을 비롯한 부동한 항일세력과의 협동전선을 이룩하였다. 남만지역에는 조선족들로 구성된 반석현 항일유격대를 기초로 하여 조직된 동북인민혁명군 제1군

---


36) 『黑白半月刊』 1卷1期, 27~28쪽.
37) 朝鮮總督府警務局, 『最近朝鮮治安狀況』(昭和8年), 213쪽.
38) 장세윤, 앞의 논문, 20쪽 참조.

독립사가 동변도지역에 진출하여 양정우를 총지휘로 하는 "항일연합군 총지휘부"를 건립하고 山林隊를 포함한 항일의용군과 연합작전을 진행하고 있었다. 朝鮮革命軍은 중국공산당의 '민족을 불문하고 신앙을 불문하고 과거를 따지지 않고 槍口를 일제히 대외에 향하고 항일을 견지하자'는 주장을 찬성하고 공동 對日作戰을 진행하였다.

1934년 여름, 日滿軍은 朝鮮革命軍에 대한 군사토벌을 강화하는 동시에 박창해 등 특무를 동원하여 양세봉에 대한 모해를 시작하였다. 9월 26일, 환인현 소황구에서 박창해는 양세봉과 친분이 있던 壓東洋을 매수하여 양세봉을 살해하였다. 양세봉의 피살은 朝鮮革命軍의 막대한 손실로 되었다.

## 3. 제3단계:

朝鮮革命軍 총사령 양세봉이 피살된 후 朝鮮革命軍과 조선혁명당은 홍경현 芳草溝에서 회의를 소집하고 조직기구를 재조직하고 對日作戰方案을 토의하였다. 회의에서는 전시수요에 적응하기 위하여 조선혁명당과 국민부를 취소하고 朝鮮革命軍政府를 조직하기로 결정하고 고이허를 군정부총통으로 임명하였다. 군정부는 중앙집행위원회와 정무원을 설치하고 아래에 7개 부서를 두어 후원사업을 하도록 하였다. 군정부의 행정구역은 모두 10개 軍區와 4개 特別軍區로 나누었다. 회의에서는 또 김활석을 朝鮮革命軍 총사령으로 임명하고 朝鮮革命軍을 2개 방면군으로 편성하기로 결정하였다. 당시 총 병력은 300여 명이었다.[39]

1935년 9월, 한검추가 영솔하는 朝鮮革命軍은 집안현 老嶺에서 왕봉각의 부대와 "中韓抗 日同盟會"를 결성하고 '일본제국주의를 타도하고 동북의 失地를 회복하며 조선의 독립을 쟁취한다.'[40]고 선언하였다. 동

---

39) 輯安縣公署編, 『輯安縣事情』, 90-91쪽. 황룡국, 「朝鮮獨立軍의 武裝抗爭」, 『韓國獨立運動史의 認識』, 白山박성수교수화갑기념논총, 1991, 326쪽 재인용.
40) 滿洲國軍政部顧問部, 『滿洲共産匪硏究』 1輯, 416쪽.

236

맹회의 회원자격은 '중·한 양국의 항일동포는 누구라도 회원이 될 수 있다.'고 명시하였다. 동맹회는 산하에 9개 支部를 설치하고 활동구역을 9개 군구로 하고 소속 부대를 2개 軍, 3개 師로 편성하였다. 동맹회의 정치위원장에 고이허가 선임되고 군사위원장은 왕봉각, 총사령은 한검추가 각각 담임하였는데 총 병력은 1,150명 중에 朝鮮革命軍이 100명이었다. 이후 朝鮮革命軍은 동맹회의 왕봉각부대와 긴밀히 연합하여 집안, 통화, 관전, 임강, 무송일대에서 日滿軍을 타격하고 일련의 승리를 거두었다.

朝鮮革命軍은 계속하여 소분대를 파견하여 국내의 일제 식민통치기관을 습격하고 군자금을 모집하는 등 활동을 거행하였다. 일제측의 불완전한 통계에 의하면 朝鮮革命軍은 1934년에 4명, 1935년에 27명, 1936년에 9명으로[41] 국내진격전을 멈추지 않았다. 朝鮮革命軍은 「朝鮮內工作委員會」를 설치하고 柳光浩를 책임자로 국내에 파견하여 노동자, 농민, 지식인 등 광범한 사회계층에서 동지를 규합하여 대중적인 반일운동을 시도하기도 하였다.

朝鮮革命軍은 동북인민혁명군(1936년 이후 東北抗日聯軍으로 改稱함) 및 왕봉각의 항일의용군과 함께 동변도지방의 가장 유력한 3개 항일부대로 부상하였고 三軍의 연합전선의 결성은 동변도의 새로운 항일고조를 일으켰다.

1936년 후반기부터, 日滿軍은 동변도지역의 항일세력을 소멸하기 위하여 "三省治安肅正計劃"을 제정하고 선후하여 '만군 대토벌', '7현 연합토벌' 등을 감행하면서 항일부대와 인민군중의 관계를 끊기 위하여 집단부락정책을 실시하고 항일근거지에 대하여 '三光政策'을 실시하였다. 이와 동시에 '宣撫班', '特別工作班' 등을 조직하고 변절분자들을 이용하여 정치적 誘降정책을 실시하였다.

---

41) 註 33)과 같음.

日滿軍의 잔혹한 군사적 토벌과 도살로 朝鮮革命軍은 戰死者가 늘어나고 兵員, 군량공급이 극도로 곤란하게 되었다. 항일의지가 견정하지 못한 자들 중에 마침내 도주자와 변절자가 나타났다. 1937년 3월, 1師師長 한검추와 부관이 선후하여 100여 명의 대원을 이끌고 반변하였다. 잇따라, 고이허, 양하산, 장명도·등 고급간부들이 연이어 체포되거나 혹은 전투중에 희생되었다. 총사령 김활석도 체포된 후 변절하였다. 1937년에 이르러 朝鮮革命軍은 전군이 覆滅의 위기에 직면하였다.

朝鮮革命軍 부사령 박대호와 제2사 사장 최윤구는 1937년 4-5월에 60-70명의 잔여부대를 영솔하여 동북항일연군 제1로군에 加入함으로써 朝鮮革命軍의 역사는 물론 동북지역에서 민족주의 반일무장투쟁사에 종지부를 찍었다.

## 3) 歷史的인 評價

朝鮮革命軍은 초기에 국민부 산하의 무장조직으로 창건되어 조선혁명당의 党軍으로 활약하였으며 "滿洲事變" 이후에는 舊東北軍係의 항일의용군과 연합하여 일제의 동북침략에 항거하였다. 1930년대 중반에는 중국의 민중항일의용군 및 중국공산당이 영도하는 동북인민혁명군(후에는 동북항일연군)과 연대하여 일제의 동북에 대한 식민통치의 건립과 관내진공을 타격하였다. 이와 동시에 국내로의 진격전과 대중조직의 설치운동을 통하여 일제식민지 지배하에 있던 국내의 민족운동을 고무·격려하였다.

朝鮮革命軍은 재만민족주의운동사에서 한국독립을 직접 표방한 최후의 무장세력이다.42) 朝鮮革命軍의 終末은 재만민족주의운동의 실패를 의미하는 것이 아니라, 衆寡不敵한 객관 현실에서의 필연적인 결과이다.

---

42) 장세윤, 앞의 논문, 343쪽.

238

朝鮮革命軍의 김학규, 현익철 등 인사들이 중국관내로 이동하여 임시정부와 광복군에 합류한 사실에서 알다싶이 일제의 만주에서 식민통치의 확립 및 관내로의 진공과 함께 항일투쟁의 중심은 동북지방으로부터 관내로 전이하였다.

첫째, 朝鮮革命軍은 "滿洲事變"이후 동변도지역에서 日滿軍을 상대로 200여 차의 대소 전투를 진행하여 일제의 동북 침략에 심중한 타격을 주고 재만민족주의 반일무장투쟁을 새로운 고조로 이끌었다.

朝鮮革命軍이 진행한 3차례의 홍경보위전, 청원현성 전투, 2차례의 집안저격전 등은 都市攻防戰으로서 朝鮮革命軍이 종전의 독립군이 상용하던 게릴라전을 탈피하여 都市와 주요 교통연선에서 비행기와 대포로 무장한 일본군과 정규전을 진행하였음을 말하여 준다. 朝鮮革命軍은 '軍神'으로 불리우는 양세봉장군의 지휘하에 기동영활한 전술로 동변도의 門戶인 홍경, 왕청문에서 몇년간에 수십차의 전투를 통하여 日滿軍의 동변도진출을 파탄시키고 무순탄광과 같은 주요 산업지를 습격하여 일제의 식민경제체계를 교란하였다. 規模로 보나, 數字(전투의 次數, 戰果 및 前後時間)로 보나, 朝鮮革命軍의 항일무장투쟁은 재만민족주의운동사에서는 물론 해외한민족독립운동사에서 그 유례를 찾아보기 힘들다.

둘째, 朝鮮革命軍은 "滿洲事變" 직후부터 해체될 때까지 다양한 이념적 색채를 띤 무장집단과 연합하여 반만항일 무장투쟁을 전개하였다. 이것은 朝鮮革命軍이 비교적 오랜기간 만주에서 투쟁을 견지할 수 있었던 중요한 요인이다.[43]

朝鮮革命軍과 중국공산당이 영도하는 동북인민혁명군(동북항일연군)과의 연합작전은 단순히 韓·中 양국간의 연합작전으로 볼 수도 있지만 더욱이 민족주의진영과 사회주의진영간의 연대 즉 좌·우익합작의 일환으로도 볼 수 있다.

---

43) 장세윤, 위의 논문, 334쪽.

일찍이 1920년대 후반에 민족운동세력은 재만조선족의 상황이 열악해지고 있는 상황에서 민족·공산 양진영이 서로 연합하여 강화된 조직역량을 바탕으로 재만조선족사회의 안정에 적극적으로 기여하는 새로운 모색을 시도하였다.44) 한편 사회주의진영에서도 국제공산당의 촉구하에 혁명적 민족운동과의 연합을 추진하게 되어, 민족유일당운동이 전개되었다. 하지만 당시 재만의 좌·우익 모두 極左, 極右的인 입장에서 민족해방운동을 대하였기에 민족유일당을 결성하려던 계획은 결국 실패하고 말았다.45)

재만공산주의자들은 1928년 2월 테제가 발표되어 조선공산당이 해산되자 중국공산당에 가입하고 중국혁명에 참가하였다. "滿洲事變"이후 중공만주성위는 조선족당원들이 농촌지역에 광범한 활동기반을 갖고 있는 특점을 이용하여 공작의 중심을 성시로부터 농촌으로 전이하고 조선족 군중을 기반으로 하는 항일유격대와 항일유격근거지를 창설하였다. 남만지방에는 李紅光이 건립한 '打狗隊'를 기초로 반석유격대가 조직되었고 점차 발전하여 동북인민혁명군 제1군(동북항일연군 제1군)으로 되였다.

1934년 4월, 朝鮮革命軍 총사령 양세봉은 김소묵, 김광옥을 홍경현 이도구의 동북인민혁명군에 파견하여 ≪연합항일협정≫을 체결하고 인민혁명군과 연합작전을 선포하였다.46) 朝鮮革命軍과 동북인민혁명군의 연합작전은 남만지역의 민족주의단체와 중국공산당이 宿怨을 풀고 항일의 대업으로부터 출발하여 공동항일 하였음을 표시한다.

朝鮮革命軍과 동북인민혁명군의 연합작전은 對日抗爭이란 공동목표를 한 것이 사실이지만 중국공산당에 참가한 조선공산주의자들이 국제주의

---

44) 황민호, 앞의 책, 57쪽 참조.
45) 박창욱, 「論20年代東北朝鮮族反日民族主義陣線的統一運動」, 『中國朝鮮族歷史硏究』, 연변대학출판사, 1995, 210쪽.
46) 註 31)과 같은 논문, 452쪽.

적 원칙하에 중국혁명은 물론 조선혁명의 승리를 위하여 투쟁하고 있었다[47]는 전제하에서는 재만민족주의운동의 좌·우익 연합전선의 결성으로 보아야한다. 이러한 의미에서 朝鮮革命軍은 한민족독립운동사에서 처음으로 좌·우익의 무장연합전선을 결성하였다고 말하여도 과언이 아니다.

셋째, 朝鮮革命軍[48]은 "滿洲事變"이후 韓·中 연합항일의 유리한 정세를 이용하여 재만민족주의운동사에서 처음으로 합법적인 자치정부의 형태로 관할구역의 조선족 주민들을 상대로 自治權을 행사하였다.

1932년 4월 말, 朝鮮革命軍은 準政府資格을 갖고 있던 遼寧民衆抗日自衛軍[49]과 맺은 합작에 관한 협정에서 民衆抗日自衛軍이 관할하는 각급 관공서가 朝鮮革命軍의 활동에 적극 원조한다는 승인을 받아[50], 동북지방에서 처음으로 공개적인 자치정부로 되였다.

朝鮮革命軍은 자치정부로서 관할구역의 조선족주민들에게 비상전시상태를 선포하고 만 18세 이상의 조선족 청장년들을 모두 兵籍에 등록하고 在鄕軍人을 강전자속성군관학교에서 강습시키는 등 전시상태의 정부 형태로 대일항쟁에 대응하였다.

朝鮮革命軍 및 조선혁명당은 재만조선족 군중을 충분히 발동하기 위하여 무장으로 일본제국주의를 소멸하고 봉건제를 폐지하고 토지국유화를 실시하며 耕者有其田의 반제반봉건의 민주주의강령을 제정하였다.[51] 이것은 朝鮮革命軍이 재만조선족의 二重性을 인식하고 한국의 독립과 더불어 조선족의 해방을 투쟁의 강령으로 삼았음을 알 수 있다.

---

47) '조국광복회'의 결성이 이를 증명한다.
48) 朝鮮革命軍, 조선혁명당 및 국민부를 三位一體로 보고 朝鮮革命軍으로 統稱함.
49) 초기에 遼寧民衆抗日自衛軍은 동변도일대의 20여 현을 管掌하고 화폐까지 발행하였다.
50) 註 32)를 참조.
51) 註 31)과 같은 논문, 445쪽.

1933년 1월에 있은 홍경현 왕청문 남이목수의 朝鮮革命軍과 조선혁명당의 간부회의에서 朝鮮革命軍은 조선족 군중의 이익을 보호하기 위하여 '조선족동포가 僞滿경찰과 자위단의 압박을 받을 때에 동포를 위하여 복수하고 조선족동포가 마적 혹은 타민족의 략탈과 기시를 당하였을 때에는 동포를 위하여 문제를 해결하고 그들의 이익을 보호하여 빼앗긴 재물과 납치 당한 인질을 찾아온다'[52)]는 원칙을 제정하였다.

이외에도 양세봉은 戰亂속에서 조선족 주민의 생명재산을 보호하기 위하여 朝鮮革命軍을 宣撫工作班으로 편성하여 각지에 파견하였다.[53)] 이러한 보호는 민중항일자위군의 승인하에서 합법적인 방법으로 진행되었다.

朝鮮革命軍은 주민들로부터 매년 매호 2원씩 소득세를 징수하고 경제상황에 근거하여 부동한 액수의 군자금과 의무금도 징수하였다. 동시에 食券制를 제정하고 朝鮮革命軍과 조선혁명당원이 조선족농가에서 숙박할 때는 식권으로 계산하였는데 식권 한장을 10전으로 계산하였다.[54)]

朝鮮革命軍과 국민부는 관활구역의 조선족 주민들이 건전한 민족풍습을 보전하게 하기 위하여 일체 早婚, 離婚, 도박, 미신과 아편을 흡연하는 것을 법적으로 금지시키고 위반한 자에 한하여서는 벌금을 안기었다.[55)]

朝鮮革命軍 및 국민부(朝鮮革命軍정부를 포함)는 "滿洲事變" 이후 韓·中 합작의 유리한 정세를 충분히 이용하여 국민부를 합법적인 自治政府로 승격시킴으로서 戰時의 복잡한 정세에서 조선족의 생명재산을 보호하고 그들의 항일적극성을 충분히 발휘시켰다.

넷째, 재만민족주의계 독립운동가들은 한국이 일제에 병탄된 이후 지

---

52) 박창욱, 「朝鮮革命軍與遼寧民衆抗日自衛軍的聯合作戰」, 앞의 책, 493쪽.
53) 桂基華, 「三府, 國民府, 朝鮮革命軍의 獨立運動 回顧」, 『한국독립운동사연구』 1, 409쪽.
54) 註 53)과 같음, 494쪽.
55) 위와 같음.

242

속적으로 중국동북 군벌과 국민당정부에 韓中연합항쟁을 호소하였으나, 그것이 구체적으로 실현된 적은 거의 없었다.56) "滿洲事變"이후 朝鮮革命軍은 중국인민의 항일운동과 연대하여 공동작전을 진행함으로써 재만 민족주의운동을 국제적인 반일운동으로 발전시켰다.

"滿洲事變"직후 朝鮮革命軍은 당시 동북의 항일형세와 朝鮮革命軍이 처한 실제곤란으로부터 출발하여 한국독립을 위하여 싸운다는 전제하에 각이한 이념으로 조직된 중국의 항일무장과 연합작전을 진행하였다.

朝鮮革命軍은 <신빈사건> 이후 재조직될 때에 이미 왕동헌이 영솔하는 遼寧農民自衛軍과 합작을 실현하였다. 1932년 5월이후 朝鮮革命軍은 遼寧民衆抗日自衛軍 제10로군의 名義 혹은 자위군 특무대의 名義로 동변도일대에서 활약하였다. 1933년 전후에 자위군이 潰散된 後 朝鮮革命軍은 동북지방에서 유일한 민족주의계 반일무장으로서 朝鮮(한국)독립의 깃발을 높이 들고 동변도일대의 3대 항일주력의 한 갈래로 기타의 항일무장과 연합작전을 진행하였다. 1934년 朝鮮革命軍은 왕봉각의 항일구국군과 韓中抗日同盟을 체결하였을 뿐만 아니라, 중국공산당이 영도하는 동북인민혁명군(동북항일연군)과도 연합작전협정을 체결하였다.

朝鮮革命軍은 종전의 협애한 민족주의 관념에서 벗어나, 민족과 이념을 불문하고 일체 단결할 수 있는 역량은 모두 단결하여 공동 항일하는 것을 목적으로 한·중 합작을 추진하였다. 한·중 연합작전은 朝鮮革命軍이 장기간 동북에서 항일투쟁을 견지할 수 있었던 원인중의 하나이다.

중국사의 입장에서 볼때, 한·중 양국의 연합작전은 중국인민의 항일투쟁에 대한 한국인민의 국제주의적 지지, 성원으로서, 이는 그후 중국정부와 인민이 한민족독립운동을 이해하고 지지한 기초의 하나로 된다.

---

56) 장세윤, 앞의 논문, 327쪽.

# Ⅳ. 맺음말

재만민족주의운동은 한민족독립운동사의 중요한 구성부분으로서 자체의 독특한 특점을 갖고 있다. 오직 객관적인 입장에서 역사사실을 정시하여야 만이 재만민족주의운동에 대하여 올바른 평가를 할 수 있고 정확한 경험교훈을 섭취 할 수 있다.

재만민족주의운동은 재만조선족을 기반으로 진행되었다는 특수성에 의하여 단순히 한국독립운동사로만 연구되어서는 안된다. 재만민족주의운동사의 연구에서 지도자의 이념에 의한 역사연구와 더불어 운동의 실행자로서의 광범한 민중의 의사도 반영되어야 한다. 이러한 의미에서 재만민족주의운동은 중국조선족사의 일부분으로도 보아야 한다. 이것은 조선족의 二重的인 성격에도 부합되는 것으로서 재만민족주의운동사만이 갖는 특수성이다.

만약 재만조선족의 二重性을 무시하고 韓國史的인 입장에서 재만민족주의운동을 이해한다면 爭議되는 문제들이(예하여 자치문제) 當然性을 갖고 정확할 수 있겠지만, 문제의 당사자인 재만조선족의 입장에서 고찰한다면 새로운 문제점을 발견할 수도 있다.

역사연구의 시각은 多元的이다. 百家爭鳴은 終局的으로 민족의 내일을 제시하는 정확한 경험교훈을 제공할 것이다.

# 한국민족주의운동에 대한 역사적 평가
## ─ 국내민족운동을 중심으로 ─

황 선 희*



## Ⅰ. 머리말

한국민족주의운동은 개항 이후 광복의 날까지 일관되게 추진되었고 현재 진행되고 있으며 앞으로 지속되어야할 역사적 당위성을 지니고 있다. 다만 민족주의운동을 현실화하는데 있어서 고려해야 할 점은 시대적 상황변화와 역사적 요구에 부응하여 민족주의 개념과 운동에서 성격과 양상을 현대화해야 하는 차이가 있을 뿐이다.

근대민족주의가 지향하는 구체적 목표는 시민이 주도하는 지배체제를 합법화하고 민족·국민·국가의 자율적 주권을 확보하는 것이다. 환언하면 봉건적 사회체제를 부정하고 근대국가를 성립케 하는 동인으로 작

---

* 상명대학교 사학과 교수

용한 것이 근대 민족주의다.[1] 근대민족주의운동은 Europe에서 처음 시작되었고 그 결실을 본 것은 프랑스 시민혁명에서였다.[2] 근대 국가로의 발전이 서구사회에서 전개한 민족주의 운동의 핵심과제였기 때문에 이들의 최대 관심은 국민의 이익과 권위를 옹호하는 것이었으며, 운동 성격 역시 시민사회의 합법성을 쟁취하기 위한 근대화 사회개혁운동이 주조를 이루었다. 이에 따라 서구사회의 민족주의는 국민주의 색채가 짙은 정치이념으로 개념화되었고 제국주의를 합리화하는 근거가 되었다. 19세기에 이르러 서구열강이 자본주의 경제발전이라는 명목 하에 제국주의 침략정책으로 식민지건설에 탐닉했던 것도 이와 같은 맥락에서 생각할 수 있다. Asia의 약소국들이 주권상실의 위기에서 민족주의 이념으로 민족의 생존과 단결을 도모해야 했던 민족주의와는 이론적 근거가 달랐다. 근대화를 지향한 반봉건 사회개혁운동이 전통적으로 자생되고 있었음에도 불구하고 약소국가들의 민족주의 운동이 반제국주의 외세배격 항쟁을 우선시할 수밖에 없었던 이유도 민족주의 기본개념에 대한 동·서양의 이와 같은 인식의 차이에서 비롯되었다고 하겠다.

이러한 현상은 한국의 경우도 예외가 아니었다. 한국은 이미 17~18세기에 근대화를 지향한 민족주의 사회운동 분위기가 실학자들에 의해서 조성되고 있었다. 남인계 경세치용학자들이 토지제도를 비롯한 제반 봉건제도의 개혁안을 제시하고 화이론적 세계관에 이의를 제기하였다. 또한 노론계 이용후생학자들도 북학론을 통하여 중상주의 경제정책으로 해상무역의 실시를 주장하고 노동의 정당성을 강조하였는데 이러한 변화는 일종의 근대적 민족주의 운동의 욕구 분출로서 한국 민족주의의 사상적 맹아를 실학에서 찾을 수 있는 좋은 근거다. 뒤에 개화사상가들이 근대화 사회개혁운동을 적극적으로 시작할 수 있었던 것도 실학자들

---

1) 이용희, 「한국민족주의 제문제」, 『한국의 민족주의』, 한국일보사, 1975, p.19.
2) 박수명, 「일제하 한국독립운동의 정치사상적 주조」, 『사대논문집』28, 부산대, 1994, p.199.

의 이러한 사상적 기반이 있었기에 용이하였다.

그러나 개항이후 30년간(1876~1904)은 서구열강의 동북아시아 정책과 한국에 대한 이권 선점을 위한 청·일·러 3국의 청일전쟁·러일전쟁으로 인하여 국제정세 변화가 가속화됨에 따라 한국사회의 민족주의운동은 근대화운동과 반외세 국권수호운동을 함께 해야 했다. 따라서 한국의 지식인들은 근대화운동을 중시하는 중인층·청년지식인들과 외세배격운동을 우선시하는 양반유림으로 나뉘게 되었고, 동학에 귀의한 민중들은 반봉건 사회개혁과 외세배격을 동시에 주창하는 최초의 민중적 근대민족주의 운동을 전개하였다. 이와같은 민족주의운동의 성격차이는 일제 강점 하에서도 정도의 차이는 있으나 별로 달라진 것은 없었다. 그러나 을사늑약 이후 애국계몽운동과 의병운동의 형태로 방법을 달리 하였지만 종국에는 상보적 관계로 발전하였다. 경술국치 이후 일제강점기에 민족주의가 자유주의와 사회주의로 이념적 분열이 있었지만 그때는 개화기의 경우와 성격이 다른 것이었다. 당시 한국민족주의운동은 개화기에 그랬던 것 같이 국내외의 정국변화에 따라 근대화 사회운동과 항일독립운동에 있어서 각기 비중과 적극성을 달리하거나 함께 병행함으로써 국권수복을 가능케 하였다.

그러면 개화사상·위정척사사상·동학사상·애국계몽사상·자유주의·사회주의 등 다양한 성격의 근대민족주의 사상이 어떠한 과정을 거치면서 협력관계를 유지하고 항일독립운동을 지속할 수 있었을까? 또한 근대화운동과 항일독립운동, 민족실력양성운동과 무장항일투쟁 등의 방법으로 국권회복과 근대독립국가 건립을 이룩한 한국의 근대민족주의운동이 민족통일과 국력향상이라는 역사적 과제를 안고 있는 현재 한국사회에 시사하고 있는 것은 무엇일까? 본 연구는 이러한 문제에 초점을 맞추어 개항 이후 70년간의 한국민족주의운동의 근현대사적 성격을 규명하고자 한다.

그리하여 우선 개화기(1876~1904) 30년간의 근대화운동을 개화운동·위정척사운동·동학농민운동으로 나누어 지도이념과 지향목표를 분석하고 서로 다른 사상과 민족주의운동이 어떻게 상호 접근해 갔는가 하는 것을 규명한다. 다음 단계의 일제강점기(1905~1945) 40년간의 민족주의 운동은 3·1독립운동 전후의 2시기로 나누어 운동의 전개양상과 성숙도를 비교하되 특히 국내에서 전개한 민족주의 운동을 집중 검토키로 한다. 1900년대의 애국계몽운동과 의병운동, 1910년대의 비밀결사운동을 3·1독립운동에 연계하여 분석함으로써 한국근대 민족주의운동의 역사적 성격을 규명코자 한다. 그리고 1920년대 이후의 독립운동을 문화운동과 사회운동으로 구분하여 근대민족주의운동이 이원적으로 지속되었던 원인을 찾기로 한다. 아울러 한국의 미래지향적 민족주의운동의 지향점과 방법도 전망·기대해 본다.

# Ⅱ. 개화기의 민족주의운동

한국근대 민족주의가 지식층 사회에서 개화사상·위정척사사상으로 나타나고 민중세력을 정치무대로 이끈 동학사상이 창도된 시기는 개항 무렵이다. 당시 한국의 사정은 1801년에 순조가 즉위한 이래 60여년간 외척의 세도정치와 삼정문란으로 인하여 국정혼란과 사회부패상이 한계에 이르렀고 대외적으로 빈번한 이양선 출몰과 병인양요·신미양요·운요호사건 등 일련의 사태를 겪으면서 왕조존립은 물론 민족생존의 위기에 처하게 되었다. 이러한 시점에서 조야 할 것 없이 지식층사회에서 국정개혁과 구국책을 모색하였는데 그중 대표적인 사상은 개화사상과 위정척사사상이었다. 개화사상은 서구의 과학기술과 선진문물을 받아들여 부국강병을 위한 구제도의 개혁을 주장하는 것이었고, 위정척사사상의 주장은 내수외양으로서 외세침략에 대항하는 것을 우선 조건으로 부패한 국가기강을 바로 잡자는 것이었다. 이와같이 개화사상은 근대화개혁을, 위정척사사상은 반외세 저항을 우선으로 하는 차이가 있었지만 국권수호를 궁극의 목표로 하고 요구와 비판의 대상을 정부로 했던 공통성을 지니고 있었다. 그리하여 1880년대 초까지 사상적으로 첨예하게 대립하였으나 1890년대에 이르면서 동도서기론에 입각했던 위정척사파와 개화파는 사상적으로 점차 접근하게 되어 독립협회 활동에서 국민계몽과 실력양성의 방향으로 민족주의운동을 함께 추진할 수 있었다. 그런가하면 동학운동도 이러한 지식층과의 사상적 차이 때문에 부분적으로 상치되는 면이 있었으나 점차 의병운동의 형태로 위정척사운동에 합류하기도 하였고, 일부 중상류 지도층은 애국계몽운동의 형태로 개화운동에 적극 참여하였다. 결국 이들 3종류의 서로 다른 민족주의운동은 각자 위치에서 성격과 역할을 분명히 하였으되 국권수호의 목표는 같은 맥락에 있었다.

## 1. 개화운동

일반적으로 부르주아적 민족주의로 인식되는 개화사상은 주로 관인엘리트와 중간지식층의 진보사상으로서 계몽사상의 성격을 내포하고 있다. 개화사상은 본질적으로 조선후기 실학에 바탕을 두고 서구문명과 청의 양무론·일본의 문명개화론을 선택적으로 수용하여 형성되었기 때문에 개화운동 시초부터 근대화개혁과 민족실력양성을 기본목표로 표방하였다. 양무론의 국내유입은 1850년대 중반에 오경석이 40여 차례에 걸쳐 청을 내왕하면서 각종신서를 들여온 것에서 비롯되었는데, 1860년대 말에 유대치와 박규수가 여기에 관심을 가지게 되었고 1870년경부터는 이들이 중인계층과 일부 양반자제들에게 근대민족주의 이념을 교육시킴으로써 개화당이 형성되기에 이르렀다.[3] 한편 일본으로부터 문경개

_______________

3) 이현희, 「한말 중인개화사상가의 개혁운동」, 『사학연구』34, 1982, pp.70~75 참조.

250

화론도 함께 전해졌는데 개화승 이동인과 탁정식의 역할이 컸다. 이러한 과정에서 집권개화파는 부국강병의 양무론적 개화사상을 취하고 재야의 개화파는 문명개화론적 개혁사상을 취하게 되었다. 이러한 관계로 개항이후 이 두 계열은 개화정책의 방법과 청·일에 대한 외교문제에서 인식을 달리하게 되었다.

그러나 이들 급진개화파와 온건파 관료들 사이의 대립은 1882년 임오군란 직후까지만 해도 분명히 드러나지 않았다. 이때는 급진개화파가 정부의 정치개혁에 부분적으로 참여하고 있었기 때문이다. 당시 박영효는 한성판윤으로 있으면서 개화정책을 추진하는 한편 개화사상을 보급하였고, 김옥균·홍영식은 별시위의 신분으로 항시 궁궐을 출입하면서 고종을 개명화하는 일에 힘썼으며, 고영문·지석영은 상소를 올려 경제시책을 건의하기도 하였다. 그러던 것이 1883년에 이르면서 상황이 달라졌다. 청의 내정간섭 하에 부족한 국가재정을 수습하는 문제를 놓고 재정고문이었던 묄렌도르프와 김옥균 사이에 이견이 노출되었다. 당오전·당백전 등의 신화폐 발행을 주장하는 정부측에 대하여 김옥균은 일본으로부터의 차관도입을 주장하여 국론이 분열되었던 것이다. 이렇게 되자 정부측은 개화당과의 협력관계를 파기하고 이들을 중앙정부에서 소외시켰다. 개화정부였음에도 개혁을 제도적으로 단행하는 과정에서 유림들의 상소와 민심의 동향에 과민하게 반응하는 태도를 보였던 것이다. 정부가 개화정책 수행에 일관성이 없었던 것은 당시 온건수구파 관료들의 개화사상이 유교적 왕도정치와 전통사상을 그대로 지닌 현실적 개량주의였기 때문이다. 그때까지 서구시민사상을 포용하는 단계에 이르지 못했던 것이다. 급진개화파의 김옥균·서광범·박영효 등이 일본의 메이지유신을 근대화의 표본으로 하고, 서양의 과학기술은 물론 근대사상과 제도까지 적극적으로 수용하려 했던 것에 반하여, 김윤식·김병시·등 정부의 온건수구세력은 동도서기론적 발상에서 서구의 과학기술만을 받아들이면서 점진적으로 개혁하려 하였다. 따라서 정부의 외교

정책은 수구적 친청사대외교일 수밖에 없었다. 이에 대하여 급진개화파는 수구정책에 대하여 반동적 태도를 취하였다. 이들이 청과의 종주관계를 단절하고 자주 독립국가를 건립하자고 한 것은 특정국가에 국한한 논리라는 한계가 있으나 정치적 자주독립운동은 이때부터 비로소 시작되었다고 보아야겠다.

급진개화파의 정치적 입지는 1882~1884년에 정부측 온건수구세력이 양무운동을 전개함에 따라 점차 쇠락해졌다. 홍영식과 서광범이 주미공사 수행원으로 파견되고 민영익이 개화당에서 탈퇴하는 등 급진개화세력이 중앙정계에서 격리됨에 따라 그동안 이들의 참여로 추진되고 있던 평화적 개혁운동은 중단되고 말았다. 이 때부터 개화파의 온건·진보 양대 세력의 대립이 본격화되었다. 그리하여 개화파는 개혁운동의 추진을 위하여 최후수단으로 쿠데타를 계획하고 이를 실천에 옮겼다. 갑신정변에 대하여 학계에서 다양한 시각으로 긍정[4]·부정[5]·부분긍정[6]의 역사적 평가를 하고 있지만 여기서 유의해야 할 부분은 이 사건의 과정이나 사태의 결과에 주목하기 보다 이들이 추구했던 개혁안과 궁극적 목표가 무엇인가 하는 점이다. 왜냐하면 갑신정변 당시 김옥균과 박영효가 제기했던 경제부국론이나 인권보장론·정치개혁론은 뒤에 갑오개혁때 반영되었고, 독립협회의 국권론·민권론에도 영향을 주었으며 또

---

4) 이광린, 「갑신정변 정강에 대한 재검토」, 『동아연구』21, 1990.
   신용하, 『한국근대사회의 구조와 변동』, 일지사, 1994.
5) 최문형, 「갑신정변 전후의 전황과 개화파」, 『제국주의 시대의 열강과 한국』, 민음사, 1990.
   박성수, 「서재필에 대한 재평가」, 『서암조항래교수화갑기념 한국사학논총』, 아세아문화사, 1992.
   주진오, 「개화파의 성립과정과 정치·사상적 동향」, 『1894년 농민전쟁연구』3, 역사비평사, 1993.
   최영호, 「갑신정변론」, 『한국사시민강좌』7, 일조각, 1990.
6) 정옥자, 「개화파와 갑신정변」, 『국사관논총』14, 1990.
   김신재, 「박영효의 정체구상과 그 성격」, 『소헌 남도영박사화갑기념 사학논총』, 민족문화사, 1993.

한 애국계몽운동의 민족실력양성론으로 이어졌을 뿐만 아니라, 일제강
점기에는 문화운동·사회운동 형태의 근대사회 개혁운동과 항일독립운
동으로 전개되었기 때문이다. 요컨대 중요한 것은 목적론적 관점에서
갑신정변의 민족주의운동사적 성격을 규명하는 것이다.

　김옥균의 사상은 「갑신일록」(1884)·「신정강」(1884)·「상소문」(1885)
에, 박영효의 사상은 「건백서」(1886)에 집약되었는데 이를 요약하면 4가
지로 정리할 수 있다. 첫째, 정치적으로 입헌주의에 바탕을 둔 자주독립
국가 건설인데 그 한가지 방법으로 중립론을 제기하였다.[7] 국제정세를
이용한 외교적 방법이라 하겠다. 이러한　중립론은 뒤에 독립협회에서
도 제기하였는데 그 시기는 모두 청일전쟁과 러일전쟁의 징조가 보이는
때였다. 청일전쟁 직전 개전을 막기 위하여 영·미·러 등 열강이 조선
영토 분할점유를 제의하였고,[8] 러일전쟁 직전에는 러·일이 직접 영토

---

7) 송건호·평론선, 『한국민족주의의 탐구』, 1979, 한길사, pp.81~82 참조.
　박희호, 『구한말 한반도 중립화론 연구』, 1997, 동국대학교대학원 박사학위논
　문, pp.36~82 참조.
　한국이 자주 독립할 수 있었던 기회를 中立化論과 결부시킬 수 있는데 그 시
　기는 임오군란부터 청일전쟁 직전(1882~1894)과 아관파천부터 러일전쟁 이전
　(1896~1904)의 두 시기로 볼 수 있다. 이 시기는 중립국임을 선언할 수 있는
　기회였다. 1882년부터 일기 시작한 한국중립화론은 주변국이 먼저 거론하였
　는데 일본(淸의 속방론 거부의 방편으로), 프랑스(벨기에, 룩셈부르크의 중립
　안), 독일(러·일·청 3국 공동보장하의 중립안), 영국(청·일 공동보조하의
　중립론) 등 주변열강이 자국의 이해관계에서 건의한 것이다. 이후 한국에서는
　개화사상가들이 중립화 건의한 것이 대표적이다. 유길준은 1883년에 이미 청
　주도의 중립화안(美·日을 불신)을 제시하였고, 김옥균은 1884년 갑신정변 당
　시의 혁신정강에서 한국의 중립을 완전자주 독립국가의 실현방법으로 생각하
　여, 1886년 '여이홍장서'에서 중립화문제를 정식으로 제기하였다.
　아관파천 이후의 중립화론은 러·일협상 과정에서 양국 당국자들간에 한국
　영토분할 점령을 거론하는 형식으로 제기되었고 대한제국 정부에서 비로소
　중립화 외교를 시작한 것은 1890년 미국을 상대로 한 것이 없다. 이후 한반도
　주변정세가 심각해짐에 따라 고종이 전시중립국을 선언(1900. 6)하고, 계속 외
　교적 노력을 하였다. 그리하여 러일전쟁 직전(1904. 1. 21) 중국현지에서 다시
　국외중립국임을 선언하였으나 영·미·일의 반대로 국제적 승인을 얻지 못하
　고 좌절되었다.

분할문제를 놓고 협상을 하였다.9) 이러한 막후사정은 모른다해도 전쟁이 있을 것을 예견하고 중립론을 제기한 정치감각은 주목할 일이다. 둘째, 경제적으로 산업개발을 강조하였다. 구체적으로 14개항의 안건을 제시하였는데 대부분 식산흥업과 관계되는 것들이다. 셋째, 문화적으로 민

---

8) 청·일에 제의한 한국영토 분할점령안을 시기순으로 언급하면(일본공사에게 건의), 미국 -1888년 2월 2일 Somali 해안의 공동관리안을 타결한 영·불의 협정을 예로 들면서 조선의 3분할론 건의(한반도의 남부 4개도는 일본이, 북부 3개도는 청이, 경기도는 조선국왕이 관할케 한다는 안)

러시아 — 러시아 정부에 대하여 민간신문이 제의. 조선문제에 적극 간여할 것(노웨우레미야紙·스웨트 紙)과 러·일이 제휴하여 조선을 분할점령할 것(루스카야로지니 紙)을 주장.

영국 — 외무대신 Kimbeley가 조선영토 분할점령을 제의(일본군은 서울이남, 청은 서울 이북에 주둔한다는 안)

『주한일본공사관기록』Ⅳ, 一(22318), (29) 전수 제278호, p.328 참조. Ⅱ, 五.기밀 本 성급 기타왕래(12759), (54)公제35호, p.496 참조. 二. (22319), (17), p.360 참조.

9) 아관파천 이후 러·일협상 과정에서 러·일 정부차원의 영토분할 논의는 3차례에 걸쳐 진행되었음

1차 - 1896. 5. 4  고무라·웨베르 각서(만주·한국에 대한 이권문제가 주로 논의됨)

2차 - 1896. 6. 9 야마가다·로바노프의정서의 비밀조관 2개 항목중 1항에서 처음으로 분할론이 등장(양국군 중간지점에 용병지역 설치) 5월 24일 야마가다가 제의하였는데 한반도의 서울을 경계로 분할하고 그 이북은 비무장지대로 하자는 것인데 38° 선 이북인 듯하다.

3차 - 1898. 4. 25 니시·로젠 협정서

러시아에서 만한정책에 관하여 협상제의(주로 영토문제·군대주둔문제가 논의됨)

1903. 10. 3 러시아에서 8개조의 대안제시
(영토분할문제는 2항·6항에서 거론)
2항 - 만주와 연안일대를 일본의 관할권 밖에 둠.
6항 - 북위 39° 선 경계로 그 이북(대동강에서 원산만—압록강)을 중립지대로 하자는 한국중립안 제시.

『일본외교문서』29권 pp.789~792, 문서번호 458 참조.
pp.815~818, 문서번호 478 참조.
31권 pp.182~184, 문서번호 614 참조.

중생활문화의 향상을 강조하였다. 교육정책·보건위생 및 사회복지정책을 강조하였다. 그 중에서 특히 근대학교설립과 교육에 역점을 두었다. 이러한 문화정책은 뒤에 애국계몽운동을 이끌 지도층을 배출하는데 큰 몫을 하였다. 넷째, 사회적으로 봉건적 신분제 타파를 주장하였다. 부국강병을 위한 전제조건으로 봉건사회의 개혁을 제시한 것이다. 이상에서 확인할 수 있는 것은 이들의 개화사상이 부르주아적 민주주의 성격을 지니고 있다는 것과 근현대 사상으로서 조금도 손색이 없다는 것이다. 이후 1894년 갑오개혁·동학농민운동이 일어나기까지 약 10년간은 개화파와 위정척사파의 민족주의 운동에 관한 연구가 거의 되어있지 않다. 이 기간은 한국근대 민족주의운동뿐 아니라 한국에 대한 청·일의 이권경쟁에서도 경제문제 이외에 정치적인 것은 연구가 되어있지 않다. 앞으로 자료수집을 통한 연구가 기대된다.

1890년대는 국내외 정치상황이 매우 어지러웠다. 안으로 동학농민운동(1894)·민비시해(1895)·의병봉기(1894)·고종의 아관파천(1896)을 겪으면서 1894~1896년까지 6번의 내각개편이 있었고[10] 정치부재상태가 계속되었다. 또한 밖으로 청일전쟁(1894~1895)·열강의 이권쟁탈(1896~1898) 및 러·일의 한반도문제 협상(1896~1903)등 국권상실의 위기가 절정에 이르렀다. 이에 개화세력은 갑신정변·갑오개혁에 참여했던 서재필·윤치호·이상재 등 서구시민사상에 영향받은 사람들이 독립협회(1896~1899)를 창설하고 민족의식과 자주독립사상을 고취하기 위한 민족주의운동을 전개하였다. 당시 지식인 사회는 개화를 역사적 과제로 공론화하는 분위기였기 때문에 동도서기론의 입장에서 개화의 개념을

---

10) 1894. 6. 1차 김홍집 내각
   1894. 7. 2차 김홍집 내각
   1895. 6. 박정양 내각
   1895. 7. 3차 김홍집 내각
   1895. 10. 4차 김홍집 내각
   1896. 2 김병시 내각

정의하는 등 언론을 통한 지식인들의 개화운동 참여가 증가하는 추세에 있었다. 개화의 용어를 일본의 문명개화론에서 취한 것으로 주장하는 연구가 있는데 이것은 오히려 1880년대 중국고전에서 취했다는 주장이 설득력이 있다. 이것보다 중요한 것은 개화의 의미를 어떻게 보았는가이다. 위정척사론자로서 동도서기론자의 입장에서 개화운동에 대한 제약을 비판적으로 지양하였던 황현은 개화의 의미를 '開物成務하고 化民成俗하는 것'으로 정의하였고, 독립신문은 창간호에서 '실상대로 만사를 행하는 것'이라 하였다. 또한 유길준은 '인간완성을 향하는 것'이라 하여 당시 일반적으로 개화를 단순한 서양화도 전통의 부정도 아닌 온갖 좋은 것의 총화로 인식하였다. 이러한 사회적 분위기였기에 독립협회는 개화운동을 범국민적 대중운동으로 시도할 수 있었다.

독립협회의 정치활동은 자주국권운동과 자유민권운동으로 구분할 수 있는데 전자의 경우는 만민공동회를 통하여 전개하였다. 이때도 중립론이 제기되었는데 이것은 열강의 세력균형 시기를 독립의 기회로 이용하려한 성숙한 외교능력의 일단면을 엿볼 수 있는 부분이다.[11] 갑신정변 당시 발의했던 중립론이 다시 거론되었는데 편중외교를 지양하고 열강이 세력균형을 유지하게 하여 청일전쟁에서와 같은 戰禍를 피해야 한다는 주장이라 하겠다. 중립을 강대국 사이에서 약소국이 독립할 수 있는 최선의 방법으로 생각했던 것이다. 후자의 경우는 중추원 개조활동에서 본격화되었다. 중추원을 의회로 개편하는 관제를 공포케 하였는데 이때의 활동 중 주목할 것은 인민주권론과 인민평등권론이다. 국민의 주권을 인정한 것이나 여학교의 설치를 남녀평등론의 실천으로 구체화시킨 것은 진일보한 인권정책이라 하겠다. 독립협회가 해산될 무렵(1899) 자강개혁운동을 전개하였는데 1900년대의 애국계몽운동으로 이어졌다. 그러나 독립협회활동의 자주독립론도 초기개화파가 주장했던 청으로부터

---

11) 송건호 평론집, 『한국민족주의의 탐구』, 한길사, 1997, pp.87~91 참조.

의 독립이라는 한계를 탈피하지는 못하였다. 청·일·러 등 어떠한 제국주의 국가로부터도 자력으로 독립한다는 의미의 절대 자주자강의 독립운동은 애국계몽운동에서 시작되었던 것이다.

## 2. 위정척사운동

개화사상이 실학에 바탕하고 있었듯이 한국근대민족주의 사상은 조선 성리학에 근거하고 있었으며 그 중에서 위정척사사상은 가장 확실하게 전통을 지키고 있었다. 위정척사사상의 기본논리는 성리학의 2분법적 가치관인 理氣論에 근거하여 正을 지키고 邪를 배격한다는 것인데 正·邪의 내용과 대상은 역사환경 변화에 따라서 유동적인 것이 특징이다. 조선 건국초기 15세기에는 왕조개창의 정통성을 확립하기 위한 이념적 차원에서 척불론을 전개하였고, 16세기 성리학의 학풍이 인성론에 집중되면서 척사론의 방향이 인간내면의 심리문제로 전환되었다. 正心人格論으로 발전한 것이다. 17세기에는 왜란과 호란을 거치면서 외세배격의 저항의식으로 나타나 북벌론을 주장하게 되었다. 그러나 북벌론은 소중화사상 의식에서 明을 멸망시킨 만주족의 淸을 멸한다는 것인데 이는 존화주의의 사대사상적 한계를 드러내는 부분이다. 18세기의 척사론은 서학의 전래라는 이질적 문화의 유입에 따른 대응론으로서 문화적 가치질서와 유교전통의 질서를 유지한다는 명분으로 보수정책을 채택하였다. 서구의 이단사상에 대한 저항의식이 척양·척외운동으로 발전하여 정치적 쟁점으로 되었다. 18세기말의 천주교박해(1791, 진산사건)를 그 사례로 들 수 있다. 이러한 위정척사상이 한국 근대 민족주의사상으로 모습을 보이고 민족자존의 문제에서 적극적으로 기능을 하였던 시기는 19세기 후반이다.

19세기 후반의 위정척사사상은 청의 아편전쟁, 영·불연합군의 북경 침입과 한국에서의 병인양요·제너럴셔먼호사건·오페르트도굴사건 등이 원인이 되어 반서학에서 반제국주의·반침략으로 성격이 바뀌었다. 위정척사사상을 이론적으로 체계화한 인적계보는 이항로—김평묵—기정진—최익현으로 이어지는 화서학파였다.[12) 이들은 당시의 사회풍조를 주기론이 지배하는 것으로 진단하고 주리론으로 개화세력을 배격하였다. 이와같이 실학·서학·개화사상 및 서구세력을 이론적으로 主氣에 대치시키고 주기론을 사상적으로 비판한 것은 제국주의 서양열강의 침략행위와 개량주의 개화파 관료들의 개혁정책에 대한 공격이 되는 것이고 급진개화 세력을 비판하는 것이 되었다.[13)

　19세기 후반에 있었던 위정척사운동은 연원과 사상적 배경이 서학수용 과정에서 보여준 반서학 분위기와 관련이 있기 때문에 주로 척사운동 형식으로 추진되었다. 척사운동의 시작은 1866년 병인사옥과 병인양요에서 받은 충격이 계기였다. 척사운동의 양상은 주로 상소의 방법으로 이루어졌는데 1860년대는 개별상소의 형태로, 1870년대는 연명으로 개항반대상소를 올렸고, 가장 대규모로 척사운동이 전개된 시기는 1880~1881년이다. 척사운동의 기세가 꺾이게 된 것은 임오군란 이후 정부에서 척화비를 모두 철거하고 정책노선을 개화사상 쪽으로 분명히 밝힌 후다. 이후 위정척사론자들은 1895년 의병운동과 1900년대의 애국계몽운동에 직접 참여하거나 애국계몽운동을 위한 이론을 정립하는 역할을 담당하였다.

　1860년대의 위정척사운동은 이항로·기정진의 상소가 대표적이다. 위정척사론의 이념도 이들에 의하여 정립되었다. 이항로는 봉건적 사회질서의 붕괴와 외세 개입을 상호 인과관계로 파악하여 조선성리학적 전통을 재정비할 것을 보국안민의 최선책으로 제시하였다.[14) 서구자본주의

---


12) 권오영, 「척사운동에 대한 연구성과와 과제」,『한국사론』25, 1995, pp.95~99 참조.
13) 한국근현대사연구회,『한국근대사강의』, 한울아카데미, 1997, p.93.
14) 이항로,『화서문집』권3, 소차, '사동의금소'.

의 침입으로 국가적·문화적 위기에 처하게된 근본적 원인을 삼정문란으로 인한 성리학의 지도력 상실로 보았기 때문이다. 따라서 正人 성리학으로 전통사회의 질서를 유지하는 것만이 보국의 유일한 방안이라고 하였다. 그리하여 서양열강의 물리적 도전 앞에서 자발적 민병봉기·국방강화·언로확대·인재등용 등을 국가안보차원의 구체적 방법으로 거론하였다. 특히 의병을 조직하여 외세에 저항하자고한 주전론은 理·氣의 이분법적 가치관을 민족적 현실에 적용한 실천논리라 하겠다. 1890년대에 유생들이 을미의병운동을 할 수 있었던 것도 이러한 사상적 논리가 있었기에 가능했던 것이다. 또한 같은 맥락에서 주전론에 준하는 반외세운동의 수단으로 화이론에 근거한 쇄국양이정책을 제시하였는데 이것은 결과적으로 병인양요·신미양요 당시 대원군의 쇄국정책에 이론적 근거를 제공한 것이 되었다. 그러나 그때까지 척사론은 문화적 척사의식에서 탈피하지 못한 상태였다.

척사의식이 문화적 화이론에서 인수론과 왜양일체의 논리로 전환된 것은 1870년대의 척사운동에서였다. 통상을 요구하는 일본의 경제적 침략에 위협을 느끼게 되면서 전통적 가치질서의 보존을 목적으로 외양의 대상을 서구세력으로 했던 척사론이 개항반대론으로 구체화되었다. 척사의 대상을 서구화한 일본으로 하였던 것이다. 당시 최익현은 '지부복궐상소'에서 정치적 주권상실·경제파탄·문화적 타락·전통적 윤리파괴·민족생존의 위험을 피할 수 없다는 이유를 들어 일본과의 통상을 반대하였다. 이 무렵 경기·강원도 유생 50여명이 연명으로 상소를 올려 불평등조약을 반대하였으나 결국 개항을 피할 수 없었다.

척사론에서 척사의 주제와 내용이 개항반대에서 대내적 정치문제로 바뀐 것은 개항이후다. 위정척사론자들은 관심을 외양보다 내수에 집중하여 정부에 대한 재야의 최대 비판세력으로 등장하였다. 왜양일체론을 더욱 강화하여 정부의 개화정책 비판을 집단행동화 하였는데 위정척사운동이 가장 대규모로 전개된 것은 1881년에 있었던 영남만인소 사건과

신사척사운동이다. 민씨척족이 정권을 전횡하던 당시 조선정부는 일관
성 없는 정견과 정권장악에만 급급하여 수시로 정책을 수구 또는 개화
에로 수정하여 정치기강과 사회 도덕이 추락한 상태였다. 이러한 때에
김홍집이 들여온 「조선책략」의 聯美論을 개화파 관료와 지식인들이 호
응했던 것은 유림세력을 자극하기에 충분한 여건이 되었다.15) 정부의
무정견한 외교정책에 대하여 처음으로 전개한 상소운동은 영남만인소였
다. 초기단계는 정치적 성격을 띄고 시작한 상소운동이었으나 점차 경
기·충청·호남·강원·전라도로 유림의 궐기가 확대되면서 운동성격도
반외세 투쟁으로 바뀌었다.16) 전국의 유림이 일본과 서양 제국주의 세
력에 대항한다는 차원에서 지역과 사상적 논리의 차이를 초월하여 연대
투쟁을 전개하였던 것이다. 그러나 위정척사운동은 안기영사건 이후 점
차 소강상태로 들어갔으며 척사론도 동도서기론에 따르는 자강 양무책
으로 변화되어 갔다. 신사척사운동의 분위기에 고무된 남인 등 대원군
의 추종세력이 그의 재집권을 꾀하여 이재선을 추대하기 위한 쿠데타를
일으켰기 때문이다. 정부는 이 사건을 계기로 대원군의 추종세력은 물
론 위정척사운동까지 함께 탄압하였다.17)

　이후 일부 동도서기론자들은 왜양일체론을 탈피하고 채서론을 주장하
게 되면서 문명개화·탈중국을 주장하던 온건개화파와 함께 독립협회운
동에 참여하였고 1900년대에 애국계몽운동의 사상적 근거를 정립하는
역할을 담당하게 되었다. 한편 이들과 달리 끝까지 채서론에 반대했던
보수파 유생들은 1895년 민비시해를 계기로 의병운동을 일으켰다. 그러
나 엄밀히 보면 의병운동의 시작은 1894년 6月 일본군의 경복궁 침입에

---

15) 송병기, 「신사척사운동연구」, 『사학연구』37, 1985, pp.160~164 참조.
16) 송건호 평론선, 「개항과 민족운동의 전개」, 『한국민족주의의 탐구』, 한길사,
　　p.85.
　　권오영, 「척사운동에 대한 연구성과와 과제」, 『한국사론』25, 국사편찬위원
　　회, 1995, p.99.
17) 송병기, 「신사척사운동연구」, 앞의 책, pp.178~198 참조.

서 비롯되었다고 보는 것이 타당하다.[18] 당시 위정척사론자들과 동학지도층은 이러한 상황을 종묘사직의 붕괴위기로 받아들여 무력투쟁을 단행하였다. 안동의 서상철·상원의 김원교 등이 처음으로 의병을 일으켜 무장투쟁에 들어갔고, 이어서 봉산·재령의 동학군이 정식으로 합류하면서 의병항쟁으로 진전되었다.[19]

이와같이 초기의 척사운동은 전통적 사회체제와 유교문화를 수호한다는 것을 명분으로 반외세·반제국주의 운동을 전개하고, 안으로 민씨척족의 개화정부가 추진하는 근대화 개혁정책을 공격하였다. 그러나 1890년대 후반에 이르면서 척사론은 개화사상·동학사상과 상보적 관계에서 민족주의 운동을 전개하는 동력으로 작용하는 모습을 보였다.

## 3. 동학운동

개화사상과 위정척사사상이 각기 근대화 개혁과 반외세 민족자주정신을 표방하여 한국 근대 민족주의운동의 동인으로 기능 하였지만 그 이면에는 경세제국의 주도적 역할을 양반사대부와 지식층에게 국한시켰다는 한계성이 있다. 그러나 동학은 종교적 역할 이외에 민중을 새로운 정치세력으로 사회전면에 등장시킴으로써 민중운동의 제일보를 내딛게 하는 역할을 하였다.

동학이 근대화 개혁을 위한 사회운동에 물리적 동인으로 기능을 하고 자본주의 외세침입에 저항하는 정신적 지도이념이 될 수 있었던 근거는 최제우의 혁명적 정치사상과 최시형의 인본주의 사인여천사상에서 찾을 수 있다. 최제우가 표방했던 정치사상은 후천개벽과 민족자주의식의 두 가지로 구분할 수 있다. 후천개벽사상은 봉건왕조의 사회모순과 정치기강 해이·세제의 문란과 농촌경제의 파탄 등 전통사회의 말기적

---

18) 황선희, 『한국근대사상과 민족운동』I, 혜안, 1996, pp.119~120 참조.
19) 한국근현대사연구회, 『한국근대사강의』, 한울아카데미, 1997, p.168.

현상을 자체적으로 극복하려한 근대적 사회개혁사상이다. 그런가하면 민족자주의식은 서학의 도전과 자본주의 열강의 침입 등 동북Asia의 국제정세 변화에 대응한 정치사상인 동시에 시대적 요구를 수용한 민족주의 이념이라 하겠다.

후천개벽사상이 추구하는 근본적 목표는 인간성회복에 의한 보국안민이었다. 보국안민을 추구한 점에서 동학은 위정척사사상이나 개화사상과 공통의 목표를 추구하였음을 알 수 있다. 그러나 위정척사사상은 외세배척의 방안으로 사회질서의 유지를 우선적으로 주장하여 안민보다 보국을 우위에 두었던 왕조적 가치관에 근거하였다. 이에 반하여 동학은 봉건적 신분차별을 타파하고 왕조몰락을 예언하는 등 안민에 비중을 두는 민본사상에 입각하였다. 또한 개화사상이 안민의 대상을 국가·민족으로 하고 지배층이 주도하는 근대적 제도개혁을 추구하였던 것에 반하여 동학은 민중의 안민을 대상으로 한 사회개혁을 지향하였다.[20]

그렇다면 동학의 민족자주의식은 어떠한 성격의 것이었을까? 동학의 대외인식은 위정척사론자들의 왜양일체론과 같은 맥락에 있으면서도 개화사상가들이 그러했듯이 탈중화주의적 세계관을 보이기도 하였다. 일본을 동양문화권의 일원으로 보지 않고 제국주의 서양열강과 동일시하여 경계하는 한편 강한 적개심을 표현하였는데 이러한 왜양일체론은 1860년에 동학이 창도될 당시 이미 강조했던 부분이다.[21] 이러한 모습은 양반유생들이 개항 무렵에 척사의 대상을 일본으로 했던 것에 비하면 시기적으로 동학이 앞서 있었다는 것을 알 수 있다. 그러나 중국에 대한 자주의식에 있어서는 동학 명칭에서 느낄 수 있듯이 서구열강의 침입에 대한 반동적 이론으로 탈중국을 제시했던 것으로 생각된다. 탈중국의식의 수준은 사회발전에 대응할 능력을 상실한 이념상의 결함과 지배이념으로서의 권위를 상실했던 유교의 보편주의와 주지주의를 비판

---

20) 황선희, 앞의 책, pp.51~52 참조.
21) 최제우, 「안심가」, 『용담유사』.

하는 정도였을 뿐이다. 동학에서 사상적 이론을 유교적 논리로 체계화 했던 것이 이를 입증한다. 성리학의 이기이원론에서 말하는 氣를 동학의 우주적 원리로 보고 천주를 至氣와 동일시하였던 것에서 탈중국의식의 한계를 엿볼 수 있다.[22] 동학의 세계관이 화이론을 불식하지 못했다는 뜻이다. 요컨대 동학의 민족자주의식은 왜양일체론에 바탕한 반일적 입장이었으나, 서양에 대해서는 동도서기론적 태도로 일부긍정의 태도를 보였다.

동학의 인본주의는 최제우에 의하여 종교이념으로 정립되었으며 현실적으로 일반 민중생활에 구체화된 것은 최시형 시기에 이르러서였다. 최시형은 인간의 존엄성과 평등성에 근거한 근대적 인간관으로 봉건적 왕조사회의 체제개혁을 구체적 논리로 합리화하였다. 향아설위설과 주문[23]의 만사지 해석은 인본주의 사상의 극치를 이루었다. 향아설위설의 기본핵심은 왕 이하 양반지배층이 천명에 의하여 통치한다는 봉건적 사회질서를 정면으로 부정한 것이다. 제사지낼 때 신위를 자신에 향하도록 한 것은 인간자신과 천주사이에 대리자로서의 귀신 즉 지배계급의 존재를 인정치 않겠다는 의도다. 또한 '만사지'를 밥 한 그릇으로 해석하였는데 이것은 인간사 모든 진리를 밥 한 그릇에서 찾으려 한 것이다. 인간적 모든 욕구와 대상을 경제적 가치에 둔 이러한 해석은 근대화 사회개혁의 목표를 민생안정에 둔 것으로서 동학의 민족주의 사회사상적 단면이라 하겠다. 이와같이 동학사상이 향아설위설과 밥 한 그릇의 논리로 체계화되었기 때문에 1894년에 갑오동학농민운동이 현실화할 수 있었던 것이다.

문호개방이후 한국의 정치사정은 매우 어지러운 상황이었다. 외세 의존적 개화정책·신사척사운동·임오군란·갑신정변·청일의 내정간섭과

---

22) 김창수, 『한국민족운동사연구』, 범우사, 1995, pp.38~42 참조.
　　황선희, 앞의 책, p.24.
23) 주문은 '至氣今至 願爲大降 侍天主造化定 永世不忘萬事知'의 21자로 되었음.

경제침탈·서구와의 통상수교 등으로 인하여 1870년대 후반부터 동학은 어느 정도 정부의 관심에서 벗어날 수 있었다. 따라서 동학의 교세는 1880년대에 이르면서 점차 확장되기 시작하였다. 1890년대에는 교단조직을 동원하여 신앙의 자유를 요구하는 교조신원운동을 전개할 수 있었다. 그리하여 이때의 운동경험을 살려 반봉건·반외세를 표방한 정치사회운동으로 발전한 것이 1894년의 동학농민운동이다.

갑오동학농민운동은 삼남의 농촌사회를 중심으로 전개되어오던 변혁운동이 동학이라는 정신적 지주와 조직에 연계됨으로써 사회개혁운동과 반외세 항일운동으로 방향을 전환케 한 민중적 민족주의운동이다. 이러한 성격은 당시 동학측이 제시한 봉기목적에서 잘 나타난다. 민씨척족의 세도정치구조를 전면 부정하고 사회개혁을 지향하는 한편 일제의 농촌경제 침탈에 대한 적극적 저항의식을 보였다. 동학은 봉기의 명분을 인간의 가장 소중한 인륜을 지킨다는 것에 두었고 봉기의 목적을 보국안민에 두었던 것이다. 그러나 갑오동학농민운동을 근대정치혁명이라 하기에는 근본적으로 문제가 있다.[24] 봉건적 전제군주제를 부정할 정도로 정치의식이 따르지 못했을 뿐만 아니라 동학지도층도 자체 내에서 가치기준의 차이가 있었던 관계로 정치구조의 체계적 이념을 정립하지 못한 상태였다. 그러나 동학사상의 정치의식이 제한적이기는 하였으나 당시 한국사회의 근대화 과정에서 근대 지향적 개혁의식을 표출했다는 것은 뒤에 이어질 천도교의 애국계몽운동이나 신문화운동의 방향을 설정하는 이정표의 역할을 하였다. 동학의 정치이념은 창의문과 전주화약 이전에 전봉준이 전라감사에게 제시한 13개조의 폐정개혁안[25] 및 집강

---

24) 황선희, 위의 책, p.81.
25) 경제구조 모순에 대한 개혁을 주장한 의지가 강하게 나타난 것은 전주화약 이전에 전라감사 김학진에게 제시한 13개조 요구인데 대체로 내용은 다음과 같다. 전운사혁파·균전사혁파·탐관오리 폐출·결전의 평균적 수렴·국태공(대원군)의 재집정·간신의 농간징계·보부상 폐단혁파·외국상인의 임의적 상행위금지·수령의 부정 토지매매 금지·각포구의 미곡밀무역 금지 등

소 시기의 폐정개혁안 14개조[26]에 명시되어 있다. 그 내용은 경제문제가 많은 비중을 차지하고 있는데 토지제도개혁·수취제도개혁·수탈적 경제기구 제거를 주장하는 것들이다. 다음은 사회문제로서 봉건적 신분제도의 철폐다. 그러나 이러한 요구사항에 대하여 구체적 대안제시가 없다는 것은 동학농민운동 성격이 전통 양반사회의 권위를 부정하는 정도였다는 것을 의미한다. 따라서 갑오동학농민운동의 1차 봉기때는 혁명단계로 보기 어렵다.

그러나 1894년 9월에 2차 봉기했을 때는 외세에 의한 경제적 예속의 문제에서 더 나아가 정치적·군사적 예속화에 저항하는 반제국주의 근대민족주의운동으로 성격의 변화를 보였다. 당시는 영·미·러 등 열강이 갑오동학농민운동을 계기로 한국에 출병한 청·일의 개전을 막기 위하여 협상 안으로 한국영토의 분할점령을 제의했을 정도로 한반도의 정세는 매우 급박한 상황이었다.[27] 이와같이 동학농민운동이 내정문제에서 국제적 문제로 비화되면서 2차봉기의 성격은 정치적 반제국주의 항일투쟁의 색채를 분명히 하였다. 2차봉기의 직접 계기가 그해 6월에 있었던 일본군의 경복궁 무단침입 이었다는 것이 확실한 증거다. 따라서 동학농민군의 2차봉기는 의병이라고 해야 옳다고 본다. 농민들이 귀향하거나 산간벽지에 숨어서 지내다가 의병운동에 가담하고 뒤에 독립군 항쟁에까지 참여하였던 것도 동학농민운동의 이러한 근대민족주의 사상이 농민들에게 이어졌기 때문이다.

---

이다.

『대한계년사』上, 고종31년 갑오조, p.86 참조.

26) 집강소의 자치행정기준으로 정했던 폐정개혁안 중에서 경제문제에 관한 것은 경제를 유린하는 탐관오리·부호배·불량한 유림과 양반들의 엄징과 함께 무명잡세 폐지·왜인과 내통금지·공사채 폐지·토지의 평균분작 등이다.

「동학사」,『동학사상자료집』2, 아세아문화사, 1979, pp.482~483 참조.

27) 註 8) 참조.

# Ⅲ. 일제강점기의 민족주의운동

## 1. 3·1운동 이전의 독립운동

1900년대에 접어들면서 한국의 정치상황은 더 이상 국권을 수호할 수 없을 정도에 이르렀다. 민중적 민족주의 운동으로 시작한 갑오동학농민운동이 본래의 목적과 다르게 결과적으로 청일전쟁 도발과 일제의 내정간섭을 재촉한 것이 되었고, 민비시해(1895), 고종의 아관파천(1896)과 내각의 빈번한 교체로 국내정치도 혼란한 상태였다. 이에 일부 개신유학자들과 개화사상가들이 뜻을 모아 독립협회를 설립하여 민권운동·국권운동을 추진하였으나 정부의 친일관료와 일제의 방해로 좌절되면서 제국주의 외세침략이 가속화되었다. 그 중에서도 러시아와 일제의 한국에 대한 이권경쟁은 치열하였다. 이들 양국은 1896년부터 1903년까지 한반도와 만주의 이권을 놓고 협상을 하는 과정에서 한국영토의 분할점령 문제를 논의하였고 협상이 결렬되자 드디어 러·일전쟁으로 돌입하였다.[28] 청일전쟁 직전에 영·미·러가 비공식적으로 자국 주재 일본공사에게 협상안으로 제의했던 한국영토의 분할문제가 다시 러·일정부 당국자 사이에 정식으로 거론되었던 것이다. 이러한 상황에서 러일전쟁이 종전되는 것과 때를 같이하여 을사늑약이 체결됨에 따라 한국의 민족주의운동은 근대화 사회개혁운동을 유보하고 반제국주의 항일독립운동에로 진력할 수밖에 없었다.

한국민족주의 운동은 3·1운동을 분기점으로 하여 투쟁방법에서 조직과 역량 및 성격이 다르게 나타났다. 3·1운동 이전의 독립운동이 소극적이고 산발적으로 전개되었던 것에 비하면, 그 후의 단계는 조직적이

---

28) 註 9) 참조.

고 적극적으로 전개되었을 뿐 아니라 중단해야만 했던 근대화 사회개혁운동도 함께 추진되었다. 이와같이 독립운동을 양면적으로 전개하였다는 것은 국권회복과 동시에 독립후의 근대국가 수립을 함께 계획하고 있었다는 것을 의미한다. 그렇다고 해서 3·1운동이전의 민족주의운동이 근대화개혁운동에 소홀했다는 이유로 역사적 의미를 평가절하 해서는 안될 것이다. 이 시기의 독립운동은 애국계몽운동의 비폭력투쟁과 의병운동의 무장투쟁으로 상보적 관계에서 추진하였기 때문에 민족연합전선을 결성하여 3·1운동이 일어날 수 있도록 결정적 역할을 할 수 있었다. 일제의 무단통치라는 힘겨운 상태였음에도 불구하고 국권수호운동을 위한 장기전의 일환에서 전개했던 민족실력양성운동을 개화운동차원의 개량주의 개혁운동 정도로 평가하거나, 의병운동을 유생 의병장의 위정척사사상 차원으로 보아 항일독립운동의 기능과 성격을 폄하하는 오류를 범해서는 안될 것이다.

  애국계몽운동은 신교육·국학·정치결사·언론·종교·산업 등 다양한 분야에서 전개한 민족실력양성운동으로서 국권수호를 위한 개화운동의 성격을 계승한 것이지만 국채보상운동과 국외독립군기지 설치운동에서 보여준 자주적 반제국주의 항일독립운동으로서의 성격은 구별되어야 한다. 애국계몽운동의 주도세력은 개신유학자와 신교육을 받은 기독교계 청년들 및 중하위급 관리들이 대부분이었다. 그 중에서도 동도서기론적 개신유학자들은 애국계몽사상을 이론적으로 정립하여 애국계몽운동의 목표와 방향을 제시하는데 있어서 선구적 역할을 하였다. 학문적 성격을 실학계 유교사상에 바탕하였던 애국계몽사상가들 중 장지연·남궁억·현채·박은식·신채호 등은 특히 신교육운동·국학운동·언론운동 부문에서 주도적 역할을 하였다. 특히 박은식과 신채호는 계몽사상가로 출발하였으나 1920년대 문화운동 당시 근대민족주의 사학을 정립하여 민족주의 애국정신을 선도했던 근대사학자로서 또한 독립운동가로서의 위상이 더욱 크다.

신교육운동의 시작은 1880년의 원산학사 건립이 시초다. 이후 1880년 대의 근대 사립학교 건립의 대부분은 선교사들에 의한 기독교계 학교였고, 한국정부와 민간인들에 의한 근대학교 설립과 신교육이 활성화된 것은 교육입국조서가 발표된(1895.2) 1890년대 중반부터다. 이 때 교육 행정 방침으로 가장 중시한 것은 교과서 간행과 국사교육이었다. 그러나 국사교과서의 서술방법과 내용은 전통사서의 그것과 별 차이가 없었다. 그리하여 이러한 한계를 극복하기 위하여 애국계몽사상가들이 전개한 계몽운동이 신교육운동·국사교육운동이었다. 장지연은 한국민족 고유의 민족정기를 '조선정신'·'국민정신'·'자강정신'으로 표현하여 민족 양심을 보전하고 유지해갈 것을 강조하는 한편 국사교육을 통한 국사인식의 대중화 노력을 하였다.[29] 그러나 대부분의 민족주의자들이 그랬듯이 그도 언론·정치결사에서 활동하던 독립운동가였기에 전통사학의 범주를 완전히 벗어나지 못하였다.

그러면 국사교육 이외에 민족의식을 대중적으로 고취할 수 있었던 사건이나 계기는 무엇이었으며 또한 그 효력은 어느 정도였을까? 이에 대한 해답은 국채보상운동과 신민회활동에서 찾을 수 있다. 3·1운동이 한국민족주의운동사상 최대의 항일 독립운동이라 하면, 국채보상운동은 규모와 파급효과에서 이에 미치지는 못했지만 최초로 전민족이 참여했던 항일운동이었고, 신민회활동은 독립운동 방향을 구체적으로 제시했을 뿐 아니라 실천에 옮겼던 대표적 비밀결사운동이었다. 국채보상운동의 기본목표는 전민족 차원에서 일제에 대한 한국정부의 부채 1300만원을 청산하자는 것이었다. 당시 외채가 일본에 집중되었던 것은 한국정부의 탓도 있지만 중요한 것은 일제의 치밀한 경제침략정책에서 기인했다는 것이다.

일제의 한국경제 침탈은 강화도조약 체결 이전부터 해왔던 사전조사

---

29) 국사편찬위원회편, 『위암문고』권4, p.146.
　　『대한자강회월보』, 1906년 7월 '대한자강회취지서'.

작업에서 비롯되었으며 개항 이후 본격화되었다. 처음에 농촌경제 침투로 시작한 것이 점차 한국정부에 대한 차관공세로 바뀌었다. 한국을 식민지화하기 위한 계획에서 추진한 일제의 차관공세가 가시화된 것은 갑오동학농민운동을 계기로 출병한 일본군이 경복궁을 무단침입한 직후이다. 당시 일본외무성의 陸奧는 사태 수습방안 중의 하나로 위로금조의 기부금 8,000원을 제공할 의사를 표시하였다.[30] 이때의 기부금이 차관을 조건으로 했던 것은 물론이다. 이후 일제는 온갖 명목으로 차관공세를 계속하여 1904년에는 화폐를 정리한다는 명분으로 원리금을 합한 1,150만원을 한국정부에 떠넘겼다. 결국 1907년에 총결산 했을 때는 1300만원이 되었는데 이것은 1년 동안의 국가 예산에 상당하는 금액이었다.[31] 이로써 한국은 일본에 대하여 결코 자유로울 수 없는 채무국가로 전락하고 말았다.

그리하여 국채보상운동이 서상돈의 발의로 대구에서 시작되었고(1907.1) 대한매일신보·황성신문·제국신문·만세보 등 언론의 적극적인 보도와 지원으로 삽시간에 전국적으로 퍼져 나갔다. 이때 모금운동에 참여했던 세력은 양반부유층과 노동자·농민·부녀자·기생·학생·상인 등 민중들이었는데 특히 여성들의 활동이 적극적이었다. 지식층 여성들은 기존의 여성단체와 학교·종교계통을 통하여 참여하였고, 농촌부녀자·기생 등 미천한 신분의 여성도 개인자격으로 앞장서서 모금활동을 하였는데 이때 여성들의 능동적이고 적극적이었던 자세는 남성들을 능가하였다고 한다.[32] 이것은 남성들이 개화운동을 원활히 그리고 능률적으로 하기 위하여 의도적으로 전개했던 기존의 여성 계몽운동 차원을 넘어선 여권의식에 근거한 근대여성운동이라고 할 수 있다. 이와 같이

---

30) 『일본공사관기록』II, 五(12759), (42)기밀송, 제37호, p.485.
31) 조항래, 「국채보상운동의 발단과 전개과정」, 『한국민족운동사연구』8, pp.62~63 참조.
32) 박용옥, 「국채보상운동에의 여성참여」, 『사총』제12~13집, 1968.
  조항래, 「국채보상운동의 발단과 전개과정」, 앞의 책, pp.94~99 참조.

여성들 자신의 자각에 의한 독립운동 참여가 가능했던 것은 신교육 운동의 큰 결실이라 하겠다. 국채보상운동은 1월에 시작하여 3월에 전국적으로 확대되었고 7·8월에 최고조에 이르는 등 1년간 지속되었다.[33) 대한매일신보를 비롯한 언론과 학회·정치결사·종교단체·학교 교사와 학생 등 다방면의 지원이 있었기에 가능한 일이었다. 따라서 전국민의 민족의식이 고취되는 효과도 기대이상으로 컸다.

　국채보상운동이 양성화하여 전국적으로 확산되었던 것에 반하여 신민회의 활동은 철저히 음성화한 비밀결사운동이었다. 신민회 활동의 이념과 목표는 안창호의 애국계몽사상에 근거하였다. 안창호도 개신유학자 출신이었으므로 그의 민족실력양성론은 실학계 유학사상에 기독교적 서구시민사상을 접목시킨 '힘의 사상' 이었다. 친일적 정치결사들이 문명개화를 위한 실력양성론을 폈던 것과는 달리 신민회의 실력양성론은 국권을 쟁취하기 위한 것이 목적이었으므로 이들과는 근본적으로 차이가 있었다. 안창호의 사상은 신민 즉 한국민족의 내면적 인간개조의 방법으로 제시한 4대정신(務實·力行·忠義·勇敢)과 독립전쟁론의 4단계설(自新→국민연합→生聚·敎育→기회포착)로 구분할 수 있다.[34) 4대정신으로 뜻을 세우고 자신이 새로워진 다음 동지를 모아서 민족산업을 육성하고 민족정신으로 무장을 하여 청일전쟁·러일전쟁때와 같은 국제간의 전쟁이 있을 때 기회포착과 동시에 독립을 쟁취한다는 것인데 이론의 핵심은 민족자력으로 국권을 회복하자는 '힘'의 논리라 하겠다. 1890년대까지의 개화운동이 정부·민간 모두 외세 의존적이다면 신민회의 운동은 분명히 자주·자강의 완전 독립운동이었다. 이러한 점에서 안창

---

33) 신용하, 「애국계몽운동에서 본 국채보상운동」, 『한국민족운동사연구』8, p.15.

34) 김상기, 「도산 안창호의 독립운동 방략론」, 『죽당이현희교수화갑기념한국사학논총』, 동방도서, 1997, pp.544~551 참조.
　박성수, 「도산 안창호의 현대적의의」, 위의 책, pp.1067~1069 참조.
　황선희, 「한국독립운동과 민족정기」, 『한국민족운동사연구』17, pp.18~29 참조.

호의 애국계몽사상은 철저한 반외세 의식에서 출발한 것으로서 민족의식이 개화사상가들보다 앞서 있었음을 알 수 있다. 신민회의 독립전쟁론은 근대학교 설립·민족산업육성·해외에 독립운동 근거지 확보 등 다양한 분야로 구체화되었다. 몇 가지 사례를 들면 독립운동지도자 양성을 위하여 근대학교 설립에 힘썼는데, 군대해산후 이동휘가 2·3년간 100여개의 학교를 건립하고,35) 서북간도의 독립군 기지에 설치한 무관학교에서 독립군 지도자를 양성한 것 등 국내외에서 동시 다발적으로 독립운동을 지원한 것 등이다. 특히 독립군 양성은 국내의병의 훈련과 과학적 무장을 지원하고 장기전을 하기 위하여 독립전쟁론을 현실화한 구체적 계획으로서 국내의 폭력·비폭력 항일운동을 보완적 관계로 이끌었던 신민회 활동의 면모를 엿볼 수 있는 부분이다.

안악사건(1910)과 105인사건(1912)으로 신민회가 해산된 후 일제의 탄압과 봉쇄로 인하여 독립운동은 더욱 음성화되었다. 그러한 중에도 독립운동의 명맥을 이어갔던 것은 비밀결사들의 지하운동이었다. 3·1운동에 이르기까지 활동한 것으로 알려진 비밀결사는 독립의군부(호남)·대한광복회(경북)·조선국권회복단(경북)·조선국민회(평양)·조선물산장려계(서울)·자립단(함남)·민단조합(충북·강원·경북)·대동상점(경북)·송죽회(평양) 등이 있다.36) 이들 비밀결사운동에서 나타나는 특징은 구성원과 지역에 따라서 운동방법을 달리했다는 것이다. 영호남 등 남부지역은 양반유생과 의병출신들이 많이 속해 있었기 때문에 척사의식에 바탕한 의열투쟁 등 적극적 저항성향을 보였던 것에 반하여, 서북지역의 비밀결사는 청년기독인들과 개화지식인들로 구성되어 있었기 때문에 민족실력양성운동을 전개하는 경향을 보였다. 특히 평양에서 결성된 송죽회는 당시 유일한 여성결사로서 민족의식 고취에 대한 기독교계 학교의 영향력 정도를 가늠할 수 있는 좋은 사례라 하겠다. 신민회의 경

---

35) 한국일보사 편, 『재발굴 한국독립운동사』, 1989, p.41.
36) 신재홍, 『항일독립운동연구』, 신서원, 1999, pp.18~29 참조.

우와 같이 서북지역에서 전개한 독립운동의 기본정신은 대개 기독교와 천도교사상에 영향을 받았다. 이와같이 비밀결사운동이 지역에 따라 차이가 있었음에도 불구하고 3·1운동 때는 1900년대의 애국계몽운동과 의병운동의 관계에서와 같이 사상적 관념차이를 초월하고 민족연합을 결성하였다. 그렇다고 해서 사상적 갈등이 전적으로 해소되지는 않았다. 특히 의병운동의 경우가 그렇다.

　의병운동에 대해서는 지금까지의 고정된 인식의 전환이 필요하다. 의병운동을 전기와 후기로 나누어 운동 성격과 주도세력·역량을 비교 분석하는 중에 초기 의병봉기의 동인을 1895년 민비시해와 단발령 공포에서 찾는 것이 일반적 경향이다. 이러한 견해는 황현의 「매천야록」과 박은식의 「독립운동지혈사」를 논거로 한 주장이다. 그러나 처음으로 항일의병운동을 전개한 것은 1894년 9월 동학농민군의 2차 봉기에서 연원을 찾아야 할 것이다. 당시 국내정황은 일본군이 경복궁을 무단침입한 이후 대원군이 재집권(1894.6~10)을 시작한 시기로서 안으로 일제의 내정개혁 강요가 절정에 이르고 밖으로 청일전쟁 발발로 국운이 위태로운 상황에서 관민모두 항일민족주의 의식이 최고조에 이르렀다. 이러한 분위기에서 대원군은 평양에 주둔하고 있던 관군과 청군이 합세하고 동학농민군을 참여시켜 일본군을 축출할 계획을 세웠다. 그리하여 재봉기의 움직임이 있던 영·호남 지역의 동학군에게 밀서를 보내는 한편 충청도지역에는 직접 인편을 통하여 서울로의 진격을 독려하였다.37) 이에 동학농민군은 재봉기와 동시에 한국주재 각국공사관에 무단침입을 자행한 일제의 침략성을 주지시키고 협조를 구하는 서신을 발송하는 한편 서울진공을 계획하기까지 하였다.38) 의병의 개념이 정부로부터 밀지를 받고

---

37)　황선회, 「운현궁과 대원군의 정치생활」, 『죽당이현회교수화갑기념한국사학논총』, pp.320~321참조.
　　　『일본공사관기록』Ⅶ, 一(12761)·(13)·기밀 발 제48호, pp.370~372 참조.
38)　황선회, 「운현궁과 대원군의 정치생활」, 앞의 책, pp.320~321 참조.

272

국가를 위하여 자발적으로 일어난 민군이라고 정의한다면 동학농민군의 2차봉기는 분명히 의병운동이다.

그러나 1895년 유생들이 일으킨 을미의병운동은 동학농민군의 목적과 근본적으로 차이가 있다. 동학농민군의 의병운동이 일본군을 축출한다는 구체적 목표를 지닌 반제국주의 항일운동이었다고 한다면 을미의병의 경우는 척사론에 근거한 보복적 관념의 항일운동이라 하겠다. 유생의병장은 반외세 항일의식에서 동학농민군이나 평민출신 의병장과 다를 것이 없었지만 이들 특유의 봉건적 취약성으로 인하여 전기 의병운동은 계속되지 못했다. 고종의 아관파천으로 친러내각이 수립됨에 따라 항의 명분과 대상이 없어졌다고 하여 의병을 해산했던 것이 이를 입증한다. 또한 유생의병장과 평민의병장들의 봉건적 신분관념의 격차도 극복할 수 없었다. 이인영·유인석·강재천 등 일부 의병장들이 충효 실천·군율 적용·군수확보와 같은 문제에서 평민출신 의병장과의 이견과 심각한 충돌이 있었던 사실에서 사상적 갈등의 단면을 엿볼 수 있다.[39] 따라서 의병장 성분에 맞추어 본다면 1890년대의 전기의병운동은 위정척사운동의 연장으로서 그 이상의 의미는 찾을 수 없다. 일반 의병들이 반봉건 근대화개혁에 의한 보국안민을 목표로 했던 것에 반하여 유생의병장들이 지향한 보국안민은 유교적 전통문화와 봉건적 신분질서 강화를 위한 정치기강의 확립을 당면 목표로 하였던 것이다.

그러나 을사늑약 이후의 후기 의병운동은 전기의병과는 많은 차이가 있었다. 후기의병은 유생·평민·군인 모두 국권회복을 민족적 공동목표로 하고 사상과 신분적 갈등을 일신하여 제국주의 항일무장투쟁을 하였다. 후기의병운동이 최고조에 이르렀던 시기는 1907·1908년이다. 당시 의병운동이 어느 정도 치열했는가 하는 것은 일제의 '남한대토벌작전'(1909.9~10)까지의 전황통계와 일제통감부에 투서했던 요구사항

---

39) 강재언, 『한국근대사연구』 1982, pp.332~335.

(1908)에서 알 수 있다. 당시 의병참여 연인원은 140,000명이고 사상자는 54,000명이었으며, 주로 영호남 등 남부지역에서 혈전이 많았다고 하는데 이것은 이 지역의 비밀결사운동과 연관성이 있는 것으로 생각된다. 또한 4개항으로 되어 있는 투서[40]에서 고종의 복위·통감부의 철수·일본인 관리의 철폐·외교권의 상환을 요구한 것을 보면 후기의병운동이 을사늑약과 정미7조약의 폐기를 주장한 국권회복운동이었음을 확인할 수 있다. 특히 후기 의병운동에서 주목할 부분은 1907년부터 애국계몽운동과 상보적 관계를 유지하게 되었다는 것이다. 승패를 고려치 않는 즉각적 결전 방법을 장기적 지구전으로 전환했던 사실에서 신민회의 독립전쟁론을 수용한 변화된 모습을 읽을 수 있다. 후기의병의 서울진공작전 계획시(1907.12)에 유인석이 근거지 이론으로 제시한 '北邊之計'가 바로 그것이다.[41] 그러나 이와같이 후기의병운동이 애국계몽운동과 연계하여 독립전쟁을 추진했으나 경술국치(1910) 이후에는 더 이상 지속하지 못하고 지하운동으로 전환해야만 했다. 이때부터 의병운동은 소수정예의 유격대를 편성하여 활동을 계속 하였는데 황해도 지역일대가 중심이었다. 그 이유는 천도교의 활동이 활성화되었던 곳이 이 지역이라는 것과 유관한 것으로 생각된다. 결국 위정척사 계통의 유림들은 애국계몽운동과 의병운동이라는 두 가지 독립운동을 양립시키면서도 궁극적으로는 구국운동 차원에서 힘을 모으는 지혜를 보였던 것이다.

---

40) 『일본공사관기록』V, 四(12910), (8), 기밀 제89호, 本112, pp.310~312.
41) 강재언, 위의 책, 303·307쪽.
  한국근현대사연구회, 『한국근대사강의』, pp.302~303 참조.
  1907년 12월 서울진공작전을 계획할 때 위험성을 지적하고 분산적 지구전으로 의병운동을 전개하도록 제시한 안건이 北邊之計였는데, 백두산을 중심으로 중국·러시아의 접경지를 국제적으로 이용할 것을 착안하였다.

## 2. 3 · 1운동 이후의 독립운동

국권회복의 가시적 성과는 보이지 않았으나 성패에 관계없이 3·1운동만큼 국내외에 파급효과가 컸던 민족주의운동은 없다고 하겠다. 항일독립운동 중에서 규모와 영향이 가장 컸을 뿐만 아니라 운동의 성격과 양상의 변화에 있어서도 3·1운동 이전과 이후에 많은 차이가 나타났으며, 같은 처지에 있던 약소국가들에게 새로운 독립운동방향을 제시하였기 때문이다. 또한 제국주의 강대국들에게 한국민족의 강인한 독립의지와 고유의 민족정신을 보여줌으로써 인식의 전환을 유도했다는 것도 간과할 수 없다.

3·1운동에 대한 연구와 역사적 평가는 박은식이 「독립운동지혈사」에서 가장 먼저 하였는데 그 내용은 크게 세 가지로 요약할 수 있다. 첫째, 3·1운동을 세계혁명사의 기원으로 보았다. 비폭력 시위의 방법을 택했던 거족적 근대민족주의 운동이라는 것에 의미를 부여한 것이다. 둘째, 3·1운동에 대한 문화사적 고찰로 민족문화의 우수성을 강조하였다. 3·1운동이 상징하는 평화적·문명적·도덕적 측면을 강조함으로써 민족연합을 이룰 수 있게 한 애국계몽운동에 정신사적 가치를 부여한 것이다. 셋째, 3·1운동의 원동력을 갑신정변·갑오동학농민운동·의병운동·독립협회운동·애국계몽운동을 거치면서 축적된 항일투쟁 경력에서 찾았다. 이러한 민족주의 운동에서 발휘되었던 민족의식이 3·1만세 시위운동을 전국적으로 전개할 수 있게 한 저력이 되었다는 뜻이다. 이후 학계에서 3·1운동에 대한 연구를 동인과 구성원 특히 민족대표와 민중의 역할 그리고 운동방법 및 성격 등에 초점을 맞추어 꾸준히 계속하였다. 최근에는 지역사례별 연구와 함께 지금까지의 연구성과를 중심으로 논쟁을 거듭하고 있다. 그러나 한국민족주의운동사에서 3·1운동의 위상과 성격을 규명하려면 좀더 구체적 문제의식으로 접근해야 할 것이다. 개항 이후 다양하게 전개되어온 민족주의 운동을 3·1운동으로 결집시킬 수

있었던 요인은 어디에 있을까? 또한 1920년대 이후의 민족주의운동이 항일독립운동의 일환에서 근대화 개혁운동을 함께 추진하는 방향으로 전환할 수 있었던 것은 3·1운동정신과 어떠한 관계가 있는가? 하는 것을 사상사적 관점에서 총체적으로 분석할 필요가 있다고 생각한다.

3·1운동은 천도교와 기독교계 지도층이 주도한 초기 조직단계와, 학생 및 일반민중이 적극적으로 참여한 후기만세시위운동 단계로 구분할 수 있다. 초기단계에서 활약한 민족지도자 33인에 대한 평가에서 적지 않은 논쟁이 일고 있으나 간과해서 안될 것은 이들이 민족연합전선을 결성하는 데에 기여한 부분이다. 그 때까지 국내외에서 소극적으로 전개되고 있던 다양한 형태의 독립운동이 사상적 계층적 한계를 극복하고 전민족 차원으로 전개될 수 있었던 계기가 3·1운동 초기단계의 민족연합이었다는 것은 주지의 사실이다. 1900년대까지의 민족주의 운동은 임오군란·갑오동학농민운동·의병운동으로 이어지는 무장투쟁과, 갑신정변·독립협회운동·애국계몽운동으로 이어지는 평화적 구국운동의 형태로 전개되고 있었으나 1910년대에는 이러한 양면적 민족주의운동은 더 이상 지속하기 어려웠다. 일제가 정규군·헌병경찰·조선총독부의 행정력을 총동원하여 경계와 탄압을 가중하였기 때문이다. 따라서 의병운동은 요인암살이나 테러 등 소수 정예주의로 방법을 바꾸고 비밀결사를 조직하거나 만주·노령으로 근거지를 이동하여 독립군활동을 하게 되었다.[42) 또한 애국계몽운동도 종교단체와 교육기관을 중심으로 명맥을 이어가는 한편 미주지역과 상해 등지에서 외교적 노력을 하는 등 민족주의 운동에 구심점이 없는 상황이었다.

이와같이 국내외에 산재해 있던 독립운동단체들의 민족주의운동을 대동결집하게 했던 것이 3·1운동의 초기 조직단계였다. 당시 이들 종교단체와 학계 인사들의 대부분은 상당한 경지의 국제관을 지니고 있었

---

42) 황현, 『매천야록』 융희2년, 무신조.

다. 러일전쟁 무렵부터 국제정세 변화에 관심이 있어왔지만 이들이 가장 주시하였던 것은 1차 세계대전의 전황과 종전후의 사태추이였다. 이러한 시국관을 근거로 천도교와 기독교측이 3·1운동을 주도하여 민족대연합을 이루었던 것은 이전에 개화사상·위정척사사상·동학사상이 민족주의운동 추진과정에서 가치관과 방법의 차이로 인하여 상호반목 관계에 있었던 것과 크게 대조를 이룬다. 그러나 이미 언급했듯이 1900년대에 들어와 애국계몽운동과 의병운동이 사상적으로 접근하여 독립전쟁론을 채택하는 등 상보적 관계를 유지하게 되었기 때문에 종교적 현실이상론을 함께 하는 천도교와 기독교가 3·1운동을 점화하는 역할을 할 수 있었다고 하겠다.

3·1운동을 위한 준비는 국내에서보다 비교적 활동이 자유로웠던 국외에서 먼저 시작되었다. 의병출신으로 구성된 중광단의 '무오독립선언서'(1919.1)[43]와 기독교계 여성들의 '대한독립여자선언서'(1919.2)[44] 및 동경유학생의 '2·8독립선언문'(1919.2)[45]의 발표가 이를 입증하고 있다.

---

43) 박창희, 『사료국사』, 한국외국어대학교출판부, 1981, pp.624~625 참조.
　　중광단은 대종교계통 의병출신으로 구성되었고 뒤에 정의단을 군정부로 조직·개편 천도교의 '천도구국단'과 상통하는 점이 있었다. 중광단은 1919년 1월(음 1918. 12) 제1차 세계대전 종전후의 국제정세를 포착하고 김교헌 등 39명이 서명 '무오독립선언서'를 발표 일제의 조선강점을 동양의 적·국제법규상의 악마·인류의 적으로 규정하였다. 그리고 평등천하의 공도를 실현하여 대동평화를 이룩한다는 것을 궁극의 목표로 제시하고, 민족문화의 우수성과 자립성을 정당하게 주장하는 살신성인의 민족독립 투쟁의지를 표명하였다.
44) 박용옥, 「3·1운동에서의 여성역할」, 『3·1독립운동의 의의와 특성』, pp.12~14, 한림대학교 아세아문화연구소 제18회 학술연구발표회, 1999. 6. 24
　　만주에서 김인종·김숙경·김옥경·김숙원·최영자·박봉희·이정숙의 여성 8명이 서명·발표한 독립선언서이다. 민족문화의 역사적 우월성과 선민의식을 강조하고 독립을 위한 여성의 평등한 역할을 고무하였는데 이러한 면은 여성계몽운동 차원을 능가한 근대여권운동의 성격을 엿볼수 있다. 특히 여성의 상무정신을 강조한 것이 이를 입증한다.
45) 박영석, 『한민족독립운동사연구』, 일조각, 1982, p.179.

그 외에도 노령·만주·상해지역에서 정치결사의 외교적 활동이 활발하였다. 국외의 이러한 독립의지와 활동이 '3·1독립선언서'에서 3·1운동의 기본정신으로 모아졌으나 운동방법에 있어서는 차이가 있었다. 중광단의 '무오독립선언서'는 일제의 침략성을 폭로하고 독립선언을 하는 중에 죽음을 불사한 무장항쟁의 투지를 보였으나 '3·1독립선언서'와 3·1운동 '3대원칙'에서는 분명히 비폭력 시위를 강조하였다. 이와같이 운동방법의 차이는 있어도 국외의 독립운동이 3·1운동 초기에 영향을 주었던 것은 틀림없다. 그러나 시위운동 단계에서 만세시위가 거족적으로 전개될 수 있었던 것은 민족지도자 양성과 민족의식 고취를 위한 애국계몽운동이 꾸준히 지속되었기 때문이라 하겠다. 민지계발에 의한 독립요구가 한국사회 전반에 충만해졌던 것이다.

  3·1운동 이후 항일독립운동 차원에서 근대화 개혁운동을 사회운동 형태로 다시 전개할 수 있었던 정신적 근거를 찾는다면 단연 3·1운동 정신을 들 수 있다. 3·1운동의 기본정신은 시위운동의 행동지침 '3대원칙'과 '3·1독립선언서' 및 '자주독립선언문'에 잘 나타난다.[46] 비폭력·대중화·일원화의 '3대원칙'은 한국민족의 독립을 인도적 차원에서 세계 열강에 호소하는 평화적 운동방법에 따른 것으로서 엄밀히 말하면 독립청원의 형식을 취한 것이다. 이러한 성향은 '3·1독립선언서'에서도 나타난다. '3·1독립선언서' 서두에서 조선이 자주독립국임을 천명하고

---

연합국측에 세계개조의 의무를 촉구하는 한편 한국민족의 독립권리를 천명하고 최후까지 혈전을 강행한다는 의지를 표명하였는데 이러한 내용은 '무오독립선언서'보다 일보 성숙한 일면이 있다.

46) 이현희, 「제2독립선언서의 사적의미」, 『동국사학』16·16합집, 1981, p.31 참조.
  '자주독립선언문'은 1922년 천도구국단(비밀결사)이 3·1운동을 다시 거사할 계획으로 작성한 것이다. 본래 천도구국단은 1914년 조직 당시부터 1차 세계대전의 정세를 분석하고 1918년 시국선언문을 준비했으나 발각·실패로 중광단에게 선수를 빼앗긴 셈이 되었다. 3·1운동 정신을 재확인한 것이지만 더욱 발전적인 것은 근대민족국가의 전설을 표방한 것이다.

인류의 평등과 민족의 자유를 지키기 위하여 총궐기했다고 한 부분에서 엿볼 수 있다. 그러면 민족지도자들이 어떠한 이유에서 비판의 여지가 있는 '3대원칙'을 시위방침으로 정했을까? 또 독립청원 형식의 '3·1독립선언서'를 작성 발표한 근본의도는 무엇일까? 그것은 당시 민족지도자들의 사상이 주로 천도교·기독교에 근거한다는 것과 깊은 관계가 있다. '3·1독립선언서'에서 세계개조의 기운이 일고 있으며 신천지가 전개되고 있다고 하였는데 이는 천도교의 개벽사상에 근거한 세계관이며, 한국의 독립이 동양평화·세계평화·인류평화로 이어진다고 한 것은 천도교와 기도교의 이상향추구 정신과 관련이 있다.47) 3·1운동을 일시적 독립운동으로서라기보다 항구적 민족주의운동의 한 과정으로 추진한 것이 아닌가 한다. 이렇게 볼 때 평화적 세계조류에 부응하여 자유·평등·정의를 구현하는 정신을 '3·1독립선언서'에서 강조한 것은 지극히 자연스러운 일이다. 환언하면 3·1운동의 기본정신은 자주독립·인권평등·세계평화라 하겠다. 3·1운동의 이러한 정신을 이어받은 운동이 문화운동과  사회운동의 형태로 나타났다고 볼 수 있다.

1920년대의 독립운동은 두 가지의 특징을 보여주고 있다. 하나는 민족주의 독립운동이 상해임시정부를 정점으로 하여 상호간에 긴밀한 관계를 유지하면서 추진되었다는 것이다. 다음은 1920년대 중반부터 독립운동의 기본사상인 민족주의의 이념적 분열이다. 이러한 현상은 국내의 독립운동에서도 다를 바 없었으나 국외의 경우와 다른 점은 을사늑약이후 유보해야 했던 근대화 사회개혁운동을 항일독립운동 차원에서 재개하였다는 것이다. 그 이유는 3·1운동이후 일제가 표면적으로 문화정치를 표방했던 것과 관계가 있겠지만 더욱 중요한 것은 한국사회의 혼란상 때문이라 하겠다. 3·1운동에서 보여주었던 민족의식과 동원조직력을 찾아보기 힘들 정도로 사이비 종교와 결사조직·출판활동 등이 난무

---

47) 황선희, 『한국근대사상과 민족운동』I, 혜안, 1997, pp.229~230 참조.

한 상태였으므로 애국계몽운동을 지속할 당위성이 제기되었던 것은 재
론의 여지가 없다.[48]

　1920년대의 문화운동은 정치문제보다 언론·교육·종교·국학·예술
등 각분야에서 민족을 계몽하고 실력을 양성하여 최적기에 자주독립한다
는 것으로서 애국계몽운동의 독립전쟁론과 일맥상통한다. 1900년대의 애
국계몽운동이 기독교계 개화사상과 실학계 개신유학자들의 선도로 가능
했다면, 1920년대의 문화운동은 주로 천도교계의 인내천사상이 이끌었다
는 차이가 있을 뿐이다.[49] 이 무렵 기독교측은 독립운동의 일환에서 문화
운동을 종교운동 쪽으로 방향을 선회하였다. 민족주의운동을 사회구원 운
동으로 전환하고 개인 신앙 위주의 종교운동에 전념한 것이다. 기독교계
운동의 방향전환이 불가피했던 이유는 무엇일까? 그것은 기독교의 몰국
가의식 비판과 세계적 경제공항·가중되는 일제의 경제수탈·러시아의
공산주의혁명 등에 자극을 받았기 때문으로 생각된다. 따라서 가능하면
국내의 현실문제에 관여하지 않는 종교운동 본래의 입장으로 환원하려
했을 것이다. 이후 일부 기독교계의 항일독립운동가들은 민족주의운동을
비밀결사나 상해임시정부에 참여하는 방법으로 전개하게 되었다. 그렇다
고 해서 전적으로 천도교에서 문화운동을 주도한 것은 아니었다.

　천도교의 민족주의운동은 천도교청년당이 주체가 되었다. 이들의 활
동에서 중요한 것은 「개벽」 등 각종 출판물을 통하여 사상·성별·신분

―――――――――――――

48) 이돈화, 「최근 조선에서 기하는 각종의 신현상」, 『개벽』I, 1920, pp.15~16 참
　　조.
　　국사편찬위원회, 『한국독립운동사』4, 1968, pp.386~391 참조.
　　坪江汕, 二, 『개정증보 조선민족독립운동사』, 고려서림, 1986, pp.71~79 참
　　조.
　　3·1운동후 2·3개월 동안 무려 10여종의 잡지가 발간되었으나 수명은 대
　　개 6·7호 정도였고, 사이비 신흥종교단체도 1년에 10여개(청림·제세·경
　　천·삼성무극·통천·태을·천인·인천·중심 등)가 생겨났고 천도교 또한
　　4개파로 분열되었다.
49) 황선회, 「이돈화의 사상연구」, 『상명사학』창간호, 상명사학회, 1993, pp.131~
　　136 참조.

에 관계없이 모든 지식인들에게 지면을 할애하여 문화운동공간을 넓혔다는 것이다. 천도교가 종교적 특성을 초월하여 문화운동의 대세를 이을 수 있었던 사상적 근거는 '인내천'사상이었다. 당시 천도교는 종교개혁을 단행하여 통일성·세계성·실천성을 강조하는 근대사회사상으로 발전하였기 때문에 모든 사상과 문화를 포용할 수 있었다.[50] 나아가 3대개벽론을 제기하여 민족·국가·사회의 점진적 근대화 개혁운동을 이론적으로 합리화하였다. 이와같이 천도교가 종교이기 이전에 근대사회사상으로 색채를 분명히 하였기 때문에 천도교청년당이 전개한 신문화운동에 뜻있는 지식인들이 종교적 부담없이 참여할 수 있었고, 지식인 사회의 문화운동으로 전개될 수 있었다.

1920년대의 문화운동중에서 가장 절실했던 민족의식 계몽에 크게 기여했던 분야는 근대민족주의 역사학이다. 독립운동에 범국민적 참여를 이끌 수 있는 가장 효과적인 방법이 민족의식 고취에 의한 정신투쟁이라는 것은 이미 3·1운동에서 입증되었다. 그리하여 3·1운동 이후 최대관심사로 대두된 것이 민족정기의 선양과 민족의식의 고취였다. 따라서 국사에 대한 자주적 인식과 국사교육의 중요성이 강조된 것은 물론이다. 민족의식에 대한 계몽은 일찍이 장지연 등 애국계몽사상가들에 의해서 필요성이 제기되었지만 애국계몽주의 사학은 관념적 정신사관에 국한되어 있었다. 그리하여 1920년대에 이러한 한계를 극복하고 조국의 광복과 독립을 위한 실천이념이 국사학계에서 학문적으로 제기되었고 근대민족주의 정신사관의 정립과 함께 민족정신을 체계적으로 구체화하기 시작하였다. 당시 근대민족주의사학자들은 박은식·신채호·문일평·안재홍·최남선 등이 있다.

박은식의 교육구국목표는 유학의 도덕교육으로 인격완성을, 정신교육으로 민족의 보국안민을 이루어 근대국가를 수립하자는 것이었다.[51] 민

---

50) 황선희, 『한국근대사상과 민족운동』I , 혜안, 1997, pp.282~283 참조.
51) 배용일, 「박은식의 사상과 그 형성에 관한 연구」, 『한국민족운동사연구』9,

족정신에 대한 그의 교육이념은 세계평화적 평등주의와 이용후생의 실학사상 및 서구의 근대사회사상을 조화시켜 정신교육을 강조하는 것이었다. 그리하여 「대한자강회월보」·「대한매일신보」에서 민족정신을 '대한정신'·'대한혼'·'국혼'으로 명명하고 희생적 애국심을 기르기 위한 교육의지를 표명하였다. 그리고 이어서 「한국통사」·「한국독립운동지혈사」에서 국혼적 역사인식을 이론적으로 정립하였다. 국혼을 민족과 국가의 자주독립을 이룰 수 있는 원동력이라고 하였는데[52] 이러한 그의 국혼의식은 근대적 국가관과 인권에 대하여 새로운 문제의식으로 접근했음을 의미한다. 평화주의·평등주의에 근거한 민족의 자강정신으로 국권회복을 의도한 것은 이미 독립후의 국가형태를 상징적으로 제시한 것이나 다름없다.

신채호도 국가를 민족정신으로 형성된 유기체로 정의하였다.[53] 유기체의 구성원인 한국민족은 역사적·문화적 공동체라는 것을 자각하고 민족의식으로 단결해야 한다는 것을 강조하였다. 이러한 민족중심국가관은 「조선상고문화사」·「조선상고사」·「조선사연구초」에 잘 나타나는데 '낭가사상'과 '我와 非我의 투쟁'이라는 역사의식과 역사의 개념을 이론적 근거로 제시하였다. 한국 상고시대 이래 이어져 내려오는 '낭가사상'을 민족고유의 사상으로 규정하고, 묘청의 서경전역이후 유교적 외래문화에 의하여 단절되었던 '낭가사상'의 현실적 구현을 모색하였다.[54] 그리하여 수립한 것이 민족적 영웅사관인데 고대 영웅들의 전기를 발표한 것도 이러한 맥락에서였다. 주체적 낭가사상을 민족주의독립운동을 위한 정신적 무장수단으로 하였다. 또한 '아와 비아의 투쟁'이론은 민족주의 독립투쟁의 당위성을 제시한 것인데 '我'와 '非我'를 상대적인 것

---

1994, pp.27~31 참조.
52) 박은식, 「한국통사」, 『박은식전집』上, 1975, 61집 결론 참조.
53) 『대한매일신보』, 1908년 8월 8일자·12월 13일자 「독사신론」 결론 참조.
54) 배용일, 「박은식과 신채호의 역사사상 비교」, 『죽당이현희교수화갑기념 한국사학논총』, p.493.

으로 보았다. 한국의 입장에서 본다면, 한국·한국민족이 '아'로서 주체가 되고, 국권침탈을 자행한 일본·일본민족은 역사의 객체로서 '비아'가 된다고 하여 한국민족이 항일독립운동을 전개하는 것을 이론적으로 합리화하였다. 또한 '아'에 대한 의미를 심층적으로 해석하여 소아와 대아로 구분하고 정신적 국가인 '대아'를 강조하였다.55) 이와같이 민족정신과 전통적 문화를 중요시한 것은 '낭가사상'과 상통하는 의미로서 박은식의 '국혼론'과 같은 논리다.

1920년대의 사회운동은 농민·노동자·학생·여성·청소년·천민들이 함께 독립운동 차원에서 전개한 근대화 개혁운동이다. 이들은 각기 비밀결사를 조직하여 소작쟁의·노동쟁의·동맹휴학·여성운동·소년운동·형평운동을 추진하였는데 주력했던 분야는 경제·사회개혁에 관한 것이다. 그러나 이러한 사회운동 방법은 1920년대 중반부터 민족주의 이념이 사회주의·자유주의 계열의 좌파·우파로 분열되면서 양상이 복잡해졌다. 사회운동이 처음 시작될 때는 문화운동에서 그랬던 것 같이 천도교계의 역할이 컸으며 기독교계도 비밀결사운동 형태로 관여를 했었다. 그러나 3·1운동 이후 민족주의운동 내부에서 사회주의경향이 나타나기 시작하고 1922~25년경에 완전히 자유주의(문화주의)계와 사회주의계로 분열되면서 1924~25년 무렵에는 민족주의운동의 좌·우계파 간 대립이 노골화되었다. 이러한 가운데 민족주의 독립운동 중에 내분이 심했던 분야가 사회운동 쪽이었다.

그러면 사회운동 쪽에서 이념적 대립이 심각했던 이유는 무엇일까? 그것은 일제가 한국독립운동의 저지를 위하여 좌·우이념 대립을 조장했기 때문이기도 하지만 민족 내적 원인이 크게 작용하였다. 문화운동과 임시정부의 활동을 이끌었던 민족지도자들의 준비론·개조론·외교론에 대한 비판이 사회일각에서 일기 시작했기 때문이다. 거시적·대국

---

55) 『대한협회월보』, 제5호, 1908년 8월, '대아와 소아'.
　　『대한매일신보』, 1908년 9월 16일·17일자, '큰나와 작은나'.

적 관점에서 볼 때 이러한 주장들은 현실적으로 실천이 가능한 합리주의적 방법론이었으나 사회운동의 주도세력 입장에서 볼 때는 일제에 대한 타협적 굴복행위였던 것이다. 일제가 문화운동과 항일독립정신의 관계를 끊기 위하여 순수문화운동 방향으로 유도했던 결과 일부지식인들 중에는 일제식민통치에 대한 비판의식을 상실한 채 변절하는 경우도 있었다. 또한 천도교가 종교개혁 과정에서 서구의 사회진화론을 수용하면서 사회주의적 성향을 보이기 시작했던 것도 원인중의 하나라 하겠다. 기독교의 역할도 무시할 수 없었지만 천도교는 처음부터 사회운동에 동기를 부여하고 부문운동의 형태로 방법을 제시하는 면에서 주도적 역할을 해왔었다. 근대화 사회개혁운동 과정에서 나타나기 쉬운 것이 사회주의의 발상이라고 할 때 1920년대 전반기의 사회운동에서 볼 수 있었던 사회주의 이념은 자생적인 것으로서 일반민중의 저항적 분위기와 천도교의 사회주의적 정치성향의 합작품이라 할 수 있다.

사회운동 중에서 특히 이념적 대립이 가장 강했던 부문은 농민·노동자들의 쟁의에서였다. 1910년대는 각기 소규모로 전개되었으나 민족주의 독립운동가들과 농민·노동자 대표로 구성된 조선노동공제회(1920)가 결성되면서 쟁의가 본격화되었다. 그러나 1920년대 후반에는 쟁의가 점차 이원화되면서 사회주의 계열의 운동방향이 테러형태로 전환되었다. 이와 같은 이념적 분열과 방법상의 차이는 언론·출판·결사 등 다른 분야에서도 마찬가지 현상이었다. 특히 기독교계와 관계가 컸던 부문운동인 여성운동에서도 1920년대 후반에는 좌·우이념 대립으로 여성단체가 분열되었다. 여성운동은 최초의 여성단체인 찬양회를 통하여 시작했으나 남성들에 의한 계몽운동의 한계를 벗어나지 못하였다.56) 그러

---

56) 박용옥, 『한국근대여성운동사 연구』, 연구논총 84-2, 한국정신문화연구원, 1984, pp.57-64 참조.
　　찬양회는 1898년 9월 1일 서울 북촌의 양반부녀자들 중심으로 조직된 최초의 여성단체로서 이들이 발표한 '여권통문'에서 여성도 민족운동에 참여할 권리·직업상 남녀평등권·교육받을 권리를 주장하였다. 그러나 이러한 요

던 것이 1900년대 애국계몽운동 당시는 항일독립운동의 일환에서 여성들이 능동적으로 국채보상운동에 참여하는 변화를 보였다. 이때부터 시작된 여성운동이 1910년대에는 여성들의 비밀결사를 중심으로 본격화되었는데 '대한독립여자독립선언서' 발표가 대표적 사례다. 이러한 여성운동이 이념적으로 분리되기 이전까지 무려 여성단체가 20여개 있었다는 것은 근대 여권운동을 겸한 여성독립운동의 열기가 어느 정도였는가 하는 것을 짐작케 한다. 그러나 1920년대 후반에 이르러 여성단체도 학생운동·청소년운동·형평운동에서와 같이 좌파와 우파로 분열·대립하게 되면서 근대화 개혁에 대한 의지는 희석되고 계급투쟁적 사회주의 운동으로 변질되는 성향이 나타났다.

이와같이 1920년대 후반부터 한국의 독립운동은 문화운동의 위축과 사회주의 이념투쟁으로의 변질로 인하여 결과적으로 민족문화의 전통을 거부하고 민족의식을 왜곡하는 상황을 맞게되었다. 따라서 이때부터 민족주의 운동에서 가장 시급했던 선결과제는 좌·우파의 이념대립을 극복하는 것이었다. 이러한 상황에서 일제는 만주사변(1931)·중일전쟁(1937)을 도발함으로써 한반도를 일제의 전쟁 수행을 위한 병참기지화하고 사상통제·동화정책으로 식민지 통치방법을 강화하는 등 민족주의 운동을 압박해왔다. 그럼에도 불구하고 한국민족 내부에서는 이념적 분쟁으로 인하여 민족의식과 전통문화의 가치보전이 더욱 어려워졌고 일부 자유주의계 민족주의 세력은 살아 남기 위한 방법으로 문화운동 추진과정에서 타협의 길을 택하는 경우가 적지 않았다. 그리하여 이들은 일제와 타협하는 선에서 조선어학회(1931)·유적보존회(1931)·진단학회(1934)·과학지식보급회(1934) 등 학술단체를 조직하고 한국학 부흥운동을 하거나, 순수문학·예술진흥운동과 계층간의 화해를 도모하는 사회적 유대강화 등 소극적 민족주의 운동을 이어갔다. 반대로 민족주의운

---

구와 주장을 후원했던 것은 제국신문이었고, 찬양회를 후원하던 찬성원은 남자들로 구성되었다.

동가들과 사회주의계의 일부지식인들은 비밀결사를 통한 의열투쟁을 하거나[57] 상해임시정부·독립군과 긴밀히 연결하는 방법으로 항일운동을 계속하였다. 환언하면 일제가 전시체제로 돌입하면서 40년간의 민족주의운동은 근대화개혁운동 면에서는 위축될 수밖에 없었지만 항일독립운동은 가능한 모든 수단과 방법을 동원하였던 것이다.

## Ⅳ. 맺음말

개항이후 70년 동안 지속해온 한국근대민족주의운동은 거시적으로 보면 근대화 사회개혁운동의 성격이 있으나 근본적인 것은 독립운동 그 자체라 하겠다. 특히 독립운동은 수행방법과 양상에 있어서 시기적으로 차이가 있으나 개화기의 국권수호운동과 일제강점기의 국권회복운동은 공통적으로 자주독립국가의 건설을 궁극적 지향목표로 하였다. 개화기와 일제강점기의 성격상 차이가 있다면 국권을 상실하지 않은 상태와 완전히 상실한 상태라는 문제에서 오는 독립운동의 방법이 되겠다.

독립운동의 경우 개화기의 국권수호운동은 외세의존성을 탈피하지 못하고 우회적·소극적 방법을 택한 한계가 있다. 그러나 주목할 부분은 최초로 청의 종주권을 거부하고 독립국가로서의 위치를 확립하려한 것이다. 1880년대에 개화사상·위정척사사상·동학사상이 계층적 이념적 차이로 독립운동에서 사상적 갈등이 있었으나 1890년대에 이르러서는 이러한 한계를 극복하였다. 사상적 접근과정을 거쳐 애국계몽사상을 정립하여 1900년대의 독립운동 방향을 제시한 것이다. 뿐만 아니라 동학운동과 위정척사운동이 협력관계를 유지하면서 의병항쟁을 시작하였다.

---

57) 김창수, 「민족운동으로서의 의열단의 활동」, 『3·1운동 50주년 기념논문집』, 동아일보사, 1969, p.809.

1900년대 후반의 길지 않은 시기였으나 1900년대 국권수호운동은 애국계몽운동과 의병운동의 양면적 방법으로 독립운동의 방향제시와 민족지도자를 양성하는 일에 공헌하였다. 따라서 이 기간은 독립국으로서의 위치를 끝까지 지키기 위하여 의병운동을 더욱 활성화하는 한편 애국계몽운동과 상보적 관계를 유지함으로써 그 동안의 사상적 갈등을 해소해 나간 시기로 볼 수 있다. 3·1독립운동이 전국적 시위운동으로 확대될 수 있었던 이유도 이러한 독립운동의 바탕이 있었기에 가능하였다. 일제강점 전기간을 통해 볼 때 가시적 활동과 성과가 있었던 것은 1920년대 전반의 독립운동이라 하겠다. 대외적으로 민족주의운동의 구심적 역할을 맡은 임시정부가 수립되었고, 안으로 문화운동 형태로 민족실력양성운동을 본격화하고 아울러 근대화 사회개혁운동도 전개하였다. 그러나 1920년대 중반부터 민족주의 진영은 새로운 사상적 갈등이 야기되었다. 민족주의운동가들 내부에 자유주의 우파와 사회주의 좌파로 분열현상이 야기됨에 따라 오히려 일제가 항일독립운동을 방해하고 탄압할 수 있는 빌미를 제공한 것이 되었다. 일체의 민족주의 독립운동을 사회주의운동으로 몰아부쳤던 것이다. 그뿐만 아니라 1930년대에 이르면서 더욱 치열해진 일제의 군국주의·전체주의의 강화로 국내의 항일독립운동은 이념적 분쟁과 함께 최악의 상태에서 모든 수단·방법을 동원해야만 했다. 따라서 이후 국내의 독립운동은 일부 소신있는 민족지도자들에 의하여 국외의 임시정부·독립군과의 연계하에 비밀결사를 통한 의열투쟁의 방법으로 지속되었다.

한편 근대화 사회개혁운동의 경우는 일제강점기보다 개화기에 더욱 활발히 전개되었다. 독립운동에서와 같이 1880년대의 지식층은 근대사회로의 개혁을 추구한 개화사상가와 전통적 가치질서의 기강확립을 추구한 근왕적 위정척사사상가로 대립·상충하는 모습을 보였다. 그러나 1890년부터 동도서기론에 입각해서 일부 척사론자들과 개화사상가들이 사상적으로 접근하여 독립협회 활동을 하는 단계에까지 갔던 것이다.

이 시기의 근대화 사회개혁운동의 절정은 1894년 동학농민운동이라고 할 수 있다. 사상 최초의 민중적 근대민족주의운동으로서 봉건적 신분차별 철폐를 현실화한 운동이었기 때문이다. 이러한 사회 분위기가 1900년대 민족실력양성운동으로 이어졌으나 이때의 애국계몽운동의 성격은 근대화 사회개혁운동이라기보다 민족독립운동으로 보는 것이 타당하다. 1900년대의 한국사회는 정부를 향한 근대화 사회개혁운동에 주력하기에는 국권상실의 위기가 절박했기 때문이다. 국권수호를 위한 민족주의운동에 총력을 모아야 하는 상태였기에 근대화 사회개혁운동은 유보할 수밖에 없었다. 그러나 3·1운동 이후 천도교가 주도한 부문운동 형태로 사회운동이 시작되면서 일제총독부를 향한 근대화 사회개혁운동이 본격화되었다. 1920년대에는 근대화 사회개혁운동도 독립운동의 경우에서와 같이 민족주의 이념의 분열·분쟁으로 사회주의계가 추진한 운동이 계급투쟁 성격을 띠게 되면서 일제탄압의 제일 표적이 되었다. 이후 근대화 사회개혁운동에 대한 일제의 탄압이 가중되고 민족주의운동이 항일독립운동 형태로 명맥만 이어가는 형국이 되었다.

끝으로 한국민족주의운동 과정에서 의문시되는 몇가지 문제를 제기함으로써 현재 한국사회가 안고 있는 총체적 난제의 해결책과 미래지향적 민족주의운동의 현대화 방향을 재고하는 기회로 삼고자 한다. 첫째, 30년 동안이나 국권수호운동을 계속하였음에도 불구하고 궁극적으로 독립국가로서의 위치를 지키지 못한 이유는 무엇인가? 둘째, 개항이후 지속한 근대화 사회개혁운동의 연장선에서 볼 때 현재 한국사회가 타산지석으로 여겨야 할 교훈은 무엇인가? 셋째, 일제 강점기의 어려운 조건에서도 독립운동을 끝까지 지속할 수 있었던 힘은 무엇이며 어떻게 해서 이를 가능케 하였는가? 넷째, 현시점에서 과거 70년 동안의 민족주의운동을 사상적으로 어떻게 재구성하여 국제화의 시대적 조류에 적응해 갈 것인가?

# 국내 사회주의 운동에 대한 역사적 평가
## —초기 사회주의 운동을 중심으로

이 준 식*



# Ⅰ. 머리말

　일제 강점기 민족 운동의 이념 또는 주체 세력에는 하나만 있는 것이 아니었다. 민족 운동은 다양한 이념과 세력이 역동적으로 상호 작용하는 가운데 전개되었다. 그 세력은 일반적으로 민족주의(또는 민족주의 우파와 좌파), 그리고 사회주의 세력으로 구분된다. 민족 운동의 역사에서 항상 논란이 된 것은 그 가운데 어떤 이념을 바탕으로 한 어떤 세력이 민족 운동의 주도권을 장악해 갔는가 하는 문제였다. 이 글에서 다루려고 하는 사회주의 운동과 관련해 이 문제에 대해서는 크게 보아 두

---

* 한국정신문화연구원 특별연구원

가지 입장이 있다. 그 하나는 민족주의를 민족 운동의 주류로 상정하는 것이고 다른 하나는 역으로 사회주의를 민족 운동의 주류로 상정하는 것이다. 그러나 두 경우의 공통점은 민족주의와 사회주의 사이에 넘을 수 없는 벽이 존재하는 것으로 보는 것, 곧 민족 운동을 그 이념에 따라 이분법적으로 인식하는 것이다.

1980년대 중반까지 사회주의 운동사 연구를 주도해 온 몇몇 연구자들이 코민테른과 소련의 지도 아래 계급 혁명을 추구한 사회주의 운동이란 민족 운동이 아니었으며 심지어 결과적으로는 민족 운동을 저해했다고 규정한 것이야말로 이러한 이분법적 인식의 대표적인 보기일 것이다. 동시에 1980년대 중반 이후 등장한 '새로운' 연구 경향에서 이전의 반공주의적 연구에 대한 역작용으로 민족주의의 부정적 측면만을 강조하고 나선 것도 민족 운동의 이분법적 인식이라는 점에서는 동일한 성격을 갖는 것이었다. 물론 민족 운동의 이념과 주체 세력이 이분 또는 삼분된 것은 부정할 수 없는 역사적 사실이었다. 그러나 민족 운동의 분화를 강조하다 보면 자칫 일제 강점기 민족 운동의 전체적인 흐름이 내부의 대립과 투쟁으로 점철된 것으로 비쳐질 우려도 있다. 일제 강점기 민족 운동은 이념적 지향성에 따라 둘 또는 그 이상의 흐름으로 분화되는 동시에 민족의 해방과 독립이라는 공통의 목표를 추구하는 흐름 사이에 결합과 연대가 모색되는 양상으로 전개되었다. 사회주의 운동의 경우에도 민족 운동의 한 전술로 사회주의와의 연대를 모색했건 아니면 사회주의의 계급 해방론을 수용하고 이를 민족 해방론과 결합시켰건 민족주의와 사회주의가 결합하는 양상은 초기부터 빈번하게 나타나고 있었다.

이 글에서는 이러한 문제 의식에 입각해 민족 운동으로서의 사회주의 운동이 민족 해방을 어떻게 전망하고 그러한 전망을 구체적으로 어떻게 실천해 나갔는가 하는 문제의 일단을 밝히려고 한다. 이 글에서 다루는 것은 일제 강점기의 전체 사회주의 운동이 아니다. 대체로 사회주의 운동사에서 논란이 되는 것이 사회주의 사상의 수용 문제, 전위당 건설의 문제, 전위와 대중 운동의 관계, 분파 문제, 통일 전선 문제, 코민테른과의 관계 문제[1] 등이라고 할 때 이러한 문제의 출발점이 된 초기[2] 국내 사회주의 운동에 초점을 맞추어 일제 강점기 사회주의 운동을 역사적으로 다시 평가해보려고 한다.

　일제 강점기 사회주의 운동에 대한 일반적 이해를 거칠게 정리하면 다음과 같다. 원래 사회주의 운동은 프롤레타리아의 계급 운동이다. 조선에는 자본주의가 아직 발전하지 않았다. 곧 프롤레타리아나 부르주아지가 제대로 형성되지 않았기 때문에 사회주의 운동이 일어날 객관적 조건이 만들어지지 않았다. 사회주의는 볼셰비키 혁명 직후부터 소련 및 코민테른의 세계 혁명 전략에 따라 제국주의의 식민지 지배를 받는 나라에 수출되었다. 이 과정에서 식민지 조선에도 사회주의가 일부 지식인에 의해 이식되었다. 사회주의 운동이 일어날 조건이 채 존재하지도 않는 상황에서 외부로부터 수입된 사회주의 운동은 관념적일 수밖에 없었으며 사회주의 종주국의 입김으로부터도 자유로울 수 없었다. 여기에 사회주의 운동이 무원칙한 파쟁만을 일삼음으로써 전체 민족 운동의 역량을 약화시키는 결과를 초래했으며 관념적 이론에 치우친 나머지 계급 해방만을 추구하고 민족 운동의 핵심 과제인 민족 해방을 간과 또는 경시했다는 주장을 덧붙이면 사회주의 운동에 대한 역사적 평가는 일단락된다. 어떤 의미에서는 상식화된 이러한 평가는 과연 역사적 사실에 부합하는 것일까? 일제 강점기의 사회주의는 외부로부터 이식된 외래 사조에 불과한 것인가? 사회주의가 태동할 내적 기반은 없었는가? 사회주의 운동의 역사는 파쟁으로만 점철된 것이었는가? 사회주의 운동은

---

1) 윤대원, "한국 공산주의 운동사 연구의 새로운 지평을 위하여," 역사학연구소 엮음, 「한국 공산주의 운동사 연구」(아세아문화사, 1997)
2) 여기서 초기란 최초의 사회주의 단체가 만들어지는 1910년대 후반부터 조선 공산당(이하 조공)이 결성된 1925년 초까지를 의미한다. 조공 성립 이후의 국내 사회주의 운동에 대한 논의는 차후의 과제로 한다.

순수한 계급 운동이었는가? 곧 프롤레타리아의 해방, 공산주의 사회의 실현만을 지향했는가? 조선의 사회주의자들은 민족 해방이라는 역사적 과제를 방기했는가?

몇 해 전부터 그동안 공개되지 않던 모스크바 '러시아 현대사 문서보관연구센터'의 자료가 국내에 입수되면서 기존의 자료와 새로운 자료를 바탕으로 초기 사회주의 운동사를 재구성하려는 노력이 가시화되고 있다. 이 글은 최근의 연구 성과[3]를 바탕으로 위에서 제기된 물음에 대한 답의 단서를 찾아보려고 한다.


## Ⅱ. 외부 이식론과 타율성론


오랜 역사를 갖고 있는[4] 외부 이식론에 따르면 식민지 조선에서의 사회주의 운동은 처음부터 내재적 조건과는 무관하게 발생했다고 한다. 외부 이식론이 강조하는 내재적 조건이란 자본주의화의 진전과 이에 따른 계급 관계의 발전을 의미한다. 그런데 1910년대 말의 조선 사회는

---

3) 대표적인 것으로 林京錫, 「高麗共産黨 研究」(성균관대 박사 학위 논문, 1993); 전명혁, "1920년대 전반기 까엔당과 북풍회의 성립과 활동," 「成大史林」, 12・13합집(1997); 全明赫, 「1920年代 國內 社會主義運動 研究 - 서울派를 中心으로」(성균관대 박사 학위 논문, 1998); 임경석, "서울파 공산주의 그룹의 형성," 「역사와 현실」, 28호(1998); 박철하, "북풍파 공산주의그룹의 형성," 「역사와 현실」, 28호(1998); 이애숙, "1922-1924년 국내의 민족통일전선운동," 「역사와 현실」, 28호(1998); 강호출, "재노령 고려공산당창립대표회준비위원회(오르그뷰로) 연구, 「역사와 현실」, 28호(1998); 권희영, 「한인 사회주의운동 연구」(국학자료원, 1999) 등을 볼 것.
4) 외부 이식론을 처음으로 명제화한 것은 사회주의 운동사 연구의 고전인 서대숙, 「한국공산주의운동사 연구」(현대사연구회 옮김)(화다, 1986); 金俊燁・金昌順, 「韓國共産主義運動史」, 1-5(청계연구소); 로버트 스칼라피노・이정식, 「한국공산주의운동사 1: 식민지시대 편」(한홍구 옮김)(돌베개, 1986) 등이다. 서대숙의 책은 1967년에, 김준엽・김창순의 책은 1967-1976년에, 스칼라피노・이정식의 책은 1972년에 처음 출간되었다.

기본적으로 농업 사회였다는 것이다. 따라서 사회주의 운동은 볼셰비키 혁명 이후 소련 정권의 수립과 코민테른의 성립이라는 세계 정세의 변화 아래 외부에서 이식된 데 불과하다는 것이 외부 이식론의 핵심이다. 사회주의 운동이 '국내'가 아니라 볼셰비키 혁명의 직접적인 영향권에 있던 노령을 비롯해 만주, 상해 등의 '국외'에서 시작되었다는 사실도 이러한 생각을 확인시켜주는 근거 가운데 하나로 자주 거론된다. 실제로 당이라는 이름 아래 최초로 출현한 사회주의 단체는 1918년 노령에서 결성된 한인사회당이었다. 그러나 일제 강점기의 민족 운동을 이해하는 데 국내니 국외니 하는 구분에 대해서는 재고의 여지가 있다고 생각된다.

영토는 근대 민족 국가의 성립 요건 가운데 하나이다. 따라서 국경은 근대 국가에서 중요한 의미를 갖는다. 그러나 일제에 의해 자주적인 근대 국가의 수립이 좌절되고 식민지로 전락한 이후 우리 민족에게는 영토와 국경, 국내(또는 내지)와 국외(또는 해외)가 갖는 의미가 달라질 수밖에 없었다. 통상적인 생각에 따르면 국내는 한반도에 국한되며 노령, 만주, 일본은 국외에 해당된다. 그러나 실제로 민족 운동의 영역은 국내외를 망라하는 것이 일반적이었다. 활동가들은 수시로 국내와 국외를 넘나들면서 민족 운동을 전개했다. 어떤 운동도 스스로의 운동을 한 공간에만 국한시키지 않았다. 국내와 국외의 결합에 의해 민족 운동을 전개한다는 것이 모든 민족 운동 세력의 인식이었다. 민족 운동의 중심을 노령, 만주, 중국 관내에 둘 경우에도 거기에는 상대적으로 일제의 탄압으로부터 자유로운 국외를 근거지로 해 국내로 운동 역량을 확산시킨다는 방침이 내재해 있었다. 이렇게 본다면 국내와 국외라는 이분법적 인식은 민족 운동의 실체를 파악하는 데 걸림돌이 될 수도 있다.

초기 사회주의 운동의 대표적 분파인 이르쿠츠크파나 상해파도 이름만 놓고 보면 국외에서 조직된 것이다. 따라서 이들 두 파는 국외 사회주의 운동으로 분류되는 것이 일반적이다. 그러나 두 파의 활동은 처음부터 국내와의 밀접한 관련 속에서 이루어졌다. 국망(國亡)을 전후해 국외로 나간 '망명자' 집단을 기반으로 성립된 상해파의 경우는 더욱 그러했다. 일례로 1921년 5월 상해에서 창립된 상해파 고려공산당에는 그보다 앞서 서울에서 비밀리에 사회혁명당이라는 '공산주의 그룹'5)을 조직한 국내 사회주의자들이 대거 참석한 바 있었다. 상해파란 국외 사회주의 운동과 국내 사회주의 운동의 결합을 통해 형성된 것이었다. 이러한 현상은 상해파에만 국한되지 않고 초기 사회주의 운동의 다른 분파에서도 보편적으로 나타나고 있었다. 문제는 정도의 차이일 뿐이었다. 상대적으로 이르쿠츠크파가 노령 중심이었고 서울파가 국내 중심이기는 했지만 이 두 파도 순수하게 국외나 국내만을 기반으로 형성된 것은 아니었다. 따라서 시간적으로 보았을 때 사회주의를 표방한 단체가 노령에서 처음 출현했다는 것만으로 사회주의 운동의 기원을 국외로 설정하는 데는 문제가 있다고 생각된다.

한인사회당의 경우에서도 알 수 있듯이 사회주의 운동은 선행한 민족 운동과의 깊은 관련 속에서 출현한 것이었다. 실제로 후술하듯이 초기 사회주의자들 가운데 다수는 사회주의를 수용하기 이전에 다양한 형태로 민족 운동에 참여한 경력을 갖고 있었다. 따라서 사회주의 운동을 한말 이후 민족 운동의 흐름과 관련해 이해할 필요가 있을 것이다.

사회주의 자체는 외래 사조였다. 곧 우리 사회 안에서 자생적으로 만들어진 것이 아니었다. 그렇다고 해서 사회주의가 우리 현실과는 동떨어진 것, 무조건 주어진 것으로 보는 것은 옳지 않다. 사회주의의 한 원형은 조선 후기 이래의 사회 변동 속에서 부분적으로 배태되고 있었다.6) '토지 균등 분배'로 상징되는 내재적인 사회주의적 요소가 외부로부터 들

---

5) 공산주의 그룹은 "일정한 조직적, 정치적 공통성에 입각해 형성된 비밀 결사"를 의미한다. 임경석, 윗글(1998), 23쪽.

6) 김용섭은 이를 '농민적 변혁노선'으로 규정하고 있다. 金容燮, 「韓國近現代農業史研究」(일조각, 1992)

어온 사회주의와 결합할 가능성은 얼마든지 존재하고 있었다. 외세의 개입에 의해 자주적인 근대 사회로의 이행이 좌절된 뒤 사회주의가 빠른 속도로 수용된 데는 이러한 요인도 작용하고 있었던 것이다.[7]

사회주의 운동의 기원을 외부로 잡는 생각은 자연스럽게 사회주의 운동의 타율성론으로 이어진다. 타율성론의 핵심은 코민테른과 소련의 방침이 일제 강점기 사회주의 운동의 방향을 규정한 것으로 보는 데 있다. 심하게 표현한다면 조선의 사회주의자들은 주체적 판단과 활동의 능력을 결여한 꼭두각시에 불과했다는 것이다. 초기 사회주의 운동과 관련해 타율성론의 근거로 자주 거론되는 것이 운동의 무대가 1922년 이후 국외에서 국내로 옮겨졌다는 사실이다. 여기에 대해 코민테른이라는 요소가 사회주의 운동의 결정적 변수였다고 보는 입장에서는 소련 내부의 상황 변화 곧 소련과 일본의 협상에 따라 일본군이 노령에서 철수함으로써 코민테른과 소련이 노령에서의 한인 사회주의 운동을 지원할 필요성과 명분을 잃었다는 점을 강조한다. 1922년 이후 코민테른이 국내에서의 활동을 강조하고 나선 뒤에야 비로소 국내에서 당을 결성하기 위한 움직임이 활성화되었다는 것이다. 그러나 실제로는 코민테른의 방침 전환 이전에 이미 국내에서는 다양한 그룹에 의해 사회주의 운동이 전개되고 있었다.

제한된 자료를 통해서나마 확인 가능한 국내 '공산주의 그룹'의 형성 시기는 1919년 10월까지 거슬러 올라간다. 이 때는 이미 일제 강점기 최대의 민족 운동인 3·1운동도 일제의 탄압 아래 소강 상태에 빠져든 시기였다. 3·1운동의 급격한 퇴조 속에 "민족운동에 용약하였던 진보적 사상가, 혈기의 청년들은 그들의 새로운 감격을 사회운동의 이념"[8]

---

7) 보기를 들어 1910년대 말부터 최동희 등 천도교 혁신파의 성원들이 동학 이래의 농민 혁명론에 입각해 적극적으로 사회주의와의 연대를 모색하거나 아예 사회주의를 수용한 것도 이러한 맥락에서 이해될 수 있을 것이다. 이준식, "최동희의 민족혁명운동과 코민테른," 「역사와 현실」, 32호(1999).

8) 金泳植, "轉換期에 直面한 朝鮮 新興運動(5)," 「東亞日報」, 1927년 2월 19일.

곧 사회주의에서 찾게 되었다. 그리하여 새로운 이념과 조직을 바탕으로 한 새로운 민족 운동이 등장한 것이다.

1919년 10월에는 20여 명으로 구성된 ‘서울공산단체’가 조직되었다. 이 그룹의 구성원들은 조선노동공제회의 창립을 주도했으며 다음 해 5월 이르쿠츠크파 고려공산당 창립대회에도 출석했다.9) 이어 1920년 3월에는 ‘조선공산당’이라는 이름의 ‘공산주의 그룹’이 조직되었다. ‘조선공산당’은 한 때 해체되었다가 1921년 5월에 부활했다. 부활 당시 ‘조선공산당’의 당원은 모두 47명이었다. ‘조선공산당’의 주요 구성원은 사상단체인 무산자동지회에서 활동하고 있었다.10) ‘조선공산당’은 이후 ‘중립당’과 꼬르뷰로 내지부를 거쳐 조공으로 이어졌다. 1920년 5월에는 조선노동공제회 안에 김약수(金若水), 정태신(鄭泰信) 등에 의해 ‘맑스주의 크루조크(소조)’가 결성되었다. 이 조직의 구성원은 주로 「공제」 편집부를 통해 활동했다. 김약수, 정태신 등은 1921년 5월 일본으로 옮겨가 재일본공산주의자단체를 조직했으며 나중에 북풍파를 이루었다.11) 1920년 6월에는 김철수(金綴洙), 장덕수(張德洙) 등 30여 명에 의해 사회혁명당이 조직되었다.12) 사회혁명당은 일본 유학생들이 1915년 동경에서 결성한 신아동맹당의 후계 조직이었다. 김철수 등 사회혁명당의 대표 8명은 1921년 5월 상해파 고려공산당 창립대회에 출석했다. 이 그룹은 상해파

---

9) “Учредцелыыи Съезд Кореискои Коммунистическои партии(고려공산당),” 「Народы Далинего Востока(극동의 제민족)」, 2(1921), 215쪽.

10) “История и деятельность нейтральнои коркомпартии: Доклод делегата Тену (중립조선공산당의 역사와 활동: 대표자 田友의 보고),” 1쪽. 전우는 정재달(鄭在達)을 가리킨다. 이 자료는 이하 “전우 보고”로 쓴다.

11) 辛鐵·金泳雨, “國際共産黨執行委員會 貴中,” 1926년 2월 11일, 3쪽. 신철과 김영우는 북풍회내 공산주의 비밀 결사 까엔당의 대표 자격으로 이 문건을 보고했다. 이하 “신철, 김영우 보고”로 표기한다.

12) 김철수, 「본대로, 드른대로, 생각난대로, 지어만든대로」, 한국정신문화연구원 현대사연구소(편), 「遲耘 金綴洙」(한국정신문화연구원 현대사연구소, 1999), 8쪽.

고려공산당의 내지간부로 이어졌다. 마지막으로 1921년 10월에는 일본에서 김사국(金思國), 임봉순(任鳳淳) 등에 의해 또 다른 사회혁명당이 결성되었다.13) 이 조직은 1922년 1월부터 서울에서 활동하기 시작했으며 이후 고려공산동맹으로 이어지면서 서울파의 모체가 되었다.

이 시기에 결성된 사상 단체나 대중 단체와는 달리 '공산주의 그룹'은 모두 비밀 결사의 형태를 띠고 있었다. 이미 식민지 본국인 일본에서는 10여년 전부터 적기(赤旗)사건(1908), 대역(大逆)사건(1910) 등을 통해 사회주의에 대한 탄압이 이루어진 바 있었다. 그리하여 1910년대 이래 '사회'라는 이름이 붙은 것은 모두 금지의 대상이 되고 있었다. 한편으로는 자본주의의 발전과 함께 사회주의의 보급이 활발해지는 동시에 다른 한편으로는 사회주의에 대한 탄압도 가중되는 것이 일본의 상황이었다. 하물며 아무리 '문화 정치'하라고는 하지만 식민지에서 사회주의 단체를 만드는 것은 비밀리에 이루어질 수밖에 없었다. 노령이나 중국에는 존재하지 않던 '공산주의 그룹'이 국내에서만 만들어진 것은 바로 이러한 이유 때문이었다.

사회주의 운동에서 논란이 되는 주요 분파는 이미 1910년대 말과 1920년대 초에 국내에서 태동한 바 있었다. 따라서 코민테른의 방침 전환은 국내에서 사회주의 운동이 활성화되는 데 한 계기로 작용했을 뿐이지 결정적이거나 유일한 원인은 아니었다.14) 오히려 사회주의 운동의 장이 국내로 이전된 데는 당시 조선을 둘러싼 정세의 변화가 작용하고 있었다고 보는 것이 타당하다. 정세 변화의 핵심은 1921년 말에 열린

---

13) 상해파로 이어진 사회혁명당과 구분하기 위해 이하 (서울파)사회혁명당으로 표기한다.

14) 여기에 대해 정백은 다음과 같이 적고 있다. "외래 사상 그것은 다만 비등점에 달한 민중에게 그 운동에 대하야 이론적 체계를 가져오며 또는 그 발표할 만한 형식을 가르쳐준 것은 실로 합장하야 감사할 사실이외다. 그러나 이러한 의미만을 가지고 全의미로 해석할 수 업스며 외래 사상의 영향이 업드래도 필연적으로 자발할 만한 성질을 가진 것은 무시할 수 업습니다." 鄭栢, "民衆精神의 一考察,"「新生活」, 1호(1922), 30쪽.

태평양회의였다. 이 회의를 계기로 1차 세계대전 **이후의** 제국주의 열강 간의 국제 질서 재편 과정이 일단 완료되자 민족 운동에 뜻을 둔 사람들은 새로운 활로를 모색할 수밖에 없었다. 일부는 실력 양성론에서, 일부는 대중 운동론에서 활로를 찾으려고 했다. 후자가 바로 사회주의자들이었다. 사회주의자들은 사회주의를 바탕으로 한편으로는 전위 조직을 만들고 다른 한편으로는 대중을 조직화한 뒤 결정적 시기가 왔을 때 대중 봉기를 통해 조선 혁명을 성취한다는 방침을 확립해 나갔다. 1922년 이후 사회주의자들의 활동 무대가 국내로 옮겨진 것은 바로 이 때문이었다.

# Ⅲ. 파벌 투쟁론

사회주의 운동사 연구에서 외부 이식론 못지 않게 자주 거론되는 것이 분파 사이의 투쟁이 초래한 부정적 결과이다. 사회주의의 분파 형성에 대해서는 무원칙한 인적 결합으로 이해하는 것이 일반적이다.

초기 사회주의 운동에서 인맥이 작용한 부분은 상당히 컸다고 할 수 있다. '과격 사상'에 대한 일제의 극심한 탄압 아래 활동하기 위해서는 혈연, 지연, 학연 등의 요소를 무시할 수 없었을 것이다. 김철수에 따르면 "왜놈 밑에서 우리가 비밀 조직을 갖자면 극히 서로 통하는 사람이래야지. 조금이라도 괴팍한 사람하고 일을 하다가는 비밀이 탄로되면 일을 할 수가 있어? 그러니까 사람으로 보아 아깝지만 여러 가지 이유로 이 사람 제외하고 저 사람 제외하고…우리 내지 간부라고 하는 것은 꼭 비밀 잘 지키고 공산당 규칙 잘 지킬 사람들만 뽑아 가지고" 했다는 것이다.[15] 실제로 김철수가 참가한 사회혁명당과 상해파 고려공산당 국

---

15) 김철수, "구술 자료-김소중 소장본," 한국정신문화연구원 현대사연구소 편, 위의 글, 65쪽.

내부에는 이미 일본에서 비밀 결사를 조직한 바 있던 일본 유학생 출신의 사회주의자들이 결집되어 있었다. 이러한 상황은 정도의 차이는 있지만 다른 사회주의 분파에도 마찬가지였다.

그러나 분파가 단지 인맥만으로 형성된 것은 아니었다. 분파의 이면에는 '일정한 조직적, 정치적 공통성' 곧 민족 해방과 계급 해방에 대한 나름대로의 원칙이 존재하고 있었다. 각 '공산주의 그룹'의 강령은 그러한 원칙의 구체적 표현이었다. 보기를 들어 사회혁명당은 "일본 제국주의의 구축과 사회주의 국가의 건설"을 표방했으며,[16] (서울파)사회혁명당은 "사람에 의한 사람의 착취를 폐지하고 사회주의의 승리를 촉진하는 것"을 목표로 내세웠다.[17] 1922년 무렵 국내 사회주의 운동에서 중립당과 대립하고 있던 국내 상해파는 "아직 혁명을 위한 시기가 성숙하지 않았으므로 반드시 문화 계몽 운동에 의해 민중의 경제적 생활 수준을 향상시키고 민족의 잠재적 역량을 육성"해야 한다고 본 데 비해 중립당은 노농 대중의 계급 의식과 투쟁력을 강화해 "혁명적 투쟁 방법"으로 민족 해방을 획득하는 것이 중요하다는 견해를 공유하고 있었다.[18]

분파 투쟁을 이해할 때 더욱 중요한 것은 분파 사이의 분열을 극복하고 통일을 이루려는 움직임이 사회주의 운동의 초기부터 진행되고 있었다는 사실이다. 현재 확인된 통일 운동만 해도 1922년 이후에는 해마다 전개된 바 있었다.[19]

1922년의 통일 운동은 1921년 10월 일본에서 김사국 등을 중심으로 결성된 (서울파)사회혁명당과 '조선공산당' 사이에서 이루어졌다. 두 당

---

16) 김철수, 「본대로, 드른대로, 생각난대로, 지어만든대로」, 8쪽.

17) "Доклод Ким Сагука во ИККИ No. 1, Краткий исторический обзор возникновения и деятельности коммунистической организации в Kopee(코민테른 집행위원회에 대한 김사국의 보고 제1호, 조선내 공산주의 단체의 형성과 활동 약사)" 1924년 3월 17일, 2쪽. 이 자료는 이하 "김사국 보고 제1호"로 쓴다.

18) "김사국 보고 제1호," 2-5쪽.

19) 이 통일 운동에 대해 처음으로 주목한 연구로 임경석, 윗글(1998) 볼 것.

은 이 무렵 국내 상해파가 추진하고 있던 문화 계몽 운동, 계급 연합 정책에 대해 반대한다는 점에서 동일한 노선을 취하고 있었다.[20] 이에 (서울파)사회혁명당의 김사국, 이영(李英), '조선공산당'의 신백우(申伯雨), 김한(金翰), 원우관(元友觀), 정재달 등은 1922년 3월에서 6월 사이에 '조선공산당' 또는 '통일조선공산당 창립대회 소집준비위원회'라는 이름의 당을 결성했다.[21] 이 당은 해외의 분파 투쟁을 거부했다는 점에서 중립당이라는 이름으로 불리웠다. 그러나 중립당은 같은 해 10월 베르흐네우진스크에서 열린 고려공산당 통합 대회에의 참가를 둘러싸고 다시 분열되었다. 끝내 해외의 공산당을 인정하지 않은[22] (서울파)사회혁명당은 같은 해 10월 독자적으로 '고려공산단체'를 조직했다.[23] 이 그룹은 주로 서울청년회를 합법 활동의 주된 기반으로 활용했기 때문에 이때부터 서울파라는 이름으로 불리웠다.

1923년의 통일 운동은 코민테른의 1922년 12월 결정서를 계기로 출범한 꼬르뷰로 내지부의 결성을 중심으로 이루어졌다. 이 결정서에서 코민테른은 국내외 각파 공산주의 그룹의 연합을 통해 통일된 당을 결성한다는 방침을 천명했다. 이 결정에 따라 출범한 꼬르뷰로는 정재달

---

20) 이를 잘 보여주는 것이 1922년 초에 전개된 김윤식 사회장 반대 운동이다. 이 운동에는 두 당 외에도 재일본조선인공산주의자단체의 김약수 등이 참가했다. 「每日申報」, 1922년 2월 2일; 金翰, "故金允植葬反對に際し此の文を一般民衆に送る," 朝鮮總督府警務局圖書課, 「諺文新聞差押記事集錄(朝鮮日報)」 (1932); "김사국 보고 제1호," 3쪽.

21) "전우 보고," 3쪽; "김사국 보고 제1호," 9쪽; "高麗黨運動의 略史," 1924년 9월 29일, 1쪽. 이 문건은 이하 "약사"로 쓴다.

22) "報告(高麗共産黨 內地部 代表 田友)," 1923년 12월 12일, 255쪽. 이 자료는 이하 "보고(전우)"로 쓴다.

23) "Доклад от полномочных представителей коммунистической организации 'Ко реконсандонмян' существуюшей внутри Сеульского Союза Молодежи Ким Енмана и Цойцаник(서울청년회내 공산단체 '고려공산동맹' 전권 대표 김영만(金榮萬), 최창익(崔昌益)이 코민테른 집행위원회에 제출한 보고)," 1926년 2월, 25쪽. 이 자료는 이하 "김영만, 최창익 보고"로 쓴다.

을 국내에 파견했다. 정재달에게는 각 파 '공산주의 그룹'의 통합을 중재하고 나아가 민족 통일 전선 단체를 결성할 권한이 부여되었다.[24] 정재달은 중립당을 비롯해 1921년 5월 동경에서 김약수 등을 중심으로 조직된 재동경조선인공산주의자단체, 다른 공산주의 그룹으로부터 비판을 받으면서도 문화 계몽 운동 노선을 고수하고 있던 일부 상해파(이하 상해파 우익),[25] 그리고 이르쿠츠크파, CC당을 참여시켜 꼬르뷰로 내지부를 결성했다.[26] 이들은 당적 형태의 민족 통일 전선으로서의 민족혁명당의 결성에 대해 유사한 입장을 갖고 있었다. 그러나 꼬르뷰로 내지부에 서울파와 상해파 좌익이 참여하지 않음으로써 완전한 통일을 이루는 데는 실패했다. 서울파는 1923년 2월 고려공산동맹이라는 이름을 갖는 비밀 공산주의 그룹을 정식으로 성립시켰다.[27] 게다가 꼬르뷰로 자체가 내분 때문에 1923년 11월 이후 마비 상태에 빠지자[28] 꼬르뷰로 내지부도 다음 해 초에 해체되었다.[29] 이에 꼬르뷰로 내지부에 참여한 바 있던 재동경조선인공산주의자단체의 주요 성원들은 1924년 4월 까엔당(K.H.당)이라는 독자적인 비밀 공산주의 그룹과 건설사라는 사상 단체를 결성했다.[30] 이 까엔당이 같은 해 11월 건설사를 염군사와 합해 북풍회

---

24) "꼬르뷰로 회의록 제4호(원문은 노어)," 1923년 3월 18일, 2쪽.

25) 상해파는 1922년 10월을 전후해 문화 계몽 운동을 고수하던 장덕수, 이봉수(李鳳洙), 나경석(羅景錫) 등의 우익과 문화 계몽 운동을 폐기하고 「신생활」을 중심으로 활동하던 김명식(金明植), 유진희(兪鎭熙) 등의 좌익으로 분열되었다. "김사국 보고 제1호"; "Доклод No. 2 Положение всех коммунистической организации в Koree(보고 제2호 조선내 모든 공산주의 단체의 상황)," 1924년 3월 18일, 1쪽.

26) "보고(전우)," 257쪽.

27) "김영만, 최창익 보고," 26-27쪽.

28) 李東輝·田友·李成, "聲名書," 1923년 12월 31일, 「朝鮮民族運動史(未定稿)」, 6권(고려서림), 225쪽.

29) "약사," 3쪽; Синчер и Кимену, "Истолкому Коминтерна(코민테른 집행위원회 앞)," 1926년 2월 11일, 85쪽. 이 문건은 신철과 김영우의 이름으로 작성된 것이다. 이하 "신철, 김영우 보고 2"로 표기한다.

30) "신철, 김영우 보고," 3-4쪽.

로 확대하면서[31] 북풍파라는 이름이 등장한 것이다.

1924년 초 꼬르뷰로 내지부의 분열과 동시에 새로운 통일 운동이 등장했다. 이미 민족 운동에 대한 방침에서 거의 일치된 방침을 갖고 있던 각 그룹은 1924년 3월 새로운 통일 기관을 조직했다. 이 기관의 정식 명칭은 통일조선공산당창립대회 소집준비위원회이었지만 흔히 13인회라고 불리웠다. 13인회에는 고려공산동맹의 김사국, 이영, 신생활사 그룹(상해파 좌익)의 유진희, 이혁로(李赫魯), 꼬르뷰로 내지부의 신백우, 김재봉(金在鳳), 까엔당의 김약수, 김종범(金鍾範)이 참여함으로써 사실상 당시 국내의 주요 그룹이 망라되어 있었다.[32] 1924년 4월 조선노농총동맹과 조선청년총동맹의 창립이 아무 문제없이 이루어진 이면에는 13인회가 존재하고 있었다. 그러나 13인회도 꼬르뷰로의 후계 조직으로 노령에서 출범한 조선공산당창립대표회준비위원회(곧 재노령 오르그뷰로)[33]을 인정할 것인가의 여부를 둘러싸고 바로 내분에 쌓였다. 꼬르뷰로 내지부와 까엔당, 상해파 우익이 재노령 오르그뷰로에서 파견된 정재달과 통일 조선공산당을 결성하기 위한 협의를 벌인 반면에[34] 서울파는 시종일관 해외의 공산주의 세력을 배제한다는 방침을 고수했다. 결국 1924년 9월 꼬르뷰로 내지부가 13인회에서 탈퇴함으로써 13인회는 사실상 해체되었다. 꼬르뷰로 내지부는 1924년 11월 기존의 신사상연구회를 화요회로 개칭하고 합법 활동의 기반으로 활용함으로써 이때부터 화요파라는 이름이 등장했다. 이후 재노령 오르그뷰로와 결합한 화요파, 상해파, 북풍파는 독자적으로 전위당을 만들기 위한 노력을 경주했고 그 결실이 1925년 4월의 조선공산당·고려공산청년회의 창립이었다.

---

31) "신철, 김영우 보고," 10쪽.
32) "김영만, 최창익 보고," 27쪽. 이밖에도 상해파 우익의 이봉수, 재일본 상해파의 변희용(卞熙瑢), 서울파의 정백, 김유인(金裕寅) 등이 개인 자격으로 참여했다.
33) 재노령 오르그뷰로에 대해서는 강호출, 윗글 볼 것.
34) "조선에서 보낸 전우 동무의 편지, 5번째 통신," 1924년 8월 경.

이상에서 살펴보았듯이 초기 국내 사회주의 운동에서는 분열을 극복하고 통일을 이루려는 시도가 끊임없이 이루어지고 있었다. 물론 모든 분파를 망라하는 통일이 이루어진 적도 없었고 제한된 범위에서의 통일은 다시 당 조직 방식, 국외의 운동 세력의 인정 여부를 놓고 분열로 이어졌지만 그런 가운데서도 통일된 당을 결성하기 위한 사회주의자들의 움직임은 계속되었다. 따라서 사회주의 운동사를 파쟁의 연속으로만 파악하는 인식은 재고되어야 할 것이다. 파쟁이 없었던 것은 아니지만 그것은 무원칙한 파쟁이 아니었을 뿐만 아니라 항상 분열과 통일의 역동적 과정을 내포하고 있었던 것이다.

# Ⅳ. 계급 해방 지상론

초기 사회주의자들이 민족 운동에 대해 갖고 있던 생각을 하나의 틀로 파악하는 것은 매우 어렵다. '공산주의 그룹'에 따라, 시기에 따라, 그리고 운동의 주된 공간의 차이에 따라 운동 방침은 다양한 모습으로 나타났다. 보기를 들어 일부 사회주의자들은 프롤레타리아 독재 권력의 즉각적 수립을 정치적 과제로 설정하고 그 연장선에서 부르주아지를 혁명의 적대적 세력으로 간주했다. 이 경우 민족 해방을 위한 부르주아지와의 연대란 불가능할 뿐만 아니라 불필요한 것으로 인식되었다. 이에 비해 일부 사회주의자들은 식민지라는 조건을 중시해 민족 해방이라는 과제가 즉각적인 사회주의의 실현보다 우선하는 것으로 보았다. 이 경우 민족 해방을 위해서는 민족주의자들과의 연대 곧 통일 전선이 필요한 것으로 간주되었다.

이 가운데 초기 사회주의 운동에서 더 큰 비중을 차지하고 있던 것은 후자였다고 생각된다. 특히 후술하듯이 1910년대부터 민족의 독립을 위한 활동을 벌이다가 사회주의를 수용하게 된 사회주의자들의 경우는 더욱 그러했을 것이다. 이들에게 운동의 일차적인 과제는 민족의 독립과 해방이었다. 어떤 의미에서는 민족 해방을 위한 새로운 이념으로 사회주의를 받아들인 측면이 크다고 생각된다. 아래에서 민족 해방과 계급 해방 또는 민족 통일 전선 문제에 대한 '공산주의 그룹'의 방침과 초기 사회주의자들의 사회적 경력을 통해 이 문제를 살펴보기로 하자.

## 1) '공산주의 그룹'의 통일 전선 방침

1910년대 말부터 1920년대 초에 결성된 '공산주의 그룹' 가운데 일찍부터 분명한 운동 방침을 정하고 있었던 것은 사회혁명당이다. 사회혁명당은 "일본 제국주의를 몰아내고 그 다음에 사회주의 국가를 세우자는 목적"을 갖고 있었다고 한다. 곧 "먼저 일본제국주의를 구축하자는 것이 선결문제이기 때문에 어디까지든지 민족운동자들과 손을 잡고 나아가야 한다는 것, 그 다음에 우리 사회주의자의 힘을 길러서 사회주의 혁명을 해야한다는 것"이 사회혁명당의 방침이었다는 것이다.[35]

사회혁명당의 이러한 방침은 상해파 고려공산당에서도 이어지고 있었다.[36] 상해파 고려공산당은 창립 대회에서 "만인 모두 다 같이 사업을 운영하며 모두 다 같이 돕고 모두 다 함께 사랑하는 대동 사회를 세우기 위하여 무산자 독재 소비에트 정치의 실현"을 기할 것을 선언했다. 그러나 동시에 강령에서는 민족 해방 문제에 대해 다음과 같이 밝혔다.

> 우리는 절대 평등, 대동 사회의 실현을 기함으로써 부자유, 불평등의 원인인 모든 제도-안으로는 민족내의 모든 착취 계급, 밖으로는 민족간의 압박자-를 반드시 타파해야 할 것이다. 우리는 민족적 해방이 사회 혁명의 전제임을 절실히 느끼는 자이며, 현하 모든 혁명 단체에 대해서는 대

---

35) 김철수, 「본대로, 드른대로, 생각난대로, 지어만든대로」, 8쪽.
36) 상해파 고려공산당의 선언과 강령의 전문은 朝鮮總督府警務局, 「大正11年 朝鮮治安狀況」, 385-406쪽 볼 것.

성(大成)에 달하는 계단으로서 우리의 주장과 부합하는 범위에 한하여 이를 찬조할 것이다.

곧 상해파의 사회주의자들은 사회주의 혁명을 최고 강령으로 내걸면서도 조선의 당면 혁명 운동에 대해서는 민족 해방 혁명으로 이해하고 있었던 것이다. 그랬기 때문에 상해파는 임시정부 등 민족주의 단체와의 통일 전선에 적극적인 입장을 가질 수 있었다. 상해파가 이와 같이 적극적인 민족 통일 전선 정책을 펼 수 있었던 데는 식민지 조선에서는 사회 구성원의 계급적 분열과 적대가 별로 진전되어 있지 않다는 생각이 깔려 있었다.37) 1922년 무렵 물산장려운동을 둘러싸고 벌어진 논쟁에서 나경석이 민족의 독립이 선행되어야 사회 혁명이 일어날 수 있다는 논지를 편 것도 상해파의 민족 혁명론을 이해하는 데 시사적이다.

한편 서울파의 경우 (서울파)사회혁명당을 결성할 때부터 "사회주의 혁명의 첫 단계로서 민족 혁명 운동을 인정"한다는 방침을 갖고 있었다. (서울파)사회혁명당은 이러한 방침에 따라 민족주의 단체와의 공동 전선 확립을 지향했다.38) 그런데도 서울파는 합법 단체인 서울청년회가 1922년 4월 "계급적 자각과 단결로 무산대중 해방 운동의 전위가 될 것을 기약한다"라는 내용의 강령39)을 발표한 것 때문에 민족 문제를 빼고 계급 문제만 언급했다는 점에서 민족 해방보다는 계급 해방을 중시했다는 오해를 받아 왔다. 그러나 합법 단체가 민족 해방의 강령을 표면에 내세우기는 어려웠다는 점과 서울청년회 이면에는 독자적인 강령을 갖는 '공산주의 그룹'이 존재했다는 사실을 감안할 필요가 있다. 실제로 서울파의 '고려공산단체'는 1922년 10월 무렵 강령을 정했는데 그 가운데 민족 해방과 관련된 부분은 다음과 같다.40)

---

37) 林京錫, 윗글(1993), 298-300쪽.
38) "김사국 보고 제1호," 2쪽.
39) 朝鮮總督府警務局, 「最近に於ける朝鮮治安狀況」(1933), 30쪽.
40) "김영만, 최창익 보고," 101-102쪽.

1. 우리 당은 나라의 정치적 경제적 생활의 측면을 고려해 첫 번째로 일본제국주의 권력과 제국주의의 주요한 세력을 구성하는 수많은 하수인을 박멸하는 것이 필수적이라고 생각한다. 그리고 나서 그곳에 프롤레타리아의 계급 혁명의 발달을 방해하지 않을 조선의 노동 인민 대중의 자주적인 공화국을 건설하는 것이 필수적이라고 생각한다.

1. 우리 당은 최단 시일에 최소한의 정치적 과제를 실현하기 위해 조선의 모든 혁명 세력을 민족 해방 운동의 통일 전선의 슬로건 아래 단일한 중앙으로 집중시켜야 하는 것을 필수적이라고 생각한다. 이와 동시에 노동 대중이 이 운동의 중요한 세력이 되도록 노력하는 것이 요구된다.

여기서 알 수 있듯이 1922년 무렵 서울파는 민족 해방과 민족 통일 전선에 대해 확고한 방침을 갖고 있었다.

북풍파의 경우에도 "1923년 4월 24일 민족 혁명 통일 전선의 필요성에 관해 선언한 인쇄물을 발행하고 1923년 5월 1일 조선의 정치적 독립을 선언하는 인쇄물을 발행했는데 그것의 기본적 주요 슬로건으로 민족 혁명 통일 전선을 선전했다"[41)는 기록에 비추어 볼 때 1923년 초에는 이미 민족 통일 전선에 대한 방침이 확립되어 있었을 것이다. 이러한 방침은 1924년 4월 까엔당을 결성하면서 정한 강령에서 더욱 구체화되었다. 까엔당의 강령 가운데 민족 해방과 관련된 부분은 다음과 같다.

1. 일반 정치운동의 부문에서 까엔당의 주요한 임무는 조선에서 일본 제국주의와 그 동조자를 추방하고 분쇄하는 데 있다. 또한 적극적으로 프롤레타리아 혁명 운동을 방해하지 않으면서 국가로서 조선을 해방하고 자주적인 민주주의 공화국을 창건하는 것이다.

1. 이 목적을 실현하기 위해 유일한 민족 혁명 전선에 모든 혁명 세력을 집합시키고 그것(광범한 민족당을 조직하는 것)을 구체화한다. 또한 그것을 자신의 지도와 전위의 임무로 삼는다.

---

41) "신철, 김영우 보고 2," 81-100쪽.

곧 까엔당은 "일본 제국주의 분쇄, 조선의 해방, 자주적인 민주주의 공화국 창건"이라는 최소 강령을 실현하기 위해 "광범한 민족당 조직"이라는 방침을 갖고 있었던 것이다. 까엔당의 외곽 단체로 1924년 12월에 결성된 경성청년회가 "조선 해방 투쟁을 전진시키기 위해…민족 통일 전선으로 전세력을 단결"시키자는 강령을 내건 것도 같은 맥락에서 이해할 수 있다.[42]

초기 사회주의 운동의 주요 분파 가운데 상대적으로 민족 통일 전선 문제에 경직된 입장을 갖고 있었던 것은 화요파였다. 화요파의 한 뿌리를 이루는 이르쿠츠크파 고려공산당은 민족주의 단체와의 통일 전선에 부정적인 입장을 갖고 있었던 것으로 알려져 있다.[43] 여기에 1920년대 초반과 중반에 국내에서 반종교·반기독교 운동을 가장 활발하게 벌인 것도 화요파였다.[44]

그러나 그렇다고 해서 화요파의 입장을 일률적으로 계급 지상주의 또는 민족 통일 전선 반대론으로 몰아갈 수는 없다. 보기를 들어 '조선공산당'의 원우관과 김한은 1921년 무렵 천도교 혁신파의 지도자인 최동희와 함께 행보를 같이 하고 있었다.[45] 이는 '조선공산당' 내부에 천도교와의 통일 전선을 인정하는 방침이 있었기 때문에 가능했을 것이다. 중립당도 문화 운동, 참정권 운동 등 타협적인 운동에 대해서는 배척했지만 민족 통일 전선의 필요성은 인정했다. 곧 민족 혁명 단계에서는 민족주의와 통일 전선을 이루어야 한다고 여기고 있었던 것이다.[46] 이러한

---

42) "신철, 김영우 보고 2," 98-99쪽.

43) 林京錫, 윗글(1993), 285-309쪽.

44) 이준식, "일제침략기 기독교지식인의 대외인식과 반기독교운동," 「역사와 현실」, 10호(1993)

45) 이준식, 윗글(1999)

46) Ли-Шенг, "Доклад ЦК Коркомпартии: Иркусткои группы(이르쿠츠크파 고려공산당 중앙총국의 보고)," 2쪽. 이 문건의 작성자는 이성이다.

인식은 민족혁명당의 결성을 표방한 꼬르뷰로 내지부에서 더욱 구체화
되었다. 꼬르뷰로 내지부의 민족혁명당 결성 방침은 다음과 같다.[47]

> 민족당의 세포는 물론 국내 각 종교의 신진파 및 각 청년 단체, 사상
> 단체, 노동 단체, 농민 단체, 기타 민족 혁명 단체를 중심으로 건설하며,
> 대동 단결의 의미에서 먼저 내지부, 일본부, 중국부의 3개부에 민족당 조
> 직에 대한 일체를 위임할 것.
> 각 부는 각자 소재 지역내의 모든 단체와 직접 연락 제휴하고 그들의
> 조직을 혁명당적으로 변경하는 동시에 공산당과 이중 조직을 만들며 민
> 족 운동의 혁명적 실력이 가능한 한 민중화되도록 할 것.
> 이들 조직으로 민족당대표회를 개최하고 그 대표회에서 민족당의 통일
> 적 중앙 기관을 산출하도록 할 것.

곧 꼬르뷰로 내지부는 종교 단체, 대중 단체, 민족 혁명 단체 속에
민족당 세포를 건설하고 그 세포를 통해 각 단체를 혁명적으로 개조한
뒤 민족당대표회를 열어 통일적 중앙 기관으로 민족혁명당을 만든다는
방침을 갖고 있었던 것이다. 꼬르뷰로 내지부의 방침에서 주목되는 것
은 천도교, 대종교가 민족 운동에서 수행하는 역할을 긍정적으로 평가
하고 있었다는 사실이다. 심지어 천도교에 대해서는 그 종지가 무산 혁
명과 가깝다고까지 파악하고 있었다.[48] 결국 화요파는 조공을 창립하는
과정에서 "일제에 반대하는 단일 민족 혁명 전선"이라는 구호 아래 "천
도교와 같은 종교 단체가 민족 해방 운동에 참가하고 있다는 것을 고려
하면서 이를 단일한 민족 혁명 전선에 끌어들이는 것이 필수불가결하
다"는 방침을 확립하게 된다.[49]

---

47) "意見書," 1924년 1월, 2쪽. 이 문건은 전우의 이름으로 작성된 것이다.
48) "전우 보고," 6-7쪽. 그런 가운데서도 기독교에 대해서만은 배타적인 태도를
   갖고 있었다. 이후 화요파가 반기독교 운동을 벌인 데는 이러한 인식이 작
   용했을 것이다.
49) ЧО ДОНХО, "В ИСПОЛНИТЕЛНЫИ КОМИТЕТ КОММУНИСТИЧУСКОГО ИНТЕРИАЦИОНАЛА Во
   сточний отдел(코민테른 집행위원회 동양부 앞)," 1925년 12월 23일, 9-12쪽.

## 2) 초기 사회주의자들의 민족 운동 경험

1910년대 말부터 형성된 '공산주의 그룹'의 주요 구성원을 1920년대 주요 분파인 상해파, 서울파, 화요파, 북풍파를 중심으로 정리하면 다음과 같다.

상해파의 경우 1920년 가을에 사회혁명당이 조직될 때의 구성원은 김철수, 이봉수, 장덕수, 최팔용(崔八鏞), 주종건(朱鍾建), 이증림(李增林), 도용호(都容浩), 홍도(洪濤) 등이었다. 그리고 1921년 5월 상해에서 고려공산당이 결성된 이후 주요 간부는 중앙총감부 위원 김철수, 장덕수, 홍도, 주종건, 내지간부(또는 국내부 중앙위원) 김명식, 유진희, 장덕수, 최팔용, 이봉수, 이증림, 윤자영(尹滋瑛), 한위건(韓偉健), 정노식(鄭魯湜) 등이었다. 이 가운데 김명식, 유진희가 상해파 좌익을 이루었고 장덕수, 이봉수, 나경석이 상해파 우익을 이루었다. 여기에 재일본 고려공산당 상해파에 속해 있던 변희용을 더한 것이 상해파의 실질적 지도층이었다.

서울파의 경우 1921년 10월 동경에서 '사회혁명당(서울파)'의 결성을 주도한 것은 김사국, 임봉순, 김사민(金思民) 등이었다. 다음 해 10월 서울에서 결성된 '서울파 내부 공산주의 조직'에 참여한 것은 김사국, 이영, 김영만, 임봉순, 김유인, 장채극(張彩極) 등이었으며 이 조직이 정한 13개 도의 오르그는 충남 김영만, 충북 이중각(李重珏), 경남 강영순(姜永淳), 경북 안준(安浚), 전남 김병숙(金炳璹), 전북 임종환(林宗桓), 함북 이운혁(李雲赫), 함남 강기덕(康基德), 강원 박태선(朴泰善), 황해 정백, 평남 한해(韓海), 평북 이병의(李丙儀), 경기 김사민이었다. 그리고 1923년 2월에 출범한 고려공산동맹의 중앙위원에는 김사국, 김영만, 이영, 임봉순, 장채국, 김유인, 강택진(姜宅鎭) 등이 포함되어 있었다. 이들 외

---

이 문건은 조공 대표 조동호(趙東祜)의 이름으로 작성된 것이다.

310

에 1924년 이후에 고려공산동맹에 가입하는 박형병(朴衡秉), 이낙영(李樂永), 13인회의 성원인 신일용(辛日鎔), 조선노농총동맹의 간부이던 남윤구(南潤九) 등이 서울파의 주요 활동가였다.

화요파의 경우는 상해파나 서울파에 비해 그 구성원이 다소 복잡한 양상을 띠고 있었다. 1920년 3월에 결성되었다가 다음 해 5월에 부활한 '조선공산당'의 핵심 성원은 원우관, 김한, 신백우 등이었던 것으로 보인다. 이들은 동시에 1922년 4월(또는 6월)에 결성된 통일조선공산당(중립당)의 간부이기도 했다. 한편 중립당이 중심이 된 꼬르뷰로 내지부에 참여한 화요파의 주요 구성원은 신백우, 원우관, 강달영(姜達永), 권오설(權五卨), 김찬(金燦), 백광흠(白光欽), 윤덕병(尹德炳), 이준태(李準泰), 임형관(林亨寬), 진병기(陳炳基), 최원택(崔元澤), 홍덕유(洪悳裕), 홍증식(洪增植) 등이었다. 이 가운데 김재봉, 신백우, 윤덕병은 1923년 3월에 출범한 13인회에도 참여했다. 여기에 해외에서 들어와 공청 활동을 벌이던 김단야(金丹冶), 박헌영(朴憲永), 조봉암(曺奉岩), 신사상연구회와 화요회에서 활동하던 구연흠(具然欽), 김경재(金景載), 박일병(朴一秉) 등이 화요파의 주요 성원이었다. 이들은 대부분 1925년 이후 조선공산당과 고려공산청년회의 간부로 활동했다.

마지막으로 북풍파의 경우 1920년 5월 조선노동공제회 내부의 맑스주의쿠르조크의 핵심 회원은 김약수, 정태신, 정운해(鄭雲海)였다. 이 가운데 김약수와 정태신은 1921년 5월 동경에서 조직된 재일본조선인공산단체도 주도했다. 이후 북성회, 까엔당, 북풍회, 경성청년회 등에서 활동한 북풍파의 주요 구성원으로는 김유창(金裕昌), 마명(馬鳴), 배덕수(裵德洙), 서정희(徐廷禧), 송봉우(宋奉瑀), 신철, 이규송(李奎宋), 이헌(李憲), 이호(李浩), 최승일(崔承一) 등을 들 수 있다.

이상에서 언급한 각 분파의 주요 구성원의 경력과 활동 사항을 정리한 것이 뒤의 <표 1>, <표 2>, <표 3>, <표 4>[50]이다.[51] 이 표들을 통해 볼 때 '공산주의 그룹'에 따라 다소 정도의 차이가 있기는 하지만 초기 사회주의자 가운데 상당수는 사회주의를 수용하기 이전에 이미 민족 운동에 종사한 경험을 갖고 있었다.

특히 어떤 형태로든 3·1운동에 참여한 인물이 많다는 사실이 주목된다. 실제로 상해파의 김명식, 변희용, 윤자영, 이봉수, 정노식, 최팔용, 한위건, 서울파의 강기덕, 김사국, 김사민, 김유인, 이병의, 임봉순, 장채극, 남윤구, 박형병, 화요파의 강달영, 김단야, 김재봉, 박헌영, 조봉암, 북풍파의 서정희, 이규송, 이헌, 이호 등이 3·1운동에 참가했으며 그 가운데 일부는 1~2년의 옥고를 치루기도 했다.

이밖에도 상해 임정에 참가한 적이 있던 인물(상해파의 이봉수, 홍도, 한위건, 화요파의 김한, 원우관, 조동호 등), 국망 後 해외에서 민족 운동에 종사한 적이 있던 인물(상해파의 김철수, 장덕수, 정노식, 나경석, 서울파의 강택진, 김사국, 김사민, 화요파의 김경재, 김한, 신백우, 조동호, 홍덕유 등)도 초기 사회주의자에 포함되어 있었다. 사실 여부가 밝혀지지 않은 다른 사회주의자들도 민족 운동에 종사했거나 강력한 민족 의식을 갖고 있었을 가능성이 있다.

여기서 두 가지를 유추할 수 있다. 그 하나는 대부분의 초기 사회주의자가 사회주의를 수용하기 이전에 이미 민족 의식을 갖고 있었으며 민족주의자였을 것이라는 점이다. 이렇게 본다면 사회주의라는 새로운 민족 운동 이념의 수용이 단순히 민족 의식에서 계급 의식으로의 변화를 의미하지는 않았을 것이다. 적어도 초기 사회주의자들에게 사회주의 운동이란 민족 운동과 계급 운동 또는 민족주의와 사회주의 사이의 취

---

50) 이 표는 강만길·성대경 엮음, 『한국사회주의운동 인명사전』(창작과비평사, 1996)을 중심으로 작성된 것이다.

51) <표 1>에서 <표 4>까지 상해파 고려공산당은 상해파, 이르쿠츠크파 고려공산당은 이르쿠츠크파, 조선청년회연합회는 청년회연합회, 조선노동공제회는 노동공제회, 조선청년당대회는 청년당대회, 조선노동대회는 노동대회, 고려공산청년동맹 중앙총국은 고려공청중앙총국, 고려공산청년동맹은 고려공청, 조선노농총동맹은 노농총, 조선청년총동맹은 청총, 조선공산당은 조공, 고려공산청년회는 공청으로 각각 줄여 쓴다.

사선택의 문제는 아니었다. 그보다는 민족 운동 또는 민족주의를 규정하는 내용이 바뀜으로써 민족 운동의 일환으로 사회주의를 수용하고 코민테른에 접근했다고 보는 것이 옳을 것이다.

다른 하나는 3·1운동을 한 정점으로 한 1910년대 민족 운동의 경험이 사회주의 수용의 한 계기였음을 보여준다는 점이다. 국내외에서의 대중 투쟁의 고조에도 불구하고 3·1운동은 민족의 해방이라는 소기의 목적을 이루는 데 실패했다. 그 원인은 여러 가지였지만 초기 사회주의자들은 이념과 조직이라는 문제에 주목했다.[52] 제국주의 열강의 이성과 양심에 의존하는, 나아가 제국주의 열강 특히 미국과 일본 사이의 잠재적 갈등이 현재화하기를 기대하는 것은 이념적인 한계를 드러냈다는 것이다. 그리고 전국 각지 각계각층의 자발적인 참여에도 불구하고 그러한 대중적 열기를 한 데 묶을 수 있는 조직적 틀은 없었다는 것이다. 따라서 이후 민족 운동의 과제는 이러한 이념적, 조직적 문제를 해결하는 것으로 설정될 수밖에 없었다. 초기 사회주의자들은 그 가능성을 사회주의 운동에서 찾았던 것이다.


# V. 맺음말


이 글은 일제 강점기 사회주의 운동이란 민족 운동이 아니며 심지어 민족 운동의 대립적 존재였다고 보는 견해를 초기 사회주의 운동에 초점을 맞추어 다시 검토한 것이다. 단순화시킨다면 사회주의 운동=비민족 운동 내지는 반민족 운동, 민족주의 운동=민족 운동이라는 전제 아래 사회주의 운동의 부정적 측면을 극도로 강조하는 견해는 일제 강점

---

52) 보기를 들어 이러한 관점에서 1920년대 이후의 농민 운동을 검토한 이준식, 「농촌 사회 변동과 농민 운동: 일제 침략기 함경남도의 경우」(민영사, 1992) 볼 것.

기 민족 운동상의 일면만을 반영할 뿐이다.

물론 사회주의 운동에서 부정적인 측면이 없었던 것은 아니다. 특정 시기, 특정 분파에 따라서는 계급 지상주의의 좌편향적 요소가 나타났기도 했고 코민테른의 방침을 식민지 조선에 기계적이고 무비판적으로 적용하는 경향이 드러나기도 했다. 그리고 파벌 투쟁이 사회주의 운동은 물론 민족 운동 전체에 나쁜 영향을 미친 경우도 있었다. 그러나 초기 사회주의 운동에 국한시켜 볼 때 그러한 부정적 측면은 운동의 한 부분일 뿐이었지 전체는 아니었다. 초기 사회주의자들 가운데 상당수는 이전에 민족 운동을 벌인 경험을 갖고 있었으며 그러한 경험 및 1910년대 말과 1920년대 초의 정세 변화를 바탕으로 사회주의라는 새로운 이념을 수용했고 민족 운동의 일환으로 사회주의 운동을 전개했다. 일본 제국주의에 반대하는 모든 민족 세력의 통일 전선 문제는 초기 사회주의 운동의 핵심 과제였다. 초기 사회주의자들은 이러한 과제의 중요성을 인식하고 그것을 실현하기 노력했다. 그리고 각 '공산주의 그룹'은 끊임없는 분파 투쟁 속에서도 통일을 이루려는 움직임을 보이고 있었다.

일제 강점기 사회주의 운동을 뭉뚱그려 외부 이식론, 타율성론, 파벌 투쟁론, 계급 해방 지상론으로 규정하는 것은 민족 문제 해결의 한 방책으로 사회주의를 수용한 많은 활동가들의 고민, 민족주의와 사회주의 사이에서 '위험한' 줄타기를 하며 민족 해방을 위한 통일 전선의 희망을 버리지 않았던 많은 초기 사회주의자들의 시대적 고민과는 괴리된 것이다.

<표 1> 상해파의 주요 활동가

| 이 름 | 교 육 | 직 업 | 사회주의운동 이전의 활동 | 전위조직 활동 | 사상단체 및 대중단체 활동 |
|---|---|---|---|---|---|
| 金明植 | 와세다대학 | 『동아일보』 주필 | 2·8독립선언 | 상해파 | 노동공제회,청년회연합회,서울청년회 |
| 金綴洙 | 와세다대학 | | 신아동맹당 | 사회혁명당, 상해파, 조공 | |
| 羅景錫 | 동경고등공업학교 | 교사 | 대판의 조선인친목회 | 상해파 | 자유노동조합,조선물산장려회 |
| 卞熙瑢 | 게이오대학 | 『시대일보』 | 2·8독립선언, YMCA | 재일본상해파, 13인회 | 코스모스구락부,북성회, 청총 |
| 兪鎭熙 | 경성의전 | 『시대일보』 | | 사회혁명당,13인회,상해파, 조공 | 노동공제회 |
| 尹滋瑛 | 경성법전, 상해대학 | | 3·1운동, YMCA | 상해파,꼬르뷰로,오르그뷰로 | 청년회연합회 |
| 李鳳洙 | 메이지대학 | 『동아일보』 | 3·1운동, 상해임시정부 | 상해파,꼬르뷰로, 13인회, 조공 | 청년회연합회 |
| 李增林 | 메이지대학 | | | 상해파 | |
| 張德洙 | 와세다대학 | 『동아일보』 주필 | 조선학회,신아동맹당, 신한청년당,조선교육회 | 사회혁명당,상해파 | 청년회연합회,서울청년회,노동공제회 |
| 鄭魯湜 | 메이지대학 | | 신아동맹당,조선유학생학우회,3·1운동 | 사회혁명당,상해파 | 청년회연합회,조선물산장려회,청총 |
| 朱鍾建 | 동경제대 | 함남도청직원,『시대일보』 | | 상해파,13인회, 조공 | 민중사,노동대회,청총 |
| 崔八鏞 | 와세다대학 | | 조선인유학생학우회,2·8독립선언 | 사회혁명당,상해파 | 청년회연합회,조선교육위원회 |
| 洪濤 | 메이지대학 | | 임정국무원 | 상해파 | 극동민족대회,적기단후원회 |
| 都容浩 | | | 함흥청년회 | 사회혁명당,상해파,조공 | 극동민족대회 |
| 韓偉健 | 와세다대학 | 『시대일보』,『동아일보』 | 3·1운동,임정 | 상해파 | |

<표 2> 서울파의 주요 활동가

| 이 름 | 교 육 | 직 업 | 사회주의운동<br>이전의 활동 | 전위 조직<br>활동 | 사상단체 및<br>대중단체 활동 | 비 고 |
|---|---|---|---|---|---|---|
| 康基德 | 보성전문 | | 3·1운동 | 함남도오르그 | | |
| 姜永淳 | | | | 경남도오르그 | 진영청년회 | |
| 姜宅鎭 | 한문수학 | | 만주에서<br>독립운동,조선<br>13도총간부 | 고려공산동맹,고<br>려공청 | 풍기소작인조합,노농<br>총,사회주의자동맹 | |
| 金炳璿 | | | 천도교연합회 | 전남도오르그,조<br>공 | 김제청년회,김제노동<br>동맹,노농총 | |
| 金思國 | 보성고보 | | 만주·노령<br>민족운동,국민<br>대회 | 사회혁명당,중립<br>당,13인회,고려<br>공산동맹 | 서울청년회,조선청년<br>회연합회 | |
| 金思民 | 한학 | | 만주무장투쟁,<br>3·1운동 | 사회혁명당,경기<br>도오르그 | | |
| 金榮萬 | | | | 고려공산동맹 | 노동대회,사회주의자<br>동맹,청년당사 | |
| 金裕寅 | 메이지대학 | | 국민대회 | 13인회,고려공산<br>동맹 | 서울청년회,청총,사회<br>주의자동맹 | |
| 朴泰善 | | | | 강원도오르그,고<br>려공산동맹 | 원산노동청년회,전진<br>회 | |
| 安浚 | | | | 경북도오르그,고<br>려공산동맹 | 청년회연합회,청년당<br>사,청총,노농총 | |
| 李丙儀 | 매동공보 | 토지조사국<br>고용원 | 3·1운동 | 평북도오르그,고<br>려공산동맹 | 서울청년회,노동대회,<br>노농총,사회주의자동<br>맹 | |
| 李英 | 중국江寧제<br>일실업학교,<br>신흥강습소 | 교사 | | 중립당,고려공청<br>중앙총국,13인회<br>,고려공산동맹 | 청년회연합회,서울청<br>년회,무산자동맹회,청<br>총,사회주의자동맹 | |
| 李雲赫 | 함일실업학<br>교 | 함북도청,<br>『동아일보』 | 임정연통제 | 함북도오르그,고<br>려공산동맹 | 鏡城청년회,청총 | |
| 任鳳淳 | 와세다대학 | | 3·1운동 | 고려공청,고려공<br>산동맹 | 서울청년회,청년당사,<br>북성회,청총,사회주의<br>자동맹 | |
| 林宗桓 | | 농업 | | 전북도오르그 | 소작인상조회,이리노<br>동조합,청총,노농총 | |

| | | | | | | |
|---|---|---|---|---|---|---|
| 張彩極 | 일본 유학 | | 3·1운동 | 고려공청,고려공산동맹 | 서울청년회,청총,노농총,사회주의자동맹 | |
| 鄭栢 | 양정고보 | 『신생활』기자 | | 황해도오르그,고려공산동맹 | 민중사,노동대회,청총,사회주의자동맹 | |
| 韓海 | | | | 평남도오르그,고려공산동맹 | 서울청년회,평양노동연맹,노농총 | |
| 金俊淵 | | | | | | |
| 南潤九 | 일본대학 | 경찰 | 3·1운동 | | 노농총 | |
| 朴衡秉 | 와세다대학 | | 조선기독교청년회,3·1운동1주년 기념시위운동 | 고려공산동맹 | 조선인유학생학우회,북성회,사회주의자동맹 | 구 상해파 |
| 辛日鎔 | 조선총독부의학교 | 의사,『신생활』기자 | | 13인회 | 신인동맹회,조선기근구제회 | |
| 李樂永 | 오성학교 | | 독립운동자금모집,시천교청년회 | 고려공산동맹 | 북청청년회,청년회연합회,흑로회,서울청년회,사회주의자동맹 | |

<표 3> 화요파의 주요 활동가

| 이 름 | 교　육 | 직　업 | 사회주의운동 이전의 활동 | 전위 조직 활동 | 사상단체 및 대중단체 활동 |
|---|---|---|---|---|---|
| 姜達永 | 진주도립보통학교 | 『조선일보』 | 3·1운동 | 꼬르뷰로,조공 | 노동공제회진주지회,노농총,화요회 |
| 具然欽 | 한학 | 『동아일보』,『시대일보』 | | 조공 | 무산자동맹회,신사상연구회 |
| 權五卨 | 중앙고보 | 교사 | 대구고보재학시 학생운동 | 꼬르뷰로,공청,조공 | 풍산소작인회,안동청년회,노농총,화요회 |
| 金璟載 | 수원농림학교 | 『독립신문』,교장 | 군비주비단,『독립신문』,신한독립당 | 공청,조공 | 화요회,북풍회 |
| 金丹冶 | 正則영어학교,상해상과대학 | 기자 | 계성학교재학시 동맹휴학,3·1운동,적성단 | 상해고려공산청년단,이르쿠츠크파,고려공청중앙총국,공청,조공 | 청총 |
| 金在鳳 | 계성학교 | 기자 | 3·1운동 | 이르쿠츠크파,꼬르뷰로,13인회,조공 | 극동민족대회,신사상연구회,화요회 |
| 金燦 | 메이지대학,중앙대학 | | | 꼬르뷰로,공청,조공 | 흑도회,신사상연구회,화요회 |
| 金翰 | 호세이대학 | | 반일운동(중국),임정,천도교혁신운동 | ‘조선공산당’,중립당,고려공청중앙총국 | 서울청년회,무산자동지회,무산자동맹회 |
| 朴一秉 | 와세다대학 | 『동아일보』 | 대종교청년회 | 조공 | 청년회연합회,무산자동맹회,신사상연구회,노농총,청총,화요회 |
| 朴憲永 | 경성고보 | 기자 | 3·1운동,조선에스페란토협회 | 재상해고려공산청년단,이르쿠츠크파,공청 | 청총 |
| 白光欽 | | | | 꼬르뷰로,공청,조공 | 동래청년회,마산노동동우회,노동공제회,무산자동지회,노농총,화요회 |
| 申伯雨 | 보성전문 | 『조선일보』 논설위원 | 대동청년단,신민회,국민대회,서로군정서,청산리전투 | 중립당,꼬르뷰로,13인회 | 서울청년회,무산자동지회,노동연맹회,노농총 |
| 元友觀 | 와세다대학 | 교사 | 천도교중앙총부,임정 | ‘조선공산당’,꼬르뷰로,조공 | 청년회연합회,무산자동지회,신사상연구회 |
| 尹德炳 | 양정의숙 | | | 꼬르뷰로,13인회 | 노동공제회,무산자동지회,노동연맹회,신사상연구회,노농총 |

| | | | | | |
|---|---|---|---|---|---|
| 李準泰 | | | 임정군자금모집 | 꼬르뷰로,조공 | 무산자동맹회,신사상연구회,화요회,풍산소작인회 |
| 林亨寬 | 보성전문 | 기자 | | 꼬르뷰로,고려공청<br>중앙총국,공청 | 신만청년회 |
| 趙東祜 | 금릉대학 | 『동아일보』<br>논설위원 | 신한청년당,임정,『독립신문』 | 이르쿠츠크파,조공 | 극동민족대회,화요회 |
| 曺奉岩 | 중앙대학,동방노력자공산대학 | | 3·1운동 | 고려공청중앙총국,공청,조공 | 흑도회,노농총,신흥청년동맹 |
| 陳秉基 | 중앙대학 | 기수,농업 | | 꼬르뷰로,공청,조공 | 무산자동지회,청년당대회,평양노동동맹 |
| 崔元澤 | | | | 꼬르뷰로,조공 | 상미회,신흥청년동맹,노농총 |
| 洪悳裕 | | 『조선일보』 | 독립운동(노령,만주) | 꼬르뷰로 | 민립대학기성준비회,신사상연구회, |
| 洪增植 | 일본유학 | 『동아일보』 | | 꼬르뷰로,공청 | 노동공제회,신사상연구회 |

<표 4> 북풍파의 주요 활동가

| 이 름 | 교          육 | 직  업 | 사회주의운동 이전의 활동 | 전위 조직  활동 | 사상 단체 및 대중단체 활동 |
|---|---|---|---|---|---|
| 金若水 | 금릉대학, 일본대학 | | | 재일본조선인공산주의자단체,13인회, 까엔당,조공 | 노동공제회,『대중시보』,흑도회,북성회,북풍회 |
| 金裕昌 | | | | | 평양노동동맹회,노농총 |
| 馬鳴 | | | | 조공 | 대구노동공제회,건설사,노농총,북풍회 |
| 裵德洙 | | | | 조공 | 김해청년회,북성회,북풍회 |
| 徐廷禧 | 관립영어학교 | 교사 | 권중현암살기도, 대한협회,3·1운동 | 조공 | 노동공제회광주지회, 노농총,북풍회 |
| 宋奉瑀 | 일본대학 | 기자 | | 조공 | 북성회,청총,북풍회, 경성청년회 |
| 辛鐵 | 중국대학,민국대학,메이지대학 | | | 이르쿠츠크파고려공산당,꼬르뷰로,고려공청중앙총국,13인회 | 북풍회 |
| 李奎宋 | 와세다대학 | | 3·1운동 | 조공 | 북풍회 |
| 李憲 | | | 3·1운동 | 조공 | 조선인고학생동우회, 북성회,건설사,북풍회,재일본조선노동총동맹 |
| 李浩 | 휘문고보,경성공업학교 | | 3·1운동 | 조공 | 염군사,토요회,조선노동연맹회,신흥청년동맹,북풍회,카프 |
| 鄭雲海 | | | 노령·만주에서 독립운동 | 조공 | 노동공제회대구지회, 달성군소작조합,노농총,북풍회 |
| 鄭泰信 | 보성전문 | | | | 노동공제회,조선인고학생동우회,북성회 |
| 崔承一 | 일본대학 | | | | 형설회,염군사,북풍회,경성청년회 |

# 해외 사회주의운동에 대한 역사적 평가

권 희 영*



# Ⅰ. 머리말

20세기의 한국은 그 이전의 시기와는 현저히 다른 양상을 가지고 있었다. 그것은 디아스포라 한인들의 존재인 것이다. 기본적으로 국경을 벗어나는 것에 대해 엄격하게 폐쇄적인 태도를 가졌던 조선의 상황과 비교하여 볼 때 이는 진정 놀라운 일이다. 한인 디아스포라는 19세기 후반기부터 생겨나기 시작하여 특히 20세기 전반에는 광범위하게 전세계적으로 확산되었고 특히 러시아—중국—일본에는 수 십만에서 수 백만에 이르는 한인 디아스포라가 존재하게 되었다.

한인 디아스포라가 생겨나고 이들 한인들은 당연히 한국의 고유한 문화적 전통과 관습을 유지하면서도 해당 국가의 문화와 접변하여 새로

─────────────────────────────

* 한국정신문화연구원 교수

322

운 의식, 새로운 사회를 구성하며 살게 되었다. 이는 자연스러운 현상이라고 할 수 있다. 그러나 20세기는 한국의 역사에서는 특별한 시기였다. 한국은 낙후한 사회경제와 열악한 국방력으로 일본의 식민지가 되어버린 상태였다. 한국은 강제적으로 일본에 합병을 당하였으며 이 때문에 독립을 위한 한인들의 활동은 20세기 전반기에 한인들의 생활에서 큰 비중을 차지할 수밖에 없었다.

해외에서의 한인 민족운동이 한국 근대사에서 주목을 받게 되는 것은 바로 이러한 맥락에서이다. 한인 디아스포라가 주로 일본의 식민지 정책으로 인하여 파생된 것이기 때문에 한인들은 한국을 자기의 조국으로 간주하고 있었고 독립된 한국이 성립된다면 다시 한국으로 돌아간다는 희망을 강하게 가지고 있었다. 따라서 한인들의 한국 독립운동에 대한 관심은 클 수밖에 없었다.

한인들의 해외 사회주의운동도 같은 맥락에서 넓은 범위의 민족운동에 포함된다고 할 수 있다. 사회주의운동이 기본적으로는 계급투쟁을 주창하는 것이기는 하지만 해외에서 사회주의운동을 받아들였던 많은 한인들은 이 운동이 한국의 독립에 긍정적으로 기여하리라는 기대를 가지고 있었다. 그리고 사회주의운동을 민족운동 즉 자주적인 독립국가 건설을 위한 하나의 방편으로 평가하였던 사고도 사회주의운동이 민족운동의 일환으로 해외의 한인들 사이에서 광범위하게 전파되게 하는 이유 중의 하나가 되었다.

그러나 사회주의운동은 그 이념이 가지고 있는 독특한 성격으로 말미암아 한국의 독립운동에 아무런 충돌 없이 그 역할을 한 것은 아니었다. 한인들은 해외 그 중에서도 특히 러시아를 통하여 사회주의를 받아들였으며 이러한 의미에서 한국에서 사회주의라고 할 때는 유럽형의 사회민주주의라는 개념보다는 마르크스—레닌—스탈린으로 이어지는 볼세비즘적인 사회주의라는 것이 일반적인 통념이 되었다. 당대의 사람들도 그같은 표현을 사용하였을 뿐만 아니라 현재의 인식에 있어서도 마찬가지이다. 한국에서 사회민주주의란 극히 일부분의 인사들간에 국한된 운동에 불과하였기 때문이다. 그러한 의미에서 한국에서의 사회주의란 곧 공산주의라는 말과 큰 충돌 없이 사용된다.

이러한 의미에서의 해외 한인들의 사회주의 운동이 한국의 역사에서 어떠한 위치를 차지하는가? 그 의미는 무엇인가 하는 의미는 아직 본격적으로 논의되어 보지 못한 주제였다. 한국의 역사학적 전통이 아직까지는 이같은 메타적인 질문에 다소 낯설기 때문이기도 하고 남북간의 대립이 아직도 공존하는 현실에서 이같은 질문을 가질 여유가 부족했기 때문이기도 하리라고 생각된다. 그러나 이같은 질문은 피할 수 없는 질문이기도 하다. 다소간의 무리와 충돌을 의식하면서도 이 질문에 답하려는 이유는 바로 그같은 사안의 중요성을 우리가 공유할 수 있기 때문인 것이다.

본고는 해외의 한인 사회주의운동이 가지는 역사적 평가를 다음의 몇 가지 측면에서 고찰하여 보려고 한다. 첫째는 해외 사회주의 운동이 가지는 기원에 대한 의미와 평가이다. 한인들이 해외 사회주의운동의 경험을 서유럽에서가 아닌 러시아에서 시작하고 발전시켜왔다는 것이 어떠한 역사적인 영향을 주었는가 하는 문제이다.

둘째로는 국민국가의 건설이라는 근대성의 확보에서 사회주의운동이 가지는 의미와 평가에 관련된 문제이다. 민족주의와 이를 통한 개별적 국민국가의 성립은 이른바 근대성의 가장 중요한 사회정치적 지표로 간주된다. 20세기에 이러한 과제를 진행시켜야 하였던 한민족이 사회주의를 받아들이게 되었을 때 이 사회주의운동이 국민국가 건설의 과제와 어떠한 관련을 지니는가를 검토하여 보려는 것이다.

마지막으로는 한국인의 역사적 문화적 맥락에서 한인사회주의운동이라는 근대적 운동이 가지는 의미와 평가에 관련된 사항이다. 그 모호성에도 불구하고 근대적인 맥락에서 전개된 사회주의운동이 한국인들의 역사적인 문화와 심성 가운데 어떠한 방식으로 이해되고 전개되었는가

하는 것이다.

# II. 한인 사회주의운동의 러시아적 기원

　주지하다시피 한인사회주의운동은 그 기원을 러시아에 가지고 있다. 한인들 사이의 최초의 사회주의정당인 한인사회당이 러시아 볼셰비키의 지도를 받아 성립하였을 뿐만 아니라 그 이후에도 1925년 조선공산당이 국내에 결성되기까지 러시아의 볼셰비키는 직접적으로 한인 사회주의운동을 지도하고 영향력을 행사하였다. 조선공산당이 결성된 이후에도 러시아 공산당의 영향력은 조금도 줄어들지 않고 코민테른을 통하여 계속 행사되었다. 결국 그 영향력은 북한 정권의 창출에까지 이어지는바 적어도 소련이 몰락하기 전까지 한인 사회주의운동에 러시아의 영향이 다른 어느 나라보다도 광범위하고 지배적이었다는 사실에 대하여는 별다른 이의가 있지 않을 것이라고 생각된다.

　한인 사회주의 운동이 러시아에 그 기원을 두고 있다는 것은 대단히 중요한 역사적 사실로 언급될 필요가 있다.[1] 세계사적으로 사회주의운동의 발전과정을 살펴볼 때 크게 보아 두 개의 서로 다른 경로를 밟고 있었다는 것은 주지의 사실이다. 하나는 서유럽적인 사회민주주의적 경향의 사회주의이고 다른 하나는 러시아를 중심으로 하는 볼셰비즘적 사

---

1) 여기에서 러시아적 기원이란 시간적인 선후를 가르는 것보다는 운동의 전반적인 방향성과 이념의 유사성 또는 계보성을 나타내기 위하여 사용한 용어이다. 사회주의가 19세기에 익숙하게 사용되었던 용어이며 또한 운동이지만 해외의 한인들(국내도 포함) 사이에 사회주의가 받아들여지고 운동으로 전개되는 것은 러시아에서 10월혁명이 성공한 이후의 일이다. 1920년대 이래의 해외 한인들 사이에서의 사회주의운동의 광범위한 확장은 10월혁명 없이는 불가능한 일이었다. 이러한 의미에서 러시아적 기원이란 바로 러시아에서 볼셰비즘이 권력을 장악하는 10월혁명을 지칭하는 것이다.

회주의이다. 물론 이 두 개의 축 주변에 많은 분파가 있었다는 것을 잊어서는 안되겠지만 적어도 이 두 개의 축이 사회주의의 주요한 경향이었음은 쉽게 동의할 수 있을 것이다.

그런데 사회주의의 서로 다른 이 두 개의 유형은 각 나라의 상황에 따라서 어느 한 경향이 다른 경향을 압도하기도 하고 경쟁적으로 되기도 한다. 주로 부르조아 사회가 그 기반을 비교적 견고히 자리잡은 서유럽에서는 볼셰비즘이 그 영향력을 크게 행사하기가 어려웠던 반면에 부르조아적 기반이 취약했던 러시아사회에서는 볼셰비즘이 급격히 그 영향력을 확대할 수 있었다. 즉 사회주의 이전에 자유주의적 기반이 얼마나 강하게 성립해있었는가에 따라 사회주의는 각기 다른 양상으로 발전하였다고 볼 수 있는 것이다. 사회민주주의가 자유주의적 기반을 근본에서 붕괴시키는 것에 대해서 저항하면서 사회주의적 지향을 가진 경향이라면 볼셰비즘은 자유주의적 기반을 근본에서 붕괴시키면서 즉 그 원리를 손상시키면서 프롤레타리아트 독재를 통한 이상적 사회주의 건설을 주장하였던 것이다. 러시아에서 볼셰비즘이 승리하는 주요한 원인 중의 하나를 구 소련 시기에 클럄킨은 『베히』의 집필자들이나 『루스키이 베스트니크』의 편집자였던 카트코프 그리고 도스도예프스키 등이 시작한 개인성의 발견과 확보를 밀고 나가지 못하고 체르니세프스키와 그 추종자들이 공동체적 집단성으로 인민을 몰고 나갔기 때문이라고 진단하기도 하였다.2)

볼셰비즘이 자유주의의 원리를 파괴시킨다고 볼 수 있는 중요한 근거의 하나가 이른바 전위당 이론에서 나오는 권력과 지식의 결합이었다. 전위당이 사회를 지도하고 그 의지에 따라 사회를 조직할 수 있고 해야한다는 것은 당의 의지가 곧 '일반의지'라는 철학을 전제 할 때 가

---

2) I.Kliamkin, "kakaia ulitsa vedet k khramu?"(Novyi mir, no.11, 1987.11)
 졸저, 『한국과 러시아:관계와 변화』, 국학자료원, 1999, pp.241~249에 내용을 소개하였다.

능한 것이었다.[3] 근대에서는 레닌적 사회주의와 더불어 파시즘만이 이러한 주장을 하였던 것이다.

볼셰비즘이 한 사회에서 주요한 세력으로 등장하기 위해서는 몇 가지 관련된 조건들이 존재한다는 점에 우리가 주목해야 할 필요가 있다. 그 중에서 첫째는 지배엘리트와 민중 사이의 거리이다. 지배 엘리트가 민중에 기댈 수 없고 민중의 요구에 입각한 변혁을 수행해나가기가 아주 곤란한 경우가 여기에 해당한다. 엘리트는 이념의 관철을 위하여 강제적이고 권위적이고 독재적인 방법을 사용하는 것이 불가피해진다. 따라서 의회민주주의는 부정되고 집행이 의사의 수렴과정을 압도하는 독재정치가 출현하게 된다.

이러한 점에서 농촌적 사회는 도시적 사회보다도 오히려 볼셰비즘의 수용에 적합한 조건을 가지고 있었다고 할 수 있다. 이러한 언급은 기존의 사회주의적 담론들이 도시화야말로 사회주의의 전제조건이고 농촌이 사회주의의 장애요인이라고 말해온 것에 대립되는 듯하게 생각된다. 그러나 이러한 주장의 요지는 해체기의 농촌사회가 오히려 기존의 도시형 사회보다는 볼셰비즘에 더 적합한 토양이라고 말할 수 있다는 것이다. 도시형의 사회는 부르조아적 기반의 안정성으로 말미암아 볼셰비즘을 수용하기가 어렵다. 투쟁이 존재한다 하여도 그 양상은 부르조아 사회의 기반을 흔드는 것이 아니라 그의 개혁과 진전을 위한 요구로 나타나게 된다. 노동자들의 집단적인 요구가 공장이나 기업 자체의 파괴를 의미할 수는 없기 때문이다. 그렇지만 해체기의 농촌사회는 농민들을 한데 묶는 공동체적 정신이 이미 해체된 상태에서 농민들은 소부르조아의 성격보다는 룸펜적인 성격을 갖게 된다. 소부르조아들은 재산권의 확보를 중시하면서 사적 혹은 가족적 이해를 중심으로 사회에 참여하기 때문에 재산권의 상호인정이라는 방식으로 사회계약에 암묵적으로 참여

---

3) 졸저, 『한인 사회주의운동 연구』, 국학자료원, 1999, pp.501~502.

한다. 이는 사회적 안정에 기여하며 부르조아적 자유주의적 사회의 기본토양을 형성하게 된다. 그러나 해체기의 농촌사회에서는 상호인정과 최소한의 유대와 안정을 바탕으로 제공하는 농민공동체가 해체되면서 안정의 근거가 상실된다. 토지와 인정(人情)적 유대로부터 멀어진 무전농민(無田農民)들은 분노를 폭발적으로 터트리게 되어있고 이는 종종 기존의 권위나 체제에 대한 무차별적 공격의 양상을 가지기도 한다. 그러한 반면에 그러한 폭력을 조장하는 타자에 대한 맹목적 복종의 태도를 지니게 된다.

이러한 룸펜적 성격이야 말로 볼세비즘의 토양이 된다. 절차나 과정의 순리보다도 과도한 이상적 혁명성의 추구가 볼세비즘의 본질적인 요소이기 때문이다. 혁명적인 인텔리겐차들이 이러한 빈곤한 농민들의 룸펜적 정신과 연계되었을 때 계급투쟁은 이 룸펜적 폭력을 정당화하기 위한 용어로서의 역할을 다하였다.

문제는 이제 한국이 사회주의를 수용함에 있어서 이같은 볼세비즘적 사회주의를 수용하였다는 것이다. 그 이유는 무엇인가? 러시아가 한국에 근접해 있었다는 우연인가? 그보다는 오히려 한국이나 한국인들의 사회경제적 조건이나 문화적 풍토가 오히려 러시아와 유사한 점이 있었기 때문이라고 볼 것이다. 만일 사회정치적 문화적 영향력만을 고려한다면 일본의 영향을 받는 것이 더욱 타당하였을 것이기 때문이다.

1918년 한인사회당의 조직이래 1920년대를 거치면서 한국의 사회주의는 압도적인 볼세비즘의 영향하에 있었다. 사회주의가 볼세비즘으로 이해되는 그 측면에 한국사회의 토양이 러시아의 토양과 유사한 측면이 있었다는 것을 한 번 생각해볼 필요가 있다. 이말은 한편으로는 의아하게 생각될 수가 있다. 한국은 유교문화권에 속하는 동아시아 국가의 일원이었고 러시아는 동양적 요소가 강하게 존재하였다고 하더라도 유럽이었던 것이다. 러시아에서 강한 문화적 영향력을 행사한 종교는 정교였다. 이러한 점에서 양국의 유사성을 검증하는 것은 한편으로는 의아

해 보일 수가 있다. 그러나 앞서 지적한 바 즉 지배엘리트와 민중간의 거리라든가, 기존의 공동체의 해체 같은 조건 등은 전체주의적 볼셰비즘이 출현하기에 적합한 조건을 갖추고 있었다고 말할 수 있는 공통점인 것이다. 이러한 점에 대하여는 Ⅳ장에서 자세히 언급하기로 한다.

중요한 것은 한인 사회주의운동에 동양으로서의 한인사회의 존재가 이러한 러시아적 기원을 가진 볼셰비즘과 어떻게 결합하면서 어떠한 문제를 가지고 전개되었는가 하는 것이다.


## Ⅲ. 해외 한인 사회주의운동에 있어서의 국제주의와 민족문제


해외의 한인들이 사회주의운동을 전개함에 있어서 부딪히게 되는 가장 중요한 문제는 민족문제였다고 할 수 있다. 이 민족문제는 때로는 계급투쟁과 함께 하면서 때로는 그와 충돌하면서 독특한 문제를 야기하게 된다. 왜인가? 해외의 한인들은 소수민족으로서 해당국가에 거주하며 살았다는 조건 때문이다. 한인들이 소수민족이라는 사실, 그리고 또한 한인들은 해당국가에 이주민으로서 거주하였다는 사실, 그리고 이러한 조건을 따라서 한인들은 대개 농촌이나 도시에서 해당 사회의 하층민으로 존재하게 되었다는 사실이 사회주의 운동이 한인들에게 어떠한 파급효과를 줄 수 있을 것인가의 조건을 어느 정도 결정지은 요건이라고 할 수가 있다.

사회주의가 국제주의를 표방하며 계급투쟁을 강조하였을 때 이는 프롤레타리아트의 부르조아지에 대한 공동의 투쟁을 의미한 것이었다. 그렇지만 이러한 국제주의가 각 국가의 내부에서는 다른 원리와 충돌하고 있었다. 즉 실제의 상황에서 계급투쟁은 계급투쟁이 아니라 민족투쟁의 양상을 가지고 있었던 것이다. 이러한 점은 일찍이 마르크스도 영국노동자들과 아일랜드 노동자 사이의 연대의 문제를 고려하면서 민족문제의 중요성을 깨닫게 하는 계기로 작용하기도 하였다.[4]

이는 거의 대부분의 지역에서 서로 다른 민족들이 만나게 되는 경우에 불가피한 현상이었다고 말할 수 있다. 예컨대 러시아의 경우에 러시아의 볼셰비키가 권력을 가지고 민족주의적 부르조아지에 대한 투쟁을 전개하게 될 때 이는 소수민족 탄압의 양상을 갖게 된다는 것이다. 중앙아시아의 이슬람계 민족들에 대한 정책의 연구가 이러한 상황을 잘 보여준다. 러시아의 볼셰비키는 이를 때로는 교묘하게 활용하여 집단화 과정이나 한인들의 강제이주 과정에서 한인들을 탄압하는 정책으로 이용하기도 하였다.

그 이름을 계급투쟁으로 붙이건 아니건 간에 소수민족으로 한인들이 존재하게 될 때 그 투쟁의 양상은 계급투쟁이 아닌 민족투쟁의 양상이 되는 경우가 흔치 않았다.

러시아의 경우를 예를 들자면 프롤레타리아트의 독재와 공산당의 지배는 러시아인 공산당원이 러시아인들을 기반으로 다른 소수민족에게 행하는 독재인 경우가 일반적이었다. 바로 이러한 이유로 인하여 러시아에 소비에트정부가 들어선다는 것이 연해주 등 극동에서 농촌적인 생활환경을 가지고 있었던 한인들에게는 짜르의 지배가 공산당의 지배로 변하였다는 것 이외에 큰 변화를 가져다 줄 수가 없었다. 한인들은 여전히 토지분배를 받지 못하였으며 급기야 토지분배 문제를 둘러싸고 갈등이 심화되자 러시아공산당은 우수리의 한인들을 하바로프스크 방면으로 집단 강제 이주시키는 정책을 구사하였던 것이다.[5] 1930년대 초의 집단화를 둘러싼 갈등에서는 반쿨락투쟁이라는 것이 빈곤한 한인들이

---

4) 임지현, 『마르크스-엥겔스와 민족문제』, 탐구당, 1990.

5) A. Kuzin, *Dal'nevotochnye Koreitsy: Zhizn' i tragedia sud'by*, Iuzhno-Sakhalinsk: ≪LIK≫, 1993, pp.62~83.

330

부유한 러시아인 농민에 대한 투쟁이라는 양상으로 전개되었으며 급기야 한인들은 1937년 강제이주되고 만다. 한인들은 공산주의라는 제국주의정책에 이용되는 양상을 보였던 것이다.

한인들이 제국주의 정책의 희생이 되었던 것은 러시아뿐만 아니라 중국에서도 마찬가지였다. 중국에서 일어난 대표적인 사건인 5.30 간도 폭동이나 그 이후에 전개된 민생단 사건은 한인대 중국인의 투쟁 양상을 가졌으며 일본은 이러한 갈등의 양상을 제국주의 정책에 이용하였다. 특히 반민생단 투쟁같은 예는 이같은 사건이 놀랍도록 소련에서 1930년대의 농업집단화 단계에서의 갈등 양상과 닮아 있음을 보여준다. 공산당이 격렬하게 선동한 계급투쟁은 실은 한인 빈농층의 공격성을 촉발시켜서 한인들 일반에 대하여 심각한 타격을 가하는 자기분열의 양상을 가지게 하였던 것이다. 1932-36년까지 이미 해체된 민생단에 대해 격렬한 투쟁을 전개하는 가운데 수많은 한인공산주의 지도자들과 대중들이 살해되는 과정은 "중국인 간부와 한인조직원 사이의 대립양상"이기도 하였거니와 "한인활동가와 대중의 항일열정까지 막아버렸다".[6]

물론 반민생단투쟁은 중국공산당의 조선인공산주의자들 박해라는 양상을 가지기만 한 것은 아니다. 1930년대 초반 만주의 위기 상황에서 나타난 집단적인 광기라는 지적 역시 타당하다.[7] 그러나 한인들의 민족정체성과 한국의 독립 혹은 혁명이라는 과제를 통하여 근대성을 확보하려는 만주 지역 한인들의 지향을 중국공산당이 적절하게 감수할 수 없었던 것이 큰 원인이라고 지적하지 않을 수 없다. 결국 당의 무오류성과 혁명의 순수성에 대한 맹목적인 확신과 혁명에 대한 조급한 기대와 전반적인 위기상황으로 인한 심리적 공황(panic)은 근대성의 확보에는

---

6) 신주백, 「만주지역 한인의 민족운동 연구(1925-40)」, 성균관대학교 박사학위 논문, 1995, p.371.

7) Han Hong-koo, "Wounded Nationalism:The Minsaengdan Incident and Kim Il Sung in Eastern Manchuria", doctoral dissertation, University of Washington, 1999, pp.151~175.

기여하지 못하면서 결국은 한인들의 희생을 낳게 되었던 것이다.

정치적 권력을 가지지 못한 한인들로서는 이러한 제국주의적 이용에 대처할 수 있는 적절한 방법을 가지기가 어려웠다. 결국 표방하는 체제가 여하하던간에 계급투쟁은 제국주의 정책에 이용되었던 것이다. 제국주의 타도를 들고나선 계급투쟁이 오히려 제국주의 정책의 이용물이 되고 말았다는 것은 역사적인 아이러니의 하나가 될 것이다.

그러나 이는 레닌주의적 사회주의 이론 자체에 내재되어 있었던 문제라고도 할 수 있는 것이다. 레닌주의적 사회주의에서 주장하는 프롤레타리아트 독재와 전위당론은 결국 소수의 공산당에게 권력을 집중시키도록 되어있었고 20세기의 상황에서 후발 자본주의국가에서는 프롤레타리아트는 도시에 거주하는 특권적인 상황에 놓여있었던 본토인들이었다. 한인들의 상황에서 볼 때 공산당의 지배가 이민족의 지배가 될 수밖에 없었던 것이다.

코민테른의 일국일당론은 이러한 상황을 더욱 악화시킬 수밖에 없었다. 다민족국가적인 상황에서 일국일당론은 결국 다수의 본토인들이 소수민족을 지배하는 구조를 가질 수밖에 없는 상황을 창출하였다. 이러한 이유로 인하여 결국 러시아나 중국, 일본 등에서의 한인사회주의운동은 결국은 해당국가 공산당의 지배를 감수하는 수밖에 없었다. 그리고 당연한 일이지만 이들 국가의 공산당은 제국주의적 정책을 포기하려 하지 않았던 것이다. 결국 해외 한인 사회주의운동이 해방의 기치를 들고 시작하였던 사회주의운동은 그 출발점과는 달리 제국주의의 도구로서의 역할을 하게 되었던 것이다.

그렇다면 해외 한인 사회주의운동이 근대국민국가의 건설이라는 근대성의 확보라는 측면에서 볼 때 어떤 점을 문제로 가지고 있었는지를 이제 점검할 수 있게 된다. 근대 국민국가가 근대성의 주요한 지표로 여겨지는 이유는 중세적인 제국의 체제 혹은 이념적—종교적 체제의 붕괴가 이루어지면서 나타나는 개별국가의 단위별로 확보하게 되는 주권의 보편적 승인이라는 문제와 관계되는 것이다. 바로 이러한 차원에서 민족주의운동은 근대사에서 중요한 의미를 지니게 된다. 그런데 동아시아의 상황에서 한국은 20세기 전반 식민지상황에 있었다. 식민상황은 국민국가를 건설함에 있어서 최대의 장애요인이었고 그러한 점에서 한국인의 독립을 위한 투쟁은 근대국민국가의 건설을 통한 근대성 확보의 과정이었다고 할 수가 있다.

그럴 때 사회주의운동이 이러한 국민국가 건설운동과 어떠한 관계를 가졌는가를 살펴보는 것이 바로 사회주의운동이 한국의 근대성 확보와 관련하여 어떠한 의미를 지니고 있었는가를 알아보는 길이 될 것이다. 사회주의운동은 그 이론에 있어서 근대성의 확보라는 측면을 가짐과 동시에 근대성을 제약하는 요소를 가지고 있었다고 할 수가 있다. 해방의 담론을 통하여 제국주의의 지배로부터 국민국가를 창출하고자 하는 점에서는 근대성을 확보하는 요소가 있었지만 동시에 프롤레타리아트 독재와 국제주의를 강조함에 있어서 국민국가 창설에 반대하며 억압적 요소를 내포하고 있었던 것이다. 따라서 사회주의운동을 일면적으로 근대성 확보의 차원으로 설명하기는 어렵게 된다. 더군다나 스탈린적 소련제국이 성립함에 있어서는 어느 정도 사회주의 이데올로기에 기반을 둔 중세형 제국이 탄생 유지되는 양상을 보이기까지 하였던 것이다. 특히 소수민족에 대한 관계에 있어서 레닌적 민족자결권이 스탈린의 민족적 자치안으로 전화되었을 때 이는 민족국가에 대한 우회적인 공격을 의미하였던 것이다. 이러한 점에 있어서 소비에트형의 사회주의는 근대적 민족국가의 창설에 대하여 반하는 요소를 강하게 가지고 있었다. 단지 그것은 자본주의적 제국주의적 지배를 받고 있는 민족들에 대하여는 그 투쟁을 통하여 국가의 창설을 유도하였지만 그것은 곧바로 소련으로의 복속을 전제하는 것이었다.

이런 점에 있어서 사회주의는 오히려 근대성을 파괴하고 소수민족에게 억압적인 권력으로 작용하였다. 1980년대이래 소련을 비롯한 동유럽에서 제기되는 민족문제가 그러한 사정을 웅변적으로 말해주는 것이다.

결과적으로 말해서 해외의 한인 사회주의운동은 이렇게 본다면 근대성의 확보 즉 국민국가의 건설이라는 점에서 별 기여를 하지 못하였다고 말할 수 있다. 특히 전세계적으로 국민국가적 건설이 유리하게 전개되던 1940년대 중반 즉 일본제국주의가 패배하여 식민지 민족에게 새로운 국가가 건설될 가능성이 현실화한 상황에서 스탈린의 지령을 충실하게 따르는 해외의 사회주의자들은 현실적인 기여를 하지 못하였을 뿐만 아니라 결국은 6.25라는 내전의 상황까지 초래하였던 것이다.

제2차 세계대전 이후에 동유럽도 대부분 소련의 지배를 받으면서 위로부터 공산정권이 창출되고 민족주의적 원리는 무시되기 일수였지만 한국의 경우 그 상황은 전쟁으로까지 발전하였고 특히 소련을 비롯하여 중국에서도 국공내전이라는 과정을 통하여 공산정권이 수립되는 것은 한국의 공산주의자들에게도 깊은 영향을 주게 되었던 것이다. 즉 민주적인 기초를 통한 인민의 의지의 존중은 언제나 공산당이 추구하는 목표와 무력 앞에서는 무력한 것이었다고 말할 수 있는 것이다.

단 이 과정에서 일본에서 활동하던 한인사회주의자들에 대해 간략히 언급할 필요가 있다. 이 경우 일본에서는 공산당의 영향력이 다른 나라들에 비해 강하지 못하였다. 그 대신 천황제가 강하게 존속하며 그렇다고 하여 공산당이 폭동을 주도하거나 하지는 못하고 주어진 틀 내에서 존속하게 된다. 일본에서는 천황제국가하에서이지만 제도화되고 규율을 받아들이는 공산당이 된다. 이 점에서 보다 적어도 외적으로는 서구의 공산당과 유사한 양상을 보인다고 할 수 있을 것이다. 일본의 공산당이 주로 도시에 기반을 둔 노동조합운동과 긴밀한 관계 속에서 움직였다는 것이 이 점을 설명하여 줄 수 있을 것이다. 한인 사회주의자들은 일본의 사회주의자들과 연계하면서 때로는 갈등하면서 활동하였지만[8] 그것

---

8) 김인덕, 「재일조선인 민족해방운동연구:1925-31년 시기 사회주의운동을 중심으로」, 성균관대학교 박사학위논문, 1995.

은 기본적으로 일본의 체제를 전복시킬 수 있는 힘을 갖지 못하였다. 지식인들이 가지고 있는 혁명적인 담론도 그 실천력을 가졌다고 보기가 어려웠다. 이러한 점에서 일본 사회에서는 한인사회주의자들의 활동은 한계적 상황에 있었다고 보는 것이 타당할 것이다.

## IV. 한인 사회주의운동의 역사—문화적 특징

이제 앞서의 논의를 바탕으로 하여 해외의 한인 사회주의 운동이 가지는 문화적 특성과 의미를 탐구하여 보기로 한다.

한인 사회주의운동이 러시아적 기원을 가진다고 하더라도 물론 이는 한인 사회주의운동이 러시아에 국한되었다는 것은 아니다. 한인 사회주의운동은 사실상 러시아 외에도 중국, 일본 등에서 활발하게 전개되었으며 특히 중국에서는 그 운동이 강한 영향을 미쳤다. 그렇게 볼 때 다소간에 한계적인 상황에 놓여 있었던 다른 지역을 제외한다면 대체로 보아서 한인 사회주의운동은 러시아—중국—일본 및 한국에서 그 활동이 이루어졌고 그러한 점에서 이른바 동아시아적 특징을 강하게 가지고 있다고 말할 수 있다. 그렇다고 한다면 이 지역을 근거로 하여 이루어졌던 한인 사회주의운동이 한국 역시도 같이 공유하고 있는 동아시아의 문화적 역사적 특징을 가지고 있지 않는가 하는 측면에 대하여 우리는 한 번 생각해 볼 필요가 있다.

러시아를 비롯하여 일본, 중국, 한국이 모두 발전의 정도가 상이하고 더군다나 근대 19세기 이후에는 제국을 형성한 국가도 있는 반면에 그의 식민지 내지는 반식민지 상태로 전락한 국가도 있어서 이들 국가들

---

정혜경, 「일제하 재일한국인 민족운동의 연구:大阪지방을 중심으로」, 한국정신문화연구원 한국학대학원 박사학위논문, 1998.

이 과연 문화적으로 어떠한 점을 공동의 요소로 지적한다는 것이 어려운 일이기는 하지만 그럼에도 불구하고 이들 각 국가들이 문화적 상황의 차이를 밝히면서도 무엇인가 한국인들의 활동이 이 지역에서 활발하게 전개된 점에 대하여 어떠한 역사적 특징을 잡아내는 것도 불가능한 일은 아니라고 판단된다.

러시아를 비롯한 동아시아는 역사적으로 보아 특히 19-20세기에 걸친 근대사의 경험으로 보아 두 개의 권역으로 대별된다고 할 수 있다. 하나는 러시아와 일본이 속하는 제국주의국가를 형성한 권역이며 중국이나 한국은 그러한 제국의 지배적인 영향에 있었거나 아니면 그 지배를 받았던 이른바 식민지—반식민지라는 역사적 경험을 공유하고 있는 권역이다. 이러한 권역의 구성에 있어서 주도적인 영향력을 발휘하였던 러시아와 일본은 모두 역사적으로는 후진적으로 자본주의를 발전시킨 국가들이며 따라서 그와 관련된 역사적 문화적 특징을 가지고 있다. 이 국가들의 특징은 절대주의적인 왕정의 구조가 존속되는 가운데 위로부터의 개혁에 의하여 자본주의를 발전시켰으며 그에 따라 지배층과 민중의 관계가 선명하게 구분 내지는 대립되는 구조를 가지게 되었다는 점이다. 따라서 지배층과 민중의 대립이 계급투쟁이라는 각도로 해석될 수 있는 소지를 풍부하게 제공하여 주고 있는 경우라고 할 수 있을 것이다. 일단 이렇게 정리하는 것이 가능한 것이다.

다음으로는 중국이나 한국과 같은 나라들이다. 이 국가들의 특징은 왕정을 간직하고 있었으나 위로부터의 개혁을 통하여 자본주의화 하는 데 실패하고 압도적으로 우세한 외국자본이 정치적 경제적으로 국가를 지배하게 된 경우이다. 이 경우는 물론 지배층과 민중과의 대립이 나타난다고 하더라도 그것이 계급적으로 첨예한 대립으로 해석될 소지는 그다지 크지 않다고 할 수 있으며 오히려 총체적으로 보아서 민족주의 혹은 민족국가의 단일성 내지는 연대의 이데올로기가 큰 힘을 발휘할 수 있는 사회라고 할 수 있을 것이다. 바로 이러한 상황에서 볼 때에 해외에서 전개된 한인들의 사회주의운동은 계급투쟁적 해석과 민족투쟁적 해석이 서로 교착되는 가운데 전개된다고 할 수 있을 것이다. 그러나 그 구체적인 양상은 다소 달라진다고 본다. 러시아나 일본에서 전개되는 한인 사회주의운동이 주로 계급투쟁적 시각에 크게 영향받았다고 한다면 중국적 풍토에서 전개되는 사회주의운동이 보다 민족투쟁적인 시각에 영향을 받았다고 보는 것은 크게 지나친 일이 아니라고 본다.[9]

다음으로 우리가 분석할 수 있는 또 다른 준거는 이른바 전통문화 즉 자본주의 이전 중세문화의 단계에서 형성된 문화와 그 영향이다. 이 점에서 러시아와 일본/중국/한국이 대비된다. 러시아는 그 동양—타타르적 요소의 강력함에도 불구하고 종교적으로는 기독교 정교의 영향 아래 놓여 있었으며 기독교적 심성이 러시아인들의 근본적인 바탕을 형성하고 있었다고 말할 수 있을 것이다. 기독교적 심성이라고 하더라도 정교적인 심성은 크리스테바가 지적하듯 이른바 삼위일체의 인격적 융합이라는 해석에 기울어지는 것이었다.[10] 그러한 문화에서는 양가성의 감정이 가열화되며 투쟁이 사회적 차원에서 전개될 때에는 극단화될 경향을 강하게 가지고 있을 것이다. 러시아의 특징으로 언급되는 정부/인민, 인텔리/인민이 바로 이러한 것을 의미한다고 할 수 있을 것이다.

반면에 중국/일본/한국에서의 문화적 특징의 주 요소는 유교라고 말할 수 있을 것이다. 유교는 기본적으로 국가를 가족공동체의 틀로서 이해하려고 하며 군주의 도덕과 품위를 가부장의 메타포로 이해하는 경향을 가지고 있는 것이다. 이러한 점에서 이 권역에서는 계급투쟁으로 역

---

9) 필자는 졸저(『한인사회주의운동연구』, 국학자료원, 1999, pp.47-50)에서 사회주의의 유형을 서유럽형, 러시아형, 중국형의 셋으로 구분하여 보았다. 한인 사회주의의 유형은 반드시 이 구분과 일치하는 것은 아니다. 그러나 한인의 사회주의운동은 고유의 사회경제적 조건과 문화적 특징을 바탕으로 하여 이 세 가지 유형으로부터 영향을 받으면서 나름대로의 독특한 역사를 가지게 되는 것이다.

10) 졸저, 『한국과 러시아:관계와 변화』, 국학자료원, 1999, p.379.

사와 사회를 해석하는 것이 큰 영향력을 발휘하기에 어려운 점을 가지고 있다. 아니 오히려 계급투쟁의 관점에서 역사가 해석된다고 하더라도 그 바탕에 놓여 있는 심성을 근대적인 계급투쟁적 심성으로 이해하기에는 어려운 점을 가지고 있다고 볼 수 있다. 이러한 점을 바탕으로 하여 해외에서 활동하였던 한인들이 가지고 있었던 정신적 태도가 어떠한 것이었는가를 살펴보기로 하자.

기본적으로는 1920년대부터 해외에서 한인들의 사회주의운동이 활발하여지고 이들이 대개로는 정치적 이유로 인하여 망명하였던 인사들이거나 토착화되었다고 하더라도 그 역사가 길지 않은 상황에서 한인들의 문화나 정황에는 그 차이가 별로 크지 않았다고 생각된다. 단지 현지에서 소수민족으로 살아가면서 그 경제적 조건에 큰 차이가 있었다고 본다. 일본으로 이주하였던 사람들이 주로 노동자나 학생으로 존재하였다면 중국이나 러시아에서 활동하였던 사람들은 주로 농민으로 존재하였다. 한인들이 모두 극빈층을 형성하였다고는 하더라도 이 차이는 중요한 것이다.

러시아나 중국의 한인들 사이에서 사회주의운동이 극렬한 방식으로 전개되면서 공산당의 계급투쟁의 도구로 이용되고 이 과정에서 수천에서 수만명의 한인들의 희생이 이루어질 수밖에 없었던 것은 공동체에서 뿌리뽑혀지고 갓 낯선 이국땅으로 이주하게 된 한인들의 심리에 대한 이해 없이는 불가능하다. 한인들은 개인주의적 의식이 아직 성숙되지 못한 가운데 즉 심리적인 면에서는 전근대적 유교적 공동체라는 틀이 깨지지 않은 상태에서 마르크스주의를 받아들이게 되었으며 이는 가부장적 심리로부터의 이탈과 다른 한편 그에 따른 죄의식의 생산을 의미하는 것이었다. 전통적인 권위는 부정되었지만 그를 대체할만한 강력한 권위가 공산당으로 대체적으로 요구되었으며 "전지전능의 환상을 촉발시키고 강화"시킨 공산당은 "한없는 충성과 헌신과 사랑을 요구하는" 이른바 "남근적 어머니"였다.11) 이 공산당에 유아적으로 의존하게 된 한인 사회주의자들은 소련에서의 강제이주나 중국에서의 반민생단투쟁과 같은 사건에서 보듯 이유를 알지도 못하면서 남근적 어머니의 광기의 희생물이 되었던 것이다.

이러한 점에서는 같은 심리적 기반을 가졌다고 하더라도 한인들이 거주하는 환경이 아주 달랐던 일본에서는 한인 사회주의운동은 다른 양상을 띠게 되었다. 일본에서의 한인 사회주의운동은 아주 독특한 양상을 지니고 있었던 점에서 러시아나 중국에서의 한인 사회주의운동과는 구별된다. 일본에서의 한인 사회주의운동은 주로 학생층과 노동자층을 중심으로 하여 전개되었다. 즉 농민이 거의 없었던 것이 가장 중요한 특징이었다. 일본에 이주하는 한인들이 그 출신배경으로 농업을 가지고 있었다는 것은 사실이지만 이 경우에도 만주나 러시아에 비할 때 일본에 이주한 농민들은 상대적으로 여유가 있는 자소작계층이었다. 또한 한인들은 대개 이주 후에도 도시에서 토목이나 건축, 광공업에 주로 종사하였다. 즉 전형적인 도시형 하층을 형성하고 있었던 것이다. 이러한 점에서 볼 때 한인들 사이에 계급투쟁이 촉발된다면 그것은 일본인 자본가 혹은 일본인 소부르조아와 한인 노동자 혹은 빈민들 사이의 투쟁의 양상이 될 것이다. 이 경우에 도시형의 투쟁양상 즉 노동조합을 통한 선전 선동의 양상이 주 비중을 차지 할 것이며 직접적인 무력충돌의 가능성은 크지 않다고 볼 것이다.

이러한 점에서 본다면 일본에서의 한인 사회주의운동은 가장 그 성격에 있어서 계급투쟁을 닮은 양상을 보인다. 이때의 계급투쟁이란 두 방면으로 전개될 수밖에 없을 것이다. 즉 하나는 이데올로기적인 투쟁이며 다른 하나는 반부르조아 노동운동이라는 점이다. 일본에서의 한인 사회주의운동이 가지고 있는 이러한 독특성 때문에 일본의 한인 사회주의운동은 한인 사회주의운동에 있어서 가장 이론적으로 중요한 영향력을 행

---

11) 졸저, 『한인 사회주의운동연구』, 국학자료원, 1999, p.557.

사하게 된다. 즉 일본의 한인 사회주의운동은 한인사회주의운동의 이데올로기적인 전선을 담당하였다고 평가하는 것도 지나친 일이 아니다.

반면에 일본의 한인 사회주의운동은 그 내용에 있어서 일본의 큰 체계 내에서 움직였다고 보는 것이 타당하다. 일본의 상황은 상대적으로 안정적이었고 치안이 잘 유지된 상황이었기 때문에 사상 투쟁, 노동조합운동이라는 테두리를 벗어나서 내전적인 양상으로까지 발전할 수 없었기 때문이다. 공산당이 정치투쟁의 담론을 내걸었다고 하더라도 이는 내전을 의미하는 것이 될 수는 없었다. 이점에서는 내전적인 상황에서 극단적인 방법으로 대치하였던 중국과 러시아와는 구별되는 양상을 가지게 되는 것이다.

일본의 경우를 살펴 볼 때 전통의 강력함은 마치 정치에 있어서의 보수주의와 마찬가지로 공산주의의 급격한 확산에 방파제 역할을 하였다고 하는 것을 알게 된다. 공산주의운동이 강력하게 확산되는 것은 전통의 권위가 무너졌을 때 그리고 지배층의 개혁이 성공적으로 사회를 변혁하지 못하게 되었을 때 일어나게 된다는 것이다. 가족적인 정서의 존재만으로는 공산주의는 막아지지 못한다. 왜곡된 가족이 문제를 폭발적으로 야기시키듯 오히려 살부(殺父)적인 공산주의를 강화시킬 수 있는 것이다.

이러한 점에 있어서 해외 3국의 공산주의운동의 양상은 다음과 같이 유형화할 수 있다고 본다.

| 정치 \ 종교문화 | 유교적 | 정교적 |
|---|---|---|
| 제국 | 일본 | 러시아 |
| 식민지―반식민지 | 중국(한국) | |

이같이 유형화를 해 볼 때에 전통적 질서의 해체 정도와 위기적 상

황의 특별한 조우가 각 나라에서의 운동의 양상에 큰 변화를 주고 있다고 우리는 일단 정리하는 것이 가능하다.

우선 위기적 상황이란 것이 어떤 의미인가부터 설명하기로 하자. 1920년대부터 본격적으로 전개되기 시작한 한인들 사이에서의 사회주의운동은 여러 가지 측면에서 급격한 변화를 요구하는 것이었다. 전통적인 유교적 이데올로기에서 사회주의적 이데올로기로의 방향전환을 의미하는 것이었으며, 공동체적 협동과 순응의 논리가 계급투쟁의 논리로 바뀌는 것이었으며 그 외에도 모든 면에서 혁신을 요구하는 것이었다. 이러한 급속한 변화를 맞을 한인들은 바로 어제까지 혹은 당시에도 계속 농민적 정서를 강하게 가지고 있는 그리고 도시생활에 필요한 근대적 지식과 교양을 갖춘 상황이 아니었다. 이러한 공백에서 공산당은 전지전능의 모습과 도덕적 순결로 무장하고 다가왔다. 각 나라에서 소수민족으로서 또한 하층민으로서 살아갈 수밖에 없는 한인들은 그 공산당에 의존하게 되었다. 이는 안정적으로 작동할 수 있는 심적 기제를 교란시키는 것이라고 할 수가 있는 것이다.

또한 공동체적 질서의 해체와 그로 인한 정서적 교란과 불안은 사태전개에 큰 영향을 준다고 할 수 있다. 식민지—반식민지적 정치경제적 상황은 두말할 필요없이 이같은 악조건에 기여하였다. 그리고 문화적으로도 전통문화의 질서를 천황제라는 이데올로기로서라도 묶어낼 수 있었던 일본에서는 상대적으로 교란 요인을 줄일 수 있었던 반면에 러시아에서와 같이 정교가 그 역할을 하지 못하고 전쟁과 혁명으로 인하여 도덕적인 권위 확보가 불가능하였던 러시아에서는 그 악조건을 막아내지 못하였던 것이다. 즉 제국이라는 안정적 상황을 만들기에는 유리한 조건을 가졌음에도 불구하고 그를 실현시키지 못하였던 것이다. 이러한 점을 종합적으로 정리하여 본다면 우리는 다음과 같이 정리할 수 있을 것이다.

일본에서는 도시형의 사회주의운동을 그 특징으로 한다. 사상투쟁의 양상은 현저하게 나타났으며 따라서 투쟁의 전면에 나섰던 것은 주로 청년 학생 같은 지식층이었으며 실질적인 충돌의 양상은 노동조합운동이라는 범주에서 크게 벗어나는 것은 아니었다고 본다. 그러나 동시에 일본의 사회상황이 사회민주주의가 강력한 주도권을 행사하는 것이 아니었기 때문에 전반적으로 보아 서구의 유형을 가지고는 있지만 그 아시아적인 성격을 공유하고 있기 때문에 준서구형의 사상투쟁 위주이면서 노동조합운동이 결합된 양상이었다고 평가할 수 있다.

러시아와 중국에서의 한인사회주의운동은 농촌형이라고 같이 말할 수 있다. 러시아 자체는 제국이었고 후발자본주의 국가였지만 러시아의 극동지방은 전형적인 농촌형 사회였고 그러한 점에서는 오히려 중국이나 한국과 같은 사회경제적 유사성을 지니고 있었다. 이 점에서 볼 때 외형적으로 해당 국가가 제국이었나 반식민지였나 하는 것은 결정적인 중요성을 가졌다고 보기가 어려우며 오히려 사회경제적 조건의 유사성과 위기상황의 유사성, 그리고 한인들에게 지도적인 영향력을 행사할 수밖에 없는 해당국가의 공산당의 성격이 결정적인 영향을 미친다고 보아야 할 것이다.

# V. 맺음말

이제 우리는 해외의 한인 사회주의운동이 가진 측면을 3가지 방면에서 검토하여 보았다. 이제 문제는 이같은 성격을 가진 한인 사회주의운동이 가진 의미를 한국의 입장에서 종합적으로 평가하여 보고 그 의미를 점검하여 보는 일이다.

해외 한인 사회주의운동이 세계의 사회주의운동의 조류 가운데 서유럽형이 아닌 러시아의 볼세비즘의 영향 아래 그 일환으로 운동이 전개되었다고 하는 것이 한인 사회주의운동의 농촌적 성격과 관계되며 이

점이 한인사회주의 운동의 20세기 전반의 농촌적—아시아적 성격을 특징지운다.

또한 해외의 한인 사회주의운동은 국민국가 건설이라는 근대성 확보의 측면에서 살펴볼 때 볼세비즘적 계급투쟁이 가진 극단적 성격과 제국주의적 정책의 간지가 교차하는 가운데 국민국가 건설이라는 당면 목표 실현에 별 다른 기여를 하지 못하였다고 할 수가 있다. 특히 볼세비즘을 선도한 러시아(소련) 자체가 제국주의 정책을 구사하여 민족주의를 탄압한 것은 볼세비즘이 표방하였던 해방의 담론을 전복시키는 것이었으며 이 점에서 볼세비즘은 대단히 그 자체로 모순적인 이데올로기였다. 한인들 역시 이러한 모순적인 이데올로기에서 벗어나지 못하였다. 이것은 자기 희생과 파멸을 초래하였다.

해외에서 한인 사회주의운동이 전개된 시기는 한인들이 극빈의 이주민으로 농업에 종사하거나(러시아, 중국) 노동에 종사하는 경우가(일본) 일반적이었으며 이 점에서는 외국에서 최하층민을 구성하는 것이 불가피하였다. 이 경우 계급투쟁은 민족투쟁의 양상을 동시에 가질 수밖에 없었으며 민족문제는 언제나 계급투쟁과 맞물리면서 전개되었다.

한인들에게 아직 개인성의 확보가 요원한 시점에서 강한 해방의 메시지로 다가온 볼세비즘은 한인들에게 강한 의존감을 주었으며 공산당의 순결과 도덕성을 믿고 의지하였던 한인들에게 공산당은 강제이주나 반민생단투쟁 등의 사건에서 보듯 박해자로 그 역할을 다하였다.

종합적으로 본다면 해외의 한인 사회주의운동은 그 운동이 깊이 공감하고 헌신하였던 해방의 이념에도 불구하고 한인들의 미성숙된 개인의식과 사회경제적 조건으로 말미암아 과격한 볼세비즘의 영향아래 움직일 수 밖에 없었고 그에 과도하게 유아적으로 의존함으로써 불가피하게 자멸을 초래하였다. 해외 한인들의 사회주의운동이 그 담론의 근대성으로 한국의 근대성을 촉발시킨 점은 인정할 수 있지만 그것은 시민사회를 형성하는 보다 안정적인 바탕 위에서 추구되었어야 하였다.

# 일본지역 민족운동에 대한 역사적 평가

김 인 덕*



## Ⅰ. 머리말

　재일조선인은 일본에 경제, 정치적인 목적을 갖고 도일하여 일본에 정주한 사람들을 말한다. 이들 재일조선인의 역사는 일본제국주의에 대한 조선인 저항의 역사이다.

　1910년대 조선총독부의 도일정책은 집단적인 노동자 관리를 목표로 하여 단계적으로 취해졌다. 1921년까지는 조선인의 도일이 적극적으로 진행되지 않았다. 조선인의 도일은 철저히 일본제국주의의 필요에 따라 진행되었다. 1922년 12월 여행증명제도가 철폐되고 1923년에는 도항증

─────────────────

* 성균관대 강사

명제도가 실시되었다. 1923년의 관동진재 때의 파괴된 시가지의 복구를 위해 노동력이 요구되자 일본 정부는 도항증명제를 폐지했다. 일본 경제의 상황이 악화되자 내무성은 1925년 8월 도일을 제한해 달라는 요청을 했고, 연이어 조선인 노동자의 실업문제가 야기되어 1925년 10월부터 도항저지(제한)가 실시되었다. 이후 1928년 7월 조선총독부는 도항허가 조건을 까다롭게 하여 지참금을 60엔 이상 소지하고, 노동브로커의 모집에 의한 것이 아닌 조선인의 도일만 허용했다. 1927년 3월 일본경제는 금융공황으로 큰 타격을 받게 되었고 1929년 세계공황에 의해 보다 심화되자 일본 기업의 조선인노동자 단체 모집은 제한되었다. 도일은 재도항증명서제로 보다 통제되었다. 결국 도일은 강제연행시기까지 제한적으로 지속되었다고 할 수 있다.

이렇게 도일한 조선인 노동자들은 직공과 광부, 토건인부 등이 되었다. 실업구제사업이 실시됨에 따라 도시에 집중되어 있던 재일조선인 노동자는 지방의 토목공사장으로 이동하여 노동했다. 이와 함께 조선인 노동자들은 건강하다는 미명 아래 광산에서도 가장 힘들고 어려운 채탄 작업에 집중 배치되었다. 재일조선인은 경기 변동에 직면하여 항상 먼저 희생이 되어 실업 상태에 빠졌다. 일본 정부의 입장에서 보았을 때 조선인의 실업문제는 어디까지나 부차적인 것이었으며, 재일조선인의 지위는 최하층 노동자로 상징되었다.

이주자가 급속히 늘어난 1920년 전후 조선인 마을이 조성되기 시작했다. 조선인 마을은 조선인에 의한 자위의 장소로 飯場, 저지대, 습지대, 하천부지 등에 형성된 경우가 많았다. 시간이 지나면서 마을 내에는 조선음식점과 재료가게가 생겨났고, 조선말만으로도 충분히 생활이 가능하게 되었다.

본고는 일제시대 재일조선인의 '민족운동'[1]을 종합적으로 평가하기

---

1) 광의의 의미로 본 용어를 채용한다.

위해 작성되었다. 이를 위해 필자는 우선 시기별 특징을 주목하고, 기존의 선행 연구2)를 통해 일정하게 내용이 정리된 단체, 사건, 인물 등에 대해 개관하겠다. 아울러 아직 연구가 진행되지 못한 부분에 대해서는 간단히 언급해 다양한 재일조선인 민족운동의 상을 갖도록 하겠다. 사실 재일조선인의 민족운동은 일제시대 해외의 다른 지역의 민족운동과 차별적인 내용이 없지 않다. 일단 한국민족운동사를 시야에 넣고, 시기별 특징을 정리하기 위해 역사적 사실을 선택적으로 서술하여 시론적이지만 재일조선인의 운동사를 정리해 보겠다. 따라서 사회사, 사상적인 내용은 별도로 언급하지 않았음을 미리 밝혀 둔다.

　재일조선인의 민족운동은 일본사회 속에서 형성되었다. 특히 재일한 조선인의 사회는 곧 조선인 민족운동의 근거지가 되었다. 이 재일조선인의 민족운동은 조선인 사회의 형성과 운동 주체의 변화를 전제로 하여 크게 생성기, 발전기, 변화기로 구분지어 살펴 볼 수가 있다.3)

---

2) 필자의 다음의 글을 참조. 졸저, 「일본지역 독립운동에 관한 연구의 회고와 전망」, 『한국사론』(26), 1996.

3) 기존의 재일조선인 민족운동사에 대한 시기구분을 보면, 坪江汕二는 「일본에 있어 종전전의 민족·사회주의운동」이라는 장에서 민족주의운동, 민족적 무정부주의운동, 공산주의운동, 프롤레타리아문화운동으로 나누어 운동의 계열별로 정리하고 있다.(坪江汕二, 『改訂 增補 朝鮮民族獨立運動秘史』, 高麗書林, 1986.) 朴慶植의 경우 일제시대의 민족운동을 민족독립운동의 봉화(1910년대), 민족독립운동의 고양(1920년대), 침략전쟁에 대항하여(1930년대), 태평양전쟁하의 저항(1940년대 전반)으로 시간적 구분을 시도했다.(朴慶植, 『在日朝鮮人運動史-8·15解放前-』, 三一書房, 1979.) 전준은 「지식층의 활동과정」, 「공산주의운동」, 「제2차 세계대전 때의 상황」으로 전전 시기의 재일조선인의 민족운동의 축을 정리했고,(田駿, 『朝總聯硏究』(第1卷), 高麗大學校 아세아문제연구소, 1973.) 고준석은 재일조선인유학생의 항일운동, 재일조선 좌익학생의 반전·반파시즘운동, 조선공산당 및 고려공산청년회의 투쟁, 재일조선인 노동운동의 전개, 민족주의자와의 공동투쟁, 조선공산당 재건과 프롤레타리아문예운동, 일본공산당 및 인민전선테제 하의 운동으로 구분짓고 있다.(高峻石, 『在日朝鮮人革命運動史』, 拓植書房, 1985.)

　민족운동사를 중심으로 서술하고 있지는 않으나, 金贊汀은 민족의 광복-식민지지배시대-이라는 제목 아래 일제시대의 재일조선인의 사회와 삶을 서술

## Ⅱ. 생성기의 재일조선인 민족운동(1910-1919)

생성기의 재일조선인 민족운동은 1910년 이전의 조선인 유학생들의 조직활동이 전제된다고 생각한다. 대한제국 시기부터 조선인 유학생들은 단체를 조직해 활동을 전개했는데, 1905년 이후 1919년 이전의 주요한 단체를 열거해 보면 다음과 같다.

「동경조선기독교청년회(1906년 11월)/대한흥학회(1909년 1월)/조선유학생친목회(1911년 5월)/동경조선유학생학우회(1912년 10월)/재판조선인친목회(1914년 1월)/경도조선유학생친목회(1915년 4월)/조선여자친목회(1915년

---

하고 있다. (金贊汀, 『在日コリアン百年史』, 三吳館, 1997.) 아울러 **西成田豊**는 재일조선인단체의 구성과 노동운동, '제국'국가의 정책, 전시 하의 재일조선인과 '제국'국가, 조선인 강제연행의 정책과 실태로 일제시대 재일조선인의 상을 그리고 있다. (西成田豊, 『在日朝鮮人の「世界」と「帝國」國家』, 東京大學出版會, 1997.)

또한 와이너는 재일조선인사의 시기구분에 있어 관동지진을 분수령으로 하는 경찰의 시점을 그대로 채용하고, 동시에 1925년부터 38년까지를 한 시기로 한다. 그리고 그 근거로 1930년대초를 시기구분의 시점으로 할 수 없다면서 그 이유로 東京과 大阪 등지의 이외의 지역에는 정주화 경향이 나타나지 않았다고 한다.(재일조선인사를 개설한 영어책들이 몇권 출간되었는데, 와그너와 미첼과 함께 최근에는 와이너가 두권의 책을 통해 재일조선인사를 정리했다.(Michael Weiner, The Origins of the Korean Community in Japan 1910-1923, Manchester, Manchester University, 1989; Race and Migration in Imperial Japan, London, Routeledge, 1994.) 와이너는 정한론으로부터 전전 때까지의 재일조선인사를 통사적으로 서술하고 있는데, 일본중심적 재일조선인사적 시점에서 다음과 같은 문제점을 노정하고 있다. 1) 조선인 노동자의 조직화가 일본인 노동운동가와의 연대 속에서 진전되었다고 강조했고, 2) 재일본조선노동총동맹의 성립을 일본 노동운동 주류로부터 지원을 받을 수 없었던 사실에서 찾았으며, 3) 재일조선인의 낮은 정주성이 일본인과의 연대를 저해했다는 관점에 섰다.) 한편 정혜경의 경우 1920년대를 민족운동의 고양기, 1930년대를 비합법투쟁기, 이후를 반제반전운동기로 보는 것 같다.(한국근현대사연구회 엮음, 『한국독립운동사강의』, 한울아카데미, 1998, 264-271쪽.)

4월)/동아동맹회(1915년 10월)/조선학회(1915년 11월)/결맹형제회(1916년 8월)/동경노동동지회(1917년 1월)/동양청년동지회(1917년 5월)」

물론 그 이전인 1895년 4월 대조선인일본유학생친목회와 9월 제국청년회를 결성하여 유학생의 친목 도모와 민족의식의 고취에 앞장서기도 했다.

1905년부터 1910년 이전의 도일 유학생들은 부단히 반일적 모습을 보였는데, 1905년 을사조약이 강제로 체결된 직후에 동경부립 제1중학 교장이 조선 학생을 모욕한 신문인터뷰에 반대하여 동맹휴교를 단행했고, 1907년 早稻田大學의 모의국회에서 '한국황제를 일본의 화족으로 봉할 것'을 제목으로 정한 것에 항의하여 자퇴했다가 학교로부터 사죄를 받았으며, 이밖에도 1906년 국화인형전시회사건, 1907년 박람회 조선인 장치사건 등에 거세게 항의했다.

1905년 이후 유학생 단체 가운데 조선여자친목회는 1920년에 조선여자학흥회, 동양청년동지회는 조선고학생동우회로 개편되었다.

1910년대 당시 유학생 내부에서는 국권회복을 부르짖으며 비분강개를 털어놓는 사람이 절대 다수는 아니었다. 이러한 사람이 본격적으로 늘어난 것은 1917년 후반부터이다. 여기에 대해서는 여러가지 이유를 생각할 수 있는데, 국제정세의 변화 가운데 러시아혁명의 성공, 그리고 일본 내 1918년 8월 쌀소동의 영향을 들 수 있다.

한편 동경조선기독교청년회의 회관은 학우회를 비롯한 다른 조직이 주최한 모임의 회장으로 빈번히 사용되었고, 아울러 동경조선기독교청년회는 재일 유학생운동의 중심지였다. 조선학회의 경우도 회원 2인 이상의 보증이 있어야 입회가 가능했고 공식적으로 사무실을 운영하지 않았다. 전회원이 2·8운동에 돌입했고, 3·1운동을 일으키는데 유력한 세력이었다. 특히 조선여자친목회는 이광수와 전영택의 후원 아래 조직되었고, 2·8운동에도 적극 관여했다.

재일조선인의 1910년대 운동을 거론할 때 우선적으로 사람들에게 회자되는 사건이 1919년 2·8운동이다. 이 사건은 실제로 주도한 세력은 동경조선유학생학우회4)이다. 학우회의 전사를 간단히 보면, 1911년 홍학회의 후신으로 조선유학생친목회가 결성되었고 이것은 다음해 3월 해산당했다. 이에 유학생들은 종래의 도별 유학생 구락부를 기초로 하여 1912년 10월 학우회를 조직했던 것이다.

이 회는 재일유학생이 조직한 단체 중 새력이 가장 컸으며, 처음 유학온 학생들은 반드시 이 회에 가입해야 할 의무가 있었다. 그리고 학우회 회원 간에 교제를 하지 않는 자는 일본의 개로 취급받았다. 학우회는 임시총회 및 웅변회, 졸업생 축하회, 신도래학생환영회, 운동회 등을 통하여 배일사상을 고취했고, 아울러 기관지 《학지광》을 발간하여 유학생 뿐만 아니라 국내 학생에게도 신사상과 반일사상을 고취했다.

창립 이후 1919년 2·8시기까지 학우회의 정치적 성격을 명확히 하기 위하여 중심적으로 운영에 참가하였던 인물을 열거하면, 제1그룹은 안재홍·신익희·백남훈·정노식·장덕수·현상윤·송진우·김성수·주종건·최두선·신석우 등이다. 제2그룹은 2·8선언의 서명자들인 최팔용·김도연·이광수·김철수·백관수·윤창석·이종근·송계백·최근우·김상덕·서춘 등이었다.

학우회가 주도한 2·8운동은 1919년 2월 8일 재일유학생들에 의해 조선의 독립을 목적으로 동경조선기독교청년회관에서 오후 2시 독립선언서와 결의문을 낭독함으로써 막이 올랐다.

2·8운동 발생의 직접적인 계기는 영국인이 발행한 《The Japan advertiser》에 이승만이 한국 대표로 파리강화회의에 간다는 소식5)과 이

---

4) 이하 학우회로 칭한다.
5) 신용하는 『한국민족독립운동사연구』 제3장 「삼일독립운동 봉기의 경위」에서 『재팬 애드버타이저』의 보도는 12월 15일자의 「Koreans Agitate for Independence」, 18일자 「Small Nation Ask To Be Recognized」밖에 없다고 한다.(신용하, 『한국민족독립운동사연구』, 을유문화사, 1985, 223-224쪽.)

광수에 의해 상해에서 독립운동이 계획되고 있다는 것, 그리고 본국에서도 불원간 투쟁이 일어날 것 같다는 소식 등이었다. 이후 2·8운동의 주체는 다양한 위치에서 각각 다른 형태로 반일운동에 헌신하게 된다. 최원순은 국내로, 이광수, 최근우, 이봉수, 손두환, 주요한, 안승모, 류경환, 윤창만, 오의선, 윤보선, 고의봉, 황환, 정근모, 정병모 등은 상해로 갔다.

재일 유학생의 반일투쟁은 2·8운동이 일어난 이후 지속적으로 전개되어 갔다. 1919년 2·8운동 이후 일본유학생 내부에서는 새로운 경향으로 재일동포 내부에 들어가 이들을 계몽하고 각성시켜서 상호부조와 노동조건의 개선을 위한 운동에 헌신하려 했다.

# Ⅲ. 발전기의 재일조선인 민족운동(1920-1929)

1919년 3·1운동 이후 국내에서의 반일투쟁의 지속적인 전개와 함께 일본에서도 재일조선인들은 단체를 중심으로 보다 활발하게 민족운동을 전개했다.

발전기의 단체 중심의 재일조선인운동이 본격화된 사건은 新潟縣 조선인 노동자 학살사건이었다. 1922년 7월 新潟縣 수력발전소 건설현장에서 일하던 조선인 노동자 100여명이 학살된다. 이 사건이 발생하자 국내와 일본에서 진상을 조사하고, 일제의 만행을 규탄하면서 동시에 조선인 단체를 조직했던 것이다. 그 결과에 기초해 1922년 東京과 大阪에서 조선인노동동맹회가 결성되었다.

1920년대 전반기 재일조선인 조직 가운데 활동성이 강한 사상단체 조직로는 흑우회, 동경조선청년동맹회, 북성회, 일월회, 조선여자삼월회, 신흥과학연구회, 조선무산자사회연맹, 조선인신진회, 재대판고려무산청년동맹, 재일본배달소년단, 堺조선인노동동지회청년단, 계림무산청년동맹, 조선노동청년단, 兵庫縣조선무산동맹 등이었다.[6] 이 가운데 1920년 대초 사상단체운동의 중심적 역할은 북성회, 일월회가 수행했다.

북성회는 흑도회가 1922년 11월 아나키스트와 볼세비키로 분화되어 김약수, 김종범, 송봉우, 이여성, 안광천 등 60여명이 조직했다. 북성회의 조직원들은 정치적 활동무대를 찾아 조선으로 돌아왔고, 과거의 유대관계를 계속 유지하다가 상당수가 1924년 11월 25일 13인의 핵심적 활동가들을 중심으로 북풍회를 조직했다.

북성회의 계속 조직으로 일월회는 1925년 1월 3일 결성되었다. 이 조직의 상당수는 재일본조선노동총동맹, 삼월회, 재동경조선무산청년동맹 등의 간부를 겸하면서 조직을 지도·원조했다. 1926년 11월 28일 일월회는 해체되고 정치구락부를 조직했다. 재일조선인 민족운동을 내용적으로 지도하던 일월회 내에는 혁명사의 구성원이 들어가 활동했으며 혁명사 동경책임은 허장환이었다. 일월회는 북성회의 계속 조직으로 1925년 시기 결성되어 혁명사의 지도로 조직적으로 움직였다.

일월회의 자매 여성단체로 삼월회가 1925년 3월 이현경, 황산덕 등이 중심이 되어 조선무산계급과 여성해방을 목적으로 조직되었다.

한편 1923년 9월 1일 정오 2분 전에 관동지진이 일어났다. 이로 인해 일본 관동지방에 20만명 이상의 이재민이 발생하고, 1백억원 이상의 재산피해를 입었다.

문제는 관동지진이 일어나자 수많은 조선인이 학살당한 사실이다. 최소한 6천명 이상이 학살당한 관동지진 당시 조선인이 학살당하게 된 요인은 유언비어였다. 조선인을 학살한 유언비어는 9월 1일 오후 1시경부터 유포되기 시작하여 2일과 3일 사이에 떠돌았다. 터무니없었던 유언비어 중 몇몇을 살펴보면, 1) 조선인들이 분필로 표식을 하여 폭탄을 던지도록 했다(이것은 청소회사 인부들이 작업할 집 표식), 2) 조선인들이

---

6) 朴慶植, 『在日朝鮮人運動史-8·15解放前-』, 三一書房, 1979, 105쪽.

폭탄을 가지고 다닌다(폭탄이 아니라 사과였다), 3) 흰 셔츠에 통좁은 바지를 입은 남자와 한국옷을 입은 여자가 독약을 우물에 넣고 있다(여자 3명이 쌀을 씻고 있었다), 4) 폭탄과 독약을 가지고 다니는 조선 사람이 있었다(폭탄이라고 생각한 것은 파인애플 깡통이고 독약은 설탕), 5) 각처에 조선인이 폭행·습격·방화 등의 계획을 암호로 기록했다(분뇨수집인·신문·우유배달부들이 단골집을 분필로 표시해둔 것)는 등이었다. 1923년의 조선인 학살은 일본정부의 유언비어에 일본민중이 넘어가 조선인을 학살한 것이었다.

1923년 지진이 발생하여 조선인들이 무차별 죽어가는 상황이 닥쳐왔다. 이러한 상황에도 불구하고 재일조선인 운동조직은 적극적인 활동을 하지 못했다. 재일조선인 가운데에도 선진적인 활동가들은 투옥되거나 감금상태였기 때문에 학살사건에 대한 전술도 없었고, 규탄운동을 할 체제도 갖추지 못했다. 물론 일본노동자와의 국제적 연대도 무의미한 것으로 되고 말았다.

1923년 학살 이후 죽을 고비를 넘긴 조선인들은 당시 소실을 면한 유일한 조선인단체였던 천도교청년회 사무실에 모였다. 예정없이 모인 사람들은 제출된 문제에 대해 논의를 계속하여 10월 상순 동경지방이재조선인구제회를 결성하고 조사사업에 착수했다.

한편 상애회의 박춘금은 조선인이 무참히 학살당한 상황임에도 불구하고 학살의 주범인 경시총감 赤池濃을 방문했다. 이 자리에서 상애회 일파는 경시총감이 그들의 신변을 보호해줄 수 없다고 언급했음에도 개의치 않고, 오히려 선두에 나서서 조선인과 일본인의 화합을 과시하듯 지진 뒷정리의 일환으로 東京 시내 청소를 했다. 이후 이들 반동주구단체 상애회 일파는 일제의 지원 하에 발전을 거듭했다.

1925년 이후 국내 대중운동의 고양과 함께 일본지역 조선인 민족운동도 일본 전역에서 활발해졌다. 이에 따라 지역 단위에서의 조직적 성과에 기초해 전국적인 대중 조직들이 나타나기 시작했다. 그것은 노동,

청년운동 조직이다. 이 조직들은 내용적으로 사상단체와 조선공산당 일본지역 조직의 지도를 받았다.

조선공산당은 1925년 4월 17일 창건되었다. 이것을 소위 1차당이라고 한다.[7] 1차당 시기 일본에는 조선공산당 일본부가 설치되는데, 이 조직은 최원택이 책임을 맡았으나 당시 일본지역의 재일조선인의 여러 조직과 공산주의 세력을 결합시키지는 못했다. 이후 2차당 때는 일본부 책임자로 김정규가 선정되었다. 2차당 시기에는 일본 내에 공산주의적 경향을 갖은 청년학생들의 서클적 모임은 있었으나 아직 당 조직 내에 고려공산청년회 일본지부가 조직되지는 못했다.

일월회계의 국내 진출과 함께 조선공산당 일본부는 3차당 안광천 책임비서때 부활되었다. 안광천은 일월회 시기 함께 활동했던 사람들을 중심으로 일본부를 재건했다. 책임비서 박락종으로 조직된 여기에는 일월회에서 활동하던 다수가 포진하고 있었다. 3차당 시기에 와서 재일조선인 조직운동이 강화되어 처음으로 고려공산청년회가 조직되었는데, 이때의 주요한 활동은 조직의 확대 강화와 유학생과 재일조선인 노동자에 대한 선전·선동활동이었다. 3차당 시기 일본부 야체이카는 각종 노동단체와 공장 내에 들어가 조직사업을 전개해 東京, 大阪, 京都, 橫濱에 60명의 당원을 포섭했다.

재조직된 4차당 중앙은 일본총국과 만주총국을 설치했다. 이에 따라 3차당 일본부는 일본총국으로 1928년 4월경에 재건되었다. 특히 일본총국 한림책임비서 시기의 당 플랙션은 재일본조선노동총동맹, 신간회 동경지회, 동경조선노동조합 등에 설치되었다. 조선공산당 일본총국의 활동은 조직의 강화와 계급의식의 고양, 반일사상의 고취에 중점이 두어졌다. 그리고 선전활동을 통해 당원의 획득과 당세의 확대에 노력했다. 따라서 대부분의 활동은 주로 일본총국과 대중단체인 재일본조선노동총

---

7) 이하 특별한 경우가 아니면 1, 2, 3, 4차당으로 표기한다.

동맹, 재일본조선청년동맹 중앙 그리고 각 지부, 반의 플랙션을 통해 전개되었다. 아울러 조선공산당 일본총국은 당 중앙의 민족해방운동에 있어서의 프롤레타리아 헤게모니 쟁취와 신간회 전술에 주목했다.

1920년대 재일조선인 민족운동의 가장 중요한 대중적 기반은 노동운동에 있었다. 일본지역의 노동운동 단체도 초기의 상호부조와 친목을 목적으로 하는 경향에서 노동자계급의 성장과 함께 계급해방을 내건 조직으로 성장해 갔는데, 가시적 산물이 재일본조선노동총동맹이다.[8] 1925년 2월 22일 오전 10시 재일본조선노동총동맹은 조직되었다

재일본조선노동총동맹은 창립되어 기존의 각종 조선인단체를 통일하여 대중을 단결시켰는데, 단체 가입의 원칙 아래 12개 단체 800명으로 출발한 재일본조선노동총동맹은 조직 확대가 계속되어 1925년 10월 1,220명의 조합원을 갖은 단체로 성장했다. 특히 1926년 이래 재일본조선노동총동맹의 중앙 간부들은 조직의 개편에 대해 고민하다가 당시 합동조합에 지나지 않던 각 조합을 산업별 혹은 직업별로 정리하려고 했다. 그러나 사회적 조건이 허락치 않아서 보류하였다. 1927년 4월 20일의 제3회 정기대회 이후 재일본조선노동총동맹은 각지에 분산적으로 조직된 조합을 정리, 통합하려는 '1府縣 1조합' 원칙을 수립했고, 개편된 조직은 최고기관으로 재일본조선노동총동맹 중앙이 있고 각 부현에 조합이 있으며 조합 아래에는 지부를 설치했다.

재일본조선노동총동맹 제4회 정기대회는 1928년 5월 13·14일 양일 동안 東京에서 열렸다. 제4회 대회는 산업별 조합의 조직에 대해 토의했다. 그러나 당시에는 실현되지 않고 있다가 이후 '1산업 1조합주의'로 본격적으로 나아감에 따라서 실현되었다. 제4회 정기대회가 있은 1928년 시기에 재일본조선노동총동맹은 지역 단위 조직의 활성화에 따라 지부, 반 조직의 강화가 눈에 띤다. 이 가운데 東京과 大阪지역의 조선인

---

8) 자세한 내용은 졸저의 내용을 참조. 졸저, 『식민지시대 재일조선인운동 연구』, 국학자료원, 1996.

354

노동조합은 재일본조선노동총동맹 산하 조직으로 조선공산당 일본총국의 플랙션에 의해 지도되었다. 재일본조선노동총동맹 중앙은 1928년 활성화된 지부, 반 조직을 통해 민족해방운동을 보다 강력하게 전개했다. 조선 내의 탄압, 간도공산당 사건에 대한 항의 등이 삐라로 선전되었고, 7, 8월에는 국치기념일, 관동학살 기념일에 즈음하여 일본의 조선지배 전체를 비판하고 정치적 선전을 대대적으로 수행했다. 그리고 삼총해금운동과 1927년 이후 계속된 조선총독부 폭압정치 반대운동이 있었다. 물론 국내와 지속적인 연대와 지지 투쟁도 계속되었다.

재일조선인 민족운동에 있어 청년세대의 움직임도 주목할 만 하다. 전국적인 대중조직인 재일본무산청년동맹은 박천을 위원장으로 하여 고학생과 무산청년을 중심으로 1925년 조직되었다. 이 조직이 1926년 겨울 개칭하여 일월회의 해체와 함께 일월회의 회원으로 25세 이하의 다수 청년이 가입하여 동경조선청년동맹으로 발전했다. 동경조선청년동맹의 활동은 다른 재일조선인 민족운동 조직보다 계급적 입장을 분명히 했다. 특히 이 조직은 사회과학의 교양에 필요한 강좌와 강연회, 독서회를 주로 개최했다. 연대 투쟁도 활발히 전개했다.

지역에서의 청년운동의 조직화에 따라 재일 청년운동단체도 전국적인 조직 전망을 갖게 되었다. 재일본조선청년동맹은 준비위원회의 활동에 기초하여 1928년 3월 21일 오후 6시 大阪에서 창립대회를 열어 결성되었다. 재일본조선노동총동맹의 결성과 함께 청년운동 진영의 조직은 보다 강화되어 東京, 大阪, 京都의 조선청년동맹이 지부로 변경하여 조직 내에 들어왔다.

재일본조선청년동맹은 재일본조선노동총동맹과 가장 긴밀한 우의관계를 유지하고 있었다. 특히 간부들은 양쪽의 역원을 겸임하는 사람이 많았다. 실제로 재일조선인 민족해방운동에서 공산주의계를 대표하는 2대 세력 중의 하나가 되었다. 이 조직에는 조선공산당 일본총국 고려공산청년회 플랙션이 들어가 있었다. 이들의 지도로 실제 투쟁은 조직되었는데, 특히 기관지를 통해 조선총독부의 삼총 해산음모에 반대하여 해금운동에 궐기할 것을 호소하고 치안유지법 개악, 조선 증병과 중국 출병 반대, 식민지 노예교육 반대에 일어난 조선의 학생 동맹휴학 투쟁 지지 등을 표명했다.

1927년 5월 7일 早稻田 스콧트홀에서는 신간회 동경지회가 창립되었다. 이렇게 東京에 신간회 지회가 설립될 수 있었던 것은 민족단일당을 결성하려는 움직임이 국내와 연결되어 동시에 전개되었던 사실과 공동 투쟁이 東京지역에서 지속적으로 전개되어 왔기 때문이다.

신간회 동경지회에는 조선공산당 일본총국 당 조직 개편 때인 1928년 한림, 강소천, 서인식, 임종웅 등이 플랙션으로 들어가 있었다. 특히 신간회 동경지회는 조직 초부터 무정부주의계의 재일조선인단체와는 조직적, 개인적으로 거의 연대를 구축하지 않았다. 반면에 비타협적 민족주의세력과 조선공산당이 연대하여 결성한 신간회는 동경지회의 경우 대부분의 활동을 재일본조선노동총동맹, 조선인단체협의회 등 다른 단체와 공동으로 전개했다.

그런가 하면 재일조선인 대중조직으로 연합체적인 성격을 띤 조선인단체협의회가 있었다.

일제시대 일본지역의 경우 아나키즘계의 활동도 무시할 수 없다. 아나키즘계의 일본 내 재일조선인 조직으로는 1921년 흑도회가 있다. 흑도회는 岩佐作太郞의 도움으로 결성된 단체로 주요 회원은 김판권, 권희국, 원종린, 김약수, 박열, 임택용, 장귀수, 김사국, 정태성, 조봉암 등이었다. 그리고 기관지 『흑도』를 발간했다. 이 조직은 1922년 11월 아나키즘계와 볼세비키계로 양분되고, 박열을 필두로 하는 아나키스트들은 풍뢰회를 조직했고, 1923년 2월 흑우회로 개칭하며 기관지 『불령선인』을 발간했다. 이후 『太い鮮人』, 『현사회』로 이름을 바꿔 발간하기도 했다.

박열은 1922년 5월 경에 일본인 사회주의자인 金子文子와 동지적 관계를 갖게 되었고, 이 때부터 아나키즘의 실현을 위한 투쟁방법을 모색하여 1923년 10월 예정되었던 일본 황태자의 결혼식에 참석하는 요인을 암살할 계획을 세웠다. 이 계획은 1923년 관동지진 때 체포당함으로 무산되고 말았다. 이후 재일조선인 아나키스트들의 운동은 잠시 침체되었으나, 무산학우회, 동흥노동동맹회, 관동동흥노동동맹, 흑우사, 흑색전선 등을 통해 지속되었다. 이러한 일본 내의 아나키즘운동은 1927년 이후 공산주의세력과의 이론투쟁의 과정에서 힘을 잃게 된다.9)

한편 민족주의계열의 민족운동은 일본지역의 경우 종교단체의 활동에 주목할 수 있다. 일본에서 종교단체의 반일투쟁세력으로는 우선 천도교 쪽에 관심을 갖을 필요가 있다. 천도교쪽은 국내 포교의 성과에 기초해 1921년 2월 천도교종리원을 東京에 창립했다. 그리고 박달성, 방정환, 김상근, 이기정 등을 중심으로 동경천도교청년회가 1921년 2월 결성되었는데, 국내 천도교세력의 세례를 받으며 주로 동경의 유학생과 일부의 조선인 노동자 등을 중심으로 활동을 전개했다. 1923년 9월 이후 동경천도교청년회는 천도교청년당 동경부로 개편되었고, 이 천도교청년당 동경부는 기관지로 『東學之光』을 발간하여 교리의 보급과 민족의식의 고취에 노력했다.

기독교쪽의 경우, 일본에는 동경조선인기독교청년회가 있었다. 동경조선인기독교청년회는 東京에 1906년 8월 초대 총무 김정식이 오고 11월 설립되었는데, 초기 이 기독교청년회는 세계기독교회의 방을 빌려 근거지를 삼고 활동했다.10) 동경조선인기독교청년회는 황성기독교청년회의 조직 구조를 그대로 도입하여 사사부, 의사부, 종교부, 교육부, 체육부, 친접부, 사천부 등의 위원회를 두고, 집행부서로 총무, 부총무, 서기를

---

9) 오장환은 이상과 같은 일본 내의 재일조선인 아나키즘은 민족주의적이었고, 재일 아나키즘운동을 '민족적 아나키즘운동'이라고 했다.(오장환, 「1920년대 재일한인 아나키즘운동 소고」, 『한국민족운동사연구』(17), 1997. 12.)

10) 유동식, 『재일본한국기독교청년회사-1906-1990-』, 재일본한국기독교청년회, 1990, 51쪽.

설정했다.

1910년 이후는 조선 내에서 기독교가 민족운동에서의 역할이 큰 것처럼 재일조선인 사회에서도 동경조선인기독교청년회는 무시할 수 없는 존재였다. 특히 구한국외교단이 철수한 이후에는 東京에 있어 동경기독교청년회관이 정신적 지주로서의 역할을 수행했다.[11]

일본지역의 경우도 의열투쟁의 내용을 확인할 수 있다. 그 선구는 1921년 민원식을 처단한 양근환의 의거이다. 양근환은 1921년 東京의 호텔에서 참정권운동을 위해 온 민원식을 단도로 처단했던 것이다. 이와 함께 1920년대 일본인의 기슴을 서늘하게 한 사건으로 김지섭의 의거를 들 수 있다. 의열단원이었던 김지섭은 관동지진 때 조선인이 학살된 내용을 듣고서 일제의 심장에 테러를 가하기로 결의하고, 1925년 1월 5일 궁성 정문과 二重橋에 폭탄을 던졌다.

국내에서와 마찬가지로 일본에서도 전조선인이 민족운동에 종사한 것은 아니었다. 조선인의 또 다른 사람들은 반민족적 행위를 서슴치 않았다. 1920년 대표적인 재일 반일 주구단체로는 전술했던 상애회를 들 수 있다. 상애회는 최초 출발할 때는 상구회라고 했다. 1921년경 상애회로 정식 출발하여 1923년에 가서는 10만 회원의 조직이 되었다. 특히 관동지진 때의 행각은 민족적 자존심을 망각한 행위였다.

상애회는 일본정부가 조종하는 반동적인 활동을 계속했다. 특히 재일본조선노동총동맹이 조직되어 산하에 재일본조선인 노동자가 결속되자 같은 노동자를 대상으로 하여 그 기반 위에 설립된 이 조직은 재일본조선노동총동맹의 지역 노동조합에 대해 폭력적인 테러를 자행했다. 일본경찰과 정부의 지속적인 지원과 지지는 재일조선인 반일운동세력과의 대결에서 그들을 지켜준 결정적 계기가 되었다.

---

11) 전준, 『조총련연구』, 고려대학교아세아문제연구소, 1973, 111-112쪽. 이와 함께 불교유학생들의 움직임도 주목할 필요가 있다. 자세한 내용은 이경순의 글 참조. 이경순, 「일제시대 불교 유학생의 동향」, 『승가교육』(2), 1998. 10.

이상과 같이 발전기의 재일조선인 민족운동은 다양한 내용을 갖고 일본전역에서 광범위하게 전개되었으며, 특히 이 가운데 정치지향성을 부단히 발양하여 반일의 의지를 불태웠다.

# IV. 변화기의 재일조선인 민족운동(1930-1945)

변화기의 재일조선인 민족운동은 전기와 후기로 시간적인 구분을 할 수 있다. 이때 우선적으로 고려할 수 있는 축은 강제연행이 실시된 1939년이다.

## 1) 전기

재일조선인 민족운동은 1929년 이후 변화기를 맞이했다. 이러한 변화기는 방향전환을 통해 얘기하는 것이 순서이다. 방향전환을 야기한 해체논의는 재일본조선노동총동맹이 주도했고, 내용에서는 일본공산당과 전협이 선도했다.

김두용, 이의석, 김호영 등은 1929년 9월부터 전협[12]의 지도 아래 재일본조선노동총동맹 내에서 해체논의와 해체투쟁을 전개했다. 김두용은 프로핀테른의 식민지 노동자에 대한 인식에 따라, 일본지역의 조선인 노동자와 일본인 노동자의 노동조건이 일치한다고 전제하고 임금의 차별, 민족적 차별 등은 일본노동계급을 위한 것이 아니라면서 차별의 철폐가 일본노동계급과 공동투쟁하여 실현할 수 있다고 했다. 그리고 당시 일본의 유일한 혁명적 노동단체로 일본공산당의 지도를 받던 전협에 재일본조선노동총동맹이 해소하여 합류할 것을 주창했다.

---

12) 일본노동조합전국협의회의 약칭이다.

방향전환으로 재일조선인 노동운동을 몰고 간 재일본조선노동총동맹의 해체론은 일본지역 대중단체에게 직접적인 영향을 미쳐 재일본조선청년동맹, 학우회도 해소를 결정했으며, 이에 연동하여 신간회 동경지회도 자연 소멸되었다. 대중단체가 해체되는 과정에서 조직의 실체가 불분명했던 조선공산당 일본총국은 일본공산당의 지도로 1931년 10월 해체를 결정했고, 12월 23일『赤旗』를 통해 해체성명을 발표하게 되었다.

이러한 변화기의 재일조선인 민족운동은 일본 사회운동 속에서 이중적 임무를 띤 형태와 일본사회운동과 조직적으로 분리되어 민족주의적 민족주의적 경향을 노정하며 진행된 경우로 크게 나눌 수 있다. 먼저 일본 사회운동 속의 활동을 보면, 우선 일본공산당 조직 내로 조선인 공산주의자들이 대거 들어간 사실을 지적해야 할 것이다.

재일조선인 공산주의자들은 1931년 조선공산당 일본총국과 고려공산청년회 일본부를 해체하고 난 뒤, 일국일당주의에 따라 조직적으로는 일본공산당 세포에 속하여 일본공산당원의 당적을 갖게 되었다. 조선인 공산주의자들은 당 중앙과 지구당 조직의 말단행동원으로 광범위하게 활동했는데, 東京, 京都, 大阪, 神戸 등지와 조선인이 다수 거주한 愛知, 福岡, 山口, 廣島 등을 비롯해 전조선인 사회에서 투쟁을 선도했다.

1930년대 이후 일본 노동운동에 있어 전투적 투쟁은 전협이 주도했다. 여기에 산하 조직으로 조선인위원회가 만들어지는데, 이것은 조선인에 대한 특별 조직이었다. 일부의 재일조선노동총동맹원은 조직적으로 해체를 전개하여 여기에 들어갔고, 이후 전협 조선인위원회의 지령 아래 산업별 재조직 투쟁을 계속했다.

조선노동조합 해체를 주도한 조선인위원회는 지령, 기관지, 뉴스 등을 발행하여 가맹조합의 해체를 일상투쟁과 결합시켜서 해체 활동을 전개했다. 1930년 4월이 되면 동경조선노동조합 산하의 대부분의 조직과 京都, 三重縣조선노동조합은 해체되어 산업별조합으로 재편성되었다. 이후 전협 산하의 산별 조직에 다수의 조선인이 들어갔다.

주목할 만한 조직으로는, 전협 산하 토목건축노동조합이 있다. 여기에는 다수의 조선인이 가입했는데, 재일조선노동총동맹이 전협으로 해소하고 산업별로 조직되는 가운데 강력한 조직적 역량을 갖게 된 것이 바로 일본토목건축노동조합이었다. 여기에는 재일조선인의 역할이 지대했는데, 조선인으로는 일본토목건축노동조합 본부에 강유흥, 이성백, 김종선, 김수만, 김기주, 김수혁, 함춘성 등이 위원으로 **활동했다.**

일본반제동맹과 조선인의 관련성을 살펴보면, 일본에서 반제운동이 현실운동에서 조직적인 내용을 가져간 것은 1927년 5월 31일 조직된 대지비간섭동맹이라 하겠다. 이후 이 조직은 전쟁반대동맹으로 개조되었는데, 전쟁반대동맹은 1929년 11월 27일에 반제국주의민족독립지지동맹 일본지부로 되고 마침내 일본반제동맹이 되었다.

일본반제동맹은 중앙기관지로 『반제신문』, 『반제뉴스』, 『반제자료』, 『반제팜플렛』을 발행했고, 1934년부터는 『반제신문』 조선어판을 냈다. 특히 일본반제동맹은 재일조선인의 획득을 위해 이윤우를 『반제신문』 조선어판 책임자로 선정했다. 재일조선인은 적극적으로 일본반제동맹에 가입해 활동했다. 재일조선인 좌익과 인텔리층은 민족주의운동의 무력함에 한계를 느끼고 여기에 가입했으며, 재일조선인은 일본반제동맹이 개인이나 조직의 이해관계와 무관하게 민족·사회적 혁명을 재정·정치적으로 원조할 것이라는 내용에 매력을 느꼈던 것 같다. 이에 따라 재일조선인은 조직의 선두에 섰던 것이다. 결국 일본반제동맹 구성원의 60-70%는 재일조선인이 차지하게 되었다.

일찌기 재일조선인 프롤레타리아 문화운동은 1927년 3월에 재일유학생인 홍효민, 조중랑, 한식, 고경흠, 이북만 등이 제삼전선사를 조직한 이후 시작되었고, 이 조직은 조선프롤레타리아예술동맹13) 동경지부로 해소되었다. 이후 이 동경지부는 1929년 11월 해체되어 무산자사로 합

---

13) 카프로 약칭한다.

류했다.

　그런가 하면 무산자사에서 활동하다가 검거를 피한 김두용, 박정석, 이북만 등은 1931년 11월 카프 동경지부 구성원, 동경조선프롤레타리아 연극 연구회원과 東京의 조선인 유학생들과 일본프롤레타리아문화연맹과 조선프롤레타리아예술동맹를 적극적으로 지원, 지지하고 확대 강화를 위해 투쟁한다는 강령 아래 동지사를 결성했다. 동지사는 조직의 강화가 도모되고 활발하게 사업이 진행되는 가운데 일본에서 조선과 일본 예술의 공동전선 수립의 원칙에 따라 조직을 해산하고 코프14)에 가입하기로 했다. 동지사는 해체선언을 발표했고, 그 구성원들은 일본프롤레타리아 연극동맹, 미술가동맹, 작가동맹, 과학연구소, 영화동맹, 사진동맹, 무신론자동맹 등에 가입했다.

　1932년 2월 코프 중앙협의회 서기국은 조선협의회 설치를 결정했다. 이 조선협의회는 그 목적을 다음과 같이 두었다. 조선협의회는 재일본 조선노동자를 문화를 통하여 획득하여 전동맹의 활동을 통일시킴을 제1의 목적으로 했고, 카프의 확대 강화에 따라서 조선프롤레타리아문화연맹의 확립을 위해 조선 내의 문화단체, 클럽 원조를 두번째 목적으로 했다. 그리고 셋째는 조선 민족의 문화 연구에 그 목적을 두었다. 이 조선협의회는 코프 중앙협의회 산하의 청년, 소년, 부인, 농민 등의 협의회와 동등한 지위를 갖았다. 여기에서는 이홍종, 박영근, 김용제, 유정식, 은무암, 윤기청, 정운상 등이 협의원으로 선출되었다.

　다음으로 민족주의적 경향을 띤 조직운동을 보면, 먼저 동아통항조합의 자주운항운동을 들 수 있다.15) 이것은 대판제주인이 중심이 되어 제주를 위해 수행한 독자적인 운동이었다.

　1923년 12월 15일 제주와 대판 사이에는 직항로가 개설되었다. 이에

---

14) 일본프롤레타리아문화연맹의 약칭이다.
15) 자세한 내용은 졸고를 참조. 김인덕, 「1920년대 후반 재일제주인의 민족해방운동」, 『제주4·3연구』, 역사비평사, 1999.

따라 제주인들은 대거 일본으로 출가하기 시작했는데, 1930년을 전후한 시기에는 대판항을 이용하는 도항자와 귀환자 가운데 제주인들이 부산, 목포 등 제주도 이외 지역 13개 항구에서 왕래하는 자들보다 그 수가 10배 이상이었다. 또한 이들 제주인 도항자와 귀환자를 합하면 해마다 4만 명을 넘었다. 따라서 제주—대판 항로는 일본인 선박업자들에게는 황금노선으로 인식될 수밖에 없었다.

문제는 이 항로는 직항로가 개설된 이래 朝鮮郵船과 尼崎汽船 등이 독점적으로 운항하고 있었다는 점이다. 그런데 1928년이 되자 이들 선박업자들은 배삯을 전격적으로 대폭 인상했다. 장사가 됨으로 이들은 보다 많은 이익을 얻으려고 했고, 일제도 이것을 묵인했던 것이다.

배삯 인상은 제주인들에게 큰 위협이 되었다. 도민들은 같은 해 4월 자유 도항과 운임 인하를 요구하는 대회를 열고, 배삯을 내리도록 선박 회사에 요구했다. 당연히 그들은 배삯 인하 요구를 거절했다. 이에 신간회 대판지회는 제주도민 대회를 열고, 배삯 인하와 승객에 대한 대우 개선을 요구하는 결의를 했다. 그리고 실행위원을 선출하여 교섭하였으나 원만한 해결을 보지 못했다.

한편 대판 제주인들의 배삯 인하 움직임을 감지한 고순흠 등은 자주 운항운동을 전개하였다. 그들은 같은 해 12월에 '제주항해조합'과 '기업동맹기선부'를 설립하고 제주-대판 간의 독립 항로를 개설하겠다고 천명했다. 이들은 1928년 12월 1일부터 임대한 第二北海丸을 첫 출항시켰다. 그러나 조직적 기반이 약했던 이 운동은 곧바로 경영난에 빠지고 말았다. 가맹원이 16명, 출자액 3백 원의 약소한 조직으로 두 선박 회사에 대항하기에는 역부족이었던 것이다. 이에 고순흠은 1929년 3월부터 鹿兒島郵船會社의 하객취급 대리점 운영권을 인수받아 운영했다.

고순흠과는 달리 제주도민들을 조합원으로 하는 소비조합을 만들어 조합이 직접 선박을 운영할 것을 계획한 사람은 대판지역 제주인의 중심 김문준이었다. 그는 1929년 4월 제주도민 유지 간담회를 열고 제주통항조합준비회를 조직할 것을 가결시켰다. 그러나 그는 재일본조선노동총동맹에서의 활동으로 인해 제주통항조합준비회의 일에는 거리를 둘 수밖에 없었다. 그후 김문준의 뒤를 이은 것은 재일본조선노동총동맹에서 활동하다가 재일본조선노동총동맹이 전협으로서의 해소 후 전협에 가맹치 않았던 문창래, 김달준, 현석헌, 현길홍, 김동인, 성자선 등이었다. 그들은 '우리는 우리 배로'라는 구호를 걸고 조합 결성을 위해 활동하며, 「제주동아통항조합 뉴스」를 발행하기도 하였다.

마침내 大阪의 제주인 4,500명을 조직한 준비회는 1930년 4월 21일에 大阪의 中之島공회당에서 421명의 대의원과 2,000여 명의 방청객이 참여한 가운데 창립대회를 열었다. 이 자리에서는 조합명을 개칭하고, 강령을 내걸었다.[16] 이 동아통항조합은 창립대회 후 개인 가입방식으로 바뀌었고, 그 결과 120개 지구가 참가해 조합원도 10,000명에 달하게 되었다.

이와 달리 1934년 12월 16일 이운수, 박태을, 김천해, 전윤필 등은 합법적인 투쟁을 위해 조선신문사를 조직했다. 고려청년회 일본부에 관계해 검거되었던 이운수는 1934년 5월 출옥해 사회정세의 변화에 따라 합법적인 방법으로 재일조선인을 문화적으로 계몽하고, 민족, 계급적 의식을 고양하는 것이 급무라고 생각했으며, 코민테른 7차 대회의 테제를 접하면서 소신을 보다 구체화했다. 그는 박태을과 논의하여 재일조선인 일반을 대중으로 하는 합법적 신문의 발간을 협의하고 김천해, 전윤필과 1934년 12월 16일 조선신문사을 창립했다. 사장 겸 편집인쇄인은 이운수였고, 매월 2회 출간하기로 했다.

조선신문사의 활동을 크게 대분하면 조직의 확대과 신문의 발간이라고 할 수 있다. 먼저 조직의 확대에 대한 내용을 보면, 1936년 1월 하순

---

16) 대회는 조합의 명칭을 '제주통항조합'에서 '동아통합조합'으로 바꿨다. 아울러 다음과 같은 강령을 내걸었다. 1) 경영상의 기술과 방침의 정제, 2) 민주적 자치적 운영, 3) 도항의 자유 획득, 4) 무산계급 운동의 지지.

에 권오경, 김주담, 송인돌, 이창린, 이광찬, 송성철, 박서국 등의 7명을
사원으로 획득하고 같은 해 2월 10일 제1회 사원전체회의를 열어 사장
이운수, 편집국장 겸 국원 권오경, 송성철, 이광찬, 영업국장 박태을, 국
원 김주담, 박서국으로 진영을 편성했다. 1936년 2월 중순부터 5월에는
김두용, 이북만이 신입사원으로 들어갔다.

　같은 해 7월에는 구성원들이 조직의 확대와 강화를 위해 노력했다.
특히 주식회사로 조선신문사를 확대하기 위해 이운수는 東京, 橫濱지방
의 친일단체나 학생회 등에 들어가 독자 획득에 노력했다. 또한 박태을,
송성철은 北陸지방의 재일조선인 기숙사를 순회하여 자금 및 지국 설치
에 진력했다. 김천해도 神奈川, 靜岡, 長野, 愛知, 京阪지방을 다니면서
출옥환영회 및 위안회 등을 지방의 재일조선인 혁명운동세력들이 개최
하도록 지도하여 이 자리에서 조선신문사의 목적을 설명했다. 그런가
하면 전윤필도 長野, 愛知, 石川, 富山 등지에서 지국 설치를 위해 노력
했다.

　『조선신문』에서는 이북만의 「표리부동한 越境문제의 진상」, 「외몽고
문제에 대한 스탈린씨의 견해」, 「상승 중국공산군 三東省 태반 점령」, 「
불란서인민전선 대승리」 등의 논문이 실렸고, 조선어 폐지 및 공학문제,
한일합방문제, 내선인 차별문제, 내지도항문제, 주택문제, 실업문제 등을
취급했다. 『조선신문』은 1935년 12월 31일자로 창간호가 나와 약 3백부
가 배포되었는데 나머지 상당수는 차압당했다. 『조선신문』 제1호에서
제7호까지는 매호 약 5천부를 인쇄했고, 발매금지를 당한 제4호를 제외
하고는 각각 동경지방지국에 약 1천5백부, 지방 지국에 약 1천부, 동경
지방 각 단체에 약 2백부, 재일조선인 유지들에게 약 570부, 국내에 약
640부 등이 배포되었다. 1936년 7월말 구성원이 검거되어 조선신문사의
활동이 종결되었다.

　조선신문사와 함께 민족주의적 경향의 투쟁조직으로는 민중시보사를
들 수 있다.17) 『민중시보』는 1935년 6월 창간되어 김문준, 이신형이 주

간을 맡았고, 김경중, 정재영, 김달환, 박봉주 등이 구성원으로 **활동했는**데, 조선 민중의 생활개선과 문화적 향상을 촉진하는 것을 강령에서 내걸었다. 특히 재일조선인의 생활권 옹호를 위해 건강상담, 법률상담, 생활상의 지침을 널리 선동했고, 의료위생, 법률상담, 공동구입 등은 같은 시기의 소비조합, 친목회 등의 활동을 지면으로 옮겨 놓은 것과 같다.

이렇게 이들이 생활권투쟁에 힘을 쏟았던 것은 공산주의운동의 태도변화 그리고 패배, 생활난과 배외주의의 강화, 동화정책의 본격화를 배경으로 했다. 마침내 1936년 9월21일 27호로 『민중시보』는 폐간당하고 말았다.

한편 1930년대의 의열투쟁으로 주목되는 것은 이봉창의거이다.[18] 이봉창은 1932년 1월 8일 천황이 관병식장에서 櫻田門 밖의 경시청 청사 앞으로 지날 때 수류탄을 던졌다. 이 자리에서 그는 대한독립만세를 삼창하고, 체포되어 9월에 사형선고를 받고 10월 8일 순국했다.


2) 후기


이때의 재일조선인 민족운동은 강제연행에 대한 저항과 학생청년의 단체 조직을 통한 반일투쟁으로 대분할 수 있다.[19]

일제시대 조선인은 강제연행되었다. 조선인 강제연행되어 일본뿐만 아니라 만주, 사할린, 남양군도, 남방지역으로 끌려갔다. 선행연구에 기초해 조선인 강제연행의 역사는 연행방식에 따라 세 시기로 나누어 설

---

17) 『민중시보』의 논조와 당시의 활동에 대해서는 다음의 글을 참조. 外村大,「1930年代中期の在日朝鮮人運動-京阪神地域·『民衆時報』を中心に-」,『朝鮮史研究會論文集』(28), 1991. 3. 外村大는 여기에서 1930년대 재일조선인의 소비조합운동, 교육운동, 차가인운동, 대판조선무산자진료소 설립, 동아통항조합의 운동을 '민족적 생활권 투쟁'이라고 한다.
18) 이현희, 『이봉창의사의 항일투쟁』, 국학자료원, 1997.
19) 물론 일본 사회운동 속의 활동은 별도이다.

명할 수 있는데, 그 내용은 다음과 같다.[20]

제1기는 1939년 9월부터 1942년 2월까지의 이른바 '모집'이라는 방식을 쓴 시기이다. 1939년 7월 28일자 내무·후생 양차관 명의의 통첩 '조선인 노무자 내지(일본) 이주에 관한 건'에 의해 탄광, 광산, 토건업 등을 하는 업자에게 조선인 집단연행이 허가되었다.

일본의 회사는 필요한 조선인 노동자 수를 정해 일본 정부의 허가를 받아 모집책임자를 조선에 파견, 조선총독부가 모집할 지역을 배당해 주었다. 1939년 9월 중순부터 조선총독부가 할당한 지역으로 출장 간 모집책임자는 집단 모집을 자행했다. 모집지역은 경기도, 충청남북도, 전라남북도, 경상남북도 등 조선 남부 7개도였다. 1939년에 조선은 흉작[21]이었기 때문에 직장을 구하는 농민이 많았으며, 그래서 처음에는 모집이 순조롭게 진행되었다. 그러나 조선에서도 군수공장과 광산의 노동력 수요가 증가하여 노동력 부족현상이 발생했으며, 또한 일본에서 조선인 노동자가 혹사당하고 있다는 정보도 전해지게 되어 모집이 어려워지게 되었다. 이러한 집단모집 시기에 제정된 '조선인 노동자 모집 및 도항 취급요령(조선측)'의 별지(갑) '응모 노동자의 내지도항 후의 준수사항'에는 "직장을 함부로 변경하지 말것"이라는 규정이 있어, 이러한 집단모집이 조선인 노동자를 일정한 직장에 속박시키는 강제노동의 성격을 갖고 있다는 것을 보여주고 있다. "임금은 생활비에 필요한 액수 이외에는 모두 저축해야 한다"는 규정도 있었다. 이처럼 조선인 노동자에게는 용돈 정도만 주고 나머지는 모두 강제저축을 시켜 도망을 방지하는 경우가 많았다. 이 점도 초기부터 강제노동의 성격을 지니고 있었음을 보여주는 것이다.[22]

---

20) 강제연행사에 대한 개략적인 내용은 졸고 참조. 졸고, 「일본지역 강제연행 연구-연구사에 대한 비판적 검토-」, 『한국민족운동사연구』(17), 1997.
21) 樋口雄一, 「1939年の大旱害」, 『戰時下朝鮮の農民生活誌』, 社會評論社, 1998.
22) 야마다쇼오지 외 지음, 샘기획 옮김, 『근현대사 속의 한국과 일본』, 돌베개, 1992, 194쪽.

제2기는 1942년 3월부터 1944년 8월까지로 '조선인 내지 이입 알선요강'에 의거하여 조선총독부의 외곽단체인 조선노무협회가 노동자의 알선, 모집사업의 주체가 되었던 이른바 '관알선' 시기이다. 이 시기에 노동자는 조선을 출발할 때부터 부대식으로 편성되었으며, 모집지역도 평안도와 함경도를 뺀 전지역으로 확대되었다. 1942년경부터는 폭력적인 방법으로 연행이 진행되었다. 특히 이 시기에는 연행할 수 있는 사람은 할당된 수의 7, 8할 정도밖에 되지 않아 본래 연행대상이었던 노동자의 연령이 20세부터 35세까지를 지키지 않았고, 13~15세의 소년과 50세 이상이나 되는 사람까지 즉, 어린이로부터 늙은이까지 확대 연행해 갔다.

제3기는 1944년 9월부터 1945년 8월 패전에 이르는 시기로 '국민징용령'이 적용되어 공공연히 무차별적으로 강제연행이 자행되었다. 이와 함께 학생과 여성노동자를 동원하는 일도 더욱 강화되어 8월에는 학도근로보국대와 여자정신대를 결성하여 조선인들을 전쟁에 강제동원했다.

이상의 내용에서 주목할 점은 이미 제1시기 모집단계에서부터 일본정부와 조선총독부 및 그 하부조직이 강제동원 과정에 적극 개입하고 있었을 뿐만 아니라 그 모양이 노예노동의 성격을 띠고 있었다는 점이다.

이러한 강제연행의 내용 가운데 주목되는 것이 강제연행의 규모를 어림잡을 수 있는 수치이다.   아직 강제연행에 대한 총숫자는 자료에 따라 일정치 않다. 그러나 일제가 스스로 만든 자료에 의한다 하더라도 일본으로 노무동원된 수는 150여 만명으로 추산된다. 琴秉洞은 일본 당국이 계산한 조선동포의 일본 도항자 수는 전반적으로 볼 때 실제 수보다 적다고 전제하고 각종 관청 통계 중에서 각 연차별로 가장 높은 숫자를 골라 1939년부터 1945년까지의 총연행자 수를 151만 9,142명으로 추정했다.[23)]

강제연행에 의해 끌려간 조선인은 무기력하게 일본제국주의의 지배에 무능력하게 당하기만 했던 것은 아니었다. 1944년 10월 16일부터 10월 25일까지 불과 10일 만에 조선 전토에서 "징용령을 내렸으나 출두하지 않는 자"가 2만 3,166명에 달했다. 탄압과 저항에 대해 태업, 파업, 폭동 등과 노동 기피를 통해 저항했다. 탄광을 비롯한 일본의 산업현장에 동원된 조선 노동자들이 저항행위를 한 가장 중요한 원인은 일본인 감독자 및 노동자의 민족적 차별과 인격적 모욕이었다. 실제로 조선 노동자들의 저항은 폭력적인 저항 보다 상대적으로 조직적이고 계획적인 저항이 많았다.[24]

그런가 하면 1930-40년대 유학생의 운동을 보면, 1936년 明治大學의 조선유학생연구회사건, 名古屋의 민족부흥회사건, 東京의 평안그룹서건들이 있었다. 아울러 1940년대의 경우도 부단히 소그룹별 운동은 지속되는데, 1940년 名古屋의 민족주의그룹사건, 1943년의 東京의 우리독립운동그룹사건, 이밖에도 大阪과 神戸 등지에서 조선인민족주의사건, 전진회사건, 민족주의집단충성회사건, 조선학생민족주의집단사건, 조선인직공민족주의집단사건 등이 있었다.

개별 단체로 1940년 대판에서 조직한 재일조선인 민족운동단체인 계림동지회[25]에 주목할 필요가 있다. 이 조직의 결성과정을 보면, 일련의 회합에서 김봉각, 김병목, 강금종, 고봉조, 한만숙 등은 민족의식을 서로 확인하고, 5월초 金城製作所에서「조선청년이 나갈 길은 오직 하나, 민족의 해방을 위해 헌신하는데 있을 뿐」이라고 결론지었다. 이후 독서회를 갖고 상호수양하며 실력의 앙양에 노력하기로 하여 흥아연구회를 조직했다. 이 조직은 수차례 회합하여 조선독립의 이론과 실체에 관해 연구

---

23)「일본 제국주의의 조선동포 강제연행과 학살의 실태에 대하여」(상), 『月刊朝鮮資料』, 1974. 8.
24) 강만길, 「침략전쟁기 일본에 강제동원된 조선노동자의 저항」,『한국사학보』(2), 1997, 3, 262-263쪽.
25) 平林久枝, 「鷄林同志會のこと-戰時下の抵抗の一例-」, 『在日朝鮮人史研究』(7), 1980.

를 계속했는데, 국내외 정세에 대한 본격적인 연구와 사회주의 이론 학습을 줄기차게 수행했다. 특히 당시 일본에서 유행하던 사회주의 이론의 교과서격인 河上肇의 『貧乏物語』를 읽고 토론하기도 했다. 흥아연구회는 1940년 5월 중순에 이르러 일본 내의 정세가 점차 쇠퇴한다는 인식 아래 김봉각의 주창 하에 발전적으로 해소하고, 같은 해 5월 26일 새롭게 비밀결사를 조직했다. 이것이 계림동지회였다. 이렇게 계림동지회원은 투쟁 속에서 단련되어 새롭게 조직을 결성했던 것이다.

# V. 맺음말

재일조선인 민족운동은 조직운동의 성과에 기초하여 발전했다. 이러한 재일조선인 민족운동의 성격을 정리하면 다음과 같다.

1910년대의 재일조선인 민족운동은 초기 유학생 중심의 단체를 중심으로 민족주의적인 색채를 강하게 노정하며 전개되었고, 그 가운데 재일조선인 유학생들은 자연스럽게 민족의식을 체득하게 되었다.

이에 기초해 1920년대의 재일조선인 민족운동은 새롭게 다수 도일한 노동자, 청년학생을 중심으로 국내 운동의 보편적 흐름과 함께 동시에 일본이라는 지역적 특수성에 따른 정치투쟁을 전개했다. 특히 조직운동의 성과로 일본 전역을 단일한 반일조직들이 재일조선인을 묶어내기도 했다. 대표적인 것은 재일본조선노동총동맹이었다. 재일본조선노동총동맹은 동맹회 시기의 노동운동에 토대하여 조선인 청년운동과 함께 재일조선인 민족운동의 중심으로 자리잡았다. 발전기인 1920년대의 재일조선인 민족운동은 다양한 색을 갖고 전개되었다. 특히 1927년의 경우 일정한 조직적 성과에 기초해 통일적인 발전을 보였으며, 일본 전역에서 민족, 정치적 문제를 부단히 생산하였다.

방향전환을 통해 새로운 지형에서 민족운동을 전개한 1930년대 이후의 재일조선인 민족운동은 두가지 방식으로 전개되었는데, 일본 사회운동으로부터 독자성을 갖기도 했다. 지역사회의 운동과 개별적인 형태로 전개된 1930년대 이후 재일조선인의 민족운동은 일본에서만 나타난 현상은 아니었다. 특히 만주나 중국 관내지역의 경우 비슷한 내용들이 있다. 이 시기의 민족운동의 경우 민족문제와 일상적인 생활과 관련한 문제가 다른 어느 시기 보다 투쟁의 주요한 계기가 된 점은 주목된다고 할 수 있다.26)

이상과 같은 일제시대 재일조선인의 민족운동은 다음과 같은 성격을 띠고 있었다.

첫째, 조직적인 성과에 따라 재일조선인 민족운동은 학생·청년운동과 노동운동을 중심으로 전개되었다. 청년학생, 특히 유학생들은 일본지역 민족운동의 골간으로 초기부터 후기까지 투쟁의 중심에 있었다.

둘째, 재일조선인 민족해방운동 조직은 당과 대중단체의 유기적 관계 속에서 발전했다. 특히 1927년의 경우 가장 그 투쟁의 열기가 고조되었는데, 여기에는 조선공산당 일본부와 청년, 노동운동이 유기적으로 발전했기 때문이었다.

셋째, 재일조선인 민족운동을 한 시기 주도했던 일월회의 활동에서 알 수 있듯이, 일본지역에서의 조선인의 투쟁경험은 국내로 유입되어 한국민족운동사의 한 토양이 되었다. 그리고 이들은 해방과 함께 새로운 역할을 수행했는데, 물론 이때 인텔리적 한계를 부정할 수는 없다.

재일조선인의 민족운동은 한국민족운동사에서 보편적으로 나타나는 반제적인 성격을 띠며, 동시에 지역적 특수성에 기초하여 독자성을 갖고 전개된 반일투쟁이었다.

---

26) 반전운동의 시기나 이후 강제연행시기의 민족운동에 대한 연구는 아직도 일천하기에 보다 연구가 진전되어야, 성격 규명이 가능할 것으로 보인다.

# 天道敎團과 大韓民國臨時政府

曺圭泰[*]



## Ⅰ. 머리말

주지하다시피, 천도교인들은 3·1운동의 준비와 전개에 막대한 기여를 하였다. 이러한 천도교인들의 활동은 단지 독립선언과 시위를 통해 독립에 대한 열망을 보여주는 데 국한된 것은 아니었다. 천도교단 측에서는 독립선언 후 정부를 수립하기 위한 구체적인 계획안을 마련해 놓았으며, 정권의 획득도 염두에 두고 있었다.[1]

---


* 국가보훈처 연구원


1) 愼鏞廈, 「대한민국임시정부와 지도자의 역할」『대한민국임시정부의역사적의의』도산사상연구회제8회세미나발표문, 3-5면. 고정휴, 「3·1운동과 임시정부 수립에 따른 몇 가지 문제제기」, 『제40회전국역사학대회 발표요지』, 1997,

372

　기존의 연구에 의하여, 천도교단이 대통령제를 지향하는 대한민간정부, 노령임시정부, 조선민국임시정부의 조직과 선포에 관여한 것으로 밝혀진 바 있다. 또한, 이 정부의 조직에 관여한 인물들도 개략적으로 추적되기도 하였다.[2] 또한, 한성정부를 수립하는 데 관여한, 천도교인인 申肅과 安尙德의 활동을 부분적으로 검토한 연구도 있었다.[3]

　그러나, 위의 임시정부를 조직하는 데 관여하였던 천도교인의 이후의 활동과 또 다른 임시정부의 수립 및 운영에 관여한 천도교인의 활동을 다룬 연구는 아직 없는 실정이다. 특히, 대한민국임시정부의 수립과 운영에 관련된 천도교인의 활동과 천도교단의 역할에 대해서는 거의 주목하지 못하였다. 3·1운동에서의 천도교인의 역할과 천도교단의 임시정부 조직 경력으로 판단할 때, 대한민국임시정부에서 천도교단이 일정한 역할을 수행했으리란 점을 쉽게 예상할 수 있다. 그럼에도 불구하고, 아직 이에 대해서 주목하지 못하였던 것은 관심의 부족 탓도 있겠지만, 자료의 부족이 주요한 원인이었다고 생각된다.

　필자는 천도교단과 대한민국임시정부와의 관계를 밝히기 위하여, 기왕에 소개되었던 일제측 정보 문서와 회고집 이외에, 상해·북경 지역에서 활동한 천도교인이 발간한 『大同』 등의 자료와 이승만 자료 및 러시아측 자료를 활용하려 한다. 또한, 상해·북경지역에서 활동하던 천도교인과 천도교중앙총부와의 관계를 밝히기 위하여 천도교회에서 발간한

---

　141-144면.
2) 李炫熙, 「大韓民國臨時政府의 樹立計劃과 天道敎」, 『韓國思想』 20, 1985. 潘炳律, 「대한국민의회의 성립과 조직」, 『한국학보』 46집, 1987. 고정휴, 「3·1운동과 임시정부 수립에 따른 몇가지 문제제기」, 『제40회전국역사학대회 발표요지』, 1997. 고정휴, 「3·1운동과 天道敎團의 臨時政府 수립 구상」, 『韓國史學報』 34호, 1998. 이현희는 노령임시정부를 대한국민의회가 조직한 것으로 보고 있는 데 반하여, 반병률은 대한국민의회가 노령정부를 수립하지 않았다고 논증하였고, 고정휴는 이것을 발전시켜 노령정부가 대한민간정부의 연장선상에 있는 전단정부라고 보았다.
3) 李賢周, 「3·1운동 직후 '國民大會'와 임시정부 수립운동」, 『한국근현대사연구』 제6집, 1997.

『천도교회월보』 등의 교회측 자료를 활용하려 한다.

이 연구를 수행하기 위하여 필자는 다음의 사항에 촛점을 두려 하다. 첫째, 대한민간정부의 수립을 주도한 인물과 노령정부의 수립을 주도한 인물의 특성을 살피고 이들의 관련성을 밝히려 한다. 그리고, 이 문제와 관련하여, 대한민간정부·노령정부를 수립하려 한 천도교인들이 임시정부의 수립을 위하여 상해로 망명하였고 상해 임정의 수립에 참여한 점을 규명하여 보겠다. 둘째, 대한민국임시정부의 수립과 함께 상해에 망명하였던 천도교인들과 이들의 성격을 밝히고, 천도교인들이 결집하여, 정치·사회세력화 하는 과정을 검토하려 한다. 셋째, 대한민국임시정부 내에서의 천도교단의 역할과 그 한계를 검토함으로써, 천도교단이 '북경군사통일회'를 조직하는 배경을 알아보고, 북경군사통일회와 대한민국임시정부와의 힐항관계를 살펴보려 한다. 이 문제와 관련하여서는 北京에서 활동하였던 申肅의 활동을 주목하려 한다. 넷째, 대한민국임시정부와 결별한 천도교단이 대한민국임시정부를 개혁하기 위한 國民代表會에서 어떠한 입장을 취하고, 어떠한 정치세력과 제휴하였는가 하는 점을 추적해보도록 하겠다.

## Ⅱ. 天道敎人의 臨時政府 樹立 活動과 上海 亡命

우선, 천도교인들이 중국의 상해로 망명하는 계기를 알아보자. 이를 위해, 3·1운동 직후, 천도교단에서 임시정부의 수립을 추진한 인물과 이들의 활동에 대하여 자세히 검토해보도록 하겠다.

3·1운동 후 천도교 측에서 발간한 『朝鮮獨立新聞』의 3월 3일자(2호)와 3월 5일자(3호) 기사에는 다음과 같은 기록이 있다.

1) "假政府組織說, 日間, 國民大會를 開ᄒ고 假政府를 組織ᄒ며 假大統

領을 選擧하얏다더라. 安心 安心 不久에 好消息이 有ᄒ리라."(2호)

2) "十三道 各 代表者를 選定하여 三月 六日 午前 十一時 京城 鐘路에서 朝鮮獨立人大會를 開催할 것이므로 神聖한 我 兄弟姉妹는 一齊히 會合하라."(3호)


위의 내용에 따르면, 日前에 국민대회를 열고 임시정부를 수립하며 임시대통령을 선출하였다고 되어 있다.4) 물론, 이 기사의 내용은 사실이 아니었다. 그러나, 위의 내용으로, 기사를 작성하고 신문을 발간하는 데 간여한 사람들이 임시정부의 수립을 구상하고 있었다는 점만은 분명히 알 수 있다.

『조선독립신문』은 천도교 대도주 박인호·천도교회월보과 과장 겸 보성사의 사장 이종일·천도교회월보 편집인 이종린, 보성법률상업학교 교장 윤익선 등이 간여하여 3월 1일 창간되었다.5) 그리고 2호는, 이종

---

4) 현재 『조선독립신문』 2호의 기사를 "곧 국민대회를 열어 임시정부를 조직할 것"이라는 미래시제로 해석하는 경향이 있다(이현주, 「3·1운동 직후 '國民大會'와 임시정부 수립운동」, 『한국근현대사연구』 제6집, 1997, 114면; 「'국민대회'의 임정 수립운동과 사회주의세력의 태동」, 『국내 臨時政府 수립운동과 社會主義勢力의 형성(1919~1923)』, 인하대학교 대학원 박사학위논문, 1999. 8, 16면. 고정휴, 「3·1운동과 天道敎團의 臨時政府 수립 구상」, 『韓國史學報』 34호, 1998, 212면). 그러나, 『조선독립신문』 2호에 따르면, "선거하였다"는 과거시제로 되어 있다. 또, 경성지방법원 판결문(1919.11. 6) 중 이유 제3의 이종린조에 의하면, "피고 이종린은 … 전선독립신문 2호로써 손병희 등이 전선 독립선언을 하고, 조선에서 이미 假정부를 설치하여 조선의 가대통령을 선거한다"라고 되어 있다(독립운동사편찬위원회, 『독립운동사자료집』 5집, 1972, 151면). 이것을 통해 볼 때, 『조선독립신문』 2호의 기사는 "수일 전에 임시정부를 조직하였다"고 해석하는 것이 타당할 듯 싶다.

5) 독립운동사편찬위원회, 『독립운동사자료집』 5집 3·1운동재판기록, 1972, 26, 149-155면. 이미 『조선독립신문』의 발간 경위는 윤병석이 검토한 바 있다(「研究 노-트·'朝鮮獨立新聞의 拾遺」, 『中央史論』, 79-80면). 그는 京畿道警察部 査察彙報 제16회(1919. 3.12)와 경성지방법원의 이종린 예심조서(1919. 6.10)를 참고하여, 『조선독립신문』은 이종일이 발간을 계획하여, 이종린을 끌어들이고, 박인호 및 윤익선과 협의하여 발간된 것으로 보고 있다. 또한, 위의 자료집 147면의 예심종결결정(1919. 8.30)에도 2월 28일 이종일에게서 의뢰를 받은

일·윤익선 등이 체포되었으므로, 이종린의 주관으로 발간되었다.[6] 비록, 임시정부 조직설은 창간호에는 없고, 2호에 실려 있지만, 그렇다고 하여 이종린이 독단으로 임시정부의 수립 내용을 기사화 하였다고 보기는 힘들다. 왜냐하면, 고작 35세의 『천도교회월보』의 편집원에 불과한 그가 임시정부 수립과 같은 중대한 사항을 결정하였다고 보기 어렵기 때문이다. 아무래도, 『조선독립신문』의 창간에 간여한 대도주 박인호, 이종일, 윤익선, 이종린 등이 집단적으로 임시정부의 수립을 계획하였던 것으로 보인다.

이와 관련하여 이종일 등이 조직하였다는 대한민간정부가 주목된다. 정부의 형태가 대통령제로 동일하며, 이종일이 간여한 점에서 『조선독립신문』에서 언급한 그 정부의 구체적 모습으로 보인다. 그렇지만, 이에 대해서는 이론이 없지 않으므로[7], 『조선독립신문』 발간 주도자와 대한민간정부 구성원을 상호 비교하고, 천도교인들이 '大韓'이란 칭호를 사용한 사례를 비교하여, 대한민간정부의 실존 가능성을 재점검해보도록 하겠다.

먼저, 『조선독립신문』의 발간을 주도한 인물들의 특성과 천도교내 위

---

이종린이 박인호 및 윤익선과 협의하여 발간하였다고 되어 있다. 그런데, 위의 자료집 26면에 나오는 고등법원 판결(1920. 3.22)에 의하면, 박인호와 이종일이 『조선독립신문』의 발간을 주모하여, 이종일 은 같은 課 편집원 이종린에게 원고를 작성하게 하였으며, 박인호는 보성법률상업학교 교장 윤익선과 협의하여 조선독립신문사 사장의 명의를 사용할 것을 승락받은 후, 이종린이 신문의 발간을 주관한 것으로 되어 있다.

6) 『조선독립신문』 2호는 이종린이 3월 2일 관훈동 177번지 자신의 집에서 원고를 작성하고, 조선서적조합 서기인 張悰鍵(비종교인)·임승옥(비종교인)·김영조(비종교인)의 도움으로 관훈동 155번지의 인쇄서적조합에서 인쇄되었고, 3월 2일 천도교인 林準植에 의하여 배포되었다(독립운동사편찬위원회, 『독립운동사자료집』 5 3·1운동재판기록, 1972, 146-149면).

7) 대한민간정부는 『默菴備忘錄』에 나온다. 그런데 이 자료는 회고조로 기사가 만들어졌고, 정부조직의 시기와 주체, 人選 등의 문제가 매우 모호하여, 사료적 가치를 의심하고, 따라서 대한민간정부의 조직 사실을 의심하기도 한다. 이 문제에 대해서는 고정휴, 앞의 글, 216면 참조.

상을 알아보기 위하여, 이들의 약력과 3·1운동 전후의 **활동**을 <표 1>로 나타내 보았다.

다음으로 대한민간정부에 인선된 인물들을 <표 2>로 제시하였다.

<표 1>『조선독립신문』1호-2호 발간 관여자의 약력

| 이름 \ 약력 | 생년 나이 | 출신 지 | 신분 | 종교 경력 | 사회경력 | 비 고 |
|---|---|---|---|---|---|---|
| 박인호 | 1856 (64) | 충남 덕산 | | 동학입교(1983) 동학농민운동참가(1894) 천도교 대도주(08-) | | |
| 이종일 | 1858 (62) | 충남 태안 | 星州 李氏 양반 | 입교(1906) 보성사 사장 겸 천도교 회월보과 과장 | 『제국신문』 창간(1896) 대한협회 평의원 겸 회보편집인/ | 3.1 오후2시 피체 |
| 윤익선 | 1871 (49) | 충남 서산 | | | 보성법률상업학교교장 | 3.1 오후6시 피체 |
| 이종린 | 1885 (35) | 충남 서산 | 星州 李氏 | 1912년 입교 천도교회월보 편집원 | 『대한협회회보』 주필 | 3.10 피체 |

위의 두 표에서 나타나는 특징은 첫째, 『조선독립신문』을 발간한 이종일·이종린과 대한민간정부에 인선된 권동진·오세창은 모두 대한제국 말 대한협회에 관여하였던 인물들이다.[8] 둘째, 대한민간정부의 구성원인 이승만은 『제국신문』의 창간시 이종일과 편집을 하였으며 이동녕은 『제국신문』의 창간에 참여하였다는 점에서 이종일과 밀접한 관련을 맺고 있었다. 셋째, 이종일이 한때 김윤식으로부터 개화사상을 배웠다는 점에서, 김윤식도 이종일과 인연이 깊었다.[9]

다음으로 이종일이 정부의 명칭으로 '大韓'이란 칭호를 사용할 수 있었던 배경과 관련된 문제이다. 첫째, 이종일이 "大韓國 백성에게 속한 신문이라"는 뜻에서 『제국신문』이라 제호를 정한 점[10], 둘째, 이종일이

---

8) 이들이 대한협회에서 함께 활동하였음은 鄭灌, 『舊韓末期 民族啓蒙運動硏究』, 50·51면 참조.
9) 박걸순, 『이종일』(독립기념관, 1997), 45, 5면.

1898년 3월 '민권의 總合과 정부의 秕政을 비판하는 것'을 목적으로 大韓帝國民力會를 조직하였던 점11), 셋째, 이종일·권동진·오세창 등이 大韓協會의 간부로 활동하였던 점을12) 통해 볼 때, 이종일이 임시정부의 칭호에 '大韓'이란 용어를 삽입하였을 가능성이 매우 높다.

<표 2> 대한민간정부 구성원

| 구분<br>이름 | 직위 | 출생<br>연도 | 출생지역 | 신분 | 사회경력 | 종교경력 |
|---|---|---|---|---|---|---|
| 손병희 | 대통령 | 1861 | 충북 청원 | 중인<br>향리 | 일본망명, 개화파 접촉 | 천도교 2세교주 |
| 오세창 | 부통령 | 1864 | 서울 | 중인<br>역관 | 개화당사건으로일본망명(02),<br>대한협회 부회장 | 일본에서 손병희<br>만나 입교, |
| 이승만 | 국무총리 | 1875 | 황해 평산 | | 『제국신문』 편집 참여 | 감리교인 |
| 이동녕 | 내무부 장관 | 1869 | 충남 천원 | | 『제국신문』 발간 참여<br>서전서숙 설립, 신민회 | 유교 |
| 김윤식 | 외무부 장관 | 1835 | 서울 | 양반 | 이종일의 스승<br>홍사단장 | 유교 |
| 안창호 | 학무부 장관 | 1878 | 평남 강서 | | 대한인공립협회, 홍사단<br>신민회 | 북장로교인 |
| 권동진 | 재무부 장관 | 1861 | 경기 포천 | | 임오군란 후 일본 망명<br>대한협회 평의원 | 일본에서 손병희<br>만나 입교 |
| 노백린 | 군무부 장관 | 1874 | 황해 은율 | | 1895년 일본유학생, 신민회 | |
| 이시영 | 법제부 장관 | 1869 | 서울 | 양반 | 신민회, 신흥강습소 | 유교 |
| 박용만 | 법제부 장관 | 1881 | 강원 철원 | | 한인소년병학교<br>대한인국민회 | 기독교인 |
| 문창범 | 노동부 장관 | 1872 | 함북 경원 | | 전로한족중앙총회장 | |
| 김규식 | 의정부 장관 | 1881 | 경남 동래 | 양반 | YMCA교사<br>모스크바약소민족대회와 파<br>리강화회의 대표 | 북장로교 |
| 최린 | 총무부 장관 | 1878 | 함남 함흥 | 중인 | 명치대법과 졸 | 일본에서<br>손병희에 교화된<br>후 1910년 입교 |

---

10) 崔起榮, 「『帝國新聞』의 刊行과 下層民 계몽」, 『大韓帝國時期 新聞研究』, 21면.
11) 박걸순, 『이종일』, 26면.
12) 鄭灌, 『舊韓末期 民族啓蒙運動研究』(형설출판사, 1995), 51면.

　요컨대, 위의 두 가지 측면에서 볼 때, 기왕에 알려진 대한민간정부
가 바로 이종일이 구상한 임시정부와 깊은 관계가 있다는 점이다. 그런
데, 잘 알려져 있듯이, 『조선독립신문』의 발간을 주도한 이종일·윤익선
은 3월 1일 체포되었고, 이종린은 10일 체포되었다. 따라서, 대한민간정
부의 수립계획은 실현되지 못하였다.

　그렇지만, 임시정부의 수립 계획은 다른 천도교인에 의하여 계속 추
진되었다. 이 가운데 특히 주목되는 것이 1919년 3~4월 경 노령의 연
해주에서 이승만의 주도와 안창호계·천도교계·이동휘계 인물의 참여
로 조직된 '대한국민의회'로 알려진 노령정부이다.13) 이 노령정부의 구

---

13) 이 대한국민의회가 1919년 2월 25일 우스리스크에서 개최된 전로한족총회를
　　개편하여 조직된 대한국민의회를 계승한 것인지, 아니면 그것을 계승하면서
　　도 그 주도인물이 바뀐 것인지는 자세하지 않다. 그런데, 반병률은 후자가
　　문창범 등 노령의 귀화한인들이 주도하였다면, 전자의 대한국민의회는 이승
　　만계와 안창호계 인물이 주도한 것으로 보고 있다(반병률, 「大韓國民議會의
　　성립과 조직」, 『韓國學報』 46집, 1987, 157~165면). 반병률과 달리, 고정휴는
　　첫째 대한민간정부와 노령정부의 정부형태(대통령제)와 수반(손병희)이 동일
　　하고, 둘째 부통령으로 임명되었던 오세창과 손병희가 모두 손병희가 일본
　　망명 시절 접촉하였던 인물이며, 셋째 대한민간정부와 노령정부가 모두 국
　　무총리로 이승만을 지명한 점을 들어, 이 노령정부가 천도교측과 밀접한 관
　　련이 있다고 보고 있다. 다만, 이 노령정부는 실제로 조직되었다기 보다는
　　천도교와 직접 관련된 특정 세력 또는 인물이 대외적 선전 효과를 노리고
　　상해의 현순에게 거짓으로 선전했던 것으로 보고 있다(고정휴, 「3·1운동과
　　天道敎團의 臨時政府 수립 구상」, 『韓國史學報』 34호, 1998). 필자는 이 노령
　　정부가 천도교단의 주장이 반영되고 대한민간정부와 밀접한 관련이 있기는
　　하지만, 그 조직은 이승만에 의하여 주도되었다고 보고 있다. 그 이유는 첫
　　째, 1919년 4월 2일 이승만의 원조·연락으로 블라디보스톡에 조직된 大韓
　　國政府가 정부 명칭과 설립 지역의 유사점으로 볼 때 바로 이 노령정부와
　　밀접한 관련이 있다고 보기 때문이다. 둘째, 천도교측의 입장을 반영시켰으
　　리라고 짐작되는 남형우는 비록 천도교인으로 보성법률상업학교의 교수를
　　역임하기도 하였지만, 중앙총부의 인물이 아니란 점에서 한계가 있기 때문
　　이다. 셋째, 남형우는 비록 천도교인이긴 하였지만, 한편으로 북장로교계 인
　　물로 파악(朝鮮總督府府 亞細亞局, 「要視察人名簿」 國家報勳處, 『大韓民國臨
　　時政府關聯 要視察人名簿』, 1996, 120·121면)될 정도로 기독교계 인물들과
　　밀접한 관련을 맺고 있었고, 이승만과 긴밀한 연락을 주고받고 있었다.

성원은 다음의 <표 3>과 같다.

### <표 3> 노령정부 구성원의 약력

| 이름＼구분 | 직 책 | 생년 | 출신지 | 교육상황 | 사회경력 | 종교경력 |
|---|---|---|---|---|---|---|
| 손병희 | 대통령 | 1861 | 충북 청원 | | 일본 망명 | 천도교 2세교주 |
| 박영효 | 부통령 | 1861 | 경기 수원 | | 일본에서 손병희 접촉 | 유학자 |
| 이승만 | 국무총장 외무총장 | 1875 | 황해 평산 | 배재학당 | 독립협회, 대한인국민회 | 감리교 |
| 안창호 | 내무총장 | 1878 | 평남 강서 | | 신민회,대한인국민회, 흥사단 | |
| 윤현진 | 탁지총장 | 1892 | 경남 양산 | 명치대 법과 | 대동청년당 | |
| 이동휘 | 군무총장 | 1873 | 함남 단천 | 한성무관학교 | 신민회 | |
| 유동열 | 참모총장 | 1879 | 평북 박천 | 1895년 일본 유학 | 신민회, 조선인적위대 | |
| 남형우 | 사법총장 | 1875 | 경남 고령 | 명치대 법과 | 대동청년당 | 천도교인,최륜· 이종훈 연비 |
| 남형우 | 산업총장 | | | | | |
| 진정원 | 평화대사 | | | | | |
| 김규식 | 강화대사 | 1881 | 경남 동래 | | 대한민간정부 구성원 | |

※ 임원명단은 「대한독립혈전기」에 기재된 3월 29일 상해발 현순씨의 전보에 의하여 작성.
　단, 김원용 「재미한인50년사」에 이름과 직책이 다르게 된 부분은 음영으로 처리

위의 <표 3>을 통해서 볼 때, 노령정부의 조직에는 반드시 천도교인이 참여하였음에 틀림없다. 그렇다면, 천도교측을 대표하여 이 노령정부의 조직에 관여하였던 인물은 누구였을까? 필자는 그 인물이 남형우로 짐작된다. 왜냐하면, 남형우는 천도교 교적에 따르면, 李鍾勳 혹은 崔崙 소속의 교인으로 되어 있다.14) 또한 그는 경북 高靈 출신으로 보성법률상업학교를 졸업하고 1911년부터 1917년까지 동교의 교수로 활동하였다.15) 이러

---

14) 천도교중앙총부, 『天民譜錄』(1915)에는 남형우는 연원이 최륜으로 되어 있고, 경성교구, 『천민보록』(1915) 제3호에는 연원이 이종훈으로 되어 있다.
15) 朝鮮總督府 亞細亞局, 「要視察人名簿」 國家報勳處, 『大韓民國臨時政府關聯 要視察人名簿』, 1996, 120·121면.

380

한 점에서 그는 대한민간정부의 수립에 관여하였던 보성법률상업학교 교장 윤익선과 접촉할 수 있었고, 따라서 노령정부의 구성시 대한민간정부안을 반영시켰다고 판단된다. 한편, 그는 북장로계 기독교인으로 파악되기도 하였으며[16] 이승만과 연락을 주고받고 있었다.[17] 아울러, 그는 1909년 徐相一·安熙濟·金東三·尹顯振 등과 함께 청소년 중심의 비밀단체인 大東青年黨을 결성하였는데, 노령정부의 식산총장에 임명된 윤현진은 명치대 법과를 졸업한 동문이기도 하였다.[18] 요컨대, 남형우는 대한민간정부 수립을 주도한 사람들이 체포되자 연해주로 망명하여 이승만·안창호·이동휘계 인물 및 명치대 동문들과 접촉을 갖고 노령정부를 조직하는 데 천도교의 입장을 반영하였던 것으로 판단된다.

그런데, 노령지역에는 백군과 적군간의 전쟁으로 자유로운 정치활동이 여의치 않았다. 대신에 자유로운 외교활동이 가능한 上海는 그 가치가 인정되었다. 그리하여, 점차 국내·만주·노령·미주 등지의 독립운동가들이 상해지역으로 몰려들었다. 그러자, 노령정부의 수립을 주도하던 현순과 같은 이승만계 인물들은 노령지역에 정부를 수립하려던 구상을 상해에 수립하려는 쪽으로 바꾸었다. 그리고, 3월 하순에는 신한청년당 인사들과 현순 등의 이승만계 인사 등이 중심이 되어 독립임시사무소를 설치하였다.[19]

이러한 흐름에 짝하여, 노령정부의 수립에 간여하였던 남형우는 1919년 3월 하순에서 4월 초 사이 上海로 건너왔다.[20] 또, 정확한 망명시기는 알 수 없지만, 경남 진주 출신으로 일본에 유학하였던 것으로 보이

---

16) 朝鮮總督府府 亞細亞局, 「要視察人名簿」 國家報勳處, 『大韓民國臨時政府關聯要視察人名簿』, 1996, 120·121면.
17) 「李承晩이 瘦石(南亨祐)에게 보낸 편지(1921. 4.18)」, 『雩南李承晩資料』 16, 34면.
18) 윤현진에 대해서는 국가보훈처, 『독립유공자공훈록』 제5권, 1988, 689면 참조.
19) 독립운동사편찬위원회, 『독립운동사』 4, 1969, 113면.
20) 國家報勳處, 『獨立有功者功勳錄』 第5卷, 1988, 559-560면.

는 李瑛根도[21) 1919년 4월 초 상해에 머무르고 있었다. 다음으로 洪濤
(洪鎭義)도 상해 임정의 수립에 참여한 천도교인이었다.[22) 함남 함흥 출
신으로 명치대 법과를 졸업한 홍도는 1918년 여름 李春塾과 함께 노령
지역을 여행하고 니콜리스크에서 문창범·윤해 등과 회견하고 일본유학
생과 연락하여 독립운동을 전개하려고 하였었다.[23) 그는 3·1운동 후인
1919년 3월 말 경 상해로 망명하였던 것 같다.[24) 그런데, 1919년 3월에
서 4월 초순, 중국의 상해로 망명하였던 천도교인인 남형우·이영근·
홍도는 일본에 유학하였거나 보성법률상업학교를 졸업한 근대적인 교육
을 받은 사람들이란 공통점이 있었다.

이들은 상해에서 조직되고 있던 임시정부에 천도교인을 끌어들이기
위한 활동을 전개하였다. 홍도는 4월 초순 "상해임정을 선포하고 만들
기 위하여" 이봉수와 함께 서울에 왔다.[25) 그는 정광조를 비롯한 천도
교 중심인물과 접촉하여 상해임정 추진세력과의 연계를 명령받았음에
틀림없다.[26) 그가 오자, 국민대회의 개최계획에 천도교대표로서 참여하

---

21) 「北京地方 定住·來往 不逞鮮人調」(1924. 8), 日本 外務省 史料館 不逞團關
係雜件, 鮮人部 제3권, 4-3-2, 2-1-6. 이 자료에 따르면 그는 통일기성회(후에
구파로 됨)의 천도교인이었다고 되어 있음.

22) 홍도는 첫째, 1919년 4월 2일 한남수와 홍면희가 안상덕에게 국민대회시
천도교의 대표가 되어 줄 것을 청하자, 안상덕이 홍도를 소개한 점(「안상덕
예심조서」, 『독립운동사자료집』 5, 139면)과 둘째 홍도가 상해의 성화회에
참석하였다는 점으로 판단할 때 천도교인으로 판단된다.

23) 독립운동사편찬위원회, 『독립운동사자료집』 9집, 553-554면.

24) 『조선민족운동년감』 3면의 기록을 통하여, 홍도가 1919년 4월 8일 이춘숙·한
남수 등과 상해로 간 것처럼 보이나, 「안상덕예심조서」(『독립운동사자료집』
5), 138-139면이나, 「안상덕공판시말서」(『한민족독립운동사자료집』 19, 1994),
27면에 의하면, 홍도는 4월 2일 이전에 상해에 있었던 적이 있었음을 알 수
있다.

25) 「안상덕예심조서」, 『독립운동사자료집』 5, 138-139면. 申肅, 『나의 一生』(日
新社, 1963), 50면.

26) 이광수, 「나의 고백」, 『李光洙全集』 7(삼중당, 1970), 255-257면. 평북 정주의
東學 大接主 박찬명 밑에서 1904년 갑진개화운동에 참여한 경력이 있던 李
光洙가 李鳳洙에게 손병희의 사위이며 천도교 중앙총부의 大宗司長으로 明

였던 安尙德은 국민대회의 개최를 추진하던 한남수와 홍면희에게 洪濤
를 소개하였다.27) 아마도, 천도교 실권자인 정광조와 연락을 위해서는
명치대 동문인 홍도가 유리하다고 본 때문이 아닌가 한다. 그러나, 3·1
운동 직후, 일제가 천도교총부를 감시하고 통제하던 상황에서, 홍도가
정광조를 만났을 가능성은 희박하다. 설사, 만났더라도, 정광조를 비롯
한 천도교의 실권자를 상해 임정 수립과정에 참여시킬 수는 없었을 것
같다. 홍도는 4월 8일 상해로 돌아왔다.28) 그리고, 천도교 중심인물의
참여가 어렵다는 사실을 보고하였다.29)

상해에 머무르던, 천도교인들은 또한 독자적으로 정치단체를 조직하
였을 것으로 짐작된다. 이것과 관련하여 주목되는 것이 1919년 4월 6일
상해에서 당헌과 강령이 공포된 統一黨이다. 1921년 북경군사통일회에
統一黨 대표로 참석하였던 신숙 등은 북경군사통일회의 기관지『대동』
3호에서 統一黨이 1919년 4월 6일 만들어졌다고 한 점에서, 이 통일당
은 천도교인이 만들었음에 틀림없다. 통일당의 강령과 당헌을 소개하면
다음과 같다.30)

---

治大 政經科 卒業生인 鄭廣朝나 천도교의 중심인물을 만나게 하였던 사실로
파아, 홍도도 동일한 임무를 부여받았을 가능성이 있다.

27)「안상덕예심조서」,『독립운동사자료집』5, 138-139면.
28)『조선민족운동년감』, 3면.
29) 그와 함께 서울에 파견되었던 이봉수가 상해임정의 수립과정에 33인의 참여
가 어렵다고 보고한 점으로 보아(국사편찬위원회,『한국독립운동사』자료4
(임정Ⅳ), 정음문화사, 1968, 27면.) 홍도도 천도교 중심인물의 참여가 어렵다
고 보고했을 가능성이 높다.
30)『大同』제3호, 1921. 7. 9.『조선민족운동년감』, 2-3면. 한편, 신숙은 통일당의
강령이 一. 민본정치의 실현, 二. 노본경제의 조직, 三. 인본문화의 건설이라
는 삼본주의를 근간으로 하였으나(신숙,『나의 일생』, 55-56면) 이것은 1930
년대 이후의 통일당의 강령이라고 생각된다. 또한 통일당 간부였던 최동오
는 1944년 10월 1일 蔣中正(介石)에게 천도교인과 중국의 국민당과 연합하
여 대일항전을 할 것을 청원할 때, 천도교의 혁명이론이 인본주의·민본주
의·노본주의라고 하였다. 그런데, 인본주의는 사상혁명의 이론으로 神本位
주의를 배척하고 최수운이 창도한 동학의 人間本位의 이념이라고 하였다.

<黨綱>
一. 國民의 心과 力을 統一하야 祖國을 光復하고 新時代에 新理想에 基한 新國家를 建設할 일.
二. 人本主義를 彰明하야 舊天地·舊社會를 新天地·新社會로 改造하고 朝鮮的 新文化를 世界에 建設할 일.
三. 全 人類의 自由와 平等을 爲하야 强權을 排除하고 世界의 大同을 實現할 일.
四. 産業과 敎育의 新施設을 圖하야 人類의 共同生活의 幸福을 增進할 일

<黨憲>
제2조 本黨은 世界 改造의 劈頭에서 人生主義的 新文化를 세계에 건설하고 인류의 이상적 新生活을 實現하는 것을 宗旨로 함.
제4조, 本黨의 위치는 조선 京城에 두나, 단지 임시로 上海에 둠.


위의 당헌에 의하면, 통일당은 本黨은 京城에 두나 단지 임시로 상해에 둔다고 하였다. 그렇다면, 이 통일당은 경성과 상해의 천도교인들이 협의 아래에서 만들었음을 알 수 있다. 그리고, 당강·당헌에 나오는 '人生主義的 新文化' 같은 용어는 1919년 경 일본에서 유행하던 용어라는 점에서 일본 유학 천도교인의 참여가 있었음을 짐작할 수 있다. 또한, '大同'이란 용어를 통하여, 大同思想 및 大同團과 관련된 천도교인이 참여하였음을 짐작할 수 있다. 이상의 전제 아래에서, 1921년 경 통일당의 간부로 선임되었던 총리 신숙·정치부장 崔東旿·경제부장 金義宗·문화부장 李民昌(이영근)의 행적을 추적해 보면, 상해에 있던 이영

---

그리고, 민본주의는 정치혁명의 이론으로 구체적으로 이것은 국내적으로는 全民政治를 실현하고 국외적으로는 세계 각 민족의 一律平等의 정치를 실현하는 것이라고 보았다. 또, 노본주의는 경제혁명의 이론이라고 하였다. (秋憲樹 編, 『資料 韓國獨立運動』 第2卷(延世大學校 출판부, 1972), 315-322, 433-434면). 신숙과 최동오의 이러한 주장은 1920년대 통일당의 강령을 담고 있는 것이 아니라, 1930·40년대의 생각을 반영하는 것으로 판단된다.

근(이민창)과 서울에서 한성정부의 수립에 참여하였고 뒤에 대동단에 참여하였던 申肅이 통일당의 결성을 주도하였음을 알 수 있다.[31] 요컨대, 상해 지역의 천도교인과 국내에서 한성정부의 수립에 참여하던 천도교인들은 정치적 역량을 강화하려고, 서로 연계하여 통일된 정부의 수립을 표방하면서 통일당이란 政黨을 결성하였던 것이다.

그러나, 상해임시정부 수립 주도세력과 한성정부 수립 주도세력 간의 통합은 이루어지지 않았다. 그러자, 상해의 남형우·이영근(이민창)·홍도는 상해임시정부에 참여하였다. 남형우와 이영근은 1919년 4월 10일 열린 제1회 임시의정원회의에 참석하였다.[32] 11일, 이영근은 본국에서 조직된 임시정부를 부인하자는 의견과 집정관제를 총리제로 개정하자는 의견을 제시하였다.[33] 홍진의도 4월 23일 제2회 임시의정원회의에 참석하였다.[34]

또한, 이들은 행정부와 의정원의 직책을 맡았다. 남형우는 제1회 의정원회의에서 법무차장에 선임되었고, 5월 10일에는 법무총장에 선임되었다.[35] 홍도는 4월 23일 차장제가 폐지되고 위원제가 실시되었을 때 국무위원에 선임되었고, 5월 13일 제4회 의정원 회의에서는 함경도 위원에 선임되어[36] 상해 임정과 노령의 대한국민의회와의 통합을 장병준·손두환·한위건·장도정·임봉래 등과 함께 주장하였다.[37] 그리고, 이영

---

31) 신숙은 대동단에 관계하여, 1919년 10월 대동단에서 민족대표 33인을 선정하였을 때, 철원군의 천도교인인 吳世德과 함께 그 대표에 선정되어 있었다. 신복룡, 『大同團實記』(양영각, 1982), 115-116면. 張錫興, 「朝鮮民族大同團硏究」, 『한국독립운동사연구』 3, 1989, 268면.
32) 『조선민족운동년감』, 4면.
33) 「大韓民國臨時政府議政院記事錄 第1回集」, 고려서림 영인, 『조선민족운동사』 1(未定稿), 1989, 145-151면.
34) 『조선민족운동년감』, 8면.
35) 『조선민족운동년감』, 5, 15면.
36) 『조선민족운동년감』, 8·9, 16면.
37) 독립운동사편찬위원회, 『독립운동사』, 1972, 199면.

근은 7월 17일 사료편찬부 위원에 선임되었다.[38]

　그러나, 7월 7일 남형우는 법무총장직을 사임하였다.[39] 그리고, 7월 19일의 의정원회의에는 위에 거론한 남형우·이영근·홍도는 한 명도 참석하지 않고 있다.[40] 아마도, 이것은 상해임정의 주도세력으로부터 점차 소외되고 있다는 증거가 아닌가 한다.


# Ⅲ. 天道敎人의　大韓民國臨時政府　參與와 政治勢力의　糾合


　앞에서 살폈듯이, 상해의 천도교인들은 상해임시정부에서 점차 소외되고 있었다. 그것은 이들이 천도교 대표로서 역할이 미미하였기 때문이라고 생각된다. 그리고, 이것은 천도교 총부와 천도교인들이 상해 임정을 지원하는 것이 미미하였던 것과 무관하지 않았다.

　그런데, 1919년 9월 상해임정, 한성정부, 노령의 대한국민의회 등 제 정부가 통합되어 우리 민족을 대표하는 정부로서 대한민국임시정부가 수립되었고, 또 그 정부는 겨레의 전폭적 지지를 받았다. 그러자, 천도교 중앙총부와 천도교인들이 상해에 위치한 대한민국임시정부를 바라보는 시각이 달라질 수밖에 없었다.

　이제는 천도교 중앙총부와 지방 천도교회의 비중있는 인물들이 상해에 파견되었다. 그 예로, 崔東旿가 1919년 10월 출옥하자 마자, 의주 대

---

38) 『조선민족운동년감』, 17, 30면. 『명치백년사총서』 Ⅱ권, 197면에는 李漢根으로 되어 있으나, 이것은 李瑛根의 오기로 판단된다. 왜냐하면, 『조선민족운동년감』 17면에는 李瑛根이 사료편찬위원으로 선임되고 있고, 31면에는 李泳根이 사료편찬위원에서 선임된 것으로 나타나고 있다. 그러므로 李漢根은 李瑛(泳)根의 오기로 판단된다.

39) 『조선민족운동년감』, 17면.

40) 『조선민족운동년감』, 30-31면.

교구장인 崔錫蓮 密令을 받고 상해로 왔다.[41] 崔東旿는 1892년 平北 義州郡 출신으로 1903년에 천도교에 입교하여, 1909년 손병희의 명을 받고 비밀운동에 종사하였다 하며, 1910년 천도교 奉訓, 1913년에는 敎訓에 임명되었다. 그는 1913년에서 1916년 사이 천도교 중앙종학원 고등사범과와 법정과를 졸업하였고, 1916년에는 講道師에 임명되었던 평북 의주대교구의 중진이었다. 그는 3·1운동이 일어나자 의주에서 義州敎區長 최석련, 鐵山敎區長 崔安國 등과 상의하여 의주시내와 압록강변 7개 군에 독립선언서를 배포하고, 3월 1일부터 4월초까지 의주 일대에서 독립만세운동을 전개하였으며 이 사건으로 일제에 구금되어 갖은 고초를 겪고 1919년 10월 경 풀려나자마자 상해로 망명하였던 것이다.[42]

최동오의 뒤를 이어 선천교구장이던 李君五의 명을 받아 金義宗이 상해에 파견되었다.[43] 또한, 평북 용천 출신으로 중국 남경의 금릉대학 중학부에서 유학하던 張敬順(1900-?)도 1920년 4월 상해로 이동하였다.[44]

1920년 5월 초에는 申肅(申泰鍊, 申憲)이 상해에 도착하였다. 그는 1919년 3·1운동 당시 천도교 중앙총부 監査院 書計員이었다. 그는 한성정부의 수립에 관여하였고, 대동단의 독립선언계획에 관여하기도 하였다. 그는 1920년 4월 23일 교인 申相泰와 서울을 떠나, 평북에서 최석련·이군오 등을 만나고, 安東縣에 설치된 중간 연락기관 三山商會에서 근무하는 朴承煥·韓明河·洪鍾河 등의 도움을 받아 일주일 정도 은거하다가, 상해에서 온 張敬順과 함께 怡隆洋行의 상선으로 3일 만에 상

---

41) 「崔東旿 履歷書」, 국가보훈처, 『海外의 韓國獨立運動史料』ⅩⅧ 臺灣篇①, 1996, 103면. 신숙, 『나의 일생』,
42) 「최동오이력서」, 추헌수, 『자료한국독립운동』 4권(상·하), 1975. 조선총독부, 『국외용의조선인명부』, 1934, 168면. 졸고, 「천도교 인물열전 임정요인 최동오」, 『新人間』 565호, 1997. 9.
43) 신숙, 『나의 일생』, 72면.
44) 독립운동사 편찬위원회, 『독립운동사자료집』 제10집, 1191-1192면. 이 판결문에 의하면 장경순은 1920년 4월에 상해로 왔다고 진술하였다.

해에 도착하였다.[45] 또, 이 무렵 金弘善도 상해에 도착하였다.[46]

　이처럼, 천도교인들의 상해 망명이 많아지자, 대한민국임시정부에 참여하는 천도교인들도 늘어났고, 정부 내에서의 천도교인들의 위상도 점차 커갔다. 최동오는 1919년 11월 14일 내무부 參事에 임명되었고[47] 1920년 3월 4일에는 내무부 지방국장에 선임되었다. 또, 황학수는 1920년 2월 21일에는 군무부 비서국장에 선임되었으며[48] 金弘善은 3월 16일 내무부 서기에 선임되었다.[49] 또한, 1920년 3월 경, 홍도와 이영근은 각기 함경도와 경상도를 대표하는 임시의정원 의원이었다.[50]

　아울러, 국내의 천도교인들도 연통제 조직에 참여하여 대한민국임시정부의 활동을 도왔다. 대동단의 민족대표 33인의 한 사람으로 선발된 吳世悳(1897-1986)은 대한독립애국단 철원군단 외교부원으로 활동하면서, 한편 1919년 11월 대한민국임시정부 철원군 조사원으로 임명되었다.[51] 또, 洪聖淵은 1920년 연통제의 함남 참의에 임명되었고,[52] 金秉濟는 1920년 1월 평북 운산군 참의로 임명되었으며,[53] 金秉濬(일명 金慶哲)은 1920년 9월 督辦府 함남 이원군 參事로 임명되어 있었다.[54] 이처

---

45) 신숙, 앞의 책, 52-53면. 이 기록에 의하면 신숙이 신상태와 함께 서울을 떠난 날자가 4월 23일로 되어 있다. 그러나『천도교회월보』142호, 1922. 7, 72면의 기사에 따르면 신숙이 1920년 봄에 상해에 와서 4월 5일에 임시로 천도교상해성화회실을 마련하고 천일기념식을 치렀다고 되어 있다. 이처럼 날짜에 불합리한 점이 보이는 것은 『천도교회월보』의 성화회실 설립일자가 음력이기 때문이 아닐까 한다.『천도교 중앙총부 직원록』, 布德 60년(1919). 표영삼,「삼본주의 제창자 강재 신숙 선생」,『신인간』537호, 1996. 3. 참조.

46) 一記者,「天道教北京傳教室創立祝賀式記」,『天道教會月報』142호, 1922.7, 71면.

47)『조선민족운동년감』, 36면.

48)『조선민족운동년감』, 73, 72면.

49)『조선민족운동년감』, 75면.

50)『대한민국임시정부의정원문서』, 79면. 공보처, 1974.

51) 국가보훈처,『독립유공자공훈록』제5권, 1988, 669-670면,『조선민족운동년감』, 62면.

52)『조선민족운동년감』, 100면.

53)『조선민족운동년감』, 105면.

럼, 천도교인의 참여가 많아지자, 대한민국임시정부에서도 천도교와 독립운동에 관한 제반 사항을 협의하기 위하여 1919년 12월 말 현재 林承業을 특파원으로 파견해 놓고 있었다.[55]

상해에 거주하는 천도교인들의 수가 늘어나자, 이들은 천도교인들의 결속을 다져나갔다. 1920년 봄 무렵, 상해에는 申肅·崔東旿·南亨祐·李瑛根(李民昌)·洪濤(洪鎭義)·姜智汕·李宇明·李夢洋·吳世悳·金弘善·張敬順 등이 있었는데, 이들은 佛租界 霞飛路 寶康里 20號에 주택을 세로 얻어 함께 기거하고 있었다.[56]

신숙 등은 상해에 거주하는 천도교인들과 협의하여 임시 聖化會室을 설립하기로 결정하였다. 그리고 신숙은 이러한 사실을 의주교구장이던 최석련과 선천교구장이던 이군오에게 보고하여 임시 포덕비 10,000 여 원을 지원받았다. 신숙을 비롯한 천도교인들은 1920년 4월 5일(음력으로 짐작됨) 천도교상해성화회실을 임시로 上海 佛租界 寶康里 20호에 설치하고 天日紀念式을 거행하였다.[57]

성화회에서는 1920년 8월 천도교의 교리와 역사를 약술한 『天道敎의 實事』란 소책자를 편술 간행하여 상해와 그 외 중국의 각지에 산재한 동포들에게 배포하여 선전하는 한편 이것을 영문으로 번역하여 歐美各國의 政廳과 유명도서관과 상점에 배포하였다.[58] 또, 1921년 2월에는 義菴聖師 孫秉熙의 회복을 기원하는 기도회를 7일간 열었다. 그리고, 1921년 3월에는 임시성화회실을 확장하여 전교실을 설립하기 위하여 金弘善을 서울에 파견하였다.[59]

---

54) 『조선민족운동년감』, 100, 105, 111, 123면.
55) 『조선민족운동년감』, 64면.
56) 申肅, 『나의 일생』(日新社, 1963), 55면. 一記者, 「천도교북경전교실창립축하식기」, 『천도교회월보』 142호, 1922. 7, 72면.
57) 一記者, 「天道敎北京傳敎室創立祝賀式記」, 『개벽』 142호, 1922.. 7, 72면.
58) 신숙, 앞의 책, 55면. 일기자, 앞의 글, 72면.
59) 일기자, 앞의 글, 72면.

이처럼, 상해의 천도교인들이 성화회실을 설립한 것은 단지, 종교적 위안을 얻기 위한 것만은 아니었다. 이것은 천도교인의 결속력을 다져 상해지역 천도교단의 정치적 힘을 강화하며, 선전과 포교의 확대를 통해 상해지역 천도교단에 대한 사회적 지지를 확대하려는 것이었다. 또 한편, 이것은 국내의 천도교 중앙총부로부터 자연스럽게 자금을 지원받기 위한 방편이기도 하였다.

한편으로, 천도교인들은 상해 지역의 여러 정치·사회단체에 참여하였다. 이영근은 1919년 11월 설립된 대한교육회에 가입하여 이광수 등과 함께 편집부원으로 활동하였다.[60] 또 남형우는 1919년 상해에서 신채호 등과 新大韓同盟團을 조직하여 자신이 40여명의 단원의 團主로 활동하고 있었으며,[61] 1920년 인성학교 유지원과 특별찬성자로도 활약하고 있었다.[62]

그리고, 상해지역의 천도교인 가운데에는 사회주의사상을 수용하여 사회주의단체에도 간여하는 인물들이 발생하였다. 洪濤(洪鎭義, 1895-)는 1919년 말 이동휘의 후원으로 상해에서 발간되던 『효종』의 주필로 사회주의와 공산주의를 선전하였다. 그는 1921년 '고려공산당 임시연합간부'가 되었다.[63]

---

60) 『조선민족운동년감』, 45면.
61) 國家報勳處, 『海外의 韓國獨立運動史料』(XⅧ) 대만편 ①, 1996, 103면. 國會圖書館, 『韓國民族運動史料』中國篇, 1976, 211면.
62) 國會圖書館, 『韓國民族運動史料』三·一運動篇 其一, 1979, 945면.
63) 강만길·성대경 엮음, 『한국사회주의운동 인명사전』, 548면. 「신분장지문원지」등 참조.

## Ⅳ. 天道敎團의 大韓民國臨時政府와의 訣別과
## 北京軍事統一會의 組織

상해에 거주하고 있던 천도교인들은 세력을 결집하여 점차 정치적 영향력을 향상하여 가고 있었다. 그럼에도 불구하고, 1920년 초 천도교인들의 대한민국내에서의 위상은 고작, 局長 2명과 의정원 의원 2명과 미관말직인 書記 1명을 차지하고 있는 정도였다. 이것은 3·1운동시 보여주었던 천도교인들의 역할을 고려하면, 제대로 평가받고 대우받은 것이라고 볼 수 없다. 상해 지역의 천도교인들은 자연적으로 불만을 가졌을 것으로 짐작된다.

그때 마침, 이승만과 정한경이 미국과 국제연맹에 위임통치를 청원한 사실이 알려지게 되었다. 게다가, 대한민국임시정부의 자금이 궁핍하여, 정부 직원들의 임금도 제대로 주지 못하는 상황이 발생하였다. 이 무렵인 1920년 5월 25일, 최동오는 내무부 지방국장을 사면하였고[64], 황학수도 1920년 9월 7일 군무부 비서국장을 사면하였다.[65] 이들의 잇달은 辭免에는 임정의 이승만정권의 외교우선주의 정책에 대한 비판과 아울러 천도교단에 총장 하나를 배정하지 않는 부적절한 대우에 대한 불만이 깔려있지 않나 생각된다.

1920년 8월 경 남형우는 1919년 신채호 등과 결성하였던 신대한동맹단의 단주로서 단원 40명 정도를 이끌고 북경의 박용만과 연계하여 과격주의(무장투쟁론: 필자)를 추구하며 上海에서 활동하고 있었다.[66] 또한, 신숙은 1920년 중반에 최동오를 만주에 파견하여 각 무장독립운동단체의 수와 무장군인의 수를 조사하게 하였다.[67] 요컨대, 상해의 천도

---


64) 『조선민족운동년감』, 82면.
65) 『조선민족운동년감』, 88면.
66) 國會圖書館, 『韓國民族運動史料』 中國篇, 1976, 211면. 장붕이 이승만에게 보낸 서신(1920. 7.30).

교인들은 이승만 정권의 인사와 외교정책에 불만을 품고, 정권에서 소외되어 있으면서, 무장투쟁론을 주장하는 집단과 제휴를 꾀하였다. 이러한 제휴는 지리적으로는 경상도인과 강원도인과 함경도인, 그리고 일부 황해도인들을 결합하는 것이었다.[68]

1920년 7월 16일자 편지에서 장붕이 이승만으로 하여금 손병희에게 친서를 보내어 천도교와 제휴하도록 건의한 것[69]도 바로 이러한 사정과 관련된다. 사실 그는 천도교에 대해 "천도교는 조선의 독창적 교회요 또 개혁파의 元朝라고 자긍하기는 하나 실로 그 내부의 조직인즉 具體的이요 陰謀的이오 共産的이오 總體的인즉 그 장래의 변화는 예측하기 難하며"[70]라고 하여, 그리 긍정적으로 보고 있지 않았다. 그럼에도 불구하고, 그는 이승만정권의 약화를 막기 위해 천도교와의 제휴를 건의하였던 것으로 보인다.

이러한 건의를 받은 이승만은 1920년 9월 18일자로 하와이에서 손병희에게 서신을 보내어 光復大業에 제휴하여 힘써 나아가기를 희망하였다.[71] 장붕의 서신으로 판단컨대, 이승만의 서신은 상해·북경지역의 천도교단과의 제휴를 염두에 둔 것이었다.

그러나, 신숙은 동년 9월 상해를 떠나 북경에 도착하였다. 그리고, 朴容萬, 申采浩 등과 협의하여 軍事統一促成會를 발기하였다.[72] 여기에는 1920년 가을 북경에서 혁명동지회를 조직하였던 장건상도 참여하였다.[73] 신숙 등은 중국 동북지역의 군사 대표와의 회합을 위해서 裵達武를 南滿으로, 南公善을 北滿으로 파견하였다.[74]

---

67) 신숙, 『나의 일생』, 61면.
68) 장붕이 이승만에게 보낸 서신(1920. 7.30).
69) 장붕이 이승만에게 보낸 서신(1920. 7.16).
70) 장붕이 이승만에게 보낸 서신(1920. 7.30).
71) 國學資料院 影印, 『雩南 李承晩文書』 16권, 1998, 49면.
72) 신숙, 『나의 일생』, 61면.
73) 강만길·성대경 엮음, 『한국사회주의운동 인명사전』(창작과비평사, 1996), 406면.

한편, 외교적 후원을 위하여, 신숙과 최동오는 마침 상해 佛租界 環龍路에 은거하던 손일선(손문)을 國民黨員인 彭光武와 秘書 許殷民을 통하여 1차 면회하였다. 이들은 이때 손일선의 혁명적 포부와 열정으로부터 감복하고 한중협력 방안을 협의하고 결속을 다졌으나 실행되지는 못하였다 한다.[75]

1921년 들어, 상해·북경 지역의 천도교단과 이승만 정권의 갈등의 골은 점점 깊어갔다. 홍도와 이영근은 임시의정원 의원이었지만, 1921년 초 열린 임시의정원회의에 모두 결석하였다.[76] 반대로, 1921년 4월 8일 申肅·南亨祐·崔東旿·李民昌의 주재로 大東旅舍에서 열린 교주 손병희의 제61회 탄신축하회에 전 국무총리인 이동휘와 임시정부의 각 총장 이하 직원의 일부, 의정원 의장과 의원 등 약80 여명이 참석하였지만, 이승만·노백린·신규식은 참석하지 않았다.[77]

1921년 4월 바로 직전에 천도교인들은 천도교인들의 결속을 위하여, 통일당을 새롭게 정비하였다. 이 통일당은 1919년 4월 6일 국내에서 "삼일운동의 주지를 관철하기 위하여 다수유지의 발기에 係한 바" 있었다. 그러다가, 북경에서 군사통일회가 개최되기에 앞서 다시 통일당이 급히 정비되었던 것으로 보인다. 이 시기에 통일당의 총리로 신숙을 정하고, 정치부는 崔東旿, 경제부는 金義宗, 문화부는 李民昌(이영근)이 각각 책임을 맡았다.[78]

---

74) 신숙, 『나의 일생』, 61면.
75) 신숙, 『나의 일생』, 56-57면. 孫逸仙이 제2차 혁명이 실패로 돌아간 후 西南에서 軍權을 장악한 陳炯明과 합력하여 廣東에서 護法政府를 조직하고 대통령에 취임하여 다시 북벌을 도모하다가 陳炯明과 의견이 갈려서 계획이 좌절된 후 잠시 上海에 머물렀다 한다.
76) 『대한민국임시정부의정원문서』, 103면.
77) 金正明 編, 『朝鮮獨立運動』Ⅱ 民族主義運動篇(原 書房, 1967), 431면.
78) 『大同』 제3호, 1921. 7. 9. 『조선민족운도년감』, 2-3면. 신숙, 『나의 일생』, 56면. 신숙의 기록에 의하면, 신숙이 상해에 와 성화회실을 만든 이후에 통일당이 만들어진 것으로 되어 있다. 그리고, 『한국민족운동사료』 중국편, 278

1921년 4월 17일 북경에서 열린 군사통일회에 통일당에서는 신숙·申達模(申性模)·黃學秀가 內地統一黨 대표로서 참석하였다. 신성모는 1915년 남형우와 함께 대동청년당의 활동을 한 천도교인이었으며,[79] 황학수는 충북 제천 출신으로 고향에 동명학교를 설립하고 활동하다가 3·1운동 후 상해에 망명하여 대한민국임시정부에서 활동하였고[80], 강구우는 북간도의 독립운동단체인 대한국민회의 의사부원으로 활동하였다.[81] 또한, 대한국민회의 대표로 참석한 강구우도 천도교인이었다.[82]

4월 17일 있은 임시임원선거에서 신숙은 임시의장으로 선출되었다. 그리고 다음날 있는 정식임원선거에서도 신숙은 의장으로 선출되었다. 같은 날 있은 각과 임원 선정시 선출된 천도교인은 다음의 <표 3>의 밑줄친 사람과 같다.

특히 주목되는 점은 천도교에서 재정을 담당하였던 점이다. 이 외에 4월 23일에는 신달모가 서무로 증선되었다.

---

면의 1921년 5월 24일자 정보에는 이 무렵 統一團(黨: 필자)이 만들어진 것으로 보고되었다. 그런데, 4월 17일 열린 북경군사통일회에 통일당이란 명칭이 나오는 것으로 보아, 아마도 군사통일회가 열리기 바로 직전에 통일당이 만들어진 것으로 보인다. 그런데, 『신숙』의 기록에 의하면, 이 시기에 통일당의 총리로 신숙을 정하고, 정치부는 崔東旿, 경제부는 金義宗, 문화부는 李民昌(이영근)이 각가 책임을 맡았다고 되어 있다. 그러나, 북경군사통일회에 최동오·김의종·이민창이 참여하지 않았고, 『한국민족운동사료』 중국편, 278면에도 신숙의 일파가 조직하였다고 한 점으로 보아, 신숙이 천도교인들의 전폭적인 지지로 이루어진 것을 과장하기 위하여 사실과 다르게 정리하였을 가능성도 없지 않다.

79) 독립운동사편찬위원회, 『독립운동사』 10, 1978, 956면.

80) 『독립운동사』 5권, 832면.

81) 박환, 『滿洲韓人民族運動史硏究』(一潮閣, 1991), 66면.

82) 中央日報社·延世大 現代韓國學硏究所, 『零南李承晩文書』 8권(국학자료원, 1998), 276-290면. 『大同』 3호, 1921. 7. 9,

<표 3>　군사통일회의 각과 책임자

| 구　분 | 책　임　자 |
|---|---|
| 군사위원 | 김세준, 황학수, 박용만, 성준용, 강구우 |
| 시국문제연구위원 | 신숙, 김갑, 이장호, 박용만, 남공선 |
| 재정위원 | 신숙, 강구우, 이장호 |
| 의안심사위원 | 박건병, 홍남표, 이광동 |
| 서무위원 | 김갑, 김세준, 권경지 |

4월 23일 있은 議案討議에서는 각 단체의 시설을 일정한 방침에 따라 일치시키고, 군사운동주요계획과 각단임무분장안이 마련되었다. 그리고, 여기에서는 한성정부와 대한국민의회를 무시하고 독단적인 전횡을 일삼고, 미국에 위임통치를 청원한 이승만정권 하의 대한민국임시정부와 임시의정원을 불승인한다는 「선언서」와 '대미위임통치청원에 對ㅎ야 李承晩등을 성토'한다는 성토문이 마련되었다. 그리고, 國民代表會를 소집하여 1919년 4월 23일 국내에서 발표된 대조선공화국임시정부의 계통을 이어서 대한민국임시정부의 조직을 日新할 것을 촉구하는 내용이었다. 이 내용은 동월 27일 상해에 파견된 파견된 申性模에 의하여 임시정부에 전달되었고, 5월자로 일반인에 공포되었다.[83]

그런데, 1921년 5월 경 신숙 등의 천도교집단들은 갑자기 북경군사통일회 내의 박용만·신채호 등과 결별을 선언하였다. 신숙은 살벌한 수단에 의존하는 불온한 단체에는 참여할 수 없으므로 처음에 약속한 자금을 지원할 수 없다고 하였다. 그리고, 30여명에 이르는 통일당의 결속을 강화하였다.[84] 밝힌 바에 따르면, 신숙 등은 박용만·신채호 등이

---

83) 中央日報社·延世大 現代韓國學硏究所, 「선언서」·「성토문」, 『雩南李承晚文書』 8권(국학자료원, 1998), 276-290면. 『대동』 3호. 蔡根植, 『武裝獨立運動秘史』(大韓民國公報處, 1949), 92면. 신숙, 『나의 일생』, 63면.
84) 金正明 편, 『명치백년사총서』 조선독립운동편(東京: 原書房, 1967), Ⅰ권 분책, 609면.

‘살벌한 수단’, 예컨대 ‘테러’ 같은 방법을 취하려는 데에 불만을 품고 군사통일회에서 탈퇴하였다. 그렇지만, 실제적인 이유는 무엇인지 자세하지 않다.

1921년 6월 박용만, 신채호 등은 제2회 보합단을 조직하여, 신숙을 배제하고 자신들의 단합을 과시하였다.[85] 그러자, 신숙은 7~8월 경 상해에 가서 최동오와 협의하여, 천도교 세력의 결속을 시도하였다.[86] 그러면서도, 그는 1921년 7월 중순 군사촉진회(통일회)의 연락을 위하여 박용만의 조카인 朴憲永과 함께 상해에 가서 文秉武 외 청년 십수인을 북경으로 데려오려고 하고,[87] 최동오와의 협의가 확저되는 1921년 9월 말까지 국민대표회기성회에 대표자를 보내지 않는다는 뜻을 통지하는[88] 양면적인 태도를 취하고 있었다.

## V. 國民代表會議의 開催와 天道敎團의 臨時政府 創造 活動

북경에서 신숙·황학수·신성모가 군사통일회를 조직하려던 데에 반하여, 상해에 머무르던 천도교의 崔東旿와 李民昌(李瑛根)은 1921년 2월 상해에서 王三德(김원봉), 元世勳·劉禮均 등 임시정부를 반대하는 인사들과 함께 “전국민의 의사에 의하여 통일적으로 穩固한 정국을 기도할 것, “群策과 群力을 종합하여 독립운동의 最良한 방침을 수립할 것”을 주장하며, 國民代表會議를 소집할 것을 제창하였다.[89]

---

85) 『명치백년사총서』 II권, 458-460면.

86) 제4장 참조.

87) 『명치백년사총서』 II권, 160면.

88) 국사편찬위원회, 『한국독립운동사』 자료2 임정 II, 1968, 579면.

89) 김정명 편, 『조선독립운동』 II 민족주의운동편(원 서방, 1967), 138-139,

상해의 대한민국임시정부에서 교통부 총장으로 활동하던 남형우는 1921년 2월 경 이승만·안창호 측에서 김규식 등을 중용하려는 것에 불만을 품고 사직을 고려하고 있다가[90] 1921년 동년 4월 25일 사임하였다.[91] 그럼에도 불구하고, 그는 1921 5월 경 일시적이지만 중립적인 태도로 임시정부와 국민대표회의의 개최를 주장한 반임시정부파의 대립을 완하고 타협을 이루기 위하여 노력하였다.[92]

그런데, 그 때, 한인들에게 신망을 받고 있던 안창호가 1921년 5월 12일 불조계 尙賢堂에서 국민의 통일의 필요성과 국민대표회의를 개최하여 국민의 통일을 모색하고자 주장하였다. 이 주장은 국민의 통일을 공감하고 있던 상해 거주 한인들에게 큰 반향을 일으켰다. 5월 19일 동 장소에서 개최된 2차 연설회가 끝난 직후 참석자들은 국민대표회의를 열기로 작정하고, 이를 위한 국민대표회기성회를 조직할 것이 결정되었다.

그러자, 상해 지역의 최동오·남형우·이민창 등은 국민대표회기성회를 조직하는 데 적극 참여하였다. 崔東旿는 金秉祚·李鐸·韓鎭敎·尹顯振과 함께 추천위원에 선정되어 기성회를 구성하기 위한 후보자 40인을 선정하였다. 당일 이 40인 가운데에서 20인의 국민대표회기성회 위원을 선출하였는데, 천도교인으로는 최동오와 남형우가 기성회의 위원으로 선정되었다.[93]

---

268-269면. 국민대표회의에 대해서는 다음의 논문이 참고된다. 李炫熙, 「國民代表會議 召集의 基本目標」, 『韓國近現代史의 摸索』(삼우출판사, 1979). 朴永錫, 「國民代表會議와 大韓民國臨時政府」, 『韓民族獨立運動史研究』, 1982. 金喜坤, 「國民代表會議와 참가단체의 성격」, 『中國關內 韓國獨立運動團體研究』(지식산업사, 1995).

90) 국회도서관, 『한국민족운동사료』 중국편, 275면.

91) 재상해일본총영사관 경찰부 제2과, 『조선민족운동연감』, 1932, 4, 5, 15, 17, 134면.

92) 국회도서관 편, 『한국민족운동사료』, p.330. 김정명 편, 『조선독립운동』 Ⅱ 민족주의운동편(원 서방, 1967), 452면.

1921년 5월 안창호에 의하여 국민대표회의 개최가 제기된 **後**, 일시 왕성하게 고창되었던 국민대표회의의 개최문제는 1921년 8월 경에 이르러 7~8천원이 드는 비용 문제로 난관에 봉착하였다. 그래서 국민대표회주비(기성)회에서는 최동오를 통하여 자금을 융통하고자 하였다.[94] 1921년 9월 중순 경 상해에서 열린 국민대표회주비회에서는 대회시의 소요 경비는 대표자를 보낸 각 단체에서 1/2을 부담하고, 나머지는 천도교에서 지출하도록 결정되었다.[95] 요컨대, 국민대표회의의 개최에 필요한 자금을 천도교측에서 부담하도록 결정되었다.

이를 해결하기 위하여, 최동오는 1921년 7·8월, 북경의 군사통일회에 가담하였던 신숙과 수차례 상해와 북경을 오가면서 회합을 갖고, 천도교인의 망명을 추진하고 자금을 모집하는 방안과, 이를 위하여 국내로부터 손병희를 망명시키는 방안에 대하여 논의하였다.[96] 물론, 이것은 병석에 누워 있고, 또 일제의 엄중한 감시 상황에서 거의 실현될 수 없는 것이었다.

문제의 해결책으로, 1921년 8월 신숙·남형우·姜智洲·최동오·李宇明 등 13인은 상해의 성화회실을 북경으로 옮겨 새로 전교실을 설치하기로 결정하고 최동오를 전교사로, 신숙을 순회교사로 선정하였다. 그리고 이러한 내용을 최동오·신태련(신숙)·金洪(弘)善 서울의 중앙총부에 보고하여 동년 9월 정식으로 인준을 받았다.[97]

1921년 10월 1일 남형우는 북경세력의 참여를 독려하기 위하여, 북경

---


93) 국사편찬위원회, 『한국독립운동사』 자료2 임정Ⅱ, 1968, 577-578면.

94) 「국민대표회 개최비용 교섭」, 『韓國獨立運動史』 자료 2, 임정편Ⅱ, 1967, 582면. 「국민대표회 개최장소·비용건」, 『韓國獨立運動史』 자료 2, 임정편Ⅱ, 1967, 585면.

95) 「국민대표회 개최장소·비용건」, 『韓國獨立運動史』 자료 2, 임정편Ⅱ, 1967, 585면.

96) 『명치백년사총서』 Ⅱ권, 465면.

97) 李敦化, 「中國北京의 傳敎室問題를 듯고 吾敎의 對外發展을 賀함.」, 『천도교회월보』 136호, 1921.12, 15면.

으로 파견되었다.[98] 이것은, 1921년 9월말까지 국민대표회기성회에 대표자를 보내지 않겠다고 통지한 신숙[99]에게, 중앙총부의 결정사실을 알리기 위한 것이었을 것이다. 이 때, 신숙 등 북경군사통일회에 참석하였던 천도교인들은 국민대표회의 참석을 약속하였던 것 같다. 또, 한편, 남형우는 신대한동맹단에서 함께 활동한 신채호·박용만의 참여를 독려하였을 것으로 판단되는데 이들은 참여를 거절하였던 것 같다.

1921년 11월 최동오는 직접 서울에 들어와 동양문화의 중심지인 북경에 전교실을 설치할 필요가 있으니, 매년 북경전교실경비보조금으로 18,000원을 지원할 것을 요구하였다.[100] 물론, 이것은 명분이었고 실지로는 국민대표회의의 개최에 필요한 자금을 마련하기 위한 방책이었다. 그리고, 『천도교회월보』 1921년 12월호 北京生의 필명으로 북경전교실의 필요를 주장하는 글을 실었다.

최동오의 주장에 공명하여 당시에 개최된 議正會에서는 자금을 지원하기로 하였다. 그렇지만 북경의 천도교인들이 요청한 액수에 훨씬 미달하는 일년 보조금 3,600元과 창립비로 2,000원을 제공하기로 결정하였다.[101]

1922년 1월 崔東旿는 이미 1921년 3월에 파견되어 있던 金弘善과 함께 북경으로 돌아왔다. 1922년 2월 북경의 천도교인들은 北京 安定門 內 交道口 2條胡同 32號에 전교실을 설치하기로 하고 임시로 경리에 姜智沺·金弘善, 편집에 이우명·武文襄(중국인)을 임명하여 사무를 처리하게 하였다. 전교실이 완공된 1922년 3월 25일에는 전교실 안의 聖化會室에서 창립축하식을 거행하였다. 당일에 京城中央總部, 靑年會幹部,

---

98) 국사편찬위원회, 『한국독립운동사』 자료2 임정Ⅱ, 1968, 579면.

99) 국사편찬위원회, 『한국독립운동사』 자료2 임정Ⅱ, 1968, 579면.

100) 李敦化, 「中國北京의 傳教室問題를 듯고 吾教의 對外發展을 賀함.」, 『천도교회월보』 136호, 1921.12, 15면. 일기자, 「天道教北京傳教室創立祝賀式記」, 『천도교회월보』 142호, 1922. 7, 71-72면.

101) 앞의 글, 71-72면.

開闢社, 天道敎會月報社, 宣川敎區長 李君五, 在外 南亨祐씨로부터 축전이 있었고, 義州敎區長 최석련의 '太虛一物, 永世初年'이라는 축사와 義州靑年會의 '大世의 新春이 德을 布코져 劃策中, 空界의 太陽이 光을 發코져 初昇間'이라는 축사와 북간도의 張鵬翼·姜受禧의 "現代思潮에 順流되고 世界風化에 通合된 우리 天道의 그 眞理는 더 말할 것 없거니와 이제 北京傳敎室 創立에 對하여 참으로 將來를 爲하여 祝賀함을 不已하나이다. 우리 無窮花園이 새빛에 폭 잠기도록"이라는 축사가 내도하였다.[102]

1922년 4월 10일 신숙은 원세훈과 함께 「國民代表會籌備委員會宣言」을 발포하였다. 이글에서는 독립운동전선의 통일을 위하여 국민대표회 기성회를 설립한지 1년여가 지났지만 뚜렷한 성과를 내지 못하는 것을 유감으로 여긴다고 하였다.[103]

1922년 5월 초 上海에서는 上海期成會의 남형우·元世勳·宋秉祚·金澈, 天津期成會의 金偉宅, 東寧縣期成會의 崔大甲, 그리고 북경군사통일회에 통일당 대표로 참여하였던 申肅과 대한국민회 대표로 참여했던 姜九禹·대한국민의회대표로 참석했던 南公善도 참석하였다. 다시 말해, 북경군사통일회에 참여하였던 신숙·강구우 등의 천도교인들이 국민대표회주비회에 참여하였다. 남형우는 이 주비회의 위원장에 선임되었다.[104] 5월 19일에는 상해에서 국민대표회주비회 집행위원과 실행위원을 선임하였는데 남형우는 집행위원으로, 최동오는 실행위원 중 재무담당자로 선임되었다.[105] 최동오를 재무담당으로 임명하였던 것은 앞서 살폈듯이, 천도교회로부터 자금을 지원받으려 하였기 때문일 것이다.

남형우와 신숙은 1922년 7월 말 임시의정원, 국민대표회주비회, 한형

---

102) 일기자, 「天道敎北京傳敎室創立祝賀式記」, 『천도교회월보』 142호, 1922. 7, 72-73면.
103) 『조선민족운동년감』, 165면.
104) 『한국민족운동사료』 중국편, 291면.
105) 앞의 책, 354면.

권 금전사건 등 시사를 토의하기 위해 상해에서 열린 時事策進會에 참가하였다.106) 아마도, 국민대표회의의 참여를 권유하기 위한 것이나 아닌지 모르겠다. 1922년 9월 남형우는 원세훈과 함께 李東寧을 방문하여 국민대표회를 찬성하도록 권유하였으나, 이동녕은 국민대표회가 '국민대표회'라는 이름의 남용, 월권적 법통기관 설치 계획의 월권이며, 무계획성, 현 임정의 위상을 추락시킴 등의 이유를 들어 거절하였다.107)

1922년 말과 1923년 초, 국민대표회의에 참석하기 위하여 각지의 천도교인들이 상해에 집결하였다. 1922년 11월 말, 북경에 있던 李民昌(26)은 內地統一黨의 대표로서 상해에 도착하였다.108) 그리고 장건상은 고려공산당 이르크츠크파 대표로서 상해에 도착하였다.109) 그리고, 1922년 12월 초순 신숙은 천도교 대표로 선정되었다.110) 南亨祐는 1923년 1월 말, 국내로부터 천도교 대표자 3명을 상해로 초청하였고111) 1923년 2월 초에는 20여명의 천도교인이 상해로 오도록 되어 있었다.112)

한편, 최동오는 1922년 12월 다시 서울에 들어와 북경전교실을 1만 5천원의 예산으로 건축할 것을 요구하는 건의안을 제출하였다.113) 이에 따라, 1922년 12월 23일 북경교당건축기성회가 조직되어 자금을 모집하였다. 당시 기성회원은 羅仁協·鄭廣朝·李鍾麟·金秉濬·權秉德·李仁淑·金玉斌이었고, 또한 지방위원을 전형하였다. 그 위원장은 李鍾麟이었다.114) 그런데, 이종린은 대한민간정부의 조직에 관여한 바 있었고,

---

106) 『조선민족운동년감』, 167면.
107) 장붕서신 23호(1922년 9월 12일).
108) 『한국독립운동사』 임정편Ⅱ 자료2, 593면.
109) 『한국독립운동사』 임정편Ⅱ 자료2, 593면.
110) 『한국독립운동사』 임정편Ⅱ 자료2, 594면.
111) 國會圖書館, 『島山安昌浩全集<Ⅰ>』1997, 10면.
112) 國會圖書館, 『島山安昌浩全集<Ⅰ>』1997, 12면.
113) 「북경교당건축기성회」, 『천도교회월보』 147, 1922. 2, 89면.
114) 一記者, 「天道教北京教堂의 建築」, 『개벽』 32호, 1923. 2, 44면. 一記者, 「天道教北京教堂建築期成會速報」, 『天道教會月報』 148호, 1923. 1, 67-68면.

또한 신숙과 함께 구파계에 속한 인물이었다. 그런 점으로 보아, 이 건축기성회의 조직은 단순히 건축자금을 모집하는 것이라기보다는 국민대표회의 개최에 필요한 자금을 합법적으로 모집하기 위한 방편이었다고 짐작된다.

1923년 1월 3일 위원장 남형우의 진행으로 전개된 국민대표회주비회에서는 국민대표회의 임시의장과 자격심사위원 5인, 회안기초위원 5인을 선출하였는데, 강구우는 대표자격심사위원에, 신숙과 장건상은 회안기초위원에 선정되었다.115) 또 천도교인 李致龍과 鄭慶燮은 1월 18일 투표지 수발위원에 선임되었다.116)

1923년 1월 3일 신숙은 국민대표회의에서 북미국민회가 안창호가 위임통치문제에 관련이 있는지 조사가 끝날 때까지 안창호의 자격심사문제를 보류하자고 하였다. 이것은 국민대표회의의 개최시, 안창호의 영향력이 크므로, 그를 배제하기 위한 신숙 등 천도교 측의 의도였다고 생각된다. 그렇지만, 1923년 1월 18일에 있은 부의장 선거에 출마한 신숙은 윤해와 안창호에 밀려 낙선하였다.117)

1922년 9월 1일 개최하려다 각 대표들의 불참으로 지연되던 국민대표회의는 1923년 2월 2일부터 상해에서 개최되었다. 이날 신숙은 議政起草委員으로 국민대표회의가 열리기까지의 경과보고를 하였다.118) 1923년 2월 2일에 있은 자격심사회를 통과한 122명 가운데, 천도교의 대표는 천도교를 대표한 신숙, 상해지역 천도교의 政黨인 統一黨을 대표한 이민창, 천도교청년회를 대표한 李濟河·鄭庚燮의 4명이었다. 이외 북간도 대표인 강구우, 中東線 대표인 張鵬翼, 대한광복단의 대표인 姜受禧도 천도교인이었다. 또, 裵洪吉·金鍾喆·姜逸과 鄭萬基·金郇山은

---

115) 『한국독립운동사』 임정편Ⅱ 자료 2, 614-615면.
116) 『한국독립운동사』 임정편Ⅱ 자료 2, 621면.
117) 『한국독립운동사』 임정편Ⅱ 자료 2, 617, 622면.
118) 『한국민족운동사료』 중국편, 303-305면,

비록 천도교인은 아니었지만, 동학계인 보천교와 광제교의 대표였다.[119] 최동오는 국민대표회의에 표면적으로 참석하지 않았다. 이는 북경 전교실의 책임자이기 때문에 참여하였을 경우 교회에 미칠 불이익을 염려한 까닭이라 생각된다.

2월 5일과 6일에는 각 분과별로 7인의 위원을 선출하였는데 이 때 선정된 천도교인은 다음과 같다.[120]

<표 4> 국민대표회의 각과 위원에 선정된 천도교인

| | |
|---|---|
| 재정분과위원 | 姜九禹, 李相皓, 白洛鉉, 尹정鉉, 王三德, 孫貞道, 李탁 |
| 외교분과위원 | 尹海, 朴愛, 朴應七, 呂運亨, 玄鼎健, 鮮于爀, 李民昌 |
| 생계분과위원 | 元世勳, 許東奎, 金鐵洙, 金우희, 柳善長, 姜受禧, 張鵬翼 |
| 교육분과위원 | 김○○, 鄭鶴壽, 朴宗根, 方遠成, 李重浩, 全昌順, 柳時彦 |
| 노동분과위원 | 文時煥, 林源, 方國泰, 柳蓋, 張志浩, 이하소, 강○ |
| 헌법기초위원 | 申肅, 金澈, 尹海, 李震山, 李民昌, 柳時彦, 安昌浩 |
| 과거문제조사<br>위원회위원 | 朴應七, 李相皓, 宋秉祚, 鄭光好, 張鵬翼, 강구우, 盧武寧 |

국민대표회의는 임시정부를 개조할 것인가 창조할 것인가의 문제를 놓고 크게 두 파로 나뉘어졌는데 천도교인들은 대체로 창조파에 속하여 활동하였다. 신숙과 이민창은 창조파(건설파)의 간부로, 장붕익, 朴完, 姜受(愛)禧는 창조파 부속대표로 활동하였다.[121] 그런데 국민대표회의에서는 창조파와 개조파, 그리고 중립파 간의 의견이 통일되지 못하였다. 그리하여 결국은 국민대표회의는 결렬되고 말았다.

그러자, 남형우는 1923년 초에 안창호, 김동삼과 함께 탈퇴하였다.[122]

---

119) 國會圖書館, 『島山安昌浩全集<Ⅰ>』1997, 35-39면.
120) 『한국민족운동사료』 중국편, 303-305면, 『한국독립운동사』 임정편Ⅱ 자료2, 627-628면.
121) 『한국민족운동사료』 중국편, 309면.

그러나, 신숙·강구우·장붕익·강수희·정경섭은 1923년 6월 6일 윤해 등이 이끄는 창조파 39인만 참석한 비밀회의를 열어 국무위원제와 국민위원제를 골간으로 하는 임시정부 헌법을 통과시키는데 참여하였다.123) 이 회의에서 33인의 국민위원, 4인의 국무위원, 31인의 고문을 선출하였는데, 신숙은 국민위원회와 국무위원회의 위원 겸 내무위원장으로 선정되었다. 그리고 천도교인 姜九禹는 대한국민회를 대표하여 국민위원회의 위원으로 선정되었다.124)

신숙·이민창 등의 천도교 측에서 이 무렵까지 창조파를 지원하였던 것은, 러시아가 200만원의 차관 중 잔액인 160여만원을 尹海 등의 공산주의자를 통하여 국민대표회 앞으로 보낼 것이란 믿음 때문이었다. 즉, 러시아의 지원을 받을 수 있으리란 믿음 때문이었다. 반대로, 윤해 등이 신숙과 접촉하려고 하였던 것은 천도교가 농민층을 기반으로 하고 있으며, 또한 동학농민운동과 3·1운동에서 나타났듯이 혁명력을 갖고 있었기 때문이다. 바로 그런 이유에서, 윤해 등은 국내의 종교단체가 신숙에게 보낸 "창조파를 지원하지 말라"는 내용의 서신을 숨겼다. 그리고, 창조파의 윤해·金宇希 등은 통신문을 위조하여 러시아의 레닌정부가 160만원을 지원할 것으로 조작하였다.125)

이러한 사실을 깨달은 신숙과 이민창은 윤해·원세훈에게 항의하였다. 그리고 불만의 표시로, 신숙 등은 대한민국임시정부와 관계를 맺으려고 하였다. 그러나, 대한민국임시정부의 거부로 이것은 실현되지 못하였다.126) 대한민국임시정부가 임시정부 창조활동을 벌인 신숙을 쉽게 용납하기는 힘들었을 것이다.127) 게다가, 이 무렵 천도교회에서는 신

---

122) 金規勉, 「誠齋略傳에 대한 回想記」, 尹炳奭 編, 『誠齋李東輝全書＜下卷＞』(독립기념관 한국독립운동사연구소, 1998), 103면.
123) 『한국독립운동사』 임정편Ⅱ 자료2, 653면.
124) 國會圖書館, 『島山安昌浩全集＜Ⅰ＞』1997, 102-103면.
125) 國會圖書館, 『島山安昌浩全集＜Ⅰ＞』1997, 104면.
126) 國會圖書館, 『島山安昌浩全集＜Ⅰ＞』1997, 104면.

숙·강구우가 천도교의 대표가 아니라는 성토문을 발표하였으므로[128) 신숙과 강구우의 입지도 불안하였다. 따라서, 신숙과 강구우는 윤해·원세훈과의 관계를 유지할 수밖에 없었다.

1923년 6월 20일, 블라디보스톡에 있는 연해현공산당 중앙위원회 고려부에서는 기성회를 개최하여 노령에 상해의 대한민국임시정부를 대체할 정부를 조직할 계획이었다.[129) 이에 따라, 신숙·이민창·강구우는 1924년 2월 블라디보스톡에서 개최된 국민위원회에 참석하였다.[130) 그리하여, 이들은 윤해·원세훈 등의 창조파와 함께 블라디보스톡에 최고기관을 설치하려고 하였다. 그러나, 공산주의자인 이동휘, 김만겸, 김하구 등과 의견이 일치하지 않아 계획을 성공하지 못하고 北京으로 돌아왔다.[131)

# Ⅵ. 맺음말

천도교회는 1919년 3·1운동의 추진과 함께 소위 '대한민간정부'라는 임시정부의 수립을 염두에 두고 있었다. 그렇지만, 민족대표 33인에 참가하거나, 『조선독립신문』의 발간에 관여한 천도교의 최고 지도자들이 체포됨으로써 이것은 실행되지 못하였다. 그러자, 이러한 사정을 알고 있던 천도교의 중간 지도자인 남형우는 노령으로 망명하여, 이승만계의 인물을 비롯하여, 안창호계·이동휘계·일본유학생계 인물과 접촉을 갖

---

127) 『한국독립운동사』 임정편Ⅱ 자료2, 651면.
128) 金規勉, 「誠齋略傳에 대한 回想記」, 尹炳奭 編, 『誠齋李東輝全書<下卷>』(독립기념관 한국독립운동사연구소, 1998), 103면.
129) 國會圖書館, 『島山安昌浩全集<Ⅰ>』1997, 96면.
130) 創造波ニ屬スル不逞鮮人ノ行動ニ關スル件(1924. 7.31), 외무성사료관문서, 不逞團關係雜件, 鮮 人ノ部, 在支那各地, 3권 4-3-2.
131) 『한국민족운동사료』, 500면. 신숙, 『나의 일생』, 82면.

고 노령정부를 조직하려 하였다.

　그러나, 노령 지역은 백군과 적군과의 내전으로 휩싸여 임시정부를 수립하기에 적당하지 않았다. 따라서, 활동이 자유로운 상해 지역이 부상하였고, 각지의 민족운동가들은 상해로 몰려들었다. 이와 짝하여, 노령정부의 조직에 참가하였던 남형우와 홍도·이영근(이민창)도 상해로 망명하였다.

　이들은, 국내의 漢城政府에 참여한 천도교인과 접촉을 가지면서, 천도교의 정치조직으로 統一黨을 결성하고, 단일한 임시정부의 수립에 대비하였다. 그리고, 단일한 임시정부의 수립이 불가능해지자, 이들은 상해 임시정부의 수립에 관여하여 행정부의 관리와 의정원의 의원으로 선정되었다. 그러나, 그 지위는 낮았고, 따라서 천도교인의 영향력은 미미하였다.

　그런데, 1919년 9월 명실상부한 민족의 대표기관으로 대한민국임시정부가 수립되자, 평북 의주대교구장 최석련과 선천대교구장 이군오의 명을 받은 崔東旿·申肅 등 많은 인물들이 상해로 모여들었다. 이들은 聖化會를 조직하여 내부적 결속을 다지면서, 정치세력화 하면서 다른 정치세력과의 제휴를 도모하였다.

　그렇지만, 이들은 인력과 자금의 양 측면에서 국내의 중앙총부와 지방의 천도교인들로부터 전폭적 지원을 받을 수 없었다. 이것은 결국 상해 지역 천도교인들의 정치적 영향력의 한계를 노정하여서, 대한민국임시정부내에서의 천도교단의 위상도 제한적일 수밖에 없었다. 3·1운동시의 지대한 역할과 활동으로 비추어 볼 때, 천도교인들은 이 상황을 받아들일 수 없었고, 자연 대한민국임시정부의 이승만정권에 불만을 가질 수밖에 없었다.

　그런데, 마침 이승만 정권이 위임통치를 주장하고, 일본의 간도 출병으로 고통을 겪는 중국 동북지역의 독립군을 제대로 지원하지 못하자, 각지에서 이승만 정권에 대한 비판이 일었다. 그러자, 신숙이 중심이 된 천도교인들은 통일당을 새롭게 정비하고, 북경의 박용만·신채호와 접촉을 갖고 1921년 4월 북경군사통일회를 조직하여 대한민국임시정부의 실정을 비판하고, 임시정부의 개혁과 의정원의 해산을 주장하였다. 또, 한편 상해의 최동오·남형우·이민창 등은 1921년 초부터 국민대표회의의 개최에 주력하였다.

1921년 중엽에는 북경 지역의 신숙계 천도교인과 상해 지역의 천도교인들이 단합하여, 국민대표회의를 개최하는 데 합의하였다. 이들은 국민대표회에서의 천도교인의 영향력을 향상하기 위하여, 북경에 전교실을 세우는 명목으로 국내로부터 합법적으로 자금을 들여왔다. 국내에서도 대한민간정부를 수립하는 데 관여하였던 이종린 등이 북경교당건축기성회를 조직하고 자금을 모집하여 지원하였다.

1923년 초 개최된 국민대표회의에서 천도교단은 창조파의 입장을 취하였다. 그런데, 국민대표회의가 분열로 지지부진해지고, 국내로부터의 자금 지원도 줄어들자, 천도교인들이 국민대표회의에 참여하는 것은 줄어들고, 내부적 결속도 약화되었다.

그렇지만, 신숙·강구우 등의 천도교인들은 노령의 윤해 및 원세훈과 연계하여 1923년 6월 국민위원회를 조직하고 노령에 정부를 창조할 것을 결의하였다. 그리고, 1924년 초에는 노령으로 이동하여 이것을 관철하려 하였으나, 노령의 이동휘파와 이르크츠크파와의 갈등과 러시아의 지원약속 불이행 등으로 소기의 성과를 거둘 수는 없었다.

이 이후 천도교인들은 다시 북경에 집결하여 교회활동을 하면서, 또 한편으로 정치활동을 전개하였다. 특히, 1925년 중반 민족협동전선운동이 본격화될 때, 북경지역의 천도교인들은 대외연락의 거점이 되었다. 그리하여, 조선농민사의 크레스틴테른 가입을 주선하면서, 천도교 신파와 이동휘계 공산주의자와의 협동전선의 결성을 지원하기도 하였다.

# 조선사회단체중앙협의회 성격 연구

전 명 혁[*]



## Ⅰ. 머리말

이 연구는 1926년 4월에 발기한 조선사회단체중앙협의회의 성격을 규명하기 위한 것이다. 조선사회단체중앙협의회가 발의된 1926년 초 무렵은 식민지 조선에서 반제민족통일전선에 대한 논의가 활발하게 일어났던 시기였다.

식민지에서 반제민족통일전선에 대한 제기는 일찍이 1920년 코민테른 2차대회의 「민족·식민지문제에 관한 테제」에서부터 그 기원을 찾을 수 있지만 그것이 구체화된 것은 1923년 1월 손문과 요페의 상해선언의 결과 결성된 國共合作이었다.[1]

─────────────────────

* 한국외국어대 강사

1) 벤자민 Ⅰ 슈워츠, 『중국공산주의운동사』, 형성사, 1983, 70쪽 ; 向靑, 임상범 옮김, 『코민테른과 중국혁명관계사』, 고려원, 1992, 54쪽.

이 무렵 국내에서는 서울파, 북풍파, 화요파 등 사회주의 여러 분파
들이 형성되는 시기였다. 1922년 10월 11일 창립된 서울청년회 내부의
'비합법적 공산주의 단체'인 서울공산주의 그룹은 「강령」에서 "조선의
모든 혁명세력을 민족해방운동의 통일전선의 슬로건 하에 단일한 중앙
으로 집중"[2])시킬 필요성을 강조했다. 이것은 "서양제국에서는 제세력의
조직적 결합과 관련하고 있는 이행기의 제조건 하에서 프롤레타리아 통
일전선의 슬로던이 제기되고 있지만 동양 식민지에서는 반제국주의 통
일전선의 슬로건이 현재 강조되어야 한다"[3])는 코민테른 4차대회(1922년
11월 5일~12월 5일)에서 채택된 「동양문제에 관한 테제」보다 1개월 이
상 앞서 식민지에서 반제민족통일전선을 제기하였다는데 커다란 의의가
있다.[4])

그러나 1920년대 전반기 국내에서는 노동, 농민, 청년운동 등 대중조
직과 조선공산당 창건을 둘러싼 대립에 집중하였기 때문에 민족통일전
선에 대한 구체적 형태는 아직 출현하지 않은 상황이었다.

이러한 시기에 서울파의 전위조직인 고려공산동맹과 그것의 합법 사
상단체인 전진회중앙집행위원회는[5]) 1926년 2월 "무산계급전운동의 경제
적 결합과 정치적 투쟁의 통일기관과 동시에 조선민중의 전혁명력을 집
중 통일시켜 일본제국주의에 반대할 민족유일전선의 형성"[6])(강조는 인

---

2) КимЕнман · Цойцаник, Исполкому  Комунистического Интернационала, 1926.2,
   101쪽. (러시아현대사문서보관연구센터 ф.495 оп.135 д.125)  (김영만 · 최창익,
   「코민테른집행위원회에게 : 서울청년회 내부에 현존하는 공산주의 조직 '고려
   공산동맹' 전권 대표로부터」, 1926년 2월)
3) 「동양문제에 관한 테제」, 1922년 11월 (いいだもも 編譯, 『民族 · 植民地問題
   と共産主義』, 社會評論社, 1980, 72쪽).
4) 최근 '서울파'의 민족통일전선 활동에 관한 연구로는 다음을 참조할 수 있다.
   이현주, 「'서울파'의 민족통일전선운동과 신간회(1921~1927)」, 『한국근현대사
   연구』 7집, 1997 ; 전명혁, 「'서울파'의 민족통일전선론 연구」, 『역사연구』6호,
   1998
5) 『동아일보』 1926년 2월 20일.
6) 崔昌益 · 李廷允, 1926.10.25 「高麗共産同盟(ソウル青年會內部に組織された秘

용자)의 절대적 필요를 주장하면서 조선사회단체중앙협의회를 발기한 것이다.

서울파는 1926년 7월 8일에 조선물산장려회 계열의 일부 민족주의자들과 결합하여 "각 계급을 망라한 조선민족의 단일전선을 조직하는 동시에 조선민족적 유일기관으로"[7] 조선민흥회를 발기하고 조선민흥회를 조선사회단체중앙협의회에 가입시켜 '이 중앙협의회로 하여금 민족유일전선의 표현기관'[8]으로 내세우려는 계획을 하였다.

한편 조선공산당은 1926년 2월 26일 제3차 중앙집행위원회에서 "천도교를 국민당의 기초로하고 최린파와 권동진파를 충분히 조사하여 착수할 것"[9]이라고 결의하였다. 또 3월 11일 제7차 중앙집행위원회에서 조선공산당 책임비서 강달영은 "10일 밤... 권동진의 집에서 ... 신석우, 안재홍, 권동진, 유억겸, 박동완, 오상준, 황산(강달영) 등 7인이 모여 비타협적 민족해방운동에 대해 협의한 바, 천도교 가운데 권동진파와 그리고 사회운동자파, 기독교파, 비타협파와 악수하려했지만 그 방침을 표현해야할지 내면으로 해야할지의 문제를 논의했으나 결국 동 문제에 대해 구체안에 이르지 못하고 시기가 오면 서로 회합하여 相談할 것"[10]을 보고하고 있다.

이와같이 1926년 초 무렵 서울파의 고려공산동맹과 '화요파' 조선공산당은 각각 국내에서 민족통일전선에 대한 구체적 형태를 모색하였다. 서울파는 조선민흥회의와 조선사회단체중앙협의회의 결성을 통하여, 화요파 조선공산당은 중국의 국민당 형태의 '민족당'의 결성을 통하여 이

---

密クルプの)事業報告」, (러시아현대사문서보관연구센터  Ф.495  Оп.135  д.125), 130쪽.

7) 『동아일보』 1926년 7월 10일.

8) 崔昌益·李廷允, 앞의 글, 134쪽.

9) 「조선공산당중앙집행위원회회록」, 1926년 2월 26일, 2쪽 (高等法院檢事局思想部 編, 『朝鮮思想運動調査資料』 제1집, 1932).

10) 「조선공산당중앙집행위원회회록」, 1926년 2월 26일, 8쪽.

410

를 실현하려 하였다. 그러나 서울파의 '조선민흥회—조선사회단체중앙협의회' 계획은 조선공산당의 '국민당' 계획의 일환으로서 제기된 1927년 1월 19일 신간회의 발기로 힘을 잃게 되었다.

서울파는 1927년 2월부터 조선사회단체중앙협의회 창립을 재차 준비하면서 1927년 5월 16일 조선사회단체중앙협의회 창립대회를 개최하였다. 창립대회는 중앙협의회의 비상설론으로 결정되고 상설론을 주장하는 서울파 세력은 좌절하고 만다.

신간회가 창립되어 활발히 지회조직을 건설하는 과정에 있는 상황에서 그들은 왜 중앙협의회를 재차 창립하였을까? 중앙협의회를 주창한 서울파는 당시 조선공산당의 비판처럼 '兩黨論'[11]의 구도를 가지고 있었는가? 그러나 필자는 서울파의 중앙협의회 계획을 간단히 '양당론'으로 비판하기에 앞서 1920년대 조선사회주의운동이 지니는 복잡함에 대한 이해 속에서 이를 다시 해석해야 한다고 생각한다.

이 연구는 서울파의 민족통일전선의 구체적 조직 형태와 깊은 연관이 있는 조선사회단체중앙협의회의 성립 과정과 상설—비상설 논쟁 등의 분석을 통해서 중앙협의회의 조직적 성격을 규명하려 하였다.


## Ⅱ. 조선사회단체중앙협의회의 성립

서울파 고려공산동맹의 합법적 사상단체인 前進會는 1926년 2월 17일 중앙집행위원회를 열고 "조선사회운동의 각 부문 운동을 통일하여

---

11) 신간회와 양당론에 관련된 글로서는 다음을 참조할 수 있다. 이현주, 「신간회에 참여한 사회주의자들의 운동론 - ML당계를 중심으로 -」, 『한국민족운동사연구』4, 1989 ; 김승, 「신간회 위상을 둘러싼 '양당론' · '청산론' 논쟁 연구」, 『부대사학』제17집, 1993 ; 김형국, 「1920년대 식민지 조선의 사회운동론과 '청산론'」, 『청계사학』10, 1993 ; 이균영, 『신간회연구』, 역사비평사,1993.

전운동의 이론과 정책의 貯藏地가 될 만한 최고 기관으로서 조선사회단체중앙협의회를 만들기로"[12] 결의하고 강령과 조직규정을 발표했다. 마침내 1926년 4월 전진회 계열이 중심이 되어 조선사회단체중앙협의회를 발의했다.[13]

고려공산동맹이 코민테른에 보내는 「사업보고」(1926년 10월 25일)는 조선사회단체중앙협의회 '발기이유'를 다음과 같이 말하고 있다.

> …일본제국주의적 정책에 따라 00(성장-인용자)해 온 자본주의의 맹렬한 착취 制度는 … 必然的으로 무산계급전운동의 경제적 결합과 정치적 투쟁의 통일기관과 동시에 조선민중의 전혁명력을 집중 통일시켜 일본제국주의에 반대할 민족유일전선의 형성을 절대적으로 필요로 하게 되어 왔다.[14](강조는 인용자)

즉 고려공산동맹은 무산계급의 경제투쟁과 정치투쟁의 통일기관 그리고 민족통일전선의 형성을 위한 조직체로 1926년 2월 2일 조선사회단체중앙협의회를 발기하였다. 또 고려공산동맹은 조선사회단체중앙협의회의 「기본강령과 대의」를 다음과 같이 밝히고 있다.

> 조선무산계급이 역사적 사명을 달성하기 위해 당면한 제임무중 가장 긴급 적절한 대임무를 수행하는 데에는 우선 조선해방을 목적으로 하는 전혁명력을 同 전선내에 집중하지 않으면 안된다. 그러므로 본 협의회는 이 목적을 달성하기 위해 이 협의회를 발기함과 동시에 좌와 같이 기본강

---

12) 『동아일보』 1926년 2월 20일.
13) 韓海, 辛哲鎬, 任鳳淳, 張彩極, 李相學, 金瓊植, 趙紀勝, 金炳一, 朴衡秉, 車載貞, 金在奎, 李英, 韓愼敎, 金炳旭, 裵龍烈, 金台榮, 權重協, 安浚, 朱南宰, 陳平軒, 崔昌燮, 金鍾健, 張赤宇, 高德煥, 許一, 許弘濟, 朴哲, 南潤九, 孟斗恩, 申畯熙, 金澈煥, 奇老春, 金容煥, 李恒發, 徐光圓, 朴達鉉, 鄭宣植, 車周相, 李龍基, 李奉吉, 林赫根, 李東和, 裵基英, 任允宰, 金碩鉉, 張埈, 李春均, 金大郁, 朴泰善, 金昌洌, 姜齊模, 李仁秀, 鄭雲永, 崔錫煥, 林鍾萬 등 55명이 창립준비위원으로 참가했다. (『동아일보』 1926년 4월 22일)
14) 崔昌益・李廷允, 앞의 글, 130쪽.

412

령을 발표하였다.

　1. 본 협의회는 조선 각 사회단체의 상호연락과 부조의 원만을 도모함
을 목적으로 한다.

　2. 본 협의회는 조선 각 사회단체의 조직의 충실과 발달의 민활을 도모
함을 목적으로 한다.

　3. 본 협의회는 조선 각 사회단체운동 전체의 발전에 관한 정책과 전술
의 수립을 통일시키는 評議(會;인용자)적 기능을 도모함을 목적으로 한다.

　4. 본 협의회는 조선 각사회운동의 최대이익을 목표로 하여 내외 각 방
면에 이르는 운동방침의 연구 및 실행을 도모한다.

　5. 본 협의회는 조선 각 사회단체운동을 대표하는 총기관임을 도모한
다.15)


여기서 필자는 조선사회단체중앙협의회 「강령」의 세 번째 항목에 주
목하고자 한다. 당시 『동아일보』에 게재된 「강령」에는 이 세 번째 항목
이 "본 협의회는 조선사회운동 전체에 관한 이론과 정책의 수립을 통일
케 하는 議會的 기능을 圖함"16)이라고 되어 있고, 고려공산동맹의 「사
업보고」에는 조선사회단체중앙협의회가 '評議會的 기능을 도모'한다고
했다. 평의회와 의회는 전혀 다른 의미이다. 의회가 부르주아민주주의의
국회를 의미한다면 평의회란 소비에트를 의미할 수도 있다.

고려공산동맹의 「보고」에 따르면 1926년 7월 현재 조선사회단체중앙
협의회에 참가한 단체는 "조선청년총동맹 (세포단체수 292), 조선노동총
동맹 (세포단체수 73), 조선농민총동맹 (세포단체수 73), 기타 개체단체
수 437"이고 참가단체총수는 1288로 보고하고 있다. 또한 전국 사회주
의자는 1690명, '본 협의회 가맹단체의 전총단체수에 대한 비율(이)
76.8%'로 보고하고 있다.17) 서울파 고려공산동맹의 보고자료이므로 수
치가 과장되었을 것으로 추측할 수도 있겠지만, 이 시기 조선사회단체

---

15) 崔昌益·李廷允, 위의 글, 131쪽.
16) 『동아일보』 1926년 4월 22일.
17) 崔昌益·李廷允, 위의 글, 131쪽.

중앙협의회에 대한 조선사회운동단체의 기대가 상당하였다는 것을 충분히 짐작할 수 있다.

1926년 4월 11일 조선사회단체중앙협의회는 서대문 한성강습원에서 창립준비위원회를 열고 박형병, 임봉순, 한신교 3인을 기초위원으로 선정하고 조직규정과 창립규정을 토의 결정하였다. <조직규정>은 다음과 같았다.[18]

1. 본 협의회는 조선내외지에 재한 조선인으로서 조직된 사상, 청년, 노동, 농민, 여성, 형평 등 사회운동단체로써 조직함.
2. 본 협의회는 지역적 單式 연합단체를 단위로 하여 조직하되 특수 직업별 전국적 단식 연합단체도 단위로 함을 得함.
3. 좌의 경우에 해당한 단체는 개체 단체로 본 협의회에 직접 가입함을 得하되, 회원 15인 이상을 有한 단체로 함.
   가. 지역적 연합단체에 가입치 아니한 독립적 단일단체
   나. 본 협의회에 가입치 아니하는 지역적 연합단체의 세포단체
4. 좌의 경우에 해당한 단체는 본 협의회에 직접 가입함을 不得함.
   가. 複式 연합단체
   나. 본 협의회에 가입하는 지역적 연합단체의 세포단체


‘조직규정’ 2항에서 지역적 단식연합단체를 단위로 한다는 것은 군단위의 노동, 농민, 청년단체까지를 포괄하겠다는 의미이고, 특수직업별 전국적 단식연합단체란 지역조직을 가지고 있지 않은 특수직업별 조직체를 의미하는 것이다. 또한 3항의 규정(가, 나)은 일정한 지방에서 청년총동맹이나 노농총동맹 등에 가입하지 않고 독립적 단체를 유지하고 있는 단체 또는 ‘협의회’ 결성에 반대하는 상급단체에 소속되어 있는

---

18) 『동아일보』 1926년 4월 22일. 1926년 4월 11일 창립준비위원회에서는 5개부서를 두기로 하고 서무부에 韓海 朴0萬 裵基英 金00 李相0, 조사부에 金炳一 趙紀勝 辛哲鎬, 심사부에 李英 김00 安浚, 연구부에 韓愼教 朴衡秉 任鳳淳, 선전부에 張彩極 車載貞 외 29인을 선출하였다. (『조선일보』 1926년 4월 13일)

개별단체(세포단체)도 회원 15인 이상이면 가입을 허락한다는 것이었다.[19]

1926년 4월 20일 무렵 조선노농총동맹은 상무집행위원회를 열고 조선사회단체중앙협의회 참가를 결의하였다. 조선노농총동맹은 조선사회단체중앙협의회의 강령 및 규약에 반드시 동의하지는 않더라도 협의회에 참가하기로 결의했다. 조선노농총동맹의 결의내용은 다음과 같았다.

> …운동선 내부 00 (사상-인용자) 노동 농민 청년 형평 여성 등외 부문운동단체를 망라하여 조선사회운동단체중앙협의회의 창립을 준비한다함에 대하여 그 발표한 바 기본강령 又는 조직규약이 우리의 주장하는 바와 상위되는 점이 있다 하더라도 그 총동맹에서는 좌와 같은 태도를 취하기로 한다.
> 一. 본 총동맹가맹단체로 하여금 조선사회운동단체중앙협의회에 참가케 하자. 그리하여 우리의 근본 정책실현에 美果를 收케하자!
> 一. 右 참가의 旨를 내외 友誼단체에 선전하여 조선의 전사회운동자가 한자리에 원만히 집합되도록 노력하자![20]

조선사회단체중앙협의회 창립준비위원회가 조직활동에 노력한 결과 1926년 6월에 이르러 가입원을 제출한 단체는 약 3백에 달하였고 그 가운데 제1차로 자격심사를 끝낸 단체는 개별단체 132개, 총회원수는 1만 9천 7백 32인이었다.[21] 1926년 9월에 가입한 단체에 대한 2차 자격심사

---

19) 裵成龍 인터뷰, 1963년 10월 27일 (김준엽·김창순, 『한국공산주의운동사』3, 청계연구소, 1986, 17~18쪽.)
20) 『시대일보』 1926년 4월 26일.
21) 132개단체의 이름은 다음과 같다. 원산노동연합회(13개단체연합) 黃0靑年會 大谷小作組合 春陽청년회 汤溜농민조합 群山철도노동회 琴山소작조합(7개단체연합) 海州청년회 鎭海第四청년동맹 鎭海노동청년동맹 0西농민회 00청년회 開寧청년회 개령농민회 益山衡平分社 春川청년회 豊山소작인회 高靈청년회 高靈노농동맹 原州우리俱樂部 京城청년연합회(15개단체연합) 活勇청년단 전주청년회 河東농민연합회(8개단체연합) 하동正進會 參禮勞友會 海州노동연맹(5개단체연합) 하동청년연맹(4개단체연합) 大田蟻蜂청년회 醴泉西部푸로

가 있었는데 이때까지 가입단체는 5백에 달하고 그 중 심사를 끝낸 단체는 282개, 소속회원수는 3만여명에 달하였다.[22]

서울파의 조선사회단체중앙협의회 창립준비위원회는 1926년 9월까지 조직사업에 노력을 기울였지만 이후 1927년 5월 정식으로 창립대회를 열 때까지 특별한 활동 상황은 없었다.

이 무렵 국내에서는 1925년 11월 '신의주사건'으로 '화요파' 조선공산당 조직이 커다란 손상을 입으면서 서울파와 화요파 사이에 1925년 11월말부터 1926년 5월까지 세차례에 걸친 당적 차원의 통합논의가 진행되고 있었다. 그러나 1926년 3월 31일 코민테른이 「조선문제에 대한 결정」에서 1925년 4월 결성된 '화요파' 조선공산당을 코민테른의 정식지부로 승인하고 또 1926년 5월 서울파의 지도자 김사국의 사망으로 당 통합논의는 화요파에 의해 일방적으로 파기되고 말았다.[23]

이후 6월 만세 투쟁과 이로 인한 조선공산당의 대대적인 검거는 화요파의 몰락을 가져왔고 8월부터 일월회의 안광천이 국내 활동을 개시하면서 'ML파'가 형성되고, 9월 김철수에 의한 당집행부서가 정비되는 정황 속에서 서울파는 조선공산당과 통합하려는 경향('서울파 신파')과 이에 반대하는 경향('서울파 구파')의 두 가지 경향으로 分化하고 있었다.[24] 1926년 11월 15일 안광천이 기초한 「정우회선언」이 발표된 다음

----

청년동맹 예천00농민회 예천정진회 淸0義友團 永同七月會 豊基청년회 전북민중운동자동맹 이리청년회 익산노동연맹(9개단체연합) 豊基일군會 고려청년회 潭陽여자청년회 담양노동청년회 담양노동조합연맹(5개단체연합) 풍기소작조합 담양청년회 인천노동연맹(7개단체연합) 인천청년연맹(9개단체연합) 안동청년연맹(10개단체연합) 開城自由會 載寧00회 (『시대일보』 1926년 6월 27일)

22) 『동아일보』 1926년 9월 15일.

23) 「朝鮮唯一共産黨組織問題に關する報告 : 本同盟と火曜會との交渉顛末」(148-153쪽) (1926년 10월) (러시아현대사문서보관연구센터 ф.495 оп.135 д.127) ; 전명혁, 『1920년대 국내사회주의운동 연구 -서울파를 중심으로-』, 성균관대 사학과 박사학위논문, 1998, 154쪽.

24) 전명혁, 「1920년대 공산주의운동의 기원과 조선공산당」, 역사학연구소편 『한

날인 1926년 11월 16일 고려공산동맹의 상당수 성원이 조선공산당('ML
파')에 가입25)하게 됨으로써 서울파는 더 이상 조선사회단체중앙협의회
를 추진할 동력을 상실하게 되었던 것이다.

## Ⅲ. 조선사회단체중앙협의회 상설론과 비상설론

1927년 2월부터 ML파 조선공산당에 가입하지 않은 서울파 세력('서
울파 구파')에서는 조선사회단체중앙협의회 창립을 재차 준비하기 시작
했다.26) 1927년 2월에 제3차로 심사를 한 결과 394개단체에 4만여명의
회원이 가입했다.27) 1927년 5월에 4차 자격심사가 행해졌는데, 이로써
총가입단체는 874개, 총회원수는 32만여명에 달하였다. 32만명이라는 수
자는 과장된 것으로 보이지만 사실 이 수는 서울파와 ML파 등 각 분파
의 사회운동단체를 총망라한 874개 단체에 소속되어 있는 성원들을 모
두 포함하는 수라고 생각된다.28)

마침내 1927년 5월 16일~18일 조선사회단체중앙협의회 창립대회가
열렸다. 5월 16일에는 300여여명의 대의원 참석하여 이항발의 개회선언,
한신교의 준비 경과보고, 임봉순이 가입단체 출석대표를 點名했다.

당시 조선일보는 조선사회단체중앙협의회 창립대회에 대해 다음과 같
은 「時評」을 냈다. 이를 통해 조선사회단체중앙협의회 창립 당시의 분
위기를 파악할 수 있다.

---

국공산주의운동사연구 -현황과 전망-』, 아세아문화사, 1997, 104쪽.
25) 「朝鮮共産黨 第二回 定期大會 會議錄」, 1926년 12월 6일, 52쪽. (러시아현대
　　사문서보관연구센터 ф.495 on.135 д.123) 조선공산당 2차당대회에서는 조선공
　　산당 당원 220인 가운데 140인이 고려공산동맹 출신으로 보고하고 있다.
26) 이무렵 서울파 구파와 상해파와의 결합이 이루어지는 것으로 생각된다.
27) 『동아일보』 1927년 2월 7일.
28) 『동아일보』 1927년 5월 15일 ; 조선총독부경무국, 『치안개황』, 1928년 5월.

조선사회단체중앙협의회를 보았다. 참가단체가 900에 가깝다하고 대표인원도 수삼백에 넘는 대성황이다. 소위 단체의 회원수는 3십여만을 산한다 하니 더욱 장하다고 하겠다. 좁지 아니한 중앙청년회의 대강당에 참석자가 빼곡하게 되었고 방청자는 밀물과 같이 들어 닥친다. 이 종류의 집회로서는 퍽 오랜만의 일일 것인 만치 회중의 낯과 그의 동작에난 침울과 정돈을 깨드리고 광명으로 투쟁으로 박차고 나아가겠다는 기색이 또렷하게 보인다. … 민족단일단체의 소리는 가장 높은 시대의 소리이다. 민족단일단체의 충분한 성장과 및 그 鬪力의 증진을 위하여 현하의 모든 선구자들은 거의 그 견해와 및 노력을 일치하게 하는 바이다. 그리고 사회운동단체로 하여금 일개의 無産政黨式의 統一 機關을 집성하여 민족주의 단체와 雙行하는 것이 可타하는 것도 또 한편의 의견이다. 이 의견도 一理가 없는 바 아니지마는 오늘날의 조선사회의 과정적 상태는 전민족적 총역량을 집중할 단일 단체의 존립 및 발전을 위하여 모든 것을 제쳐두기를 요함이 가장 간절하다 아니할 수 없다.[29](강조는 인용자)

조선일보는 조선사회단체중앙협의회 창립 당시 대중적 위력에 놀라 협의회의 필요성을 한편으로 높이 평가하면서도 결론적으로 협의회의 대중적 역량을 신간회를 매개로 한 민족단일당 결성으로 집중시키려 하였다. 이것은 당시 조선공산당의 방침과도 일맥상통하는 것이다.[30] 결국 이러한 방침은 노동자, 농민을 비롯한 식민지 조선민중의 대중적 열기를 민족주의 이데올로기에 종속시키는 정치적 효과를 낳았다.

---

29) 『조선일보』 1927년 5월 17일.

30) 1926년 12월 6일 조선공산당(ML파) 2차당대회에서는 "민족주의자의 정당을 형성시키되 … 가. 모든 정치적 운동을 단일기관으로 결과시킬 일  나. 정당 조직을 개인단위로 하고 지부제를 채용할 일" 등의 방침을 정하였다. 이것은 이미 신간회와 이를 매개로 한 민족당 결성에 대한 기본적 틀이 정해져 있었음을 알려주고 있다. 또한 2차당대회는 조선사회단체중앙협의회를 "일시적 회합에 그치게 할 일 … 정치운동 시인의 선언을 발표케 할 일" 등의 방침을 정한 바 있었다. (「조선공산당 제2회정기대회 회의록」, 1926년 12월 7일 (РЦХИДНИ ф.495 оп.135 д.123), 49~72쪽.)

418

조선사회단체중앙협의회 창립에 대하여 재일본조선노동총동맹에서는 "현하 조선무산계급의 특수한 당면임무는 무산계급 그 자신의 국부적 정신에 있지 않고 전민족적 전선적 진출에 있는 것임에도 불구하고 동 협의회는 무산계급운동과 약소민족운동과의 차별성을 과중평가하여 분 열적 대립적 형태로서 진출하려는 것"31)이라는 반대성명서를 제출하고 다음과 같은 슬로건을 제시했다.

　　　一. 派閥主義의 殘滓를 根除하자!
　　　一. 民族的 單一黨을 促進하자!
　　　一. 신간회를 절대로 지지하자!
　　　一. 전민족적 견지에서 명칭을 망라한 민족적 共同協議機關을 구성하
　　　　　자!32)

또한 국내의 조선노동총동맹도 1927년 5월 15일 중앙집행위원 간담 회를 열고 "현하 조선 무산계급의 발전과정에 있어서 당면 계단인 전민 족적 단일당을 구성하여야 될 이 시기에 동협의회가 병립적 양당론을 주창하는 것은 무산계급의 변증법적 발전을 저해하는 것은 물론이요 또 작년(1926년 — 인용자) 4월경에 개최된 동협의회의 준비위원은 노동총 동맹에 이르러 결코 상설기관으로 하지 않겠다는 이유로 노동총동맹의 세포단체까지 가입케 한 후 지금에 이르러서는 '상설적 무산계급 최고 기관'이라는 것을 내어 세움에 대하여 그 조직 방침이 유치 조잡하고 아희적인 것을 탄핵하는 동시에 동협의회는 순간적 협의로 할 것"33)이 라는 내용의 반대성명을 발표하고 다음과 같은 결의를 하였다.

　　　一. 조선사회단체중앙협의회상설에 관한 건

---


31) 『조선일보』 1927년 5월 17일.
32) 『조선일보』 1927년 5월 17일.
33) 『조선일보』 1927년 5월 17일.

중앙협의회상설은 반대하는 동시에 세포단체에 통지하고 위원을 선정
하여 반대 이유서를 작성
　一. 전국대의원간담회 개최에 관한 건
　본건은 18일 중앙집행위원회에서 토의[34)]

　한편 1927년 5월 8일 함경북도 대중운동자동맹은 李雲赫[35)]의 사회하
에 정기대회를 개최하였다. 함북대중운동자동맹은 "조선의 사회운동은
이제 종래의 국한되어 있던 경제적투쟁으로부터 일층 계급적이며 대중
적인 정치적 투쟁으로 비약하지 아니하면 아니될 일대전기에 도달하였
다. 그러므로 우리는 사상단체의 역할도 종료되었음을 확인하고 함북대
중운동자동맹은 해체"할 것을 결의하면서 "우리는 정치적 戰野를 힘있
게 전개하며 조선민중의 전체적 이익을 대표할 민족적 단일당을 지지하
기 위하여 신간회를 적극적으로 지지하는 동시에 그와 대립의 형태로
나오는 단체는 박멸"한다는 결의를 채택했다.[36)] 이운혁의 함북대중운동
자동맹 해체 결의와 민족단일당으로서 신간회 지지표명은 이시기 서울
파의 일부가 ML파의 정치노선으로 기울어지고 있는 정황을 반영하는
것이다.

　1927년 5월 16일 조선사회단체중앙협의회가 개최되었다. 당시 『조선
일보』는 중앙협의회 창립대회 첫날의 분위기를 상세히 보도하고 있다.

　조선사회단체중앙협의회의 첫날은 16일 오후 8시 15분에 동회를 상설
기관으로 할 것인가 또는 임시협의기관으로 할 것인가를 결정하고자 우

---

34) 『조선일보』 1927년 5월 17일.
35) 고려공산동맹 중앙위원이었던 이운혁이 함경북도 대중운동자동맹을 해체하
　　고 신간회를 지지하는 노선을 취했던 것은 그가 이시기 조선공산당(ML파)
　　에 가입하고 있었던 것으로 추정된다. 그는 이후 조선공산당을 탈퇴하고
　　1927년 12월 20일 '서울파의 3차당대회'에 참여하였다.
36) 그들은 "대중에게 완전한 의식을 주입할 계몽운동의 임무만을 맡아할 기관
　　의 필요" 속에서 '대중교육자동맹'을 조직하고 孟斗恩, 朴老英, 李雲赫, 南潤
　　九, 金昌一 등 5인을 집행위원으로 선출했다. (『조선일보』 1927년 5월 17일)

420

선 이론적 토의를 하기로 하고 휴회한후 다시 동 오후 9시에 계속 개회하
게 되었는데 동 중앙협의회의 금번 회합은 전조선 각단체로부터 회집하
였고 따라서 현시 조선민중의 환경과 및 운동의 방향을 정하는데 동회를
조선사회운동의 최고기관으로서 상설할까 아니할까함은 극히 중대한 문
제인 만큼 일반은 극히 그 결정에 대하여 주목하는 동시에 동회에 참가한
대의원을 비롯하여 입추의 여지가 없이 들이 모여 대회의 진행을 보는
6,7백명의 방청인들도 극도로 긴장하였었는바 …37)


  5월 16일 오후 9시 15분경 중앙협의회는 의장 조용관이 계속 개회를
선언하자 서울파와 ML파 활동가들이 번갈아 연단에 올라 자신의 견해
를 피력했다.
  먼저 주최자측이고 상설기관으로 하자는 전진회의 李恒發38)이 등단
하여 간단하게 사회부문운동의 통일을 위하여는 중앙협의회를 상설기관
으로 두자고 주장했다. 다음으로 간도노동청년회 대의원 金午山39)이 등
단하여 상설기관의 필요가 없다고 주장하여 맑스의 학설을 끄집어내고
다소간 말이 과격하게 되자 입장하였던 경관은 김오산에게 중지를 명하
였다.40)
  이어 전진회의 韓愼敎가 등단하여 상설기관으로 하여야만 한다고 주

---

37) 『조선일보』 1927년 5월 18일.
38) 李恒發(1891~1957) 李時雨. 전남 나주 출신으로 1916년 3월 연희전문을 중퇴
   했다. 1922년 서울청년회 가입하고 1922년 10월 자유노동조합 결성에 참여
   하여 상무위원이 되었다. 1927년 4월부터 1928년 4월까지 서울에서 잡지사
   『노동운동』의 상무이사로 일했다. 1927년 9월 신간회 나주지회에 참여했다.
   (강만길·성대경 편, 『한국사회주의운동인명사전』, 창작과비평사, 1996,
   386~387쪽.)
39) 金午山(1904~ ) 본명은 金鳳翼. 경남 남해 출신으로 일본 동경에서 유학.
   1924년 11월 龍井에서 노동동맹을 결성하고 노동학원 설립에 참가. 간도 북
   풍회 공산주의 그룹 결성을 주도. 1926년 1월 재동만 조선청년총동맹 창립
   대회에서 강령기초위원. 1927년 8월 조선공산당 만주총국에 입당. (강만길·
   성대경, 위의 책, 77쪽.)
40) 『조선일보』 1927년 5월 18일.

장하니 때는 벌써 11시 50분이나 되었다. 의장은 시간이 벌써 오래되었다는 것을 일반에게 주의케 했다. 이어 동경무산청년동맹의 崔益翰이 등단하여 상설기관으로 할 수 없다는 이유를 두 가지 조목을 들어 말했다. "첫째는 그 조직에 있어서 중앙협의회의 존재를 느끼지 않는다. 즉 본시 黨이라는 것은 조선으로 말하면 이천만 민중이 전부 당원이 되어야 한다는 것이오 그 구성분자가 기십명이라도 조선민중의 정위분자(전위분자—인용자)가 되어 이천만 민중을 지도할 만한 역량이 있다하면 그것이 즉 '당'이 되는 것인데, 중앙협의회는 조선 각부문운동을 막연하게 연결하고 이로써 조선민중을 지도하여야 하니 이로 보아 조선민족의 당면 정치문제로 보아 조선사회운동자는 그 처지가 일본의 사회운동자와도 다름으로 우선 민족적 정치운동을 전개하여야 할 터임으로 그 민족적 단일정당으로서도 사회운동자만을 규합한 중앙협의회를 둘 필요가 없다"41)하여 중앙협의회를 임시협의기관으로 하자고 주장하였다.

다음으로 경성여자청년동맹 집행위원인 朴元熙42)가 등단하여 적극적으로 상설기관으로 하여야 된다고 주장하여 일반 청중에게 커다란 흥미를 주었다. 박원희의 견해는 서울파의 리더인 김사국의 처이면서 동지라는 점에서 김사국이 사망했지만 서울파 중앙지도부의 중앙협의회에 대한 정치적 입장을 확인할 수 있다는 점에서 매우 중요한 의미를 지니고 있다. 그런데 당시 조선일보에는 박원희의 견해는 소개되지 않았다. 그러나 박원희는 중앙협의회 상설론이 부결되고 임시협의기관으로 통과된 이후 조선일보에 「帝國主義時代의 民族運動과 社會運動」이라는 장문의 글을 통해서 자신의 견해를 밝히고 있다.

이 글에서 그는 먼저 제국주의시대의 식민지·반식민지에서 반제 민

---

41) 『조선일보』 1927년 5월 18일.
42) 朴元熙 (1899~1928) 경성여자보통학교를 졸업했다. 김사국과 결혼했다. 고려공산동맹원이며 1923년 3월 전조선청년당대회에 참가했다. 1924년 4월 조선여성동우회 결성에 참여하고 1927년 5월 근우회 창립대회에서 중앙집행위원으로 활동했다.

422

족해방운동이 일반적·보편적 의의를 차지하게 된다는 점을 다음과 같이 밝히고 있다.

자본주의가 발달되는 초기에 있어서 신흥자본계급과 무산계급의 이해가 공동한 점이 있는 것은 선진각국의 사회사에서 발견되는 바이어니와 더욱이 제국주의시대에 있어서는 그 자본제국을 대항함에 당하여 신흥자본계급과 무산계급의 이해가 일치한 점이 있는 것은 즉 다시 말하면 식민지와 반식민지에 있어서의 신흥자본계급의 이해가 일치한 점이 있는 것은 일반적 현실이오 결코 특수사정이 아니다. 그러므로 식민지와 반식민지에 있어서 제국주의에 대항하는 세력이 무산계급과 신흥자본계급의 공통한 이해로부터 생긴 것임은 특히 설명할 것이 없고 어떤 경우에는 봉건세력까지 제국주의에 대항하는 것을 보는 바이다. 그러함에 불구하고 식민지와 반식민지에 있어서 신흥자본계급과 무산계급의 공통한 이해가 있음으로 제국주의에 대항함에 일치한 행동을 취할 수 있다함을 그 식민지 또는 반식민지의 특수사정이라함은 이론의 원칙에서 관념적으로 관찰하는 현실무시의 견해에 불과하다.[43]

즉 그는 개별 국가의 자본주의 초기에서 신흥부르주아와 노동자계급이 제국주의에 대항하는 공동의 전선을 형성하는 일반론이 식민지·반식민지에서도 동일하게 관철된다는 것이고, 이는 결코 식민지·반식민지의 특수의 문제가 아니라는 사실을 지적하고 있다.

그러나 그는 식민지·반식민지의 특수의 문제를 간과하는 것은 아니었다. 그는 이러한 특수성의 문제가 "구세력의 대소와 무산계급의 발달된 정도 여하에 의하여 또는 제국주의의 침략 정도 여하에 의하여 결정된다. 그러므로 민족운동(봉건주의로나 자본주의로나를 불구하고)도 제국주의를 대항하는 한에 있어서는 국제적 의의를 가지게 되며 그가 국제적 의의를 가지게 됨으로 무산계급운동과 협동하게 된다"[44]고 지적하

---

43) 朴元熙,「帝國主義時代의 民族運動과 社會運動(一)」,『조선일보』 1927년 5월 20일.

고 있다. 즉 그는 식민지·반식민지의 특수성 속에서 나타나는 반제 민족운동이 자본일반에 대한 모순관계에서 출현하는 무산자계급운동과의 연대를 통하여 국제적 의의를 띠게 됨을 지적하고 있는 것이다.

이러한 정세인식에 기초하여 그는 당과 사상단체의 차이를 언급한다. 그는 "당은 무엇인가? 동일한 주의, 사상을 가진 자가 동일한 목적의식으로 동일한 정강정책을 실행하기 위하여 조직된 어느 형태이다. 다시 말하면 정강 정책이라는 행동이 없으면 당이 아니다"45)라고 말한다. 즉 당이 사상단체와 다른 것은 행동의 여부 즉 실천에 있다는 것이다. 따라서 조선에서는 당이 있다 해도 진정한 전위당은 아니오 사상단체로 존재하고 있다고 말하는 것이다.46)

또한 그는 단일당의 의의에 대해서 그것의 객관적 존재에 대해 인정하지만 "표면에 나타나는 당은 思惟의 당이 아니요 現實의 당이다. 그리하여 현실은 사유를 결정하게 되고 그 사유는 현실과 합한 때에만 완전한 실재"가 된다는 점을 지적하면서 "객관적 현실이 기분적의 순수당과 이론적의 이상당은 존재할 수 없는 것을 반증하는 것이다"라고 한다. 따라서 이시기 '개량당의 출현'47)이 필연적 현상임을 말한다.48)

결론적으로 그는 '민족문제와 계급문제'에 대해서 언급하면서 조선사회단체중앙협의회 결성의 필요성에 대해서 다음과 같이 지적한다.

조선의 대중집단은 어느 부문에 속한 것임을 막론하고 다분히 '써클'의 성질을 가지고 있고 또 노동조합이나 농민조합도 선진국가의 그들과는 많은 차이가 있지 아니한가? 그러고 당의 발달과 진화의 과정은 어떠한

---

44) 朴元熙, 위의 글.

45) 朴元熙, 「帝國主義時代의 民族運動과 社會運動(四)」, 『조선일보』 1927년 5월 24일.

46) 朴元熙, 위의 글.

47) 여기서 개량당이란 신간회를 매개로 출현할 민족단일당을 의미한다.

48) 朴元熙, 「帝國主義時代의 民族運動과 社會運動(五)」, 『조선일보』 1927년 5월 25일.

가. 여러 '써클'에 의하지 아니하면 발달할 수 없는 것과 또 여러 '써클'을 통일, 통합하는 일과정이 있는 것을 생각하는가? 또 이제 우리가 처하고 있는 과정이 무엇인지 생각하는가? 정히 대중집단으로 통일하고 결합할 시기가 아닌가. 무엇이 비맑스적이며 무엇이 조합주의이냐? 조선의 현실에서 그 주식회사의 정의로써 성립되는 순수당 이상당이 아니면 비맑스주의적인가. 더욱이 "조선의 농민운동은 계급운동이 아니다" 그러나 일반적으로는 "비민족적인 한에는 비계급적이라"고 생각하여 보라. 민족운동이 계급적 성질을 가지는 이유가 무엇인가를 막연히 국제운동의 일부분으로 하여서 계급성이 있다하면 해답이 되는가? 제국주의의 금융자본주의와 일반적으로 후진민족 또는 국가의 다대수인 농민의 이해가 背馳하기 때문이 아닌가.

그러므로 그와 같이 대다수의 농민운동이 계급운동이 되는 한에 있어서 민족운동이 계급성을 가지는 것이요 그렇지 아니한 경우에 계급성을 가지게 되는 것은 일반적의 대국으로 본 간접관계밖에 되지 아니하는 것이다. 다시 말하면 각민족 또는 국가의 개별적 입지에 있어서 민족운동이 계급성을 가지게 되는 것은 그 민족 또는 국가의 다대수인 농민의 이익을 보호하게 됨에 있는 것이요 일반적으로 그들을 보호하게 되는 국제 금융자본주의에 대항하는 관계는 어느 민족 또는 국가의 개별적 입지로 보면 간접관계가 되는 것이다.

따라서 농민운동이 계급적이 되지 못하면 어느 민족의 민족운동은 계급적이 되지 못하지 아니하는가 그리고 후진민족 또는 국가에 있어서는 특히 말할 것이 없고 선진국가의 자본당이거나 혹은 무산당에 이론과 같은 순수당이 있던가? 또 지금 정치운동의 단일당으로 오는 新幹會는 순수당인가? 그러나 우리의 진영에 대하여서만 爛熟한 자본국가의 일부 경향을 경계하든 조합주의를 책에서 본대로 비난하고 순수이상당을 강요하는 無理는 조선의 무산자로 하여금 미국의 강철대왕을 만들어준다하는 誠意로 보아서 감사하다.[49]

요컨대 박원희는 조선이 처해 있는 당면한 실천적 과제는 민족문제

---

49) 朴元熙, 위의 글.

의 계급적 성격이라는 인식에 기초하여 이에 조응하는 黨의 필요성, 즉 민족당과 계급당의 결합으로써 조선사회단체중앙협의회라는 조직을 통하여 당면한 실천적 과제를 실현할 수 있음을 주장하고 있는 것이다.

박원회의 주장을 끝으로 토론은 끝나고 중앙협의회를 임시협의기관으로 하자는 動議와 그 再請이 있고 동의의 가부를 채택한 결과 만장일치로 가결되었다. 조선사회단체중앙협의회는 결국 협의체에 그치기로 하고 정당조직이나 상설기관론을 물리침으로써 최익한의 임시협의기관론을 취하게 되었다. ML파 조선공산당의 조직적 승리였다.

중앙협의회는 대회 의안을 새로 작성하기 위해 이우적, 최익한, 이평권, 이병의, 박치호, 김영식 등 7명을 의안작성위원으로 선출하였다. 그중 이우적, 최익한, 이평권은 ML파 조선공산당의 당원이었다. 또한 김영식은 일월회 멤버로서 안광천과 함께 정우회의 상무집행위원회의 일원이었다. 중앙협의회 창립대회는 제2일의 회의 중 집회금지령에 의하여 해산된 뒤 주최자쪽에서 대책을 강구하기 위하여 張埈, 李汶漢, 李平權, 金基完, 姜云 등을 교섭위원으로 선정하여 일제당국과 교섭하게 하였으나 끝내 금지해제를 보지 못했다.50) 이렇게 하여 조선사회단체중앙협의회는 사실상 좌절되었다. 이로써 서울파의 조선사회단체중앙협의회 상설계획은 실패로 끝나고 말았다.

조선사회단체중앙협의회의 위상을 둘러싼 서울파(구파)와 ML파 조선공산당의 견해는 이후 계속하여 당시 신문과 잡지를 통해 소개되면서 격렬한 논쟁을 벌이게 되었다. 이하에서는 중앙협의회의 위상을 둘러싼 서울파와 ML파의 대립을 좀더 부연 설명하면서 당시 그들이 전위당과 통일전선의 관계를 어떻게 인식하고 있었는지를 검토하고자 한다.

ML파의 최익한은 우선 당면시기가 민족적 단일정당을 필요로 하는 방향전환의 시기이고 중앙협의회 상설론은 이미 낡은 주장이므로 폐기

---

50) 『동아일보』 1927년 5월 19일.

되어야 함을 주장했다. 또한 조선은 세계자본주의의 일부분인 일본자본주의의 지배를 받고 있으므로 조선의 민족운동은 반자본주의운동인 사회주의운동의 일부분으로 볼 수 있다고 주장한다. 그는 이러한 식민지 조선의 현실 때문에 오직 '민족단결전선' 즉 민족통일전선을 결성하여 그 속에서 모든 것을 전취하며 '이론투쟁'을 전개하여야 한다고 하면서 민족당으로 집중해야 함을 강조하고 있다.[51]

그러나 그가 세계자본주의의 일부분으로서 일본자본주의를 인식하는 것은 올바르나 일본자본의 직접적 지배하에 있는 식민지 조선의 자본주의하에서 사회주의운동을 조선 현실의 특수성만을 강조하여 오로지 민족통일전선으로만 집중시키려는 경향은 민족을 구성하고 있는 노동자, 농민을 비롯한 다양한 계급구성에 대한 인식을 결여했다고 볼 수 있다. 따라서 그가 스스로 언급하는 반자본주의운동으로서 사회주의운동을 민족당 결성으로만 한정하는 것은 그의 자본주의에 대한 스스로의 인식의 모순과 부정을 드러내고 있는 것이다.

반면 서울파의 한신교, 박원희, 이항발 등은 다음과 같이 중앙협의회 상설론을 주장했다.

조선은 특수사정이 있어서 자본주의가 발달되지 못한다 하지만 사실에 있어서 무산계급과 자본계급이 분립하는 것은 필연적 일이다. 그러므로 우리는 무산계급의 단일정당을 필요로 한다. 그러므로 위선 무산정당이 되지 못하면 그 준비기관이라도 만들어 민족적 단일정당과 협동 혹은 대립할 필요가 있는 것이다. 즉 개개인이 산병전을 할 것이 아니라 유력한 정당으로서 행동하여야 될 것이다.[52]

서울파는 식민지 조선의 자본주의 발달의 미숙성에도 불구하고 무산계급과 자본계급의 분화는 필연적이므로 무산계급의 독자적인 정당의

---

51) 『동아일보』 1927년 5월 18일.
52) 『동아일보』 1927년 5월 18일.

필요성을 주장하고 있다. 그러나 그들은 민족적 단일정당의 설립을 부정하는 것이 아니고 무산정당 또는 최소한 무산정당준비기관을 먼저 건설하여 민족당과 협동하자는 조직방침을 가지고 있었다.[53]

1928년 2월 27일~28일에 조선공산당('ML파')은 3차당대회를 열고, 3월에 중앙집행위원회에서 안광천이 기초한 「민족해방운동에 관한 테제」를 채택하는데 거기에서 'ML파' 조선공산당은 당시 조선공산주의자들 사이에 유포되어 있는 두가지 경향을 '양당론'과 '청산론'으로 비판하고 있다. 그들은 이항발, 박원희, 한신교 등의 서울파(구파)의 견해를 양당론으로 즉 "프롤레타리아운동의 독립성을 기계적으로 고집하고 당면의 민족적 통일전선조직에 반대하고 무산정당의 별립을 주장한다"[54]고 비판하고 있다. 그러나 서울파(구파)는 결코 민족통일전선을 반대하지 않았고 민족당과 동시에 무산정당의 필요성을 역설하였다.

## Ⅳ. 조선사회단체중앙협의회의 성격

1927년 6월 솔뫼[55]는 『朝鮮之光』에 조선사회단체중앙협의회의 조직

---

53) 1928년 2월 27일~28일 ML파 조선공산당 3차당대회가 개최되었다. 그들은 1928년 3월에 열린 제4차 조선공산당 중앙집행위원회에서 안광천이 기초한 「민족해방운동에 관한 논강」('정치논강')을 채택하고 당시 조선공산주의자들 사이에 유포되어 있는 두가지 견해를 '양당론'과 '청산론'으로 비판하고 있다. 그들은 이항발 박원희 한신교 등의 서울파(구파)의 견해를 양당론으로 즉 "프롤레타리아운동의 독립성을 기계적으로 고집하고 당면의 민족적 통일전선조직에 반대하고 무산정당의 별립을 주장한다"고 비판하고 있다. (京城地方法院檢事局思想部, 「秘密結社朝鮮共産黨並高麗共産青年會事件檢擧ノ件」, 129~138쪽.) 그러나 앞서 살펴보았듯이 서울파(구파)는 결코 민족통일전선을 반대하지 않았고 민족당과 동시에 무산정당의 필요성을 역설하였다.

54) 京城地方法院檢事局思想部, 「秘密結社朝鮮共産黨並高麗共産青年會事件檢擧ノ件」, 129~138쪽.

55) 솔뫼(松山)는 金明植(1892~1943)으로 추정된다. 그는 제주도 출신으로 와세

형태와 본질을 다음과 같이 언급하고 있다.

　　그러면 중앙협의회는 어떠한 것인가? 사상단체도 아니오 당도 아니다. 그러나 0000(대중집단—인용자)연합체인 형식과 내용은 —사회적 현실과 사정이 그러니 만치 불완비와 불충실이 없지 아니하지만은— 가지고 있다. 그러므로 0000(대중집단—인용자)연합체의 임무를 행할 수 있는 것은 물론이오 사상단체와 당의 임무를 대행할 수 있는 것이다. 그리고 중앙협의회 그것이 0000(사상단체—인용자)와 당의 母가 될 것은 특히 설명할 필요가 없고 또 母가 되지 않으면 아니된다.56) (강조—인용자)

　　즉 그는 조선사회단체중앙협의회를 '사상단체와 당의 임무를 대행'하는 기관으로서 즉, 당의 萌芽로 파악하고 있다. 이러한 그의 생각은 다음 글에서 더욱 구체화되고 있다.

　　…우리의 기본조직은 당과 평의회와 노동조합의 3종이 있는데 그들은 불란서주의의 삼권분립사상의 표현이 아님으로 어느 것은 입법, 어느 것은 행정, 어느 것은 사법의 각각 독립한 기관이 아닌 것이다. 그럼으로 어느 기관임을 막론하고 이상의 삼권분립 행사를 일조직 자체가 당하게 되며 그와 동시에 그 조직체의 구성분자는 그에 복종치 않으면 안된다. … 그리고 종단적 총기관의 연합체가 성립되면 그 각 종선은 노동, 청년, 사

---

다 대학에서 수학하였으며 1922년 신생활사 창립에 참가했다. 1922년 3월 조선청년회연합회 제3차정기대회에서 '사기공산당 사건' 관련자로 퇴진을 요구받고 1922년 6월 서울청년회에서 제명당했다. (강만길·성대경 편, 앞의 책, 68쪽.) 김명식은 원래 상해파 국내지부의 일원으로서 1927년 신간회 제주지회장을 역임하는 등 신간회 활동에 열중했다. 김명식이 『조선지광』에 글을 기고한 1927년 6~7월 무렵은 ML파 조선공산당에 대항하여 서울파(구파)와 상해파와의 연대가 이루어지는 시기 즉 '서상파'가 형성되는 시기로 생각된다. 따라서 김명식의 조선사회단체중앙협의회에 대한 입장은 '서상파'의 공식적인 입장으로 생각된다. 1927년 12월 20~22일 열리는 서울파 3차당대회는 서울파와 상해파의 당적 통일이 이루어짐을 의미하는 것이다.
56) 솔뫼, 「중앙협의회를 파괴한 이유가 어데잇는가」, 『조선지광』68호, 1927.6, 8쪽.

상, 농민 등이 될 것이요 따라서 그들을 총괄한 기관 000000(중앙협의회
가—인용자) 전계급의 통제기관이 되지 않을 수 없고 또 되지 않으면 안
된다.57)

이와같이 솔뫼는 노동, 농민, 청년, 사상운동 단체의 종적 총연합체이
며 '전계급의 통제기관'으로서 조선사회단체중앙협의회의 위상을 상정
하고 있다. 또한 그는 무산계급의 평의회의 본질과 기능에 대해서도 다
음과 같이 지적하고 있다.

> 그 본질은 그 조직자체의 구성분자간의 계급적 또는 차별적 경향과 의
> 식을 철저히 驅除하여 완전한 민주주의의 실현과 실행에 있는 것이오 그
> 기능은 노동조합을 통하여서만은 000000(불가능하고 당—인용자)과 대중
> 과의 연락이 불충분함으로 그를 보충함에 있다. 그리하여 우리의 삼개주
> 요 조직(당, 노조, 평의회—인용자)은 완전히 유기적 기능을 발휘하게 된
> 다.58)

즉 그는 조선사회단체중앙협의회가 평의회(소비에트, 독일의 레떼)적
기능을 수행하는 기관으로서의 의미를 부여하고 당, 노조, 평의회의 3조
직의 유기적 결합을 통한 운동의 조직, 지도를 상정하였다. 1926년 2월
조선사회단체중앙협의회를 발기할 때 고려공산동맹이 밝힌 「강령」의 3
항에서 '평의회적 기능'이 1927년 6월에 이론적으로 발전하는 것으로
보인다.

또한 솔뫼는 중앙협의회의 의의에 대해서 다음과 같이 언급하고 있
다.

> 우리는 사상단체도 당도 대중집단의 연합체도 필요치 아니한가? … 대
> 중집단의 연합체는 사상단체가 없으면 그것의 임무를 대행하고 당이 없

---

57) 솔뫼, 「중앙협의회상설론의 재음미」, 『조선지광』69호, 1927년 7월호, 15쪽.
58) 솔뫼, 위의 글, 16~17쪽.

430

으면 당의 임무를 대행한다. 뿐만 아니라 당 그것은 그러한 연합체가 없
으면 존재의 의의가 없는 것이다…59)

그는 이어서 중국의 국민당 공산당 총공회(노동조합)의 세 가지 역할
을 빗대어 "지도적 임무를 가진 기관이 불충실하던지 혹은 민족당이 관
념적 존재에 불과할 때는 총공회 그것이 당의 임무를 대행할 수 있
다"60)고 주장하였다. 즉 김명식은 노동 청년 사상 농민 등 대중단체를
총괄한 기관으로서 중앙협의회를 설치하여 이를 전계급의 통제기관으로
위치지우려고 하였다. 요컨대 김명식은 ML파 조선공산당의 전위당으로
서의 역할을 사실상 부정하고 또한 ML파에서 결성한 민족단일당의 매
개체로서 신간회의 역할도 관념적 존재에 불과하므로 중앙협의회가 이
를 대행하는 기관이 되어야 한다는 것이다.61)
다음에서 그는 협의회의 조직경로에 대해 언급하고 있다.

그(중앙협의회 : 인용자)는 대중각부문집단의 종적연합체가 아니오 지
역적의 횡적연맹의 연합체이다. 이것은 0000(대중집단 : 인용자)의 연합체
와 다르지 아니하다. 자못 지역적으로 횡적 연맹이 성립되지 아니한 곳에
한하여 종적 연맹 혹은 개체단체의 가입을 허하였으니 이것은 사회적 현
실이 일반적 全線적으로 지역적의 횡적연맹을 성취할 수 없었기 때문이
오 그러나 장래에 있어서는 그도 가능성이 있었던 것은 사실이다. 그리고
각부문단체중에는 계급적 성질을 가지고 있지 아니한 것도 없지아니하였
지만은 그들도 00000 00000 00000적 집단인 것은 물론이오 또 그리될 가
능성이 있는 것은 의심없는 사실이었으니 그로써 중앙협의회의 의의를
몰각할 조건이 되지 못한다.62)

<hr>

59) 솔뫼, 「중앙협의회를 파괴한 이유가 어데 잇는가」, 『조선지광』68호, 1927.6,
7쪽.
60) 솔뫼, 「중앙협의회 상설론의 재음미」, 『조선지광』69호, 1927.7, 8쪽
61) 그러나 김명식(솔뫼) 또는 서울파(구파)가 당과 민족당의 존재를 부정하는
것은 아니었다.
62) 솔뫼, 「중앙협의회를 파괴한 이유가 어데있는가」, 앞의 글, 10 - 11쪽.

그리고 조선의 현실을 보면 각부문단체의 종단적 조직이 형성된뒤에 그들의 연합체를 조직한다함은 이상으로 해서는 아름다운 의견이지만은 우리는 조직은 자연성장적으로 아래서가 아니라 목적의식적으로 우에서 인것과 그 우에 교통기관이 불비하고 경제사정이 不贍한 것과 또 어느 부문단체에도 참가치 못하게 되는 절대다수의 실업자를 포괄할 수 없는 것과 각 세포단체가 너무 미약하여 그들이 각각 지방적으로 독립하게 되면 그의 기능이란 볼만한 것이 없으니 그럼으로 종래와 여한 도연맹도 더욱 지역을 축소하여 **각부문집단의 지역적 횡적군연맹**으로 개조함이 좋은 것을 일반이 다 느끼는 바이다.63) (강조는 인용자)

이와같이 김명식은 당시 조선의 현실 속에서 등장한 각 부문단체의 조직현황을 고려하여 현실적 힘을 가질 수 있는 조직적 대안은 부문별 대중조직체를 각지역별로 횡적으로 연결하는 '지역적 횡적연맹의 연합체'이고 이것을 중앙협의회의 조직방법으로 상정하였던 것이다.

한편 ML파 조선공산당은 서울파의 '지역적 횡적연맹의 연합체'론에 대해 비판하면서 다음과 같은 조직방식을 제출하였다.

즉 노농 청년 사상 여성 형평할 것없이 금반 모임에 참가한 단체들을 각각 다 지방의 세포단체이었으니까 그 세포단체를 곧 혼합결성한다고 하면 각 부문의 종단적 조직으로된 총기관(노총 청총등)은 그 본연의 기능이 멸살될 것이고 따라서 각 운동의 원만 민활한 운전과 발전을 기하기 도저히 어려울터이니까 협의기관을 만들 필요가 있다고 하면 **각부문의 종단적 총기관의 조직**을 해가지고 그 각 총기관을 결성하는 것이 원칙인 동시에 실제에 있어서도 반듯이 그러한 순서를 밟지 않아서는 안될 것일 세.64)(강조는 인용자)

---

63) 솔뫼, 「중앙협의회상설론의 재음미」, 앞의 글, 16쪽.
64) 李城溪, 「反常設論 -중앙협의회의 시비에 대하여-」, 『조선지광』제68호, 1927 년 6월호, 4~5쪽.

즉 ML파는 각 부문의 대중조직을 망라하는 종적 전국조직을 건설한 후 이를 연합하는 조직방식을 제기하고 있는 것이다. 이에 대해 ML파의 최익한은 "물론 각 단체의 세포는 일체히 산입치 말 것이오 각 전국적 총기관 예하면 노총 청총 형평사 근우회 기타 종교단체까지를 OO(망라—인용자)하여야 할 것이다. 그러므로 전국적 단체협의회는 민족적 협동전선당의 보조기관인 이상에 협의의 사회단체만의 횡적조직은 절대 불필요한 것"65)으로 파악하고 있다.

또한 안광천은 서울파의 중앙협의회 상설론이 "사상단체도 되고 정당도 되고 OOOOO(협동전선도 - 인용자)되는 조직을 가지자는 것은 모든 과정을 한 순간에 비벼 놓자는 말"66)이라고 냉소적으로 비판하고 있다.

이와같이 ML파는 서울파의 중앙협의회 계획에 대하여 조직방식과 그 위상에 대해서도 처음부터 전혀 다른 경로를 가지고 있었다. ML파의 안광천은 「조선사회단체중앙협의회 발기정신의 비판」에서 각 대중운동단체를 총망라한 통일기관의 위상을 가지고 발기된 중앙협의회에 대하여 그것은 '카우츠키류의 궤변'이고 '기성단체의 단순한 종합으로써 전계급을 계급적으로 조직하겠다는 것'은 몽상이라고 했다.

안광천은 이러한 비판의 근거로서 '무산계급의 결합의 최고형태는 무산자의 혁명정당'이라는 맑스의 당 개념과 노동조합은 특정단체의 이익과 노동운동발전의 한 단계를 대표하지만 러시아 사회민주노동당(RSDLP)은 노동자계급 전체의 이익을 대표한다는 레닌의 전위당 개념을 인용하고 있다.67) 그는 결국 서울파의 중앙협의회는 당적 전망을 가지지 못한 조합주의적 한계에 갇혀있다는 비판을 하고 있는 것이다.

---

65) 崔益翰, 「1927년 조선사회운동의 빛」(6), 『조선일보』, 1928년 2월 3일.
66) 盧正煥, 「中央協議會常設 主張의 理由는 어데 있는가 -솔뫼씨 논문에 대하여 -」, 『조선지광』제69호, 1927년 7월호,
67) 燕京學人, 「轉換期에 臨한 朝鮮社會運動槪觀 —過去 一年間의 回顧」(一), 『조선일보』, 1927년 1월 2일.

# V. 맺음말

1926년 4월 발기된 조선사회단체중앙협의회는 서울파 고려공산동맹의 합법적 사상단체인 전진회가 제기한 것으로 무산계급의 경제투쟁과 정치투쟁의 통일기관 그리고 민족통일전선의 형성을 위한 조직체로서의 위상을 가지고 등장하였다.

조선사회단체중앙협의회는 조직활동에 노력을 기울인 결과 1926년 9월까지 282개단체가 가입여부 심사를 마쳤고, 소속회원수는 3만여명에 이르렀다. 그러나 조선사회단체중앙협의회는 1926년 6월 6·10 만세투쟁으로 인한 조선공산당에 대한 검거와 'ML파'의 형성, 그리고 서울파의 신·구파로의 분화로 조선사회단체중앙협의회를 추진할 서울파의 동력이 상실되면서 활동이 원활하게 이루어지지 않았다.

1927년 2월 서울파 구파의 한신교, 이항발, 박원희, 임봉순 등을 중심으로 조선사회단체중앙협의회 창립대회가 재차 준비되면서 5월에 창립대회가 열리게 되었다. 그러나 이무렵 'ML파' 조선공산당이 중심이 되는 신간회가 창립되면서 민족단일당으로서 신간회를 지지하는 움직임이 차츰 일어나게 되었다. 결국 창립대회에서 조선사회단체중앙협의회는 임시협의기관으로 하자는 ML파의 의견이 관철되면서 서울파 구파의 조선사회단체중앙협의회 창립계획은 무산되고 말았다. 이후 서울파와 ML파는 『조선일보』, 『동아일보』, 『조선지광』 등 신문, 잡지를 통하여 민족단일당과 전위당에 대한 자신의 정치적 견해를 밝히면서 격렬한 논쟁을 펼쳤다.

서울파는 제국주의시대에 민족문제의 보편적 의의를 제기하면서 식민지·반식민지의 특수성 속에서 반제민족해방운동과 자본일반에 대한 모순관계에서 출현하는 무산자계급운동과의 연대를 통하여 국제적 의의를 가지게 됨을 지적하였다. 따라서 이러한 조건 속에서 조선사회단체중앙협의회는 민족당과 계급당(전위당)의 결합이라는 조직적 성격을 갖는 것으로 자리매김하였다. 또 서울파는 무산계급과 자본계급의 필연적 분화로 무산계급의 독자적인 정당의 필요성을 주장하였다. 그러나 민족적 단일정당의 설립을 부정하는 것이 아니고 무산정당 또는 그 준비기관을 건설한 후에 민족당과 협동하자는 조직방침을 가지고 있었다.

반면 ML파는 서울파의 견해를 프롤레타리아운동의 독립성을 기계적으로 고집하고 민족적 통일전선조직에 반대하여 무산정당의 독자적 건설을 주장하는 양당론으로 비판하였다. ML파는 전위당으로서 조선공산당이 존재하는 상황에서 신간회를 민족당으로 상정하고 있었기 때문에, 이를 부정한 서울파의 조선사회단체중앙협의회의 창립을 전위정당, 민족당을 무원칙적으로 혼합한 것으로 카우츠키주의적 오류, 조합주의적 한계에 갇혀있다고 비판하였다.

1920년대 중반 서울파에서 제기한 조선사회단체중앙협의회 계획은 비록 ML파의 반대로 실패했지만 '조선공산당—민족당(신간회) 노선'에 대한 하나의 대안으로서 '무산정당—민족당'의 결합의 새로운 운동지도의 형태라는 측면에서 이 시기 사회주의운동사에서 커다란 비중을 가지고 있었다.

1920년대 중반 이후 코민테른과 '정통' 조선공산당이 대세를 형성한 상황 속에서 서울파 사회주의운동은 이에 대한 하나의 비판세력으로서 의미를 지니고 있다. 일제하 사회주의운동사 연구에서 조선공산당을 중심으로 한 '정통노선'에 대한 '서울파'의 운동노선은 전위의 목적 의식성과 대중의 자생성이 편향적으로 강조되는 운동사의 흐름 속에서 후자의 측면에 보다 강조점을 두었다. 앞으로 전위당을 비롯한 대중운동조직체, 민족당 등에 대한 견해에서 조선의 특수한 조건을 고려하면서 새로운 운동노선을 창출하려 했던 그들의 고투는 좀더 연구되고 평가되어야 할 것이다.

# 일제말(1937~1945) 朝鮮殖産銀行의 광공업 금융

정 병 욱[*]



## I. 머리말

일본이 1937년 7월 중국으로, 다시 1941년 12월 태평양으로 그 침략전쟁을 확대함에 따라 일본의 지배하에 있던 조선의 경제도 戰時的 性格을 띠어갔다. 戰時經濟는 전쟁수행을 위해 물자, 인력을 동원하는 것이었으며 금융은 이러한 동원을 資金面에서 뒷받침해야 했다.

일제말 조선내 금융기관은 국채 인수와 군수산업체에 대한 융통에 자금운용을 집중하였다. 이는 전쟁비용의 수요자가 주로 일본 정부, 특히 軍部와 군수산업체였기 때문이다. 이를 위해 '臨時資金調整法施行規則'(1937.10.府令제157호), '銀行等資金運用令施行規則'(1940.12.府令제303

---

436

호) 등의 법과 '朝鮮資金自治調整團'(1937.10)이나 '朝鮮金融團'(1938.12) 과 같은 조직이 정비되었다. 전쟁에 필요한 자금을 가능한 대량으로 조달하기 위해 취해진 방법은 조선은행권 증발과 강제저축이었다. 또한 이러한 전시 금융을 효율적으로 수행하기 위해 조선내 금융기관 간에 합병과 역할 분담이 이루어졌다.

이 글의 목적은 1918년 설립되어 일제의 식민지 경제정책을 구현해 왔던 朝鮮殖産銀行이 1937년 이후 전시금융체제 속에서 수행한 역할을 규명하는 데 있다. 기존 연구는 대부분 일제말 조선식산은행의 활동을 조선식산은행사의 일부, 또는 전시금융의 일부로서 다루었다.[2] 그 내용도 광공업 대출액이 많았다, 관련회사로 어떠한 것들이 있었다는 정도의 개략적인 것이다. 이 글에서는 조선식산은행 및 관련회사에 관한 새로운 자료를 발굴하여[3] 자금조달과 자금운용, 특히 광공업 금융의 실태를 구체적으로 분석하고 이를 통해 일제말 조선식산은행의 역할을 고찰하려 한다. 이는 금융 측면에서 이 시기 형성되었던 전시 수탈구조의 일면을 밝히는 작업이기도 하다.

---

2) 朝鮮殖産銀行史의 일환으로 戰時期를 다룬 것으로 堀 和生, 「植民地産業金融과 經濟構造 - 朝鮮殖産銀行의 分析을 通하여」, 『朝鮮史研究會論文集』 20, 1983 이 있으며, 戰時金融 연구의 일환으로 조선식산은행을 다룬 것으로 裵永穆, 「植民地 朝鮮의 通貨金融에 관한 研究」, 서울대경제학과 박사학위논문, 1990 ; 김호범, 「식민지하 전시금융체제의 구조와 성격에 관한 연구」, 『역사연구』 3, 역사학연구소 편, 1994 ; 吳斗煥, 「戰時工業化와 金融」, 『近代朝鮮工業化의 研究』, 安秉直·中村哲 編, 一潮閣, 1993이 있다.
3) 새로 발굴한 조선식산은행 및 관련회사 자료는 대부분 成業公社가 소장하였던 자료이다. 1954년 韓國産業銀行 설립으로 朝鮮(韓國)殖産銀行이 淸算되는 과정에서 관계 서류가 방계회사였던 성업공사에 보존되었던 것 같다. 현재 이 자료는 서울대 도서관이 소장하고 있다. 앞으로 이 자료를 인용할 경우에는 자료명 뒤에 '㉕'를 표기하겠다.

## Ⅱ. 군수산업금융기관화와 자금의 '現地調達'

일제말 전시금융체제 하에서 종래 농업금융기관이었던 조선식산은행은 새로운 모습을 띠게 되었다.

첫째, 조선내 군수관련 자금공급기관으로서의 역할이 법제화되었다. 1939년 4월 '會社利益配當及資金融通令'에 근거해 조선에 공급된 생산력 확충자금 2억원의 배분을 동양척식주식회사와 함께 담당하였다.[4] 1940년 12월에는 '銀行等資金運用令'에 의해 융자명령을 받는 은행으로서 지정되었다.[5] 또한 1942년 일본에 설립된 '戰時金庫'의 조선내 융자업무 대리기관으로 지정되었으며 이를 계기로 자금공급의 제한이 철폐되는 등 전시금고의 대리업무에 초점을 맞추어 '朝鮮殖産銀行令'이 개정되었다.[6]

둘째, 군수관련 자금의 조달과 융통을 원활하고 신속하게 수행하기 위해 조선식산은행의 職制도 개편되었다. 즉 1940년 10월 證券部, 特別金融部가 신설되었다. 기존에 計算課에서 담당하던 증권업무를 독립시켜 증권부가 담당함으로서 자금조달 기능의 확대 강화를 도모하였다. 증권부는 채권발행 이외에도 국채의 소화, 일본권업은행의 소액채권 인수 및 조선내 판매를 병행하였다. 또한 신설된 특별금융부를 통해 군수관련 광공업 기업체에 대한 원활하고 신속한 자금융통을 꾀하였다.[7]

---

4) 『殖銀調査月報』13(1939.6), 「朝鮮經濟情報 - 政府保證生産擴充資金二億圓は殖銀, 東拓を通ず」, 118~119면.
5) 水田財務局長, 「銀行等資金運用令施行に際して」『臨時資金調整法及銀行等資金運用令に關する資料』, 朝鮮金融組合聯合會調査課 編, 1941.7, 82~84면 ; 全國經濟調査機關聯合會朝鮮支部編, 『朝鮮經濟年報(1940년판)』(東京: 改造社, 1940), 421~422면.
6) 『殖銀調査月報』54(1942.11), 「朝鮮經濟情報- 朝鮮殖産銀行令改正」, 30~34면.
7) 林繁藏回顧錄編集委員會, 『林繁藏回顧錄』 (東京 : 林繁藏回顧錄編集委員會, 1962), 46~48면.

셋째, 조선식산은행의 군수관련 자금공급이 강화됨에 따라 軍部와의 관련도 밀접해졌다. 총독부의 정책금융기관이자 조선내에서 큰 비중을 점하였던 조선식산은행은 조선내 중요 금융문제를 처리하는 논의에 빠지지 않았다. 戰時期에도 조선내 중요 금융문제는 총독부의 재무국장, 조선은행장, 조선식산은행장이 모인 '3巨頭' 회의를 통해 처리되었다.[8] 전시기에는 이러한 총독부, 여타 금융기관과의 협의 외에도 육해군과의 관계가 중요해졌다. 군부의 요구를 어떻게 해결하는가가 중요 문제였기 때문에 朝鮮軍司令部, 海軍武官府와의 연락, 절충이 빈번해졌다.[9]

중일전쟁 이후 부여된 법적 지위, 은행내의 직제 개편, 군부와의 밀접한 관계 등은 조선식산은행의 업무의 중점이 일본의 흥망을 건 군수산업체에 대한 자금융통으로 옮겨가고 있음을 의미한다. 전시기에 들어서면서 조선식산은행은 종래 농업금융기관에서 군수산업금융기관으로 전환되었던 것이다.[10]

조선식산은행이 군수산업금융기관으로서 역할을 수행하기 위해서 필요한 자금은 어떻게 조달하였을까. 전시기에도 주된 자금조달 통로는 채권발행과 예금이었다. 양자는 총 자본조달액의 80~90%를 점하였다 (표 1 참조). 1922년 이후 양자의 비중이 80% 이상이었다는 점[11]과 비

---

8) 『殖銀調査月報』14(1939.7), 「朝鮮經濟情報-朝鮮金融界の圓滑な運行」, 86면 ; 『殖銀調査月報』30(1940.11), 「朝鮮經濟情報-金融協議會設置論擡頭」, 112~113면.

9) 林繁藏回顧錄編集委員會, 앞의 책, 58~59, 313~314면. 당시 조선식산은행 秘書役이었던 赤木万壽夫는 朝鮮總督府의 總督 및 政務總監, 朝鮮軍司令部의 司令官 및 參謀長, 海軍武官府, 朝鮮銀行總裁의 각 秘書官, 副官, 秘書役과 '秘書會'를 결성하여 수시로 모여 협조하였다고 한다. 조선내 戰時經濟가 어떠한 범위에서 결정, 협의되었는지를 알 수 있다. 軍部의 조선식산은행에 대한 대출 압력에 대해서는 당시 조선식산은행 特別金融第二部長이었던 福田謙次郎의 회고가 남아있다(林繁藏回顧錄編集委員會, 앞의 책, 298~308면).

10) 1937년 이전 농업금융기관으로서 조선식산은행의 면모에 대해서는 鄭昞旭, 『日帝下 朝鮮殖産銀行의 産業金融에 관한 硏究』, 고려대학교 사학과 박사학위논문, 1998, 112~170면 참조.

11) 위의 논문, 115면.

교해 보면 전시기에도 자금조달 통로상에는 큰 차이가 없었다고 할 수
있다. 그러나 그 내용은 상당한 변화를 겪게 된다.

<표 1> 조선식산은행의 자금조달 추이(1937-1945.9)

(금액)　　　　　　　　　　　　　　　　　　　　　　　　단위 : 천엔

| 연도말 | 자기자본 | 예금고 | 채권발행고 | 차입금 | 합 |
|---|---|---|---|---|---|
| 1937 | 45,683 | 131,419 | 344,656 | 73,719 | 595,477 |
| 1938 | 47,183 | 191,125 | 389,572 | 37,660 | 665,540 |
| 1939 | 56,491 | 254,606 | 440,328 | 110,703 | 862,128 |
| 1940 | 66,741 | 333,560 | 577,019 | 60,399 | 1,037,719 |
| 1941 | 77,491 | 410,693 | 645,933 | 86,028 | 1,220,145 |
| 1942 | 85,041 | 560,396 | 765,687 | 105,600 | 1,516,724 |
| 1943 | 85,041 | 809,193 | 946,009 | 32,000 | 1,872,243 |
| 1944 | 87,341 | 1,056,471 | 968,891 | 199,382 | 2,312,085 |
| 1945.9 | 88,491 | 434,381 | 1,058,029 | 1,228,867 | 2,809,768 |
| 증가율 | 2.2(2.2)배 | 3.3(8.1)배 | 3.2(3.0)배 | 40.1(6.5)배 | 5.3(4.3)배 |

(비중)　　　　　　　　　　　　　　　　　　　　　　　　단위 : %

| 연도말 | 자기자본 | 예금고 | 채권발행고 | 차입금 | 합 |
|---|---|---|---|---|---|
| 1937 | 7.7 | 22.1 | 57.9 | 12.4 | 100 |
| 1938 | 7.1 | 28.7 | 58.5 | 5.7 | 100 |
| 1939 | 6.6 | 29.5 | 51.1 | 12.8 | 100 |
| 1940 | 6.4 | 32.1 | 55.6 | 5.8 | 100 |
| 1941 | 6.4 | 33.7 | 52.9 | 7.1 | 100 |
| 1942 | 5.6 | 36.9 | 50.5 | 7.0 | 100 |
| 1943 | 4.5 | 43.2 | 50.5 | 1.7 | 100 |
| 1944 | 3.8 | 45.7 | 41.9 | 8.6 | 100 |
| 1945.9 | 3.1 | 15.5 | 37.7 | 43.7 | 100 |
| 평균비중 | 5.7 | 31.9 | 50.7 | 11.6 | 100 |

자료 : 朝鮮總督府財務局, 『朝鮮金融事項參考書』 각년판 ; 『朝鮮經
　　　濟年報(1948)』, Ⅲ-76~77면
　* 자기자본은 납입자본과 적립금의 합계이다. 증가율은 1936년을
　　기준으로 한 1945년 9월 수치이다. 괄호안은 1944년까지의 증가
　　율이다.

<표 1>은 1937년부터 1945년 9월까지 조선식산은행의 자금조달 상황

을 나타낸 것이다. 이 시기 조선식산은행의 자금조달액은 1936년 5억 2687.8만에서 1945년 9월 28억976.8만엔으로 5.3배 증가하였다. 이 시기 채권발행액은 1937년 3억4465.6만엔에서 1945년 9월 10억 5802.9만엔으로 3.2배 증가하였다. 채권발행액의 증가율은 전체 자금조달액의 증가율에 미치지 못하였으며, 전체에서 차지하는 비중도 1937년 57.9%에서 1945년 9월 37.7%로 하락하였다. 그러나 1943년까지는 자금조달액 중 수위를 차지하였으며, 이 기간 평균 비중도 50.7%로 가장 높았다. 따라서 전시기에도 채권발행은 여전히 조선식산은행의 주요 자금원이었다고 할 수 있다.

이 시기 조선식산은행의 채권발행 상황을 정리한 것이 <표 2>, <표 3>이다. 조선식산은행은 약 9년간 9억 6628.6만엔의 채권을 발행하였다. 1918에서 1936년까지 19년간 8억 7077.2만엔의 채권을 발행했던 것에 비하면 급격한 증가였다. 조선식산은행은 우선 증자를 통해 불입자본의 15배를 한도로 하는 채권발행의 여력을 확대하였다. 1939년 3000만엔에서 6000만엔으로 증자를 단행하여 1941년 불입자본은 5250만엔으로 증대되었다. 이로써 조선식산은행은 불입자본의 15배인 최대 7억 8750만엔까지 채권을 발행할 수 있었으며 그 채권은 일본 정부가 보증하였다.[12] 전시기의 전반적인 자금 경색의 상황에서 이렇게 증자를 단행하였던 것은 채권발행을 통해 군수관련 '生産力擴充' 자금을 마련하기 위함이었다.[13]

1940년부터는 불입자본과 상관없이 일본 정부 보증하에 2억엔을 한도로 채권을 발행할 수 있었다. 상환기한은 발행일로부터 20년 이내로, 이를 통해 획득한 장기성 자금은 철강, 석탄, 경금속, 비철금속, 석유 및 그 대용품, 공작기계, 철도차량, 선박, 자동차, 전력 등을 생산하는 사업

---

12) 鈴木武雄, 『朝鮮金融論十講』(京城: 帝國地方行政學會朝鮮本部, 1940), 215~216면.
13) 本田秀夫, 「朝鮮に於ける生産力擴充と金融機關の役割」, 위의 책, 275면.

체 및 이를 지원하는 기초산업에 융통할 계획이었다.[14]

<표 2>  조선식산은행의 채권발행 추이(1937-1945년)

(단위 : 천 엔, %)

| 연말 | 발행고 | 상환고 | 현재고 | 채권이자 a | 지역별 분포(%) | | 유출이자액 (a×b) |
|---|---|---|---|---|---|---|---|
| | | | | | 조선 | 일본b | |
| 1937 | 24,280 | 5,885 | 344,656 | 14,033 | 3.7 | 96.3 | 13,514 |
| 1938 | 53,925 | 9,008 | 389,573 | 15,203 | 3.2 | 96.8 | 14,717 |
| 1939 | 61,340 | 10,584 | 440,328 | 25,739 | 2.7 | 97.3 | 25,044 |
| 1940 | 159,181 | 22,490 | 577,019 | 32,447 | 17.7 | 82.3 | 26,704 |
| 1941 | 97,747 | 28,834 | 645,932 | 38,232 | 24.2 | 75.8 | 28,980 |
| 1942 | 144,806 | 25,051 | 765,687 | 44,004 | 31.1 | 68.9 | 30,319 |
| 1943 | 253,293 | 72,973 | 946,009 | 66,138 | 40.2 | 59.9 | 39,617 |
| 1944 | 69,799 | 46,917 | 968,891 | 51,807 | 43.1 | 56.9 | 29,478 |
| 1945. 9 | 101,915 | 12,776 | 1,058,029 | 19,935 | 45.0 | 55.1 | 10,984 |
| 합계 | 966,286 | 234,518 | 1,058,029 | 307,538 | | | 219,357 |

자료 : 朝鮮殖産銀行調査部, 『朝鮮金融事情槪觀(1943上)』, 70면 ; 朝鮮殖産銀行 計算課, 「損益計算書」㉠ ; 朝鮮殖産銀行計算課, 「貸借對照表」㉠.

* ① 현재고의 ( )는 식은의 자본구성(납입자본금, 적립금, 채권발행고, 예금, 차입금) 중 채권의 비중.

② 일본분포 비중은 '해당연도 현재고 중 일본분 = 전년도 현재고 중 일본 분 + 해당연도 발행고 중 일본 인수분 - 해당연도 상환고 중 일본분'으로 계 산했다. 해당연도 발행고 중 일본 인수분은 1938~1939년까지는 전액, 1940 년 이후는 각년도 발행액의 43%로 상정(일본 인수가 1938~1945년 채권 발 행액의 50% 정도였다는 점과 조선내 인수는 1940년부터 이루어졌다는 점을 감안), 상환고는 1937년 분포 비율(일본 : 조선=96.3 : 3.7)대로 1945년까지 상 환되었다고 봄.

또한 1942년부터는 割引債券을 발행하여 자금 동원력을 제고하였다. 할인채권은 상환기일까지 이자로 지불해야 될 금액을 원금에서 제외한 할인 가격으로 채권을 판매하고 상환기일에 원금 전액을 상환하는 것으

---

14) 『鮮滿支財界彙報』1940.1, 「殖銀賦與の生擴資金貸付重要産業指定さる」, 1면.

로 채권인수자에게 일정한 혜택을 주어 자금 **흡수**를 원활히 하기 위한 채권발행 방법이다.[15] 조선식산은행은 1945년까지 총 4500만엔의 할인 채권을 발행하였다(표 3 참조).

조선식산은행의 채권발행에서 가장 두드러진 특징은 조선내 인수 비중이 높아졌다는 점이다. <표 3>을 보면 <표 2>와 합계에서 약간의 차이가 있지만 조선내 인수분이 적어도 48.3%였으며 일반공모까지 감안하면 50% 이상을 차지하였을 것이다.[16] 종전에 조선식산은행의 채권발행은 주로 일본에서 자금을 유입하는 통로였으나 전시기에는 그러한 기능과 함께 조선내 자금을 흡수하는 기능도 강화되었다.

<표 3> 조선식산은행 채권의 지역별, 인수처별 상황(1938~1945년)

(단위 : 천 엔, %)

| | 정부보증 채권 | 보통 채권 | 기타 | 합계 |
|---|---|---|---|---|
| 일본내 인수 | 207,000 | 64,500 | 36,110 | 307,610(32.9) |
| (예금부) | 110,000 | - | 36,110 | 146,110(47.5) |
| (기타 특수인수) | 97,000 | 64,500 | - | 161,500(52.5) |
| 조선내 인수 | 168,000 | 238,000 | 45,000* | 451,000(48.3) |
| (朝金聯) | 78,000 | 154,500 | | 232,500(51.6) |
| (기타 특수인수) | 90,000 | 83,500 | | 173,500(38.5) |
| 일반 공모 | 30,000 | 145,000 | | 175,000(18.7) |
| 합계 | 405,000(43.4) | 447,500(47.9) | 81,110(8.7) | 933,610(100) |

자료 : 有賀さんの事蹟と思い出編纂會, 『有賀さんの事蹟と思い出』(東京, 1953), 123~124면.

* ① 우변의 합계 중 일본내 인수, 조선내 인수, 일반공모의 ( )는 전체 합계

15) 『鮮滿支財界彙報』1942.2,「殖銀初の割引債券」, 12~13면.

16) 堀 和生은 <표 3>과 동일한 자료를 분석하면서 일반 공모 중에는 조선내 인수분도 있었을 것이라며 전체 조선내 인수 비중을 50% 이상으로 보았다 (堀 和生, 앞의 논문, 180면). 한편 김낙년은 일반공모를 일본내 인수로 파악하였는데, 그의 계산에 따르면 일본 인수분은 50.7%, 조선 인수분은 49.3%이다(金洛年,「日本の植民地投資と朝鮮經濟の展開」, 東京大學大學院 經濟學研究科 博士學位論文, 1992, 13면). 그러나 당시 일본의 자금 형편상 일반공모 전부가 일본내에서 인수되었다고 보는 것은 무리일 것이다.

에서 차지하는 비중.예금부, 기타 특수인수, 조금련의 ( )는 각각 일본내 인
수와 조선내 인수에서 차지하는 비중. 하변의 합계 중 ( )는 전체 합계에서
차지하는 비중임.
② 일본내 인수 중 '기타 특수인수'는 富國徵兵保險, 農林中央金庫, 勸業銀
行 등의 인수이고, 조선내 인수 중 '기타 특수인수'는 朝鮮貯蓄銀行, 朝鮮商
業銀行, 朝興銀行  등의 인수이다.
③ 기타의 *는 할인채권이다.


  조선내 인수액 4억5100만엔 중 51.6%가 조선금융조합연합회가 인수
한 것이며, 나머지 38.5%는 조선저축은행, 조선상업은행, 조흥은행 등이
인수한 것이다. 이들 금융기관은 '조선금융단'의 통제 아래서 공동인수
한 것이었다. 한 예로 1942년 10월 조선식산은행 채권 5000만엔 중 조
선내 인수분 1300만엔은 '조선금융단'을 통해 소속 금융기관이 공동인
수하였다. 이외에도 1942년 3월 조선식산은행 보통채권 4000만엔 중
2000만엔, 1943년 조선식산은행 보통채권 2500만엔 및 정부보증채권
1500만엔이 조선금융단을 통해 공동인수되었다.[17] 하위 금융기관에서
강제저축된 자금이 채권 인수를 통해 조선식산은행에 집중되었던 것이
다. 특히 조선내 인수 중 가장 큰 비중을 차지하였던 조선금융조합연합
회는 금융조합을 통해 농촌과 도시의 말단에서 강제저축된 자금을 조선
식산은행의 채권인수에 사용함으로써 사회 말단에서의 강제저축이 군수
산업에 대한 자금융통과 어떻게 연결되었지를 잘 보여준다.[18]
  전시기 조선식산은행은 여전히 자금의 주요 부문을 채권발행을 통해
조달하였다. 그러나 이전의 채권발행이 일본자본을 도입하는 주요 통로
였다면 전시기 채권발행은 50% 이상을 조선내에서 소화함으로써 조선
내 자금을 동원하는 기능이 강화되었다. 전시기에는 전쟁 수행을 위한

---

17) 木村健二, 「朝鮮の金融統制と朝鮮金融團」, 『戰時體制下の金融構造』, 伊牟田
    敏充 編著, 日本評論社, 1991, 124~125면.
18) 戰時期 금융조합의 강제저축에 의한 여유자금 발생과 조선식산은행 사채 인
    수에 대해서는 文暎周, 「日帝末 戰時體制期(1937~1945) 村落金融組合의 活
    動」, 고려대학교사학과 석사학위논문, 1995 참조.

444

자금동원으로 일본 금융시장의 여력이 고갈되는 가운데 조선내의 '현지조달'이 강조되었다.[19] 이에 따라 조선식산은행의 채권도 일본내 인수보다는 조선내 인수가 증가하였던 것이다. 조선식산은행 채권의 조선내 인수를 조직적으로 수행하였던 것은 '조선금융단'이었다. '조선금융단'은 금융조합, 조선저축은행, 보통은행 등으로 하여금 강제저축을 통해 형성된 여유자금을 조선식산은행 채권 인수에 충당하게 함으로써 '강제저축 --> 군수산업 융자'라는 자금 흐름을 유도하였다.

채권발행 외에도 조선식산은행은 전비조달을 위해 다른 금융기관처럼 강제저축을 통해 예금 증대를 꾀하였다.[20] 각 지점에 목표액이 설정되었으며, 각 지점장은 종업원을 독려하였다. 종업원은 업무시간 외에도 가가호호 방문하면서 새로운 예금자를 찾아다녔다. 또한 신흥공업지구에는 '預金取扱所'라 불리는 출장소를 설치하여 신흥소득층의 자금 흡수를 꾀하였다. 아울러 조선인 자금을 흡수하기 위해 조선인 고용을 증대시키기도 하였다.[21]

또한 조선식산은행은 일반적인 예금 외에도 '割增金付定期預金' 및 '愛國債券'과 같이 사행심을 이용한 방법으로 저축증강을 꾀하였다. '割增金付定期預金'은 1943년 6월에 창설되어 100엔을 1구좌로 1년거치 정기예금 등에 대해 추첨을 통해서 1등 1만엔 이하의 할증금을 주는 제도이다.[22] 1944년 6월까지 3회에 걸쳐 실시되어 총 3억5200만엔, 응모구좌

---

19) 『殖銀調査月報』13(1939.6), 「朝鮮經濟情報-朝鮮金融の方向を語る, 津島日銀副總裁談」, 83~84면.

20) 이 시기 강제저축 일반에 대해서는 裵永穆, 앞의 논문, 353~360면 ; 정태헌, 「일제하 자금유출 구조와 조세정책」, 『역사와 현실』18, 한국역사연구회편, 1995, 205~211면 참조.

21) 이상에 대해서는 Karl Moskowitz " The Employees of Japanese Banks in Colonial Korea", Harvard University Ph.D. Thesis, 1979(殖銀行友會譯, 『植民地朝鮮における日本の銀行の從業員達』,1986), 148면 참조.

22) 近藤釰一 編, 『太平洋戰下終末期 朝鮮の治政』, 「第85回 帝國議會 說明資料」, 1944.8, 185면.

수 44.6여만으로 예정 이상의 성적을 거두었다.

 '愛國債券'은 노동자 등 비교적 금융기관과 가깝지 않은 계층의 수입 증가를 방치하면 부동구매력으로 작용할 가능성이 높기 때문에 이에 대한 흡수방책으로 1943년말부터 조선식산은행이 발행하였다. 애국채권은 일종의 복권으로 할증금이 많으면서도 당첨률이 매우 높았다. 제1회는 1943년 12월 500만엔을 발행하여 전액 소화하였으며 제2회는 1944년 4월 2500만엔 발행하여 2240만엔을 소화하였다.[23] 이러한 사행심을 이용한 자금 흡수는 강제력만으로 더 이상 예금 증가를 기할 수 없게 되자 1943년 이후 전쟁말기로 접어들면서 실시되어 상당한 효과를 거둔 것으로 보인다.

 조선식산은행의 강제저축은 이상과 같이 은행 자체의 직접적인 것 외에도 여타 금융기관이 강제저축한 자금을 흡수하는 간접적인 것도 있었다. 전시기 보통은행이나 금융조합은 강제저축으로 예금이 증대되었으나 '임시자금조정법'등으로 자금운용이 통제되고, 금리저하에 따라 채산성이 악화됨에 따라[24] 상위 금융기관인 조선은행, 조선식산은행에 여유자금을 預置하였다. 특히 조선금융조합연합회는 산하의 금융조합이 강제저축으로 흡수한 자금 중 여유금을 조선식산은행에 예금하였다.

> "金組聯合會는 현재 5,200만원의 여유금을 갖게 되어 殖銀에 年4分으로 예금하였으나 그 일부는 4분3리의 식은사채를 매입하여 채산에 유리하게끔 하였다. 금후 실제로 이 5천만원은 조선의 생산력확충에 큰 힘이 될 것..."[25]

---

23) 위의 책, 185~186면.

24) 『殖銀調査月報』1(1938.6), 「朝鮮産業情報-貯蓄獎勵と鮮內銀行の立場」, 彙27면 ; 『殖銀調査月報』10(1939.3), 「朝鮮經濟情報-地場銀行 放資難の原因」, 118~119면.

25) 『京城日報』, 1940년 5월 3일자.

"조선내 저축의 권장과 자금의 운용제한으로 각 금융기관의 수중에 여유자금이 생기게 되었다. 작년 저축은행과 금융조합이 식은사채를 인수한 것이 이의 하나로 나타났고, 최근 金融組合聯合會가 약 6천만원이라는 거액의 여유금을 식은에 예치하여 식은관계 생산력확충 자금의 운용이 현저히 완화된 것을 간과할 수 없다..."[26]

조선금융조합연합회의 여유자금 중 상급 금융기관에 예치한 금액은 1937년 3월 1129.9만엔에서 1938년 3월 2469.8만엔, 1939년 3월 5022.2만엔, 1940년 3월 5216만엔, 1941년 3월 1억125.9만엔, 1942년 3월 1억6745.7만엔, 1943년 3월 8903.3만엔이었다.[27] 이 예치금은 조선금융조합연합회와 '역사적 특수관계'에 있는 조선식산은행에 대부분 예입되었다.[28] 통계 집계시기가 일치하지 않지만 1942년 3월의 조선금융조합연합회 1억 6745.7만엔은 조선식산은행의 1942년 12월 현재 예금액 5억 6039.6만엔(표 1 참조)의 29.9%에 해당하므로 조선금융조합연합회의 예치금이 조선식산은행의 예금에서 차지하는 비중이 얼마나 컸는지를 알 수 있다. 조선금융조합연합회 외에도 조선저축은행이나 보통은행의 여유금도 조선식산은행에 예치되었다. 조선식산은행의 同業者 예금액이 1937년 1764만엔에서 1942년 1억3718.1만엔으로 증가하였던 것[29]은 이

---

26) 『朝鮮新聞』, 1941년 1월 25일자.
27) 朝鮮金融組合聯合會, 『朝鮮金融組合聯合會十年史』(東京, 1944), 90~91면.
28) 조선금융조합연합회의 예치금이 조선식산은행에 예입되었다는 점은 본문의 신문자료 외에 다음을 통해서도 확인할 수 있다. "...현재 조금련이 당면한 중요문제는 실로 여유금을 어떻게 운용할 것인가에 있다. 적어도 지금까지의 운용상황에서 보면 조금련과 역사적 관계를 갖는 조선식산은행으로의 예치금 운용이 중요한 비중을 점하고 있는데..."(朝鮮金融組合聯合會, 『金融組合年鑑』, 1942, 4면). 또한 大雄郎一, 「朝鮮金融團と組合金融」, 『朝鮮』 1942.8, 52~54면에서도 조선금융조합연합회의 예치금이 "역사적 특수관계"에 있는 조선식산은행에 전부 예입된 것으로 파악하고 있으며, 이로써 금융조합을 통해 축적된 자본이 간접적으로 조선식산은행을 통해 時局産業 융자에 쓰이고 있다고 하였다.
29) 『朝鮮金融事項參考書(1939년조)』, 68면 ; 朝鮮總督府財務局, 『朝鮮金融年報

를 반영한 것이다. 이 시기 조선식산은행 채권의 조선내 인수 증대와 마찬가지로 하위 금융기관이 강제저축한 자금이 조선식산은행으로 집중되고, 조선식산은행은 이 자금을 군수산업에 융자하는 자금 흐름의 구조가 형성되었던 것이다.

이상과 같이 조선식산은행은 은행 자체의 저축 증강책이나 '저축조합'·금융조합·보통은행과 같은 저축대행기관 또는 하위 금융기관의 도움을 받아 전시기 예금을 증대시켜 나갔다. <표 1>을 보면 1937년부터 1945년 9월까지 조선식산은행의 예금은 3.3배 증가하여 전체 자금조달액 증가율 5.3배에 미치지 못하였다. 그러나 이는 1945년 8월 일제가 패망하면서 많은 예금인출이 이루어졌기 때문이다. 1944년까지를 보면 예금은 8.1배 증가하여 다른 여타 부문을 앞서고 있으며 전제 증가율 4.3배를 상회하였다. 계속된 증가로 예금은 1944년경에는 채권발행액을 앞서 전체 자금조달액 중 45.7%를 차지하였다.[30] 전시기 조선식산은행의 자금 증가는 예금이 주도하였다고 볼 수 있다.

이상 전시기 조선식산은행이 군수산업금융기관으로 전환되면서 자금조달상에 나타난 특징은 조선내 자금조달의 비중이 높아졌다는 점이다. 강제저축을 통해 예금으로 흡수한 자금은 물론이고 채권발행을 통해 흡수한 자금도 대략 50% 이상이 조선내에서 조달된 것이었다. 조선식산은행의 자금조달을 보면 조선 내외별로 추산해보면 1941년경부터 조선내 비중이 조선외 비중을 능가하였다.[31] 전시기 전쟁 수행을 위한 자금동

---

(1943년조)』, 17면 .

30) 1945년 9월 조선식산은행의 자본조달 비중 수위를 차지하는 것은 차입금이었다. 이는 1945년 8월 이후 조선은행이 일본인의 퇴각비용을 조달하기 위해 은행권을 남발하였으며, 그 일부를 조선식산은행에 대출하였기 때문이다. 1945년 8월 25일 현재 조선식산은행이 조선은행으로부터 차입한 금액은 9억 8700만엔 이었다(朝鮮銀行史研究會 編, 『朝鮮銀行史』(東京: 東洋經濟新報社, 1987), 736~737면). 차입금은 1945년을 제외하면 자금조달상 그다지 큰 역할을 하지 않았다. 1944년까지는 6.5배 증가하였으며 이 기간 평균 비중도 11.6%에 불과하였다(표 1 참조).

원으로 일본 금융시장의 여력이 고갈되는 가운데 조선내의 '現地調達'
이 강조되었다.[32] 조선식산은행도 1937년 이전에는 일본자본을 도입하
는 주요 통로였으나 전시기에 들어서면서 자금의 '현지조달'을 강화하
였던 것이다.

　조선식산은행이 자금을 '현지조달'할 수 있었던 원동력은 앞에서 보
았듯이 강제저축에 있었다. 채권의 조선내 인수도 궁극적으로는 금융조
합·보통은행과 같은 하위 금융기관의 강제저축에 의존하였다. 따라서
강제저축을 통해 형성된 조선내 자금이 예금이나 채권발행을 통해 조선
식산은행으로 집중된 것이다. 이렇게 집중된 자금을 조선식산은행은 주
로 일본의 전쟁수행을 뒷받침하는 군수산업에 융자하였다. 이는 조선내
축적된 자금이 일본의 전쟁수행을 위해 유실되었었음을 의미한다.


# Ⅲ. 광공업금융의 증대와 '여신의 집중화'


　조선식산은행은 1937년 이후 군수산업금융기관화하였으며, 이에 필요
한 자금을 채권발행과 예금을 통해 주로 조선내에서 강제저축의 형태로
'현지조달'하였다. 이렇게 형성된 자금은 어떻게 운용되었을까. 우선 대
출의 방식별·산업별 추이와 유가증권 투자의 산업별 추이를 통해 주로
어떤 부문에 자금이 운용되었는지를 살펴보고, 그 자금운용상의 특성을
'여신의 집중화' 정도와 금리를 통해서 고찰하겠다.

---

31) 鄭昞旭, 앞의 논문, 119면.
32) "국민저축운동은 산업자금의 現地調達主義에 따라 조선내 축적자금을 증가
　　할 필요에서 중요한 의미를 가진다. 일본 장기자금시장의 경색상태에 의해,
　　특히 장기자금의 이입이 원활히 행해지지 않는 사정에서 장기자금의 현지조
　　달이 문제로 되는 것이다"(下川春海, 「資金動員計劃と國民貯蓄」『金融組合』
　　155(1941.9), 24면)

<표 4> 조선식산은행 대출금의 방식별·구수별 추이

단위 : 엔, %

| 연도말 | 합 계 | | | 산업공공대부 | | | 상업대부 | | |
|---|---|---|---|---|---|---|---|---|---|
| | 금 액 | 구수 | 1구당 | 금 액 | 구수 | 1구당 | 금 액 | 구수 | 1구당 |
| 1937 | 555,348,039 | 98,606 | 5,632 | 383,671,826 | 48,512 | 7909 | 171,676,213 | 50,094 | 3,427 |
| 1938 | 599,595,848 | 97,866 | 6,127 | 411,672,481 | 49,065 | 8390 | 187,923,367 | 48,801 | 3,851 |
| 1939 | 809,959,450 | 91,394 | 8,862 | 503,085,253 | 56,662 | 8879 | 306,874,197 | 34,732 | 8,835 |
| 1940 | 969,148,539 | 78,935 | 12,278 | 513,891,522 | 57,665 | 8912 | 455,257,017 | 21,270 | 21,404 |
| 1941 | 1,120,801,405 | 78,646 | 14,251 | 534,785,439 | 56,110 | 9531 | 586,015,966 | 22,536 | 26,004 |
| 1942 | 1,266,597,480 | 75,697 | 16,732 | 556,385,985 | 53,381 | 10423 | 710,211,495 | 22,316 | 31,825 |
| 1944.3 | 1,629,895,493 | 63,846 | 25,529 | 767,988,577 | 46,226 | 16614 | 861,906,916 | 17,620 | 48,916 |
| 1945.3 | 1,895,322,124 | 53,610 | 35,354 | 840,831,457 | 39,635 | 21214 | 1,054,490,667 | 13,975 | 75,456 |
| 1945.9 | 1,766,834,095 | 31,042 | 56,918 | 727,938,972 | 23,951 | 30393 | 1,038,895,123 | 7,091 | 146,509 |

자료 : 朝鮮殖産銀行計算課, 「財産目錄」 ㉑

　　조선식산은행의 대출액은 1945년 9월 17억 6683.4만엔으로 1936년에 비해 3.44배 증가하였다. <표 4>를 보면 산업공공대부는 같은 기간 동안 2.04배 증가한 반면, 상업대부는 6.63배 증가하여 이 시기 대출 증가는 상업대부가 주도했음을 알 수 있다. 그런데 상업대부는 어음할인이나 증서대부와 같은 방식으로 대출되는 것을 말하며, 상업부문에 대한 대출을 의미하는 것은 아니다. 이 시기 증폭된 상업대부의 대부분은 時局關係 鑛工業 자금이었다. 조선식산은행의 『營業報告書』에는 1937년 하반기부터 상업대부의 증가 요인으로서 광공업방면의 왕성한 자금수요를 지적하고 있다.33) 이외에도 米穀統制 資金이 상업대부를 통해 융통되었다.

---

33)　朝鮮殖産銀行, 『第三十九期(1937.7-12)營業報告書』, 12면 ；　朝鮮殖産銀行, 『第四十期(1938.1-6)營業報告書』, 13면 ；　朝鮮殖産銀行, 『第四十一期(1938.7-12)營業報告書』, 7면 ； 朝鮮殖産銀行, 『第四十二期(1939.1-6)營業報告書』, 7면 ； 朝鮮殖産銀行, 『第四十三期(1939.7-12)營業報告書』, 7면 ； 朝鮮殖産銀行, 『第四十四期(1940.1-6)營業報告書』, 8면 ； 朝鮮殖産銀行, 『第四十五期(1940.7-12)營業報告書』, 6면 ； 朝鮮殖産銀行, 『第四十六期(1941.1-6)營業報告書』, 10면 ； 朝鮮殖産銀行, 『第四十七期(1941.7-12)營業報告書』, 9면 ； 朝鮮殖産銀行, 『第四十八期(1942.1-6)營業報告書』, 10면 ； 朝鮮殖産銀行, 『第四十九期(1942.7-12)營業報告書』, 9면 ； 朝鮮殖産銀行, 『第五十期(1943.1-6)營業報告

이 시기 산업공공대부의 증가는 戰時 食糧增産을 위한 농업자금 외에도 광업자금, 수산자금 등에 의한 것이었다.[34] 광업과 수산업은 군수 관련 중화학공업의 원료와 관련되어 戰時期에 급팽창한 산업이었다. 이외에도 1940년대에 들어서면 商工業組合 등 각종 공공단체에 대한 대출이 증가하여 전시통제기구에 대한 자금융통이 증대되었음을 알 수 있다.[35] 이 시기 자금운용의 중심은 상업대부나 산업공공대부 모두 군수 관련 광공업 부문과 전시통제기구에 대한 자금융통에 있었다. 이는 산업별 대부를 통해서 좀 더 명확히 알 수 있다.

조선식산은행의 산업별 대출은 1942년까지는 조선총독부에서 발간한 『朝鮮金融事項參考書』 및 『朝鮮金融年報』, 1943년 이후는 해방후 조선은행에서 발간한 『朝鮮經濟年鑑』을 통해서 알 수 있다. 앞 시기의 통계와 다른 점은 1938년 이후 광업, 수산업, 교통업이 따로 분류되었다는 점이다. 이러한 산업들은 모두 戰時 수행상 긴요한 부문들이다.

<표 5>를 통해 1942년까지 산업별 대출 증가 상황을 보면 농업과 상업은 각각 1.1배, 1.6배로 거의 정체한 반면 공업과 광업은 각각 5.7배, 5.2배로 증가하였다. 이를 반영하여 산업별 대출 비중에서도 농업과 상업의 비중 저하, 공업과 광업의 비중 상승이 나타난다. 광공업 비중은 1939년 이후 농업 비중을 능가하여 조선식산은행이 농업금융기관에서 광공업금융기관으로 변모하였음을 알 수 있다. 조선식산은행의 공업 및 광업 대출액이 조선내 은행 전체에서 차지하는 비중도 1938~1942년간 각각 41~49%, 48~67%로 타 은행을 능가하였다. 조선식산은행은 중일

<hr>

書』, 10면 ; 朝鮮殖産銀行, 『第五十一期(1943.7-9)營業報告書』, 2면 ; 朝鮮殖産銀行, 『第五十二期(1943.10-44.3)營業報告書』, 3면.

34) 朝鮮殖産銀行, 『第四十一期(1938.7-12)營業報告書』, 6면 ; 朝鮮殖産銀行, 『第四十三期(1939.7-12)營業報告書』, 6면 ; 朝鮮殖産銀行, 『第四十五期(1940.7-12)營業報告書』, 7면 ; 朝鮮殖産銀行, 『第四十九期(1942.7-12)營業報告書』, 8면.

35) 朝鮮殖産銀行, 『第四十七期(1941.7-12)營業報告書』, 8-9면 ; 朝鮮殖産銀行, 『第四十九期(1942.7-12)營業報告書』, 8면 ; 朝鮮殖産銀行, 『第四五十期(1943.1-6)營業報告書』, 9면.

전쟁 이후 대출의 중심을 농업에서 광공업으로 전환하였으며 조선내 광
공업금융에서 핵심적 역할을 담당하였다고 볼 수 있다.

<표 5> 조선식산은행 대출금의 산업별 추이

(금액)  단위 : 천엔

| 연도말 | 농업 | 공업 | 상업 | 광업 | 수산업 | 교통업 | 잡업 | 합 |
|---|---|---|---|---|---|---|---|---|
| 1937 | 149,466 | 48,267 | 123,714 | | | | 92,003 | 413,450 |
| 1938 | 165,875 | 115,526 | 105,445 | 23,251 | 13,881 | 19,383 | 137,127 | 580,488 |
| 1939 | 191,136 | 188,738 | 156,367 | 42,017 | 18,520 | 29,188 | 163,318 | 789,284 |
| 1940 | 219,235 | 221,442 | 169,064 | 48,868 | 26,559 | 30,183 | 232,905 | 948,256 |
| 1941 | 228,368 | 301,610 | 184,898 | 80,642 | 38,905 | 45,294 | 225,806 | 1,105,523 |
| 1942 | 237,128 | 327,488 | 196,964 | 120,310 | 50,698 | 52,494 | 263,743 | 1,248,825 |
| 1943 | 155,058 | 43,939 | 801,570 | 73,680 | 52,986 | 4,932 | 349,173 | 1,481,338 |
| 1944 | 155,952 | 68,680 | 1,017,697 | 86,533 | 53,214 | 26,333 | 363,347 | 1,771,756 |
| 1945.9 | 134,282 | 59,368 | 1,082,087 | 50,959 | 25,341 | 26,709 | 354,272 | 1,733,018 |
| 증가율 | 0.61배 | 1.04배 | 8.65배 | 2.19배 | 1.83배 | 1.38배 | 6.38배 | 3.79배 |

(비중)  단위 : %

| 연도말 | 농업 | 공업 | 상업 | 광업 | 수산업 | 교통업 | 잡업 | 합 |
|---|---|---|---|---|---|---|---|---|
| 1937 | 36.2 | 11.7 | 29.9 | 0.0 | 0.0 | 0.0 | 22.3 | 100 |
| 1938 | 28.6 | 19.9 | 18.2 | 4.0 | 2.4 | 3.3 | 23.6 | 100 |
| 1939 | 24.2 | 23.9 | 19.8 | 5.3 | 2.3 | 3.7 | 20.7 | 100 |
| 1940 | 23.1 | 23.4 | 17.8 | 5.2 | 2.8 | 3.2 | 24.6 | 100 |
| 1941 | 20.7 | 27.3 | 16.7 | 7.3 | 3.5 | 4.1 | 20.4 | 100 |
| 1942 | 19.0 | 26.2 | 15.8 | 9.6 | 4.1 | 4.2 | 21.1 | 100 |
| 1943 | 10.5 | 3.0 | 54.1 | 5.0 | 3.6 | 0.3 | 23.6 | 100 |
| 1944 | 8.8 | 3.9 | 57.4 | 4.9 | 3.0 | 1.5 | 20.5 | 100 |
| 1945.9 | 7.7 | 3.4 | 62.4 | 2.9 | 1.5 | 1.5 | 20.4 | 100 |
| 평균비중 | 19.9 | 15.8 | 32.5 | 4.9 | 2.6 | 2.4 | 21.9 | 100 |

자료 : 『朝鮮金融事項參考書(1939년조)』, 110면 ; 『朝鮮金融年報(1943년조)』,
28면 ; 『經濟年鑑(1949)』,Ⅳ 103면

그런데 1943년 이후 조선식산은행의 산업별 대출액을 보면 상업 대
출액이 큰 폭으로 상승하는 반면, 기타('雜')나 수산업을 제외한 부문은
절대액이나 비중 모두 감소한다. 상업이나 기타 부문의 대출 증대는 전
시말기 각종 물자통제와 관련된 것으로 볼 수 있다. 그러나 이를 감안
하더라도 <표 5>에서 보이는 1943년 이후 여타 부문, 특히 광공업 부문

의 대출 정체·감소는 신빙성이 떨어진다. 다른 자료에 의하면 이 시기 광공업 대출은 결코 줄어들지 않았다.

첫째, 당시 조선식산은행 은행장이었던 하야시(林繁藏)를 회고하며 당시 은행업무를 정리한 글에 의하면, 1945년 5월말 현재 주로 광공업 개발자금에 해당하는 특별금융액이 7억 8천여만엔 정도였다고 한다. 앞에서도 살펴보았듯이 전시기에 대출 증가를 주도했던 것은 '상업대부'이다. 회고록에 의하면 '상업대부'가 이렇게 증가한 것은 '상업대부'에 군수산업을 지원하기 위한 特別金融部의 광공업 개발자금이 포함되었기 때문이며 '상업대부' 중 純상업대부는 거의 증가하지 않았다고 한다. 최종연도의 '상업대부'액 중 80%가 특별금융이었다고 한다. 회고록에 제시된 자료에 의하면 최종년도(1945.5)의 '상업대부'액은 9억8480만엔으로, 따라서 그 80%인 7억 8784만엔 정도가 특별금융에 의해 광공업 부문에 대출된 것이다.36) 이는 <표 5>의 1945년 3월과 1945년 9월의 광공업대출액 1억 5521.3만엔, 1억 1032.7만엔과 큰 차이를 보인다. 실제 광공업대출액은 7억 8784만엔에 '산업공공대부' 중 광공업 대출에 해당하는 액수를 합친 값일 것이다.

둘째, 조선식산은행 『營業報告書』의 '營業의 景況'을 보면 1943년에 들어서도 대출 증가를 주도했던 것으로 "時局關係 鑛工業資金", 시국의 요청이나 決戰體制下의 산업사정을 반영한 광공업방면의 자금수요가 每

---

36) 林繁藏回顧錄編集委員會, 앞의 책, 46~51면. 회고록에 제시된 자료는 아래와 같다.

< 조선식산은행의 대출방식별 대출액 추이>　단위: 천엔

|  | 산업대부 | 공공대부 | 상업대부 | 계 |
|---|---|---|---|---|
| 1937 | 218,900 | 144,700 | 171,800 | 535,400 |
| 1939 | 307,400 | 179,400 | 302,100 | 788,900 |
| 1941 | 282,500 | 228,600 | 594,200 | 1,105,300 |
| 1943 | 291,900 | 307,200 | 710,400 | 1,309,500 |
| 1945.5 | 241,100 | 578,500 | 984,800 | 1,804,400 |

期마다 지적되고 있다.[37]

셋째, 뒤에서 살펴볼 조선식산은행의 광공업 기업체에 대한 자금융통 사례를 보면 1943년 이후 급격한 대출 감소를 발견할 수 없다. 利原鐵山(株)이나 小林鑛業(株)의 경우 오히려 1944년말, 1945년의 대출액, 특히 설비자금 대출액이 크게 증가하였다.

따라서 <표 5>의 1943년 이후 공업 및 광업 대출액은 현실을 반영한 것으로 보기 어려우며 상업 대출액의 상당부문이 광공업관련 대출액일 가능성이 크다.[38] 조선식산은행의 광공업대출 증가 경향은 1945년까지 계속되었다고 볼 수 있다.

<표 6> 조선식산은행 소유 유가증권(주식, 사채) 추이

단위 : 엔, 株, %

| 종류 | 회사명 | 1935.12 | 1940.12 | | | 1945 | 비고 |
|---|---|---|---|---|---|---|---|
| | | 帳簿가격 | 持株數 | 拂入總額 | 帳簿價格 | 拂入總額 | |
| 금융기관 | 朝鮮銀行 | 47,750 | 668 (0.2%) | 58,450 | 35,070 | 75,000 | |
| | 朝鮮商業銀 | 73,750 | 1,800 (0.9) | 73,750 | 27,900 | 73,750 | |
| | 朝鮮貯蓄銀 | 1,229,000 | 50,570(50.6) | 1,896,375 | 1,939,126 | 1,923,750 | |
| | 朝鮮火災保險 | 393,063 | 31,445(31.4) | 393,063 | 270,427 | 330,000 | |
| | 朝鮮信託 | 750,000 | 60,000(30.0) | 750,000 | 720,000 | 750,000 | |
| | 漢城銀行 | 860,088 | | | | | |
| | 無盡會社(中央,咸南,平南) | | 7,770 | 157,125 | 157,935 | 185,000 | 45년 朝鮮無盡 |
| | *日本勸業銀 | | 500 | 25,000 | 43,250 | 25,000 | |
| | *戰時金融金庫 | | | | | 100,000 | |
| | *戰時金融債券 | | | | | 800,000 | 채권 |
| | 소계 | 3,353,651(66.1%) | | 3,353,763(11.4%) | 3,193,708 | 4,262,500(8.8%) | |

---

37) 朝鮮殖産銀行, 『第五十期(1943.1-6)營業報告書』, 10면 ; 朝鮮殖産銀行, 『第五十一期(1943.7-9)營業報告書』, 2면 ; 朝鮮殖産銀行, 『第五十二期(1943.10-44.3)營業報告書』, 3면.

38) 본문 <표 5>의 산업별 분류 항목인 '상업'에는 대부방식별 분류인 '상업대부'의 금액이 포함되었던 것 같으며 따라서 '상업대부'내의 광공업과 관련된 특별금융부의 대부액도 '상업'으로 분류되었을 것이다. 당시 特別金融部의 대부액을 '상업대부'에 포함시켰던 것은 "戰時下라는 특수사정에 의해 본 대부 숫자는 公表를 피했기 때문"이라고 한다(林繁藏回顧錄編集委員會, 앞의 책, 49면).

| 농업<br>수산업<br>상업 | 鮮滿拓殖 |  | 60,000(15.0) | 1,200,000 | 810,000 |  |  |
|---|---|---|---|---|---|---|---|
|  | 成業社 |  | 40,000(100.0) | 500,000 | 440,000 | 3,000,000 |  |
|  | 朝鮮畜産 |  | 10,000(5.0) | 150,000 | 120,000 | 250,000 |  |
|  | 朝鮮水産開發 |  |  |  |  | 830,000 |  |
|  | 大興貿易 |  | 2,000(10.0) | 750,000 | 40,000 | 100,000 | 45년<br>大興鮮蒙貿易 |
|  | 소계 |  |  | 2,600,000(8.8%) | 1,290,000 | 4,180,000(8.7%) |  |
| 교통<br>전기 | 多獅島鐵道 | 10,000 | 2,000 (3.3) | 50,000 | 30,000 | 500,000 |  |
|  | 京春鐵道 |  | 30,000(15.0) | 750,000 | 570,000 | 750,000 |  |
|  | 京春鐵道債券 |  |  | 7,000,000 | 7,000,000 |  | 채권 |
|  | 咸南鐵道 |  |  |  |  | 1,700,000 |  |
|  | 朝鮮郵船 |  | 80,000(40.0) | 4,000,000 | 3,960,000 | 2,500,000 |  |
|  | 元山北港 |  |  |  |  | 2,400,000 |  |
|  | *日本電力 | 583,300 | 4,3000 | 166,250 | 137,700 | 166,250 | 45년日本發送電7<br>4,300엔<br>日電興業91950엔 |
|  | 漢江水電 |  | 80,000(16.0) | 2,000,000 | 1,472,000 |  |  |
|  | 南鮮合同電氣 |  |  | 2,000,000 | 2,000,000 |  | 채권 |
|  | 朝鮮鴨綠江水力發電 |  |  |  |  | 500,000 | 채권 |
|  | 소계 | 593,300(11.7%) |  | 15,966,250(54.1%) | 15,169,700 | 8,516,250(17.6%) |  |
| 광업<br>공업 | 朝鮮製鍊 | 625,000 | 50,000(25.0) | 1,875,000 | 1,520,000 |  |  |
|  | 北鮮製紙化學 | 62,500 | 5,000 (1.3) | 125,000 | 125,000 | 125,000 |  |
|  | *東京自動車 |  | 15,000 | 562,500 | 610,500 | 2,645,312 | 45년 -<br>チゼ-ル自動車 |
|  | 國産自動車 |  | 8,000(16.0) | 200,000 | 160,000 | 200,000 |  |
|  | 朝鮮重工業 |  | 15,165(25.3) | 433,313 | 380,650 | 974,875 |  |
|  | 日本高周波 |  | 60,000 (6.0) | 3,000,000 | 3,000,000 | 4,860,000 |  |
|  | 京城紡織 |  |  |  |  | 160,000 |  |
|  | 朝鮮鑿巖機製作所 |  |  |  |  | 1,000,000 |  |
|  | 東亞窯業 |  |  |  |  | 1,690,000 |  |
|  | 朝鮮航空機 |  |  |  |  | 1,750,000 |  |
|  | 朝鮮造船工業 |  |  |  |  | 500,000 |  |
|  | 東洋電線 |  |  |  |  | 1,550,000 |  |
|  | 朝鮮金屬計器 |  |  |  |  | 212,500 |  |
|  | 朝鮮飛行機 |  |  |  |  | 4,250,000 |  |
|  | 소계 | 687,500(13.5%) |  | 6,195,813(21.0%) | 5,796,150 | 19,917,687(41.3%) |  |

| | | | | | | | |
|---|---|---|---|---|---|---|---|
| 특수<br>및<br>통제<br>회사 | 朝鮮米穀倉庫 | 308,875 | 15,710(15.7) | 467,750 | 463,250 | 815,875 | |
| | 朝鮮貿易振興 | | 3,000 | 75,000 | 75,000 | 200,000 | 45년<br>朝鮮交易 |
| | 朝鮮鑛業振興 | | 50,000(25.0) | 625,000 | 625,000 | 2,343,750 | |
| | 朝鮮農地開發營團 | | | | | 3,500,000 | |
| | 朝鮮食糧營團 | | | | | 273,200 | |
| | 朝鮮度量器 | | | | | 164,500 | |
| | 朝鮮衡器 | | | | | 1,505,000 | |
| | 朝鮮石炭 | | | | | 187,500 | |
| | 朝鮮蠶絲 | | | | | 43,750 | |
| | 朝鮮電業 | | | | | 2,016,100 | 채권 |
| | 소계 | 308,875(6.1%) | | 1,167,750(4.0%) | 1,283,250 | 11,512,175(22.9%) | |
| 기타 | 朝鮮書籍印刷 | 133,563 | 10,685(26.7) | 133,563 | 130,357 | 132,500 | |
| | 每日新報 | | 4,000(10.0) | 100,000 | 36,000 | 225,000 | |
| | 소계 | 133,563(2.6%) | | 233,563(0.8%) | 166,357 | 357,500(0.7%) | |
| 합계 | | 5,076,889(100%) | | 29,517,139(100%) | 26,899,165 | 48,283,612(100%) | |

자료 : 1935년 → 朝鮮殖産銀行計算課, 「財産目錄」㉙ / 1940년 → 朝鮮殖産銀行, 『有價證券殘高帳』㉙ / 1945년 → 朝鮮殖産銀行, 『所有有價證券利殖配當金記入帳』㉙ ; 朝鮮殖産銀行, 『所有有價證券關係綴』㉙ ; 韓國殖産銀行淸算委員會, 「殖銀 및 殖銀傍系會社 所有有價證券明細表」㉙.

 * 회사명에 ʻ*' 표시된 회사는 일본에 본점이 있는 회사이다. 비고란의 ʻ채권'이라 기재된 것 외에는 모두 주식이다. 회사명이 변경된 경우는 연도와 회사명을 기재하였다.

이 시기 조선식산은행의 자금운용은 대출을 기본으로 하면서도 유가증권 인수액이 증대하였다는 점에 그 특징이 있다. 유가증권 인수액은 1930년대 중반부터 상승하기 시작하여 戰時 말기에는 대출액의 1/4을 상회하였다.[39] 식은이 인수한 유가증권의 80-90%가 戰費 마련을 위한 國債였지만[40], 나머지는 이 시기 각종 회사의 설립이나 자금조달을 지원하는 주식 및 사채 인수 자금으로 쓰였다. 그 액수는 대출에 비해 적지만 조선식산은행이 주식을 소유한 관계회사에 주로 대출하였다는 점[41]에 비추어 볼 때 유가증권의 소유 실태를 통해 이 시기 조선식산은

---

39) 朝鮮殖産銀行計算課, 「貸借對照表」㉙.

40) 정병욱, 「식민지 금융기구를 통한 자금의 유출입과 성격」 『일본의 본질을 다시 묻는다』, 중앙일보 통일문화연구소 편, 1996, 166면.

456

행의 광공업 금융의 대략적 흐름을 살필 수 있을 것이다.

<표 6>은 조선식산은행이 소유한 유가증권 중 국채나 지방채를 제외한 회사관련 유가증권의 수치이다. 1935년 507만여엔에서 1940년 2951만여엔, 1945년 4828만여엔으로 증가하였다. 산업별 비중을 보면 1935년 금융기관이 총액의 66.1%를 차지하였으며, 광공업(13,5%), 교통·전기(11.7%)가 뒤를 이었다. 1940년에는 교통·전기가 총액의 54.1%로 가장 많았으며 광공업(21.0%), 금융기관(11.4%)이 뒤를 이었다. 1945년은 광공업이 41.3%로 수위를 차지하였으며 그 다음은 특수 및 통제회사(22.9%), 교통·전기(17.6%) 순이었다. 전시기로 들어가면서 광공업 회사와 이를 지원하기 위한 교통·전기 회사에 대한 투자가 증대하였으며 전쟁말기에는 특수 및 통제회사에 대한 투자도 급증하였음을 알 수 있다.

금융기관 주식의 보유는 조선식산은행의 조선내 지위를 반영해준다. 1940년 관계회사 持株數를 보면 朝鮮貯蓄銀行, 朝鮮火災保險株式會社, 朝鮮信託株式會社를 방계회사로 거느리고 있었음을 알 수 있다. 1945년 금융기관 유가증권 소유액이 증가하였던 것은 일본의 戰時金融金庫에 대한 주식과 사채를 인수하였기 때문이며, 전시금융금고 관계분을 제외하면 금융기관에 대한 투자는 정체적이다. 이는 '臨時資金調整法'에 의해 금융기관은 丙種(생산력 과잉사업, 사치품, 기타 국가 전반의 견지에서 필요도가 낮은 물품에 관련된 것)으로 분류되어 신설이나 증자가 억제되었기 때문이다.

조선식산은행의 농업, 수산업, 상업관련 회사의 유가증권 소유액이 적었던 것도 이 부문들이 대부분 '臨時資金調整法'에 의해 丙種으로 분류되었기 때문이다. 이 부문에서 유일하게 甲種(군수와 직접 관련있는 산업 및 그 기초산업)으로 분류되었던 축산업의 '綿羊'과 관련하여 1939년 동양척식주식회사의 주도하에 朝鮮畜産(株)[42]이 설립되었으며 조선식산

---

41) 全國經濟調査機關聯合會朝鮮支部編, 『朝鮮經濟年報(1940년판)』(東京: 改造社, 1940), 412면.

은행도 주주로 참여하였다. '특수 및 통제회사' 항목을 보면 물자의 買
集 및 配給을 담당하는 농업 및 상업회사에 대한 투자가 다수를 점하고
있어 전시 말기로 갈수록 이들 산업부문에 대한 통제가 강화되고 있었
음을 알 수 있다.

이 시기 조선식산은행이 가장 큰 폭으로 투자를 확대시켰던 '교통·
전기' 부문과 '광공업' 부문은 상호 연결된 경우가 많다. 한 예로 자동
차 운수사업을 겸하고 있는 京春鐵道(株)는 강원도 및 인근 지역의 광
물자원 수송과 관련된 회사이며 漢江水力電氣(株)의 댐 공사에 필요한
物資 수송도 담당하였다.43) 漢江水力電氣(株)는 日本高周波重工業(株)을
필두로 경인지역 공업지대에 필요한 전력을 공급하기 위해 한강 상류지
역(청평 및 화천)에 댐을 건설하였던 회사이다.44) 日本高周波重工業(株)
의 금속제련 제품을 공급받아 군용 자동차를 생산·판매하였던 것이 東
京自動車(株) 및 國産自動車(株)였다.45) 조선식산은행의 '교통·전기' 부
문에 대한 투자는 '광공업' 부문을 지원하기 위한 것이었으며 이들 부
문에 대한 투자가 궁극적으로 군수산업 육성과 관련된 것이었음을 알
수 있다.

---

42) 朝鮮畜産株式會社는 羊毛의 수입 두절이란 상황에서 축산자원의 군사상 중
　　요성을 감안하여 축산의 증산, 生牛무역, 피혁제조 등을 목적으로 설립된 회
　　사이다(『殖銀調査月報』21(1940.2) 「畜産資源の增産と朝鮮畜産開發會社の使命
　　」, 109~112면).
43) 東洋經濟新報社, 『年刊朝鮮 昭和十七年版 朝鮮産業の共榮圈參加體制』(京城,
　　1942.이하 '年刊朝鮮'으로 줄임), 154면 ; 東洋經濟新報社編, 『朝鮮産業年報
　　昭和十八年版 - 朝鮮産業の決戰再編成』(京城, 1943.이하 '朝鮮産業年報'로 줄
　　임), 140면 ; 有賀さんの事蹟と思い出編纂會, 앞의 책, 199면.
44) 『殖銀調査月報』8(1939.1), 「朝鮮經濟情報」, 121~123면 ; 『年刊朝鮮』, 82~83
　　면 ; 『朝鮮産業年報』, 1943, 70면. 한강수력전기주식회사의 총 50만주 중 조
　　선식산은행, 일본고주파중공업, 경춘철도 3社가 대략 50% 정도를 소유하였
　　다.
45) 高杉東峰, 『朝鮮金融機關發達史』(京城: 實業タイムス社, 1940), 716~717면 ;
　　『年刊朝鮮』, 116면 ; 『朝鮮産業年報』, 104면.

   ‘특수 및 통제회사’는 조선총독부가 특수목적을 위해 조선은행, 조선
식산은행과 같은 기관 투자기관들을 동원하여 설립한 회사이다. 조선식
산은행은 농업부문에서 양곡을 비롯한 통제물자의 보관을 담당하는 朝
鮮米穀倉庫(株),[46] 전시 식량확보를 위해 토지개량사업을 담당하는 朝鮮
農地開發營團,[47] 식량의 국가관리 강화를 위해 설립된 朝鮮食糧營團,[48]
蠶絲의 배급통제를 담당하는 朝鮮蠶絲(株)[49]에 투자하였다. 상업에서는
조선의 제3국 무역 통제기구인 朝鮮貿易振興會社[50]에 투자하였다. 광공
업부문에서는 금 이외의 군수관련 중요광물의 생산을 촉진하기 위해 만
든 朝鮮鑛業振興(株),[51] 중요 연료인 석탄의 배급통제를 위해 만든 朝
鮮石炭(株)[52]에 투자하였다. 이외에도 조선총독부의 전매품인 度量衡器
의 제조 및 수이입을 담당했던 朝鮮度量器(株) 및 朝鮮衡器(株)[53]와 전

---

46) 朝鮮米穀倉庫株式會社는 일본내 미곡시장에서 朝鮮産米와 日本産米의 경쟁,
    그로 인한 미가하락을 방지하기 위해 朝鮮産米의 移出 統制를 목적으로
    1930년 11월 설립된 회사인데 1940년경부터 輸移出糧穀은 물론이고 供出配
    給糧穀 및 일반물자 등 모든 통제물자의 보관을 전담하면서 전시기 물자배
    급통제의 第一線을 담당하였다(『朝鮮産業年報』, 144면)
47) 『朝鮮産業年報』, 55면 ; 『殖銀調査月報』57(1943.2), 「朝鮮經濟情報-朝鮮農地開
    發營團」, 28~30면.
48) 『殖銀調査月報』63(1943.8), 「朝鮮經濟情報-食糧管理營團」, 23면.
49) 京城商工會議所, 『朝鮮主要會社表』(京城, 1944), 57면.
50) 1941년 3월에 설립된 朝鮮貿易振興會社(공칭자본금 300만원, 납입자본금 150
    만원)는 일제의 무역통제기구로 주로 조선의 제3국 무역에 대한 통제를 담
    당했다. 1944년 엔블럭권 무역을 통제했던 朝鮮東亞貿易會社와 합병하여 朝
    鮮交易株式會社로 변경되었다(宋圭振, 「日帝下 朝鮮의 貿易政策과 植民地貿
    易構造」, 고려대사학과 박사학위논문, 1998, 127~131면 ; 『殖銀調査月報』
    65(1943.10),「朝鮮經濟情報-交易機構の改革と朝鮮」, 57면).
51) 『年刊朝鮮』, 96면 ; 『朝鮮産業年報』, 81~82면. 조선광업진흥주식회사의 주
    요 출자자는 조선식산은행 이외에도 조선은행, 동양척식주식회사, 日鐵鑛業,
    三井鑛山, 住友本社, 日本鑛業, 三菱鑛業, 日本高周波重工業, 鐘淵實業, 日窒
    鑛業開發, 小林鑛業 등이다.
52) 『殖銀調査月報』64(1943.9), 「朝鮮經濟情報-朝鮮石炭株式會社の設立」, 45~48
    면 ; 京城商工會議所, 『朝鮮主要會社表』, 1944, 55면
53) 京城商工會議所, 위의 책, 58면.

력의 단일한 국가관리를 위해 설립된 朝鮮電業(株)[54]에도 투자하였다.

이상 대출 및 유가증권 투자를 통해서 볼 때 이 시기 조선식산은행의 자금은 군수관련 광공업 부문 및 이를 뒷받침하는 기초산업 부문(교통·전기 등)에 집중적으로 융통되었음을 알 수 있다. 또한 전쟁 말기로 갈수록 전시경제 유지를 위한 각종 통제기구에 대한 자금융통도 증대하였다. 조선식산은행은 일제의 전쟁수행을 위한 군수산업 육성, 전시통제경제의 유지를 금융면에서 지원하였던 것이다.

그러면 이 시기 조선식산은행의 자금운용상 특성은 어떠하였을까. 우선 '여신의 집중화'를 보면 이 시기에 그 정도가 증폭되었다. 1937년부터 1945년 9월 사이에 대출액은 3.44배 증가한 반면, 구좌수는 0.28배, 즉 대략 1/4 감소하였다. 따라서 1구좌당 대출액은 12.41배 증가하였다(표 4 참조). 전시 자금통제 속에서 극도로 제한된 범위에서 대출이 이루어졌던 것이다. 이러한 현상은 산업공공대부보다는 시국관련 광공업 자금 융통과 관련된 상업대부가 주도하였다. 산업공공대부의 대부액은 2.04배 증가한 반면 구좌수는 대략 1/2로 감소하여 1구좌당 대출액은 3.92배 증가하였다. 상업대부는 대부액이 6.63배 증가한 반면 구좌수는 대략 1/10로 줄어 1구좌당 대출액이 무려 61.66배 증가하였다(표 4 참조). 따라서 이 시기에 증폭된 '여신의 집중화'는 군수관련 광공업 부문에 대한 집중적인 자금 지원과 관련된 것이었다고 할 수 있다.

'여신의 집중화'가 증폭되는 가운데 민족별 대출동향은 어떠하였을까. 조선식산은행의 민족별 대출은 1938년까지만 알 수 있다. 그 이후로는 민족별 대출액은 공표되지 않았다. 조선식산은행 대출액의 조선인 대 일본인 비중은 1937년 47.8 : 52.2, 1938년 42.8 : 57.1이었다.[55] 1934년 '산미증식계획'이 중단된 이후로 높아졌던 일본인 대출 비중은 1937년 전시

---

54) 『殖銀調査月報』60(1943.5), 「朝鮮經濟情報-朝鮮電業設立」, 26면 ; 堀 和生, 『朝鮮工業化の史的分析』(東京: 有斐閣, 1995), 221~226면.
55) 『朝鮮金融事項參考書(1939년조)』, 97면.

기로 접어들면서 더욱 높아져 일본인과 조선인의 격차가 커지는 상황이었다. 전시기 전체의 동향을 알 수 없지만 대부분의 군수관련 광공업 회사는 일본인이 경영하였으므로 일본인 대출 비중은 더욱 늘어났을 것이다. 해방후 조선식산은행이 일본인관계 대출금으로서 회수하지 못한 금액이 11억8236.9만엔이었다.56) 이는 1945년 9월 현재의 수치로 당시 총대부액 17억 6683.4만엔의 66.9%였다. 그런데 기존의 민족별 대출금 통계는 관공서나 동업자 대출금을 제외한 민간인 대출금을 민족별로 나눈 것이었다. 1938년 민족별 대출액 합계 4억 7516.3만엔은 조선식산은행의 인수채권고를 제외한 총대출액 5억 8048.8만엔의 81.9%에 해당한다. 따라서 이 비율이 전시기에도 그대로 유지되었다고 가정한다면 1945년 9월 총대부액의 81.9%인 14억 4703.7만엔이 민간인 대출액이라고 볼 수 있다. 이 추정 민간인 대출액에 대한 일본인관계 대출 미회수금 11억 8236.9만엔의 비중은 81.7%이다. 즉 1937년 47.8 : 52.2이었던 조선인 : 일본인의 대출 비중이 1945년 9월경이면 18.3 : 81.7로 그 간격이 벌어졌던 것이다.57) 추산에 의한 것이지만 전시기 증폭된 '여신의 집중화'는 일본인에 대한 집중적 자금지원을 의미하는 것이었으며, 조선인은 일부를 제외하면 조선식산은행으로부터 자금을 융통받을 수 없었던 것이다.

이 시기 조선식산은행의 자금운용상 또 하나의 특징은 저금리 대출에 있었다. 조선식산은행의 대출 금리는 여타 금융기관과 마찬가지로 계속 저하하였다. 따라서 수여신의 금리차도 계속 줄어들었다.58) 이러한 저금리 시대의 출현은 어떠한 의미를 갖는 것일까.

첫째, 예금 금리의 저하는 광범위한 예금자들의 희생을 강요한 것이었다. 대출 금리의 저하에 따라 예금 금리도 저하하여 조선식산은행의

---

56) 韓國殖産銀行民間株式補償對策委員會, 「對日請求權補償에 관한 建議資料」, 1966.
57) 당시 외국인에 대한 대출은 없었던 것으로 간주하였다.
58) 鄭昞旭, 앞의 논문, 1998, 83-84면.

경우 정기예금 금리는 1937년 年 3.8%에서 1945년 3.4%까지 인하하였다. 그런데 1937년에서 1945년 6월까지 공식 도매물가는 2.7배 상승하였다(표 7 참조). 따라서 실질예금 금리는 마이너스 상태였다. 실제 물가가 공식 물가에 비해 훨씬 높았다는 점을 감안하면 마이너스의 값은 더욱 커질 것이다. 따라서 예금한다는 것 자체는 예금자의 부의 손실을 의미한다. 이 시기 대부분의 예금이 강제성에 의존할 수밖에 없었던 것도 이 때문이었다.

<표 7>  戰時期 國債, 預金, 貸出 利子率 추이

단위 : 年利, %

| | 日本國債 | 정기예금 이자율 | | | 일반대출이자율 | | | 물가지수 (1936=100) |
|---|---|---|---|---|---|---|---|---|
| | | 朝鮮銀行 | 殖産銀行 | 普通銀行 | 朝鮮銀行 | 殖産銀行 | 普通銀行 | |
| 1937 | 3.7 | 3.6 | 3.8 | 4.2 | 6.6 | 7.7 | 7.7 | 116 |
| 1939 | 3.7 | 3.6 | 3.6 | 4.1 | 5.8 | 7.3 | 8.0 | 163 |
| 1941 | 3.7 | 3.5 | 3.5 | 3.9 | 5.8 | 6.2 | 6.9 | 187 |
| 1943 | 3.7 | 3.4 | 3.4 | 3.6 | 5.1 | 5.1 | 5.8 | 215 |
| 1945.6 | 3.7 | 3.4 | 3.4 | 3.4 | ? | 5.5 | 5.1 | 272 |

자료 : 大藏省昭和財政史編集室編, 『昭和財政史 第6卷-國債』(東京: 東洋經濟新報社, 1954) 358면 및 자료 Ⅱ 56~63면 ; 『朝鮮總督府統計年報』 각년판 ; 『朝鮮經濟年報(1948)』, Ⅲ 102~103면 및 Ⅲ 121면 ; 『朝鮮經濟年監(1949)』, Ⅳ 157면
* 물가지수는 1936년을 기준으로 한 京城의 도매물가지수이다.


둘째, 대출 금리의 저하는 소수의 대출받는 자에게는 자금조달상의 비용을 절약할 수 있게 하였다. 조선식산은행의 평균 대부이자율은 1937년에서 1945년 6월까지 연리 7.7%에서 5.5%로 감소하였다(표 7 참조). 물가상승률을 감안하면 대출 금리는 없는 것이나 마찬가지였다. 조선식산은행으로부터 대출을 받은 자들은 이러한 양질의 저리 자금을 기반으로 부를 축적할 수 있었다. 물론 이는 광범위한 예금자의 희생 위

에 이루어진 것이다.

셋째, 조선의 금리 저하는 이 시기 일본으로의 자금유출을 측면에서 지원하였다. 종래 조선의 금리가 일본의 금리에 비해 높음으로써 식민지 초과이윤을 노리고 일본자본이 들어왔으나 이 시기에는 일본과 조선의 금리 격차가 줄어들어 자금유입이 감소하였다. 도리어 금리 격차가 축소됨에 따라 자금유출이 일어났다. 1938년 이후 '조선금융단'이 줄곧 예금 금리의 인하를 도모하였던 것은 전비조달을 위해 발행되었던 일본국채를 조선내에서 소화하기 위한 것이었다. 저금리정책에 의해 전비조달을 위한 자금유출이 이루어진 것이다.

넷째, 금리가 저하되었다고 해서 모든 이에게 혜택이 돌아간 것은 아니었다. 증폭된 '여신의 집중화' 경향 속에 대다수 근대 금융으로부터 소외된 자들은 여전히 전근대 금융에 의존하여야 했다. 전시기에도 개인간 대부와 같은 전근대 금융은 근대 금융과 일정한 금리 차를 유지하며 존속하였던 것이다.[59] 이는 그만큼 근대 금융에 소외되어 전근대 금융에 의지할 수밖에 없었던 자들이 많았다는 것을 의미한다.[60]

전시기 조선식산은행은 군수관련 광공업 부문 및 전시통제기구에 집중적으로 자금을 융통하여 일제의 전쟁수행을 금융면에서 뒷받침하였다. 또한 이러한 자금 운용은 극단적인 '여신의 집중화' 속에서 저금리로 이루어졌다. 이 시기 일본인에 대한 대출액이 증가하였다는 것과 연결시켜 볼 때, 조선식산은행 자금운용의 최대 수혜자는 일본인 경영의 군수산업체였다. 피해자는 자금 운용 대상에서 소외된 자, 광범위한 예금자라고 할 수 있다.

---

59) 위의 논문, 83면.
60) 戰時期 근대 금융에 소외된 자들을 대상으로 한 고리대의 발홍에 대해서는 『殖銀調査月報』29(1940.10), 「朝鮮産業情報-個人金融は高利借 傾向」, 142면 참조.

# Ⅳ. 군수산업 지원과 戰時 收奪
## ― 日本高周波重工業(株), 利原鐵山(株), 小林鑛業(株)의 사례를 중심으로

앞에서 대략적으로 일제말 조선식산은행의 자금은 군수관련 광공업 부문에 집중적으로 융통되었음을 밝혔다. 그러면 구체적으로 조선식산은행의 광공업 금융이 자금을 공급받는 군수산업체에서 어떠한 역할을 하였는지, 그로 인해 형성되는 이 시기 군수산업의 수탈구조는 어떠한 특징을 갖는지 몇가지 사례를 통해 살펴보도록 하자.

1937년 이후 일본 병참기지로서 조선에서 부각되었던 중점산업 중의 하나가 지하자원의 개발과 그 공업화였다. 이러한 '地下資源 工業化'는 일본의 戰力增强을 위해 조선이 할 수 있는 가장 큰 역할로 기대되었다.61) 사례로 살펴볼 日本高周波重工業(株), 利原鐵山(株), 小林鑛業(株)은 모두 지하자원의 개발과 그 공업화를 담당하였던 회사들이다.

1936년에 설립된 日本高周波重工業(株)은 제철 및 高速度鋼을 비롯한 特殊鋼을 제조하는 회사로 조선의 城津, 일본의 富山 및 北品川에 공장을 두었다. 원료는 利原鐵山株式會社(鐵鑛), 金剛山特種鑛山(텅스텐), 小林鑛業株式會社(텅스텐) 등이 공급하였으며 제련에 필요한 전력은 漢江水力電氣(株), 朝鮮水力電氣(株)가 공급하였다. 이 회사가 제련한 철강의 일부는 일본으로 이출되었으며 나머지는 회사내에서 텅스텐과 배합하여 特殊鋼을 만드는 데 쓰였다. 특수강의 주된 판매처는 瓦斯電工, 東京自動車工業, 日産自動車, 仁川陸軍工廠과 같이 航空機, 兵器, 工作機, 自動車 등을 제조하는 회사였다.62) 일본고주파중공업은 일본의 전력증강을

---

61) 『朝鮮産業年報』, 43면.

62) 朝鮮鑛業新報社, 『朝鮮鑛業』 1938.12, 「日本高周波重工業」, 57~58면 ;  宮田節子 解說, 『十五年戰爭極秘資料集 第十五集  朝鮮軍槪要史』(東京 : 不二出

위해 필수적인 철강과 특수강을 생산하는 군수회사였으며, 특히 이 회사에서 생산하는 특수강 중의 하나인 高速度鋼은 일본내 全需要量의 60% 이상을 담당할 정도였다.[63] 이러한 전쟁 수행상의 중요성에 비추어 1939년 城津工場은 陸軍管理工場으로, 일본의 富山工場 및 北品川工場은 육해군 공동관리공장으로 지정되었다.[64]

원래 利原鐵山(株)의 粉鑛을 처리하기 위해 설립되었던 이 회사는 초기부터 조선식산은행과 관련을 맺어왔지만 1938년 前 조선식산은행장이었던 有賀光豊을 사장으로 영입하면서 더욱 그 관계가 가까워졌다. 조선식산은행은 자신은 물론이고 방계회사로 하여금 주식을 인수하게 하였으며, 관련회사의 주식 인수자금을 지원하여 일본고주파중공업(株)의 자본형성을 도왔다. 人的으로 볼 때도 有賀光豊 외에도 조선식산은행 출신 인사가 다수 중역진에 포진하였다. 상무였던 木村和水는 조선식산은행을 거쳐 그 방계 금융기관인 조선저축은행에 근무했던 자이며 取締役 安井淸은 조선식산은행 秘書役 출신이었다.[65]

---

版社, 1989. 원자료는 필자불명, 1951년경 집필 추정), 116면. 일본고주파중공업(株)과 원료나 제품면에서 관련을 맺었던 회사들은 대체로 이 회사의 專務였던 高橋省三이 중역인 회사였다. 그는 利原鐵山, 日本마그네사이트 化學工業, 國産自動車, 川口製鐵, 金剛山特種鑛山, 漢江水力電氣의 社長 또는 중역을 겸임하고 있었다(高杉東峰, 앞의 책, 712면).

63) 『年刊朝鮮』, 103면.

64) 朝鮮殖産銀行, 『昭和十七年 日本高周波社債關係書』㉙, 「42.8.3　株式會社朝鮮殖産銀行頭取 林 繁藏 → 朝鮮總督府財務局長 水田直昌 殿」

65) 高杉東峰, 앞의 책, 714~715면.

<표 8> 조선식산은행의 對일본고주파중공업 대출 실태(1942.8.3 현재)

단위 : 엔

| 용 도 | | 종 류 | 대출현재고 | 비 고 |
|---|---|---|---|---|
| 설비자금 | 設備資金(第2期設備追加) | 어음貸付 | 6,344,136 | |
| | " | " | 4,710,000 | |
| | " | " | 10,063,000 | |
| | 船舶建造資金(第一高周丸) | " | 290,000 | |
| | 船舶建造資金(第二高周丸) | " | 685,000 | |
| | 鑛山資金 | " | 1,575,500 | |
| | 소 계 | | 23,667,636(21.0%) | |
| 투자자금 (株式買受 및 引受) | 整電社製作所 | " | 800,000 | 일본.기계제조.100% |
| | 金剛山特種鑛山 | " | 2,258,000 | 조선.광업. 100% |
| | 日本マグネサイト化學工業 | " | 1,567,850 | 조선.화학공업. 32% |
| | 朝陽鑛業 | " | 250,000 | 조선.광업. 26% |
| | 漢江水電 | " | 2,000,000 | 조선.전기.16% |
| | 朝鮮鑛業振興 | " | 250,000 | 조선.광업.10% |
| | 日本炭素工業株 | " | 1,750,000 | 조선.전극제조.50% |
| | 若山ニッケル | " | 1,100,000 | 조선.광업.33% |
| | 雲松鑛業 | " | 650,000 | 조선.광업. 70% |
| | 소 계 | | 10,625,850( 9.4%) | |
| | 運轉資金 | " | 78,355,447(69.6%) | |
| | 합계 | | 112,648,933(100.0%) | |

자료 : 朝鮮殖産銀行, 『昭和十七年 日本高周波社債關係書』㉔, 「42.8.3 株式會社朝
鮮殖産銀行頭取 林繁藏 → 朝鮮總督府財務局長 水田直昌」; 같은 책, 「關係會
社一覽(8.20)」
* '용도'는 회사의 자금 용도를 의미하며 '종류'는 조선식산은행의 대부방식을
의미한다. 비고란의 회사관련 내용은 본점 소재지, 산업별 분류, 일본고주파
중공업의 所有株式 비중을 말한다.

조선식산은행의 일본고주파중공업에 대한 자금융통의 실태는 『昭和十
七年 日本高周波社債關係書』를 통해서 일부 알 수 있다. 이 자료에 나
타난 자금융통 실태를 정리한 것이 <표 8>이다. 조선식산은행은 1942년
8월 2일 현재 총 1억 1264.8만여엔을 어음대부 방식으로 일본고주파중
공업에 대출하였다. 대출의 내용은 크게 장기 자금인 설비자금 및 투자
자금과 단기자금인 운전자금 3부분으로 나눌 수 있다. 우선 설비자금은

주로 城津工場 제2기 확장공사에 관련된 것이다. 자체 광산개발과 수송을 위한 선박건조 자금까지 합쳐 설비자금은 전체 대출액의 21.0%를 차지한다. 주식의 인수·매수에 쓰인 투자자금은 주로 원료, 생산재 및 동력 확보와 관계된 것이다. 金剛山特種鑛山은 텅스텐을,[66] 日本마그네사이트化學工業과 日本炭素工業는 특수강 제련에 필요한 煉瓦와 電極과 같은 생산재를,[67] 朝陽鑛業(株)[68]과 漢江水力電氣(株)는 무연탄과 전력과 같은 동력을 일본고주파중공업에 제공하는 회사이다. 이러한 투자자금은 전체 대출액의 9.4%에 해당한다. 조선식산은행의 대출액 중 가장 큰 비중을 차지하는 것은 운전자금으로 전체대출액의 69.6%를 점한다. 운전자금은 일본고주파중공업이 보유하고 있는 유동자산(광석, 반제품, 완제품, 외상판매금 등)의 범위내에 대출하였으며 당시 대출한도는 8050만원이었다.

일본고주파중공업의 회사경영상 조선식산은행으로부터의 차입금은 필수불가결한 요소였다. 1942년 일본고주파중공업의 총사용자본(주주자본+사외부채) 중 사외부채는 68%를 차지하며 그 사외부채의 전부를 조선식산은행으로부터 차입하였다.[69] 주주자본 중에는 조선식산은행이 직접 불입한 자본이나 成業社와 같은 방계회사[70]나 利原鐵産과 같은 관련회

---

66) 『年刊朝鮮』, 98~99면 ;『朝鮮産業年報』, 80~81면.
67) 『年刊朝鮮』, 100, 127면 ;『朝鮮産業年報』, 87~88, 112면. 日本マグネサイト
    化學工業(株)과 日本炭素工業(株)은 모두 城津에 위치한 회사들이다.
68) 『年刊朝鮮』, 104면 ;『朝鮮産業年報』, 92면.
69) 일본고주파중공업의 1942년 자본구성을 보면 다음과 같다.

| | 株主資本 | 社外負債 | 총사용자본 | 장기 | 단기 | 합 |
|---|---|---|---|---|---|---|
| 1942.5 | 61,484천엔(32%) | 25,468 | 102,975 | 128,443(68%) | 189,927 | |
| 1942.11 | 61,065 ( 〃 ) | 23,668 | 103,864 | 127,532( 〃 ) | 188,597 | |

    (자료 : 朝鮮殖産銀行調査部,『朝鮮事業成績 昭和十七年』, 1943, 20면)
    株主資本은 불입자본금,납세적립을 제외한 諸적립금, 前期繰月金,當期利益金
    의 합계이다.
70) 성업사의 1942년말 일본고주파중공업(株)관련 소유주식 및 불입급은 각각 7
    만5천주,  375만엔이었다. 이외에도 성업사는 일본고주파중공업과 관련된 회

사를 통해 간접적으로 불입한 자본이 상당수 포함되어 있다는 점을 감안하면 일본고주파 중공업의 총사용자본중 조선식산은행분의 비중은 더욱 높아질 것이다. 조선식산은행의 자금지원 없이는 회사 운영이 불가능하였다고 볼 수 있다.

조선식산은행이 1942년 8월 현재 일본고주파중공업에 어음대부 형식으로 대출했던 1억 1264.8만엔은 1942년말 조선식산은행의 총어음대부고 6억 2294.2만엔의 18.1%에 해당하는 금액이다. 일본고주파중공업에 대한 대출액을 총 구좌수(16구)로 나누어 보면 1구당 대출액은 704.1만여엔으로 1942년말 조선식산은행의 전체 어음대부 1구당 대출액 7.9만여엔의 약 88.7배에 달한다.[71] 앞 절에서 1937년 이후 조선식산은행의 '여신의 집중화'가 전체적으로 증폭되었음을 보았는데, 그 중에서도 일본고주파중공업(株)과 같은 군수산업체에 대한 여신의 집중화가 극심했음을 알 수 있다.[72]

利原鐵産(株)은 철광을 채굴하는 광업회사로 1918년에 설립되었다. 그 다음해 철 가격의 폭락으로 가동 정지를 겪기도 하였으나 중일전쟁 이후 일본의 '鐵鋼增産' 정책에 따라 그 중요성이 부각되었으며, 1940년대에는 조선내에서 三菱鑛業과 日本製鐵이 공동경영하는 茂山鐵鑛開發주

---

사로 일본마그네사이트화학공업(株) 2천주 10만엔, 한강수력전기(株) 1050주 2만6250엔 국산자동차(株) 1100주, 2만 7500엔의 소유주식과 불입금을 가지고 있었다(成業社, 『所有有價證券殘高帳』㊼).

71) 이상 전체 어음대부 금액 및 1구당 대출액은 鄭昞旭, 앞의 논문, 1998, 250~252면의 <부표 1> 참조. 이하 利原鐵産(株) 및 小林鑛業(株)의 경우도 마찬가지이다.

72) 조선식산은행의 입장에서도 일본고주파중공업(주)에 대한 여신의 집중은 그 규모가 너무 커서 부담스러웠다. 『昭和十七年 日本高周波社債關係書』는 일본고주파중공업(주)으로 하여금 저리의 회사채를 발행시켜 이를 통해 획득한 자금으로 조선식산은행이 대출한 운전자금의 일부를 갚게 하고, 일본고주파중공업(주)의 금리 부담도 경감시키려는 의도에서 작성된 것이었다. 실제 사채발행에 성공했는지는 미지수이지만 조선식산은행의 무리한 여신 집중을 보여주는 좋은 사례이다.

식회사 다음으로 철광 채굴량이 많았던 회사이다. 채굴된 철광은 종래 주로 일본 八幡製鐵所에 공급하였으나[73] 1940년대로 들어오면서 조선 내 공급량과 일본내 공급량이 비슷해졌다. 주요 판매선은 日本高周波重工業을 필두로 輪西製鐵所, 八幡製鐵所, 尼ヶ崎製鐵, 三菱商社 등이었다.[74]

<표 9 >　朝鮮殖産銀行의　對　利原鐵山株式會社　貸出　實態

단위 : 엔

| 용도 | 종류 | 1937.3. | 1939.1 | 1940.2 | 1941.7 | 1942.7 | 1943.6 | 1943.11 | 1944.11 | 1945.5 |
|---|---|---|---|---|---|---|---|---|---|---|
| 설비자금 | 어음대부 | 305,000 (9.8%) | 890,000 (22.7%) | 1,010,000 (38.1%) | 950,000 (23.6%) | 1,400,000 (47.4%) | 1,350,000 (56.9%) | 1,820,000 (71.3%) | 3,330,000 (77.9%) | 6,070,000 (90.2%) |
| 투자자금 | 어음대부 | 2,657,900 (85.2%) | 2,803,750 (71.5%) | 1,503,975 (56.8%) | 2,655,000 (66.1%) | 1,055,000 (35.7%) | 740,000 (31.2%) | 180,000 (7.0%) | 180,000 (4.2%) | 180,000 (2.7%) |
| 운전자금 | 어음대부 당좌대월 公債貸付 | 155,704 (5.0%) | 226,514 (5.8%) | 133,714 (5.1%) | 412,337 (10.3%) | 500,436 (16.9%) | 280,912 (11.8%) | 553,665 (21.7%) | 766,699 (17.9%) | 478,200 (7.1%) |
| 합계 | | 3,118,604 | 3,920,264 | 2,647,689 | 4,017,337 | 2,955,436 | 2,370,912 | 2,553,665 | 4,276,699 | 6,728,200 |

자료 : 朝鮮殖産銀行,『利原鐵産株式會社書類1-4』서
* '용도'는 회사의 자금 용도를 의미하며 '종류'는 조선식산은행의 대부 방식을 의미한다.

이원철산(株)과 조선식산은행의 관계는 1933년경　이 회사의 재건자금을 조선식산은행이 담당함으로써 맺어졌다.[75] 조선식산은행의 이원철산주식회사 대출실태는 조선식산은행의『利原鐵産株式會社書類』를 통해서 1937년 이후의 상황을 알 수 있다. 그 내용을 정리한 <표 9>를 보면 이 회사의 조선식산은행으로부터 차입은 1942년 이전까지 투자자금이

---

73) 1931년 1월에서 8월까지 이원철산의 채광고는 5만 3376톤이었으며 동기간 일본의　八幡제철소로　보내진　것은　6만1295톤이었다(『朝鮮鑛業會會報』 109(1932.1.1),14면). 즉 전년도 저장량과 함께 이 시기 생산량 전부가 八幡제철소에 공급되고 있음을 알 수 있다.
74)『年刊朝鮮』, 95면 ;『朝鮮産業年報』, 78면.
75) 有賀さんの事蹟と思い出編纂會, 앞의 책, 361면.

반 이상을 차지하였다. 이는 주로 이 회사가 원료를 공급하는 일본고주파중공업(株)과 그 방계회사인 국산자동차(株), 일본마그네사이트화학공업(株)의 주식 인수 및 불입과 관련된 것이다. 식은의 자금 융통을 매개로 철광 채굴에서 철강 및 특수강 생산에 이르는 일련의 회사가 결합되어 있음을 알 수 있다. 이외에도 川口製鐵(株)의 주식인수·불입 자금이 대출되었는데, 이 회사는 이원철산의 철광석을 원료로 일본에서 제철작업을 하는 이원철산의 방계회사였다.76)

1939년 이후 이원철산주식회사는 설비자금 차입을 증대시켜 나가 1942년 이후 조선식산은행 대출금 중 반 이상을 차지한다. 이는 1940년 일본이 미국으로부터 屑鐵수입을 할 수 없게 됨에 따라 일본 지배영역 내의 철광 자급자족 정책에 의해 철광 생산을 강화시켰기 때문이다. 이원철산도 1939년부터 50만톤 생산계획을 수립하였으며 1943년부터 다시 50% 증산 목표를 수립하였다. 이에 따라 설비자금 차입이 증대하였다. 특히 1943년 이후 전체 차입액의 70-80%를 차지하는데 그 대부분은 小型鎔鑛爐 제철사업과 관련된 것이다. 생산물을 내기까지 많은 자금과 기간이 허비되는 大鎔鑛爐 대신 철광산지 부근에 소형용광로를 설치하여 긴급히 철강증산을 꾀하기 위한 방책이었다.77) 일제는 조선에 소형

---

76) 朝鮮殖産銀行, 『利原鐵山株式會社書類1』(선), 「1937.3.29  有價證券見返貸出取扱の件」. 이 자료로 볼 때 川口製鐵(株)은 이원철산이 중심이 되어 일본 埼玉縣 川口市에 1937년 초 설립된 것으로 보인다. 1940년 이후 日本鐵鑛工業株式會社로 명칭이 변경되었으며 그 후에도 이원철산주식회사는 계속 이 회사 주식 불입자금을 식은으로부터 차입하였다.

77) 이 사업은 철광산지 부근에 소형 용광로를 설치하여 鑛石에서 銑鐵까지 일관작업을 갖추려는 것으로 수송난에 봉착한 일제가 조선내에서 철강증산을 꾀하기 위해 마련한 고육지책이었다. 전쟁말기로 접어들면서 輸送難, 특히 미국의 해상공격에 의해 초래된 海上輸送의 제약은 전쟁수행에 필수적인 철강증산의 최대 장애요인이었다. 수송난은 일본이나 만주에 대한 조선산 철광석 공급을 어렵게 했으며, 또한 조선내 제철작업에 필요한 일본, 만주, 북중국의 粘結炭 공급도 곤란하게 만들었다. 이에 조선내에는 매장량이 적은 小鐵鑛床이 많고, 무연탄 매장량이 풍부하다는 점에 착안하여 무연탄을 粘

470

용광로 75基를 설치하려 했으며 그 자금지원은 일본의 産業設備營團[78] 이 지원하기로 하였다. 利原鐵山(株)에는 배당된 소형용광로는 5基였으 나 일제가 패망하기 직전까지 3基의 설치만이 추진되었다. 조선식산은 행은 산업설비영단에서 자금을 지원하기 이전에 이원철산에 前貸한 것 이다. 일제가 이 사업을 생산비를 무시하면서까지 추진하려 했다는 점 에서 얼마나 철강증산이 다급했는지를 알 수 있다. 운전자금 차입도 꾸 준히 이루어져 1944년경에는 70만엔을 넘어선다. 그러면 이원철산의 차 입금 중 식은의 대출액이 차지하는 비중은 어느 정도였을까. 이원철산 (株)의 1944년 3월말 총사용자본(942.9만엔) 중 사외부채(721.6만엔)의 비 중은 76.5%로 일본고주파중공업(株)의 경우보다도 높았다. 이는 소형용 광로 사업과 관련하여 일본의 산업설비영단으로부터 335만엔의 차입이 이루어졌기 때문이다. 이를 제외한 사외부채 중 조선식산은행의 차지하 는 부분은 1943년 11월과 1944년 9월 식은 차입액이 250여만엔 정도였 으므로 대략 66% 정도였다.[79] 산업설비영단의 자금도 일단 조선식산은 행의 前貸金으로 충당되었다는 점을 감안하면 이원철산(주) 역시 회사 경영상에서 조선식산은행 자금의 역할이 컸음을 알 수 있다. 한편 이원 철산에 대한 조선식산은행의 여신 집중도 평균 이상이었다. 1945년 5월 현재 대출금은 모두 어음대부에 의한 것으로 1구좌당 대출액은 65.3만

結炭으로 이용할 수 있는 小型鎔鑛爐를 개발, 조선내에서 철강생산을 증대 시키려 했던 것이다(『朝鮮産業年報』, 44~45면 ; 遠藤鐵夫·穗積眞六郎述, 『朝鮮の鐵鑛開發と製鐵事業』(東京: 財團法人 友邦協會, 1968), 32~38면).

78) 産業設備營團은 1942년 일본정부가 2억엔을 전액 출자하여 설립한 회사이 다. 태평양전쟁의 발발과 함께 군수산업, 생산확충산업 기타 국가긴요산업의 대규모 증산이 급박히 요청되는 상황에서 이들 산업 중 민간기업이 담당하 기 어려운 부문의 설비, 건설, 유지를 담당했던 일본의 國策會社였다(大藏省 昭和財政史編集室編, 『昭和財政史 제12권』(東京: 東洋經濟新報社, 1962), 76 9~777면).

79) 利原鐵山株式會社, 『第四拾參期(1943.4-1944.3) 營業報告書』. 사외부채는 부채 항목의 차입금(371.8만엔), 産業設備營團手入金(335만엔), 借入有價證券(2.3만 엔), 支拂어음(12.5만엔)의 합계이다.

엔이었다. 이는 1945년 3월말 조선식산은행의 전체 어음대부 1구좌당
대출액 7.9만엔의 약 8.3배에 해당한다.

  小林鑛業(株)은 1934년에 설립된 회사로 초기에는 조선총독부의 産金
奬勵政策에 따라 洪川鑛山을 중심으로 금광채굴에 종사하였으나, 1937
년 百年鑛山을 매입하면서 텅스텐 채굴에 주력하였다.  텅스텐은 高速
度鋼, 각종 兵器, 工具鋼 등의 원료로서 전차, 대포, 군함의 제조에 없어
선 안될 재료이기 때문에 최상의 군수광물로 불린다.[80] 조선의 텅스텐
채굴량은 일본 지배권 전체의 90% 전후를 차지하였으며,[81] 소림광업
(주)은 조선내 생산량의 70% 정도를 담당하였다.[82] 이 회사는 텅스텐을
일본고주파 중공업이나 일본내 특수강제조회사에 원료를 공급하는 외에
도 1939년경부터 직접 텅스텐의 제련·가공도 담당하였다.

---

80) 近藤忠三,『朝鮮の鑛業』(東京: 東都書籍, 1943), 84면.
81) 조선내 텅스텐 생산량이 일본제국 전체에서 차지하는 비중과 이를 알 수 있
    는 통계자료는 다음과 같다.
      1935년 90.8%, 1936년 92.4% (朝鮮鑛業新報社,『朝鮮鑛業』1940.11, 119면)
      1943년(계획) 83.3%   (近藤釰一 編,『太平洋戰下の朝鮮及び臺灣』,1961, 巖
    南堂書店. 54면. 원자료는 內務省,『朝鮮及ビ臺灣ノ現況』, 1944),
      1944년 (계획) 85.7% (近藤釰一 編,『太平洋戰下の朝鮮(5)』,1964, 巖南堂書
    店, 4면. 원자료는『第86回帝國議會說明資料』)
      이외에도 조선의 텅스텐 생산량이 일본제국 전체의 95%를 차지한다는 기술
    자료가 있다(『朝鮮産業年報』,79면).
82)『朝鮮産業年報』, 79면에는 조선내 생산량의 75%를 점한다고 하였다.

### <표 10 > 조선식산은행의  對 小林鑛業株式會社 대출 실태

단위 : 엔, %

| | 용도 | 종류 | 1943.2 | 1944.1 | 1944.5 | 1944.9 | 1945.5 | 1945.6-8 | 비고 |
|---|---|---|---|---|---|---|---|---|---|
| 설비자금 | 百年鑛山설비자금 | 산업정기대부 | 1,250,000 | | | | | | |
| | 프에로팅스텐공장자금 | // | 500,000 | | | | | | |
| | 금속텅스텐공장자금 | // | 500,000 | | | | | | |
| | 北支텅스텐개발자금 | // | 300,000 | | | | | | |
| | 百年選鑛場건설자금 | // | 250,000 | | | | | | |
| | 프에로팅스텐공장확장설비자금 | // | 300,000 | | | | | | |
| | 素砂제련공장부속 노무자주택건설자금 | // | 300,000 | 300,000 | 300,000 | | | | |
| | 燒結合金공장건설자금 | // | 1,410,000 | | | | | | |
| | 順境山鑛山매수자금 | // | 3,900,000 | 3,900,000 | 3,900,000 | 3,900,000 | | | |
| | 稻葉鑛山매수자금 | 어음대부 | 2,890,000 | | | | | | |
| | 上東選鑛場건설자금 | // | 3,000,000 | 3,000,000 | 3,000,000 | 3,000,000 | | | |
| | 低品位광석처리공장건설자금 | // | | 1,800,000 | 1,800,000 | 3,000,000 | 3,000,000 | 3,000,000 | 年5.48%→4.75% |
| | 京城製鍊所 주택건설자금 | 어음대부 | | | | 650,000 | | | 年5.11%→4.75% |
| | 경성제련소 노무자주택건설자금 | 산업정기대부 | | | | 300,000 | | | |
| | 耐火煉瓦공장건설자금 | 어음대부 | | | | | 1,500,000 | 2,000,000 | 年5.11%→4.75% |
| | 赤煉瓦건설자금 | // | | | | | 400,000 | 400,000 | 年5.11%→4.75% |
| | 電極공장건설자금 | // | | | | | | | |
| | 製鍊所附屬 설비자금 | // | | | | | 2,550,000 | 2,550,000 | 年5.11%→4.75% |
| | 義林鑛山매수자금 | // | | | | | 3,500,000 | 3,500,000 | 年5.11%→4.75% |
| | 敦山鑛山 매수 및 설비자금 | // | | | | | 2,080,000 | 2,080,000 | 年5.11%→4.75% |
| | 重要物資營團기계구입자금 | // | | | | | | 1,500,000 | |
| | 炭化硅素製造工場매수증설자금 | // | | | | | | 1,000,000 | |
| | 소 계 | | 14,600,000 (50.5%) | 9,000,000 (52.2%) | 9,000,000 (36.7%) | 10,850,000 (47.2%) | 13,030,000 (44.1%) | 16,030,000 (46.2%) | |
| 투자자금 | 朝鮮鑛業振興株式會社불입자금 | 어음대부 | 250,000 | | | | | | |
| | 活性白土工業株式會社불입자금 | // | | | 500,000 | 500,000 | 500,000 | 1,000,000 | 年4.93%→4.56% |
| | 朝鮮純鐵株式會社불입자금 | // | | | 1,500,000 | 1,500,000 | 1,500,000 | 1,500,000 | 年4.93%→4.56% |
| | 池田佐忠 轉貸資金 | // | | | | | | 1,000,000 | |
| | 소계 | | 250,000 (0.9%) | | 2,000,000 (8.2%) | 2,000,000 (8.7%) | 2,000,000 (6.8%) | 3,500,000 (10.1%) | |
| 운전자금 | | 어음대부, 당좌대월등 | 14,042,495 (48.6%) | 8,253,313 (47.8%) | 13,492,415 (55.1%) | 10,137,185 (44.1%) | 14,500,000 (49.1%) | 15,200,000 (43.8%) | 年4.93%→ 4.56%~4.38% |
| 합 계 | | | 28,892,495 | 17,253,313 | 24,492,415 | 22,987,185 | 29,530,000 | 34,730,000 | |

자료 :  朝鮮殖産銀行,『小林鑛業株式會社關係書類1-4』서

* '1945.6-8'의 수치는 1945.6월 현재 총대부상황에 7,8월의 신규대부액을 합한 것이다.

* 비고란의 이자율 변화는 1945.5.17 이자율 인하에 따른 상황이다.

조선식산은행의 이 회사에 대한 대출 실태는 『小林鑛業株式會社關係
書類』를 통해 1943년 이후 상황을 알 수 있다. <표 10>을 보면 전체적
으로 설비자금과 운전자금이 각기 40-50%를 차지하며 투자자금이 10%

이내를 점하였다. 설비자금의 내용을 보면 기존 소유의 百年 및 上東과 같은 텅스텐 광산의 설비시설 확충 자금과 順鏡山, 稻葉, 敦山 등과 같은 텅스텐 광산의 매수자금이 다액을 점하고 있어 조선식산은행의 대출금이 텅스텐광산의 독점과 증산에 주로 쓰이고 있음을 알 수 있다. 또한 텅스텐 원료를 제련 및 가공하는 공장의 건설자금에도 상당수를 차지하고 있어 이 회사가 채굴에서 제련 및 가공까지의 일관체계를 갖추는데 조선식산은행의 대출금이 쓰이고 있음을 알 수 있다. 투자자금은 조선광업진흥(株)을 제외하면 소림광업(株)의 방계회사이다. 朝鮮純鐵(株)는 소림광업(株)의 제철사업 확대와 관련된 것으로 보이며, 活性白土工業(株)은 항공기용 연료 생산에 필요한 活性白土를 제조하는 회사로 소림광업(주)이 朝鮮石油(株)와 제휴하여 만들었다.[83]

소림광업(株)의 1944년 1월말 현재 총사용자본(6997.4만엔) 중 사외부채(2391.4만엔)의 비중은 34%로 일본고주파(株)나 이원철산(株)에 비해 외부자본 의존율은 낮은 편이다. 그러나 社外부채 중 식은을 통한 차입금은 총 1725.3만엔으로(표 10참조) 전체 社外부채의 72%에 해당한다. 특히 장기부채(900만엔)는 100% 식은으로부터 차입하고 있어[84] 조선식산은행에 대한 자금 의존도가 높음을 알 수 있다. 한편 조선식산은행은 소림광업(株)에 대해 1943년 2월 현재 산업정기대부 방식으로 총 871만엔을 대출하여 1구당 96.8만엔을 기록하였다. 1942년말 조선식산은행의 전체 산업정기대부 1구좌당 대출액이 7211엔이었으므로 소림광업의 1구좌당 대출액은 전체 평균의 무려 134.2배에 해당한다.

이상의 사례를 통해서 다음과 같은 사실을 알 수 있다. 첫째, 조선식산은행의 군수산업(또는 이와 관련된 기초산업)을 지원하기 위한 대출

---

83) 朝鮮殖産銀行, 『小林鑛業株式會社關係書類 2』㉔, 「1943.8.26 朝鮮活性白土工業株式會社ノ設立ニ就テ」.
84) 이상 소림광업(株)의 총사용자본, 사외부채, 장기부채는 小林鑛業株式會社, 『第拾七回決算報告書』, 6~7면에 의거해 계산.

이 이 시기 증폭된 '여신의 집중화'를 주도했다는 점이다. 여신의 집중화를 반영하여 이 시기 조선식산은행의 1구좌당 대출액은 앞 시기에 비해 큰 폭으로 상승했음에도 불구하고 위의 일본고주파중공업(주), 이원철산(주), 소림광업(주)에 대한 조선식산은행의 1구좌당 대출액은 전체 평균보다 8배~134배나 많았다. 이 시기 조선식산은행의 '여신의 집중화'는 군수관련 광공업 회사에 대한 집중적 자금융통을 의미하는 것이었다.

둘째, 군수산업체의 입장에서 볼 때, 조선식산은행으로부터의 차입금은 양적으로나 질적으로 회사 경영상 필수불가결한 요소였다는 점이다. 우선 양적으로 볼 때 사례로 든 3회사는 총사용자본 중 社外負債에 대한 의존율이 34%~77%로 높았으며 사외부채 중 66%~100%는 조선식산은행으로부터 차입한 자금이었다. 사외부채가 많은 경우 그 이자율이 높으면 회사경영에 큰 부담으로 작용할 것이다. 그러나 1937년에서 1945년 6월까지 공식 도매물가가 2.7배 상승한 반면 같은 기간 조선식산은행의 평균 대부이자율은 0.7배 감소하였다. 즉 저리의 자금을 제공함으로써 회사측의 자금조달 비용을 줄여 주었던 것이다. 더욱이 이자율을 확인할 수 있는 소림광업(주)의 경우를 보면 조선식산은행의 평균 대부이자율보다 낮은 금리의 자금을 공급받았다. 조선식산은행의 평균 대부금리는 1944년 1945년 모두 연 5.48%인 반면, 소림광업의 경우 1945년 5월을 전후해서 설비자금은 연 5.11%에서 연 4.75%로, 투자자금은 연 4.93%에서 4.56%로 금리가 인하되었다(<표 10> 참조). 군수산업체는 조선식산은행으로부터 양질의 자금(저리 자금)을 제공받았던 것이다.

나아가 조선식산은행의 대출 내용을 보면 이 시기 군수산업을 중심으로 한 수탈 구조의 일면을 파악할 수 있을 것이다. 보통 전시기 수탈의 대표적인 예로 物的 收奪과 人的 收奪을 든다. 즉 일제가 전쟁 수행을 위해 조선내 물적 자원과 인적 자원을 고갈 또는 허비시켰다는 것이다. 위의 대출 사례를 보면 조선식산은행은 설비자금이나 투자자금을

통해 군수회사가 지하자원을 집중할 수 있도록 지원하였다. 텅스텐을
예로 들면 일본고주파중공업(주)과 소림광업(주)은 조선식산은행으로부
터 차입한 자금으로 텅스텐 광산을 투자 또는 매수하였다. 이러한 자금
지원을 바탕으로 소림광업(주)은 텅스텐 생산량을 1938년 127만여톤에
서 1944년 537만여톤으로 증대시킬 수 있었다.[85]

　人的 收奪의 측면에서 조선식산은행의 대출금 중 주목되는 것은 소
림광업주식회사의 노무자주택건설자금이다.[86] 노무자주택 건설은 기본
적으로 확보된 노동자의 이동율을 줄여, 생산설비의 가동율을 높이기
위한 것이다. 또한 운전자금의 세부 용도는 나와 있지 않으나 일정 부
분은 노동자의 임금으로 지불되었을 것이다. 조선식산은행은 군수산업
의 생산증대를 위한 노동력 동원을 자금면에서 지원하였던 것이다.[87]

---

85) 朝鮮總督府殖産局鑛山課, 『朝鮮鑛業の趨勢(1938년판)』, 200~206면 ; 朝鮮總
　　督府鑛工局鑛山課, 「昭和十九年度生産實績表」.

86) 조선식산은행의 노무자주택건설자금 대부는 대장성 예금부의 자금은 중개한
　　것이었다. 대장성예금부는 1939년부터 군수 및 생산력확충계획산업에 종사
　　하는 노무자의 주택건설 자금를 융통하였다. 비교적 규모가 큰 공장 및 광
　　산을 주된 대상으로 한 이 자금은 조선을 포함한 '外地'에 1939년 700만엔,
　　1940년 500만엔, 1941년 500만엔  1942년 1549.4만엔이 대출되었으며, 그 후
　　'外地'만의 통계는 없으나 1945년까지 계속 융통되었던 것 같다(大藏省昭和
　　財政史編集室編, 앞의 책, 418~419, 502~504, 「자료 Ⅱ 통계」 42~43면 참
　　조).

87) 위에서 사례로 든 3회사의 노동자 실태를 전체적으로 파악할 수 있는 자료
　　는 아직까지 발견하지 못하였다. 다만 소림광업(주)과 이원철산(주)의 경우
　　단편적인 자료가 남아있어 저임금(柳承烈, 「日帝의 朝鮮鑛業 支配와 勞動階
　　級의 성장」, 서울대국사학과 석사학위논문,1989 ,115면 . 원자료는 金田世權,
　　「利原鑛山實習報告書」, 1941), 勤勞報國隊의 갱내작업 동원(朝鮮鑛業會, 『朝
　　鮮鑛業會誌』26-2(1943.2), 「鑛山聯盟主催鮮內主要鑛山視察報告會速記錄」, 49
　　면), 군대식 노동통제(『朝鮮鑛業會誌』26-3(1943.3), 「鑛山聯盟主催鮮內主要鑛
　　山視察報告會速記錄(2)」, 25~27면) 등의 상황을 알 수 있다. 또한 조선식산
　　은행이 자체적으로 조사한 자료(『殖銀調査月報』50(1942.7),「朝鮮に於ける主要
　　工場鑛山の勞務事情」)에는 회사명이 명기되어있지 않으나 '鐵山'이나 '텅스
　　텐광산' 중에는 이원철산이나 소림광업이 포함되어 있을 가능성이 크다. 이
　　시기 노동력 수탈 전반에 대해서는 허수열, 「조선인 노동력의 강제동원 실

지하자원과 노동력 외에도 이 양자를 결합시켜 생산물을 만들어낼 생산설비에 대한 자금지원도 있었다. 소림광업(주)과 이원철산(주)의 경우를 보면 조선식산은행의 설비자금 대출이 전쟁 말기까지 계속 증대되었는데, 설비자금이 대출된다는 것은 설비자재의 공급이 이루어진다는 것을 의미한다. 전시기의 자재난 속에서도 이들 중요 군수광물을 생산하는 기업체에는 필요한 설비자재가 집중적으로 배급되었으며, 조선식산은행은 이를 금융적으로 지원하였다고 볼 수 있다.

전쟁수행과 이를 위한 군수산업 육성은 조선내 자원의 고갈 및 노동자 착취를 동반한 것이었다. 이러한 수탈구조를 지탱하였던 것 중의 하나가 조선식산은행과 같은 금융기관의 자금 지원이었다.[88] 1937년 이후 조선식산은행의 자금조달액 중 조선내 비중이 높아졌다는 점을 감안하면 조선식산은행의 군수산업체에 대한 자금지원은 조선내에서 축적된 부가 전쟁 수행을 위해 유실됨을 의미한다. 따라서 위의 대출 사례는 일제가 전쟁 수행을 위해 조선내의 富(자금), 지하자원, 노동력을 수탈하는 현장이라고 할 수 있다.

---

태」,『일제의 한국 식민통치』, 車基璧 엮음, 정음사, 1985 ; 강정숙·서현주, 「일제 말기 노동력 수탈 정책」,『한일간의 미청산 과제』, 한국정신대연구회 편, 아세아문화사, 1997 참조.

88) 군수산업 지원을 자금의 측면에서 검토할 때 금융기관의 자금 융통과 함께 중요한 것은 각종 세제상의 혜택과 보조금 지급이다. 특히 보조금 지급은 군수물자의 가격을 억제하면서도 군수사업체를 유지·육성시키는 방법이었다. 전시말기로 갈수록 이윤 실현이 통제되는 상황에서 세제상의 혜택과 보조금 지급은 군수산업의 중요한 존립기반이었다. 철광은 1918년부터 텅스텐광은 1938년부터 鑛山稅가 면제되었다. 또한 보조금으로 금이외 텅스텐과 같은 특수광물에 대해서도 1938년부터 採鑛奬勵金, 鑛業設備奬勵金, 1940년부터 增産奬勵金이 교부되었다(近藤忠三, 앞의 책, 15-17면). 제철업에 대한 보조금은 1937년부터 1940년까지 매년 1만엔씩 교부되다가 1941년 370.4만엔, 1942년 565.4만엔 1943년 548.2만엔이 교부되었다(『朝鮮鑛業會誌』26-5(1943.5), 28면). 이와 같은 보조금은 1945년까지 계속 지급되었던 것으로 보여진다.

# V. 맺음말

1937년 중일전쟁 이후 전시금융체제 속에서 조선식산은행은 국채 인수를 통해 일본 정부에 戰費를 공급하는 한편 그 이외의 자금을 군수관련 사업체를 집중 융통함으로써 종래 농업금융기관에서 軍需産業金融機關으로 전환되었다.

조선식산은행이 군수산업금융기관으로 전환되면서 자금조달상에 나타난 특징은 조선내 자금조달의 비중이 높아졌다는 점이다. 강제저축을 통해 예금으로 흡수한 자금은 물론이고 채권발행을 통해 흡수한 자금도 약 50% 이상이 조선내에서 조달된 것이었다. 1941년경부터는 조선식산은행의 자금조달액에서 차지하는 조선내 비중이 조선외 비중을 능가하였다. 戰時期에 전쟁 수행을 위한 자금동원으로 일본 금융시장의 자금이 고갈되는 가운데 조선내의 '現地調達'이 강조되었다. 조선식산은행도 1937년 이전에는 일본자본을 도입하는 주요 통로였으나 전시기에 들어서면서 자금의 '현지조달'을 강화하였던 것이다.

조선식산은행이 지금을 '현지조달'할 수 있었던 원동력은 강제저축에 있었다. 이 시기 예금의 증가는 조선식산은행 자체의 직접적 강제저축과 금융조합·보통은행과 같은 하위 금융기관에서 강제저축으로 형성된 여유자금을 흡수하는 간접적 강제저축에 의한 것이었다. 채권의 조선내 인수도 궁극적으로는 금융조합·보통은행과 같은 하위 금융기관의 강제저축에 의존하였다. 따라서 강제저축을 통해 형성된 조선내 자금이 예금이나 채권발행을 통해 조선식산은행으로 집중된 것이다. 이렇게 집중된 자금을 조선식산은행은 주로 일본의 전쟁수행을 뒷받침하는 군수산업체에 융자하였다. 이는 조선내 축적된 자금이 일본의 전쟁수행을 위해 유실되었었음을 의미한다.

이 시기 조선식산은행의 자금운용을 대출 및 유가증권 투자를 통해 보면 군수관련 광공업 부문 및 이를 뒷받침하는 기초산업 부문에 집중되었음을 알 수 있다. 또한 전쟁 말기로 갈수록 각종 통제기구에 대한 자금 융통도 증대하였다. 조선식산은행은 일제의 전쟁수행을 위한 군수산업 육성, 전시통제경제의 유지를 금융면에서 지원하였던 것이다. 이러한 지원을 신속하고 원활히 수행하기 위해 은행 내의 직제 개편, 군부와의 밀접한 연락이 이루어졌다.

이러한 조선식산은행의 자금 운용은 극단적인 '여신의 집중화' 속에서 저금리로 이루어졌다. 이 시기 일본인에 대한 대출액이 증가하였다는 것과 연결시켜 볼 때, 조선식산은행 자금운용의 최대 수혜자는 일본인 경영의 군수산업체였다. 피해자는 자금 운용 대상에서 소외된 자와 광범위한 예금자라고 할 수 있다.

군수산업 지원 사례를 통해 첫째, 이 시기 증폭된 '여신의 집중화'는 군수산업에 대한 집중적 자금융통을 의미하는 것이었으며, 둘째, 조선식산은행의 지원 자금은 양적으로나 질적으로 군수산업체의 경영상 필수불가결한 요소였다는 점을 알 수 있다. 또한 그 자금의 용도나 자금원을 보면 조선식산은행의 군수산업 지원 사례는 바로 일제가 전쟁 수행을 위해 조선내의 富(자금), 지하자원, 노동력을 수탈하는 현장이었다고 할 수 있다.

# 북한의 국가건설과정에서의 당 간부와 당원양성

이 주 철*



## 머리말

해방공간의 북한에서 당과 국가 건설을 주도하던 사회주의세력들은 조선공산당북조선분국과 후속정당인 북조선로동당으로 결속되었다. 이들은 소련군이 주둔하는 유리한 정세하에서 해방초기부터 정치적 주도권을 장악하였지만, 국가 건설과 당 건설 모두에서 심각한 간부의 부족을 겪고 있었다. 특히 국가건설을 주도하던 사회주의세력은 당간부의 양성이 곧 국가 간부의 양성이며, 당을 지원하는 사회단체 간부의 양성

─────────────

* 고려대 강사

480

이기도 했다는 점에서 더욱 심각한 간부의 부족을 느끼지 않을 수 없었다.

일제하에서 투쟁한 경력이 있는 간부는 매우 적었으며, 초기에 확장된 당원들도 제대로 훈련이 되어 있지 못했다. 또 단련된 간부의 일부는 '파벌'적인 성격이 있었고, 일부 인테리계급은 그 성분상에 문제가 있었으며, 기본계급인 노동자와 빈농은 간부로 **활용할 수 있는** 준비가 되어있지 못하였다. 하지만 급속히 확장되는 조선공산당북조선분국과 북조선로동당의 국가기구 전반에 대한 장악과 사회질서의 재편은 간부와 당원의 급속한 충원을 요구하고 있었다. 따라서 북한의 정치주도세력이 당면한 최급의 문제는 내적으로는 당원확장과 당원의 훈련이었고, 동시에 간부당원의 양성이었다고도 할 수 있다.


# Ⅰ. 간부당원의 양성

## 1) 조선공산당북조선분국의 간부 양성

1945년 12월의 조선공산당북조선분국(이하는 조공분국으로 줄임) 당원 약 7천명은 대부분 해방 후에 증가한 것이었다. 이들 중에는 해방 전 농민운동·노동운동 등으로 투쟁 경험을 가진 경우도 있었지만 이들이 간부로서의 조직적인 훈련이나 체계적인 정치교양을 받아 본 경험은 많지 않았다. 따라서 조공분국은 당의 역량강화를 위하여 간부의 양성과 확충에 많은 노력을 쏟지 않을 수 없었다.

조공분국은 먼저 평양, 함흥, 원산에 정치학교를 설립하고 노동자 당원을 간부로 양성하도록 하였고, 각지에도 노동학교를 설립하여 노동조합 간부를 양성하였다.[1] 이어서 조공분국 중앙 제3차확대집행위원회(이하는 조공분국 3차확집위로 줄임)에서는 조공분국위원들과 도당비서의 양성을 위하여 당열성자학교 설치를 결정하였다. 도당위원회에서는 도당위원회 일꾼들과 군위원회 비서의 양성을 위하여 당열성자학교를, 군·면당위원회에서는 군·면당위원회 일꾼과 당세포 책임자의 양성을 위하여 당야학교를 설치2)할 것을 결정하였다.

실제로 평남도당에서는 1946년 1월에 15일간에 걸쳐 시·군 당간부를 당건설과 군중공작을 중점으로 훈련하였고3) 각 도에 설치된 도당학교에서는 1개월 반 동안씩 훈련을 하여 1946년 하반기 내에 3회의 졸업생을 내도록 하였다.4) 이렇게 시작된 당간부 양성은 1946년 6월 1일 중앙당학교를 창립함으로써 체계적으로 이루어졌다.5) 중앙당학교와 중앙고급지도간부학교는 당과 인민정권기관의 간부들을 키워내는 곳이었는데6) 시·군당위원회 선전선동부장과 도당에 내려가 사업하는 중앙당공작원들도 이곳에서 교육을 받았다.7)

중앙당학교의 창립은 단순한 간부양성 이상의 중요한 의미가 있었다. 중앙당학교는 해방 전에 각 지방에서 개별적으로 또는 그룹으로 투쟁해왔던 당내의 파벌과 분파로부터 벗어난 새로운 세력을 양성하는 중요한

---

1) 조선공산당북조선분국기관지『정로』1945년 11월 7일, (2), 「중앙의 지시를 위한 투쟁」.
　　이후 실제로 각지에서 학교가 개설된 것으로 보이는데 博川에서는 12월 15일에 노농정치학교를 개교하였다.(『정로』1945년 12월 14일, (2)).
2) 「조공북조선분국 중앙제3차확대집행위원회에서 결정」『북한관계사료집』1(국사편찬위원회), 15면.
3) 『정로』1946년 1월 24일, (1).
4) 「북조선공산당 중앙위원회 제2차 각도 선전부장회의 결정서 1946. 4」『북한관계사료집』1, 95면.
5) 「당과 인민이 요구하는 훌륭한 당일군이 되자 -중앙당학교 창립 1주년 기념식에서 한 연설 1947년 6월 7일」『김일성저작집』3, 298면.
6) 「청년자위대조직과 당면하게 제기되는 몇가지 문제에 대하여 -북조선로동당 중앙위원회 정치위원회에서 한 연설 1947년 10월 2일」『김일성전집』6, 373면.
7) 위의 글, 374면.

482

계기가 되었다. 따라서 중앙당학교 학생들은 분파적 행동이나 자유주의적 경향이 허용되지 않았고 기회주의자들과 '종파분자'에 대한 견결한 투쟁을 요구받았다.8)

각 도당학교의 교육내용은 다음과 같다.


A.정치 발전 급 정책교육에 관하여(15%)

　a. 당정치노선, b. 민족통일전선, c. 조선 민주주의 임시정부 20개 정강(김일성 장군) d. 토지개혁과 농촌경제 재건설 (증산), e. 당의 산업정책과 노동영웅운동

B. 조직교육(30%)

　a. 당건설 세포(공장 농촌) 공작 급 세포생활

　b. 당 조직 규율(종파주의와 개인 자유주의 타도를 목표로 할 것)

C. 이론교육(15%)

　레닌주의 기초

D. 시사교육(10%)

　a. 국제정세(소련중심 교육), b. 국내정세(김구 이승만 조만식 반동분자 타도)

E. 공작작풍에 관한 교육(15%)

　당원의 볼셰비키적 작풍은 무엇인가(군중화)

F. 선전교육문제(15%)

　당의 선전공작은 어떻게 하나(讀報, 通訊문제 등 내포)

*노동교육의 실시

사상개조와 군중공작의 군중 작풍을 습득케 하기 위하여 당교는 매 토요일 오후와 일요일은 공장 직장 농촌 밭 광산 어장 기타 노동에 집중적으로 참가해서 노동자와 농민을 도와 민주 건국 증산사업에 참가하도록 한다.

출처 : 「북조선공산당 중앙위원회 제2차 각도 선전부장회의 결정서 1946. 4」, 『북한관계사료집』 1, 96면.

---

8) 「당과 인민이 요구하는 훌륭한 당일군이 되자 -중앙당학교 창립 1주년 기념식에서 한 연설 1947년 6월 7일」, 『김일성저작집』 3, 300면.

위의 각 도당학교 교육내용에 따르면 도당학교의 교육내용은 75%가 공산주의에 관한 것이었는데 그 중에서 가장 큰 비중은 조직교육(30%)에 있었다. 그런데 조직교육에서 종파주의와 개인 자유주의 타도를 목표로 한 당조직규율 교육이 중요한 주제였다는 것은 주목할만 하다. 결국 이 시기 조공분국 조직사업의 핵심이 하부조직의 건설 강화와 '종파주의' 타도였음을 알 수 있다. 즉 조공분국 지도부의 결정이 철저히 관철되는 하부조직의 건설이 중요한 목적이었던 것이다.

간부양성에서 간부들이 노동현장에 연계되도록 한 노동교육이 갖는 의미도 주목된다. 이러한 틀은 인텔리와 소시민을 중심으로 한 간부양성을 억제하고 노동현장에 연계된 노동자를 중심으로 한 하급간부의 성장을 의도한 것이었다.

## 2) 북조선로동당의 간부 양성

1948년 1월 『근로자』에는 북조선로동당(이하는 북로당으로 줄임)의 영도핵심이 될 수 있는 간부의 표준이 인용되었는데 그 내용은 다음과 같다.

> 첫째, 노동계급의 사업에 무한한 충심을 가져야 하며 당에 대하여 무한한 충심을 가질 것이며, 또한 이미 전투중에서 감옥중에서 법정에서 계급적 원수들과의 투쟁을 하는데 있어서 자기가 진실로 이러한 충심을 가진 것을 증명하였어야 한다.
>
> 둘째, 우리들의 간부는 응당 군중들과 긴밀한 연계를 가져야 하며 일시일각을 불문하고 어느 때든지 군중의 리익을 주의하며 군중들의 감정과 정서와 수요를 깊이 알며, 당부조직의 영도자들의 위신은 응당 이러한 기초 위에 세워져야 한다.
>
> 셋째, 우리의 간부들은 응당 복잡한 환경 가운데서 독립적으로 방향을 결정하며 또한 책임지고 문제를 해결하는 것을 두려워하지 않아야 할 것이다.

484

네째, 우리의 간부는 응당 규율을 준수하는 정신을 가져야 하며, 또한 계급의 원수들과 투쟁하는 가운데 있어서 일절 볼셰비키적 노선에서 떠난 경향들과의 비타협적 투쟁을 진행하는 가운데 있어서 볼셰비키적 단련을 받았어야 한다.

출처 : 김창만, 「黨事業 領導方法에 있어서 몇가지 問題」, 『근로자』 1948년 1월호, 15~16면.(*이것은 지미드로프의 간부정책에서 인용된 것이라고 함)


1948년 초 북로당 내에는 이상의 네 가지 표준에 들어맞는 준비된 간부들이 부족하였다.[9] 간부의 자격 중에서 둘째, 셋째, 넷째 조건은 기본적으로 교육과 훈련을 통하여 준비될 수밖에 없었지만, 보다 결정적인 요소인 투쟁과정을 통해서 노동계급의 사업과 당에 대한 충심을 증명한 경우가 드물었다는 것을 주목할 필요가 있다. 하급 당간부의 자격으로 검증된 투쟁경력을 주목한다면 김일성을 중심으로 한 주도세력은 오히려 간부충원에 어려움을 겪을 수 있었다. 따라서 실제의 간부양성과정에서는 성분이 강조되고, '종파'적 연관성이 없는 점이 더욱 중요했다고 할 수 있다. 이러한 모든 내용을 파악하는 방법의 하나로 자서전의 작성이 이루어졌고 이것은 이후 당간부의 양성과 밀접한 관련을 갖게 되었다.[10]

다음의 자서전 작성요령을 통하여 북로당이 요구하는 기본적인 요건을 파악할 수 있다.

---

9) 김창만, 「黨事業 領導方法에 있어서 몇가지 問題」『근로자』 1948년 1월호, 15면.

10) 소련공산당은 당원의 색인 카드를 만들었는데 이를 통하여 당원을 지도자 그룹과 지도자로 승진할 수 있는 바로 밑의 그룹, 그리고 일반 당원으로 분류하였다.(레오날드 샤피로, 양홍모역, 『소련공산당사』, 문학예술사, 1982, 242면).

1. 본적, 현주소
2. 출생시부터 해방직전까지 가정 경제 상태 및 부모의 변동 급 사상동태
   -부모의 직업성분
3. 해방후 부모의 직업 급 사상동태 또는 정당관계
4. 본인의 8세 이래의 경력(취업, 해방직업) 일제관청, 군대, 일제를 협력하는 공공단체를 구체적으로 쓸 것
       -친척, 인척, 우인 중에서 사상적 기타 신상 중대한 문제에 영향을 받은 사실
       -고학 또는 타인의 원조를 받은 사실, 졸업, 동맹휴학 관계 등, 전학 여부
       -투쟁 경력중 특기할 항쟁사실, 혹은 전향하였든 이유 급 증명서
       -직장관계 -소개자, 중요한 일
5. 해방전 혁명사업에 참가여부 및 단체명
6. 해방전 사회단체 교제 친우성명 지방명 교제 연월일을 상세히 쓸 것
7. 옥생활 - 원인, 연월일, 출옥이유 급 출옥후 직업 사상 동향
8. 해방후 직업 급 당에 참가한 동기, 입당보증인
9. 과거이력에 대한 현재 증명인의 성명, 직업, 현주소, 정당 혹은 종교관계 유무
10. 38이남의 친척관계- 직업, 주소, 활동, 상벌
11. 북조선 토지개혁으로 인한 영향 유무
12. 조국해방운동에서의 공로- 감옥생활, 정당·사회단체 관계, 폭동 등
13. 친척(3촌까지) 주소, 직업, 정당관계, 가정환경, 우인
14. 이상의 사실을 증명할 수 있는 자
   출처 : 「자서전 작성요령」『북한관계사료집』9, 93-95면.(필자가 요약 정리)


위의 자서전 작성요령에 의하면 자서전에서 중요한 부분은 무엇보다도 성분과 경력에 관련된 것이었다. 부모의 직업성분과 사상동태도 중요하였으며, 일제와의 협력여부, 해방전 혁명사업 참가여부가 중요한 사항이었다. 그리고 38이남 친척관계와 토지개혁의 영향도 중요한 항목이었다. 이 내용들은 또한 입당 보증인과 과거 이력에 대한 증명인을 통하여 검토되었기 때문에 자서전 작성은 매우 중요한 절차였다. 이러한 경력조사를 거친 북로당의 간부양성은 당조직의 '순결성'을 유지하는

방법이 되었지만 당에 참여할 수 성원을 제한함으로써 스스로의 지지기 반을 제한하고, 타 계급과의 갈등을 확대시키는 결과를 가져오기도 하였다.

당간부의 부족으로 어려움을 겪던 조공분국은 신민당과 합당 후에는 사상의 일체성 강화와 당조직 강화라는 또 다른 어려움에 봉착하였다. 이를 해소하기 위하여 간부학습이 진행되었는데 간부학습의 기본 방침은 다음과 같다.

<표 1-1> 간부 학습

| |
|---|
| 1. 당의 정치노선을 정확히 파악하며 발전시키기에 연구 |
| 2. 사회의 일반적 발전법칙에 대한 연구와 조선사회 역사발전에 대한 연구 |
| 3. 진보적 민주주의에 대한 깊은 이해와 근세 민주운동사 및 조선 민주운동의 발전사 연구 |
| 4. 오늘의 국내외 정세의 분석과 연구 |
| 5. 국제적 혁명이론을 연구하여 조선 민주운동에 정확히 운용 |

출처 : 「간부학습문제에 대하여 -북조선로동당 중앙상무위원회 제4차회의 결정서 1946년 9월 20일」, 『결정집』, 7면.

<표 1-2> 도당 간부 훈련 방침

| 학교 | 대상 | | 내용 | 기간 |
|---|---|---|---|---|
| 도당학교 | 도·시·군 당부원, 면당위원, 세포책임자, 세포위원, 공장·광산위원회 위원, 인민위원회와 각 사회단체의 부원과 동등한 당원 일꾼 | | | 3개월 이내 |
| 훈련반 | 도·시·군 면세포의 중요 간부 | | 상부의 지시, 임무, 당면과업을 구체적으로 인식시킴 | 7-10일간 |
| 기관학습 | 각급 당부 | | 시사와 현실정책 학습 | 매일 공작의 시간을 학습시간으로 정함 |
| | 도·시·군당 소재지 | 도·시·군당 책임자 및 각 기관내의 당간부 | 당의 정책과 일반 사업에 관한 인식 통일 | |

출처 : 조선로동당중앙위원회 ·상무위원회, 「황해도당 당간부 양성에 관하여 -
    북조선로동당 중앙상무위원회 제9차회의 결정서 1946년 10월 21일」, 『결정집
    (1946-1948년)』(이하는 『결정집』으로 줄임), 32면.


<표 1-1>과 <표 1-2>에 의하면 간부학습[11]의 중심은 북로당의 정치노
선을 정확히 파악하도록 하는데 주어졌고, 현실문제를 맑스-레닌주의 이
론에 결부시켜 실제 사업을 할 줄 알게 하는데 중점을 두어 진행되었
다.[12] 1946년 10월 북로당 중앙상무위원회는 도당학교의 교장을 도당위
원장이 겸임하도록 하고, 부교장, 교무주임, 전임강사, 경리주임은 반드
시 중앙당의 비준을 얻도록 하여 중앙당이 도당 간부 양성과정에 대하
여 적극 관여하였다.[13] 이것은 북로당 중앙이 하급간부 양성과정에 적
극 관여하였음을 보여주며, 중앙의 의지를 하급간부 양성에서 관철하고
있었음을 보여준다.

하지만 당 간부 교육에 대해서는 중앙의 지시에도 불구하고 각 도당
위원회들이 당교양사업에 특별한 주의를 돌리지 않았기 때문에 1946년
11월내로 각 시당위원회에 야간당학교를 조직하여 당간부 및 당열성자
를 망라시키도록 하였다.[14] 당원의 교육면에서 보면 중앙당의 지시는
하급 당조직에서는 1946년 말까지도 충분하게 성과를 얻지 못하였다는
해석이 가능하며, 이러한 현상은 다른 부분에서도 나타났을 가능성이
있다.

그러나 1947년에는 간부양성에 변화가 나타났다. 1947년도 중앙당학
교 제3기 6개월반 학생들의 50%를 직접 생산에서 복무하는 노동자 당

---

11) 1946년 10월 황해도당에서 이미 훈련한 간부가 354명이었고, 200명을 훈련
    중이었다.(「황해도당 당간부 양성에 관하여 -북조선로동당 중앙상무위원회
    제9차회의 결정서 1946년 10월 21일」 『결정집』, 31면).
12) 위의 글, 31면, 33면.
13) 위의 글, 32면.
14) 「당정치 교양사업 개선에 관하여 -북조선로동당 중앙상무위원회 제10차회의
    결정서 1946년 11월 14일」 『결정집』, 50-51면.

원으로서(지식 정도는 소학, 당 연한은 적어도 6개월) 모집하도록 하였고, 나머지 50%는 당간부와 사회단체 당원으로 구성하였다.[15] 이처럼 중앙당학교 6개월반 학생의 절반을 직접 생산에 복무하는 노동자당원으로 모집한 것은 북로당 중앙의 당내 하부세력개편에 대한 확고한 의지를 보여주는 것이었다.

중앙당학교뿐만 아니라 각급 정권기관과 경제기관학교에서도 학생의 50-70%를 선진적 노동자, 농민 성분의 열성자 중에서 양성하도록 하였고, 각 도당과 사회단체 강습소학교에서도 50%의 열성적인 직장노동자를 학습하게 하였다.[16] 노동자 당원의 교육이 이루어짐에 따라 1947년 7월에 각 도·시(구역)·군 당부의 각부에 부부장을 증가 배치하였을 때, 부부장을 모두 생산노동자인 우수한 당원으로 하도록 하였다.[17] 즉 1947년 7월에는 하급 당간부의 성분에 큰 변화가 이루어진 것이다.

북로당의 결정에 대한 결과를 강원도당의 경우를 통해서 보면, 합당 당시의 당간부구성 중 18.2%이던 노동자가 1947년 7월에는 30.8%로 개조되었고, 부부장 배치 후에는 56.2%로 변화되었다.[18] 따라서 북로당 2차당대회 전까지 중앙당학교와 도당학교에서 양성한 4000여 간부들의[19] 성분은 노동자, 농민인 기본성분이 중심을 이룰 수 있게 되었다. 이들 신진간부들의 당하부조직 배치는 기존의 국내계 공산주의자들의 세력을

---

15) 「중앙당학교 제3기생 모집에 대하여 -북조선로동당 중앙상무위원회 제18차회의 결정서 1946년 12월 27일」『결정집』, 107면.
16) 「간부 양성제도에 대하여 -북조선로동당 중앙상무위원회 제30차회의 결정서 1947년 4월 8일」『결정집』, 194면.
17) 「각도 시(구역)군당부 부부장 증가 배치에 관하여 -북조선로동당 중앙상무위원회 제38차회의 결정서 1947년 7월 3일」『결정집』, 262면.
    이들중에서 30%는 우수한 여성 생산노동자 당원으로 선발하기로 했다.(같은 곳).
18) 「강원도당부 간부정책과 간부양성 정형에 대하여 -북조선로동당 중앙상무위원회 제43차회의 결정서 1947년 9월 10일」『결정집』, 291면.
19) 「당중앙위원회사업에 대하여 -북조선로동당 함경남도 제2차대표대회에서 한 보고 1948년 2월 21일」『김일성저작집』 4, 150면.

약화시키고, 김일성이 하부조직에 대한 영향력을 강화할 수 있게 하였다. 이것은 김일성의 세력강화만으로 끝나는 것이 아니라 수 백년간 유지되던 구래의 지방사회 지배질서가 붕괴되고 노동자와 빈농이 전면에 나서는 변화의 하나가 이루어진 일이었다.

1947년 7월에는 중앙당학교의 6개월반 학습기간을 1년으로 개정하고, 사회단체에서 경영하던 간부양성학교의 학생모집을 중지하였다. 그리고 중앙당학교에서 120명의 3개월반을 신설함으로써 각 사회단체 간부양성권을 북로당에서 직접 확보하였다.[20] 1947년 7월의 북로당 중앙상무위 결정은 사회단체에 대한 북로당의 지배가 강화된 것을 보여준다. 이로써 사회단체들의 북로당으로부터의 자율성은 더욱 약화될 수밖에 없었고 북로당과 국가기관·사회단체의 일체성은 더욱 강화되었다.

북로당 2차대회를 계기로 중앙당학교를 확장하여 2년간 학습반을 설치하고 도당학교들은 강습생의 인원을 확장하고 학습기간을 6개월로 하였다.[21] 중앙당학교에 2년간 학습반을 설치한 단계는 북로당이 당간부 충원에서 여유를 확보한 것으로 볼 수 있다. 또 한가지는 단기간의 교육을 통한 간부양성 효과가 미진하였음을 의미하는 것이라고 볼 수 있다.

1948년 초에 이르면 31142개소의 세포학습회에서 당원들이 정치학습을 하고 있었고, 각 시·군에는 151개소의 야간 당학교가 조직되어 10963명의 당원열성자들이 망라되었다.[22] 당학교의 조직은 김일성에게 당 내에서의 우위를 제공하였다. 기존의 파벌이 '수공업적'으로 파벌조직을 확대한데 비하여 김일성은 당학교를 통하여 수천명씩의 간부를 양

---

20) 「중앙당학교 학습반 신설과 각도당학교 학생증가 모집에 관하여 -북조선로동당 중앙상무위원회 제38차회의 결정서 1947년 7월 3일」『결정집』, 253면. 중앙당학교의 당건설과목을 주영하, 허가이, 김창만, 박정애, 한국모, 임해, 정철우, 박창옥, 리상조, 한효삼이 담당하기로 하였다.(위의 글, 254면).

21) 「북조선로동당 제2차 전당대회회의록」『북한관계사료집』 1, 447면

22) 위의 글, 373면

490

성했던 것이다.[23]

새로운 간부가 충원되면서 계급적인 갈등이 간부사업에서 생겨났다. 기본계급이 아닌 간부들을 간부대열에서 내보내려는 경향이 있었으며, 성분이 나쁘다고 일을 잘하는 간부까지 해임시키거나 철직시키는 일이 있었다.[24] 또 일부에서는 과거에 공부한 기술자, 전문가들과 접촉하는 것조차 꺼리면서 그들이 일하는 과정에 결함을 범하게 되면 덮어놓고 이색분자라고 단정해버리는 현상까지 발로되었다.[25] 이것은 중앙에서의 권력장악이 마무리된 후, 사회전체의 질서가 재편되고 북한사회의 모든 곳에서 계급간의 권력다툼이 벌어지고 있는 양상과 북한사회 내의 주도세력이 급변하면서 하급간부간의 권력다툼을 중앙이 통제해내지 못하거나 방관하는 과정을 매우 잘 보여주는 것이다. 그간의 당내사정은 노동계급 출신들과 인테리출신들을 적절히 배합하여 간부대열을 꾸려야만 하는[26] 실정에 있었다. 하지만 사회질서의 재편이 추진되면서 나타난 하부사회의 계급갈등이 북로당 중앙의 통제능력을 넘어선 것을 보여준다.

당학교 교육을 통한 교육이 모두 내실있게 진행된 것은 아니었지만[27] 1949년 초에 김일성은 3년간 간부사업에서 많은 발전이 있었으며

---

23) 위의 글, 417면

24) 「우리 당의 간부정책을 정확히 집행할데 대하여 -정권기관, 사회단체 및 중요 공장, 기업소 간부사업일군련석회의에서 한 결론 1949년 1월 18일」 『김일성전집』 9, 61면.

25) 위의 글, 63면.

26) 「경비를 절약하며 면, 리 인민위원회 사업을 개선할데 대하여 -조선민주주의인민공화국 내각 제1차전원회의에서 한 결론 1949년 1월 17-18일」 『김일성전집』 9, 59면.

27) 황해도 안악군 당조직의 경우 학습회 지도자를 위한 세미나 참가율이 연 평균 60%에 불과하였다. 북로당의 당원교육은 여러 곳에서 어려움에 처해 있었는데 예를 들면 평북 용천군 당조직내 전체 당학습회중 중단된 학습회가 60%를 차지하였다. 야간 당학교의 평균 출석률은 62.5%에 불과하며 강원도 내 전체 시 군 야간 당학교 중에서 1948년 말까지 1명의 졸업생도 내지 못한 학교수가 8개소나 되며 평북 벽동군 야간 당학교는 1947년 당지도기관 선거후 1949년까지 1회의 졸업생도 내지 못하였다.(「당원들의 사상정치 교양

중앙으로부터 지방인민위원회와 공장, 기업소에 이르기까지 간부사업체계가 정연하게 섰고, 간부대열이 기본적으로 조직되었다[28]고 평가하였다. 이처럼 계급적으로는 강화되었지만, 북로당이 사회발전의 동력으로 모든 계급을 활용하는 것은 곤란해졌다는 점에서 이후의 북한사회 발전에 대한 인적 자원의 일부가 상실되었다는 점도 주목할 필요가 있다.

# Ⅱ. 정규교육을 통한 당원 양성

당학교가 부족한 당간부를 양성하는 목적이었다면, 정규학교는 당원들을 기본적으로 충원할 漁場이었다고 할 수 있다. 학교교육은 공산당이 의도하는 사상의 교육과 사회의 유지를 위한 필수적 기구로서 그 중요성을 강조할 필요조차 없다. 또한 중학 이상의 학교교육이 노동자나 빈농의 자식에게는 기회조차 주어지지 않았던 해방전의 실태에서 조공분국에게 학교사회의 변화는 시급한 문제였다.

그러나 정상적인 학교교육에는 많은 어려움이 있었는데 특히 교원부족이 중요한 문제가 되어 북조선임시인민위원회(이하는 북임인위로 줄임)는 일제하의 교원들 중에서 '불순분자'를 제외하고 재교육하여 쓸 수밖에 없었다. 그리고 교원경력이 없어도 소학교 졸업 정도의 지식을 가진 '진보적'인 젊은 사람을 선발하여 교원으로 양성했는데[29] 이것은

---

사업 강화와 당단체들의 과업 -로동당 중앙위원회에서 진술한 박헌영동지의 보고 1949. 12. 17」『북한관계사료집』1, 543~545면).

28) 「우리 당의 간부정책을 정확히 집행할데 대하여 -정권기관, 사회단체 및 중요 공장, 기업소 간부사업일군련석회의에서 한 결론 1949년 1월 18일」『김일성전집』9, 60면.

29) 「애국적민주력량의 단합된 힘으로 새 조국 건설위업을 촉진하자 -함경남도내 정당, 사회단체 일군 및 무소속인사협의회에서 한 연설 1946년 4월 19일」『김일성전집』3, 315면.

492

학교교육에 대한 영향력 확대를 위한 조공분국의 계급정책과 관련이 있었다. 이를 위해 각 도에 사범전문학교를 운영하고 단기 교원양성소를 설치하여 1946년 7월 2000명의 인민학교 교원을 양성[30]하였다.

조공분국과 북임인위는 <표 2>와 같이 적극적으로 학교교육을 강화하였다. 1947년 2월에는 일제 때에 비하여 인민학교 1110개, 중등학교 173개, 전문학교 21개가 증가하였고, 큰 공장, 광산에 설치된 공업기술학교는 12개로 북조선 학생수는 130만 명[31]에 달하였다.

<표 2> 학교와 학생수의 증가

|  | 1945년 (A) | 1946년 (B) | 1947년 예정(C) | 1947년 10월 | A/C(단위 %) |
|---|---|---|---|---|---|
| 인민학교 | 1372 | 2482 | 3156 | 2954 | 230 |
| 인민학교 학생수 | 878000 | 1183000 | 1500000 |  | 170 |
| 중학교 | 44 | 217 | 426 | 535 | 968 |
| 중학교 학생수 | 19800 | 70000 | 129000 |  | 651 |
| 중등전문학교 |  | 28 |  |  |  |
| 중등전문학교 학생수 |  | 9700 |  |  |  |
| 성인학교 |  | 16178 | 40000 |  |  |
| 성인학교 학생수 |  | 556000 | 800000 |  |  |
| 고급 성인학교 |  | 31 | 64 |  |  |
| 고급 성인학교 학생수 |  | 3000 | 7700 |  |  |
| 기술학교 학생수 |  |  | 17000 |  |  |
| 기술전문학교 | 3 |  |  | 44 |  |
| 대학 |  |  |  | 6 |  |

출처 : 「1947년인민경제발전계획에 대하여 -북조선 도, 시, 군인민위원회 대회에서 한 보고 1947년 2월 19일」『김일성저작집』 3, 104면.
「1948년도 인민경제발전계획을 정확히 작성하며 도인민위원회들의 역할을 높일데 대하여 ―북조선인민위원회 제49차회의에서 한 결론 1947년 10월 4일」『김일성전집』 6, 385~386면.

---

30) 「조선정치정세에 대하여 -북조선임시인민위원회 수립 1주년기념 대회에서 한 보고 1947년 2월 8일」『김일성저작집』 3, 72면.
31) 위의 글, 71면.

해방 당시 80% 이상의 인민이 문맹인 상황이었기 때문에 문맹을 깨치는 것은 매우 시급한 일이었다. 문맹의 문제는 당원의 경우도 마찬가지여서 개천군 동림리에서는 해방 직후 몇 명밖에 안되는 당원들로 조직된 후, 1948년 초에는 당원이 수십 명으로 성장하였지만 당원들 중에는 문맹자가 적지 않았다.32) 따라서 문맹 극복은 새로운 지배질서의 건설을 위한 필수적인 요건이었고, 1947년에는 1만 6천여개의 성인학교에서 55만 6000명의 성인이 공부하였다.33)

인제군의 경우를 북로당강원도인제군당 출당자 통계를 통해보면, 공산당 입당자의 12.3%, 신민당 입당자의 17.8%, 북로당 입당자의 16.7%가 문맹이었다.34) 문맹이었음에도 불구하고 공산당원이 된 수가 12.3%를 넘고, 북로당 창립 후에도 문맹자가 당원이 될 수 있을 만큼 문맹은 광범위했다. 이것은 조공분국과 북로당으로서는 지나칠 수 없는 문제였는데, 그것은 단순히 유·무식의 문제가 아니라 계급의 문제였기 때문이다. 지배계급의 교체에는 기본적으로 문자해득층이 필요한 것이었고, 문자해득의 바탕이 없이는 새로운 지배질서의 구축자체가 불가능했기 때문이다. 문맹 문제는 인제군당의 경우 1948년에는 입당을 부결한 것으로 보아 1948년에 가서야 겨우 해결되었다고 할 수 있다.

## 1) 고등교육

북로당은 전문학교와 대학에 노동자, 농민, 사무원의 자녀를 입학시키도록 하였는데, 이들 근로인민의 자녀들 중에서 인텔리를 양성하여 '민

---

32) 「농촌당세포앞에 나서는 몇가지 과업 -개천군 동림리 야참당세포 당원들과 한 담화 1948년 1월 13일」『김일성전집』7, 79~80면.
33) 「조선정치정세에 대하여 -북조선임시인민위원회 수립 1주년기념 대회에서 한 보고 1947년 2월 8일」『김일성저작집』3, 72면.
34) 졸고 「북조선로동당의 당원과 그 하부조직에 관한 연구」, 1998, 고려대사학과 박사학위논문, 1948-1949년간 인제군 출당자 통계 참조.

494

족간부' 문제를 해결하려 했다. 그리고 이 목적을 위하여 국가의 부담으로 공부시키기 위한 적극적인 조치를 취하였다.35) 대학과 전문학교 학생들에게 장학금을 준 것은 노동자, 농민의 자녀를 민족간부로 키우기 위한 것이었는데36) 대학과 전문학교 학생들의 절대다수가 국가의 장학금을 받으며 공부하였다.37)

일제 때 3개 밖에 없던 기술전문학교가 1947년에는 44개로 증가하였고, 학생 수는 거의 13600여 명에 달하였고 종합대학을 비롯하여 6개 대학을 세웠으며 그 학생 수는 6500명이 되었다.38) 김일성종합대는 창립 당시 7개 학부, 24개 학과, 30개 학급, 1500명이었는데, 한 돓을 맞은 1947년에는 8개 학부, 39개 학과, 93개 학급, 3813명이 공부하게 되었다.39) 그리고 이들 학생들을 과학, 기술과 맑스-레닌주의로 무장하게 하여40) 대학생을 북로당의 지도적 간부로 양성하려 한 것이다.

하지만 처음부터 대학에서 북로당의 의지가 만족스럽게 관철된 것은 아니었다. 1947년 8월 북로당 중앙상무위원회는 평양시내 초급중학교 및 김일성대학에서 노동자, 농민 자녀의 비율이 소시민, 자본가, 지주의 자녀 비율보다 낮은 실정을 벗어나지 못함을 지적하는 형편이었다.41) 이후

---

35) 「국가의 법질서를 확립하며 민족간부양성사업을 강화할데 대하여 -북조선인민위원회 제 40차회의에서 한 결론 1947년 6월 20일」 『김일성저작집』 3, 330면.

36) 「학생들에 대한 교육양성사업에서 제기되는 몇가지 문제에 대하여 -전국교육일군강습회 참가자들 앞에서 한 연설 1947년 8월 5일」 『김일성전집』 6, 164면.

37) 「11월 3일선거 1주년을 맞이하면서 -평안남도 강동군 삼등면 선거자들 앞에서 한 연설 1947년 11월 2일」 『김일성저작집』 3, 508면.

38) 한림대학교 아시아문화연구소편, 『북한경제통계자료집』, 한림대출판부, 1993, 340-342면.

39) 「새조선의 우수한 민족간부가 되기 위하여 배우고 또 배워야 한다 -김일성종합대학 창립 한돓기념대회에서 한 연설 1947년 10월 1일」 『김일성저작집』 3, 457면.

40) 위의 글, 458면.

41) 「새학년도 준비정형에 대하여 -북조선로동당 중앙상무위원회 제41차회의 결

북로당은 전문학교 이상의 학생중에서 근로인민의 자제들인 16,000명에게는 매월 5000원의 장학금을 지불하여 학업을 보장하였고[42] 이로써 학생들의 성분변화에 효과를 거두게 되었다.

1947년 초 김일성대학내 당위원회는 8개의 세포위원회가 조직되고 459명의 당원이 있었음에도 불구하고 당조직사업은 약하게 전개되었고 당위원회 주위에 당열성자들을 결속시키는 핵심적 사업이 이루어지지 않았다.[43] 또 김일성대학 내에서는 기숙사, 교정에 '반동적 삐라사건'이 일어나고 학생 일부의 '반동적' 행위에 대한 투쟁도 미약하게 전개되었다.[44] 이에 대하여 북로당 중앙상무위원회는 대학 부총장 한빈과 당위원장 송예정을 엄중경고 처벌하고 대학 내의 '반동분자'들을 숙청하는 투쟁을 결정하였다.[45] 동시에 교원들 속에 있는 '반동적' 경향을 가진 자와 '반동적' 교원을 해직시키고, 대학생의 성분과 교원의 성분을 개별적으로 연구하도록 하여 대학에 대한 장악력을 강화하였다.[46]

평양교원대학에서는 1947년 9월부터는 중요한 정치과목인 혁명사를 강의하지 않았고[47] 대학정원수를 채우기 급급하였던 학생모집의 결과 학생구성이 복잡하고 '불순분자'들까지 입학하였다.[48] 이런 문제의 해결을 위하여 교육국에서는 대학의 교수교양사업을 당의 노선과 결정, 지시에 기초하여 진행하도록 하였고[49] 이에 따라 평양교원대학은 중간층

---

정서 1947년 8월 21일」,『결정집』, 270면.

42)『강원로동신문』 1947년 11월 16일, (2), 「민주선거 1주년과 인민위원회 사업의 거대한 성과」.

43) 「김일성 종합대학내 당단체들의 사업검열 총화에 관하여 -북조선로동당 중앙상무위원회 제20차회의 결정서 1947년 1월 8일」,『결정집』, 108~109면.

44) 위의 글, 109면.

45) 위의 글, 111~112면.

46) 위의 글, 114면.

47) 「교원대학사업을 개선강화할데 대하여 -북조선로동당 중앙위원회 상무위원회에서 한 결론 1948년 1월 5일」,『김일성저작집』 4, 8면.

48) 위의 글, 12면.

49) 위의 글, 8면.

학생들은 교양하고, '반동적인' 학생들은 단호하게 축출하도록 하였고[50] 노동자, 농민을 비롯한 근로인민의 자녀를 입학시키도록 하였다. 또한 대학 내에는 대학당위원회와 세포들이 있었지만 당조직의 초급간부들이 당사업방법을 잘 알지 못함에 따라 대학에 대한 당의 지도를 강화하기 위하여 평양시당 위원회의 지도가 결정되었다.[51]

1949년 북로당 중앙위원회 상무위원회에서는 대학의 사회과학과목 교수의 중심을 변경하였다. 교수의 중심이 사회발전의 일반적 법칙과 맑스-레닌주의, 다른 나라의 혁명투쟁 경험에서 북로당의 정책을 철저히 인식시키도록 변한 것이다.[52] 북로당정책이 대학에서 사회과학과목 교수의 중심이 된 것은 북한의 대학사회에서 당원들이 중추세력이 되고, 간부당원 양성소로서의 위상을 가지게 되었음을 의미한다.

북로당은 해방 직후 북한에서 230여만 명의 성인문맹자 중 200만 명의 문맹을 퇴치하였고, 사회경제적 변화를 바탕으로 1949년에는 근로인민의 자제들이 더 많이 기술전문학교와 대학에 갈 수 있도록 학생들에게 장학금을 주는 범위를 60%에서 80%까지 넓힐 수 있게 되었다.[53] 북로당의 북한사회에 대한 지배력의 강화는 바로 이러한 적극적인 지원에 힘입은 바가 크다고 할 수 있다.

### 2) 초·중등교육

1946년 1월 조공분국은 교원들의 '사상통일'이 이루어지지 않음으로

---


50) 위의 글, 12면.

51) 위의 글, 12면.

52) 「대학의 사회과학과목교수사업을 개선할 데 대하여 -북조선로동당 중앙위원회 상무위원회에서 한 결론 1949년 4월 18일」『김일성저작집』 5, 86면

53) 「2개년 인민경제계획의 수행은 조국통일의 물질적 담보 -조선민주주의인민공화국 최고인민회의 제2차회의에서 한 연설 1949년 2월 1일」『김일성선집 (1953년판)』 2, 333면

인하여 학교교육 주도에 어려움이 있었다. 따라서 조공분국은 학교교육 주도를 위하여 제재를 가하였는데, 학교 내에서 소련군을 비난하고 '진보적 민주주의'를 비난한 인민학교 교장을 보안서에서 구속하기도 하였다.[54] 또 평남인민위원회는 평양시내 중학교 학생들의 일부가 학교에 등교하지 않거나 학교 내의 질서를 위반한데 대하여 엄격한 제재를 결정하였다.[55]

하지만 1946년 3월이 되어도 다수 학교에서는 학생들의 출석이 불량하고 교내 질서와 규율이 문란하였다. 이에 대하여 북임인위는 교내 질서와 엄정한 규율의 준수를 요구하고, 북임인위 정책의 교육과 노동자, 빈농민, 일반 사무원, 소시민 출신 학생들에 대하여 식량을 시급히 배급하도록 하였다.[56] 북임인위의 학교사업 개선책은 기존의 학생들에 대한 통제와 새로이 입학한 기본성분 학생들에 대한 지원을 기본 내용으로 하였는데 이 시점을 전후하여 학생들에 대한 조공분국의 영향력이 강화되었다고 할 수 있다. 토지개혁이 진행중인 1946년 3월 24일 평양에서는 300여 명의 남녀학생들이 모여 평양학생대회를 열었다.[57] 이 사건은 한 단면이지만 학교사회 내의 기존 질서가 재편되고 있었음을 보여주는 의미있는 일이라고 할 수 있다.

1945년에 비하여 1947년에는 중학교 학교 수는 약 9배, 학생 수는 약 6배의 증가가 예정되었다. 특히 토지개혁을 통하여 북한사회 내의 계급 간 질서가 역전되고, 빈농과 노동자의 자녀들이 중학교에 진학할 수 있는 변화가 이루어졌다. 1945년에 비하여 1947년 예정된 인민학교 수는 약 2.3배, 학생 수는 1.7배로 증가하였다. 북로당의 영도 하에 민주청년동맹(이하는 민청으로 줄임)은 소년단 사업에 착수하여 1947년 3월에

---

54) 『정로』 1946년 1월 18일, (2).

55) 위의 신문, 1946년 3월 6일, (1), 「평양시내각중등학교 사업개선에 관한 건 - 평남인민위원회결정서」

56) 위의 신문, 1946년 3월 27일, (1), 「학교사업개선책」.

57) 위의 신문, 1946년 3월 27일, (1), 「평양학생대회 熱狂裡進行」.

498

609929명의 아동을 1783개의 소년단에 조직하였다.58) 하지만 조직만 되었지 사업이 전혀 없는 소년단이 많았고, 평양시 중요 인민학교 소년학생의 약 20%가 교회에 다니는 실정이었다.59)

그러나 학교사회 내의 변화도 불가피했다. 선천군 조직부의 1947년 자료는 한 학교의 학기초 종교아동 수 256명이 학기말에는 거의 절반인 127명으로 감소한 것으로 기록하고 있다.60) 또 1948년에는 구역별로 집합하여 열을 지어 등교할 만큼 조직이 강화되는 '모범소년단'도 나타났고61) 방학중에 지방에 돌아가는 학생은 임시이동증을 받아 귀성지 초급단체에서 조직생활을 계속할 것을 요구받을 만큼 학교내 민청조직이 강력해졌다.62) 학교를 주도하는 북로당의 영향력 강화는 학교내 '종교 아동수'를 감소시키고, 학생들을 조직화시켜 갔는데 북한사회의 변화가 학교사회에서 빠르게 이루어져 갔음을 알 수 있다.

학교장은 북로당이 주도하는 도인민위원회 위원장이 임면하였고63) 민청지도교원도 민청단체의 추천에 의하여 도인민위원회 위원장이 임면하였다.64) 또한 소년단지도교원도 민청단체의 추천에 의하여 시·군·구역인민위원회 위원장이 임면하였다.65) 이런 임면과정을 가진 북로당의 학생에 대한 영향력은 강력한 것이었다.

북로당의 정규교육 주도에서 큰 문제는 교원 부족이었다. 1947년 9월 신학기 교육에 필요한 초급중등 이상 교원 2151명이 부족하였는데, 일부 지역의 교원 중에는 일제 순사 출신이 있었고, 황해도 황주여자중학

---

58) 「소년단사업 개선 강화에 관하여 -북조선로동당 중앙상무위원회 제27차회의 결정서 1947년 3월 19일」 『결정집』, 167면.
59) 위의 글, 168~169면.
60) 선천군 조직부, 문건 이름 없음, 1947, 『사료집』 11, 711면.
61) 『함남인민보』, 1948년 8월 5일, (4)
62) 위의 신문, 1948년 7월 18일, (4).
63) 교육성, 「인민학교에 관한 규정, 1950, 3」, 9면.
64) 교육성, 「고급중학교에 관한 규정 1950, 5」, 12면.
65) 교육성, 「인민학교에 관한 규정, 1950, 3」, 9면.

교는 1명의 노동당원 교원 외에는 전원이 타당 당원이었다.[66] 평양여자고급중학교의 경우를 살펴보면 1947년 4월 이후에 당세포가 조직되었는데,[67] 당원 및 교원들의 경력과 가정성분조사가 1948년 6월경에야 성과적으로 파악되었다.[68]

교원들의 경력이 파악되고 북로당 세포조직의 강화가 이루어지면서 학교내 교원들에 대한 북로당의 영향력은 크게 강화되었다. 평양여중의 경우를 보면 교장이 세포위원장, 교무부장이 세포부위원장으로 활동하면서 당의 노선과 행정적 노선의 통일을 확보해 갔다.[69] 1948년 말에는 교직원 66명 중에서 당원이 28명으로 42%였고[70] 비당원 교원들도 소련공산당(사)를 학습해야 하는 분위기가 조성되었다.[71] 중요 책임자의 자리를 북로당원이 확보하고, 당원들의 세포조직 활동을 통해서 단체나 직장을 주도하는 북로당의 정책이 1948년 초의 시점에서는 열매를 맺어간 것이다.

---

66) 「새학년도 준비정형에 대하여 -북조선로동당 중앙상무위원회 제41차회의 결정서 1947년 8월 21일」『결정집』, 270면.

67) 「북조선로동당 제2차 전당대회 총결 평양여자고급중학교 세포총회보고서」『북한관계사료집』 26, 141면. (1947년 이후 정확한 시기는 알지 못함.)

68) 「북조선로동당 평남도 평양특별시 중구역 평양여자고급중학교세포 제9차 정기총회」『북한관계사료집』 26, 166면.

69) 「북조선로동당 평남도 평양시 중구역 평양여자고급중학교세포 제4차 정기세포회의」『북한관계사료집』 26, 128면.
「북조선로동당 제2차 전당대회 총결 평양여자고급중학교 세포총회보고서」『북한관계사료집』 26, 146면.

70) 「북조선로동당 평남도 평양시 중구역당 평양여자고급중학교 세포위원회 제20차 정기세포회의 회의록」『북한관계사료집』 26, 251면.

71) 위의 글, 252면.
1938년 소련에서는 『소련공산당사, 단기과정』이 필독의 교과서였다.(파울 로트, 최정호 옮김,『소련의 보도기관과 정보정책』, 1984, 정음사, 115면).

500

<표 3> 각 기술전문학교 교원 당별 소속

|  | 로동당 | 무 | 남로당 | 비고 |
|---|---|---|---|---|
| 농전 | 13 | 12 | 1 | |
| 재경전 | 9 | | | |
| 의전 | 4 | 7 | | 1명 미확인(교장) |
| 계(비율) | 26(56.5%) | 19(41.3%) | 1(2.2%) | |

출처 : 평양시교육부기술교육과, 「각기술전문학교 교원명단 1950」

<표 3>을 보면 1950년의 기술전문학교는 교원의 56.5%가 북로당 당원임을 알 수 있다. 즉 과반수의 교원이 당원으로 참여하였고, 학교내의 주요 역할을 주도하였음을 알 수 있다. 하지만 醫專과 같은 부분에서는 북로당이 대세를 확보하지 못한 것을 알 수 있는데 계급에 따라 북로당에 대한 지지여부가 분명했음을 보여준다.

학생들도 당조직 활동의 말단으로 연결되었는데 조직된 학생정보망은 중요한 역할을 하였다.[72] 이러한 학생들의 활동은 학교생활에 대한 평가에도 반영되었는데 졸업 및 진급시험에서 성적만 좋다하여 우수한 학생으로 결정하는 것이 비판되고 학생의 '사상성과 실천성'을 결부시켜 평가하도록 하였다.[73]

1948년 북한 정부수립기에 이르면 인민학교에서 대학교까지 교원들은 북로당의 당원이 되거나 북로당원인 상급자의 지휘를 받게 되었고, 학생들도 민청과 소년단을 통하여 조직화되고, 사상적으로 변화되었다. 특히 노동자와 농민의 자녀들은 대학교육에서 재정적인 지원을 받았고, 학생들은 당조직의 하부에 연결되었다. 이로써 북로당은 청년과 소년에 대한 강력한 영향력을 확보함으로써 권력의 토대를 다질 수 있게 되었다.

---

72) 「북조선로동당 평남도 평양시 중구역 평양여자고급중학교세포 제21차 총회 회의록」,『북한관계사료집』26, 275면.

73) 「북조선로동당 평남도 평양시 중구역당부 평양여자고급중학교 세포위원회 제35차 회의록 -결정서」,『북한관계사료집』26, 403면.

# 맺음말

이상의 논의를 정리하면 다음과 같다.

조공분국은 1945년 말부터 각지에 정치학교를 설립하고 노동자 당원을 간부로 양성하기 시작하였고, 3차확집위 이후에는 도당학교, 중앙당학교가 설립되면서 당과 정권기관의 간부가 양성되었다. 중앙당학교의 창립은 당내의 파벌로부터 벗어난 새로운 세력을 양성하는 계기가 되었고, 도당학교에서도 하부조직의 건설과 종파주의 타도가 교육의 핵심내용이었다. 이처럼 간부양성은 조공분국 지도부의 결정이 철저히 관철되는 하부조직의 건설이 목적이 되었으며, 노동현장에 연계된 노동자를 중심으로 한 하급간부의 성장을 목적으로 하였다.

북로당의 간부양성과정에서는 성분이 강조되었고, '종파'와의 무관성이 요구되었다. 또 본인과 부모의 사상동태와 38이남 친척관계, 토지개혁으로 인한 영향도 중요한 조건이 되었다. 북로당 중앙은 도당에서의 하급간부 양성에 적극 관여하였고, 1947년부터는 중앙당학교와 각급 당간부 양성 학교에서는 직접 생산에 복무하는 노동자당원을 50% 이상 학습시키도록 하였고, 도·시·군 당부의 부부장을 모두 생산 노동자인 당원으로 배치하였다. 이로써 각지의 당간부 구성에서 노동자 성분이 증가하였는데 강원도당의 경우 56.2%에 달했다.

북로당 2차당대회전까지 중앙당학교와 도당학교에서 양성된 4000여 간부의 성분은 노동자와 농민이 중심이 되었고, 이들은 지방사회의 지배질서가 개편되는 과정에서 주역으로 등장하게 되었다. 또 북로당은 사회단체에서의 간부양성을 중지시키고, 중앙당학교에서 각 사회단체 간부를 양성하게 함으로써 사회단체에 대한 지배를 강화하기도 하였다. 반면에 새로운 간부가 충원되면서 기본계급이 아닌 간부들이 밀려나게 되었고, 계급적인 갈등이 확산되어 하급간부간의 권력다툼을 중앙이 통제해 내지 못할 정도로 하부에서의 질서의 재편이 이루어졌다.

당간부의 양성과 더불어 노동자와 빈농의 자녀에게도 학교교육의 기회가 제공되었고, 강력한 문맹퇴치사업이 진행되었다. 특히 대학과 전문학교에서는 노동자와 농민의 자녀가 국가의 지원을 받아 공부하였고, 대학내 당조직사업을 강화하고, 학생들을 북로당의 결정과 지시에 의하여 교양하였다.

중등학교에서는 1946년 초에도 교내 질서와 규율이 문란하였는데, 기본성분의 학생들에 대한 지원이 강화되면서 조공분국의 영향력이 강화되었다. 1947년이 되면 북로당의 영도하에 민청이 소년단 조직에 착수하여 학생들의 사상을 변화시키고 조직화를 진행시켰다. 북로당은 학교장의 임면에 주도적 영향력을 가지고 있었는데, 1948년 중반에는 교원의 입당이 증가하였으며, 학교내 교원에 대한 북로당의 영향력이 크게 강화되었다.

이로써 북로당은 노동자와 빈농을 중심으로 하는 당원 양성과 간부 양성의 토대를 구축하였으며, 하급간부에 대한 북로당 중앙의 통제력을 확보하였고, 이들을 통하여 하부의 질서를 개편하여 하부사회에 대한 북로당의 주도적 영향력을 장악하였다.

# 張勉의 治績과 政治思想에 관한 硏究
## —否定的 張勉像에 대한 비판적 검토를 중심으로—

許 東 賢*



# 서 론

　雲石 張勉(1899~1966)은 1960년 8월 19일부터 약 9개월 동안 제2공화국 국무총리로 국정을 운영하다 5·16군사쿠데타로 인해 실각함으로써 자신의 정치적 이상을 실현하는데 실패하였다. 따라서 그가 1948년

---

* 경희대 수원캠퍼스 교양학부 교수

정계 진출이후 보여준 업적—한국에 대한 유엔의 승인과 한국전쟁시 유엔군 참전을 이끌어 낸 외교적 성과 및 민주당 창당 이후 야당 지도자로서 보여준 반독재 투쟁 등—에도 불구하고 그의 치적이나 사상을 논함에 있어 "정치가로서 장면이 갖고 있던 어떠한 결함이 5·16 군사쿠데타를 촉발하게 하였는가"라는 結果論的 인식틀로 이해하려는 경향이 지배적이다. 따라서 종래 우리 나라 사람들의 정치가로서의 장면에 대한 평가는 대체로 부정적인 쪽으로 기울어져 있다고 여겨진다. 5·16군사쿠데타의 주도세력은 {韓國軍事革命史}(1963)에서 장면을 무능하고 부패한 정치가로 왜곡함으로서 자신들의 쿠데타를 정당화한 바 있으며,[1] 심지어 그의 주변인물들에게서조차 4·19 이후 혼란기의 난국을 수습하기에는 적합하지 않은—정치적 역량이 결여된—인물이었다는 평가를 찾아보기 어렵지 않다. 일례로 장면의 정계 진출에 결정적인 역할을 한 盧基南 대주교는 "내가 보기에는 장박사는 종교인이며 교육가지 정치가의 소양은 없는 편이었다"고 회고하였으며, 그의 지기였던 民議院 의장 郭尙勳도 "운석은 난세의 정치가로서 좀 어려운 성격의 소유자다"고 평한 바 있었다.[2]

---

1) 韓國軍事革命史編纂委員會 편, 『韓國軍事革命史』 제 1집: 上(國家再建最高會議 韓國軍事革命史編纂委員會, 1963), 150~190면. "한 마디로 말하여 5·16전의 우리 나라 사회의 정치풍토는 국가이익보다는 사리의 추구를, 公事보다는 私黨分派의 擅斷을 위해 狂奔하는 꼭두각시의 놀음이나 다름이 없었다. 치유할 길 없는 정치만능의 병폐는 곧 부정부패를 그의 전유물로 알고 그것의 橫取와 유지를 위하여는 국가의 장래건 민족의 興隆이건 이 모든 것을 돌보지 않는 악의 순환만을 되풀이한 것이었다. …나라를 걱정하지 않는 정치가, 겨레의 내일을 내다볼 줄 모르는 정론이 어찌 救國濟民의 성스러운 책무를 빙자하여 오래 백성 위에 군림할 수 있을 것인가. 지도자다운 지도자를 단 한 사람도 갖지 못하고 정치이념 다운 정치이념을 펴는 진실한 공당이 단 한 개도 없는 그 판국에 민중이 현실에서 도피하고 외면하여 새 질서, 새 지도자, 새 정치이념을 찾는다는 것은 너무나 당연한 논리의 귀결이라고 하지 않을 수 없다. 같은 책, 185면.

2) 盧基南, [거룩한 平信徒 張요안], 운석기념회 편, {한 알의 밀이 죽지 않고는: 증보판}(가톨릭 출판사, 1999), 338면; 郭尙勳, [自由의 高貴한 試鍊], 같은 책,

제 2공화국 시대를 연구한 학자들의 장면관 역시 대체로 부정적인 쪽으로 기울어져 있다. 부정적 張勉像을 공고화하는데 결정적인 역할을 한 연구로는 제2공화국에 대한 최초의 본격적 학술서인 한승주의 *The Failure of Democracy in South Korea*(1974)와,3) 차기벽의 [4·19, 과도정부, 장면정권의 의의](1975),4) 그리고 김정원의 *Divided Korea: The Politics of Development, 1945~1972*(1975)를 꼽을 수 있다.5) 특히 한승주는 제2공화국은 군사쿠데타가 없었어도 붕괴하고 말았을 취약한 정권이라는 결과론적 인식틀로,6) "장면 정권"의 붕괴 요인을 究明하면서,7) 장면을 평해

---

325면.

3) Sungjoo Han, *The Failure of Democracy in South Korea*(Berkley, Los Angeles, London, University of California Press, 1974); 한승주, {제2공화국과 한국의 민주주의}(종로서적, 1983).

4) 차기벽, [4·19, 과도정부, 장면 정권의 의의], {(성균관대학)사회과학}13, 1975; {한국 민족주의의 이념과 실태}(까치, 1978)에 재수록. "5·16은 한국적 특수상황 속에서 군대가 급진파 혁명세력에 대신해서 일으킨 쿠데타, 곧 혁명의 둘째 단계였다고 하겠다. …민주당은 4·19혁명의 주체가 아니었으므로 혁명후의 설계를 마련해 있지 못했을 뿐 아니라 국가 발전을 꾀하려는 이렇다 할 의욕도 갖지 못했다. 저절로 굴러 들어온 정권이기도 했지만, 모든 문제를 안이하게만 생각했고, 국민 대중의 이익은 아랑곳없이 파벌싸움에만 몰두했다." 차기벽, 같은 책, 201, 212~213면.

5) Joungwon A. Kim, *Divided Korea: The Politics of Development, 1945~1972*(Cambridge, Mass., HUP, 1975); 김정원, {分斷韓國史}(동녘, 1985), 267면. "제 2공화국은 이와 같이 국내외적으로 그리고 비정치적인 분야에서의 불합리한 여건들에다가 권력기반을 다지려는 지도력이 결여되었고 이념을 응집시키는데 무능했으며, 효과적인 조직을 유지한다거나 확고한 정치자금을 확보하지 못했을 뿐만 아니라 군부에 대한 통제력을 행사하지 못함으로써 이미 붕괴될 운명에 처해 있었다. 만약 민주당 정권이 더 계속되었더라면 한국 사회는 보다 근본적인 정치적 와해에 직면했을지도 모른다."

6) 한승주, 앞의 책, 5면. "군부쿠데타는 비교적 쉽사리 실행되었을 뿐만 아니라 또한 군부에 의한 정권의 장악에 대하여 국민들의 어떤 명백한 저항의 표시가 없었다. 장면 정부의 종언은 한국에 있어서 민주적 정부를 만들고 이를 유지하려던 시도가 실패했음을 뜻한다. 군부쿠데타는 그 당시 정치 관측자들이나 참여자들이 명백하게 감지하고 있던 '실패'를 결정적인 것으로, 그리고 뚜렷하게 만들어 버린 데 불과하였다."

"결단력이 결여된 소심하고 우유부단"한 인물로서 "수동성과 자기 행동에 대한 자신감의 결여"를 특징으로 하는 "형식적" 지도자 내지 "무능한" 정치가로 묘사한 바 있다.8) 이들 著作은 이후 제2공화국 연구자들에게 장면에 대한 부정적 이미지를 전파하는데 결정적 역할을 수행한 것으로 보인다. 일례로 유영준은 [장면 정권의 정치적 리더십](1988)에서 2공화국 당시 장면이 정치력 결여와 지도자로서의 편협성으로 인해 지극히 배타적이고 편파적인 리더십의 스타일을 드러냈다고 하였으며,9) 김호진은 「장면의 정치이념과 리더십」(1990)에서 장면이 자력으로 성장한 지도자가 아니라 파벌 세력에 의해 "만들어진 수동적 지도자"였기 때문에 정치적 반대세력을 아우를 포용력이나 위기 상황을 관리할 결단력이 결여된 인물로서, 권위주의(authoritarian), 민주주의(democratic), 자유방임(laissez-faire)의 리더십 유형 중 어떠한 유형의 리더십도 갖지 못한 소심하고 무능한 지도자로 규정하였다.10) 이 밖에 장면의 리더십 결여에서 제2공화국 붕괴원인을 찾은 연구로는 이정희의 [제2공화국의 정치환경과 張勉의 리더십](1995),11) 이달순의 [장면정권의 딜레마](1995),12)

---

7) 이 책은 제 2공화국의 붕괴의 원인을 "당시 한국 사회의 사회 경제적 미숙성, 비민주적 권위주의적 패턴, 제도적 틀의 부적당함, 군사 쿠데타 음모가들의 민첩함"에서, 그리고 한국의 "사회적·이데올로기적 균열"에서 찾는데 초점이 두어진 연구이다. 한승주, 위의 책, 204면.

8) 한승주, 위의 책, 117~120, 129, 131, 135~136, 169면.

9) 유영준, [장면 정권의 정치적 리더십], 한승주 편, {리더십 이론과 한국정치}3 (서울: 민족지성사, 1988), 63면.

10) 金浩鎭, [장면의 정치이념과 리더십], 동아일보사 편, {現代史를 어떻게 볼 것인가}3(동아일보사, 1990), 247면. "장면 자신이 스스로의 투쟁을 통해서 지도자가 된 것이 아니라 파벌의 대표로 추대된 즉 '만들어진' 수동적인 지도자로서의 한계가 드러난 것이다. 그는 결코 위기상황을 과단하게 대처하는 결단성 있는 리더십을 가지지 못했다. 이상 필자는 몇 가지 사례를 통해 장면이 민주적이고 정직한 지도자였긴 하지만, 반대세력을 포용하거나 결단력 있게 위기를 관리한 유능한 지도자가 아니라는 것을 논증했다. 앞서 분류한 리더십 유형에 따르면 그는 권위형도 민주형도 자유방임형도 아닌 소심하고 무능한 지도자로 규정될 수 있을 것이다."

백영철의 [제2공화국의 의회정치](1996).13) 그리고 지병문의 [제2공화국
과 민주주의의 실패](1997)를 꼽을 수 있다.14) 특히 유병용은 [장면정권
의 성립과 붕괴](1998)에서 5·16군사 쿠데타를 정당화하는 시각에서 장
면이 이끈 민주당정권의 정책수행 능력을 貶下한 바 있다.15)

---

11) 이정희, [제2공화국의 정치환경과 張勉의 리더십], 한국정치학회 편, {韓國現
   代政治史}(서울: 法文社, 1995), 261면. "장면은 새로운 정통성을 확립하고 지
   지기반을 넓힐 수 있는 역동적 지도자라기보다 안정되고 제도화된 정치환경
   에 적합한 정치지도자라고 평가할 수 있다. 객관적으로 볼 때, 2공화국의 과
   도기적 상황, 즉 욕구의 분출, 국민의 급진적 개선에 대한 기대감, 당내파벌
   등을 통합하여 이끌어 나갈 수 있는 개인적 특성과 능력을 구비하지 못했
   다."

12) 李達淳, [장면정권의 딜레마], {韓國政治史의 再評價}(수원: 수원대학교출판
   부, 1995), 280면. "직업정치인으로서의 경력부족과 신앙인, 교육자로의 왜곡
   된 사회화 과정이 결부되어 장면의 리더십이 제한 받고 있음을 보여주는 것
   이다."

13) 백영철, [제2공화국의 의회정치], 백영철 편, {제2공화국과 한국민주주의}(서
   울: 나남출판, 1996), 150면. "장면의 리더십은 혁명적 상황에 유효 적절하고
   도 효과적으로 대응하지 못했다. 리더십은 비전을 결여하고 있었을 뿐만 아
   니라 결단력과 추진력도 보여주지 못했다. 또한 장면은 상황에 따라 유약하
   게 대응하는 측면을 반복적으로 노정 하였다. 파벌들의 반발에 따라 짧은
   기간 수 차례에 걸친 개각을 하였을 뿐만 아니라 때로는 대중여론에 추수하
   여 비일관적인 태도를 취하였다. 그는 심지어 분당 이전의 민주당은 물론이
   거니와 분당 이후의 민주당에 대한 조직적 통제와 장악능력조차 보여주지
   못하였다. 이러한 리더십의 허약성은 당내장악에 대한 결여에서 그친 것이
   아니라 사회에 대한 장악의 현저한 결여로 연결되었다는데 더 문제가 있다."

14) 지병문 등, [제2공화국과 민주주의의 실패], {현대한국정치의 展開와 動學}
   (서울: 博英社, 1997), 211면. "4월 항쟁을 계기로 집권한 장면정권은 4월 항
   쟁의 정신 및 목적을 충실히 이행해야 했다. 그러나 장면 정권은 민간사회
   의 폭발적 정치참여에 효과적으로 대처하지 못하고 투입의 과잉에 따른 체
   제하중을 감당하지 못하고 정치 불안정에 시달려야 했다. 이는 장면 정권의
   이념적 한계, 내부의 분열, 그리고 정책수행능력의 결여에서 비롯된 것이었
   다. 그 결과적 현상으로 나타난 장면정권의 비능률성과 리더십의 빈곤은 최
   종적으로 군부의 정치개입을 유인하는 요소로 작용하였던 것이다."

15) 유병용, [장면정권의 성립과 붕괴], 한국정신문화연구원 현대사연구소 편,
   {한국현대사의 재인식}5(서울: 오름, 1998), 70, 113면. "장면 정부는 민주적
   성격보다는 오히려 비민주적이고 전근대적 성격이 강한 정부였다. 또한 당

종래의 연구들이 공통적으로 지적하는 것처럼 장면은 아무런 정치활동의 경험도 없이 피동적으로 징발된 정치인이었기 때문에 자신의 정치적 이상을 주체적으로 관철하려는 능동형의 정치가가 아니라 파벌의 이익을 수동적으로 대변하는 꼭두각시형의 "형식적" 지도자에 머물고 말았는가? 과연 그는 결단력이 결여된 소심하고 우유부단한 인물로서 정치적 반대세력을 아우를 포용력이나 위기 상황을 관리할 결단력이 결여된 배타적이고 편협하며 소심하고 무능한 지도자였는가? 그러나 이러한 결과론적 유추에 의해 내려진 부정적인 張勉像은 그의 면모를 적확하게 제시하고 있는 것은 아니다. 왜냐하면 부정적 평가를 내린 평자조차 장면의 뛰어난 인품이나 그의 치세에 만개했던 민주주의의 성장에 대해서는 찬사를 아끼지 않아 혼선을 주기 때문이다. 즉, 노기남은 그를 "세계적으로 널리 알려진 신앙의 정치가이자 민주주의 정치가"로, 곽상훈은 "소신대로 자유민주주의 정치"를 펼친 신념의 정치가로 평하였으며, [한국군사혁명사]조차 "방종이나 무질서에 가까웠던 것이기는 하나 국민의 자유가 거의 최대한으로 인정받을 수 있었던 시기"였다고 하여 장면이 이끈 제2공화국 시기 민주주의의 성장을 부정하지 못하였다.[16] 이처럼 혹평과 호평이 상호 교차하는 평가의 아노미 현상은 양호민과 김호진에게서 잘 나타난다. 먼저 양호민은 [民主主義와 指導勢力](1961)이란 논설에서 장면정권을 지칭해 "대중의 마음으로부터의 존경받을 만

---

시의 정치적 분위기는 민주당의 분열과 무능·부패·정책실패에 의한 통제능력 상실과 힘의 공백상태에서 비롯되는 측면이 많았다.…당시의 사회적 불안과 갈등도 장면정부가 이에 대해 적절하게 대처하지 못함에 따라 증폭되어 나타난 측면이 많았다. 결국 이러한 상황하에서 군부세력의 정권장악은 순탄하게 진행될 수 있었으며, 제2공화국의 형식적 민주주의체제는 제3공화국의 군부권위주의체제로 대체되었다…다른 사회집단들의 경우와 마찬가지로 군도 군부숙정을 정부에 기대할 수밖에 없었다. 이 기대의 좌절이 군부의 행동주의적 특성, 자기 희생적 애국심 등과 연계되어 쿠데타로 이어지게 되었다."

16) 한국군사혁명사편찬위원회 편, 앞의 책, 170면.

한 정신적 권위"를 가지지 못한데다가 "경륜도 식견도 이상주의도 없는
퇴폐한 집단"이자 "훈련과 기율과 정신적 통합력"이 결여된 "오합지중"
으로 "역사의 수레바퀴를 돌릴 에너지"가 없던 무능한 정권으로 치부하
였지만,17) [張勉時代-그 意義와 評價](1966)라는 글에서는 장면을 "깨끗
하고 온유했던 민주주의적 지도자"로 규정하면서 그의 치세가 "국민에
게는 민권과 자유의 황금시대로 길이 기억될 것"이라고 호평한 바 있
다.18) 그리고 장면의 지도력을 문제 삼았던 김호진도 장면이 "청렴과

---

17) 양호민, [民主主義와 指導勢力], {思想界}, 1961. 11, 52면. "첫째, 민주당 내
   각에는 소극적으로나마 민족해방 운동의 투사들을 찾아보기가 어려웠다. 당
   시 아·아 신생국의 지도층은 대개 반 제국주의적 독립 운동에서 혁혁한 경
   력을 쌓은 사람이라는 사실에 비추어 볼 때, 집권당으로서의 민주당이 대중
   의 마음으로부터의 존경받을 만한 정신적 권위를 가지지 못했음은 당연하였
   다. 둘째, 민주당은 보수 정당으로서의 자체의 이상과 경륜을 가지지 못하고
   정치는 현실이라는 구실을 내세우며 잔재주로 눈가림을 하여 이권을 찾기에
   만 바빴다. 경륜도 식견도 이상주의도 없는 퇴폐한 집단으로부터 역사의 수
   레바퀴를 돌릴 에너지는 나올 수 없다. 셋째, 민주당은 훈련과 기율과 정신
   적 통합력을 가지고 있지 못했다. 따라서 그 지도체제는 극도로 문란했으며
   사색당쟁의 양상을 방불케 하는 당내의 복잡한 파쟁이 속출해도 이것을 통
   제하고 내부적 단결을 회복할 지도력이 없었다. 그리하여 말기의 민주당은
   오합지중으로 타락하고 말았다."
18) 梁好民, [張勉時代-그 意義와 評價], {朝鮮日報}, 1966. 6. 12. "이러한 비극은
   우리 국민의 재질이 반드시 賢明치 못했던 때문도, 당시의 집권층이 반드시
   無爲無能했기 때문도 아니다. 일부의 논자는 4·19이후 시민의 자유가 과잉
   하게 허용된 나머지 정치적 사회적 혼란이 조성되었다고 하지만 장면시대의
   자유는 민주주의라는 척도에서는 당연히 인정되어야할 정도의 것이지 그 자
   체는 결코 과잉도 방종도 아니었다. …장면정권말기에는 국민이 이미 데모
   에도 염증을 느끼고 가두행렬과 성토가 점점 퇴조하고 안정과 질서를 추구
   하는 방향으로 사회가 움직이고 있었던 것도 부인할 수 없는 현상이었다.
   장면정권이 강경정책을 쓰지 못했다는 비난을 흔히 듣지만 민권투쟁의 금자
   탑으로 찬양되던 4·19의거 이후의 흥분된 분위기 속에서 민주주의를 자처
   하는 어떠한 정권도 민권을 탄압하는 수법으로는 국민을 옳게 지도할 수는
   없었을 것이다. …만일 장면시대가 더 오래 존속하여 경륜과 계획을 구체화
   할 수 있는 시간적 여유를 가질 수 있었다면 획기적인 치적을 쌓을 수 있었
   을 가능성을 지금에는 누구도 부인할 수 없는 일이다. …극히 단명했던 이
   시대는 뜻하지 않은 정변에 의하여 비극적으로 끝났지만 그러나 이 시대는

510

정직의 품성"을 갖춘 "누구보다 정직하고 깨끗한 지도자로서 권력의 공익성을 중시하고 족벌주의를 배격한 도덕교사와 같은 이미지를 남기고 간 지도자"였으며, "무엇보다도 '교과서적'이자 '원칙론적'인 민주주의를 이 땅에 실현"시키려고 노력한 정치가로서의 공적을 特記한 바 있다.[19]

　필자는 이러한 장면상에 보이는 好惡 내지 肯否의 착종현상은 결과론적 인식에서부터 초래된 오류라고 본다. 따라서 필자는 올바른 장면상의 정립을 위해서는 그에 대한 평가의 척도가 군부쿠데타를 초래한 "무능한 정치가"라는 결과론적 인식틀에서 벗어나 그의 정치적 이상이 한국의 민주주의 발전에 있어 어떠한 영향을 끼쳤는가 라는 精神史的 척도에서 평가되어야만 한다고 본다. 왜냐하면 김세중의 지적처럼 장면이 이끈 민주당이 "수호하고 실천에 옮기려 했던 자유민주주의 이념은 오늘날에도 한국정치의 살아있는 목표가 되고 있으며 또한 민주당을 기반으로 해서 성장했던 정치인들은 이 시점에도 한국정치의 주역으로 활동"하고 있으며, 동시에 제2공화국 붕괴 즉, 민주주의의 좌절의 일 원인으로 지적되는 "파벌정당으로 표현되는 민주당의 조직과 행태에서 표출되던 문제점은 아직도 한국정당이 극복해야할 과제"이기 때문이다.[20]

　그러나 종래의 연구를 一瞥할 때, 장면의 정치활동과 사상을 그가 남긴 1차자료를 통해 본격적으로 구명한 성과는 많지 않다.[21] 따라서 이

---

수십 세기를 시달려온 이 나라 국민에게는 민권과 자유의 황금시대로 길이 기억될 것이다. 깨끗하고 온유했던 민주주의적 지도자를 보내면서 솔직하게 피력한 필자의 소회가 고인의 과거를 욕되게 하지 않았기를 바라는 마음 간절하다."
19) 김호진, 앞의 글, 248면. 이러한 혼돈은 이정희에게서도 찾을 수 있다. 이정희, 앞의 글, 253~261면.
20) 金世中, [제 1, 2공화국 하에서의 민주당—정치발전에 있어서의 역할을 중심으로—], {國史館論叢}54, 1998, 151~152면.
21) 정치가로서 장면의 업적을 긍정적으로 재조명하는 최근의 연구로는 {대한매일}에 1999년 2월 23일부터 8월 28일 사이에 모두 30회 연재되었던 연재물을 수정·보완한 이용원의 {제2공화국과 장면}(서울: 범우사, 1999)과, 사진을 곁들여 장면의 생애를 조감한 평전인 허동현의 {건국·외교·민주의 선

글에서는 장면이 남긴 각종 회고나 기고문 및 연설문 등을 활용해 장면의 치적 및 정치사상을 분석하되 기존 연구에서 왜곡·오도된 그의 개인적 특성이나 이미지를 바로잡고 간과된 정치사상의 제 특징을 구명하는데 중점을 둠으로써 올바른 장면상의 정립에 一助하려 한다.

# I. 치적

## (1) 해방과 정계진출

1945년 8월 15일 제 2차 세계대전의 종언과 함께 우리 민족은 일제 식민통치로부터 "해방"되는 감격을 맛보았다. 해방이란 민족사적 관점에서 볼 때 "우리민족의 환희에 찬 희망에도 불구하고 도리어 커다란 실망과 고통을 준 비극적 역사의 원점이자, 우리 민족이 오랫동안 추구했던 '근대화'의 본격적 출발점"이었다. 특히 남한에 있어 해방은 "자유와 평등이라는 인류 보편의 이상과 국가적 독립·개화·자강·합리주의·실용주의·과학주의 등으로 대변되는 근대적 가치를 달성"하기 위한 본격적 노력의 출발점이었다.[22] 그리고 장면 개인사의 관점에서 볼 때 해방은 한국인의 정치참여 기회가 철저하게 봉쇄되어 있던 일제 식민통치기간 중 교육과 종교운동을 통해 민족의 미래에 투자해온 자신의

---

구자 장면](왜관: 분도출판사, 1999)을 찾아 볼 수 있다.
　이용원의 장면 평가는 다음과 같다. "장면은 현실에서 실패한 정치가일는지 모른다. 그렇지만 그는 단군이래 처음으로 국민에게 민주주의를 선사했다. 그 때 체험한 민주주의는 한 세대 동안 지속된 군부독재 아래서 국민들에게 위로와 희망을 주는 정신적 지주로 작용했다. 우리 사회에 민주주의가 정착된 지금 장면은 한국민에게 민주주의를 가르쳐준 '위대한 敎師'로서 기억되어야 마땅하다. 역사 속에서 그는 결국 승리했다." 이용원, 같은책, 270면.
22) 柳永益, [解放의 역사적 의의], {韓國史市民講座} 12(1993), 2, 13면.

512

개인적 역량을 정치와 외교 일선에서 조국과 민족에게 되돌리는 전환점이기도 했다. 당시 그는 "우리 민족의 최대 당면과제는 정치적으로 조국의 완전 독립이며, 경제적으로는 자주자립의 확립, 그리고 문화와 교육정책의 강화라는 점을 당면한 과제로 판단"하였고, 이러한 정세 인식을 바탕으로 1946년 2월 노기남 대주교의 추천을 받아 천주교 대표로 미군정 자문기관인 民主議院 의원에, 그리고 동년 12월 立法議院의 의원으로 지명된 이후 "주로 좌익과의 투쟁, 군정당국과의 절충, 미·소공동위원회에 대한 정책 수립" 등에 여념이 없었으며,23) 1948년 5월 10일 총선거에 무소속으로 종로 을구에서 출마하여 입후보자 9명중 23,188표로 총 투표수의 5할 이상을 획득하여 制憲國會 의원으로 당선되었다.24)

장면의 정계진출에 있어 "가톨릭적 배경과 영어실력"은 이를 가능케 한 중요한 요인임에 틀림없다. 그러나 보다 중요한 결정적 요인은 조국의 복음화를 통해 국가의 공산화를 막고 민주화를 도모해야 한다는 그의 뚜렷한 소명의식에서 찾을 수 있으며, 이는 다음의 인용문에 잘 나타난다.25)

오늘의 세계를 소란스럽게 하는 가장 중요한 싸움은 '자유에 대한 압제에 대한' 싸움이다. 이 압제는 여러 모로의 가면을 쓰고 인간에 대한 공격을 정당화하기 위하여 그릇된 철학을 지지하고 있다. 무신론자들은 세계를 제 것으로 만들려고 끊임없이 활동하고 있는데, 많은 성실한 사람들은 그 해로운 적의 행동을 슬퍼할 뿐, 이와 저항하기 위하여 하는 일이 없다. 우리의 나날의 생활은 크게 정부의 행동에 의존하는 것이다. 그럼에도 불구하고 많은 사람들은 정치에 충분한 관심을 가지지 않을 뿐 아니라, 불리한 사정으로 하여 정치에 관여할 수 없으므로 절망에 빠져 있는 것이다. 이러한 무관심과 냉담한 태도가 관리의 타락을 낳는 것이다. …그

---

23) 玄錫虎, [장면: 民主立國의 理想과 現實], 朴有鳳 등편, {現代의 人物}(서울: 良友堂, 1983), 40면.
24) 장면, {(수고)친필연보}, 유족 소장, 54면; 장면, [(특별기고) 내가 걸어 온 길], {希望}(1957. 1), 44~45면.
25) 장면, [우리는 무엇을 해야 할 것인가], 운석기념회 편, 앞의 책, 142~143면.

러니까 정부의 주요한 지위에 앉을 사람을 택하는 것은 몹시 소중한 일이다. 곧 그 지위에 있기 때문에 그것은 양도할 수 없는 하늘이 준 권리를 옹호하기 위하여 그 노력을 집중하고, 종교 및 언론의 자유를 보장하고 국민의 정치적, 사회적, 경제적 생활의 민주적 발달을 도울 수 있는 것이다. 그리하여 비그리스도교국에 있어서 그리스도교 정치가의 구실은 곤란한 것이다. 그는 주로 정치와 사회면에서 많은 장애를 피할 수 없다. 그는 그리스도교 원리를 따라 깊은 지혜와 굽힐 줄 모르는 결심으로 이 장애와 싸워야 한다. 행정 · 입법 · 사법 그 어느 분야든, 정부의 지위를 가지고 있는 사람이 아니라면 아무도 이 거룩한 목적을 위하여 가장 직접적으로 그 권위를 행사할 수 없다. 정당에서 지도하는 자리를 차지하는 그리스도교도도 정당의 정책에 그리스도교 원리를 침투시키고, 정부에게 그 실시를 촉구함으로써 나라에 영향을 줄 수 있는 것이다.  이 사명은 일반 국민의 적극적인 협력으로 크게 촉진될 수 있다. 국민은 큰소리로 지방 관리와 입법자에게 자기의 여론을 듣도록 해야 한다. 모든 이는 지방과 국민의 선거에 적극적으로 참여하고, 시민 단체에 참가하고, 개인과 국민의 권리를 유지하기 위해 활동해야 한다.

이와 같이 그는 가톨릭 정치가로서 자신에게 맡겨진 소임을 소련 주도하의 공산주의 침투 저지와 인권의 옹호 및 민주주의 제도의 정착을 돕는데 있다고 보았다. 이러한 그의 소명의식이 단순한 口頭禪이 아니었음은 주지의 사실이다. 왜냐하면 그는 이미 입법의원 시절 사창제도를 폐지시키는 입법을 제안 · 통과시킨 바 있었다.26) 또한 그는 헌법 제정시에도 자신의 소명의식과 국회의원 입후보 시에 내건 정견에 따라 공산주의의 침투를 막고 천부의 인권을 옹호하기 위한 두 개의 제도— "개체 생명 보전을 위한 私有權 제도"와 "혼인의 신성성"을 토대로 한

---

26) 이 점은 장면의 다음 회고를 통해 알 수 있다. "군정청의 입법기관으로 관선 50명 민선 50명으로 구성. 관선의원으로 피임. 관선의원의 대다수는 임정요인 기타정객들로서 대개가 우경사상을 가졌고 민선은 대체로 좌익인사들로서 벽두부터 사상대립으로 격돌. 나는 관선이면서도 민선 우익인사들과 시종 동조하여 반탁, 대북협상반대운동을 추진함. 나의 발의로 國大案 및 私娼 폐지안을 통과시켰음. 장면, [(수고) 회고록 초안], 유족 소장.

514

"종족보유를 위한 가족제도"—의 "영구적 실현을 위한 국가의 도적적 의무"와 "언론 자유"의 보장을 규정하는 법조문의 채택을 주장했다.27) 이러한 그의 노력으로 제헌 헌법에는 모든 국민은 사유재산권의 보호와 혼인의 순결과 가정의 건강에 관해 국가의 특별한 보호를 받는다는 법조문이 규정되었으며, 특히 "혼인의 순결과 보호"에 관한 법조문은 종래 사회적으로 용인되던 蓄妾制를 소멸시키고 여권의 신장과 함께 가정과 사회의 건전화를 이루는 도덕적 기반을 닦는데 크게 기여하였다.28)

이와 같이 그는 해방후 미군정이 구성한 민주의원과 입법의원에 참여하고 제헌국회 의원에 당선됨으로써 정계에 몸을 담았다. 이를 계기로 그는 미국식 자유민주주의의 주권재민 사상과 헌법·선거·정당·의회 등 대의민주주의 사상이 보급되던 해방 공간에서 자유민주주의 정치이념과 제도의 보편화 작업에 적극 참여하였으며, 특히 헌법에 국가가 결혼과 가정의 순수성을 보호해야할 의무를 규정하는 등 인권의 신장과 사회의 도덕적 기반을 다지는데 크게 기여하였다.

## (2) 제3차 유엔총회 파견 수석대표로서의 활동

1948년 6월 25일 유엔한국임시위원단은 "한국 인구의 거의 3분지 2

---

27) 장면이 제헌국회의원 입후보 시에 내건 "정견 대강"에 들어 있는 총 16개항의 政見 중 눈에 띠는 내용은 "도의에 입각한 민주국가 건설," "국제협조," "국가적 종합계획에 다른 산업구조 조정," "농지의 농민 귀속," "대일배상의 즉시 요구," "종교를 통한 도의 재건," 그리고 "여성의 사회적 지위 향상" 등이다. 이러한 정견은 그의 일관된 정치사상으로 그는 이를 자신의 정치생활 전 기간에 걸쳐 꾸준히 실천하려 노력하였다. 허동현, 앞의 책, 72~73면.

28) 장면, [사유재산권과 혼인의 신성성 보호를 국가의 의무로 규정한 법제정 취지문 초안], 유족 소장. 총 7쪽 분량의 수필 초고인 이 문서의 내용은 소유권과 혼인, 勞資간의 문제 등에 관해 가톨릭 정신에 입각해 전개한 마르크스주의적 입장에 대한 반론이 주된 골자이다. 이러한 그의 활동을 높이 평가한 모교 맨해탄 대학과 포담(Fordam)대학은 1948년과 1950년에 각각 그에게 명예 법학박사학위를 수여한 바 있다. 허동현, 위의 책, 73~74면.

이상이 거주하며, 위원단이 접근할 수 있었던 한국 내 지역에서 선거권자의 자유의사를 유효하게 표현한 1948년 5월 10일의 투표결과"를 선언하였다. 1948년 7월 12일 국회에서 헌법이 채택되었고, 7월 20일에는 대통령에 李承晩, 부통령에 李始榮이 선출되었으며, 8월 15일 초대 대통령의 취임과 함께 대한민국 정부 수립이 전세계에 공표되었다. 한편 9월 3일 북한정부의 수립도 선포되었다.29) 근대 국민국가는 민족을 단위로 형성되는 것이 이상적이지만, 현실적으로 남북한 두 개의 정부가 들어섬으로써 국제적 승인의 획득 여하가 국가 생존을 위한 최우선의 과제로 부상하게 되었다. 유엔총회는 대한민국을 3차 회기에 참석하도록 초청하였으며, 국회 외무위원회에 소속이었던 장면은 제3차 유엔총회 파견 수석대표로 선출되어 대한민국 정부의 승인을 12월 8일 정치위원회에서, 그리고 12일 총회에서 획득하는 괄목할 만한 외교적 성과를 일구어 내었다.30)


## (3) 초대 주미대사로서의 활약


미국은 조선왕조가 최초로 그 문호를 개방한 서구 국가로서 1882년 조미수호통상조약을 체결한 이래 서구제국 중 한국과 가장 긴밀한 외교관계를 맺고 있는 나라이다. 그러나 오늘을 사는 한국인들은 두 개의 상충하는 눈으로 미국을 보고 있다. 하나는 호의적인 시각으로 세계 제2차 대전 이후 일제를 몰아내고 해방을 가져다 준 세계 최강의 문명국이자 우리의 이해를 대변하는 최대의 "우방"으로 보는 것이고, 다른 하나는 우리 민족의 주체적 역사발전을 왜곡하는 제국주의적 패권국가로

---

29) 유태호, [국제연합의 대한민국 승인과 장면의 역할], "운석 장면선생 탄신 백주년 기념 학술회의 발표논문", 30면.
30) 장면, [(특별기고) 내가 걸어 온 길], 45면; 장면, [(韓國의 恩人) 덜레스씨를 추억한다: 상] [조선일보]1959. 6. 1.; 서울신문 특별취재팀, [韓國外交秘錄] (서울: 서울신문사, 1984), 99면.

인식하는 것이다. 해방 후 특히 6·25전쟁 이후 남한에서는 전자에 속하는 대미인식이 주류를 이루고 있었다.31)

장면의 경우 전자에 속하는 시각으로 미국을 보고 미국과의 관계를 발전시키는 데 커다란 공헌을 한 초대 주미대사이다. 대사로서 그의 업적을 평가하는 데 있어 전제가 되는 것은 해방 후 1950년대에 이르는 시기의 우리 역사를 어떤 눈으로 보느냐에 따라 그 평가가 달라진다. 즉, 해방전후의 현대사를 해방을 기해 남북한에 각각 친미 보수정권과 친소 공산정권이 대두하여 우리 민족의 주체적 역사 발전의 기회를 압살해 버린 암울했던 역사로 보거나, 남한의 경우 분단의 고착화를 배경으로 우익 독재정권이 반공을 내세우면서 그 기득권을 확대해 나가는 한편 대외적으로 미국의 종속국가로 전락해간 시기라고 본다면, 그의 역할은 비극의 민족사를 이끈 주역 중에 한 명일 것이다.32)

그러나 이 시기를 "퇴영·침체·좌절의 늪이 아니고 한국인이 자유·평등·민주주의 등 보편적 이상을 향해 전진을 재촉"했던 시기로 보는 발전적 입장에서 조망할 때, 그리고 당시의 한미관계를 "후원자와 수혜자," "침략자와 피침략자," 혹은 "가해자와 피해자"의 관계로 보는 극단적 입장, 즉 한미관계가 미국의 일방적인 이익만을 위해 전개된 것이라는 시각을 탈피할 때 그가 주미대사로서 이룩한 업적에 대한 평가는 달라진다.33) 즉 당시의 한미관계가 미국 측의 일방적인 전략적·경제적 이해타산만이 아니라 우리의 필요에 의한 미국과의 유대 강화와 이를 통한 우리 국익의 실현이라는 관점에서 한미관계사를 본다면, 그는 미국과의 긴밀한 유대를 쌓고 이를 이용하여 역사상 최초로 "서구중심 세

---

31) 유영익, [통시기적으로 본 대미인식], {한국인의 대미인식}(서울: 민음사, 1994), 279~280면.

32) 해방 이후 한국의 현대사를 발전적 입장에서 조망해야 할 필요성을 제기한 연구로는, 유영익, [1950年代를 보는 하나의 시각—南韓의 變化를 중심으로], {韓國現代史論}(서울: 一潮閣, 1992), 226~265면.

33) 유영익, 위의 글, 229~234면.

계질서" 속에 본격적으로 진출하는데 있어, 남한의 자유민주주의 체제를 지키는데 있어 결정적인 외교활동을 전개한 최대의 공헌자로 평가할 수 있다. 이러한 관점에서 그의 업적을 평가하면, 그 공적은 다음과 같은 것을 꼽을 수 있다.34)

첫째, 그는 덜레스 등 미 정부인사들과의 긴밀한 유대를 바탕으로 미국의 영향력을 이용하여 신생 대한민국에 대한 유엔의 승인을 비롯한 미국주재 각국 대사관의 접촉을 통해 33개국의 개별적 승인을 얻어냄으로서, 조선시대이래 "은자의 나라"로 알려진 폐쇄성을 극복하고 유엔 등 국제무대에 본격적으로 진출하는 초석을 쌓았다.

둘째, 그는 한국에 대한 인식이 전무하다시피 한 미 정부인사에 대한 외교 활동과 함께 미 국민들을 대상으로 한 순회 강연과 언론매체 등을 통한 한국 알리기 작업에 매진함으로서, 미국 내에 호의적 한국관이 형성되게 하는 계기를 마련하였다.

셋째, 그는 남북한간의 군사적 불균형이 야기할 국방상의 문제를 해결하기 위해 나토에 필적하는 "태평양 동맹"과 같은 집단안보체제의 도입을 구상하고 이의 실현을 도모한 바 있으며, 불의의 6·25전쟁을 맞아 미국과 유엔에 대한 외교활동을 통해 미군과 16개 유엔 회원국의 참전을 이끌어냄으로서 풍전등화와 같던 조국의 자유민주주의 체제를 지키는데 기여하였다.

이 밖에도 그는 제3차 유엔총회 파견 수석대표나 주미대사 등의 국제적 외교활동을 통해 1951년 이후 그가 본격적으로 전개한 정치활동에 있어 유용하게 활용될 자산들—국제적 외교활동 경험, 미 정부 인사들을 비롯한 외국인사들과의 유대관계, 그가 거둔 공적에 대한 국내의 좋은 평판 등—을 얻는 부수적 성과도 거두게 되었다.

---

34) 허동현, 앞의 책, 84~105면.

## (4) 제2대 국무총리 취임과 이승만 정권과의 결별

장면은 주미대사로 근무 중이던 1950년 11월 23일 제2대 국회에서 148대 6표라는 압도적 지지로 제2대 국무총리로 인준·통과되었다. 그러나 그는 중국의 6·25전쟁 개입이라는 새로운 국면이 전개됨에 따라 대 유엔 업무를 수행하느라고 귀국을 늦추었으며, 1·4후퇴이후 정부가 부산으로 옮긴 뒤인 1951년 1월 28일 귀국해 2월 3일 국무총리에 취임하였다.[35] 왜 이승만대통령은 그를 국무총리로 임명해 국내로 불러들이려 했을까? 그 이유는 당시 이대통령이 처해있던 대내외적인 정치위기에서 찾을 수 있다. 당시 이 대통령은 종종 미국의 정책에 순응하지 않고 독자노선을 취함으로써 미국과 마찰을 빚었으며, 독재와 실정으로 인해 국회와도 큰 마찰을 빚고 있었다. 특히 제2대 국회는 1950년 6월 19일 개원한지 6일만에 6·25전쟁을 맞아 이 대통령의 "서울 사수" 담화를 믿었다가 사망이나 납북된 의원이 35명에 이를 정도로 큰 피해를 입은 이래 이대통령의 기만적 정치행위와 독재화 경향에 반발하는 반이승만 세력이 주류를 이루고 있었다.[36] 사실 이 대통령은 초대 총리인 李範奭이 1950년 4월 3일 사임한 뒤 李允榮·申性模를 잇달아 총리에 지명한 바 있었지만, 국회의 인준을 얻지 못하고 있었다. 따라서 이대통령은 주미대사 등의 외교활동으로 미국과 국내 모두에서 호평을 받고 있던 장면을 국무총리에 임명함으로서 정치적 위기상황을 모면하려 한 것이었다.

국무총리로서 장면에게는 국회와 대통령 사이의 갈등을 봉합하는 중재자의 역할이 주어졌다. 그러나 그의 노력은 이승만 정권의 도덕적 타락과 부패로 인해 잇따라 터져 나오는 불미스러운 사건으로 인해 물거품으로 돌아가 버리곤 했다.[37] 그가 지적하는 불미스러운 사건이란 총

---

35) 장면, {친필연보}, 70~71면.
36) 이용원, 앞의 책, 94면.

리 취임 직후에 연이어 벌어진 國民防衛軍사건과 거창 양민 학살사건을 말하며, 이 두 사건은 이승만 정권의 도덕적 타락과 행정적 무능이 얼마나 심각한 수준에 도달해 있었는가를 여실히 대변한다.[38]

사실 장면의 정치노선의 핵심은 공산주의에 맞서 자유민주주의 체제를 지키는 데 두어져 있었기 때문에 국무총리 취임 전까지 반공정책과 민주주의를 표방한 이 대통령과 갈등을 빚을 이유가 없었다. 그러나 그는 자신이 몸담고 있는 정권에 의해 전대미문의 부패와 무능과 비민주적 행위가 자행되는 것을 목도하면서 자신의 역할에 대해 회의하기 시작하였다. 장면은 국민방위군 사건을 맞아 이 제도의 존폐를 놓고 논란이 거듭되자, "정부와 여러 국회 간부들과 협의하여 1951년 3월 19일에는 장정들을 귀향시키기로 결정하였고, 4월 30일에는 국민 방위군을 폐지시키는 결의안을 국회에서 통과시켰으며, 5월 12일에 이 법령을 공포"하는 등 최선을 다해 잘못을 시정하려 하였지만, 그는 거창 양민 학살사건의 장본인인 金宗源을 이 대통령이 처벌은커녕 오히려 승진을 시켜주는 등 거듭된 실정과 독선으로 도덕적 타락과 비민주적 정치 행위를 계속하자 더욱 극심한 갈등을 느끼게 되었다.[39]

당시 국회의원들 사이에서는 이대통령의 독선적 행위가 꼬리를 물고 계속되자 이승만 제거를 위한 논의들과 차기 대통령으로 장면을 추대하려는 움직임이 대두하기 시작하였다.[40] 장면은 1951년 이승만의 관제 외생 정당인 자유당이 등장하고 자유당 정권의 독재화에 대항하기 위하여 야당인 민주국민당을 중심으로 반대세력이 규합되면서 그 상징 인물로 부상하였다. 그러나 이들의 계획은 1952년 7월 4일 이대통령이 자신

---

37) 장면, [인생 회고록], 운석기념회 편, 앞의 책, 40~41면.

38) 유영익, 앞의 글, 235면.

39) 장면, [인생 회고록], 운석기념회 편, 앞의 책, 41면.

40) 오위영, 앞의 글, 운석기념회 편, 위의 책, 373면; 곽상훈, [자유의 고귀한 시련], 같은 책. 318 면; 鮮于宗源, {激浪 80年}(서울: 인물연구소, 1998), 145~161면.

520

의 정권연장을 목적으로 대통령 직선제를 규정한 '발췌개헌안'을 통과
시킴으로써 무산되고 말았다. 그의 {친필연보}를 보면, 계엄령이 선포된
1952년 5월 25일자에는 "국회에서 기어이 이대통령을 배제하고 나를 선
출하려는 의원수가 재적 3분지 2를 거의 초과하게 되므로 이를 번복하
기 위하여 일대 정치파동을 연출," 26일자에는 "소위 '國體 변혁사건'이
라 하여 백주에 국회의원을 체포 감금하고 공포 분위기를 조성," 6월
11일자에는 "白骨團 등 천여명이 의사당을 포위하고 국회해산을 강요,"
그리고 7월 4일자에는 "삼엄한 총검 진압 하에 국회의원들이 의사당에
'안내'되어 장택상이 안출한 소위 '발췌개헌안'을 무수정 기립투표로 통
과시키다. 찬성의원 163명 재석의원 166명"이라고 기록되어 있다.41) 이
와 같이 이승만 정권이 독재화의 길로 일로 매진하자 자유민주주의 신
봉자였던 장면은 이 때부터 이승만 정권과 자유당 독재에 대항하는 비
판 및 저항활동을 꾸준히 전개함으로서, 진정한 대의 민주주의 정치의
수립을 지향·추진해 나가는 "민주투사"의 길을 걸어 나갔다. 다음은
그가 {신경향}이란 잡지에 기고한 "하야 유감"이란 제하의 총리 사임의
辯.42)

　　재작년 의외에도 국무총리의 중임을 받고 귀국한 이래 戰禍로 폐허화
한 우리 강산과 처참한 생활고에 허덕이는 우리 동포들의 고민상과 정국
의 혼돈을 목도하고 어떻게 해서든지 이 난국을 타개하여 보고자 자기 딴
엔 熱情을 있는 대로 기우려 노력도 하여 보았으나 원래가 불초한 인간이
라 여러 가지 곤란한 현실도 있고 하여 드디어 아무런 볼만한 업적을 남
기지 못하고 직을 사하게 된 것을 국민 앞에 재삼 深謝하는 바이다. …이
민주과업의 완성은 일조일석에 성취되기는 어려울 것이다. 그러나 적어도
우리 헌법에 제정된 모든 기본인권의 존중으로부터 기초를 닦아 훌륭한
민주전당의 완성을 기하여야 할 것이다. …진정한 민주주의란 건실한 도

---

41) 장면, {친필연보}, 79~80면.
42) 장면, [하야유감], {新京鄕}4-1(1952), 21면.

의에 입각한 책임행위로서만 실현될 수 있는 것이므로 이 도의심과 책임
성이 결여한 이상은 어떠한 사회제도와 정치체제도, 하등성과를 거두지
못할 것이다. 나라가 명랑하게 민주화되자면 국민의 진정한 의사가 그대
로 국회와 정부에 반영되어, 입법과 행정 면에 실현되어야 하며, 국회와
정부는 국민 앞에 절대 책임을 져야하는 것이다. 이 책임의 소재를 구명
할 수 있는 체제와 실천에 있어서 민주주의는 비로소 의미를 가지게 되는
것이다.

이 글을 통해 그가 말하고자 하는 것은 이 땅에서 문자 그대로 진정
한 자유민주주의의 실현을 희구하며 이를 실천하는 데 필요한 의식을
갖출 것을 강조하고 있지만, 그 이면에는 민주주의를 훼손하는 이승만
정권의 독재化를 경계하는 비판의식이 담겨 있다.

## (5) 민주당 최고위원 피선과 반독재 투쟁의 시작

1952년 8월 이대통령은 발췌개헌에 의해 직선으로 치러진 제2대 대
통령 선거에서 의도한 대로 다시 당선되었다. 이후 이대통령은 외생정
당인 자유당을 중심으로 해 독재의 아성을 더욱더 굳건히 쌓아나가기
시작하면서 종신집권의 포석을 놓고 있었다. 1954년 11월 27일에는 "초
대 대통령에 한하여 重任제한을 철폐한다"는 내용을 골자로 하는 대통
령중심제 개헌안을 사사오입의 논리를 내세워 날치기로 통과시켰다. 이
처럼 이승만 정권의 헌정유린이 자행되자 민국당을 비롯한 보수야당 계
열은 점차 반독재 투쟁을 위해 힘을 합치기 시작하였다. 1955년초 민국
당과 무소속 동지회 소속 의원 60여명이 원내 교섭단체로 "護憲同志會"
를 구성·등록하고 그해 9월 19일 민주당을 창당하기에 이르렀다. 장면
은 정일형·주요한 등 흥사단계, 오위영 등 원내 자유당계, 현석호 등
자유당 탈당파 등이 중심이 된 신진세력 즉, 신파의 중심인물로서, 김성
수·신익희·조병옥 등 구 한민당 계열의 재산가나 구미유학생들이 주

522

축이 된 민국당계열의 인사들과 연합하여 민주당 창당의 중심역할을 수행하였다.43)

민주당의 대표 최고의원에는 신익회가 피선되었으며, 장면은 조병옥, 곽상훈, 백남훈과 함께 최고위원으로 선출되었다. 이들 중 제헌의회 의장을 지낸 신익희와 내무장관을 거친 조병옥은 구파였고, 장면과 국회 부의장인 곽상훈은 신파였다. 당시 민주당이 표방한 정강은 아래와 같았다.44)

1. 일체의 독재주의를 배격하고 민주주의의 발전을 기한다.
2. 공정한 자유선거에 의한 대의정치와 내각책임제의 구현을 기한다.
3. 자유경제원칙 하에 생산을 증강하고 사회정의에 입각한 공정한 분배로서 건전한 국민경제의 발전을 기하며, 특히 농민 노동자 기타 근로대중의 복리향상을 기한다.
4. 민족문화를 육성하며 문화교류를 촉진하여 세계문화의 진전에 공헌함을 기한다.
5. 국력의 신장과 민주우방과의 제휴로써 국토통일과 국제정의의 확립을 기한다.

그리고 이를 실현하기 위한 구체적 방안으로 제시된 것이 26개항의 정책이었다. 이 정책의 골자는 민주주의 정치의 실현, 효율적인 관료제도의 정착, 국가적인 부강의 달성, 국민 소득의 증대, 평등하고 자유로운 사회의 구현, 교육 기회의 확충, 인권의 존중, 국제교류의 활성화 등이었다.

이러한 정강·정책은 장면이 민주당 창당식장에서 한 다음과 같은 연설의 요지와도 일치하는 것이었다. "슬프게도 우리는 정부 수립 후 7년을 지낸 오늘 다시 모여 우리의 헌법이 모독당하였다는 사실을 규탄

---

43) 한근조, [언행일치의 인물], 운석기념회 편, 앞의 책, 462~463면; 곽상훈, 앞의 글, 같은책, 320 ~321면; 윤형중, [다채로운 업적], 같은 책, 416면.
44) 허동현, 앞의 책, 120~121면.

하고 우리의 민주주의적 포부와 이상을 재확인하지 않을 수 없게 되었다. 대한민국을 구하고 우리의 민주주의를 구하기 위해 우리는 일체의 독재를 배격한다고 정강의 서두에 내걸었다. 우리들은 진실한 민주주의를 살려 나가기 위해 공정한 선거와 내각 책임제를 주장하는 것이며, 관료 정치에 반대하고 관권의 남용을 경계하는 것이며, 관권에 의한 경제권의 침해와 이에 수반되는 모든 부패를 배격하는 것이다"라고 연설하였다.[45] 민주당 창당 이후 장면은 1952년 4월 국무총리를 사임한 후 3년간 {경향신문} 고문 등으로 지내온 "재야생활"을 청산하고 자신이 술회하듯이, "이 때부터 나는 진정한 야당인사가 되어 정부를 견제하고 부정 부패를 저지하는 최일선에 서게된" 것이었다.

한국헌정사에서 민주당 창당이 점하는 역사적 의의는 자유당과 민주당이라는 양대 보수정당을 중심으로 교대로 정권을 담당하는 정당정치가 제도화될 가능성을 보였다는 점이다. 물론 민주당은 창당과정에서 曹奉岩으로 대표되는 혁신계의 참여를 배제시켰다는 점에서 보수 우익의 정당임에 틀림없으나, 반공을 국시로 내건 제 1공화국 하에서 좌익 정당은 불법화되었기 때문에 어찌 보면 이것은 불가피한 일이었는지도 모른다. 여하튼 바로 이 점에서 민주당은 자유당과 뚜렷한 정치이념의 차이를 찾을 수 없으며, 이 두 보수정당의 경쟁으로 압축되는 정당정치는 사회·경제정책에서 큰 차이를 보이지 않는다는 점에서 제한적이고 불완전한 형태의 것이기는 하다. 그러나 우리의 헌정사를 돌아볼 때 양대 보수정당 중심의 정당정치의 큰 틀은 아직까지도 유지되고 있는 우리의 특수현상이라는 점에서 이러한 한계가 민주당이 한국 민주주의 발달에 끼친 공적을 貶下하는 이유가 될 수는 없다.[46] 적어도 민주당은 불모지나 다름없던 한국의 민주주의 발전과정에서 민주주의 정신의 보편화와 민주세력의 성장에 공헌하였다는 한 학자의 평가는 설득력이 있

---

45) 장면, [인생 회고록], 운석기념회 편, 앞의 책, 47면.
46) 유영익, 앞의 글, 236~239면.

524

다고 본다.[47]

　　비록 정권에 도전할 정도의 체계는 갖추지 못하였다손 치더라도 민주
주의 실현을 요구하는 민주당의 부단한 주장과 이를 통한 지지기반의 확
대가 한국민주주의 발전에 끼친 공적을 과소 평가할 수 없다는 점을 지적
하지 않을 수 없다. 즉, 민주당은 그들의 정책을 민주주의의 실현에 집중
시키고 계속 구체적인 사건과 정치현상에 관련시켜 언급함으로써 초기에
추상적이고 가공적이던 민주주의 개념이 차츰 일반국민에게 구체적인 의
미를 지닌 채 이해되기 시작하였다. 이로써 민주당은 국민에 대한 민주주
의 계몽과 보급이라는 정당으로서의 기능을 어느 정도 평가받을 수 있게
되었다고 보아도 무방할 것이다. 또한 민주당이 안정되고 제도화된 권력
행사를 요구하는 계몽된 도시 중산층을 그 지지기반으로 삼고 이를 차츰
확대해 나감으로써 민주세력의 성장을 촉진한 점 역시 민주주의 발전에
대한 공헌의 하나로 평가할 수 있을 것이다.

## (6) 부통령 당선과 반독재 투쟁의 본격화

　　장면이 회고하듯이, 민주당은 "사사오입 사건이래 격분한 재야정치인
들과 장시일간 협의한 후 강력한 야당을 창건하기로 합의"함에 따라 발
족된 것이었다.[48] 이처럼 "강력한 야당"의 등장과 함께 국민의 정치의
식 수준이 높아지고 의정도 활성화되면서 자유당 독주를 견제하는 민주
당의 활동은 전국민적 지지를 얻게되었으며, 이에 따라 한국에서 정책
대결을 통한 국민의 심판을 받아 정권을 얻는 정당정치가 구현될 가능
성을 보여주었다. 일례로 창당 1년밖에 안된 신생 정당인 민주당은
1956년 제 3대 정·부통령 선거에서 대통령 후보 신익희의 사망에도 불
구하고 장면이 자유당 후보 李起鵬에 대해 승리를 거둔 것은 그 구체적

---

47) 백운선, [민주당과 자유당의 정치이념 논쟁], 진덕규·한배호 등, {1950년대
　　의 인식}(서울: 한길사, 1981), 124면.
48) 장면, [회고록 초안].

사례일 것이다.

그러면 장면이 부통령 당선에 이르는 과정을 살펴보자. 1956년 3월 29일자 {동아일보}에는 "978명의 대의원이 참석한 가운데 28일 상오 市公館에서 거행된 민주당 정부통령 후보 지명대회에서는 대통령 후보에 신익희씨 부통령 후보에 장면씨를 무기명 連記 투표로서 지명 결정하였다. 그런데 이날 실시된 민주당 정·부통령 후보 지명투표는 총투표수의 과반수이상을 획득한 후보를 지명후보로 결정한다는 원칙 하에 진행되었다. 이날 대회에서 주목을 집중한 사실은 정·부통령 後補에 지명된 신·장 양씨가 同黨이 공약한 정강정책은 물론 특히 '내각책임제의 구현 및 국민 생활의 안정을 위해서 전력을 경주할 것'을 엄숙히 전대의원 앞에서 서약하였다는 점이다"라고 特筆하고 있다. 이 보도 내용에서 주목되는 점 중 하나는 민주당이 민주주의 정치의 기본 운영원칙인 공정하고 자유로운 정치경쟁의 실현장치로서 선거제도를 당론 결정과정에서도 관철하고 있다는 점이며, 다른 하나는 민주당이 대의원의 투표라는 민주적 절차에 의해 선출된 후보자를 내세우되 정강과 정책의 제시를 통해 국민의 심판을 받으려는 정당정치를 지향하고 있다는 점이다.

그러면 장면은 당시 국민들에게 민주당의 부통령 후보로서 어떠한 정책을 제시했을까? 당시 한 신문사에서는 입후보자들에게 3개항의 설문을 주고 이에 답한 바를 보도한 바 있다. 설문은 이러했다. "(1) 귀하는 왜 대통령 혹은 부통령으로 입후보하는가. (2) 귀하는 우리사회의 정치적·경제적 현실을 어떻게 보는가 (3) 만약 귀하가 당선된다면 우리 국가나 국민이 처하여 있는 현실을 어떻게 개선하려는가. ①정치 ②경제 ③외교 ④국방 ⑤내치" 이 설문에 대한 장면의 답변은 아래와 같았다.[49]

과거 8년간 이박사 집권으로 인하여 정치적으로는 일인정치 내지 일당

---

49) 장면, [立候補者의 抱負: 나는 이렇게 하련다], {東亞日報}, 1956년 4월 15일자.

독재로서 헌법을 위반하는 일이 다반사로 되었고 自家의 집권을 장구화 하기 위해서는 정치파동과 사사오입 개헌 등을 거리낌없이 자행하여 헌 정의 정신을 유린하고, 민족의 양심을 마비시켜 버렸다. 그리해서 안으로 는 국민을 혼란과 거짓과 절망 속에 빠트리게 하였고, 밖으로는 국가위신 과 민주우방의 신뢰를 떨어뜨렸다. 경제적으로는 조변석개하는 정책의 무 정견과 국가의 경제권을 非法的으로 독점하는 소수관료, 특권계급을 조성 하는 반면에 대다수의 국민대중은 무한한 고통과 불안에 헤매게 하고 있 다. 이때에 이것을 교정하여 일대 혁신정치를 행하지 아니하고서는 민주 국가의 기초가 확립되지 못할 뿐만 아니라 국민생활 및 국가 경제가 송두 리째 파탄되고야 말 것이다. 우리는 8년이란 긴 세월을 두고 이박사의 英 斷的인 개혁으로 정치·경제의 신국면이 타개될 것을 기대하여 왔으나 날이 갈수록 위헌과 비법과 부패는 심하여가고 있으니 이제 와서는 이박 사는 혁신적인 정치를 행할 능력이 없다고 인정할 수밖에 없음으로 이번 정부통령 改選期를 당하여 정권을 교체하여서 정치의 혁신을 단행하는 것 이외에 아무 도리가 없는 것으로 확신하게 되었다. 내가 민주당의 공 천을 얻어 평소에 나를 아껴주고 편달하여 주는 동지들의 勸에 의하여 부 통령에 출마 할 것을 결심 한 것은 다름 아닌 정치 혁신의 의욕과 포부에 서이다. ① 만일 내가 당선된다면 정치면에 있어서는 민주당의 당론에 따 라 內閣責任制로 개헌함으로써 국회에 대하여 정치책임을 지는 의회내각 을 조직하는 동시에 먼저 인권을 옹호하며 자유분위기를 보장하는데 특 별히 주력할 것이며 이리하여 국민들이 부드러운 공기 속에서 보람있는 삶을 영위할 수 있도록 최선의 노력을 하고자한다. 한편 현재 관권에 부 당히 이용 지배당하고 있는 농민회, 어민회, 부인회, 국민회, 노동조합, 협 동조합, 재향군인회, 학도호국단 등 모든 민간단체들을 관권의 지배로부 터 해방시켜 각자의 자주적 입장에서 진정한 민주적 발전을 圖할 수 있도 록 하고자 한다. 그리고 금후의 모든 급의 선거에 있어서 관권의 간섭을 일체 배제하고 자유분위기를 확보하며 경찰 기타 공무원의 엄정중립을 지킬 수 있는 제도를 확립하겠다. 이것은 과거에 우리가 그러한 간섭과 압력에 쓰라린 체험을 가졌기 때문만이 아니라 실로 자유롭고 공정한 선 거는 이 나라를 데모크라시의 낙원으로 만드는데 기본적인 요소가 되는 것이기 때문이다. ② 경제에 있어서는 첫째로 관료독점을 타파하는 것이 다. 금융기관 歸屬사업 특수회사 등을 지배하는 관권을 청산하고 민간자 유기업을 조장·육성하여 허가·인가 등의 제도를 가능한 최대한도로 철폐하고 인정과세 폐지 기타 세제를 혁신하여 산업의 자주적 발전을 조장할 것이다. 정부는 경제에 관하여 총합적인 계획의 울타리 안에서는 모든 국민 즉 기업가나 근로자나 최대의 자유와 창의를 가지고 활동할 수 있게 하여야 할 것이며 한편 노동자와 농민의 자발적인 이익옹호와 단체행동을 조장하는 동시에 국민소득이 일부특권계급의 壟斷하는바 됨이 없도록 이에 주력할 것이다. ③ 외교에 있어서는 현재의 고립적 경향을 시정하여 모든 민주우방과의 친선과 협력을 증대하며 특히 국제연합과의 연계를 원활히 해서 북한 동포를 공산압제정치에서 해방시키기 위한 자유세계 전체의 단결력과 정치력을 강화하는데 우리들이 이니시어티브를 취할 수 있도록 노력할 것이다. ④ 국방에 있어서는 정병주의를 목표로 훈련을 강화하고 화력을 현대화하며 병무행정에 절대공정을 확보함으로써 장정의 입영기간을 단축하는 반면에 질적향상을 圖할 것이다. 특히 일반 사병의 대우와 급식을 개선하여 사기를 앙양시키며 또한 하급장교와 하사관등 직업군인의 최저생활을 보장하여 後顧의 염려 없이 군무에 服할 수 있게 주력할 것이다. ⑤ 기타 내치에 있어서 무엇보다도 국민의 교양을 높이고, 품성을 향상시키는 것이 민주주의 향상의 근본이므로 의무교육과 성인교육의 확충에 주력할 것이요, 예술·학술·기타문화면에 있어서 助成정책을 적극적으로 추진 할 것이다. 그리고 종교 방면에 있어서는 쓸데없는 간섭을 배분하고 신앙의 자유를 절대로 보장 할 것이다.

　그 밖에 내가 생각하고 있는 것은 지면관계로 일일이 나열할 수 없으나 요컨대 본인은 부패된 관료정치를 근본적으로 혁신함을 당면 목표로 하고 진정한 자유와 민주의 토대를 마련하는데 온갖 희생과 노력을 아끼지 않을 것이다. 이리하여 현재의 국민들의 고통을 덜고 나아가서는 後進 청년들에게 보람있는 민주정치의 가치와 전통을 물려주려는 것이 나의 丹心이다.


이 장문의 입후보자의 변은 장면의 현실인식과 정책의 골자가 무엇인지를 잘 웅변해준다. 먼저 그의 현실인식은 당시 한국은 일인 장기 집권을 위한 헌정질서의 파괴와 경제적 독점의 심화로 인해 민주국가의 기틀이 흔들리고 국가경제가 파탄된 상태이나 현 정권에게서는 개혁을 바랄 수 없기 때문에 정권의 교체와 새로운 정책의 시행이 불가피하다는 것이다. 다음으로 그가 제시한 정책의 주 내용은, 정치면에서는 일인 장기집권의 저지를 위한 방안으로 당론인 내각책임제 개헌과 함께 "자유롭고 공정한" 선거의 보장을 위협하는 요소를 제거하는데, 경제면에서는 관권의 개입에 따른 부의 독점을 막아 민간 자율의 시장 경제체제의 발전을 도모하는데, 외교면에서는 고립탈피를 위한 유엔과 서방 제국에 대한 외교 역량 강화와 국제적 협력을 증진하는데, 국방면에서는 복무기간의 단축과 장비의 현대화 및 처우개선을 통해 군사력의 질적 향상을 이루는데, 그리고 내정면에서는 민주주의 실현의 요체인 국민의식 수준의 향상을 위한 교육과 문화 예술부분을 육성하는데 초점이 맞추어져 있다. 한마디로 그가 제시한 정책은 민주주의 체제의 확립을 위한 정치·경제적 토대의 준비와 국민의 의식 수준을 향상시키는데 주안점이 두어진 것으로 보인다.

이처럼 당시 한국이 처한 정치·경제적 모순에 대한 국민의 정서에 부합하는 현실인식 위에 이를 개혁하기 위한 구체적인 정책 대안을 제시한 민주당의 선거전략은 "못살겠다 가라보자"라는 선거 구호에 함축되어 국민들간에 큰 반향을 불러일으켰다.[50] 신익희 대통령 후보와 장면 부통령 후보의 정견 발표회는 가는 곳마다 대성황을 이룰 정도로 민심을 파고들었다. 이러한 정견발표회라는 대규모 유세를 통해 국민들을 직접 파고드는 민주당의 선거전략이 주효해 커다란 호응이 일자 이에 자극된 자유당 측도 이승만대통령의 유세 계획을 세우는 등 바야흐로 정당정치의 시대가 개막되는 듯 했다. 정책 대결과 선거에 의한 정권교체의 실현을 눈앞에 두고 일어난 신익희 민주당 대통령 후보의 갑작스런 서거는 한국에 있어서의 정당정치의 제도화 기회를 일순에 물거품으로 돌려버렸다. 그러나 민주당은 대통령 후보 없이 부통령 후보만으로 선거를 치루기로 결정하였으며, 민심은 장면의 부통령 당선을 "민주

---

50) 장면, [인생 회고록], 운석기념회 편, 앞의 책, 48면.

주의의 거점 구축"으로 규정한 민주당의 편에 섰다. 5월 15일 실시된 선거에서 장면은 총 득표율 41.7%(4,012,654 표)로 39.6% (3,805,502 표)에 머문 자유당의 이기붕 후보를 20여만표 차로 따돌리고 부통령에 당선되었다.

그의 부통령 당선은 한국 정치사에서 어떠한 의미를 갖는 것인가? 그의 당선은 그가 투표를 통해 국민의 심판을 받아 민주주의의 상징으로 부상하였으며, 나아가 고령의 대통령 유고시 권력 승계자가 됐다는 점에서 중요한 정치적 의미가 있었다. 그러나 바로 이 이유 때문에 이승만 독재정권 하에서 그는 헌법에 의해 규정된 부통령의 지위 즉 參議院 의장과 탄핵재판소 재판장, 및 헌법위원회 위원장으로 행정부를 견제할 수 있는 권한을 행사할 수 있는 길을 원천적으로 봉쇄 당하고 말 그대로 민주주의의 상징으로만 머물 수밖에 없었다.51) 물론 그가 이승만 정권의 탄압 하에 재임 4년간 "유명무실한 허수아비"로만 머문 것은 아니었다. 그는 암살 기도 등 폭력에 굴하지 않고 정부에 대해 지속적인 정책 대안 제시와 비판을 통해 정부의 독주를 견제하는 한편, 야당 지도자로서 민주당을 수권 능력을 갖춘 정당으로 육성하는 중심 역할을 수행함으로써 국민들에게는 무너지지 않는 민주주의의 보루이자 꺼지지 않는 민주주의의 상징적 횃불로서 우뚝 섰던 것이다. 즉 그는 "민주 보루를 사수하기 위한 병사로서의 민권 수호를 위한 한 시민으로서" "민주주의를 위해 생명을 바칠" 각오 하에 국민들이 자신에게 부여한 임무로 다음을 자임했다. "정부의 제 이인자라는 위치에서 국민의 권리옹호를 위해 끝까지 싸우라는 명령임에 틀림없으며, 또 가능한 한에 있어서 李政權의 독재화의 길을 저지하는 국내외 여론의 근원지가 되어달라고 다짐한 것이 분명하였다. 즉 야당을 이끌고 나가는 한 사람으로서 독재정권의 행정부를 견제하는 모든 권한과 능력을 동원하여 정부 내에서의

---

51) 장면, [나의 부통령직 4년], 운석기념회 편, 위의 책, 119~120면.

530

투쟁을 감행하는 유일한 민주근거를 구축해야 한다는 것이었다.”52)

그러면  3·15 부정선거에서  4·19 혁명으로 자유당 정권이 붕괴하기까지 그가 걸어 간 길을 살펴보기로 하자. 먼저 그는 제4대 대통령 선거를 앞두고 간격이 벌어지기 시작한 구파와의 균열이 민주당의 해체로까지 이어지지 않게 하는데 최선을 다했다. 양보와 타협의 미덕은 1959년 10월 26일 열린 민주당 전당대회 석상에서 유감없이 발휘되어 민주정치의 본령을 보여주었다. 이 때 대통령 후보지명 투표의 결과 484대 481의 3표차로 박빙의 리드를 보인 구파의 조병옥이 후보 지명을 수락하지 않으려 하자, 그는 “한표가 더 많아도 조 박사가 다수결로 지명받았으니 수락해야 됩니다. 나는 그것을 조금도 개의치 않으니 협력해서 일합시다. 나는 부통령 입후보 지명을 기꺼이 받겠습니다”라고 하여 타협과 양보라는 민주주의의 진수를 보임으로써 당을 분열의 위기에서 구해냈으며, 그 자신은 대표최고 의원 투표에서 조병옥을 70표차로 제치고 당선되는 명예를 일구어내는 지도력을 발휘하였다.53) 그러나 선거를 통한 국민의 심판을 받아 정권을 교체함으로써 정당정치의 확립을 도모했던 장면과 민주당의 노력은 대통령 후보 조병옥의 급서라는 불상사로 인해 4년 전에 이어 다시 한번 수포로 돌아가 버리고 만다. 민주당은 4년 전 선거와 마찬가지로 대통령 후보 없는 반쪽 짜리 선거를 치러야만 했다. 유세기간 장면에게 보여준 국민적 지지는 자유당 정권을 불안하게 하기에 족한 것이었다. 그러나 개표 결과는 이승만 대통령 후보가 9,633, 376표를, 이기붕 부통령 후보가 8,337,059표를, 그리고 장면이 1,843,758표를 얻어 이승만과 이기붕이 당선되었으며, 선거 당일 3월 15일 밤 부정선거에 분격한 시민들의 분노는 마산에서부터 터져 나오기 시작했다.54) 장면의 회고록 초안에는 취임에서 4·19혁명에 이르는 부

---

52) 장면, 위의 글, 119, 125면.
53) 장면, [인생회고록], 운석기념회 편, 앞의 책, 58면.
54) 장면, {친필 연보}, 118~119면.

통령 시절을 이렇게 묘사한다.55)

> 부통령이라기보다 야당 領袖로 이대통령의 독재와 부패에 대항하여 4
> 년간 활동. 구파에서는 은밀히 자유당과 내통하여 막후타협을 하고 있었
> 으므로 자유당과 싸운 것은 민주당내 신파이었다. 2·4파동—국회의원 감
> 금 만행 등—의사당으로 농성의원 위문 격려한 것이 문제가 되어 경고안
> 이 나오는 등 사건 연발. 포악무도한 이정권과 줄기차게 투쟁해 온 단체
> 는 민주당 하나뿐이었음. 3·15선거, 조[병옥] 박사 급서, 단독 선거유세
> 강행, 자유당의 부정선거 계획을 사전 폭로. 과연 예정대로 부정선거 시
> 행. 민주당 의원들 국회에서 선거 무효를 선언하고 대 시위. 마산 사건 당
> 시 순화동 공관에서 긴급회의 열고 민주당 의원 및 의사 급파. 수난 중의
> 시민을 위안 격려. 서울에서 민주당 의원 및 당원 대 시위. 4·19 학생 시
> 위로 형세 급전. 이 박사의 하야를 촉구하기 위하여 부통령 사임. 이 박사
> 사임. 4·19 혁명은 대학생이 성취한 것이나 그 때까지의 혁명 기초를 마
> 련해 준 것은 민주당의 다년간 투쟁의 성과라는 것을 잊어서는 안 된다.
> 이 모든 투쟁의 참모본부는 순화동 공관이었다.

그러나 부통령 시절 장면은 민주주의를 지키기 위한 최후의 보루를
자처하며 대안 없는 비판과 투쟁을 한 것이 아니었다. 4년간의 부통령
생활 동안 그는 부단히 정책 대안을 개발해 이를 제안함으로서 이 땅에
진정한 민주주의가 실현될 때를 예비하고 있었다. 즉, 제2공화국 총리로
집권했을 당시 표방·실천된 "자유민주주의와 경제 제일주의"의 정책,
구체적으로 다원화된 시민사회의 확립, 효율적 관료제도의 정착, 민간
주도형 경제건설, 국제사회와의 교류 확대 등은 선생의 정치입문 이래
지속적으로 개발·확충된 정책 구상의 산물이었던 것이다. 한국의 정
치·경제·사회 제 방면에 걸친 후진성 극복을 위해 그가 제안한 정책
대안들은 그가 남긴 각종 연설문과 기고 등에서 엿볼 수 있다.

먼저 부통령 당선 직후인 1956년 6월 6일에 발표한 [부통령당선에 감

---

55) 장면, [회고록 초안].

532

격하여 나의 소신을 피력한다]라는 글에서 그는 "경찰의 전횡"과 연속된 "경제적 불안"이 민중의 자유정신을 짓밟고, 자포자기의 타성으로 몰아넣음으로서 민주주의 성장을 방해했다고 전제하고 부통령으로서 자신의 역할이 "抒情의 혁신을 위하여 시시로 대통령께 국민들이 원하는 정책을 제안"하는데 있음을 천명하였다.56) 또한 그는 1956년 8월 15일에 공포한 [부통령취임사]에서 "민주정치의 발전과 기본민권의 수호"를 위한 구체적 실천책으로 "불안으로부터 해방"과 "궁핍에서의 해방"을 강조하였다.57) 나아가 그는 취임 하루 뒤 UP 통신기자와 가진 단독회견에서 이를 다시 한번 확인하면서 "일본과의 관계 정상화"를 천명하였으며,58) 다시 이틀 뒤에 중앙일보와 가진 회견에서 "우리는 인접국인 일본과의 정상적인 대외관계는 시급한 문제이다. 나도 이 대통령이 주장하는 바와 같이 일본이 구보다(久保田) 망언을 취소할 것과 한국내의 재산권을 포기할 것을 중요 골자로 하는 선행조건에 변함이 없으나 국제관계란 어디까지나 이성에 입각한 외교관계이니 만치 과거의 민족적 감정을 일소하고 선린의 우의에 입각하여 국민여론을 통한 대일 우호관계의 촉진을 이룩토록 하여야 될 것이다"라고 하여 이를 재확인 한 바 있다.59) 그가 대일관계의 정상화를 촉구한 이유는 무엇일까? UP 통신과의 회견에서 선생은 "한국인들이 일본 혹은 공산주의에 대하여서 보다도 '불안과 빈곤이라는 두 개의 위기'에 더 관심을 가져야 한다"고 말했고, 이어 "이 나라의 경제조건을 개선하는 것이 한국통일에 대한 제1보가 되어야 한다"고 부언했으며, 이를 위해 "우리는 우리의 모든 국가자원을 동원하고 우호국가들의 경제원조를 유효하게 이용함으로써 가능한 한 조속한 시일 내에 특권계급이 아니라 모든 국민의 생활수준을 향

---

56) 장면, [부통령당선에 감격하여 나의 소신을 피력한다], 운석기념회 편, 앞의 책, 167면.
57) 장면, [장부통령 취임사], {自由日報}, 1956년 8월 15일자.
58) {경향신문}, 1956년 8월 18일자.
59) {중앙}, 1956년 8월 18일자.

상시켜야 한다"고 말하였다. 즉, 그는 "불안" 즉 "공포"로부터의 해방을 위한 민주주의의 실현과 이를 담보할 경제적 번영을 위해 외국 경제원조를 적절히 이용해 국민 생활 수준을 향상시키는 것이 필요하다고 본 것이며, 일본과의 관계 정상화도 경제 성장을 위한 대일 청구권 자금의 활용이 전제되어 있었던 것으로 보인다.[60] 이러한 경제 개발 우선론과 대일관계 정상화론은 당시 이승만 정권의 극단적 반공과 반일정책에 대한 전면적 비판이자 합리적인 정책 대안이었다고 볼 수 있다.

이와 같이 취임 초에 피력된 정책은 민권 수호, 민주주의 실현, 경제성장, 대일관계 정상화를 포함한 국제교류 강화 등이었다. 또한 장면은 1957년 8월 15일에 행한 [부통령 광복절기념 연설]에서도 "선거의 공명성 확립, 사법권의 독립, 공무원의 처우개선" 등을 통한 민주정치의 확립 및 "농촌과 도시의 균등발전, 중소공업의 육성"을 통한 경제성장 방안 같은 정책 대안을 제시한 바 있으며,[61] [민주당부통령후보 지방유세 1(대구)](1960), [민주당부통령후보 지방유세 2(부산)—나의 정치이념 "자유"—](1960) 등을 통해서도 인권 보호와 정치적 자유 보장 및 경제성장과 공정 배분 등의 정책을 제시한 바 있었다.[62]

## (7) 민주주의의 황금시대를 연 제2공화국 국무총리

장면은 부통령 재임기간 현실의 독재정치와 관료 지배하에 왜곡된 경제구조 및 고립적 대외관계를 초래하는 극단의 반공·반일 정책 등을 비판하고 그 대안으로 인권의 옹호, 다원화된 민주사회 건설, 민간 위주의 경제건설과 공정한 배분구조의 정착, 대일관계의 정상화 등에 관한

---

60) 【경향신문】, 1956년 8월 18일자.
61) 장면, [부통령 광복절기념 연설], 운석기념회 편, 앞의 책, 169~173면.
62) 장면, [민주당부통령후보 지방유세 1(대구)], 운석기념회 편, 위의 책, 181~183면; 장면, [민주당부통령후보 지방유세 2(부산)—나의 정치이념 "자유"—], 같은 책, 184~185면

534

제 정책을 제안한 바 있었다. 그가 부통령 시절 입안·제기한 이러한 정책들은 제헌국회 의원 등 정계입문 당초부터 피력한 바 있던 정책들이 보다 발전된 형태로 제기된 것이었으며, 이처럼 무르익은 그의 정치적 이상들은 제2공화국이 발족 이후 실천에 옮겨지게 되었다. 이를 좀더 자세히 살펴보면 다음과 같다.

장면은 1960년 8월 19일 민의원의 인준을 받은 직후 그를 에워싼 기자들에게 발한 첫 성명에서 구정권의 독소 제거를 통한 민주화 방안과 장기 경제개발 계획을 입안 추진할 것임을 공언하였으며, 그 전문은 다음과 같다. "앞으로는 우리가 모두 새 출발해야겠습니다. 새 헌법아래서 새 공화국의 첫 국무총리로 지명된 데 대하여 책임의 중대함을 통감하는 바입니다. 제2공화국의 건설을 위하여 민주당이 내건 선거공약을 실천함으로써 경제를 부흥시키고 구정권의 독소를 제거하는 것이 첫 시급한 일이라고 생각하는 바입니다. 또한 장기 건설계획의 테두리 안에서 최대의 창의력과 기업력을 발휘할 수 있는 건전한 환경을 만들어 주는 것이 제2공화국의 첫째 과업이어야 할 것입니다. 모든 국회의원과 국민은 새 출발을 하여야 할 것이며, 건설력을 최대로 발휘하여 주어야 할 것입니다. 모든 특권과 정실을 배격하고 탄압이나 차별대우를 지양하고 누구나가 다 안심할 수 있어야 하며 누구나가 다 경제 기업에 전력을 다하도록 하여 부흥의 새 출발을 하도록 하는 것이 제2공화국의 임무라고 생각합니다."63)

또한 그는 인준 다음날인 20일 반도호텔에서 열린 중앙청 출입기자단과의 기자회견에서 경제제일주의 정책 성공에 관건이 되는 재원조달 방안과 국민들이 공포로부터 해방될 수 있는 구체적 민주화 방안을 제시함으로써 이를 거듭 확인하였다. 그 요체는 다음과 같다.64)

---

63) 〔한국일보〕, 1960년 8월 20일자.
64) 〔경향신문〕, 1960년 8월 20일자.

① 경찰중립화 문제 : "경찰은 반드시 중립화시켜야한다는 것이 나의 오랫동안의 신념이고 민주당이 내세운 공약이었다. 신 국회에 경찰중립화 방안을 내겠다. 이것은 신 정부의 임무인 것이다.

② 직업공무원제도 : 즉각 실현될 수는 없으나 그 방향으로 나갈 생각이다. 정권이 교체될 때마다 공무원이 갈려서는 안 된다.

③ 경제위기 극복책 : 미국의 經援이 감소된다는 것은 신생국이 저마다 미국 원조를 기대하고 있기 때문에 기성국가에 주는 원조를 조금씩 삭감하여 이러한 국가에 할당하기 때문에 그렇게 되는 것이다. 그러나 한국으로서는 어디까지나 최대의 노력으로 원조복구를 요청할 것이며 과도정부에서도 많이 노력해 왔었다. 앞으로 새 정부가 수립되고 시일이 가면 세금징수도 순조로와 질 것이다.

④ 일본·서독 등과의 경제 유대 : 미국의 원조가 무기한 있으리라고 기대할 수 없기 때문에 원조가 끊어질 때에 대비해야된다. 일본의 경제협조 제의는 아직 구체적 내용을 모르기 때문에  뭐라 말할 수 없으나 구체적 제안이 있으면 검토하겠으며 서독과의 경제유대에도 관심을 기울이고 있다. 대통령 취임 경축식 때 일본 사절단이 온다면 오는 것을 굳이 거절할 생각은 없다.

⑤ 유엔 가입과 통일문제 : 소련이 주장하듯이 북한과 한국이 같이 유엔에 가입할 수는 없다. 대표단을 파견하여 가입토록 노력할 것이며 통일방안은 민주당의 주장을 기초로 하여 거국적인 노력을 기울일 것이다.

그가 이끄는 제2공화국 정부의 정책 방향이 보다 구체적인 형태로 제시된 것이 8월 27일 민의원에서 열린 총리 취임식에서 발표한 시정방침 연설이다. 여기서 제안된 바 정책중 주요 6개항의 정책은 다음과 같다.65)

첫째로, 9월에 유엔 총회가 개최되겠으므로 정부는 유능한 대표단을 파견하여 한국 통일안과 한국의 유엔 가입에 관하여 국제 여론을 환기하겠으며, 통일안에 있어서는 구정권의 태도와는 달리 유엔 자유국가들의 노

---

65) 장면, [국무총리 국회에서의 시정방침 연설 1], 운석기념회 편, 앞의 책, 190~192면.

선과 일치하도록 유엔의 감시 하에 남북을 통한 자유선거에 의하여 통일을 달성한다는 주장을 강조하는 바이다. 한·일 양국간의 외교 관계를 정상화하기 위하여 양국간의 회담을 재개할 것과 재일 교포의 경제적 지원 및 교육에 관한 지도 등을 적극화 할 것과 교포의 자본을 국내에 도입하는 길을 열도록 하는 것이 급선무의 하나라고 생각한다.

둘째로, 제4대 국회에서 심의 미료된 경찰 중립화를 위한 경찰법과 지방자치법 개정 법률안 등의 조속한 통과로 정치적 혁신의 일보 전진을 도모하여야 하겠으며, 인사 행정의 공정화와 관기의 확립 및 집무 능률의 향상 등을 위하여 최선의 노력을 경주하고자 하며, 3부 공무원의 재산 등록 법안의 기초에 착수하였다.

셋째로, 부정선거의 원흉들과 발포 책임자들에 대해서는 공소가 제기되어 있으므로 사법부에서 법과 혁명 정신에 의거하여 엄정한 판결이 내릴 것으로 믿고 있거니와 발포자에 대해서는 앞으로도 색출과 처단에 노력할 것이다. 구정권 하에서 부정·불법 축재한 자를 처단할 것은 물론이나, 사업과 경제를 마비시키지 아니하는 적절한 한도는 있어야 할 것으로 생각하여, 그 부정·불법 축재를 국고에 회수하고 국민의 혁명욕구를 충족시키며 민족 정기를 바로잡도록 하겠다. 과도 정부는 조세범 처벌법에 의하여 처벌될 46개사 23명을 적발 수사하다가 신 정부에 넘겼으므로, 이 수사를 계속하여 단시일 내에 완료할 것은 물론이거니와 더 추가해서 적발할 것과 또는 다른 법률에 저촉되는 자에 대한 적발도 할 생각이다. 다만 그 증거를 포착하기 곤란한 만큼 국민 제위의 협조가 있으시기를 바라는 바이다. 그리고 새로운 부패와 부정을 봉쇄하기 위하여 특혜 금융을 지양하고, 탈세를 봉쇄하여 관세 행정을 쇄신하는 동시에 외환율의 현실화 조치를 실시하고자 한다.

넷째로, 경제 건설을 촉진하기 위하여 경제 안정의 테두리 안에서 장기 개발 계획의 실현을 위한 투융자의 확대, 세제의 개혁, 특히 토지 소득세의 금납제와 농민들의 빈곤의 경감 등을 실천에 옮겨야 하겠다. 다가오는 추수기에 대비해서 미곡 담보 융자를 확대하고 융자 기준을 인상할 것이며, 중소기업의 보호 육성을 위한 금융 조치, 전원 개발 계획의 추진과 이미 현년도 예산에 책정되어 있는 공공사업 중 보류되어 있는 금액을 적시 방출함으로써 노임의 산표[sic]를 도모코자 한다.

다섯째로, 원조 자금에 의하여 계획되어 있는 제 사업 중 아직 현안으로 되어 있는 충주 비료 공장 문제, 대한 조선 공사, 송전과 배전의 개선사업 및 2백여 건의 주기업체 건설 계획 등은 한·미 쌍방의 협조로써 신속히 해결하고자 하며, 미국 회계 연도 1961년, 즉 금년 7월 1일에 개시되어 명년 6월 말일에 종료되는 회계연도에서 지출될 경제 원조에 관하여 목하 예비 교섭 중에 있는 바, 가능한 범위에서 최대의 원조를 획득하기 위하여 특히 노력을 경주하고 있다.

여섯째로 경제 건설과 균형상 국방비의 과중한 부담을 경감시키기 위하여 점차적인 감군을 주장하여 온 민주당의 정책을 실현하고자 유엔군사령부와 협의하여 신년도부터 약간의 감군에 대비하여 중장비를 도입하기 위한 계획도 이미 수립되어 있음을 양해하시기 바란다. 국군의 군기를 확립하며 일부에 있었던 부패를 숙청하는 동시에, 군의 정치적 중립을 확보하고 군내 파벌의 조성을 방지하기에 특별한 노력을 기울일 방침이며 따라서 금후 인사 행정에 신중한 공정을 기하고자 한다.

이와 같은 제2공화국의 정책은 국민 참정권의 완벽한 보장과 관료제도의 합리화 및 경찰 중립화를 통한 민주주의의 구현을 통한 공포로부터의 해방, 외자 도입과 경원의 확대를 통한 경제개발 계획의 추진과 국민소득 증대를 통한 빈곤으로부터의 탈출, 일본과의 국교 정상화 및 대유엔 외교의 강화를 포함한 국제적 고립으로부터의 탈피, 군비 축소와 군의 정예화 추진을 통한 국방력 강화 등으로 요약될 수 있다. 또한 이러한 제 정책 방향은 9월 30일 민의원에서 행한 두 번째 시정연설, 10월 1일에 연설한 제2공화국 경축사, 그리고 1961년 2월 9일에 민의원에서 행한 세 번째 시정연설 등에서 거듭 천명되면서 실천에 옮겨졌다. 또한 제2공화국 당시 천명·실천된 제 정책은 하루아침에 급조된 장미빛 청사진이 아니었다. 그것은 정계 투신 이후 장면이, 그리고 민주당이 이 땅에 진정한 자유민주주의를 구현하려는 이상을 실현하기 위해 한국이 처한 현실에 부단히 투영해 보았던 정책 대안들의 종합이었던 것이다.

## Ⅱ. 정치사상의 제 특징

장면은 정계 진출 이후 자신의 정치사상을 피력하는 각종 연설문과 기고 및 정강·정책을 남겼다. 이러한 글들에 표출되는 그의 정치사상, 즉 그가 꿈꾼 세상은 어떤 모습일까.

### (1) 그리스도교적 요소

장면의 사상과 생애를 관통하는 기본 정신은 그리스도교 정신의 구현과 실천이었다. 그의 정치사상의 기저에는 "자연법과 그리스도교의 도덕에 대한 이해"가 결여된 비그리스도교 국가인 한국에서 "유물론과 공산주의의 그릇된 가치" 즉, "현대의 힘있는 오류"가 침투하는 것을 막는 "힘" 내지 "해독제" 역할을 할 그리스도교 정신의 보급을 도모함으로써 국가의 번영을 담보할 수 있다는 복음주의적 정신이 관통하고 있다. 또한 그는 그리스도교 정신의 보급은 "국제적인 입장과 공산주의에 대한 강력한 저항"에서부터 "커다란 人望"을 얻고 있으며, "세계에 두루 퍼져 있는 영적, 또는 종교적인 큰 조직체로서의 가톨릭 교회"와 그 신도가 담당해야 한다고 보고 이들에게 주어진 사명을 다음과 같이 설파한다.[66]

가톨릭 교도는 그 국민의 번영을 위하여 저마다 그 책임을 져야 한다. 그는 그리스도교 원리에 완전히 일치된 그의 개인적, 사회적, 정치 생활로써 공생활의 온 분위기를 안정시키고 높일 수 있으리라. 그는 힘을 다하여 가톨릭 신도로서 모범 생활을 보내야 한다. 그것은 모든 사도적 활동의 기초이다. 이와 같이 하여 그는 그의 가족 또는 그가 접하는 집단과 단체를 그리스도교화함으로써 비그리스도교적인 그 환경에 감화를 줄 수

---

66) 장면, [우리는 무엇을 해야 할 것인가], 운석기념회 편, 위의 책, 142~143면.

있는 것이다. 이 감화는 더 넓게 그 나라의 온 사회적 및 정치 생활에까지 미칠 것이다. 그리스도적 이상, 그리스도의 정신은 그 생활에, 그의 말에, 그의 모든 접촉, 혹은 감화의 기회에 구현되어야 한다. 그 사명은 사람과 사귀어 '땅을 가는 것이며, 씨앗을 뿌리는 것이며, 그리스도를 위하여 영속적인 수확을 바라고 싹트게 하는 것'이다. 이것이야말로 어디에 있든 간에 모든 그리스도 신도가 해야 할 개인의 사명이다. 한 나라의 공생활에 대한 이 씨앗의 그리스도적 감화는 거의 눈에 보이지 않는 미미한 것이지만 철저하고도 결정적인 것이다.

나아가 그는 그리스도교 정신의 구현을 위해 가톨릭 정치가에게 부여된 소명이 "천부의 인권을 옹호하고 종교와 언론의 자유를 보장하고 국민의 정치적·사회적·경제적 생활의 민주적 발달"을 돕는데 있음을 천명하면서 이의 실현을 위한 도정에서 마주치는 장애를 "그리스도교 원리를 따라 깊은 지혜와 굽힐 줄 모르는 결심"으로 싸워야 한다는 생각을 갖고 있었다. 즉, 그는 그리스도교 정신의 참된 구현의 관건은 한 국가와 사회에 진정한 자유주의와 민주민주의의 실현에 결부되어 있다는 생각을 갖고 있었다.

## (2) 자유민주주의적 요소

장면에게 있어 자유민주주의야말로 "자유와 민주주의를 배우고 맛본" 미국 유학시절부터 운명의 순간까지 그 실현을 꿈꾸어 온 화두였다.[67] 그에게 있어 4·19혁명 이전 제1공화국 시대는 "우리가 4.19전까지의 12년 동안을 역사에서 도려내는 재간이 없는 한 우리민족과 더불어 영원히 남게 될 민족의 오점"이었다.[68] 그가 보기에는 정치란 "주권재민의 원칙 하에 국민 전체 또는 각개 국민의 정치적 활동의 자유를 보장"

---

67) 장면, [인생 회고록], 운석기념회 편, 위의 책, 36면.
68) 장면, [제5회 신문 주간 기념 연설], 운석기념회 편,  위의 책, 211면.

540

하여 주는 것임에도 불구하고 당시의 현실이 이에 반한 원인은 우리의 민주주의가 "자연발생적인 밑으로부터의 것이 아니라 외래적이요 접붙이 가지와 같은 상부조직에 불과하기 때문에 강력한 민의가 아직 성장하지 못하고 따라서 집권자 만능을 제재할 힘의 존재를 찾기 어려운 바가 있기 때문"이었다. 즉, 그는 한국에서 민주주의의 실현이 지체된 근본적 원인은 "제도의 결함"이나 "국정을 담당한 인물의 결함"에서 기인하는 것이 아니라 "選擧民 자신들의 역량문제에 귀착되는 것이며 민주주의의 후진성"에, 실질적으로는 "국회의원(代議政治家)들의 민주정신의 불철저 내지는 실천력의 결핍"에 기인하는 것으로 보았다.[69]

이에 그는 한국이 진정한 민주주의를 수립하기 위해서는 먼저 "선거민과 대의사(代議士)"들의 의식 개혁과 "개별적·분화적인 시민의 의사와 이익을 공공의 일반의사 내지 이익으로 통합해 대표"하는 정당과 "노동조합 협동조합 혹은 각종 단체 연합" 등 "사회대중운동"의 건전한 발전과 같은 제도적 장치의 기능 발휘가 필요하다고 보았다.[70] 당시 그

---

69) 장면, [民族更生의 길─靑年과 더불어], {新世界}7, 1956, 17~18면.
70) 장면, 위의 글, 19~21면. "참말로 民主政治─代議政治의 제도를 확립하며 그 운영을 위해서는 궁국적으로 선거민과 代議士들의 개혁을 행하지 않으면 안될 것이다. …민주주의 경제는 경제활동이 유력한 동기로서 또는 경제발전의 유력한 추진력으로서 개인의 創意, 才能, 識見, 經驗 등을 존중하는 것이지 결코 경제계를 無政府狀態로 방치하여 富益富 貧益貧의 불평등한 사회를 만들자는 것이 아니다. 하물며 민주주의의 이념이 자유에만 있는 것이 아니라 평등과 우애에 있다는 것을 상기함에 있어서랴. …어쨌든 민주정치가 성장하기 위해서는 '배고파 못살겠다'고 아우성치는 백성을 그대로 두고는 가능성이 없다. 생산력을 증강하여 勤勞하는 國民大衆에게 공정하게 분배됨으로써 국민의 생활이 안정되며 그 수준이 향상되는 것이 '데모크라시'의 전제조건이다. …政黨은 민주적인 사회를 구성하는 데에 필연적인 산물이다. …개별적 분화적인 시민의 의사를 통합하여 나가는 과제를 담당하고 나선 것이 정당인 것이다. …정당의 건전한 발전이 민주정치 구현의 불가결한 조건일진데 국민자신의 자연발생적인 밑으로부터의 자유와 창조의 업으로서 정당이 육성되어 나가기를 所願하는 바이다. 更生하는 民族의 새로운 질서와 공평한 福祉社會의 建設은 결코 개개인의 힘으로 되는 것이 아니며 여기에는 정당을 비롯하여 勞動組合, 協同組合 혹은 諸種團體 聯合 등 澎湃

가 확립하려한 민주정치란 "국가권력이 시민의 자유를 부정하게 침해하지도 않고 시민의 자유가 정당한 국가권력의 행사를 무턱대고 적대시"하지도 않는 국가권력과 다원화된 시민사회의 이익추구가 서로 균형을 이루는—"국민전체가 협력하여 나가는 之民·依民·爲民의 정치"이었다.71) 또한 장면은 민주정치의 가치는 "지도자의 질이나 정책의 내용에 대한 가치보다도 오히려 만인이 협력하여 그러한 가치를 찾는 그 過程에 있다"는 그의 신념을 충분히 실험해보려 하였으며, 이는 방종에 가까운 시민들의 자유구가가 사회적 혼란을 야기하는 상황을 맞아서도 시민들에게 자율적 각성의 시간을 주려했던 다음과 같은 그의 회고에 잘 나타난다.72)

> 연일 계속되는 데모로 인해 사회가 혼란에 빠졌지만, 민주당이 집권한 후 집권전의 공약을 위배할 수가 없었다. 내각 책임제를 실시하면서 국민의 자유를 박탈하고 독재적인 수법으로 정권을 유지한다면, 이는 국민을 배신하는 것밖에 다른 변명이 있을 수 없다. 우리는 혼란기라 해서 국민을 배신할 수 없었다. 정권을 잡은 우리로서 무슨 평계로든지 계엄령을 선포할 수 있었다. 그렇지만 '총검에 의한 외형적 질서'보다도 '자유 바탕 위의 질서'가 진정한 민주적 질서라고 믿었기 때문에, 오랫동안 자유당 정권 하에 억눌렸던 국민들이 자유가 허락된 이때에 쌓이고 쌓였던 울분을 한 번은 마음껏 발산시키고 나서야 가라앉을 것은 어찌할 수 없는 뻔한 일이라고 보았기 때문에 은인 자중한 것이다. '국민이 열망하던 자유를 한 번 주어보자'는 것이 민주당 정부의 이념이었다. 갈수록 혼란을 더해 가는 사회상황 속에서 우리는 鐵拳으로 억압하는 대신 시간으로 다스리고자

---

하게 일어나는 社會大衆運動에 의하여 이룩하는 것이다. 실로 새로운 민주 조국의 건설은 아닌 조국의 興亡은 사회집단운동의 건전한 발전과 진행에 달려 있다고 하여도 과언이 아니다."

71) 장면, [言論自由와 그 責任—寬勳클럽 第四週年記念式에서의 張總理演說] (1961); 장면, [民族更生의 길], 18면.
72) 장면, [民族更生의 길], 22면; 장면, [인생 회고록], 운석기념회 편, 앞의 책, 76~77면.

했다. …귀와 입으로 배운 자유를 몸으로 배우게 하려는 의도였다. 이론과 학설로 배운 자유는 혼란을 일으키지만 경험으로 체득한 자유는 진정한 민주주의의 단단한 초석이 되는 것이다. 자유가 베푼 혼란과 부작용에 스스로 혐오를 느낄 때 진실한 자유를 얻는 것이다.

이러한 시민의 자각에 기반한 진정한 자유민주주의의 구현이라는 장면의 선각적 정치사상은 5·16 군사쿠데타에 의해 좌절되었지만, 한국의 민주주의 발달과정에서 항상 꺼지지 않고 빛을 발하며 좌표로서 기능한 등대였음은 주지의 사실이다. 한 마디로 장면은 시대를 앞서 태어난 선각적 정치인이었다. 그가 남긴 "우리의 성의는 미처 결실을 보기 전에 끝내 무참히 짓밟혔다. 민주주의는 한 사람의 총리나 각료들의 헌신적인 노력만으로도 이루어지지 않는다는 것을 우리는 뼈에 새겼다. 아무래도 전국민이 합심해서 이끌어야 하는 하나의 수레와 같은 것이다. 한 사람이라도 더 협력할 때 수레바퀴는 잘 구른다" 라는 경구는 한국의 자유민주주의 발전에 아직도 유효한 처방이라고 본다.73)

## (3) 경제 제일주의적 요소

그는 민주주의의 성장을 뒷받침하기 위해서는 생산력의 증강과 공정한 분배를 통해 국민의 생활 수준을 향상시킴으로써 경제적 안정을 도모해야 한다고 보았다. 이미 살펴본 바와 같이, 그는 제헌국회 의원 시절 私有權의 보장을 헌법에 규정한 이래로 정당 및 각종 이익단체가 제기능을 발휘하는 다원적 시민사회의 형성과 그 안정을 뒷받침하는 경제적 성장이 병행될 때 한국사회의 후진성은 극복되고 그가 꿈꾸는 자유민주주의가 실현될 수 있다고 본 것이다. 이 점은 "경제 제일주의"를 천명한 다음과 같은 [제2공화국 경축사]에서 구체화되었다.74)

---

73) 장면, [인생 회고록], 운석기념회 편, 위의 책, 79면.

민족의 당면한 과제가 산업의 현대화와 소득의 加增적 증가에 있음을 재확인하고, 정부의 시정 목표로서 경제 제일주의를 지향하고 있습니다. 정부는 주로 국민의 경제적 활동의 기회 균등을 보장하는 환경 개선에 노력을 집중하고, 국민의 최대한의 創發力과 기업적 모험심을 발휘하여 계획성 있는 자유 기업체의 장점을 살려서 하루속히 국민 경제의 비약적 성장을 가져올 수 있는 인화점에 도달할 것을 기도함이 새로운 공화정체 하의 당면한 최대 과제임을 다시금 강조하는 바이며, 그런 견고한 터전 위에서 점차적으로 복리 사회 건설의 여러 가지 시책을 준비할 것입니다.

"민주정치제도의 재확립"과 자립경제의 수립을 지향하는 "경제제일주의"의 정책 목표를 내세운 제2공화국 정부가 추진했던 국토개발사업, 경제개발 5개년 계획 등은 쿠데타이후 군사정권에 의해 현실화되었다. 그러나 장면정권에서 추진한 경제정책은 정부가 다양한 경제 주체의 의견을 광범위하게 수렴하고 그것을 조정·통합하는 데 주력했다는 점에서 재벌 위주의 정경 유착형 발전전략을 취함으로서 미래를 가불한 군사정권의 파행적 성장정책과 확연히 다르다.75)

## (4) 국제주의적 요소

장면은 그의 시대, 즉 미·소 양 강대국의 이데올로기 대립으로 인한 동서 냉전의 시대를 "그리스도교적 견해에 입각한 민주주의와 전체주의적 물질주의, 즉 공산주의와의 싸움"의 시대로 인식하였다.76) 또한 그는

---

74) 장면, [제 2공화국 경축사], 운석기념회 편, 위의 책, 196~197면.
75) 유광호, [장면 정권기의 경제정책], 한국정신문화 연구원 현대사연구소 편, {한국현대사의 재인식}5(서울: 오름, 1998), 119~191면; 김용삼, [김입삼의 경제개발 비사], {월간조선}(1994. 4), 400~420면; 김기승, [민주당 정권의 경제정책과 장면], "운석 장면선생 탄신 백주년 기념 학술회의 발표논문", 77~86면.

개개 국민국가간이 아닌 자유진영과 공산진영 양대진영 간의 대립 속에서 국가의 생존을 담보하기 위해서는 국제적 유대가 필요하며, 이것은 진정한 민주주의의 실현을 통해서만 확보될 수 있는 것으로 보았다. 이는 한국전쟁이 한참이던 1952년 제2대국무총리를 사임하면서 발표한 다음 글에 잘 나타난다.[77]

> 이 겨레의 直面한 전도는 險難하기 짝이 없고, 共産主義와의 血鬪는 아직도 계속될 뿐 아니라 점점 더 치열하여 질 것이다. 이 투쟁에 단연코 이겨야만 이 겨레는 살 수 있으며 세계의 자유와 평화가 비로소 올 것이다. 이 세계적 투쟁은 국제현장에서만 종말이 날 것인 만치 우리는 우리의 존엄한 독립성을 유지하면서 자유진영의 일원으로서, 여러 民主友邦과 全幅的 협조가 있어야 할 것이고, 이 자유진영의 일원으로서 우방의 협조를 얻자면, 먼저 우리 나라 자체가 진정한 민주국가라는 것을 그들에게 證示하여야 할 것이다.

나아가 그는 민주정치는 "국민이 평등한 입장에서 자유로이 논쟁하며 비판하며 결국에는 투표와 다수결로 정치의 의사를 결정하는 제도이기는 하나 그 최종은 四海同胞愛의 理想鄕"으로 구현된다고 보아,[78] 자유민주주의 체제 수립의 궁극의 목적은 그리스도교 정신에 기반한 국가와 민족을 넘어선 "완전한 평등"이 구현되는 "사해동포주의"의 실현으로 보았다. 이는 "비그리스도교국에 있어서 사회와 정치 생활에 대한 그리스도교의 공헌"을 설파한 다음 인용문에 잘 나타난다.[79]

> 우리 시대는 이들 많은 비그리스도교국이 자유와 독립 정신의 강력한 부흥에 참여하고 있다. 이러한 부흥은 신흥 국민 사이에도 완전한 평등에

---

76) 장면, [인생회고록], 운석기념회 편, 앞의 책, 99면.
77) 장면, [하야유감], 21~22면.
78) 장면, [민족 갱생의 길], 21면.
79) 장면, [우리는 무엇을 해야 할 것인가], 운석기념회 편, 앞의 책, 149~150면.

대한 동경이 숨어 있다. 세계는 나날이 좁아져 가고 모든 종족과 모든 국민 사이의 접촉은 더욱 친밀하게 되어 간다. 사람들 사이에서 커다란 일치, 더 큰 협동체를 원하는 마음이 뚜렷이 눈에 띈다. 더욱 밀접한 일치와 참된 평등을 구하는 소망은 당연한 것이며 정당한 것이다. 교회의 태도는 그 교육과 그 유력한 원조로 이 갈망을 채우기 위하여 온 힘을 기울인다. 하느님은 아버지이기 때문에 사람은 누구나 형제라는 이 교회의 가르침은 피부의 색깔, 인종, 사회적 지위의 구별 없이 인격의 영원한 운명에 대하여 평등한 존엄을 각자에게 주는 것이다. 우리는 그리스도교도가 아닌 우리 형제, 특히 지식인에게 교회의 이 가르침을 열심히 또 절실하게 알려야 한다.

그리스도교의 신앙에 입각해 국가를 초월한 인류의 평등을 지향하는 그의 국제주의적 정치사상은 현실 세계에서 실현되기 어려운 비현실적 이상에 불과할 수도 있다. 그러나 그의 이러한 신념은 대한민국의 국제적 승인과 한국전쟁에의 유엔군 참전을 이끌어 낸 그의 외교적 업적을 이끌어낸 "보이지 않는 손"이었으며, 서방세계의 외교관이나 위정자들의 의사결정에 효과적인 설득기제로 작용한 것도 사실이었다. 또한 냉전 붕괴 후 지역간 갈등이 증폭되는 현재적 입장에서 볼 때 그의 사해동포주의에 입각한 자유민주주의 정치사상은 시대를 넘어서는 설득력을 갖고 있다고 본다.

# Ⅲ. 부정적 장면상에 대한 비판적 검토

## (1) 장면의 가족·교육·종교적 배경에 대한 오류

기존의 장면의 정치적 리더십에 대해 부정적인 평가를 내린 연구들에 의하면 정치가로 등장하기 이전 장면의 생애는 다음과 같다. 장면은

1899년 인천의 경제적으로 여유 있는 가톨릭 집안에서 태어나 1917년 수원 농림학교를 졸업한 뒤 YMCA 영어과를 거쳐, 3·1운동 직후 미국에 유학해 베나드 대학 예과와 맨해튼 대학에서 교육과 종교를 5년간 수학했으며, 1925년 귀국 이후에는 가톨릭 평양교구에서 몇 년간 일하다가 1931년부터 정계진출 전까지 가톨릭계 동성 상업학교 교장으로 근무했다는 것이다. 따라서 정치가로 등장하기 전까지 그는 교육자나 종교인으로 안정된 생활을 누렸기 때문에 "건국직후 정치지도자들이 식민지시대에 적극적 혹은 소극적으로 항일운동을 한 전력에 비해 그의 일제시대 생활은 너무나 순탄"했다고 보거나, 이러한 전력으로 인해 그의 전 생애는 "일반적 수동성과 절제와 조심성"으로 특징 지을 수 있다고 평한다.80)

그러나 이러한 인물평은 그 실증적 오류는 논외로 하더라도,81) 5·16 군사쿠데타를 허용한 원인을 그의 인간적 약점에서 찾으려고 한데서 비롯된 왜곡임이 분명하다. 즉, 기존연구들은 장면의 사상 형성이나 행동의 이해에 관건이 되는 가족·교육·종교적 배경에 대한 분석을 등한히 함으로써 그들의 선입견을 충족시키는 단편적인 이력 나열에 머물렀다. 그러나 장면의 가족·교육·종교적 배경을 심층적으로 분석해볼 때 이는 사실과 다르다.

먼저 장면은 선각한 부친의 지도하에 시대의 흐름을 선도하는 신지식을 습득했을 뿐만 아니라, 독실한 신앙생활을 바탕으로 안정된 내면세계를 영위할 수 있는 정신적 유산을 물려받았다.82) 그는 이를 바탕으

---

80) 김호진, 앞의 글, 238면; 한승주, 앞의 책, 117면.
81) 실제로 그는 인천이 아니라 1899년 8월 28일 서울 三軍部 뒷골의 외가에서 장기빈과 황 루시아의 맏아들로 태어나 생후 15일 만인 9월 12일 명동성당에서 授洗한 천주교도였다. 그의 선대는 仁同 張氏 芥翁公派로 高祖 張仁珏이 평안남도 中和로 이거한 이래 이 지역에서 世居한 가문이었다. 중화는 천주교 신앙이 일찍이 뿌리내린 곳이었지만, 선생의 선대는 신앙을 갖고 있지는 않았다. 허동현, 앞의 책, 13, 19면.
82) 장면의 부친 張基彬(1878~1959)은 천주교 신자로 구한말에 官立英語學校를

로 자기 수양과 자녀 양육 및 부부생활 즉, 수신과 제가에 성공한 삶을
살았으며, 이러한 가정적 안정을 바탕으로 선생은 자신이 갖고 있는 능
력을 국가와 사회에 되돌리는 구도자적 헌신의 삶을 살 수 있었던 것이
다.83) 그를 부정적으로 평하는 평자들도 인정하는 청렴성과 정직성 등
은 정치만이 아닌 어떤 분야의 지도자도 갖추어야 할 기본적 품성으로
프란치스코 제3회에 입회 서약한 장면의 경우 그가 자신의 신앙을 버리
지 않는 한 바뀔 수 없는, 즉 그의 전 생애를 일관하는 그의 인간적 특
성이었다.84)

---

나와 인천 海關에서 근무하였고, 한일합방이후 1939년까지 스탠더드 석유회
사(The Standard oil Co.)와 타운샌드 상사(Townsend & Co.) 한국지사에서 무
역과 보험관계 업무에 종사했으며, 해방이후 軍政廳 재무부 고문과 부산 세
관장을 역임한 바 있다. 개명한 아버지의 영향으로 장면을 비롯한 슬하의 3
남 3녀 모두가 일본과 구미에 유학해 근대 교육을 받아 각계의 전문가로 성
장하는 한편, 충실한 신앙생활을 영위하며 타인과 사회를 위해 봉사하는 인
물들로 살아가게 만들었다고 여겨진다. 허동현, 앞의 책, 13~17면.

83) 18세 되던 1916년 장면은 서울 中林洞 성당에서 부친이 간택한 천주교 집안
의 金玉允(1901~1990)과 결혼하였다. 평생의 반려였던 김옥윤은 중림동 성
당 부속 가명 여학교를 나온 것 이외에는 고등교육을 받지는 않았지만 선대
로부터 믿어 온 신앙을 바탕으로 묵묵히 그를 내조하는 전형적 현모양처의
삶을 살았으며, 그의 신앙을 바탕으로 한 생활태도에 깊은 믿음을 갖고 있
었다. 이러한 부인의 신뢰에 힘입어 장면은 평탄하고 행복한 가정생활을 영
위할 수 있었다. 허동현, 위의 책, 21~25.

84) 장면이 미국 유학은 세속적 지식의 습득을 통한 일신의 영달을 얻기 위해서
가 아니라 불타는 신앙에의 갈구에서 단행된 것이었다. 따라서 그는 자신이
신봉하는 가톨릭 신앙생활, 즉 사도적 생활을 통한 그리스도교의 完德을 이
룩하기 위한 노력도 게을리 하지 않았다. 베나드 스쿨에 재학 중이던 1921
년 8월 28일 장면은 한국인으로서는 최초로 성 프란치스코 제3회에 입회했
으며, 다음해 9월 24일 세자 요한(St. John Baptists) 성당에서 프란치스코를
수도 명으로 서약하였다. 이후 그는 자신의 세속적 지위가 어떻게 변하던
간에 독신 수도자들과 똑같은 수덕 생활을 세속 안에서 영위해 나가겠다는
결심대로 일관되게 이 회의 목적과 사명에 충실한 삶을 살아갔다. 그는 가
정생활에서 "자기 성화"에 성공하였으며, 사회생활에서도 다음과 같은 그와
직접 관계를 맺었던 사람들의 회상에 보이듯이 "복음적 표양"으로 우뚝 섰
음을 그를 지켜 본 주위 인사들의 증언을 통해 증거 할 수 있다. 따라서 제

다음으로 그는 농림학교 졸업자로서 일제 식민지 관료로 출세의 길이 보장되었지만, 이에 안주하지 않고 교육과 복음화를 통해 민족의 독립에 기여하겠다는 이상을 세우고 이를 위해 미국 유학을 단행하였으며,85) 귀국후 일제의 민족말살정책이 시행되던 상황 속에서도 이에 굴하지 않고 활발한 저술활동과,86) 청렴성과 감화력, 대담성 등을 갖춘 종

---

3회 입회는 장면의 삶을 이해하는데 있어 가장 중요한 관건이 되는 사건이었던 것이다. 허동현, 위의 책, 44~46면.

85) 그는 농림학교 재학 시절 개신교신자인 상급생의 해박한 성경 지식에 자극받아 천주교 교리와 교회사에 대한 탐구욕을 충족시킬 기회를 좇아 미국 유학을 결심하였다. 張勉, [50年 由緖 깊은 護敎書-"敎父들의 信仰"번역 經緯와 改版構想], {가톨릭시보}, 1964년 3월 29일자.

86) 장면은 교육자이자 문화·종교운동가이며, 외교관이자 정치가이기도 하였다. 그러나 그는 일생동안 꾸준히 집필과 번역 활동을 게을리 하지 않은 문필가이자 신학 이론가 내지는 교회사가이기도 하였다. 그는 {영한교회용어집}(The Summary of Religious Terms, 1929), {교부들의 신앙}(1944), {젬마 갈가니}(1953), {나는 왜 고통을 받아야 하나}(1962), {성 원선시오}(1964) 등의 역서와 {구도자의 길}(1930), {조선천주공교회약사}(1931), {한 알의 밀이 죽지 않고는}(1964) 같은 저서를 출간하였다. 그리고 그는 교육자, 외교관, 정치가로서 활약하면서 자신의 견해나 활동 등에 관련된 글들을 신문지상이나 잡지에 끊임없이 게재하였다. 뿐만 아니라 그는 鄭芝溶과 李東九 등의 문인과 尹亨重 신부와 같은 개화기이래 한국 천주교회가 배출했던 지성들과 힘을 합쳐 근대 한국 교회사뿐만 아니라 문화운동사에서도 간과할 수 없는 중요성을 갖는 {가톨릭 청년}의 창간을 주도하였다. 그는 1933년 6월 창간 이래 이 월간지에 [성직자와 독신생활](1933. 6), [구약 성경의 역사적 가치](1933. 7), ['면죄부'의 진상](1934. 3), [조선 가톨릭 신자의 장단점](1935. 9·10합집), [가톨릭 액숀이란 1~4](1955. 9~1956·1), [그레건의 십자가상의 그리스도 회상](1961. 11), [미사 전례의 사적 소고](1965. 10), [성 프란치스코 재속 3회](1965. 11) 등과 같은 신학이나 교회사 관계 글 이외에도 [아세아를 위하여 고민하는 대한민국](1949. 10)과 [부통령 당선과 나의 포부](1956.6) 같은 자신의 정견을 밝힌 글뿐만 아니라 [누이](1935. 5, 6) 같은 소설 등 30여편의 글을 기고하기도 하였다. 특히 부모를 잃은 어린 동생들을 위해 온갖 고난을 극복하며 자신을 희생시켜 훌륭히 성공시키는 누이의 구도자적 삶을 묘사한 소설 [누이]를 통해 장면이 일생 동안 전개한 종교적 저술활동의 근본 목적이 어디에 있는 지를 알 수 있다. 즉, 선생은 온갖 시련을 인내와 희생과 사랑으로 극복해 나가는 종교적 수련 과정을 거쳐 수녀가 된 누이의 입을 빌려 "나의 一身을 우리 조선 사람 모두를 위해 천주님

교인과 교육자로서의 활약을 통해 이를 실천해나간 "外柔內剛"의 입지전적 인물이었다.[87]

끝으로 그는 민족을 우선시한 신앙인으로서 용산 성심신학교 교사시절 3·1운동에 참여하였고, 자신의 독립정신을 신학생들에게 전파하였으며, 동성사업학교 교장시절 자신의 교육이상에 반하는 일인 교무주임을 퇴직시키는 등 복음화와 교육을 통한 민족 독립을 위한 미래투자에 헌신하였다.[88] 물론 그는 그를 부정적으로 평하는 평자들의 지적처럼 일제하에 뚜렷한 항일경력은 없다. 그러나 이것은 일제하 국내에서 활동한 모든 인사들이 갖고 있는 공통의 한계이며, 그가 일제의 전면적 탄압이 가해지지 않는 범위 내에서 자신의 이상을 일관되게 관철한 것은 부인할 수 없는 사실이다. 왜냐하면 교육자로서의 길을 포기하지 않는 한 일제에 전면적으로 대항하는 교육활동은 할 수 없었을 것이고, 한국 천주교단의 대표 격이었던 그로서는 교단에 대한 일제의 박해를 초래할 저항적 종교활동을 전개할 수는 없었기 때문이다.

따라서 종래 연구들에 의해 고정화된 장면의 이미지 "일반적 수동성과 절제와 조심성"은 수정되어야 한다고 본다. 즉, 그는 안정된 가정과 종교적 수양을 통해 얻은 정신적 안정을 바탕으로 자신이 세운 목표를 一以貫之하게 실천한 진취적, 능동적 인물이었으며, 자신의 신념을 억압적 수단이 아닌 마음으로부터의 감화를 통한 방법으로 주변인들에게 전파함으로써 주변인물들의 삶에 지속적, 장기적 영향을 준 신념의 인간

---

앞에 바치겠다"고 해 민족애를 바탕으로 한 신앙을 강조하고 있다. 한 마디로 장면에게 있어 신앙이란 개인 차원의 영혼 구제라는 좁은 틀을 벗어나 민족을 위한 신앙으로 승화될 때 진정한 의미를 갖는 것이었다. 특히 민족애에 바탕을 둔 왕성한 종교적 저술 활동은 다른 정치가들에게 그 유례를 찾기 힘든 특이한 그만의 업적이다. 허동현, 앞의 책, 31~32면.

87) 노기남, [거룩한 평신도 장요안], 운석기념회 편, 앞의 책, 336면; 유홍렬, [민주주의의 상징], 같은 책, 400면.

88) 노기남, {나의 回想錄-병인교난에 꽃피는 비화}(서울: 가톨릭출판사, 1969), 196~199; 허동현, 앞의책, 39~41면.

550

이었다고 평하는 것이 타당하기 때문이다.

### (2) 정치가로서 장면의 지도력에 대한 왜곡

기존의 부정적 장면상의 형성에 결정적인 역할을 한 한승주의 연구
에 의하면 그는 어떠한 정치 활동의 경험도 없이 "가톨릭적 배경과 영
어실력" 덕택에 피동적으로 정계에 진출한, 그리고 "강한 결단력과 즉
각적 행동이 필요한 상황에서 상당한 정도 소심하고 우유부단"한 행동
을 취한 "형식적 지도자"로서 민중의 힘에 의해 일어난 4·19혁명에 편
승해 내각 수반에 오른 "항상 수동적이고 자기 패배적인 행동 경로"를
취한 무능한 지도자에 불과하다.[89] 그러나 이러한 인식에는 몇 가지 중
대한 결함이 있다.

첫째, 과연 그는 "가톨릭적 배경과 영어실력"만으로 타의에 의해 피
동적으로 정계에 "징발"된 수동적 지도자였는가? 일제에 의해 한국인의
정치참여 기회가 철저하게 봉쇄되어 있던 식민통치기간 중 양식 있는
한국인이 국내에서 할 수 있는 최선의 선택은 민족의 미래에 투자하는
교육운동과 이민족의 지배하에 상처 입은 민족의 영혼을 달래는 종교운
동에 투신하는 것이었다. 따라서 그는 귀국 후 일제 치하의 암울한 현
실 속에서 그는 민족의 장래를 위해 교육사업과 천주교 전파를 위한 교
회활동에 몰두함으로써, 나라 잃은 민족의 정신적 독립 기반을 다지는
작업에 힘을 기울였다. 일제하에서 장면은 교육과 종교활동을 통해 그
는 한국 천주교회를 대표하는 인물로 성장했으며, 해방된 조국은 그의
능력과 식견을 필요로 했다. 왜냐하면 일제의 정치참여권 박탈로 인해
해방 이후 국정을 운영할 정치적 경험을 가진 인재는 해외에서 독립운
동을 한 소수의 인사이외에는 거의 찾아볼 수 없었기 때문에 최고수준

---

89) 한승주, 앞의 책, 117~119, 120, 136면.

의 교육을 받고 종교·교육활동의 경험을 갖고 있던 그의 정계진출은 불가피했다.[90] 따라서 장면의 정계진출에 있어 "가톨릭적 배경과 영어

---

90) 구한말이래 1920년대까지 미국에 유학했던 한국 학생은 100명에 미달하였으며, 장면이 유학한 당시에 미국에서 공부하고 있던 유학생은 10명 미만이었다. 그는 메리놀 외방 전교회측 성직자들의 조언을 받아 미국 내에서 교육을 사명으로 하는 유명한 남자수도회(Christian Brothers) 소속 수사들이 경영하는 규모는 작지만 내실 있기로 정평이 난 뉴욕 소재 맨해탄 대학(Manhattan College)에 1921년 9월 19일에 입학하여 1925년 6월 4일 학사학위(B. A.)를 받았다. 그에게 있어 맨해튼 대학에서 공부한 4년간은 교육의 완성을 이룩한 결실의 기간이자 앞으로 그의 삶의 방향에 좌표를 제공한 계기이기도 하였다. 그는 대학시절에 무엇을 얼마나 잘 배웠을까. 그가 택한 과목과 여기서 거둔 성적을 통해 그가 이룩한 지적 성장의 궤적을 알아보자. 그는 1학년 때 종교학(97, 91), 영문학(79, 75), 불어(83, 86), 역사(87, 80), 물리 및 실험(93, 93), 수사학(80, 80)을, 2학년 때 종교학(82, 94), 화학 및 실험(86, 98), 영어(72, 79), 대중연설(85, 87), 영문학(78, 78), 불어(72, 79), 역사(88, 90), 그리고 3학년 때 종교학(100, 100), 영어(95, 95), 철학(100, 95), 철학(95, 93), 교육학(94, 94), 불어(78, 80), 사회학(76, 92)을 택했다. 장면은 1학년 85점, 2학년 83점, 3학년이 92점, 3년 평균 87점의 우수한 성적을 거두었다. 성적표를 세밀히 관찰해보면, 그는 종교학(94), 철학(96), 교육학(94) 등 인문학 분야와 물리 및 실습(93), 화학 및 실습(92) 같은 계량적 분석적 학문에서 매우 우수한 성적을 거두었으며, 역사(86), 사회학(84), 수사학(80), 영문학(78), 영어(85), 불어(80), 대중연설(86)에서도 비교적 좋은 성적을 올렸다. 또한 그가 언어의 장벽을 호소했던 영어 과목의 성적이 1~2학년간에는 저조했으나 3학년 때에는 95점의 높은 성적을 기록한 것으로 보아 그의 노력이 어떠했는가를 짐작할 수 있다. 그는 불어와 영어를 매 학기 수강했는데, 아마도 그 이유는 당시 조선 교구를 주도하던 파리 외방 선교회와 한국 진출을 준비하던 메리놀 외방 전교회 소속의 성직자들과의 원활한 의사 소통을 위해서였던 것으로 보인다. 특히 그의 회고에 따르면, 그는 "필수과목으로 매일 1시간씩의 교리를 배우기는 하였으나" 이에 만족하지 않고, "따로 교리·교회사·護敎學 등을 자습하면서 여러 신부님께 개인지도를 청하여 거의 무제한의 질문으로 신부님들을 괴롭혔다" 한다. 이 때 확보한 교리나 교회사 관계 지식들은 그가 뛰어난 신학 이론가로서 활발한 저술·번역 활동을 펼치는데 활용되었다. 또한 그는 역사를 4학기 동안 이수한 것을 비롯해 철학, 사회학, 교육학 등 다양한 인문 과목을 학습하였는데, 이를 통해 확보한 지식은 이후 문필가로서 그가 출중한 업적을 남기는데 기여한 지적 자산이었다. 특히 그가 대중연설이나 수사학 등을 이수한 것으로 미루어 그가 자신의 이상을 대중과의 직접 만남을 통해 전달하려는 적극적 의지의 소유

실력"은 이를 가능케 한 중요한 요인임에 틀림없지만, 보다 중요한 결정 변수는 그의 선택 내지 결정임이 분명하다. 왜냐하면 앞에서 살펴보았듯이 그는 조국의 복음화를 통해 국가의 민주화를 도모해야한다는 뚜렷한 소명의식을 갖고 정계에 투신한 인물이자, 이 소신을 평생 관철한 신념의 정치인이었기 때문이다. 그는 우리 역사상 보기 드문 言行一致의, 그리고 수신·제가에 성공한 자신의 삶을 치국에 반영하려한 表裏一體의 정치가였다. 따라서 그가 피동적으로 정계에 징발되었다는 인식은 그가 주체적 실천의지가 결여된 ─파벌의 이익을 대변하는─꼭두각시형의 "형식적" 지도자라는 추론을 정당화하려 한데서 비롯된 것일 뿐이다.

둘째, 과연 그는 자신의 능력이 아니라 시세를 잘타 4·19혁명에 무임승차해 내각 수반에까지 올라선 파벌의 이익만을 대변한 꼭두각시형의 "형식적" 정치인에 불과하였는가? 국가의 수립에는 여러 가지 요소가 필요하지만, 국가로서의 인정여부는 다른 국가들에 의해 국제적으로 판단되어지는 것이다. 1948년 대한민국은 단독 정부수립을 선포했지만 고립을 면하기 위해서는 국제적 승인이 필요했다. 또한 그가 주미대사로 재직 중 발발한 한국전쟁도 남북한군의 전력 상 격차로 인해 국제적 지원이 없었다면 그 결과는 명약관화한 것이었다. 즉, 신생 대한민국의 국제적 승인과 한국전쟁시의 유엔군 파병은 국가의 존립 그 자체를 좌우하는 중차대한 문제였으며, 이 과업의 성공적 완수는 장면 개인의 역량이 결정적으로 작용하였음은 그 누구도 부인할 수 없는 주지의 사실이다. 그는 정치가로만이 아니라 외교관의 세계에서도 초심자였지만, 국가의 존망이 걸린 문제를 훌륭히 해결함으로써 차후 한국을 이끌어갈 지도자로 부상한 것이다. 이러한 성가를 배경으로 그는 이승만 정부하

자임을 방증 해주는 것이며, 이들 과목을 통해 얻은 지식은 이후 그가 교육자, 신앙인 아니 정치가로 활동할 때 활용되었을 것은 자명하다. 허동현, 앞의 책, 47~51면.

의 제2대국무총리, 민주당 최고위원이 되었으며, 1952년 이후에는 미국 측에게서도 이승만을 대체할 한국의 차기 지도자로 주목받기 시작한 것으로 보는 것이 합당할 것이다. 따라서 장면에 대한 부정적 선입관에 입각한 연구들이 정치가로서의 장면의 성장 요인을 그를 필요로 하는 정치세력에게 충분한 이용가치가 있는 경력의 소유자이면서도 그들이 마음대로 이용하기 쉬운 꼭두각시형의 "형식적" 지도자이기 때문이었던 것으로 설명하는 것은 재고를 요한다고 본다. 일례로 한승주는 이승만의 제2대 국무총리 지명과 원내 자유당인사들이 그를 지도자로 선발한 이유를 이러한 관점에서 설명하고 있다.91) 심지어 그는 1956년 그의 부통령 당선 이유도 "그 자신의 득표 능력에 의해서라기보다는 신익희의 급서와 자유당 및 동당 부통령 후보의 심한 비인기에 1차적으로 기인"된 것으로 오도하고 있다. 그러나 장면은 그 당시 그의 경쟁자라고 할 수 있는 어떤 정치가보다도 뛰어난—국제 외교무대에서 검증된—능력과 신망을 얻고 있었던 지도자였음은 부인할 수 없다.

그러면 제2공화국은 4·19혁명에 편승해 정권을 얻은 취약한 정권이

---

91) "1948년 서울 지역구에서 제1대 국회의원으로 당선된 뒤, 그는 이승만에 의해서 초대 유엔대사로 발령되었고 뒤에는 주미 대사로 발령되었다. 유엔으로 하여금 1948년 12월에 남한 정부를 공식 승인하게끔 하는 노력에 성공함으로써 많은 신임을 얻게 되었다. 그는 1950년 6월 북한의 남침에 대해서 남한을 도와 달라는 유엔총회에 대한 그의 탄원으로 인해 한국민 사이에 더욱 유명해졌다. 1951년 2월에 그는 이승만에 의해 국무총리로 지명되었다. 이 지명은 명백하게 국회 내의 반대 인사들로부터 겪는 어려움을 줄이려는 이승만의 욕망이 주된 동기가 되었다. 왜냐하면 장면은 대부분의 국회 의원들로부터 꽤 좋은 평판을 얻고 있었기 때문이다. 이승만은 역시 장면을 통해서 대미 관계를 개선하려고 했다. 대미 관계는 이승만의 독재와 실정 때문에 긴장되어 있었다." 한승주, 앞의 책, 117~118면. "장면은 1952년에 의회 자유당 인사들에 의해서 지도자로 "선발"되었는데 이것은 주로 이승만 정권 아래에서 그의 국무 총리라는 지위 때문에 또 당시 미국 관리들 사이에 그의 평판이 좋았기 때문에—그리고 가장 중요한 것은 장면에게 그들의 영향력을 쉽게 행사할 수 있으리라는 예상 때문이었다." 한승주, 같은 책, 117면.

었나? 1960년 3월 18일자 {동아일보}는 민주당 소속 국회의원들이 전개한 "선거 무효선언"과 침묵시위에 대해 "국회 민주당 소속의원 50여명은 18일 상오 국회에서 3·15 정·부통령 선거의 무효를 선언하고 총퇴장하여 10시 18분부터 10시 28분까지 약 10분간 의사당 앞에서 서린동에 있는 민주당 의원부 연락처에 이르는 4백 미터 거리를 도보로 행진하면서 무언의 데모를 행하였다"고 보도하고 있다. 또한 4월 6일자 {동아일보}는 민주당 민권수호 공명선거 추진위가 주동이 되어 전개한 당일의 데모에 대해 "3·15 선거의 불법과 무효를 외치며 마산 사건 원흉의 처단 및 재선거를 호소하는 데모가 6일 상오 서울에서 감행되었다. 민주당 민권수호 공명선거 추진위 등이 주동을 이룬 이날 데모는 경찰당국이 적극적인 방해를 회피하였던 까닭에 연도에 늘어선 수십만 서울 시민의 소극적인 지지를 얻어 계획한 코스를 따라 큰 사고의 발생 없이 강행진이 단행되었다"고 보도한 바 있다. 이러한 민주당의 부정선거에 대한 조직적인 항의 데모는 4·19 혁명 발발의 중요한 도화선으로 기능한 것으로 보인다. 이어 4월 11일자 {동아일보} 호외는 3월 156일 시위 당시 행방불명되었던 김주열군의 시신이 발견되면서 벌어진 "11일밤 6시부터 마산시엔 미증유의 중대사태가 발생 11시 현재 확대일로에 있다"는 급보를 전하고 있으며, 4월 18일 고대생 데모에 이어 전국적인 4·19혁명으로 폭발하였다. 장면은 항변한다. 마산 궐기에서 4·19혁명에 이르는 과정에서 민주당은 무임승차한 것이 아니었다고.[92]

역사적으로 그 전례가 없는 주권 박탈의 부정 선거가 실시된 그날 저녁, 마산에서 부정 선거를 규탄하는 시민의 데모가 발생하여 경찰서를 습격하는 사태까지 빚어냈다. 이는 자연적인 폭발이요, 민심이라는 급류가 굽이친 한 표현이다. 그러나 민주당이라는 야당 세력이 줄기차게 부정과 독재에 싸웠기 때문에 민심이 이에 호응하여 형성된 것이라고 볼 수 있

---

92) 장면, [인생 회고록], 운석기념회 편, 앞의 책, 61~62면.

다. 4 · 19 학생 혁명도 민주당의 대여 투쟁이 길을 닦아 놓은 기반 위에
서 이룩된 위대한 의거였던 것이다. …국민은 민주당의 이러한 투쟁사를
옳게 인식해 주어야 할 것이다. 우리는 민주당이 정권욕에만 급급했고
4 · 19 혁명을 맞아 노고 없이 정권을 쥐게 되었다는 생각은 옳지 않다고
본다. 4 · 19 학생 의거가 직접적으로 독재를 무너뜨린 것은 사실이다. 이
나라 민주주의 발전에 피를 뿌리며 헌신한 것은 두말할 것 없이 4 · 19 학
생 혁명이었다. 그러나 학생들로 하여금 부정과 싸우는 의거의 바탕을 마
련해 준 여러 해에 걸친 민주당의 공로도 과소 평가해서는 안 된다.

한 마디로 장면은 부통령 재임 시절 부통령이기 이전에 야당의 지도
자로서 독재와의 투쟁을 선두에서 지휘했으며, 이러한 "민주주의의 상
징"으로서 그가 전개한 투쟁의 성과가 4 · 19혁명에 이르는 민주주의 회
복의 도정에서 중요한 역할을 한 것은 부정할 수 없는 사실이었다. 환
언하면 제2공화국은 4 · 19혁명에 "무임승차"해 이루어진 것이 아니었다.
그가 이끈 민주당 정권, 정확하게 말하자면 신파 정권은 3 · 15 부정선
거로 정당정치에 의한 정권 교체의 가능성을 막아버린 자유당 정권의
불의에 항거해 4 · 19 혁명이 일어나기까지 최전선에서 독재의 부당함을
온 몸으로 항거함으로써 민주주의 실현에의 꿈을 끝까지 포기하지 않은
유일한 정치세력이었다. 바로 이 점에서 민주당정권은 4 · 19 혁명의 이
상을 현실에 실현할 책무를 자임할 의무와 권리가 있었다고 본다.
　셋째, 장면은 과연 한승주의 연구에서 지적된 것처럼 "항상 수동적이
고 자기패배적 경로"를 취한 무능한 정치인이었나? 이에 의하면, 장면
은 주체적 판단능력과 책임감이 결여된 "형식적" 지도자였기 때문에 부
산정치파동에 즈음한 1952년의 "반이승만 정치인 집회"나 군사쿠데타
당시와 같이 "강한 결단력과 즉각적 행동이 필요한 상황"에 대해 "항상
수동적이고 자기패배적 경로"를 취했던 것으로 아래와 같이 보고 있
다.93)

---

93) 한승주, 위의 책, 118~119면.

일반적으로 장면은 강한 결단력과 즉각적 행동이 필요한 상황에서 상당한 정도 소심하였고 우유부단하였다. 김도연에 따르면 1952년 열린 반 이승만 정치인들의 집회에서 장면은 주된 연설자이자, 이승만의 헌법 개정 계획을 반대하는 중요 선언문을 낭독하도록 계획되어 있었다. 친 이승만 테러리스트들이 이 회합을 방해하리라는 것을 알게되자 여하간에 그는 나타나지 않았고 그의 결석은 선언 낭독과 회합 자체를 지연시켰는데, 결국 이 회합은 정체 불명의 난입자들에 의해 파괴되었다. 회합이 마칠 무렵, 수십 명의 깡패들이 참석자들을 공격하여 조병옥·서상일·김창숙 등 반 이승만 정치인들이 중상을 입었다. 이 시기 동안 장면의 완전한 정치무대로부터의 은퇴는 1961년 5월 군사쿠데타 이후 닷새[sic] 동안의 그의 잠적과 매우 유사한 것이다. 9년 전의 상황에서처럼 그의 소재는 알려지지 않았고 그는 존재하는 위기 상황에 관하여 어떤 조치도 하지 않았다.

과연 위의 글에 묘사된 바와 같이 장면은 유약하고 결단력이 결여된 책임회피형의 무능한 정치가였는가?[94] 이에 대해서는 다음과 같은 반론

---

94) 김호진도 이와 같은 견해를 보이고 있다. "장면이 혼란과 위기상황의 지도자로서 적절한지 의문을 자아내기에 충분하다. 흔히 민주당의 구파측은 장면이 야당 지도자가 되기까지 순탄했던 과정, 특히 일제시대 교육자로서의 안정적인 생활을 한 것을 들어 위기를 헤치고 나갈 수 있는 결단력 있는 지도자가 못된다고 비판하곤 한다. 확실히 그는 위기 대처능력과 결단성을 결여하였다. 특히 5·16군사쿠데타가 발발했을 때 장면은 그를 체포하려는 혁명군이 그의 숙소에 뛰어들어오기 15분전에 종적을 감추고 이틀동안이나 갈멜 수녀원의 깊숙한 방에 숨어 지냈다. 윤보선 대통령이 16일 밤 10시 30분 특별녹음방송을 통해 "장면 총리는 신변이 보장될 테니 빨리 나와 사태를 수습하라"고 촉구했을 정도였다. 국가가 존망에 처한 위기에서 국정의 책임자가 보여준 이러한 소극적 자세는 비난받아 마땅하며 그가 확고한 위기대처의지만 갖고 있었더라도 미국의 계속된 민주당정권 지지성명과 더불어 5·16군사혁명은 실패로 끝났을지도 모른다. 이러한 사실들은 장면 자신이 스스로의 투쟁을 통해서 지도자가 된 것이 아니라 파벌의 대표로 추대된 즉 '만들어진' 수동적 지도자로서의 한계가 드러난 것이다. 그는 결코 위기상황을 과단하게 대처하는 결단성 있는 리더십을 구사하지 못했다." 김호진, 앞의 글, 246면.

이 가능하다. 먼저 그의 우유부단함을 입증하는 논거로 제시된 1952년
의 집회 불참 이유에 대해 위의 글에서는 테러 위협을 사전에 파악한
장면이 이를 두려워하여 회의에 불참한 것으로 묘사하고 있지만, 당시
그는 6차 유엔총회 참석시 발병한 간염 치료차 미군 병원에 입원 중이
었다. 당시 일반인의 출입이 통제되었던 병원과 외부사이의 연락을 맡
았던 한창우씨의 회고에 따르면 장면의 불참은 병원장의 제지에 따라
불가피하게 참가하지 못한 것이었다.95) 또한 그가 테러를 두려워해 이
회합에 참석하지 않았다는 위 글의 지적은 1956년 저격 기도에 대한 정
보를 입수했음에도 1956년 9월 28일 민주당 전당대회에 참여해 암살을
모면한 "부통령 저격사건" 당시 장면이 취한 행동—왼손 피격에도 불구
하고 연설을 마친—과 상치한다. 이 사건 후 장면은 자신의 심경을 밝
힌 글에서 불길이 번지는 초원에서 병아리들을 구하기 위해 자신의 몸
을 던져 깃털 속에 병아리를 보호한 어미 닭의 이야기를 예화로 들며
국민의 권리를 대변하기 위해 자신의 身命을 바칠 것을 다짐한 바 있
다.96) 부정적인 평자도 인정하는 그의 인품으로 보아 이 글에서 천명된

---

95) "한씨는 그 길로 장박사가 누워 있는 병원으로 달려갔다. 가보니 넥타이를
맨 채로 장박사는 침대에 누워 있지 아니한가. 얼굴엔 수심이 가득했다. "어
떻게 된 거요?" "꼭 좀 나가 봐야 하겠다고 사정해도 원장이 안 내보낸 거
한참 승강이를 벌였지만, 못 나간다는 거야. 차도 철수시키고 나가려면 퇴원
수속을 하라는군 그래." 운석기념회 편, 앞의 책, 487면.

96) 장면, [나의 心境. 나의 신변身邊], {新太陽}3(1957), 28~29면. "어미 닭과 병
아리는 그 세찬 불의 홍수가 지나 간 다음 광야에는 아무 것도 남은 것이
없었다. 모든 것은 타버렸다. 그 타버린 잿더미 속에는 어미 닭의 사체도 있
었다. 이렇게 황량해진 광야에 어떤 행인이 지나가다가 언뜻 눈에 띠인 어
미 닭의 사체를 보고 그 타버린 사체를 들어보았다. 거기에는 하나의 놀라
운 異績이 발견되었다. 까맣게 타 버린 어미 닭 나래죽지 속에서 병아리들
이 살아서 튀어나온 까닭이었다. 어미 닭은 그 무서운 불길 속에서 병아리
들을 자기의 몸으로 보호하였던 것이다. 실로 인간의 정신을 초월하고도 남
음이 있는 갸룩한 어미 닭의 소행이 아닐 수 없다고 본다. 나는 이 신화를
말하는 의의를 설명하지 않는다. 다만 오늘 이 세대에 처한 정치가나 일반
국민이나 모든 사람들이 이 어미 닭과 같은 정신을 스스로 배워야할 것이라

558

장면의 의지는 신뢰할 수 있다 하겠다.

　다음으로 장면은 군사쿠데타 직후 잠적하여 위기상황에 관해 아무조
치도 취하지 않았는가? 이 논란 많은 문제에 대해서 여태껏 주목되지
못한 장면 자신의 해명을 통해 적어도 군사쿠데타 저지의 실패가 그만
의 책임이 아니라는 점을 지적함으로써 반론에 대하고자 한다.97)

　　사세 부득이 그 자리를 피했다. 반도 호텔에 군인이 들어오기 전 불과
10분 앞서였다. 가야 할 목적지를 정하고 나선 것은 아니다. 우선 길 건너
미 대사관으로 가보려 했으나 문이 절벽으로 잠겨 있었다. 무교동 골목으
로 빠져 청진동으로 달려가 한국일보사 맞은편 미 대사관 사택의 문을 두
드렸다. 어떤 엄명이 내렸는지 문이 열리지 않았다. …잠시 피신해 정세를
보기 위해서 아무도 짐작 못할 혜화동의 수도원으로 가 보았다. …혹자는
겁에 질려 꼭꼭 숨어만 있던 것처럼 알려져 있으나, 사실이 그런 것만은
아니다. 거기서 무엇을 어떻게 했는지는 아직 말할 단계가 아니므로 보류
해 둔다. …쿠데타가 지난 지금 말할 수 있는 것은 장도영이 양다리를 짚
지 않고 처음부터 굳세게 나갔거나 매그루더를 만난 윤 대통령이 진압할
뜻을 표시했다면 5·16정변은 결코 성공되지 못했을 것이다. 윤 대통령은
이러한 사태가 벌어지기를 바랐던 바이고, 먼저 내통을 받았을 때에도 기
대하고 있었던 일이었기 때문에 "올 것이 왔다"는 말을 하게 되지 않았던
가. 윤 대통령의 이러한 심사를 나는 도저히 이해할 수 없다. …5월 18일,
나는 정식으로 사임을 발표했다. 내가 사임을 결정하게 된 직접적인 동기
는 윤 대통령의 태도를 알았기 때문이다. 쿠데타를 지지하는 태도를 처음
에는 알지 못했으나 17일경에는 알게 되었다. 미 대사관으로부터 윤씨의
태도에 대한 연락을 받았다. 윤씨가 그렇게 나오는 한 자기들은 별 도리
가 없다는 것이다. 그는 군 쿠데타를 지지할 뿐 아니라 쿠데타 진압을 방
지하기 위해 온갖 방법을 쓰고 있음을 알았다. 대통령이 김모 비서를 1군

---

고 믿는다. 때는 이미 이러한 신화가 신통해 지고 신화의 교훈을 체득해야
할 세대가 되었음을 나는 한스럽게 생각한다. 일부 정치가임을 자부하는 사
람들의 마음이 부패하였고, 말할 수 없는 도탄 에 국민 생활은 위기에 처하
여 있는데 일부의 인사들은 私利에 혈안이 되었음을 알고 있는 바, 더욱 이
신화가 그들에게 주는 의의 크다고 본다."
97) 장면, [인생 회고록], 운석기념회 편, 앞의 책, 94~95면.

사령관 李翰林에게 보내어 쿠데타 진압을 저지하도록 했다. 국군 통수권을 쥐고 있는 대통령의 태도가 이러한 것을 알고는 쿠데타가 진압되리라는 희망을 포기하는 수밖에 없었다. 나라의 운명은 결정되었다.

내각 수반이었던 장면이 군에 영향력을 행사할 수 있는 길은 군에 대한 예산 통제권이 주된 수단이었으며, 실질적 군 통수권은 대통령에게 있었다. 주지하다시피 쿠데타 당시 윤보선 대통령의 행동과 제2공화국 출범 한 달도 안된 상태에서 준비된 쿠데타의 배후는 향후 究明되어야할 미해결의 과제이다. 그의 증언이 사실이라면, 군사쿠데타 저지하지 못한 것이 그만의 책임이 아니라는 점은 분명하다. 적어도 그는 군사쿠데타 발발 3개월 뒤인 8월 16일 "나의 心境을 말한다"라는 글을 신문에 기고해 헌정 중단의 전 책임을 자신에게 돌리며 국민 앞에 진솔하게 사과하는 책임정치를 구현한 정치가였다. 아마도 그는 한국의 헌정사상 자신의 정치행위에 대해 책임을 진 유일한 정치가일 것이다.98)

어느덧 5·16으로부터 만 3개월이 되어갑니다. 내가 총리직을 사퇴하면서 응당 국민에게 내 심경을 전하여야 될 줄은 알았으나 기회도 만만치 않고 또 물러나는 처지에 말할 염치도 없는 것 같아서 침묵을 지켜왔던 것입니다. 이제 8·15를 맞이하게 되니 가슴속에 회포를 금할 수 없으며 생각 가는 대로 존경하는 동포 여러 문께 보내는 글을 몇 자 적어보기로 하겠습니다.

동포 여러분! 청년학도들이 흘린 고귀한 피의 값으로 이루어진 4월혁명 이후 국민의 절대한 신임과 기대 밑에서 民主黨이 집권하게되었을 때 국민전체로서나 민주당 자신으로서나 새시대의 앞길에 대하여 한없는 꿈과 희망을 가졌던 것입니다. 그러나 집권 구 개월 미만에 모든 것이 뜻한 바대로 속히 이루어지지 못하여 가혹한 현실은 환멸과 초조를 불러내고 마침내 의회정치의 중단이라는 중대한 사태를 가져왔으니 이에 대한 모든 책임은 응당 민주당이 짊어져야 할 것이오 특히 영도의 책임을 가졌던

---

98) 장면, [나의 心境을 말한다], {東亞日報}, 1961, 8. 15.

본인의 두 어깨에 전적으로 있음은 두말 할 것도 없습니다. 솔직히 말해서 민주당정권은 일을 잘 해보겠다는 의욕에서 불타고 있었던 것만은 사실입니다. 錯雜多端한 환경 밑에서 과거에 누적된 잔재를 쓸어냄과 함께 새로운 건설을 급속 추진해야할 이중의 지난한 과업을 수행해보려고 본인과 본인의 동료들은 그야말로 침식을 잊을 정도로 밤낮을 가리지 않고 苦心勞作한 것은 숨김없는 사실이었습니다. 그러나 이 짧은 기간 내에 소기의 성과를 올리지 못하고 결과적으로 국민의 커다란 기대에 부응되지 못하였으니 이제 와서 해방 십육년 간을 온갖 고난을 극복하면서 장래만을 믿어온 삼천만동포에게 무슨 말로써 사과해야할지 알지 못하며 아울러 4월혁명의 꽃인 학도제군에게나 지금은 해산되어버린 구 民·參 兩院의 선배동지 여러분이며 십유여년을 독재에 항거하여 피눈물의 싸움으로 집과 몸을 희생하여온 전민주당당원 여러분 앞에 충심으로 사과하는 바입니다.

이상에서 밝힌 바와 같이 장면은 피동적으로 정계에 "징발"된 수동적 지도자가 아니라 뚜렷한 소명의식을 갖고 정계에 투신한 능동형의 정치인이자, 자신의 정치철학을 공사간에 일관되게 관철한 稀有의 실천적 정치가였다. 또한 그는 파벌의 이익만을 대변하는 꼭두각시형의 "형식적" 지도자로서 4·19혁명에 편승해 내각 수반에 오른 것이 아니다. 그는 대한민국의 국제적 승인이나 한국전쟁 시의 유엔군 파병 등 국가의 존망이 걸린 위기상황 타개에 괄목할 만한 업적을 쌓음으로서, 그리고 반독재 투쟁을 통해 聲望을 높임으로서 성장한 인물로 미래의 한국을 이끌 차기 지도자로 주목받던 그의 경쟁상대들에 비해 출중한 자질을 갖춘 대표적 정치가로서 합헌적 절차를 거쳐 집권한 정치가였다. 사실 장면의 정치가로서의 자질 시비의 주된 요인인 5·16군사쿠데타 진압 실패는 기본적으로 한국 사회 자체의 후진성에서 기인한 것으로 한 사람의 정치가에게 그 책임을 묻는다는 것은 무의미한 일일 것이다. 적어도 그는 자신의 정치행위에 책임을 진 책임정치의 구현자였다는 점은 높이 평가해야 한다고 본다.

# 결 론

　본고에서는 기존 연구에 보이는 장면의 인간적 특성, 지도력, 치적 및 사상에 대한 부정적 이미지가 5·16군사쿠데타의 필연성 내지는 정당성을 옹호하려는 결과론적 시각에서 기인한 事後(post-factum) 해석이라고 보아 이의 비판적 재검토를 통해 기존 연구의 부정적 장면상을 수정함으로서 올바른 장면 이해에 一助하려 하였다. 여기에서는 기존의 결과론적 장면 연구들이 범한 오류를 수정하기 위한 필자 나름의 장면 연구 방법론과 장면관을 피력함으로써 결론에 대하고자 한다.

　먼저 평가의 척도 문제이다. 오늘날 우리의 현재적 지향점이 근대 국민국가의 수립에 있다면, 그것은 정치적으로는 다원적 민주사회의 확립과 효율적 관료제도의 정착을, 경제적으로는 시장경제 체제에 입각한 민간 자율의 경제 발전을 통한 국민소득의 증대를, 사회적으로는 평등주의적 사회체제의 확립과 대화와 관용의 정신의 보급을, 문화적으로는 합리주의 실용주의와 같은 가치관의 보편화를 의미한다고 정의할 수 있다. 또한 근대 국민국가는 민족을 단위로 형성되는 것이 이상적이며, 나아가 그것은 단독으로 존재하는 것이 아니라 국제사회 속에서 다른 국민국가들과의 교류와 협력을 통해 국제적 지위를 확보해야만 한다. 그렇다면 정치가로서의 장면의 치적과 사상이 한국의 근대 국민국가 수립 과정에, 나아가 그 지향점에 어떠한 영향을 끼쳤는가가 평가의 핵심이 되어야 할 것이다.

　그렇다면, 주지하다시피 그는 정치적으로 자유당 일당 독재에 맞서 국민참정권의 회복에 공헌한 민주투사요, 제2공화국의 내각 수반으로서 다원적 민주사회의 확립을 도모하였으며, 최초로 관료의 공채제도를 시행함으로서 관료의 전문화와 효율화를 꾀한 바 있었다. 또한 그는 "경제제일주의"를 표방해 장기적인 경제개발 계획을 입안 실천함으로서, 국민 소득의 증대와 국부의 증강을 도모하되, 이를 관 주도형이 아닌 민간 자율의 방식으로 실천하려 하였다. 사회적으로도 그는 자유당 독재체제하에서 위축되어 있던 이익집단들과 사회단체들의 분출하는 이익 추구욕구에 접해 이를 권위주의적 방식으로 억누르지 않고 대화와 협력을 통한 자율적 해결을 종용하는 사회정책을 구사한 바 있다. 이 밖에도 그는 이승만 체제하의 반공주의적 무력통일론의 차원을 넘어서는 남북한의 화해와 협력을 통한 통일 기반 조성과 유엔 감시하의 남북한 자유선거를 통한 통일을 제기하는 등 합리적인, '그리고 국제적 지지를 얻을 수 있는 분단 해소 노력을 전개함으로써 진정한 국민국가 수립을 모색하였다. 나아가 그는 신생 대한민국 건국과정에서 유엔의 한국 승인을 얻어내는데 결정적 역할을 수행한 바 있었으며, 이승만 정권 시에 왜곡되었던 한일관계의 정상화를 시도하는 등 국제사회에서 대화와 협력을 통한 관계 재정립을 시도함으로서 한국의 국제적 지위와 위상을 제고하려 하였다.

이와 같이 장면은 다원화된 시민사회의 확립, 민간 주도형 경제건설, 관용과 대화의 정신, 합리적 통일방향의 제시, 국제사회에서의 위상 제고 등을 보편적인 방향과 원칙 하에서 실천하려한 이상적·선각적 정치가였다. 그러나 그의 이상과 꿈은 군부쿠데타에 의해 좌절됨으로써, 이후 장면과 제2공화국에 대한 평가는 부패·무능한 정치가이자 정권으로 왜곡·선전된 바 있었다.

그러나 현재 우리 사회가 지향하는 바가 오랜 권위주의 정부의 통치의 유산을 탈피해 다원적 시민 사회, 민간 자율의 경제구조, 화해와 관용의 정신을 통한 국민 통합에 있다면, 장면과 민주당 정권에 대한 평가는 精神史的 차원에서 이러한 제도와 가치들을 한국사상 최초로 실천하려했던 정치가이자 정권으로 평가되어야 마땅하다고 본다. 왜냐하면 민주주의에 입각한 다원화된 시민사회의 구현을 다시 한 번 시도하고 있는 오늘의 우리에게 장면의 정치사상은 우리의 앞길을 이끌어주는 이정표이자 좌표로서 기능하기 때문이다. 즉 그가 우리에게 맛보여준 자유민주주의와 자율에 기반을 둔 시민사회의 경험은 어둡고 긴 군사독재의 터널을 지나오는 동안 한국민주주의 운동이 그 지속성을 유지할 수 있게 해준 한국민 모두가 공유한 희망의 기억이었다. 따라서 장면이라는 역사적 인물의 功過를 논함에 있어 그 공은 장면에게 돌리고 허물은 그를 에워쌌던 당시 우리 사회 전체의 후진성 내지 미숙성에 돌려야 마땅하다고 본다.

# 대한국민의회 밀사 윤해와 고창일의 시베리아 횡단기

신 행 선*

<편집자>

이 횡단기는 고창일과 윤해가 "Un Voyage à la Jules Verne de Corée à Paris en Dix Mois"란 제목으로 프랑스 파리에서 *Je sais tout*라는 잡지 1920년 3월호(No.172, 1920.3.15발행)에 게재한 것을 번역한 것이다.

이 자료는 대한국민의회에서 파견한 윤해와 고창일이 시베리아를 통과하여 파리로 가는 여정을 전체적으로 보여주는 귀중한 것이다. 아울러 당시 시베리아 내전 상황도 우리에게 생생하게 전해주고 있다. 그와 더불어 이 자료는 니코리스크 상설위원회에서 1919년 2월 5일 경 윤해 등이 블라디보스톡을 떠나기 전에 대한국민의회라는 정부 명칭과 주요 간부를 확정하였음을 보여주고 있다는 점에서 더욱 주목을 끈다. 윤해가 지니고 있던『한국민 해외여행권』이 대한국민의회 의장 문창범과 서기 오창환의 명의로 대한국민의회 의원 윤해에게 발행되고 있는 것이다. 또한 그 여행권의 내용에 「右員을 대한국민의회에서 法蘭西國 巴里로 派遣하옵는 바 何國이든지 여행할 예정이옵기 대한국민의회는 我이

---

* 서울여대 사학과 강사.

천만국민을 대표하여 右員이 通路에 支障이 없이 旅行하며 又必要의 保護를 特與하여 주기를 각국 執政官憲에게 希望함」라고 하여 윤해 등이 대한국민의회의 대표임을 보여주고 있는 것이다. 즉, 대한국민의회의 기본 구조는 윤해가 출발하는 2월 5일경 이전에 갖추었다고 볼 수 있다. 다만 이를 2월 25일 회의를 통하여 만주, 국내, 러시아 등 전체 국내외 한인들의 대표기구로 공식 승인을 받고자 하였으며 3월 17일 독립선언서를 통하여 그 이름을 세계에 공포하였던 것이다.

본 여행기에서는 윤해 등의 출발점이 블라디보스톡임에도 불구하고 서울로 설정하고 있는 점은 사실과 어긋나는 것이다.

번거로운 일임에도 불구하고 본 자료를 번역해준 신행선 박사와 파리에서 직접 자료를 수집하고 교열을 해준 한성대 사학과 박단 교수에게 감사드린다.


## 〈쥴 베른느 식의 여행 : 한국에서 파리까지 10개월에 걸친 여정〉


편집자 : 이것은 고창일씨와 윤해씨가 전적으로 자신들의 책임하에 우리에게 진술한 매우 흥미로운 여행에 관한 것이다. 여정동안 결코 기운을 잃지 않았던 이 두 명의 대담한 밀사들은 「평화회의」에서 그들 조국의 요구사항을 피력하도록 한국 임시정부에 의해 파리로 파견되었다.

한국 임시정부가 「평화회의」에서 압제에 시달리는 우리 민족을 변호할 임무를 맡겼기 때문에, 우리는 지체없이 파리에 가기로 결정하였다. 지체없이! 우리는 이와 같은 표현과는 완전히 반대적인 면을 보게 될 것이다.

1919년 1월 15일, 대한국민의회(Assembée Nationale Coréenne)는 베르사이유에 모여있는 국가 원수들 앞에 우리 민족을 대표하기 위하여 가는데 필요한 공식 서류와 자금을 우리에게 건네주었고 또한 가는 방법을 우리가 선택하도록 하였다.

어떤 길로 가야 할 것인가?

상하이와 지중해를 거쳐서 가면 한 달밖에 걸리지 않을 것이 확실했다. 우리가 이 계획에 동조했을 때, 일본인들이 이미 길목을 지키고 있다는 것을 알게되었다. 그렇게 되면, 우리는 그들의 손에 잡힐 위험이 있으며, 우리 조국이 일본제국에 대항하여 봉기했기 때문에, 우리에게 닥칠 운명을 피할 수 없을 것이다.

그래서 우리는 편리한 여행 계획을 포기할 수밖에 없었다. 결국 시베리아를 건너 옴스크와 오데사를 통하여 유럽에 이르는 방법을 택하는 수밖에 없었다. 물론 이 길에도 커다란 위험이 있을 것이었다. 왜냐하면 우리는 일본인들에 의해 점령된 지역을 통과해야만 하며 한창 혁명이 진행중인 러시아도 관통해야만 하기 때문이었다.

우리는 서울을 떠나서 블라디보스톡까지 천 킬로미터를 기차로 갔다. 우리는 매우 오랫동안 떨어져 있게 될 조국에서 벗어나 주저없이 여행에 나선 것이다! 태평양의 대 항구인 블라디보스톡에서 우리는 극도로 조심스럽게 행동해야 했다. 그곳을 점령하고 있는 일본군대 때문에 우리는 신중하게 대비하지 않을 수 없었던 것이다. 일단 역에 도착하고 난 이후, 우리는 두근거리는 마음으로 열차의 출발을 알리는 신호를 기다리며 일등칸에 틀어박혀 있었다. 기관사들은 우리를 밀수업자로 간주하였다. 그러나 두둑한 팁을 줌으로써, 우리는 밀수업자 감시자들을 피할 수 있었다. 열차의 바로 옆 칸에 일본인 장교들이 타고 있었기 때문에 우리는 밤에만 생필품을 확보하기 위하여 신중을 기하여 우리 칸에서 나왔다.

2월 9일에 ≪만주리≫ 역에 도착하였다. 하루가 시작되고 있었다. 우리는 새벽 4시에 이르쿠츠크(Irkoutsk)로 떠나는 또 다른 기차를 타야만 했다.

역은 우글거리는 각 나라 군중들로 가득 차 있었다. 예컨대 국경에서 온갖 종류의 일본산 상품과 중국산 상품을 사는 러시아 투기꾼들, 수지 맞는 업종에 종사하는 밀수업자들, 심지어는 가족들에게 필요한 한 조각의 천을 사기 위하여 수천 킬로미터를 여행한 소박한 러시아 농민들도 있다. 그들은 인내를 가지고 자신들이 떠날 수 있는 날을 기다렸다. 왜냐하면 한 사람이 한 좌석을 얻기 위해서 열흘 이상을 기다려야만 하는 일이 흔했기 때문이다.

이렇게 기다려야 한다는 생각으로 우리는 낙담하였다. 그렇지만 낙담한다고 해서 달라질 게 무엇인가! 우리는 표를 파는 창구 근처에서 줄을 서 있었는데, 당일 날 좌석은 판매되지 않는다는 것을 알게 되었다. 일본인 군인과 헌병들이 지켜보는 앞에서 몇 날 며칠을 기다려야만 한단 말인가? 이 얼마나 난처하게 뒤얽힌 상황인가! 그 날밤 저녁을 먹은 후에 나는 내 동지를 대합실에 남겨놓고 다시 한 번 창구에 다가갔다. 그런데 아무도 없었다! 아주 잘 되었다. 그리하여 나는 맨 앞줄을 차지하게 되었고, 만일 필요하다면 창구 문을 열 때까지 밤을 새서라도 기다릴 것이다. 사람들이 곧 내 뒤를 이었다.

그 때 체격이 엄청나게 큰 한 러시아 코자크가 한 손에 그의 나가이카(*nagaika*, 말에 사용되는 짧은 채찍인데, 종종 다른 용도로 사용되었다)를 들고서 다가왔다. 그는 무서운 트란스비칼리(Transbikalie)의 코자크이자, 세메노프(Semenoff)의 경찰(sbires)들 가운데 하나로, 미카도(Mikado)정부의 친구이자 동맹이었다.

— 당신 거기서 뭐 하는 거요? 가시오(*Rrasidios!*) 하고 그는 소리질렀다. 나는 우리가 기다리고 있는 이유를 설명하고자 했다.

— 누가 너한테 감히 말하라고 했어, 이 개자식아?

그와 동시에 나는 그 무지막지한 나가이카 한 대를 얻어맞았다.

— 여기 있다, 이 것이 네 표다, 이 떼놈같으니 !

겁에 질린 여행자들이 흩어졌다. 나는 몹시 아픈 허리를 감싼 채 자리를 떠났으나 내 눈길을 창구쪽으로 시선을 놓지 않고 있었다. 새벽 4시에 그 전날처럼 다시 줄이 만들어졌으며, 그 전날과 마찬가지로 여행자들에게 더 이상 표가 남아 있지 않다는 것이 알려졌다. 그렇지만 나는 그 귀중한 표를 들고 기차를 기다리고 있는 사람들을 보았다 ! 곧이어서 나는 표를 가지고 있는 한 여행자를 통해서 그 수수께끼를 풀수 있게 되었다. 그것은 매우 간단하게도 코자크 경비병들에게 약간의 돈을 쥐어주면 되는 것이었다. 세메노프의 패거리들은 이처럼 거주민들에게서 징수하는 뇌물로 먹고 살고 있었던 것이다 ! 200루블을 들여, 우리는 8마리의 말.... 혹은 40여명의 사람이 타는 원시적인 가축차인 테플루슈카(teplouchka)에 두 자리를 얻을 수 있는 권리를 획득하였다. 그런데 우리는 모두 80명이나 되었다 ! 우리는 서서, 서로간에 꼼짝달싹 못한 채, 여행을 할 수밖에 없었다. 숨이 막힐 것 같았다. 이르크츠크 …옴스크 …

옴스크에서 우리는 벌써 전쟁의 기운을 느꼈다. 볼셰비키 전선이 가까웠던 것이다. 거기에서 우리는 신문을 통해서, 그리고 심지어는 마주치는 동포들의 입을 통해서 민족운동이 한국에서 전개되었으며 동경에서 한국인 학생들이 우리 조국의 독립을 외쳤다는 것을 알게 되었다. 신문들은 우리가 파리를 향해 떠난 것을 발표하였다.

이제 우리는 우리 여행의 방향을 선택해야만 했다. 북쪽으로 갈 것인가, 아니면 남쪽으로 갈 것인가? 그것이 큰 문제였다! 여행 허가서와 러시아 군당국의 허가증을 얻어야만 했다. 결국 우리는 에카테린부르그(Ekaterinbourg)쪽으로 거슬러 올라가기로 결정하였다.

우랄지방의 수도인 에카테린부르그는 시베리아의 많은 도시들과 다르다. 겉보기에는 유럽이었으나 그곳의 하늘은 금속공장의 무거운 연기로 장식되어 있다. 러시아의 짜르가 암살된 비극이 연출된 곳이 바로 그곳의 벽에서였다는 것을 우리는 알고 있다. 우리를 매우 친절하게 맞이하여 준 체코 장군 가이다(Gayda)가 마을에 사령부를 배치하여 놓고 있었다. 그런데 그는 정기적인 교통편의 없기 때문에 우리가 북쪽 방향으로 계속하여 여행을 하는 것이 불가능하다고 하였다. 그는 우리에게 첼리아빈스크(Tcheliabinsk)로 가도록 충고하였는데, 그곳은 유럽과의 국경으로 철도의 중요한 요지였다.

우리는 피곤으로 기진맥진한 채 도착하였다. 숙박업소에는 아주 작은 방 하나 조차도 빈 것이 없었는데, 모든 방을 군 당국에서 징발한 탓이었다! 우리는 역에서 밤을 보내고 다음 날 아침 우리의 여행 허가서를 얻기 위하여 군 참모본부로 갔다. 그러나 우리의 몰골이 어떠하였는가? 우리는 어쨌든 외교관의 모습은 아니었다. 거의 45일 전에 서울을 출발한 이 나무랄 데 없었던 임무 수행자들은 이미 너무도 변화된 모습이었던 것이다 !

— 우리를 맞이한 장군이 말하기를, 이것 보시오, 우리는 아직 민간인들에게 그러한 허가서를 내준 적이 없소이다. 콜차크(Koltchak) 장군에게 전보를 쳐보아야만 합니다. 당신들은 내일 그 결과를 받게 될 것이오 … 하고 말했다.

우리는 마을의 카페와 레스토랑에서 결과를 기다리며 기나긴 하루를 보냈다. 그리고 저녁에 그 전날 밤을 보냈던 역으로 향했다. 그런데 이게 웬일이란 말인가! 역은 당국의 명령에 의해 폐쇄되어 있었다. 공원의 한 벤치에서 휴식을 취하였다. 이 휴식은 모피옷 츄바(chouba)로 추위를 참고 견딘 잠도 잘 수 없는 이상한 휴식이었다.

— 장군은 "전보에 대한 답신이 아직 도착하지 않았지만 당신들이 그것을 기다리도록 호텔에 방 두 개를 준비해 두었소. 가서 주무시오!" 하고 말하였다. 이것이야말로 우리가 기대하지 않았던 횡재였다! 자 이제 기회가 우리에게 유리하게 돌아가는가! 모든 것이 다 잘 될 것이야! 나는 우리가 도대체 몇 시간 동안이나 잠이 들어 있었는지 모르겠다!…

나흘째 되는 날, 우리는 늘 하던 것처럼 장군에게로 갔다. 한 장교가 그와 함께 있었다 : — 답신이 왔습니다 : 총 참모본부는 당신들이 여정을 계속할 방법에 대하여 이야기하기 위하여 당신들이 옴스크로 오기를 바랍니다.

우리는 아연실색하였다. 우리에게 이미 여행을 계속하도록 허가서를 내주었던 옴스크로 다시 돌아가야만 한단 말인가 ?

— 대위가 당신들을 수행할 것입니다.

우리는 장군에게 감사함을 전하고, 그에게 옴스크에서의 "회동"을 진심으로 기꺼이 포기하겠다고 말하고 싶은 생각이 들었다. 우리가 볼셰비키 첩자일지도 모른다는 의심을 받는다는 생각이 들었다. 장군은 매우 각별한 호의를 가지고 작별인사를 하였으며 우리가 성공하기를 바라겠다고 기원하면서 심지어는 악수를 하기까지 했다. 대위가 우리와 함께 떠났다. 그는 열차가 밤에 떠날 것이고, 우리를 호텔 방으로 데리러 오겠다고 했다.

그날 저녁 대위가 호텔에 한 명의 군인과 함께 나타났다 : 그는 "여러분, 나는 당신들의 자유가 약간 제약을 받을 것임을 미리 알려드리지 않을 수 없군요" 하고 말했다. 이번에야말로 우리는 우리의 처지를 잘 알고 있었다 한 마디로 말해서 우리는 체포된 것이었다 !

이윽고 도착한 역에서 우리는 죄수들 칸에 끌어올려지기를 기다리고 있었다. 그런데 전혀 그렇지 않았다. 우리는 호화로운 일등칸으로 안내되었다.

— 이것은 모두 우리 마음대로 사용할 수 있습니다 하고 대위는 말하였다. 그것은 우리에게 마치 천국과도 같았다. 그러나 ≪황금으로 도금된 새장≫에 관한 이야기들이 우리 기억 속에 떠올려졌다. 우리는 이 천국보다는 지나간 우리 여행의 그 초라한 테플루슈카를 더 선호하였다. 그것이 우리를 서쪽으로, 파리로 데려다 줄 수만 있다면 말이다 …

우리를 동반한 장교는 우리에게 친절하게 대하려고 애썼다. 도착하는 역에서 마다 그는 우리의 바램을 미리 알고 정성껏 보살펴주었다. 그는 짜르 시대의 정치적인 헌병 장교의 세련된 태도를 가지고 있었다. 3일 동안의 여행 후에 우리는 옴스크에 도착하였으며 사람들이 우리를 총참 모본부의 정보부서의 책임자에게로 안내했다.

그 사람은 진지한 목소리로 우리에게 질문을 퍼부었다. 그는 우리의 기묘한 여정에 대하여 의례적인 서두를 꺼낸 이후에 특히 그가 관심을 가지고 있는 문제의 핵심으로 들어갔다.

— 당신들의 한국 임시정부(Conseil National Coréen)는 볼셰비키와 관계를 맺고 있지 않은가? — 당신들이 이루려고 하는 목표는 무엇인가? — 당신들은 공화국을 원하는가? — 당신들은 당신들의 조국에 어떠한 사회체제를 조직하고자 하는가? 그리고 그는 몇 마디를 덧붙였다 : — 내가 당신들에게 이 모든 것에 대하여 질문하는 것은 순전히 단순한 호기심에서이다…

— 우리는 그에게 우리가 각별히 원하는 것은 외세의 억압에서 우리의 조국을 해방시키려는 것이고, 조약을 위반하고 법의 원칙에 반한 일본에 의해 강탈당한 독립을 되찾으려는 것이라고 대답하였다. 그러나 우리는 정치적 토론에 개입하고 싶지는 않았다. 심문이 끝났으며 보고서가 작성되었다. 사람들이 우리를 열차칸으로 다시 안내하였으며 우리의 자유는 계속해서 제약된 채였다. 그 다음날 우리는 장군이 기다리고 있는 총참모본부로 안내되었다. 안에 들어가자마자 우리 중 한 사람이 매우 놀란 목소리로 외쳤다 :

— 안녕하십니까, 장군님, 우리를 기억하지 못하시겠습니까?

— 아니 이런! 바로 당신이오? 이게 어떻게 된 일입니까?

— 아주 단순합니다. 사람들이 우리를 볼셰비키로 알고 체포한 것이지요!

극적인 전환이었다! 우리는 장군에게 우리 여행의 목적과 어려움들, 그리고 우리의 체포에 대하여 이야기했다. 우리 주위의 사람들의 착오에 대하여 장군은 우리가 자유임을 선언하였다. 빈방이 없어서 우리는 다시 우리의 일등칸 열차로 되돌아가야만 했다. 우리 문제는 이제 잘 해결되었는가? 아직 그렇지 않았다. 일본 군대의 선전부장이 우리 여행 허가서(여권)를 거절하도록 요청하기 위하여 콜챠크(Koltchak) 장군을 찾아간 것이다. 한편으로 전선이 조정되었다. 우리는 참을성있게 기다릴 수밖에 없었다. 매일 우리는 참모 본부에 정보를 얻으러 갔다. 헌병대장이 우리에게 마음을 터놓았으며 우리는 그의 입을 통해서 첼리아빈스크에서 우리가 체포된 이유를 알게 되었다 : 두 명의 한국 대표가 모스크바에서 열리는 제3인터내셔널에 참석하기 위하여 국경선을 넘으려 하고 있다는 것을 알리는 익명의 전보 때문이라는 것이다! 참모본부 사령관은 그 자리에서 우리를 총살하고자 했으나 심사숙고 한 끝에 우리를 옴스크로 보내도록 결정했다는 것이다. 바로 그가 우리에게 ≪진정어린≫ 기원을 해준 사람이었던 것이다!

그러나 소비에트 적군의 포위 위험이 사라지면서, 우리는 첼리아빈스크로 돌아가도록 허가를 받았다. 그래서 소중한 시간을 지체하지 않고 우리는 남쪽으로 100킬로미터 떨어진 곳에 있는 트로이타크(Troïtak) 행 기차를 잡아탔다. 이제 더 이상 안락한 기차칸은 없었다. 우리는 다시 그 끔찍한 테플루슈카를 타게 되었지만, 그게 무엇이 그리 중요한가 ! 우리는 자유로웠는데. 시간당 7킬로미터의 속도로 달려서 도착했던 트로이타크에서 우리는 철도를 포기해야만 했다. 우리 앞에는 키르기즈(Kirghiz) 스텝이 펼쳐져 있었다. 우리는 썰매를 입수할 수 있었으며 한 키르기즈인을 마부로 고용했다. 우리에게는 아직 간단하나마 여권 수속을 마쳐야 하는 것이 남아 있었지만… 사람들이 우리에게 모든 것이 다 잘 될 것이라고 안심을 시켜 주었다. 우리가 출두하자 당직장교가 우리에게 주둔 사령관이 우리를 보고 싶어한다고 알렸다. 난처한 소식이다!  우리는 전선에서의 상황 때문에 아직도 더 기다려야만 했다. 그렇지만 머지 않아서 북쪽 도로가 자유로와 졌다는 소식이 도착했다. 우리는 ≪더 없이 즐거운≫

테플루슈카를 다시 잡아타고 에카테린부르그(Ekaterinbourg)로 향했다. 그 곳에 도착하자마자 우리는 펌(Perm)으로 떠났다. 우리는 입장은 한결 나아졌다. 두 개의 소식이 차례로 도착했다. 첫 번째 소식은 우리를 대경실색케 하였는데, 그 두 군대 사이의 관련 소문은 거짓이었다. 두 번째 소식은 우리에게 활기를 불어넣었는데, 한국에서 거대한 대중운동이 일어났다는 것이었다. 희생자들과 구속이 있었다 ... 시간은 흐르고 있었다...

아르칸젤(Arkhangel)로 떠나려던 우리의 마지막 희망이 사라졌다. 우리가 여정에 나선 지 벌써 3개월인데 우리는 아직도 시베리아를 넘어서지 못하고 있다. 위험한, 거의 실현되기 어려운 계획이 우리에게 절실히 요구되고 있었다. 예컨대 전선을 가로질러 소비에트의 러시아로 들어가서 거기에서 폴란드나 혹은 핀란드를 통하여 파리로 향하는 것이다. 우리는 철도의 종착역까지 가는 여행허가증을 힘들게 획득하였다. 이제는 우리가 잘 알아서 요령있게 처신해야 할 차례다. 그리하여 우리는 5월 1일에 열흘 치 식량을 준비하고 펌을 떠났다. 전선까지는 2백 킬로미터나 남았다. 기차는 군인으로 가득 차 있었다. 우리가 유일한 민간인이었다. 사람들이 우리를 쳐다보고, 질문을 던졌다. 우리의 서류가 정상적이었기 때문에 여행은 문제가 없는 듯이 보였다. 그러나 그 이후에는 어떻게 될 것인가 ? 유럽인들은 아시아인들이 광신자들이라고 말한다. 아마도 우리를 이끌었던 것이 광신적일지도 모르겠다. 오로지 ≪외세의 억압≫이라는 말이 무엇을 의미하는 지 아는 자만이 우리를 이해할 수 있다 ...

새벽 4시 30분에 우리는 종착역에 도착했다. 우리는 기차에서 내렸다. 철로를 따라서 걸어가야 할 길이 80킬로미터였다. 병사들이 빠르게 행진해서 우리는 그들을 따르기가 쉽지 않았다. 도로를 따라서 부서진 열차 칸, 파괴된 다리들, 폐허가 된 역들이 보였다. 걸어가면서 우리는 일행과 이야기를 나누었다. 우리는 그들에게 다음과 같이 물어보았다 :

― 당신은 누구를 더 선호합니까? 레닌이요? 아니면 콜차크요?

― 그 어느 쪽도 아니오. 두 사람 모두 우리가 서로 싸우지 않으면 안되게 합니다. 우리는 우리를 조용히 내버려두었으면 **좋겠어요**. 그게 다입니다!

우리는 볼티악(Voltiaks)[1]들이 살고 있는 마을에서 멈추었다. 우리는 궁핍하고 비참한 통나무집 안으로 들어갔다. 사람들은 원기 회복을 위하여 우리에게 따뜻한 물을 내주었다. 해가 뜰 무렵에 다시 길을 떠났다. 도로 통행이 불가능한 힘겨운 행군이었다. 마침내 우리는 쳅차(Tcheptsa) 강 어귀에 도착하였다. 강의 넓이가 350미터나 되었다. 적의 참호가 건너편 강가에 있었다. 강을 건너는 것은 불가능하였다. 볼셰비키의 기총소사 세례를 받을 것이었다. 폐허더미 안에 피신해 있는데, 한 장교가 우리를 불렀다. 그가 우리의 존재를 발견한 것이다. 경악이었다. 우리 서류를 보고 약간 안심하기는 하였지만, 그럼에도 불구하고 그는 우리를 사단 사령부로 데려가게 하였다. 복종하는 수밖에 없었다. 우리는 으시시한 디에브스키(Djewski)에 도착했다. 우리를 맞이한 대령은 우리가 추위에 떨고 있는 것을 보았다. 그는 우리가 두려움에 떨고 있는 것으로 믿었다. 우리가 적군의 첩자일 것인가? 서류를 통해 우리가 첩자가 아니라는 것이 밝혀졌지만, 그는 군단 참모본부에 전화를 하였고, 며칠 전에 떠났던 종착역으로 우리를 데려오라는 명령이 그에게 내려졌다. 잃어버린 그 많은 시간들과 우리가 겪은 고생이 쓸데없는 것이었던 말인가? 불행하게도 그러했다! 끝없는 슬픔이 우리를 에워쌌다. 그 다음 날 우리는 며칠 전에 우리가 커다란 확신을 가지고 떠났던 철도역에 도착하였다. 새로운 심문이 이루어졌다. 사람들은 우리를 두 명의 파수병이 감시하는 열차칸에 감금하였다. 우리는 명령을 기다렸다. 명령이 도달하자마자 두 명의 총검을 가진 병사를 동반한 한 장교가 우리에게 그

---

1) 우드무르트(Oudmourtes; Udmurt)라고도 부른다. 피노우그리아 어족의 기원을 가진 민족으로서 비아트카(Viaika)와 카마(Kama) 사이에 정착하고 있다.

내용을 알려주었다. 우리는 에카테린부르그로 다시 내쫓겨야 했다. 결국 불운이 항상 우리를 따라다니고 있단 말인가? 우리는 입을 다물었다.

— 중국인 볼셰비키들을 잡았다고 누군가가 외쳤다.

— 다른 누군가가 그들을 어렵게 여길 필요가 없다. 그들을 쳐라!고 말했다.

한 병사가 다가와서 윤동지와 나를 때렸다. 나는 그의 주먹의 무게와 근육의 힘을 가늠할 수 있었다. 그러나 지휘관 한 명이 왔고, 그의 부하들을 진정시켰다. 그리고 바로 그 당시에 우리는 이미 우리에게 통행허가증을 발급하였던 바 있는 장군이 다시 한 번 우리를 놓아주었던 펌, 에카테린부르그를 향하여 천천히 되돌아갔던 것이다… 이것은 5월 16일에 일어난 일이었다. 6월 28일, 무슨 일이 있더라도 목적을 달성해야 한다는 집요하고 흔들리지 않는 확고한 생각을 가지고, 아직도 견디어 내어야 할 고통과 감수해야 할 위험, 굶주림, 궁핍이 어떠하든지 간에 우리는 세 번째로 에카테린부르그를 떠났다. 우리의 계획이 실현되기에 어렵고도 초인간적이지만 실현 불가능한 것은 아니었다. 우리는 볼가(Volga)강의 지류인 카마 강으로 올라가서 에셔딘(Echrdyne)까지 가고, 거기서부터는 우리와 200킬로미터 떨어진 페쇼라(Petchra) 샘까지 도보로 가고, 이어서 북빙양까지 강을 내려오기로 결정하였다.

처음 20킬로미터는 덜거덕거리는 2개의 바퀴 위에 옹이투성이의 간단한 널빤지를 얹은 농민의 마차를 타고 갔다. 커다란 추위가 가고 더위가 왔다. 매 20킬로미터 정도마다 우리는 고통과 궁핍으로 부푼 얼굴과 사지 때문에 눈을 뜨기조차 힘든 굶주린 사람들이 사는 가난한 촌락을 지나갔다. 우리는 우리가 준비했던 보잘 것 없는 비축 식량을 그들 앞에서 먹는 것이 부끄러웠다. 빵 대신에 그곳의 토착민들은 사료용 깻묵과 체로 쳐서 가루로 빻은 마른 이끼 찌꺼기를 섞은 형편없는 것을 먹고 있었다. 그야말로 신과 인간에게서 잊혀진 지역이었다!

윤동지가 검은 빵 한 조각을 준 한 늙은 여인은 눈물을 흘렸으며 땅

바닥에 몸을 던져 윤동지의 발에 입을 맞추었다. 나는 윤동지의 눈에 고인 눈물을 보았다...  그렇지만 어떡하리요? 우리가 가지고 있는 약간의 식량을 그들에게 주고 그들과 함께 죽어갈 수는 없지 않은가? 외세의 억압에 신음하고 있는 우리 민족은 강탈당한 권리를 주장하기 위하여 우리를 이렇게 보내지 않았던가?

6일 동안 걸어서 행군을 하고 난 이후에도 피곤하다는 불평 한 마디도 하지 않았던 나의 동지 윤해가 나에게 물었다 :

— 파리까지는 아직도 얼마나 많이 걸어야 할까요 ?

우리는 웃음을 터뜨렸다... 10일째 되는 날 우리는 페쇼라 강가를 발견하였다. 이제는 발이 아니라 팔이 일할 차례였다. 우리는 2 리브르[2]의 빵을 주고 작은 배를 구입했으며 −현금은 받지 않았다− 노를 젓기 시작하였다. 강가에는 겨울에는 모피 사냥을 하고 여름에는 고기잡이를 하는 핀란드−슬라브계열의 기원을 가진 북방 민족인 지리안족(Zyrianes)이 살고 있었다. 그들 가운데 러시아어를 이해하는 사람들은 매우 드물었다. 우리는 단지 4명의 학식있는 층의 사람들을 만났는데, 그들은 사제 한 명과 3명의 교사들이었다.

— 당신들은 영국인입니까? 하고 그들이 우리에게 물었다 : 아닙니다.

— 그렇다면 프랑스인입니까? 사람들이 우리에게 조금 멀리에 프랑스인들이 있다고 했는데 우리는 결코 그들을 본 적이 없답니다! 이 사람들은 거대한 러시아와 세계에서 일어나고 있는 상황들과는 거리가 먼데 있었다.

우리는 작은 배로 300킬로미터를 더 노 저어 트로이츠크(Troïtzk)에 7월 13일 도착하였다. 우리는 아르칸젤(Arkhangel)로 향하는 증기선을 타기 위하여 이틀을 더 기다렸다.

다행스럽게도 그 배에 오를 수 있었다. 마침내 휴식이었다! 오로지

---

2) 리브르 = 파운드로서 무게의 단위. 500그램에 해당함.

모기들만이 우리를 가만히 내버려 두려하지 않았다. 삼림이 조금씩 빽빽해졌다. 마을들이 드물었다. 곳곳에 동일한 기근현상이 보였다. 빵과 설탕을 주고, 우리는 농부들에게서 생선과 달걀들을 얻었다. 숲들은 황량한 대평원인 툰드라로 바뀌었다. 마침내 7월 27에 우리는 대서양을 발견하였다. 우리를 아르칸젤로 실어가게 될 배는 이미 거기에 있었다. 우리는 3일 반 동안을 ≪백야≫ 속에서 떠도는 얼음 사이로 여행했다.

그러나 새로운 어려움이 닥쳤다. 연합국 대표들이 한국 임시정부에서 발행한 우리 여권에 사증을 주려 하지 않았으며, 우리는 비자를 받기 위하여 한 달 반을 기다려야만 했다.

우리는 노르웨이, 영국을 거쳐서 르 아브르 항구에 도착하였다. 급행 기차를 타고 우리는 9월 26일에 파리에 도착하였다. 이번에야말로 우리의 목적을 달성한 것인가? 아아! 그렇지만 유감스럽게도 「평화회의」는 이미 끝나버렸다!

이제 우리 민족의 요구사항을 누구에게 피력할 것인가?

국제연맹에다 해야 하나? ...


고창일(GO-TCHANIR), 윤해(YOUN-HAI)

# JE SAIS TOUT

LE NUMÉRO MENSUEL : 2 FRANCS — 15 FÉVRIER 1920

EN UNE SEULE FOIS, DANS CE NUMÉRO
## LE GOURMAND

# SOMMAIRE

*DIRECTEUR-FONDATEUR : PIERRE LAFITTE*



ILLUSTRATIONS de Charles MARTIN, ZIG BRUNNER, Micheline RESCO, J.-C. BELLAIGUE, Marcel CAPY, Alexandre RZEWUSKI, LORENZI


16ᵉ ANNÉE : Nᵒ 172 — 15 MARS 1920

FRANCE 20 fr. l'an ; ÉTRANGER : 26 fr.

RÉDACTION ET ADMINISTRATION 90, AV. DES CH.-ÉLYSÉES    SOCIÉTÉ NOUVELLE DE PUBLICITÉ 11 BOUL. DES ITALIENS

C'est un extraordinaire voyage que nous content, sous leur entière responsabilité, MM. Go-Tchanir et Youn-Hai. Ces deux intrépides émissaires dont la bonne humeur ne se démentit jamais ont été envoyés à Paris, par le Gouvernement provisoire coréen, afin de présenter à la Conférence de la Paix les revendications de leur pays

*Une curieuse pagode coréenne perchée sur une colline. La porte sud des remparts de Séoul*

ᴇ Gouvernement provisoire coréen nous ayant chargés de plaider la cause de notre peuple opprimé, devant la Conférence de la Paix, nous décidâmes de gagner Paris sans délai. Sans délai ! On verra toute l'ironie d'une telle expression.

Le 15 janvier 1919, l'Assemblée Nationale Coréenne nous remettait des papiers en règle, des fonds et nous laissait le choix des moyens pour venir représenter notre peuple devant les hommes d'État assemblés à Versailles.

Quelle route prendre ?

Certes, en passant par Shanghaï et la Méditerranée, il ne nous fallait qu'un mois de traversée. Nous nous étions donc ralliés à ce projet quand nous fûmes informés que les Japonais étaient déjà sur notre trace. Nous risquions ainsi de tomber entre leurs mains et, comme notre pays était soulevé contre l'Empire Nippon, nous ne pouvions nous dissimuler le sort qui nous serait réservé.

Nous dûmes donc abandonner l'idée d'un voyage pratique. Force nous était alors d'emprunter le transsibérien et de gagner l'Europe par Omsk et Odessa. Cette route même offrait de grands dangers, car il nous fallait traverser des régions occupées par les Japonais et parcourir la Russie en pleine révolution.

Nous quittâmes Séoul et effectuâmes par le railway les mille kilomètres qui nous séparaient de Vladivostok. Voyage sans encombre à travers le cher pays d'où nous allions, si longtemps, être exilés ! Dans le grand port du Pacifique, il nous fallut opérer avec une extrême prudence. Les troupes japonaises qui l'occupaient nous obligèrent à prendre de sérieuses précautions. Après avoir gagné la gare, nous nous enfermâmes dans un compartiment de première, attendant avec émoi le signal de départ du train. Les conducteurs nous avaient pris pour des contrebandiers ; avec un bon pourboire, nous en avions fait des gardiens vigilants. Les compartiments voisins étaient occupés par des officiers japonais et nous ne devions, par prudence, sortir de nos compartiments que la nuit, le juste temps nécessaire à nous ravitailler.

Nous arrivâmes à la station « Mandchourie » le 9 février. Le jour commençait et il nous fallut prendre un autre train qui partait vers Irkoutsk à quatre heures du matin.

La gare était pleine d'une foule grouillante et cosmopolite : spéculateurs russes qui achètent à la frontière toutes sortes de marchandises japonaises et chinoises ; contrebandiers qui exercent un lucratif métier ; simples moujiks même, qui ont fait des milliers de kilomètres pour venir acheter une pièce d'étoffe nécessaire aux besoins de la famille. Patiemment, ils attendaient le jour où ils pourraient partir, car, souvent, chacun est obligé d'attendre dix jours et plus pour recevoir une place.

La perspective d'une telle attente n'était pas faite pour nous encourager. Mais que changer à cela ! Nous nous installons à la file près du guichet aux billets où nous apprenons qu'il ne sera pas délivré de places pour ce jour. Il faudra attendre, des journées entières, sous les yeux des soldats et des gendarmes japonais ? Que voilà une fâcheuse complication ! Le soir, après le souper, je laisse mon compagnon dans la salle commune et je m'approche à nouveau du guichet. Personne ! Cela est parfait. J'occuperai donc la première place et j'attendrai ainsi, s'il le faut, toute la nuit, l'ouverture du précieux guichet. Mon exemple est vite suivi.

A ce moment, s'approche un cosaque russe — une sorte de géant — tenant à la main sa *nagaïka* (fouet court servant pour les chevaux... et souvent à d'autres fins). C'était un des sbires de Semenoff, le redoutable *ataman* de la Transbaïkalie et, de plus, ami et allié du gouvernement du Mikado.

— Qu'est-ce que vous f... là ? *Rrasaïdios !* (circulez !) hurle-t-il. Je veux expliquer ce que nous attendions.

— Tu te permets de causer, fils de chien ?

Au même instant, je reçois un formidable coup de *nagaïka*.

— Tiens, ton billet, espèce de Chinois !

Les voyageurs effarés s'étaient dispersés. Je quittai la place, les reins endoloris, mais je ne perdais pas de vue le guichet libérateur. A quatre heures du matin, comme la veille, la queue se reforma et, comme la veille, on prévint les patients voyageurs qu'il ne restait point de billets. Et

Un groupe de pri-
sonniersbolchevicks.
— Un paysan russe
dans son bizarre
accoutrement. — Un
soldat d'infanterie
de l'armée tchèque

pourtant, je voyais des gens munis du précieux coupon qui atten-
daient le train ! J'eus bientôt, par un voyageur privilégié, la clef de
l'énigme. Il n'était que de remettre, tout simplement, une certaine
somme d'argent aux cosaques de garde. Ainsi, les bandes de
Semenoff vivent des tributs qu'elles prélèvent sur les habitants !
Moyennant 200 roubles, nous obtînmes le droit d'acheter deux
places dans une *teplouchka*, rudimentaire wagon à bestiaux à
l'usage de huit chevaux... ou de quarante hommes. Nous étions
quatre-vingts ! Nous fûmes réduits à faire le voyage debout,
écrasés les uns contre les autres. On suffoquait ! Irkoutsk... Omsk...

A Omsk, on respirait déjà l'atmosphère de la guerre : le front
bolchevik était proche. Nous apprîmes là, par les journaux et de
la bouche même de compatriotes rencontrés, que le mouvement
national s'était développé en Corée et que les étudiants coréens,
à Tokio, avaient proclamé l'indépendance de notre pays. Les
journaux annonçaient notre départ pour Paris.

Il nous fallait, maintenant, choisir la direction de notre voyage.

Nord ou Sud ? Grave problème ! Il était nécessaire d'obtenir
un permis de voyager et des passeports des autorités militaires
russes. Nous nous décidâmes à remonter vers Ekaterinbourg.

Ekaterinbourg, la capitale de l'Oural, diffère beaucoup des villes
sibériennes ; elle est d'aspect européen et son ciel se panache des
lourdes fumées d'usines métallurgiques. C'est dans ses murs, on
le sait, que se joua la tragédie de l'assassinat du tsar de Russie.
Le général tchèque Gayda qui nous reçut fort aimablement,
avait installé dans la ville son quartier général. Il nous déclara
pourtant qu'il nous était impossible de continuer notre voyage
dans la direction du Nord à cause de l'absence du service régulier
des communications. Il nous conseilla d'aller à Tcheliabinsk —
important nœud de chemins de fer à la frontière de l'Europe.

Nous arrivâmes, brisés de fatigue. Pas la moindre chambre
de libre dans les hôtelleries, toutes réquisitionnées par les autorités
militaires ! Nous passons la nuit à la gare et nous allons le matin
à l'État-Major de l'armée pour obtenir nos passeports. Mais dans
quel état étions-nous ! Nous ressemblions à tout ce qu'on veut,
mais en tout cas pas à des diplomates. Ils étaient déjà bien
changés les deux chargés de mission impeccables partis de Séoul

— Voyez-vous, nous dit le général qui nous reçut, nous n'avons pas encore donné de telles permissions à des civils. Il nous faut télégraphier à l'amiral Koltchak. Vous aurez la réponse demain...

Nous passâmes une longue journée d'attente dans les cafés et les restaurants de la ville. Et le soir, nous nous dirigeâmes vers la gare où nous nous étions abrités la nuit précédente. Hélas ! la gare était fermée par ordre des autorités. Un banc, dans un jardin public, fut notre lit de repos. Étrange repos sans sommeil où nous endurions le froid dans nos *chouba* fourrées.

— La réponse n'est pas encore arrivée, nous dit le général le lendemain, mais j'ai, pour que vous l'attendiez, fait préparer, à votre intention, deux chambres dans un hôtel. Dormir ! Voilà, en vérité, une aubaine que nous n'espérions pas ! Allons, la chance nous favorise ! Tout s'arrangera ! Je ne sais plus combien d'heures nous avons dormi !...

Le quatrième jour, comme à l'habitude, nous nous présentâmes chez le général. Un officier était avec lui : — La réponse est venue : le Grand État-Major vous prie de venir à Omsk, pour causer avec vous des moyens de continuer votre route.

Nous étions stupéfaits. Il nous fallait retourner à Omsk où l'on nous avait déjà donné la permission de continuer le voyage ?

— Le capitaine vous accompagnera.

Nous avions envie de remercier le général et de lui dire que, vraiment, nous renoncions volontiers au plaisir d'une « conférence » à Omsk. L'idée nous vint que nous étions soupçonné d'être des bolcheviks. Le général prit congé de nous avec la meilleure grâce du monde, nous offrit ses vœux *sincères* de succès et, même, nous serra les mains. Le capitaine sortit avec nous. Il nous informa que le train partait la nuit et qu'il viendrait nous chercher lui-même dans notre chambre.

Le soir, le capitaine se présenta à l'hôtel,

*Un équipage pour traverser les plaines glacées de Sibérie. —Du pain composé de tourteaux et de mousses séchées*

avec un soldat : « Messieurs, nous dit-il, je suis obligé de vous prévenir que votre liberté sera un peu « gênée ». Vous ne pourrez pas communiquer avec le monde extérieur. » Nous étions, cette fois, bien fixés sur notre situation. Nous étions tout simplement arrêtés !

A la gare où nous fûmes bientôt rendus, nous nous attendions à être hissés dans un wagon de prisonniers. Point. On nous conduisit dans une luxueuse voiture de première classe.

— Elle est toute à notre disposition, déclara le capitaine. Et cela nous sembla un paradis. Mais les paroles sur « la cage dorée » nous sont venues à la mémoire. Combien nous aurions préféré la teplouchka infâme de notre voyage passé à ce paradis, pourvu qu'elle nous eût transportés vers l'Ouest, vers la France...

L'officier s'efforçait à être aimable. Aux différentes stations, il prévenait nos désirs ; il avait les manières exquises d'un officier de gendarmerie politique du temps des tsars. Nous débarquâmes à Omsk après trois jours de voyage et l'on nous conduisit chez le chef du bureau de la Section Secrète du Grand État-Major.

Le chef, d'une voix sévère, nous accabla de questions. Après le préambule obligatoire sur la bizarrerie de notre itinéraire, il entra dans le vif du sujet qui l'intéressait particulièrement.

— Votre Conseil National Coréen n'a-t-il pas entretenu des relations avec les bolcheviks ? — Quels sont les buts que vous poursuivez ? — Voulez-vous la République ? — Quel régime social voulez-vous organiser dans votre pays ? Et il ajouta ces mots :

— C'est par pure curiosité que je vous demande tout cela...

— Nous voulons surtout, lui répondîmes-nous, libérer notre pays du joug étranger, lui retrouver son indépendance ravie, en violation des traités et contrairement aux principes du droit, par le Japon. Mais nous n'avions pas envie de nous engager dans une discussion politique. L'interrogatoire prit fin et un procès-verbal en fut rédigé. On nous reconduisit à notre wagon, notre liberté continuait à être « gênée ». Le lendemain, on nous mena au Grand État-Major où nous attendait le général. A peine introduits, l'un de nous s'exclama avec la plus grande surprise :

— Bonjour, mon général, vous ne me reconnaissez pas ?

— Comment ! C'est vous ? Qu'est-ce qui vous arrive ?

— C'est bien simple, on nous arrête comme bolcheviks !

Coup de théâtre! Nous racontâmes au général le but et les difficultés de notre voyage et notre arrestation. A la

confusion de ceux qui nous entouraient, le général nous déclara que nous étions libres. Faute de chambres, nous fûmes obligés de retourner à notre wagon de première. Nos affaires allaient-elles s'arranger ? Pas encore ! Le chef de la mission militaire japonaise alla chez l'amiral Koltchak lui demander de nous refuser nos passeports. D'autre part, la ligne du front se modifia. Force nous fut d'attendre en nous rongeant d'impatience. Tous les jours, nous allions à l'État-Major quêter des renseignements. Le capitaine de gendarmerie s'ouvrit à nous et nous apprîmes de sa bouche la cause de notre arrestation à Tcheliabinsk : un télégramme de source inconnue annonçant que deux délégués coréens tentaient de traverser la ligne du front pour aller à Moscou au Congrès de la troisième Internationale ! Le chef de l'État-Major avait voulu nous faire fusiller sur place, mais après réflexion, avait décidé de nous envoyer faire... pendre à Omsk. Et c'est lui qui nous avait offert ses vœux « sincères » !

Cependant, la crainte d'encerclement de l'armée rouge avait disparu et nous reçûmes la permission de retourner à Tcheliabinsk. De là, sans perdre un temps précieux, nous prîmes le train pour Troïtsk, à 100 kilomètres au Sud. Plus de wagon confortable. Nous avions retrouvé l'infernale *leplouchka* , mais qu'importait ! Nous étions libres. A Troïtsk. où nous étions parvenus à la vitesse de 6 verstes (7 kilomètres) à l'heure, il nous fallut abandonner la voie de fer. Devant nous, s'étendaient les steppes Kirghiz. Nous pûmes faire l'acquisition d'un traîneau et nous engageâmes un Kirghiz comme cocher. Il nous restait bien à accomplir la petite formalité des passeports... Mais on nous avait donné l'assurance que tout irait bien... Quand nous nous présentâmes, l'officier de service nous informa : — Le général commandant d'armée veut vous voir. Fâcheuse nouvelle ! Les événements du front nous obligent à attendre encore. Mais bientôt arrive la nouvelle que la route du Nord est libre. Nous reprenons la « délicieuse » *leplouchka* pour Ekaterinbourg. A peine arrivés, nous partons pour Perm. Nous gagnons du terrain ! Deux nouvelles coup sur coup. La première nous abasourdit : le bruit de liaison entre les deux armées était faux. La seconde nous relève : un grand mouvement populaire a éclaté en Corée. Il y a des victimes, des arrestations... Les temps sont en marche...

Notre dernier espoir de partir pour Arkhangel a disparu. Voici

*Sur la rivière Tcheptsa, les troupes bolcheviks ont fait sauter un pont dont il ne reste plus, intacte, qu'une lourde pile de pierre*

déjà trois mois que nous sommes en route et nous n'avons pas encore avancé au delà de la Sibérie. Un plan périlleux, presque irréalisable, commence à s'imposer à nous : traverser la ligne du front, pénétrer dans la Russie des Soviets et de là, par la Pologne ou la Finlande, nous diriger vers Paris. Nous obtenons avec peine un laissez-passer jusqu'à la station terminus du chemin de fer. A nous de nous débrouiller ensuite. Et le 1er mai, munis de dix jours de vivres, nous abandonnons Perm. Deux cents kilomètres à parcourir jusqu'au front. Le train est bondé de soldats. Nous sommes seuls civils ; on nous regarde, on nous interroge. Nos papiers sont en règle et le voyage semble assuré. Mais après ? Les Européens disent que les gens de l'Asie sont des fanatiques. Peut-être est-ce le fanatisme qui nous guidait. Seul celui qui sait ce que veut dire ce mot « joug étranger » peut nous comprendre...

A quatre heures du matin, nous arrivâmes à la station terminus. On descendit. Il y avait 80 kilomètres de marche à faire le long de la voie. Les soldats marchaient vite et nous avions peine à les suivre. Tout le long du chemin, nous apercevions des wagons brisés, des ponts détruits, des gares en ruines. En marchant, nous causions avec nos compagnons. Nous leur demandions :

— Qui préférez-vous ? Lénine ou Koltchak ?

— Ni l'un, ni l'autre. Tous les deux nous forcent à nous battre. Nous voulons qu'on nous laisse tranquilles, et c'est tout !

Dans un village habité par les Votiaks, on fait halte. Nous entrons dans une isba, pauvre et misérable. On nous offrit, pour nous restaurer, de l'eau chaude. Au petit jour, nous sommes repartis. La route est impraticable, la marche pénible. Nous arrivons enfin sur la rivière Tcheptsa. Elle est large de 350 mètres. Les tranchées ennemies sont sur l'autre rive. La rivière est impossible à franchir : on serait mitraillé par les bolcheviks. Dans les ruines où nous nous sommes réfugiés, un officier fait l'appel. Il découvre notre présence. Stupeur. Nos documents le rassurent un peu, mais il nous fait conduire néanmoins à l'État-Major de la division. Il faut obéir. Nous arrivons à Djewski transis. Le colonel qui nous reçoit nous voit trembler de froid. Il croit que nous tremblons de peur. Serions-nous des espions de l'armée rouge ? Nos papiers nous réhabilitent à ses yeux ; mais il a téléphoné à l'État-Major de corps d'armée et ordre lui est donné de nous faire conduire à la station terminus où nous avions débarqué quelques jours auparavant. Tant de temps perdu et de fatigues endurées

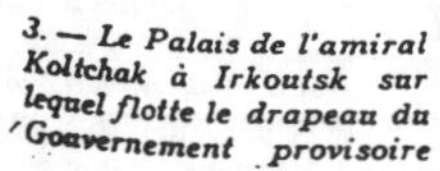

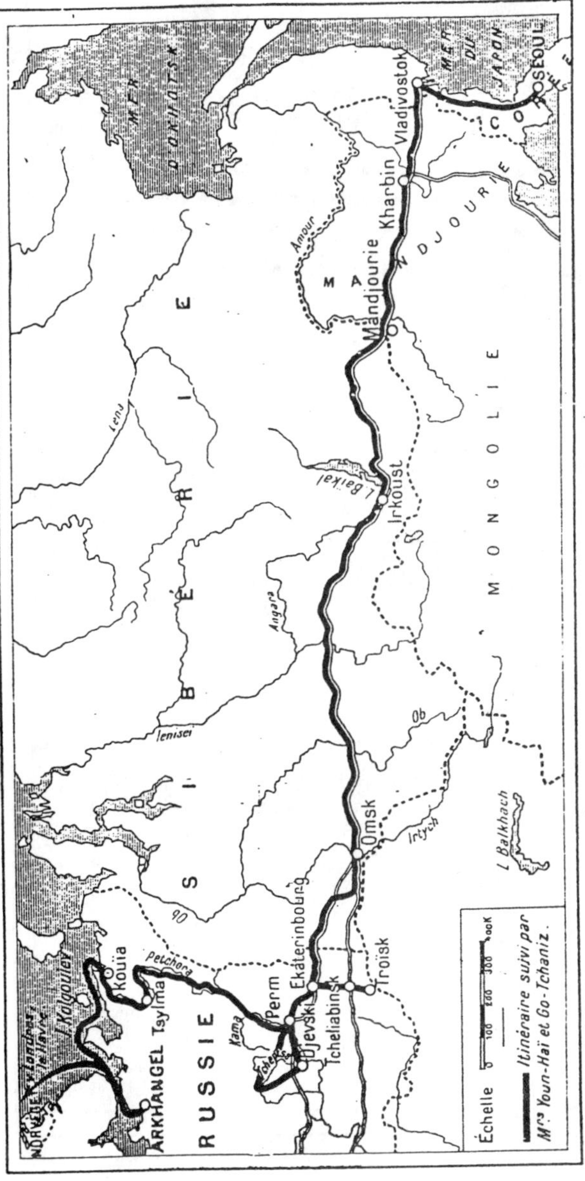
MER D'OKHOTSK
MER DU JAPON
CORÉE
SEOUL
Vladivostok
Kharbin
Mandjourie
MANDJOURIE
Amour
MONGOLIE
Lena
L. Baikal
Irkoust
Angara
Ieniseï
Ob
Irtych
Omsk
L. Balkhach
SIBÉRIE
RUSSIE
NORVÈGE
ARKHANGEL
Tsylma
Kouïa
Kalgouïev
Petchora
Kama
Perm
Ekaterinbourg
Ijevsk
Tcheliabinsk
Troïsk
Volga
Échelle
0   100   200   300   400K
Itinéraire suivi par
M^rs Youn-Haï et Go-Tchaniz.

Le chemin parcouru de la mer du Japon à la Bal-
tique par les deux envoyés de l'Assemblée
Nationale Coréenne qui mirent dix mois à traverser
au milieu des pires vicissitudes l'immense Russie.

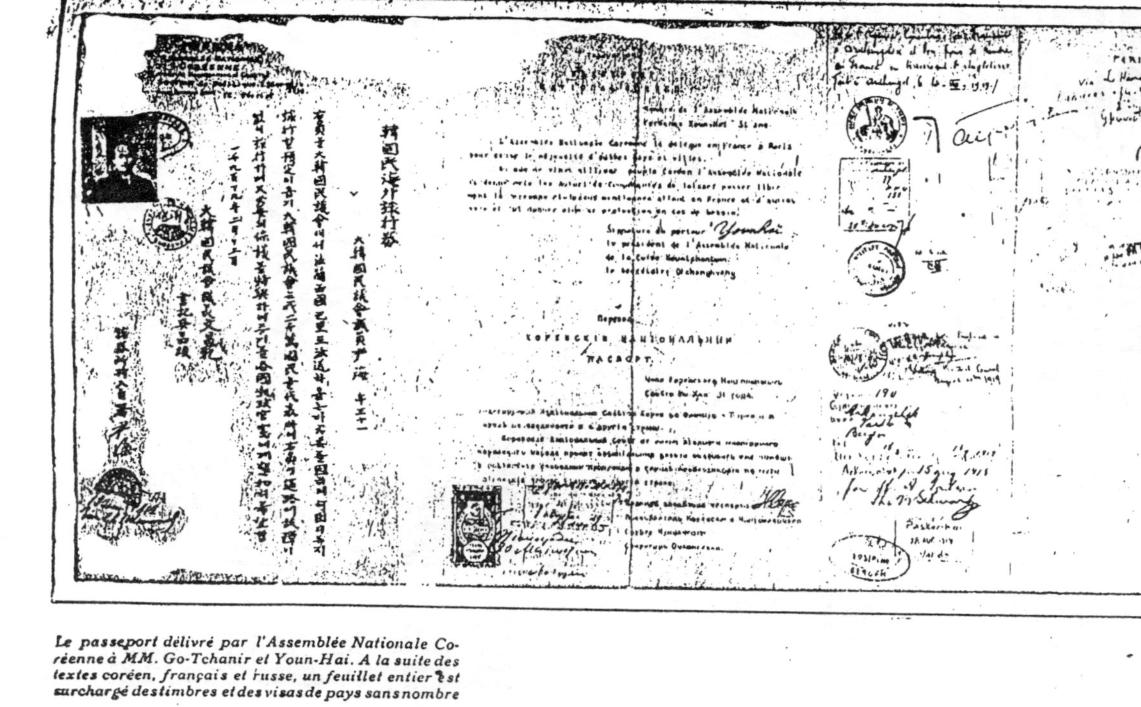

Le passeport délivré par l'Assemblée Nationale Co-
réenne à MM. Go-Tchanir et Youn-Hai. A la suite des
textes coréen, français et russe, un feuillet entier est
surchargé de timbres et des visas de pays sans nombre

en pure perte ? Hélas! oui. Une tristesse infinie s'emparait de nous. Le lendemain, nous sommes arrivés à la gare de chemin de fer que nous avions quittée avec tant de confiance quelques jours auparavant. Nouvel interrogatoire. On nous enferme dans un wagon sous la surveillance de deux sentinelles. On attend des ordres : dès qu'ils arrivent, un officier accompagné de deux soldats baïonnette au canon nous les fait connaître : nous devons être reconduits à Ekaterinbourg. La fatalité s'acharnera donc toujours sur nous ? Nous nous taisons.

— On a pris des Chinois bolcheviks, clame une voix.

— Il ne faut pas se gêner avec eux, dit un autre. Frappe-les !

Un soldat s'est approché, a frappé mon collègue Yun et moi. J'ai pu mesurer le poids de son poing et la force de ses muscles. Mais voici le commandant. L'officier a calmé ses subordonnés.

Et c'est alors le lent retour vers Perm, vers Ekaterinbourg où le général qui nous avait déjà donné un laissez-passer nous libère une fois de plus... Ceci se passait le 16 mai. Le 28 juin, tenaces, inébranlables, avec l'idée fixe de parvenir au but coûte que coûte, quelles que soient encore les souffrances à endurer, les risques à courir, la faim, les privations, nous quittons Ekaterinbourg pour la troisième fois. Notre plan, difficile, surhumain n'était pas irréalisable. Nous avions décidé de remonter la rivière Kama, affluent du Volga jusqu'à Echerdyne, de faire ensuite, à pied, les deux cents kilomètres qui nous sépareraient des sources de la Petchora et enfin de descendre ce fleuve jusqu'à l'océan Glacial.

Nous fîmes nos vingt premiers kilomètres dans une voiture de paysan, simple planche raboteuse posée sur deux roues cahotantes. Les chaleurs avaient remplacé les grands froids. Tous les vingt kilomètres environ, nous traversions un misérable hameau peuplé d'êtres affamés dont le visage et les membres gonflés par la souffrance et les privations faisaient peine à voir. Nous avions honte de manger devant eux les maigres conserves dont nous étions pourvus. A la place de pain, les indigènes mangeaient un produit ignoble composé de tourteaux et de résidus de mousses séchées, criblées et moulues. Pays oublié de Dieu et des hommes ! Une vieille femme à laquelle mon camarade Youn a donné un morceau de pain noir, a pleuré, s'est jetée par terre et a baisé ses pieds. Jai vu des larmes dans les yeux de Youn... Mais que faire ? Leur donner un peu des vivres que nous avions et mourir avec eux ensuite ? Et notre peuple, alors, qui souffre sous un joug étranger, et qui nous a envoyés défendre son droit violé ?

*Le défilé des troupes japonaises. - Les soldats annamites équipés à l'européenne dans Vladivostock*

Après six jours de marche, mon collègue Youn-Hai, qui ne s'est pas plaint une seule fois de la fatigue, m'a demandé :

— Combien y a-t-il encore de pas à faire jusqu'à Paris ?

Nous avons ri... Le dixième jour, nous aperçûmes les rives de la Petchora. Aux bras de travailler, maintenant. Nous avons acheté une barque pour laquelle nous avons payé deux livres... de pain — on n'acceptait pas d'argent — et nous nous sommes mis à ramer. Le long du fleuve, habitent les Zyrianes, peuple du Nord d'origine fino-slave .qui font l'hiver la chasse aux fourrures et l'été pratiquent la pêche. Ceux d'entre eux qui comprennent la langue russe sont très rares. Nous rencontrâmes seulement quatre représentants de la classe cultivée — un prêtre et trois instituteurs.

— C'est vous qui êtes les Anglais ? nous demandèrent-ils : Non.

— Alors les Français ? On nous a dit qu'il y avait des Français plus loin, mais nous ne les avons jamais vus ! Ces gens-là étaient loin des événements qui agitaient l'immense Russie et le monde.

Nous fîmes trois cents kilomètres dans notre barque en ramant jusqu'à Troïtzk où nous arrivâmes le 13 juillet. Il nous fallait attendre deux jours le bateau à vapeur à destination d'Arkhangel.

Nous pûmes heureusement nous y embarquer. Enfin, un repos ! Seuls, les moustiques ne veulent pas nous laisser tranquilles. Les forêts deviennent peu à peu moins épaisses ; les villages sont rares. Partout la même famine. En échange de pain et de sucre, nous obtenons des paysans du poisson et des œufs. Les forêts font place à la *thoundra*, grande plaine désertique. Enfin, le 27 juillet, nous apercevons l'Océan. Le bateau qui devait nous transporter à Arkhangel était déjà là. Trois jours et demi, nous voyageâmes parmi les glaces flottantes, sous le « soleil de minuit ».

Mais de nouvelles difficultés ont surgi. Les représentants des pays alliés ne veulent pas viser nos passeports, délivrés par le Conseil National Coréen et il nous faut attendre un mois et demi ce visa.

Nous faisons escale en Norvège, en Angleterre et entrons dans le port du Havre. Un train rapide nous mène à Paris où nous débarquons le 26 septembre. Touchons-nous au but, cette fois ? Hélas ! la Conférence de la Paix est terminée !

À qui désormais présenter les revendications de notre peuple ? À la Société des Nations ?...

GO-TCHANIR. YOUN-HAI.

*Les soldats tchèques défilent dans les rues de Vladivostock pendant une revue des troupes alliées*

# 만주국 연구의 사회적 효과를 생각한다
한석정『만주국 건국의 재해석: 괴뢰국의 국가효과, 1932-1936』
(동아대학교출판부, 1999)

임 성 모

## I

이 책은 역사사회학의 방법론을 구사해 만주국의 국가형성과 국민통합 과정에서 나타난 국가의 특성을 규명한 노작이다. 월러스틴의 지적대로 분절화된 사회과학의 문제점을 극복한다는 의미에서 분과간의 통합, 적어도 대화는 절실한 과제이며, 사회학과 역사학의 대화도 그 중 하나일 것이다. 그동안 사회학에서는 사회사 혹은 역사사회학이라는 장(場)을 통해 이러한 요구에 부응해왔지만, 역사학쪽의 적극적인 몸짓은 너무도 부족했다고 생각된다. 항일운동사 혹은 한국민중사의 연장선상에서 만주 지역에 주목해온 종래의 연구와는 달리 만주, 특히 만주국 자체에 대한 연구가 막 시작되고 있는 역사학 분야에서 아직 이런 식의 총괄적 분석이 이루어지지 못했던 점에 대해 자기반성하는 의미에서 이 책을 검토해 보고자 한다.

우선 이 책의 구성과 내용을 간략히 소개한다.

---

* 연세대학교 사학과 강사(일본사)

제1장은 문제의식과 방법론에 대한 이론적 모색과 이용자료에 대한 소개이다. 저자는 역사사회학에서의 국가론 연구사를 정리하고, 국가를 실체나 관계가 아닌 '효과'로서 접근할 것, 특히 '식민국가' 만주국의 '독립국 효과'에 주목할 것임을 제시한다. 또 주자료인 『만주국 정부공보』(이하 『공보』)가 공식문서라는 한계에도 불구하고 국가형성 과정을 잘 드러내준다는 점, 보충자료로서 『셩징셔바오』(盛京時報) 등이 이용된 점을 지적한다.

제2장에서는 만주국군에 대한 분석을 통해 폭력=무력이 국가효과에 기여하는 바를 검토한다. 만주국군이라는 존재는 '비적' 등 반국가적 요소의 진압 수단이기도 했지만, 국가의 독립성을 과시하기 위한 형식으로서 교육·선전 기능을 갖고 있었다고 주장한다.

제3장은 국가가 사회의 내면으로 침투할 때의 '대리인'으로서 경찰과 민간관리에 주목한다. 외관상 관동군이 최종 의사결정권을 가진 병영국가였던 만주국은 내면적으로는 경찰국가·관료국가였으며, 이는 국가형성과정이 기본적으로 무인에서 민간인으로, 다시 말해 폭력에서 훈육으로 진행됨을 보여준다는 것이다.

제4장에서는 만주국의 국가이념과 사회복지를 분석한다. 실험·분리·공존을 구성요소로 한 만주국의 국가이념에는 왕도주의, 민족협화, 건국

정신 등이 있는데, 핵심 이념인 건국정신은 왕도주의와의 결합을 통해 나름의 힘을 발휘했다고 본다. 또 은사재단 보제회나 중앙사회사업연합회의 활동 등 '자선과 기부' '보상과 박애'의 강조는 만주국에 '식민지판 복지국가'라는 외양을 제공한다. 저자는 서구 시민권(citizenship)이 공민권→참정권→사회권으로 발전한 것과는 정반대의 양상을 보인 만주국의 온정주의(paternalism) 혹은 박애주의(fraternalism)를 '독립국 효과'와 연관 짓는다.

제5장은 '만주국인'이라는 '민족'의 창출이 국가효과와 어떤 관계를 갖는지를 다룬다. '독립국' 만주국은 거기에 걸맞은 공동체를 필요로 했고 '만주국인'은 이에 부응해 창출된 새로운 공동체였다. 이 공동체는 근대성과 유교적 충효라는 상충되는 요소와 비중국성, 독립성으로 구성된 '불완전한 민족'이었는데, 이는 구성요소 자체의 모순(근대성과 유교윤리) 뿐 아니라, 일본인·조선인의 제외에 따른 응집력·융합력의 결여, 민족 신화 창조의 불가능성에 기인한다고 보았다.

제6장에서는 만주국의 '만주제국'으로의 격상이 일본과의 관계에서 '독립국 효과'를 노린 것이며, 여기에는 새로운 '전통의 창조'라는 측면이 있다는 데 주목한다. 만주국의 '전통의 창조'는 제국 중심부의 전통의 수입과 식민지 사회의 기존 전통의 활용이라는 두 측면을 모두 갖추었는데, 이는 제정(帝政)으로의 전환이나 각종 이벤트, 양식, 훈장의 제정과 남발로 나타났다고 본다.

제7장은 이상의 분석에 근거하여 제국 일본 내에서 '초기' 만주국의 예외성(자율성과 독립성)을 다시 부각시키는 맺음말이다.

II

이 책은 종래 '괴뢰국'이라는 선험적 규정 아래 묻혀 있던 만주국의 또다른 모습을 보여줌으로써 '괴뢰성', 나아가 '주권'(sovereignty) 개념 자체의 모호성에 대해 근본적인 사색을 하게 한다. 제1차 세계대전 이후 '국가주권'의 절대성에 대한 인식에 변화가 생겨난 국제정치적 상황을 감안할 때, 일본의 만주국 건설은 '주권'의 존재형태를 묻는 세계사적 실험이기도 했던 것이다. 식민지 형식의 제국(empire) 건설이 불가능해진 현실에서 일본은 간접지배라는 새로운 지배형식을 택했다. 그 내실이 관동군과 총무청을 중심으로 한 직접지배였다 할지라도, '독립국'이라는 외양을 단순한 치장에 불과하다고 치부해 버리기에는 그 형식이 미치는 파장은 그리 단순치 않다. 저자는 '국가효과'라는 개념을 이용하여 끊임없이 "독립국이기를 목말라했던" 만주국의 모습을 다방면으로 접근함으로써 '초기' 만주국의 실태에 한걸음 다가서고 있다. 평자가 보기에 이 책의 강점은 그러한 방법론적 참신성 이외에도 서구 제국주의의 경험을 그때그때 교차시켜 비교하는 서술방식에도 있다. 무어나 스카치폴의 역사사회학 연구에서나 맛보았던 거시적인 시야가 만주국 분석에 적용됨으로써 일본판 식민국가의 보편성과 특수성을 세계사적 관점에서 조망하게 해준다. 이 점은 기존 역사학 연구에서 찾아보기 힘들고, 그만큼 역사학측의 분발이 요구되는 부분이기도 하다. 또한 만주국의 '국가효과'를 추적하기 위해 분석대상을 효율적으로 제한함으로써, 총괄적인 분석에서 발생하기 쉬운 논점의 분산을 적절히 조절한 점도 돋보인다. 또 기존 역사학 연구에서도 별로 활용되지 못했던 『공보』 자료를 전폭적으로 동원하여 극히 세밀하게 추적한 것도 이 책의 미덕일 것이다. 평자가 아는 한, 『공보』를 이처럼 치밀하게 이용한 연구는 없다. 마지막으로 저자가 염두에 둔 독자들이 반드시 인문·사회과학 전공자들만은 아닌 것 같다. 오히려 애써 전문적 논의를 피하려 한 혼적까지 엿보인다. 이처럼 일반 독자까지 염두에 둔 저자의 서술방식은 종래의 연구서들이 전문영역의 장벽 안에 스스로 안주하던 것과는 대조적이고 매우 바람직한 현상이라고 생각된다.

내용 검토로 들어가기 전에 우선 두 가지를 지적해 둔다.

첫째로 연구사의 위치 및 그 내용, 그리고 서술의 스타일에 대해서이다. 아마 만주(국) 연구사의 문제점을 맺음말에서 간단히 서술하고 넘어간 것도 이같은 저자의 의도와 관련이 있을 것이다. 그렇지만 아예 빼버리지 않을 바에는 오히려 서론에서 간략하게 서술하고 넘어가는 편이 좋았을 듯 싶다. 그리고 일본에서는 자본투자와 경제발전을, 중국에서는 잔혹한 파시스트 군사통치를 강조한다고 정리하고 있는데, 종래의 연구가 그래왔던 것은 사실이지만 최근의 연구상황이 많이 변한 것을 감안해서 최소한도의 보충이 필요할 것 같다. 또 서술의 스타일이라고 한 것은, 각 장이 각각 독립된 논문으로 읽어도 무방할 만큼 나름의 완결성을 갖고 있는데, 그것이 역으로 이 책에 전체적으로 불필요한 중복을 발생시키고 있다는 점을 가리킨다. 학위논문을 근간으로 한 이 책의 '탄생' 과정에서 생겨난 것이라고 생각된다.

셋째로 사실면에서 몇 가지 사소한 오류들이 눈에 띈다. (1) 위에서 언급한 서술의 스타일과도 관련이 되겠지만, 간혹 모순된 서술이 있다. 예컨대 집단부락을 설명하면서 "원래 지린성에서 항일운동에 대비, 건설된 것이 효시"(64쪽: 이하 쪽표시는 모두 이 책의 해당부분을 가리킴)라고 했다가 "조선인들이 가장 많이 사는 지엔따오에서 원래 만들어졌다"(168쪽)고 한 부분이 그렇다. (2) "고문치사 사건 후 일본 경찰에서 은퇴, 만주국에 들어왔다"(93쪽)고 한 아마카스 마사히코(甘粕正彦)는 '경찰'이 아니라 '헌병'이었다. (3) 협조회를 "협화회의 지회"(169쪽)라고 했는데, 협조회는 1936년 협화회로 통합될 때까지 별개의 조직체였다. (4) "공직에서 만인(滿人)과 일본인간의 급여상의 차별은 없었다"(175쪽)고 했으나, 실제로 일본인과 만인의 급여 격차는 건국 당시부터 문제였다. 이 격차를 시정하기 위해 제정된 1934년 6월의 「문관 봉급령」에서도 "각 민족의 생활 정도와 양태에 상당한 차이가 있고, 실정에 대응할 필요가 있다"고 하여, 일본인 천임관(薦任官)의 경우 본봉의 40%, 위임

598

관(委任官)의 경우에는 80%의 특별 수당(津貼)을 지급하는 것으로 되어
있다.[1]

이상의 오류는 이 책이 의거하고 있는 자료의 한계와도 연관성이 있
을 것이다. 물론 평자가 아는 한, 종래『공보』를 이처럼 꼼꼼하게 이용
한 연구는 달리 없다. 또 저자의 주장대로『공보』는 "단순한 선전자료
이상의 가치"가 있으며 "국가의 건축과정을 잘 드러내"고 "법령들 이면
을 헤아리는 장점"도 갖고 있다. 그럼에도 저자 역시 인정하듯이 "공식
자료로서의 한계"나 '행간 읽기'의 한계를 부정할 수는 없겠다. 예컨대
저자가 만주국 건국과 푸이의 황제 등극 날짜를 굳이 3월 1일로 잡은
것은 "조선의 3·1운동이 일제에 미친 충격과 이에 대한 의도적 억제가
드러난다"고 서술한 부분(20쪽)은 사료상으로 충분히 방증이 되는 부분
이다('의도적 억제'라는 파악에는 동의하지 않으나, 관련성 부분을 방증
할 수 있다는 뜻이다).

즉 당시 조선총독 우가키 카즈시게(宇垣一成)는 "조선 만세소요 기념
일인 3월 1일에 만주국가를 건설하고 의미를 갖지 못할 민족자결이란
말을 남용하거나 하여 이웃의 신경을 자극하는 일 같은 것을 거리끼지
도 않는 처리방식은 용감하다면 용감한 것 같기도 하지만 지혜가 모자
람은 가련할 지경"[2]이라고 비난하거나, "만주정부가 곧 제정(帝政)으로
바꾼다는 성명을 발표했다. 그믐과 설날의 차이, 이치로오(一郎)가 타로
오(太郎)로 이름을 바꾸는 정도의 일이라 그리 색다를 바도 없다. ……
이 사태가 일부 조선인에게 상당한 충격을 줄 것임은 미루어 짐작하고
도 남는다. 언문지가 이 문제를 취급하는 방식만 보더라도 족히 상상이
간다"고[3] 우려했던 것이다. 이처럼 다른 자료를 좀더 보강하고 교차대
조를 했더라면 훨씬 더 설득력 있는 연구가 되지 않았을까 하는 아쉬움

---

1)「官等俸給令」,『公報』(1934年 6月 30日) 號外.
2)『宇垣一成日記 2』(1932年 2月 27日)(みすず書房, 1970), 831쪽.
3)『宇垣一成日記 2』(1934年 1月 20日), 946쪽.

에서 눈에 띄는 부분을 지적해보았다.

Ⅲ

그러나 자료상의 문제점을 나열하는 것은 그다지 공정한 논평이 못 될 것이다. 이 책은 기본적으로 만주국에 대한 역사사회학적 연구성과 이기 때문이다. 역사'사회학'이므로 사료가 미비해도 좋다는 의미는 결코 아니다. 앞서 지적했듯이 『공보』 등 공식문서를 이 책만큼 대폭 활용한 연구는 찾아볼 수 없다. 어쩌면 자료에 대한 요구란 역사학자들의 보신용 방패일 수 있다. 그런 의미에서 이 책에 대한 평가는 저자의 문제의식, 개념, 방법론 등에 무게중심을 두는 편이 바람직하지 않을까 생각한다. 이와 관련하여 평자는 크게 세 가지 정도의 의문을 제기하고자 한다.

첫 번째 의문은 저자의 기본적 관심사인 국가론과 관련된 문제들이다. 국가와 사회의 관계, 국가담론의 대상이 바로 그것인데, 먼저 저자의 시각을 정리해보자. 저자는 국가와 시민사회(민간사회)의 경계가 불명료함을 강조한다. 즉 국가는 사회의 부분이면서 사회 전체의 유지나 결속을 책임지는 '역설적 존재'인데, 이처럼 사회의 부분이면서도 전체를 통솔하기 위해서 사회와의 차이를 의도적으로 과시한다는 것이다. 여기서 저자는 국가를 실제 구조로서가 아니라 그런 구조가 존재하는 것처럼 보이게 하는 '형이상학적 효과'로서 접근하려는 방법론에 주목한다. 미첼(T. Mitchell)의 '국가효과'론(state effect theory)이 바로 그것이다. 후기 푸코(M. Foucault)의 '훈육 권력'과 '통치성'(governmetality) 개념으로부터 영향을 받은 이 '국가효과'론은 국가가 스스로를 과시하는 방법 중 폭력이나 조직 이외에 담론(discoures)을 중시한다. 요컨대 국가는 실체나 관계가 아닌 효과, 즉 시각적·담론적 실천으로서 규정된다.

600

그런데 국가의 담론에는 외부담론, 내부담론, 자기담론이 있다. 만주국의 경우, 외부담론은 종주국 일본을 향한 '토오쿄오(東京)행 담론'으로, 변방세력권을 건설하려 한 관동군의 저항으로서 나타난다. 한편 내부담론은 '독립국'이라는 국가권력의 형식에 걸맞는 이미지의 창출과 관련된다. 국군, 경찰/관료, 사회복지, 민족 등 이 책의 대부분(2장~5장)이 이 내부담론을 조명하고 있다. 마지막으로 자기담론은 정당성을 결여한 국가의 '독백'('나홀로 정당화 작업')이다. '전통의 창조'(E. J. Hobsbawm) 개념을 원용해 지배의 의례(ritual)를 분석한 6장이 여기 해당된다. 요컨대 '식민국가'(colonial state) 만주국은 자신을 '독립국'으로 드러내기 위한 국가담론에 주력했다는 것이다. 저자는 만주국에 대해 다양한 표현들―3장에서는 '조사국가', '경찰국가', '강습국가'(*), '위생국가', '문민국가', 4장에서는 '(식민지판)복지국가', 5장에서는 '민족국가'(*), 6장에서는 '이벤트 국가'(*), '훈장국가' 등의 용어를 사용한다(* 표시된 용어는 평자가 해당 부분의 내용에 입각해 붙인 것). 이들 용어는 '병영국가'로 표현되는 '무력이론'적 국가론의 유효성을 비판하고 만주국의 국가담론이 창출하려 했던 이미지를 구상화한 것이다.

이처럼 저자는 일본이 만주국을 건설할 때 '독립국'=주권국가라는 이미지를 창출해내는 형식적 정당화 작업에 힘썼음을 강조한다. 이념이나 제도가 아무리 의제적(擬制的)인 것이라 할지라도, 그것이 고안되어 작동하는 순간부터 권력을 행사할 수 있다. 형식을 아무 의미도 없는 장식으로 치부하지 않고 그것이 갖는 '효과'에 주목하는 것, 특히 '독립국' 형식을 취함으로써 일본의 행동양식에 일정한 제한이 발생하게 된다는 지적에는 평자도 전적으로 동감이다. 예컨대 중국 민족주의의 민족자결론에 맞서 주장된 '민족협화'가 아무리 허구적인 것이었을지언정, 종래의 일부 연구들처럼 그것을 무의미하다고 분석 대상에서 제외시킴으로써, 그 국가 이데올로기로서의 기능, 그리고 지배층내 비주류와 피지배층의 움직임에 명분으로 작용할 수 있는 개연성까지를 시야에서 배제시켜서는 안 되겠기 때문이다.

그런데 평자는 제국주의의 역사를 무자비한 착취와 영웅적 저항의 이항대립으로만 보는 관점을 지양하려는 저자의 문제의식에 동의하면서도, 방법론적으로 국가와 구분된 사회를 시야에 넣고 과제를 국가로 설정하는 것이 낫지 않았을까 생각한다. **'식민지 사회에서의 힘의 중심'**(강조=평자)(14쪽)인 식민국가 만주국의 국가담론은 일차적으로 '식민지 사회에서의 힘의 주변'을 대상으로 그 '효과'를 기대했으리라 여겨지기 때문이다. 대상 없는 담론이 있을 수 없는 만큼, 이 '주변'을 논리전개 속에 어떻게 자리매김할 것인가, 중심과 주변, 즉 국가와 사회의 관계를 어떻게 설정할 것인가가 분명히 드러나야 하는 게 아닐지. 그래야만 왜 만주국 연구에서 국가에 주목해야 하는지, 왜 '강자의 고뇌'에 초점을 맞춰야 되는지가 좀더 설득력 있게 다가올 것 같다.

식민지 조선도 그랬지만 만주국이라는 역사공간 역시 지배와 저항의 '사이'가 가장 중요하다고 평자는 생각한다. 대다수 피지배자들의 생존을 위한 일상적인 대응이 (탈일상적 저항에 못지 않게) 치열하게 전개되는 마당이 이 주변 사회였다고 여겨지기 때문이다. 어찌 보면 『공보』 등의 공식자료를 이용해서 이 부분까지를 포섭하기란 힘들었을 터이고, 따라서 이러한 지적 자체가 과녁에서 빗나간 '주문'일 수도 있겠다. 그러나 저자의 의도대로 착취와 저항, 수탈론과 근대화론의 대립을 넘어서고자 할 때 이 역사공간은 피해갈 수 없는 항로 혹은 기항지가 아닐까?

최근 『일본의 총력제국: 만주와 전시 제국주의의 문화』4)라는 책을 펴낸 영(L. Young)은 국가와 사회를 "동일한 실체의 상이한 구성물"로서 "서로를 반영"한다고 보고 '제국 기획'(imperial project)을 위해 양자가 '서로를 동원'한 양상에 주목한다. 영은 종래 만주에서 일본의 팽창에 대한 연구가 위로부터, 즉 국가행위로서만 다루어져온 점을 비판하면서,

---

4) Louise Young, *Japan's Total Empire: Manchuria and the Culture of Wartime Imperialism*, University of California Press, 1998.

602

만주국 건설을 위한 자원 동원에서 국가권력뿐 아니라 사회권력의 역할을 중시함으로써, 아래로부터의 연구를 병행해야 할 필요성을 역설한다.5) 물론 영이 말하는 국가/사회는 일본의 국가/사회이지 만주국의 그것이 아니다. 그렇지만 생각해보면 식민지기 조선과 일본의 경계처럼, 일본과 만주국의 경계 역시 희미하다. 만주국의 관료체제만 하더라도 일본 본토뿐 아니라 관동주, 대만총독부, 조선총독부 등 이른바 '외지'(外地)와의 인사교류가 활발했고, 상공회의소 등 경제단체에 이르면 그 폭은 더 넓어진다. 일본이 주어인 영의 연구를 이 책과 빗대는 것 자체가 무리일지도 모르지만, 국가를 '효과'로 접근하기보다는 (사회와의) '관계' 개념으로 접근할 때, 지배/저항의 틈새에 존재한 역사공간에 좀 더 다가설 수 있지 않을까 하는 의문은 여전히 남는다.

아울러 만주국의 '외부담론', 바꿔 말해서 '국제적 국가효과'에 대한 저자의 설명방식에도 의문이 있다. 저자도 지적했듯이, 국가권력의 정당성은 기본적으로 외부의 승인에 의해 획득된다. 대내주권보다 대외주권이 선행하는 것이다. 저자는 '독립국'을 표방한 만주국의 국가담론에서 외부담론의 대상을 일본에 국한시키고 있는데('토오쿄오행 담론'), 당시의 국제관계에서 외부담론의 진정한 대상은 오히려 서구열강 혹은 국제연맹이 아니었을까? 만주국 승인을 둘러싸고 일본이 국제연맹을 탈퇴한 것은 종래 '국제적 고립화'라고만 평가되어왔으나, 소련을 의식해 유화정책을 폈던 영국이 당시 중국문제에 대한 연맹의 관여를 배제하고 만주국의 존재를 실질적으로 용인하는 입장을 취했었다는 지적이 있을 만큼, 형식과 실질의 문제가 유동적이었던 시기도 존재했다.6) 그런만큼 만주국의 외부담론 분석에서는 서구열강과 국제연맹에 대한 선전작업에도 주목해야 할 것이다.

두 번째 의문은 저자가 '만주국인'을 '민족'으로 규정하는 데 대해서

---

5) L. Young, op. cit. p.5, p.8.
6) 宮田昌明, 「滿洲事變と日英關係」(『史林』 82-3, 1999).

이다. 저자는 민족을 "태고 이래 존속되어 온 어떤 실체의 반영이 아니라 …… 무정형의 …… 유동적인 관념"(143-144쪽)이며, "국가 장치가 건설된 뒤, 그것도 국제적 문화체계라는 틀과 관련되어 산출되는 유동적인 관념"(192쪽)이라고 정의한다. 전자는 민족 개념의 유동성을 강조하고 있는데 이에 대해서는 평자도 찬성이다. 그러나 후자는 '민족'에 대한 규정이 아니라 오히려 '국민'에 해당하는 것이 아닐까?

nationalism은 보통 민족주의로 번역되지만, nation에는 국민·민족(때로는 국가)이란 뜻이 다 포함되어 있다. 저자는 르낭(E. Renan)의 고전적 강연 「국민이란 무엇인가?」("*Qu'est-ce qu'une nation?*")의 nation도 '민족'으로 이해하고 있으나(145쪽), 르낭이 nation으로부터 자연적 요소들(종족, 지리 등)을 배제하려고 한 것을 생각할 때 '국민'이라는 규정이 부합될 것이다.7) 저자는 nation을 일률적으로 '민족'이라 표현함으로써 '민족'(Volk)과 '국민'(Nation)이 혼용되고 있다. 이같은 혼용으로 말미암아, 5장에는 거의 등장하지 않았던 '국민'이란 말이 결론에서 이렇게 나타난다. "다른 식민지와는 달리 만주국은 '국민'이 있었다. 아무리 공허한 관념일지라도 …… (이것에 의해) 만주국 '국민'은 국가에 의해 최소한의 대우를 받게 되었던 것이다"(226쪽).

이제 정리해보자. 저자가 "괴뢰국의 경영자들이 중국으로부터 만주를 분리시키고 중국과 국제사회에 대해 그 주권을 표시하기 위해 제시한 인간형"(151쪽)이라고 규정한 '만주국인'이란 결국 만주국 국민을 가리키는 것이 아닐까? 그래야 저자가 '만주국인'에 포함되지 못한 일본인·조선인을 '외국인'으로 규정하고 있는 것과도 부합될 것이다. 그러나 만주국에는 과연 국민이 존재했던 것일까?

제1차 치외법권의 철폐 결과 시행된 「만주국에서의 일본국 신민(臣

---

7) 우카이 사토시, 「르낭의 망각 또는 '내셔널'과 '히스토리'의 관계」(코모리 요오이치·타카하시 테츠야 엮음, 이규수 옮김, 『국가주의를 넘어서』 삼인, 1999), 301쪽 참조.

民)의 거주 및 만주국의 과세에 관한 일본국·만주국 간 조약」(1936년 6월 조인, 7월 시행)에는 '일본국 신민', '만주국 신민'이라는 말이 들어 있다. 법적으로 '일본국 신민'이란 일본 국적법에 의해 일본인으로서 호적(내지[內地]호적)에 성명[氏名]이 기재되어 있는 사람을 가리킨다. 그러나 '만주국 신민', 즉 만주국 국민이란 누구인가? 여기에 대해 당시 만주국 국무원 법제국 참사관이었던 무토오 토미오(武藤富男)는 이렇게 회고한다. "국적법이 없는 만주국에서는 인간의 동일성[아이덴티티]은 법적으로 확실히 파악할 수 없었다. 한족·만주족·몽고족에 속하며 만주국에 거주하는 사람을 '만인'(滿人)이라고 부르는 것이 관례"였다고.[8] 무토오는 1937년 11월부터 만주국협화회 선전과장을 겸임하게 되는데, 치외법권 전면철폐에 대한 감사 사절단 파견을 둘러싼 과장회의에서 자신이 일·조·한·만·몽의 다섯 민족으로 정해져 있던 사절단에 백계(白系) 러시아인을 포함시킨 '무용담'도 남기고 있다. 그는 당시에 "만주국에는 국적법이 없다. 어떤 민족을, 그리고 어떤 사람을 만주국민으로 할 것인가는 우리 협화회의 앞으로의 운동에 달려 있다"고 주장했다.[9]

저자는 국적법에 대해 언급하고 있지 않지만, 만주국은 건국 초기부터 국적법 제정을 검토하여 각종 시안·초안을 남겼음에도 (식민지 조선처럼) 끝내 시행하지는 않았다. 전시체제가 일상화되어 있던 만주국은 '국민연성(練成)', '국병법(國兵法)', '국민근로봉공(奉公)법'이나 심지어 '국민수장(手帳)제'에 의해 국민동원을 실시했음에도 불구하고, 4천만이 넘는 주민에게 그 어떤 법적 근거도 부여하지 않았던 것이다. 그 최대의 원인은 입법기술상의 문제가 아니라 일본국적을 벗어나 만주국적으로 옮기게 될 것을 거부한 일본인들의 사고방식에 있었다.[10]

결국 만주국은 '국민 없는 국민국가'라는 역설적 존재였던 것이다. 치

---

8) 武藤富男, 『私と滿州國』(文藝春秋, 1988), 148쪽.
9) 武藤富男, 위의 책, 182쪽.
10) 山室信一, 『キメラ: 滿洲國の肖像』, 中公新書, 1993, 298쪽.

외법권의 철폐가 일본과 만주국 간의 법제적 일원화를 통해 만주국 주민에 대한 의무부과를 모색한 것일 뿐, 만주국 '국민'의 시민권 확대로 이어지지 못한 것은 당연한 귀결이다. 저자도 이를 인정한다. 즉 "만주국의 '국민'이나 '시민' 개념은 그렇게 분명하지는 않으나 대체로는 의무의 영역을 강조하는 쪽으로 사용되었다"(140쪽)고. 저자는 '만주국인'이라는 '민족'이 일본인과 조선인을 제외함으로써 한 '민족'으로서의 융합력을 결여했으며, 과거를 회상할 수도, 거기서 신화를 만들어 낼 수도 없었다는 점을 취약점으로 들고 있는데(154-155쪽), 이는 만주국에서 '국민' 개념의 형해화에 따른 국민통합의 구심성 부재, 국민신화 창출의 실패로 바꿔 읽어야 할 것이다.

'민족' 문제와 관련해서 한가지 덧붙인다면, "조선인은 중간자가 되기에는 너무 빈한한 …… 그리고 제국의 하수인이 되기에는 너무 저항적인 사람이었다"는 저자의 '조선인 중간자 부정론'에 대한 의문이다. 그렇다면 "만주국이 생기자 1등은 일본인, 2등은 조선인, 3등은 한·만인으로 구별하여, 배급 식량도 일본에게는 백미, 조선인에게는 백미·고량 절반씩, 중국인에게는 고량으로 구분하고 급료에도 격차를 두었다"는[11] 중국인의 회고는 어떻게 받아들여야 할까? 평자는 현재 '중간자'론에 더 설득력이 있지 않은가 생각하지만, 여기에는 다양한 계층적 편차도 존재할 터이므로, 앞으로 연구의 심화를 기약할 뿐이다.

마지막으로 세 번째는 '초기 만주국'이라는 시기 한정과 관련하여 시기구분의 근거와 '후기'의 성격규정에 대한 의문이다. 저자는 '초기 만주국'(1932-36년) 시기가 '독립국' 형식을 통한 '독특한 지배전략'을 볼 수 있는 시기인 반면, '후기 만주국'은 "전시 총력동원체제에 휩쓸리며 중국전선을 위한 후방 병참기지로" 전락하는 시기, "본연의 국가형성 작업으로부터의 '이탈'" 시기였다고 본다(13-14쪽).

---

11) 安藤彦太郎, 「延邊紀行」(『東洋文化』 36, 1964)에서 중국인 朱海德의 증언(山室信一, 위의 책, 279-280쪽에서 재인용).

　중일전쟁을 전후한 시기가 만주국에 '지각변동'을 초래한 시기였음은 일반적으로 인정되는 사실이다. 그런데 그 지각변동의 의미와 내용은 그리 단순치 않다. 1936년의 제1차 치외법권 철폐에 이어 1937년 1월 1일부터 만주국에는 새로운 표준시가 시행된다. 1936년 8월의 칙령12)에 근거해 실시된 이 만주국 신표준시는 종래의 동경 120도 자오선(平原時)보다 1시간 앞당겨진 동경 135도를 기준으로 삼고 있다. 일종의 썸머타임 효과, 그리고 일본과의 경제적 일원화를 노린 조치였다.13) 법제적 일원화를 목적으로 한 치외법권 철폐와 함께 이른바 '일만일체'(日滿一體)가 가속화되었던 것이다. 중일전쟁 이전부터 이런 움직임이 가동되기 시작했다는 점을 고려할 때, 평자는 오히려 중일전쟁이 기왕의 '일본화' 과정에 가속도를 붙인 계기로 파악하는 편이 사실과 부합된다고 생각한다. 요컨대 '후기'라는 매듭이 '전시 총력동원체제'나 '후방 병참기지'로의 변용이라는 현상적 차원에서 지어져서는 안 될 것이다.

　일본에게 만주국의 현재적 의미를 "다민족 공존을 시도했던 기억의 회복"으로 자리매김하는 한 일본인 연구자는 이 변용의 의미를 "제국적 국가구성에서 국민국가적 국가구성으로"의 전환이라고 묘사한다.14) 즉 다양한 민족·언어·종교가 공존하는 체제의 가능성이 막히고 단일한 민족(일본인 위주), 언어(국어=일본어), 종교(신토[神道])의 강제체제로 일원화되는 상황이 전개되었다는 것이다. 이러한 묘사는 저자의 관점과도 일맥상통한다. 그러나 평자는 이 '제국적 국가구성'이라는 것이 결코 현실적 존재가 아니라 중국 민족주의가 지향한 국민국가 체제에 대한 대항논리로서 구축되었다는 점에 유념한다. 어쩌면 일본의 '실험실'(근대성과 제국지배의 모색을 위한)이었던 만주국의 국가형성에서 일본은

---

12) 「關於標準時之件」, 『公報』(1936年 8月 6日).
13) 高橋康順(실업부 차장 겸 중앙관상대장), 「滿洲國標準時制定に就て」(『全滿朝鮮人民會聯合會會報』 4卷 11號, 1936.11), 92-94쪽.
14) 山室信一, 「民族協和の幻像: 滿洲帝國の逆說」(山內昌之 外 編, 『帝國とは何か』, 岩波書店, 1997), 245쪽.

애초에 두 장의 카드를 준비해두고 있었던 것이 아닐까? 만주국을 전기와 후기로 구분하는 것은 현상적으로 명쾌해 보인다. 그러나 자칫하면 현대 일본사회의 만주국관, 즉 전기의 이상(理想)주의와 후기의 현실주의를 대비시키고 패전 당시의 '피해'의식에 대한 반사작용으로서 '이상'을 강조하는 만주국 체험자들의 인식이 대중적 이니셔티브를 행사하고 있는 지적 상황과 비슷해질 위험성도 없지 않다. 적어도 후기의 모습이 만주국의 "본연의 국가형성 작업으로부터의 '이탈'"이었다는 표현에는 오해의 소지가 있다. 저자의 '후기' 만주국에 대한 탐사가 남아있는 만큼 예단을 해서는 안 되겠지만, 14년도 채 못 되는 만주국의 존속기간을 상이한 지향들의 혼성체로서 일관되게 설명해내는 것이 앞으로의 과제일 듯 싶다.


Ⅳ


이상 몇 가지 의문점을 적어보았다. 두서없는 문제제기에 그친 감이다. 과녁을 빗나간 주문이라는 느낌도 든다. 그러나 국가론의 입장에서 서술된 이 책의 내용이 좀더 풍부해지고 후속연구로 이어져서 만주국의 실상에 더 바짝 다가설 수 있기를 기대하는 바람에는 변함이 없다.

무엇보다도 이 책은 나와야 될 시점에서 나왔다. 한국사회에서 만주국에 관한 연구는 과연 어떤 사회적 의미를 갖는 것일까? 앞 절에서 거론한 일본인 연구자의 문제의식처럼, 냉전 붕괴후 이른바 세계화의 시대를 맞아 '이질(異質)과의 공존'이 모색되어야 하는 시점에서 그 역사적인 가능성의 장(場)으로서 조망하는 것도 하나의 의미가 될 터이다. 중간자였든 아니었든 만주국에서 조선인의 생활은 원리상 폐쇄적인 단일민족적 공간을 뛰어넘는 개방적인 다민족적 공간에서 이루어졌다. 또 역관계야 변했지만 중국과 일본의 틈바구니에 끼인 지역 구도는 지금도 여전하다. 사회내적으로도 외국인노동자의 증가 등 내부적 세계화의 흐름이 강화되고 있는 추세이다. 결국 현시점은 한국 내셔널리즘의 대차 대조표를 냉철하게 점검해야 할 시점인 것이다.

그러나 지금의 상황은 이러한 과제에 오히려 역행하고 있는 듯 싶다. 세기말의 일본이 그렇듯이, 이 땅에서도 '역사의 망령'이 출몰하고 있기 때문이다. 이른바 박정희 재평가론이 바로 그것이다. 경제개발과 군사독재라는 야누스의 얼굴을 가진 '박정희 시대'는 아직도 이 땅의 현실을 지배하고 있는 것이다. 재평가론에 반대하는 논리 중에는 경제개발을 목적으로, 군사독재를 수단으로 간주하고 "목적이 수단을 정당화할 수는 없다"는 식의 설명도 눈에 띈다. 그러나 그런 논리는 경제개발이 냉전체제하의 반공국가 구축에 대한 인센티브로서 종속변수로 볼 수 있다는 점, 그리고 경제개발에 대한 가치평가에서 '재평가론'과 기본적 인식을 공유하는 장밋빛 근대화론이라는 사실을 놓쳐버린다. 요컨대 저 박정희 시대에 대한 평가는 국제관계론적 시각과 근대(성)·내셔널리즘에 대한 근본적 사색을 요구하는 것이다.

그런 의미에서 평자는 박정희의 만주국 시기가 "쿠데타와 경제개발이라는 대사업의 회임기"(78쪽)였다고 한 저자의 지적에 전적으로 공감한다. 한일회담에서 '활약'한 양국의 만주국 인맥이 상징하듯이 제3·4공화국과 만주국 체험의 고리는 무수히 존재한다. 나아가 만주국은 '유격대국가'와 '개발독재국가'의 보완체제를 낳은 산실(産室)이기도 했다. 어떤 의미에서 만주국 연구란, 망령의 자양분이 되고 있는 역사공간을 파헤쳐 악순환의 고리를 잘라내는 데서 그 사회적 효과를 찾아야 하지 않을까? 그 최초의 고리가 버리어진 후기 만주국을 향해 저자의 탐사가 계속되기를 기대한다.

# 한국민족운동의 역사와 미래

인쇄일 초판 1쇄   2000년 01월 01일
          2쇄   2015년 02월 13일
발행일 초판 1쇄   2000년 01월 05일
          2쇄   2015년 02월 17일


지은이 한국민족운동사연구회
발행인 정 찬 용
발행처  **국학자료원**
등록일 1987.12.21, 제17-270호

서울시 강동구 성내동 447-11 현영빌딩 2층
Tel : 442-4623~4 Fax : 442-4625
www. kookhak.co.kr
E- mail : kookhak2001@hanmail.net


가 격 27,000원
★저자와의 협의 하에 인지는 생략합니다.